S.F.
V.

Stefan Zweig
Briefe
1920–1931

Herausgegeben von
Knut Beck und Jeffrey B. Berlin

S. Fischer

Satz: Fotosatz Otto Gutfreund GmbH, Darmstadt
Druck und Einband: Clausen & Bosse, Leck
Printed in Germany
ISBN 3-10-097090-X

Inhalt

Vorbemerkung

»Mit Briefen ist's wohl auch eine Curve im Leben, man liebt sie zuerst, vergißt, verliert sie dann über dem stärkeren gedruckten Wort, aber dann, glaub ich, kommt man wieder zu ihnen zurück.« Diese Beobachtung hatte Stefan Zweig 1912 gemacht und sie Hermann Bahr am 14. September mitgeteilt. Fünfzehn Jahre später, 1927, stöhnt er dann allerdings: »Meine Korrespondenz drückt mich platt an die Wand und das innere Geräusch, das dieses unablässige Mühlrad macht, läßt einen kaum zu Lesen und Arbeit kommen.« (An Herrn Trinius, 1. Januar 1927). Seit November 1919 arbeitet Erika Meingast, eine hervorragende Sekretärin für ihn, dennoch haben sich viele persönliche Briefe von eigener Hand erhalten. Stefan Zweig blieb – die ersten Bände dieser Edition haben es gezeigt – wie viele seiner berühmten Kollegen lebenslang ein schier unermüdlicher Briefschreiber. Er hatte zeitlebens ein starkes Bedürfnis nach Kommunikation und suchte entsprechend im Brief das Gespräch und möglichst die Nähe des Partners. In jungen Jahren war er bemüht gewesen, anerkannt zu werden, dazuzugehören, Freunde zu gewinnen, und entwickelte so mit diesem Bestreben seine »Kunst des Briefes«. Während des Ersten Weltkrieges, als er das früh gesetzte Ziel weitgehend erreicht hatte, ist ihm der Brief eine wesentliche Hilfe, seine Stellung in der Gemeinschaft zu finden und zu bestimmen: gegenüber den Freunden im Fremdland, die nun politische Gegner geworden sind, – gegenüber den Freunden in Österreich und Deutschland, die als Soldaten an der Front Dienst tun, während er als Freiwilliger im Kriegsarchiv in Wien tätig ist, – gegenüber den Freunden, die im künstlerischen Dialog mit ihm stehen. In den zwanziger Jahren bleibt der Kontakt zu den bisherigen Partnern, jetzt von Salzburg aus, weiter intensiv; neue kommen hinzu; immer wieder sind seine Briefe durchsetzt von Äußerungen zum Zeitgeschehen, mehr aus psychologischer als politisch relevanter Sicht, jedoch immer im Sinn der Möglichkeit, ja Notwendigkeit einer vor allem geistigen Einigung Europas. Das zuvor entwickelte Charakteristikum seiner Korrespondenz hat sich – der veränderten Thematik dieser Jahre ungeachtet – erhalten: im Brief, Rede und Antwort zugleich, auf die Fragen und Sorgen des anderen einzugehen und dennoch sich selbst einzubringen, ohne Eigenart und Anspruch seines Gegenübers dabei aus dem Blick zu verlieren. Stefan Zweig ist jedesmal aufs neue auf seinen augenblicklichen Partner eingestellt – er versteht es, individuell auf dessen Lebensumstand und Grundverständnis zu reagieren.

Die Tatsache, daß Stefan Zweig keine Autobiographie geschrieben hat – ›Die Welt von Gestern‹ ist ein Buch der Erinnerung an das Selbstverständnis und an die Erfahrung seiner Generation –, macht die umfangreiche Edition seiner Briefe zur Dokumentation. Die auf vier Bände angelegte Auswahlausgabe ist vor allem darauf gerichtet, die Entwicklung seiner Individualität und seines künstlerischen Schaffens vom frühesten erhaltenen bis zum vermutlich letzten Brief detailliert und textgenau zu belegen. Es ist unser Anliegen, bislang wenig bekanntgewordene Einzelheiten seines durchaus nicht immer konstanten Sinnens und Trachtens, Denkens und Handelns zum besseren Verständnis seiner Eigenart, seines Erfolges und seines Schicksals offenzulegen, das Persönlichkeitsbild Stefan Zweigs zu präzisieren.

Sommer 2000

Eppstein, Philadelphia
Knut Beck, Jeffrey B. Berlin

Zur Edition

Die Auswahl aus den Briefen Stefan Zweigs erfolgt nach autobiographischen Gesichtspunkten. Das Prinzip der Wiedergabe ist Textvollständigkeit und -genauigkeit; Eigenheiten der Schreibweise und Interpunktion bleiben unverändert, mit Ausnahme der Vereinheitlichung von ss zu ß; Ergänzungen, die dem leichteren Verständnis dienen, stehen in eckigen Klammern; lediglich offensichtliche Verschreibungen werden stillschweigend korrigiert. Undatierte Briefe werden aufgrund der aus dem Briefzusammenhang bzw. aus anderen Quellen eruierten Fakten eingeordnet und die so ergänzten bzw. vermuteten Daten ebenfalls in eckige Klammern gesetzt. Handschriftliche Briefköpfe werden zusammen mit dem Brieftext wiedergegeben, gedruckte dagegen innerhalb der Anmerkungen zusammen mit den epistolographischen Daten, den Besitzhinweisen und gegebenenfalls den Drucken. Einfache Unterstreichungen werden im Text nachvollzogen; auf doppelte oder mehrfache Unterstreichungen einzelner Wörter wird in den Anmerkungen verwiesen.

Fremdsprachige Briefe werden original wiedergegeben, offensichtliche Verschreibungen sowie fehlende Akzente aber auch hier stillschweigend korrigiert. Auf kleinere Errata, etwa Verwechslung des Genus, wird um die Verdeutlichung der textgenauen Wiedergabe willen durch ein Ausrufungszeichen in eckigen Klammern hingewiesen. Um das Verständnis idiomatisch und/oder grammatikalisch unrichtiger Passagen zu erleichtern, werden entsprechende Richtigstellungen in eckigen Klammern mit Gleichheitszeichen dazugestellt. Die fremdsprachigen Briefe werden in den Anmerkungen übersetzt.

Die Empfänger werden in einer alphabetischen Übersicht mit ihren Lebensdaten aufgeführt. Personen- und Werkregister werden zu jedem Band gegeben, ein Stichwortverzeichnis im letzten Band dieser Edition.

Unser Dank gilt allen, die den S. Fischer Verlag und uns Herausgeber bei der Sammlung von Fotokopien der Briefe Stefan Zweigs, die dieser Auswahl zugrunde liegen, unterstützt haben; sie waren zu einem Teil bereits auch Richard Friedenthal in den siebziger Jahren für seine Auswahl der ›Briefe an Freunde‹ (Frankfurt am Main: S. Fischer 1978) bei seiner Arbeit behilflich gewesen.

In den Anmerkungen zu den einzelnen Briefen wird auf die deutschen und auf die ausländischen Institutionen in Form von Kürzeln verwiesen, die in einer entsprechenden Auflistung genau bezeichnet werden; Privatbesitz wird des Persönlichkeitsschutzes wegen lediglich pauschal angegeben – unser Dank für die Bereitstellung und für die Abdruckerlaubnis gilt den einen wie den anderen dennoch in gleicher Weise, den Mitarbeitern der Institutionen ebenso wie den individuellen Sammlern.

Bei der Auffindung von Briefen Stefan Zweigs war uns ›Stefan Zweig: An International Bibliography‹, compiled by Randolph J. Klawiter (University of Notre Dame), Riverside, California: Ariadne Press 1991, eine wichtige Arbeitsunterlage.

Bei Frau Miriam Reffet (Köln) bedanken wir uns für die Übernahme der Übersetzungen der französischsprachigen Briefe, bei Frau Gabriella Rovagnati (Mailand) für die des italienischsprachigen Briefes. Frau Brigitte Vergne-Cain (Paris), Frau Viktoria Fuchs und Herrn Dr. Gunther Nickel (Deutsches Literaturarchiv, Marbach a. N.), Frau Dr. Irene Lenk und Herrn Hofrat Dr. Hermann Frodl (Österreichische Nationalbibliothek, Wien), Herrn Hermann Staub (Börsenverein des Deutschen Buchhandels, Frankfurt a. M.) sowie Herrn Dr. Paul Schweitzer (Budapest) danken wir für ihre tatkräftige Hilfsbereitschaft. Frau Sonja Dobbins (London) und Frau Lindi Preuss (Zürich) haben uns bei der Planung und Ausarbeitung dieser Edition in jeder Phase aufs freundschaftlichste geholfen. Ganz besonders danken wir aber Frau Gisela Behr, die nicht nur das Transkript der Briefe, sondern auch sämtliche Anmerkungen für den Druck auf Diskette übertragen hat – sie war uns jederzeit eine kenntnisreiche, aufmerksame Partnerin.

Sommer 2000 K. B., J. B. B.

Briefe
aus den Jahren 1920–1931

An Julius Bab

Salzburg, 3. Jänner 1920

Lieber Julius Bab!

Vielen Dank für Ihren lieben und ausführlichen Brief und bitte scheuen Sie nicht die Mühe, das eine oder andere Gedicht zu übersetzen, denn die Ausgabe Verlaine, die vor dem Kriege als bloß literarische Angelegenheit geplant war, ist nun ein Manifest geworden, die deutschen Dichter können durch ihre Einheit zeigen, daß für sie der geistige Krieg nicht existiert und ich hätte Ihren Namen ungern an einer Stelle fehlend, wo die besten – Rilke, Werfel, Dehmel, Hasenclever, Eulenberg e tutti quanti vertreten sein werden. Sie werden gewiß etwas finden und damit das Werk fördern und mich erfreuen.

Ihren Wunsch, an der Bibliotheca mundi tätig zu sein, begrüße ich freudigst, wenn leider auch Ihr Vorschlag wegen Goethe nicht in Betracht kommen kann. Hier ist schon eine so ei[n]zige und definitive Form gefunden, daß Sie selbst erstaunen werden, aber es sind noch viele andere Möglichkeiten und ich werde mir bald erlauben, mich da mit einem Vorschlag an Sie zu wenden. Ich weiß genau wie wertvoll und untrüglich Ihr lyrisches Empfinden ist und Sie stehen längst in der Liste der wesentlichen Mitarbeiter.

Ja, es war mir sehr leid Sie in Berlin nicht gesehen zu haben und Sie besonders bei jenem Vortrag zu vermissen. Auch ich stelle mich bald mit einem Buch bei Ihnen ein, jener langen, seit Jahren aufgeschobenen Arbeit, Balzac, Dickens, Dostojewski, in der der Versuch gemacht ist, die Psychologie des Romanciers von einem ganz neuen und erhabenen Gesichtspunkt zu betrachten. Sie hören dann ausführlich von mir, für heute nur viele Grüße Ihres herzlich ergebenen

Stefan Zweig

An Romain Rolland

[Salzburg,] 14. I 1920

Mon cher, mon grand ami, je suis très heureux d'avoir votre bonne lettre du 4 Janvier et je vous remercie pour vos bonnes [!] vœux pour la nouvelle année. Qu'elle soit fertile à vous [= vous soit fertile]: la nouvelle que vous avez repris, «L'un contre tous» me réjouit. Ne croyez vous pas qu'il soit mieux de ma part avant de conclure mon livre sur vous d'attendre le roman. Je crois qu'il dira bien des choses définitives et que mon livre manquerait d'actualité, s'il oublierait [= oubliait] le roman, où vous réunissez dans une forme artistique vos idées pendant la guerre. Si vous croyez de [!] le finir avant l'automne, j'attendrais avec plaisir – j'aimerais que ma biographie paraisse avant noël en Allemagne.

La traduction de Liluli est presque achevé[e]. C'était excessivement difficile à faire, je me heurte souvent à des obstacles, qui sont dans l'esprit de la langue même. Voilà une des questions le plus difficiles – je me crois obligé de changer le titre, le nom même de Liluli. D'abord, l'Allemand quand il voit Liluli imprimé il prononce Lilouli. Et puis vous disez [= dites] «L'illusion» (Liluli), l'Allemand «Die Illusion» alors le L du Liluli est incompréhensible. J'ai donc l'intention de la nommer «Illusine» (prononcé Illousine comme Mélousine et beaucoup des [= de] noms des [= de] femmes dans les fables Allemand[e]s). Il manque, je le sens bien, dans ce nom l'accent de raillerie et de légèreté, mais tout-de-même il semble de [!] rendre mieux que tout autre le person[n]age en Allemand. De même je serai obligé à [!] changer d'autres noms, de rédiger certains passages – une traduction textuel[le] est absolument impossible. Toutefois j'aimerais d'avoir [!] votre sanction [= consentement] pour un changement si important que celui des titres, par exemple j'appel[l]erai L'hopi = Publicia, les Huluberloches = Sauerfresser (supposé Sauerkrautfresser, mangeurs de choucroûte), certains jeus de môts [= jeux de mots] seront supprimés ou échangés. Mais je ne peux pas [faire] autrement. J'ai fait la traduction du «Temps viendra» en 6 jours, je travaille à celle-là [depuis] des mois et j'ai pris comme aide et pour être plus sûr dans les questions de fact [= au sujet des faits] mon ami Erwin Rieger (ami de Jouve et Arcos) comme collaborateur. Mais je ne vois pas [d'] autre possibilité. Si vous [y] consentez, le livre peut aller chez Rütten & Loening en quinze jours, il vous enverra son traité [= contrat].

Le Temps viendra est imprimé, mais retardé chez le relieur. Il sera entre vos mains en [= dans] quelques jours. Reinhardt montera votre Danton. Pour le «Temps viendra» et «Liluli» je retiens toute représentation jusqu'à votre permission et celle de la Société d'Auteurs.

Si vous avez fini quelque chose que vous aimer[i]ez à [!] avoir traduit, envoyez-le tranquillement [= sans crainte]. Jamais je n'ai tant à faire qu'une traduction [venant] de vous ne me rendrait pas heureux.

Et maintenant, mon cher ami, [j'en viens] à la question capitale de votre lettre. Permettez-moi d'écrire ce passage en Allemand, car je veux m'exprimer avec la plus grande clarté possible. «Selbstverständlich ist meine Zustimmung zu jeder Veröffentlichung, die Sie, verehrter lieber Freund, vornehmen, gewiß! Was ich nur fürchte – sind meine Briefe. In meiner Erinnerung ist nicht eine Zeile mehr von ihnen, nur ein dumpfes Gefühl, sie möchten ganz töricht sein. Ich habe eine gewisse Angst mich selbst zu sehen, wie ich damals war – mein Tagebuch, das ich durchblätterte, zeigt mir manche Torheit. Was ich aber ferner fürchte ist – – – daß diese Briefe durch die Tatsache, daß sie über die Censur giengen, nicht ganz gerade waren, daß sie, statt frei zu sprechen, oft umschreiben, daß sie vielleicht manchmal vorsichtiger sind als mein Denken war. So habe ich nur zwei Bitten 1) daß Sie ausdrücklich dies anmerken, daß diese Briefe durch die Censur giengen, also zur Vorsicht und einer gewissen Hypokrisie genötigt waren 2) daß Sie mir vielleicht vorher die Correcturbogen vorher zeigen (obwohl ich ganz Ihrem Gefühl vertraue, daß Alles Persönliche ausgeschaltet sein wird.) Meine Zurückhaltung in allen persönlichen Dingen ist sehr groß, Sie sahen, daß ich das Verhaeren-Buch nur privat herausgab, und – daß ich's offen sage – mein Buch über Sie zögert so lange, weil ich es vermeiden will, als Intimer zu sprechen, zu verraten, was ich nur durch Ihre persönliche Güte weiß. Es ist ein großer Kampf zwischen innerer Leidenschaft und Willen zur Objectivität. Jouve hat es da besser – er gibt sich ganz hin in seinem Werke: ich versuche gleichzeitig so von außen zu sprechen wie ich von innen fühle.»

La semaine prochaine je vais à Vienne pour me marier avec Madame de Winternitz: la République a eu cet avantage pour nous, d'abolir ce stupide obstacle. Nous penserons à vous cette journée comme nous le faisons toujours. En [= dans] peu de temps vous aurez mes nouveaux livres: pour aujourd'hui, mon cher ami, mes meilleurs vœux et respects! Votre fidèle

StZ.

P. S. Je vous ferai parvenir l'admirable livre de Oswald Spengler «Der Untergang des Abendlandes», la plus grande vision historique depuis Hegel, un[e] œuvre d'une érudition énorme et d'une force étonnante.

An Victor Fleischer

Wien, [undatiert;
vermutlich 27. 1. 1920]

Mein lieber Victurl, es war mir bitter leid Dich nicht mehr zu sehen, ich kam pünktlich heute Dienstag früh an und heurathe morgen Mittag. Ich will Dir nur ein paar Pläne sagen, die mir rasch durch den Kopf geschossen sind[.]

Wie wäre es Wahrheit und Dichtung von Goethe reich illustriert zu bringen aber nur den Teil Frankfurt mit Portraits, Orten, Personen? Das wäre eine ganze Einheit, gäbe gerade 300 Seiten mit vielen Bildern. Man könnte es nennen G. Wahrh. & D »Die Frankfurter Jahre«[.] Das wäre vielleicht noch besser als Goethes Frankfurt – geht das Buch, so könnte man einen zweiten Band Leipzig, einen dritten Wetzlar, einen vierten Straßburg, einen fünften Weimar machen[,] einen sechsten Italienische Reise – eine göttliche Gesammtausgabe mit 100 en Portraits, die ganz langsam Band für Band erscheinen könnte[.]

Für Dein Jahrbuch rate ich Dir von Donath ab. Er ist ein Faultier, das über Notizen nicht hinauskommt, unfähig zu jeder ernsten Arbeit. Auch die »Deutschen Frauen« gefallen mir nicht, – wir haben eben keinen St.[!] Beuve (dessen [»]Portraits des femmes« glaube ich, noch unübersetzt sind.) Suche ferner irgend ein Buch mit Scizzen aus dem alten Frankfurt zusammenzustellen aus Goethe, Heine, Börne, Reisebriefen und Localgrößen, es könnte reizend sein.

Ferner interessiere Dich für Mainz! Die Belagerung von Mainz, die Goethe schildert, ist das interessante Capitel der französ. Revolution. Forster war damals das Haupt der Clubisten, seine Lebenserinnerungen oder gesammelten Schriften gut ausgewählt wären riesig interessant. Fühle einmal da auf den Zahn, es ist heute riesig actuell als der erste Versuch einer deutschen Revolution und es gibt außer von dem Franzosen Chuquet kein Buch darüber. Es muß aber zeitgenössische Documente geben. Damit hättest Du den Kreis gleich erweitert.

Jean Paul-Briefe werden eben bei Georg Müller herausgegeben. Eher rate ich zu seinen Gedichten. Wenn mir nächstens was einfällt, schreibe ich Dir. Herzlichst Dein

Stefan

Grüß Deine Frau!

An Friderike Maria v. Winternitz

[undatiert; Wien, vermutlich 27. 1. 1920]

Liebe Fritzi, bin ausgezeichnet gereist, leider ganz unweiblich begleitet, kam pünktlich an, fand alles wohl, gieng mit dem Concipienten zum Magistrat, wo die Ceremonie für Mittwoch d. 28. I. 11 Uhr festgesetzt wurde. Felix und Consorten sind bereits verständigt.

Deiner Mutter konnte ich nicht telefonieren, weil Du mir ihre Telefonnummer nicht mitgeteilt hast, ich gehe aber morgen oder übermorgen hin. Hier ist es recht öde, die Leute haben eine Heidenangst vor dem Bolschewismus. Ich schreibe Dir über die Ceremonie[,] hole übermorgen Deinen bereits freigegebenen Schmuck[.]

Herzlichst Dein

Stefan

An Anton Kippenberg

Salzburg, am 9. Februar 1920

Lieber verehrter Herr Professor!

Ich erhalte soeben Ihren Brief vom 2. Februar, dessen Hauptgeschäftliche Teile ich in der Beilage beantworten werde. Ich habe Ihnen am 6.d. ein Telegramm geschickt, in dem ich bat, mich zu verständigen wann Morisse bei Ihnen sei und wann er nach München kommt, habe aber bis heute noch keine Antwort. Morisse hat[,] wie ich vermutete, die postalischen Möglichkeiten überschätzt und alle meine poste restante Briefe an ihn, ja sogar die Telegramme scheinen zu spät gekommen zu sein. Er steckt jetzt irgend wo in Deutschland ohne daß ich weiß wo und die Möglichkeit hätte ihm zu schreiben oder zu telegrafieren. Ich fahre jedesfalls nach München, sobald ich von ihm Nachricht habe, ich muß auch dort wegen des Hauptgeschäftes einiges fragen.

Nun noch eines: kennen Sie das Buch »Hitopesa [!] oder die nützliche Unterweisung«, das ich einmal in französischer Übersetzung las? Es ist eine Sammlung von Geschichten und Maximen aus dem Sanskrit. Vielleicht erkundigen Sie sich darnach, es ist jetzt eine große Zeit für alle Werke des Ostens und es wäre überhaupt für die Insel wichtig einige Werke aus der indischen Frühliteratur zu haben. Eugen Karl Neumanns giebt es freilich nicht alle Tage, aber unter den jungen Gelehrten wird doch gewiß einer oder der andere sein, der dichterisch ihr einiges entäußern könnte.

Meine eigenen Bücher erwarte ich ungeduldig, hoffentlich kommen sie bald. Ich bestätige noch gleichzeitig Ihnen dankend den Erhalt des Monatsbetrages für Januar der Bibliotheca. Mit herzlichen Grüßen Ihr

Stefan Zweig

Hauptgeschäft: 9. Februar 1920

Zunächst zu der Mitteilung wegen Dante, meine selbstverständliche Zustimmung, daß Sie die Vita nuova übernehmen, freilich mit dem kleinen Bedenken, ob der Name »Opera omnia« dann schon gerechtfertigt ist. Es gibt nämlich von Dante außer dem Convito [!], das doch dichterisch schon belanglos ist[,] einige andere Schriften, aber ich glaube, Sie können den Titel doch wagen. Als Ersatz in der Serie käme in Betracht: Die »Fioretti« die Sie vorschlagen oder Petrarca: »Rime« oder Leopardi: »Poesie«. Ich glaube daß wir ruhig die Fioretti wählen können wenn Sie sich davon mehr Erfolg versprechen wie von Petrarca (der aber literarisch hochklassiger ist), die beiden katholischen Bände werden durch den Spinoza und den Luther reichlich aufgewogen.

Das beste aber ist wohl, Sie nehmen meinen Vorschlag an und wir kündigen gleich 30 statt der 20 Bände an um eben der Balance enthoben zu sein und erscheinen zunächst mit ein paar Probebänden, denn ich fürchte wenn wir auf alle 20 warten wollen, so versäumen wir die Weihnachten. Wir haben ja da ein dermaßen neues Feld betreten und die Widerwärtigkeiten der Zeit sind dermaßen unberechenbar, daß es mir gefährlich scheint, sich auf eine bestimmte Zahl einstellen zu wollen. Vielleicht wäre es doch gut, den Goethe, Byron, Baudelaire und die russische Ant[h]ologie und den Horaz, fünf totsichere [!] poetische Bücher als Proben vorauszusenden.

Am meisten freue ich mich auf die hebräische Ant[h]ologie, sie hat in den wissenden Kreisen mehr als Begeisterung hervorgerufen – nämlich ein ungeheures Erstaunen daß es dieses Werk noch nicht gibt, daß noch niemand auf die Möglichkeit gekommen ist. Es scheint, daß da ganz ungeheure Möglichkeiten noch verschüttet liegen die wir nach und nach in der Bibliotheca mundi zutage fördern können, vor allem jenes weltberühmte philosophische Werk Moses Maimonides, auf dem sich die ganze Theologie des Mittelalters aufbaut und von dem es längst keine anständige Ausgabe mehr gibt.

Viel erwarte ich mir auch von dem Napoleon Buche das ich mit Paul Amann in Wien vereinbart habe, es gibt merkwürdigerweise in Frankreich kein einziges derartig komprimiertes Buch.

Ich förder mit allem Eifer die Verhandlungen meiner Bände, das wesentliche ist schon vereinbart, am meisten zu tun gibt die

hebräische Ant[h]ologie wo aus dem Nichts etwas gewaltiges geschaffen werden soll und ich diesen vortrefflichen Herausgeber Meïr Wiener mit dem genialen Agnon zusammenspannen will. Und das ist nicht leicht, weil Wiener nach Prag gefahren ist um das Material zu untersuchen, Agnon bei München lebt und die postalischen Verhältnisse absurd sind. Ich wiederhole nur meinerseits die Bitte, mich zu informieren wie die Verhandlungen stehen wegen:
Griechischer Ant[h]ologie
Goethe
Luther
Renaissance von Schaeffer,
Holländische[r] Ant[h]ologie.

In der Frage der Ant[h]ologie bin ich innerlich zu einer gewissen Wandlung gekommen, vielleicht wird es besser sein bei den großen Nationen lieber die Gesamtant[h]ologie in einzelne Bände aufzulösen, z. B. die Italiener in einen Band italienischer Frühlyrik, Petrarca, die Renaissance, Leopardi und einen Band Neuzeit, die deutsche Lyrik z. B. gleichfalls in einen Band Frühlyrik, die vor Goetheschen Dichter, Goethe, Schiller, die Romantiker, die schwäbischen Dichter, protestantische kirchliche Lieder, katholische Dichtungen u. s. w. Ich glaube, daß sich dies alles erst im Laufe der Zeit ergeben wird und wir vielleicht besser tun, zunächst nur die Ant[h]ologien kleinerer Nationen zusammenzustellen, um nicht vorschnell eine Form zu prägen die wir dann später viell. wieder zerbrechen müßten. Meine ganze Bemühung bei den ersten Serien geht darauf uns nirgends festzulegen und immer die Möglichkeiten zu spätern Gesamtausgaben und Gesamtdarstellungen uns offen zu lassen.

Das Bibliotheca mundi Papier ist noch nicht eingetroffen, vielleicht machen Sie mir auch Mitteilung sobald der Generalstab komplett ist und wie Sie in Sachen Otto Hauser entschieden haben. Mit den herzlichsten Grüßen Ihr sehr ergebener

Stefan Zweig

An Anton Kippenberg

Salzburg, am 25. Februar 1920

Lieber verehrter Herr Professor!

Ich muß Sie heute um Rat in einer kuriosen Angelegenheit bitten. Ich erhalte heute von dem amerikanischen Übersetzer meines Verlainebuches, das dort vor 10 Jahren erschienen ist einen freundschaftlichen Brief mit folgender Mitteilung darin:

»Ich möchte Sie nun heute anfragen, wegen der hier jüngst erschienen[en] englischen Übersetzung Ihrer Novelle: Brennendes Geheimnis. Ihr Name ist auf dem Titelblatt nicht verzeichnet und der Verleger gibt dem Buch den Anschein, daß es das Original wäre eines englischen oder amerikanischen Autors Namens Stephen Branch. Ich sah sofort, daß dies bloß eine Übersetzung Ihres Namens ins englische ist und lenkte die Aufmerksamkeit einiger Kritiker, die darüber schrieben, auf diese Tatsache. Nun schreibt mir einer von diesen, der Verleger behauptete, er hätte dies mit Ihrem Wunsch und Einverständnis getan um jede Schädigung des Buches bei der herrschenden antideutschen Stimmung im Verkaufe zu hindern. Da ich aber einiges über die Unverschämtheit eines gewissen Types von Verlegern weiß so bin ich dieser Behauptung gegenüber ziemlich skeptisch, bitte sagen Sie mir, ob sie zutrifft oder nicht. Ich würde dann sofort den [!] betreffenden Herrn von der Unwahrheit dieser Aussage Mitteilung machen«.

Was sagen Sie zu dieser Sache, bei der Sie ja ebenso in Ihren Rechten geschädigt sind, denn ich habe nie einen Cent bekommen nie eine Erlaubnis gegeben und weiß nicht, ob wir schon ein Recht haben da gerichtlich vorzugehen und einen Schadenersatz zu fordern. Jedesfalls habe ich den Herrn gebeten mir ein Exemplar des Buches zu schicken, damit ich eine Handhabe besitze. Was wir dann tun sollen, und ob wir etwas tun können[,] werden Sie mir besser sagen.

Mit herzlichen Grüßen Ihr

Stefan Zweig

An Frans Masereel

[Salzburg,] 29. III 1920

Mon cher Frans, j'étais très heureux avec [!] ta lettre! La vie est tellement dégoûtante qu'on préfère de [!] vivre dans la vision de ses amis: tu ne devines pas la dépression, qui sort ici de la bouche de chaqu'un [= chacun] comme une sale odeur. Enfin les bon[s] gens commencent à comprendre que [!] après une guerre perdue on sera très très pauvre et eux, qui avaient tout le temps le double, le triple du salaire, sont étonnés de voir les prix centuplés. Mon ami, si ce n'était pas si triste, on aurait envie de rire: tu vas dans une boutique pour acheter un crayon. Il coûte 3 couronnes. Tu entres après deux jours dans la même boutique pour acheter le même crayon, il coûte déjà 12 couronnes. Un [= une] lettre de Suisse avait un timbre de 25 heller: depuis un mois c'est 1 Kouronne [!], à partir du mois prochain 2 couronnes. Tu peux bien comprendre que les gens deviennent fous. C'est trop vite venu pour leurs têtes stupides – moi je l'ai prédit depuis deux ans!

Tout de même, mon cher Frans, la vie te plairait ici infiniment. La nouritture [= nourriture] naturellement est peu satisfaisante, mais on se résigne. En Allemagne tout est mieux – seulement je crains que, si tu veux t'installer à Munic[h], tu trouverais difficilement un logis. Tout est rempli, des gens attendent des mois entiers, et surtout pour les étrangers on est excessivement rigoureux. Mais l'idée elle[-]même est excellente: tu trouverais sûrement en Allemagne énormément à faire et tu seras très connu, dès que tes livres auront parus [= paru] chez la [!] Insel et Kurt Wolff. Seulement je ne sais pas si la vente des livres et surtout des livres illustrés continuera: ils sont déjà maintement rudement chers. Et puis, quelles difficultés! Le «Zwang» est encore loin de paraître, à Leipzig on faisait des barricades au lieu des reliures, Dieu sait quand l'ordre se rétablirera [= rétablira]. Pour nous cela [= ce] serait naturellement le plus grand bonheur de te savoir à Munic[h], car nous sommes à deux heures et demi[e] de distance et on se verrait souvent. Peut-être tu pourrais [!] t'installer à la campagne [à] une heure ou deux de Munic[h] pour y vivre la vie paisible de la campagne et ne venir en ville que [!] une fois ou deux fois par mois. En tout cas viens d'[!]examiner le terrain, si tu viendrais [= venais] par Munic[h], je ferais le voyage pour t'aider et te guider chez nous!

Tu sais que le congrès qui devrait être tenu à Bern[e] aura peut-être lieu ici: on se rencontrera[it] avant en Suisse et je viendrais avec plaisir pour te revoir, seulement le voyage est très, très cher pour nous. Il semble que les bon[s] Suisses ont fait trop d'affaires et qu'ils étouffent en leur propre graisse: pour vous naturellement la situation est [une] autre, comme vous dépendez des [!] autres pays. Pour toi le sauvetage serait de trouver un éditeur Américain: je suis maintenant en relation avec un [!], peut-être je peux [!] faire pour toi quelque chose [!]. Là-bas tu pourrais avoir un succès immense, assez pour te payer un voyage autour du monde (ce sale monde, qu'on aime tout-de-même éperdument! qu'on voudrait fouiller jusqu'aux entrailles avec amour et fureur!) J'ai peur que pour Jouve et Arcos la situation est [!] plus difficile: toi tu es justement avant une grande célébrité [= tu es en marche vers une grande célébrité]. Ne t'oppose pas à cela avec une fausse modestie ~ mon cher Frans, j'ai prouvé mon bon flair, j'ai connu d'avance le succès de Verhaeren, de Rolland et maintes [!] autres. Je suis sûr du tien et je suis sûr de toi, que jamais tu [n']en abuseras.

Mon vieux, voilà une longue lettre pour un écrivain qui est obligé d'en fabriquer une à deux douzaines par jour: mais puisse-t-il [!] te prouver mon amitié. Ma femme répond avec [!] tout son cœur aux salutations de ta chère famille: nous parlons si souvent de vous! Ton portrait est sur notre secrétaire et nous fait [!] beaucoup de joie ~ mais pas autant que l'original [en] ferait lui-même.

Je t'embrasse, mon cher Frans!

Stefan

Le Zwang paraîtra en avril!
Meilleurs saluts aux amis!

An Frans Masereel

Salzburg, Kapuzinerberg 5
[undatiert; vermutlich
Anfang Mai 1920]

Mein lieber Franz [!], ich schreibe Dir heute deutsch, um mich besser und klarer auszudrücken. Denn die Freude, als ich Dein Buch glücklich empfieng (die Exemplare für Heller noch nicht) war so ungemein groß, wie Du Dir es kaum denken kannst, denn das warst Du, der Uns so Liebe, der mit diesen Blättern zu Uns kam, fast so freudig begrüßt, wie es der wirkliche Frans wäre, wenn er die zweihundert Stufen zu unserm Hause heraufpilgerte. Ich kenne wenig bildnerische Werke, die mit dem Menschen so völlig identisch sind und in seiner Trauer, seinem Übermut, seinem Ernst hat es mich gleich ergriffen. Was für ein ganzer Mensch Du doch bist, wie gerade und klar (mit allen Tiefen doch klar) fast könnte man Dich beneiden um diese selige Freiheit, mit der Du Dir selbst gehörst. Ich las dazu die Biografie Whitmans von Bazalgette, sie schien mir fast eine Paraphrase dazu.

Eben kommt Friderike und will spazierengehen, denn es ist göttlich schön in diesen Maitagen (man vergißt die widerliche Zeit.) Ich gebe ihr nach, ziehe mich an, umarme Dich noch einmal dankbar und brüderlich von ferne! Herzlichst Dein

Stefan

Mon cher ami,
je vous embrasse pour votre livre d'heure[s]. Il n'a pas un jour que nous parlons pas de vous et des amis lá-bas. Nous allons bien ici. Mes compliments à Mme Masereel et bien de chose a touts [!] les amis.

Sincèrement cher ami
votre
Friderike

Rieger est à Lugano poste restante

An Joseph Chapiro

Salzburg, am 19. Juni 1920

Lieber Chap!

Ich kann Ihnen endlich wieder einmal schreiben, nachdem ich die große Arbeit des Rollandbuches hinter mir habe. Es ist ein dicker Band von vielleicht 350–400 Seiten geworden, der gleichzeitig auch englisch erscheint und enthält sogar schon eine Darstellung seines neuen Romanes der erst zu Weihnachten erscheinen wird, übrigens eines ganz grandiosen Buches. Jetzt kann ich wieder an meine Freunde denken und freute mich sehr von Ihnen zu hören, was Sie tun und treiben.

Mein Buch über »Drei Meister« (Balzac, Dickens, Dostojewski) haben Sie wahrscheinlich schon vom Verlag bekommen, ich ließ Ihren Namen auf die Liste setzen. Vielleicht können gerade Sie als Russe über Dostojewski befugter ein Wort sagen als jeder andere. Sollten Sie es nicht bekommen haben, so reklamieren Sie sofort bei mir, oder noch besser unter Berufung auf mich bei der Insel, denn die Korrespondenz nach Österreich ist ja ungeheuer schleppend.

Daß die Genfer Freunde alle in Italien sind, haben Sie wohl gehört, es scheint ihnen auch dort nicht sonderlich zu gefallen und ich glaube, sie werden alle sich entschließen das vernünftigste zu tun, nämlich nach Frankreich zurückzukehren wo sie ja die meiste Wirksamkeit hätten. Nächstens erscheint ein Dostojewski-Aufsatz in russisch, ich möchte Ihnen da gern die Korrekturen zusenden lassen, damit die ein Fachmann begutachtet, oder ist das zuviel verlangt?

Mit vielen herzlichen Grüßen von uns beiden Ihr aufrichtig ergebener

Stefan Zweig

An Marek Scherlag

Salzburg, am 22. Juli 1920

Lieber Herr Doktor!

Ich danke Ihnen auf das herzlichste für Ihren lieben Brief und die freundschaftliche Bereitwilligkeit, mit der Sie sich der

Mühe unterziehen wollen ein nun schon Jahre umfassendes Werk zusammen zu fassen, das ich Ihnen überdies heute auch durch die gleichzeitige Sendung meines neuen Buches »Drei Meister« ergänze. Das Nationale meiner Arbeiten liegt ja bei weitem weniger im stofflichen als in der natürlichen Selbstverständlichkeit, die hier wahrhaft international über das Deutsche hinausgreift und den Geist aller Nationen mit unserem, also mit dem reinen Geist zu verbinden sucht. Denn ebenso wie der Trieb zur Zersetzung, den man soviel [!] beklagt, ist uns ja der Sinn zur Bindung angeboren und als historische Aufgabe bestimmt: ihr zu dienen war ich ja immer bemüht, unbewußt zuerst und nun immer bewußter, jemehr [!] ich zu erkennen glaube, daß dies unsere europäische Mission ist. Sie haben sehr richtig empfunden, daß auch das Wanderhafte, das in dem Buche »Fahrten« und so vielen Gedichten zutage tritt, nicht nur ererbte Unruhe ist, sondern jene Weltneugier die sich im literarischen dann in Psychologie verwandelt. Uns allen ist das Verstehen der wesentlichste Teil des Schaffens und in diesem Sinne immer weiter zu gelangen, werden Sie nicht minder mich in meinem neuen Buch, besonders in dem Dostojewski Aufsatz, bemüht wissen.

Was Sie vom »Tersites« sagen, ist für mich überraschend richtig, er stellt eigentlich die erste Gegenwehr gegen das griechisch-heroische Gewaltideal dar und das stimmt ganz zur Auffassung, die Renan dem Volke zuweist, wenn er sagt, daß das Judentum im Gegensatz zum Griechentum gleichzeitig den sozialen Gedanken, den der Nicht-Gewalt zum Ausdruck brachte. Es wird übrigens, glaube ich, nicht gefordert, den Aufsatz ganz auf das Jüdisch-Nationale zuzuschneiden und Gewaltsamkeit wäre da eben von Schaden, aber ich denke bei Ihrer genauen Kenntnis und Ihrer bewährten Freundschaft, daß Sie dies alles auf das beste machen werden und danke Ihnen im voraus innigst als

Ihr ergebener
Stefan Zweig

P.S Ich sehe die Aufgabe des Jüdischen politisch darin den Nationalismus zu entwurzeln in allen Ländern, um so die Bindung im reinen Geiste herbeizuführen. Deshalb lehne ich auch den jüdischen Nationalismus ab, weil er auch Hochmut und Absperrung ist: wir können nicht mehr, nachdem wir 2000 Jahre die Welt mit unserm Blut und unsern Ideen durchpflügt, uns wieder beschränken in einem arabischen Winkel ein Nationchen zu werden. Unser Geist ist Weltgeist – deshalb sind wir geworden, was wir sind und wenn wir dafür leiden müssen, so ist das unser Schicksal. Es hilft nichts stolz zu sein auf das Judentum oder beschämt – man muß es bekennen wie es ist und auch so leben, wie es eben unser Schicksal ist, nämlich heimatlos im höchsten Sinne. Deshalb glaube ich, daß es nicht Zufall ist, wenn ich Internationalist und Pazifist bin – ich müßte mich und mein Blut verleugnen, wenn ich es nicht wäre! Auch im Jeremias ist ja der Sinn gegen eine Realisierung unserer Nationalität gewandt – sie ist unser Traum und kostbarer als jede Verwirklichung. An den Polen können wir die ganze Tragik erkennen, wenn sich Träume verwirklichen!

An Victor Fleischer

[Salzburg, undatiert;
Poststempel: 22. 8. 1920]

Lieber Viktor,

ich schwöre es, jeden Tag wollte ich Dir schreiben, aber Du ahnst ja nicht wie Salzburg ist. Das Café Beethoven ist nichts aber auch gar nichts dagegen. Alles, alles war, ist da, ist in der Nähe kommt wieder, telefoni[e]rt, will Verabredungen. Stefan ist oft in hellwütiger Verzweiflung und was ich abwehren oder ablenken oder hinausschieben kann geschieht, aber wo dann noch neben Wirtschaft, Landes Bildungs Amt, Kindererziehen, Garten Zeit finden zu schreiben, wem man will. Sonst geht es mir gut. Mit dem »Knaben«, wie Du sagst, ist es oft schwer, denn er ist zuweilen heftig, auch vor Leuten und das ertrag ich nicht immer mit der den Anlässen entsprechenden Gleichmut*. Auch ärgern mich die Zudringleichkeiten der intellektuellen fallobstreifen Frauengezimmer, die einfach über meinen Kopf hinweg ihre Fallübungen an ihm erproben, so daß ich schon einen rechten Eckel vor meinem eigenen Geschlecht habe. Schön haben wir es, paradiesisch. Aber jeder kleine Winkel wäre mir lieber mit mehr Unbe[he]lligkeit im eigenen Heim.

Daß Dir mein Roman etwas bedeutete freut mich um so mehr, als Du ja Viktor der Gestrenge bist. Ich wollte ich hätte wieder mehr Traumstille um mich, einen neuen zu schreiben. Hoffentlich hast Du Deine liebe Frau noch bei Dir. Sag ihr herzliche Grüße! Auch Deiner Frau Mutter. Sei Du sehr herzlich gegrüßt von Deiner Freundin

Friderike

Ich lasse noch Platz für Stefan.

Lieber Victurl, ich schreibe Dir aus der belagerten Festung Salzburg. Mein Lieber, es gibt keinen Juden, der jetzt nicht in S. ist und seit Reinhardt da ist, sammelt sich das Volk wie schwarze Fliegen, Aussee vomiert sich aus, wir haben manchmal uns bitter zu verteidigen. Meine Arbeit geht ganz futsch dabei. Und ich hätte so viel zu tun!

Vathek ist ein ganz gutes Buch, <u>gar</u> nichts besonderes auch schon oftmals erschienen. In einer Serie wie Kurt Wolff könnte es noch ein Erfolg werden, von Wien aus ist es nicht zu lancieren. Ich rate Dir <u>sehr</u> ab.

Uns geht es gut. Fritzi ist sehr eifersüchtig, obwohl meine Fehltritte noch an den Fingern der Hand abzuzählen sind und doch von vorneherein escomptiert waren. Aber das ist ihr schwacher Punkt, leider auch der meine.

Ich komme im Herbst nach Wien! Viele Grüße Deines

Stefan

* Für den Fall als Du Getratsch über unsere »Ein«stimmigkeit hören solltest, nimm es also bitte nicht tragisch.

An Jean-Richard Bloch

Salzburg, Kapuzinerberg 5
6. Sept. 1920

Mon cher ami, je vous réponds immédiatement à votre belle lettre qui m'annonce la perte d'un autre antérieur. Je vous remercie de tout mon cœur que vous voulez [= de vouloir] vous charger de l'édition Française de mon «Jeremias»: pour ma part j'ai renoncé à tous les pourcents [= pourcentages] pour les premiers [!] éditions, pour vous faciliter votre projet [re]tardé. Le fait que [!] une édition Anglaise et Russe paraissent et la belle étude de Rolland faciliteront, j'éspère, la vente. Je suis très heureux que ce livre paraîtra en France grâce à vous.

Pour l'autre brochure que vous me proposez, je regrette de ne pouvoir la [!] écrire. Car je ne veux pas mentir. Parlons franchement entre amis: la Révolution Allemande et l'Autrichienne étaient si laides, si dépourvu[e]s d'esprit révolution[n]aire, qu'on forgerait la vérité en le proclamant. Les Allemands ont expédié l'empereur dans l'espérance d'obtenir des [!] meilleur[e]s conditions matérielles. Ils ont eu peur de payer. Et quand la révolution tournait vers le pivot [!] révolution[n]aire et [que] leur bourse bourgeoise était menacé[e] par la révolution, ils ont tué Liebknecht et Luxemburg comme des chiens. Et ceux qui sont aujourd'hui les grands maîtres d'état sont en même temps les complices de leur assassinat. En Autriche on faisait [la] révolution dans l'ex[c]itation du moment et par esprit de rancune: maintenant on le regrette. Nul esprit révolution[n]aire ni chez nous ni chez eux. Il faudrait mentir grossièrement pour donner à nos «révolutions» une couleur héroïque ~ excepté les grand[e]s figures de Liebknecht et de Landauer et [de] Luxemburg, ces juifs panhumains, qui, méconnaissant le peuple Allemands [!], rêvaient dans leur idéalisme, qu'on pourrait changer un peuple militariste, qui ne connaît que la joie d'obéir ou de commander, en peuple démocratique. Non, mon cher ami, je n'ai pas le courage de ce mensonge. Notre république et l'Allemande sont un amas de compromis et de chantage. L'état est souillé par le mercantilisme et de [!] la politique – taisons l'état moral d'Allemagne et d'Autriche, si nous voulons lui être utile. Si une partie minime de l'exaltation pour la révolution avait été vrai[e] – aurait-t-elle [!] pu disparaître en six mois si complètement, qu'on ne [= n'en] retrouve plus une lueur, excepté dans nos cœurs? En Allemagne la haine qui se dirigeait contre les ennemis, n'a pas disparu[e]: il [= elle] se décharge maintenant entre les partis et surtout contre les juifs, parsqu'ils [= parce qu'ils] ont fait la révolution. Et, mon cher ami, ils ont raison. C'étaient quelques juifs seulement qui étaient révolution[n]aires en Allemagne, la nation elle-même est la même qu'autrefois, pas un seul vrai Allemand, qui soit républicain de cœur. Si [= Quand] Curtius écrira cette histoire il ne dira pas la vérité. Moi, je vous la dis, mais entre nous. Il faut taire quelques vérités: car si on savait en France le vrai état d'esprit en Allemagne, la haine deviendrait éternelle.

J'ai regretté énormément que notre réunion échoue. Je n'espère rien d'une entrevue du point de vue pratique ~ seulement j'espère pour nous une certaine élévation morale. On se verrait, on sentirait sa fraternité plus vivante, on se débatterait [!] mieux contre son scepticisme d'action. Ne laissons [= n'abandonnons] pas cette idée. Il faut que nous nous revoy[i]ons. Moi, je viendrai à toute heure et en chaque ville (excepté en France, car je ne veux pas faire des demarches pour obtenir grâce à des protections une permission de passer la frontière). Pour nous le voyage et les frais sont très élevés, beaucoup plus que pour vous, mais je profite de la vente de mes livres, qui après des années de silence commencent à marcher bien.

J'espère toujours encore, mon cher ami, que votre roman paraîtra enfin en Allemand. Comment est-ce avec une [= Qu'en est-il d'une] édition Anglaise? Je pourrais le recommander à mon éditeur Américain, si vous n'avez pas encore disposé: Je crois, [que] le livre intéresserait beaucoup là-bas (surtout si vous consentiriez [= consentiez] à quelques coupures, le livre gagnerait beaucoup, si on le dégagerait [= dégageait] de quelques détails)

Mon cher ami, je vous remercie de tout mon cœur pour votre bonne lettre. Espérons! Espoir est vivre dans une époque, ou la vie devient si morne, si étroite, si dépourvu[e] de grandeur. Et travaillons! Il n'y a que le travail pour oublier et pour combattre notre scepticisme. Je vous envoie encore un livre d'essays [!] et je serais heureux, si vous pourriez [= pouviez] lire l'étude (très difficile) sur Dostojewski, qu'on estime beaucoup chez nous et qui est vraiment ce que j'aime le plus de mes efforts critiques.

De tout mon cœur votre

Stefan Zweig

J'ai lu quelques mots de Grautoff sur vous ~ indifférents et quelquonques [= quelconques] comme tout ce qu'il écrit.

An Rudolf Pannwitz

Kapuzinerberg 5
Salzburg
13. IX 1920

Sehr verehrter Herr Pannwitz, lassen Sie mich für die außerordentliche Gabe Ihres Buches und Ihre Worte aufrichtigst danken. Das Wort »Einführung« scheint mir in Ihrem Nietzsche-Werk zu einschränkend, führt es doch – ob bewußt oder unbewußt – in manchem über ihn hinaus, indem es seine Ideen in gesteigerter Form durch das Symbol seiner Existenz erläutert, indem es nicht abschließt, sondern aufschließt: man fühlt es ist noch Raum im Geistigen hinter ihm

Darf ich nun etwas Principielles anmerken? Ich weiß, daß ich damit an Etwas rühre, das bei Ihnen längst starrer Entschluß geworden ist und, das umzubiegen, Vermessenheit wäre. Aber ich sehe in Ihrem Werke einen steigenden Willen, nicht nur deutsch, sondern europäisch zu wirken und ein Hemmnis solcher Wirkung will mir eine Äußerlichkeit scheinen: nämlich die kleinen Buchstaben und der Verzicht auf Interpunction. Mich selbst nun stört die Anstrengung durchaus nicht und ich billige Ihrem (heroischen) Entschluß die persönliche Notwendigkeit zu: haben Sie aber bedacht, daß Ausländer[n], denen die deutsche Sprache zwar bekannt, aber doch niemals in so hohem Maße zu eigen ist, Ihre Werke dadurch versperrt sind? Daß, wenn ich etwa Rolland, Brandes, Meres[ch]kowski oder sonst einem wissenden und wertenden Europäer Ihr Buch in die Hände legte, er trotz seiner sonst zulänglichen Kenntnis des Deutschen, hier seine Ohnmacht des Verstehens einbekennen müßte und nur dank jenes aüßerlichen Umstandes? Ich meine nun nicht, Sie sollten von nun ab auf die einmal geprägte Erscheinungsform Verzicht leisten – aber wäre es nicht gut, Sie ließen einmal eine principielle Schrift, Ihren »Ecce homo«[,] auch in der gelaüfigeren Form erscheinen, nur um über das enge Deutschland hinaus zu sprechen (das ja selbst recht hart hörig erwiesen ist und die Ohren erst spitzt, wenn ein Name von jenseits der Grenze zurückklingt?) In diesem, nur in diesem europäischen Sinne dünkt es mir geboten, einmal eine Auslese des Wichtigsten aus Ihrem Werke in der gewohnten Druckform zu veröffentlichen und ich hoffe, Sie billigen meiner Anregung wenigstens den Wunsch zu, Ihr Werk in seiner gemäßen, der europäischen, Sphäre gewürdigt zu sehen.

Ich freue mich, daß Sie so großer Arbeit hingegeben sind und begleite sie mit erwartungsvollster Teilnahme, dankbar für viel und tiefeindringlich Gegebenes und das Beispiel geistiger Leidenschaft, dies so selten gewordene in unserer Zeit. In Verehrung ergeben

Stefan Zweig

An Friderike Maria Zweig

[Heidelberg, undatiert;
Poststempel: 25. 10. 20]

L. F. an einem herrlichen Herbsttag – überhaupt ich weiß nicht mehr wie Regen tut – auf der Schloßter[r]asse in Heidelberg, weit und mild aufgetaner Blick in die Weinberge. Seltsame Ähnlichkeit zu Salzburg – nur dort eine italienische Stadt in deutsche Landschaft gebaut, hier eine deutsche Architektur in die sanfthügelige und milde eines Südlands. Müßte man nicht abends einen Vortrag halten, so empfände man solche Stunde viel reiner, aber es ist heute der letzte (nicht nur für diesmal, sondern für lange außer vor Studenten oder jungen Menschen).

Die Stadt selbst ist mir peinlich durch das Corpswesen: obzwar die Universität noch nicht begonnen hat, wimmelt es von Kappen und verkappten Militaristen. Morgen gehts ins langweiliche Laipzich, dann bin ich am 29. in München, pünktlich wie ein ausgesungener Concertsänger und wie ich hoffe, gut belebt von den vielfältigsten Eindrücken. Leb wohl – verzeih mir daß ich Dir keine Ansichtskarte mit rosaroter Schloßbeleuchtung und Scheffelgedicht sandte. Diese Dinge sind mir greulich.

Dein Bô

An Romain Rolland

Salzburg, 2. Nov. 1920

Mon cher et grand ami, rentré à Salzbourg je trouve le livre du cher Jouve. Laissant tout travail à [!] côté, je l'ai lu immédiatement et avec beaucoup de joie. Jouve par sa ferveur, sa fidélité intrépide, a donné un[e] œuvre tout à fait unique: il a traité tous [!] les évolutions de votre pensée dans les plus intimes fluctuations. Et avec quel tact a-t-il su de [!] raconter tous les faits sans jamais devenir indiscret. Pour moi le feu, la tendresse, qui allume le [!] pages et pénètre chaque phrase avec sa chaleur bienfaisante, était quelque chose de sacré. Et vraiment, Jouve s'est élevé par sa [!] intensité d'admiration et de ferveur au-dessus de son propre talent: il est [= a] grandi en aimant la grandeur, en professant sa foi. Rarement un homme vivant a eu cette satisfaction de voir pénétré sa vie intellectuelle avec tant d'intimité et véracité comme [= que] vous par le livre de Jouve – mais, mon cher ami, c'est vous qui a [= avez] créé non ce livre, mais la foi qui l'anime. Et tout [ce] que nous donnons est bien faible en comparaison avec ce que nous avons reçu.

Mon livre paraîtra à côté de celui de Jouve peut-être froid et moi-même je suis le premier à reconnaître la supériorité du sien. J'étais – je le vois bien – trop peureux pour montrer toute ma [= mon] affection, je feignais une fausse objectivité au lieu d'ouvrir mon cœur avec effusion. Mais aussi dans mon premier livre (le public) sur Verhaeren je gardais cette forme contre ma volonté secrète. Je suis donc plus que [!] heureux que [!] un si cher ami comme [= que] Jouve place à côté de mon livre le sien et dit [!] avec plus de franchise la gratitude qui nous anime.

Mon livre paraîtra vers le 15 novembre. Vous l'aurez fin novembre, cinq exemplaires et un peu plus tard un exemplaire de luxe (on en livrera vingt.) Pour le Clérambeault [!] tout est reglé avec Rütten & Loening; pour Pierre et Luce j'ai proposé Paul Amann comme traducteur à Kurt Wolff. Le pauvre homme qui vient de perdre sa femme en des circonstances si malheureuses a bien besoin (aussi materiellement) [d'] un appui. Il est si honnête!

Aujourd'hui nous recevrons ici à Salzbourg la visite de Maurice Ravel, qui a eu des succès énormes à Vienne, un vrai festival Ravel. J'estime beaucoup son talent, sans pourtant aimer trop sa manière. Mon admiration se porte plus vers la grande hardiesse, vers le «Dämonische» dont Goethe parle toujours et dont j'ai ressenti pour la dernière fois la trace dans l'œuvre de Mahler (qu'il faut connaître dans son ensemble et en cohésion avec sa vie et sa person[n]alité pour le sentir.)

En Allemagne mes conférences [se] sont bien passé[e]s. A Heidelberg les étudiants ont sali et [ont] pris quelques affiches (leur façon de protester) mais les conférences [se] passaient sans incidents. J'étais aussi dans les pays occupés, à Wiesbaden et à Ludwigshafen ~ un spectacle dégoûtant. Les Français continuent de [!] jouer [à] la guerre, tout[e] la journée des parades, des convois roulants, des autos en pleine vitesse (comme si on serait [= était] au centre d'une bataille.) Les femmes des officiers avec des riches fourrures et des bijoux – les officiers font la contrebande et s'enrichissent, les soldats couchent avec les jeunes filles du pays, qui ne leur donnent pas la peine superflu[e] de les violenter. On sent le mensonge national là-bas avec une intensité inouie.

Je ne comprends que trop bien la peur que vous avez de vous stabiliser, de vous fixer quelque part. Une maison est quelque chose de vivant: il [= elle] mange, il [= elle] devient malade, il [= elle] vous occupe avec sa présence inévitable et même si vous le [= la] quittez pour quelque temps, il [= elle] ne vous laisse pas tranquille. Il [= elle] vous attache plus au sol, au pays, à l'état, aux gens – c'est un frein à la liberté person[n]elle. Mais ne pouvez-vous pas trouver quelque part un étage dans une villa, étage tout à fait isolé qui vous permet de fermer à clef et de s'en aller sans souci. C'est pour moi la solution la plus agréable – Verhaeren le faisait de cette façon, qui avait sa petite maison au Caillou, mais gardé[e] par le propriétaire qui vivait à côté. D'autre part – on a ses livres, on a ses documents et c'est la moitié de notre vie intellectuelle, la solitude avec les idées, les livres, avec toute sa vie vécu[e]. J'espère de tout mon cœur que vous trouverez une solution satisfaisante. Et n'oubliez pas, n'oubliez pas, que si un jour vous cherchez un repos complet vous aurez chez nous, dans notre maison admirablement situé[e], deux chambres tranquilles et que [vous] nous rendrez heureux par votre présence.

Encore un mot. Vous vous souviendrez, que [!] une seule fois pendant la guerre je vous ai envoyé de nos amis (qui malheureusement ne pouvait pas vous rejoindre) Madame Berta Zukkerkandl, la sœur de Madame Paul Clémenceau, le frère du tigre. Elle va maintenant pour un mois à Paris et elle aimerait beaucoup à [!] vous voir. C'est une femme superbe, qui a connu tout dans la vie des arts et dont la bonté a été utile pour deux jeunesses [= jeunes générations]. Je lui donne un mot pour vous et je serais très content, si vous voudriez [= vouliez] la reçevoir: elle vous racontera tout de notre pays et de notre vie.

Fidèlement votre

Stefan Zweig

Mes compliments à Mad. votre sœur!

An Sigmund Freud

3. Nov. 1920
Salzburg, Kapuzinerberg 5

Hochverehrter Herr Professor, wenn ich erst heute für Ihren profunden und mir so wertvollen Brief Dank sage, so ist diese Verzögerung einzig dadurch verschuldet, daß ich erst gestern von einer dreiwöchentlichen Vortragsreise nach Salzburg heimkehrte. Sie mögen Sich denken, wie interessant mir Ihre Auffassung von Dostojewskis pathologischem Bilde ist, das selbstverständlich dem meinen gegenüber den Wert der Sachkenntnis besitzt. Ich weiß daß Dostojewski, dem Wissenden aller Dinge auch diese Scheinform der Epilepsie nicht fremd war – in seinem Smerdjäkoff hat er sie gestaltet und durchschimmern lassen, daß es Menschen gäbe, die bis zu einem gewissen Grade die Fähigkeit besitzen, nach Wunsch und Willen die Krankheit gewissermaßen bewußt zu reproducieren. – Ich glaube nun, daß bei ihm selbst tatsächlich aus einem geheimnisvollen Lustgefühl der Wunsch nach gewissen Formen der Anfälle vorhanden war: hier ist gewiß noch eines der lockendsten Geheimnisse für einen Psychopathologen vorhanden.

Es war mir beschämend und beglückend zugleich, zu sehen, wie viel Mühe Sie an meine Studie wandten und glauben Sie, bitte, daß ich solche Hingabe mit innigster Dankbarkeit zu würdigen weiß. Ich gehöre zu der geistigen Generation, die kaum jemandem so sehr für Erkenntnis verschuldet ist als Ihnen und ich fühle mit dieser Generation, daß die Stunde nahe ist, wo die ganze weittragende Bedeutung Ihrer Entdeckung der Seele Allgemeinbesitz, europäische Wissenschaft wird. Aus England, aus America bringt mir jede Post Fragen nach Ihnen und Ihrem Werk – vielleicht wird allmählich auch der Heimat offenbar, wie unendlich Sie uns bereichert haben. Und ich hoffe, daß mir bald einmal Gelegenheit geboten ist, dies öffentlich umfassend auszusprechen.

In dankbarer Verehrung

Ihr ergebener
Stefan Zweig

An Samuel Fischer

Salzburg, Kapuzinerberg 5
17. XI. 1920

Sehr verehrter Herr Fischer, ich danke Ihnen auf das aufrichtigste für Ihren gütigen Brief und ehrenden Vorschlag: niemand weiß so sehr wie ich seit Jahren, daß die »Neue Rundschau«

trotz aller anderen Versuche immer das innere Centrum der literarischen deutschen Kreise geblieben ist und daß von dort aus bestimmend auf die (so notwendige!) Klärung des Urteils eingewirkt werden kann. Und vor einem Jahr hätte Ihr Vorschlag eine richtungsgebende Bestimmung in meinem Leben bedeutet.

Heute bin ich – leider oder gottlob?!, man weiß es nicht – an eine Sphäre gebunden, mich hält mein Haus, das ich noch rechtzeitig finden konnte, fest. Und gleichsam mit halber Kraft und halbem Wesen an eine Aufgabe zu treten, deren moralische Verantwortung ich so stark fühle, wäre verhängnisvoll. Sie haben ein Recht, daß wenn Sie jemanden an dies Werk rufen, das gleichsam Ihr Lebenswerk darstellt und ein Stück deutscher Culturgeschichte, – daß dann der Bestimmte Alles läßt für dieses Werk, das nicht halb getan sein darf. Ich aber habe noch manche Verpflichtung und trage die Eifersucht der eigenen Production in jede neue Tätigkeit hinein. Wollen Sie, bitte, gerade darin, daß ich, statt leichtfertig zuzusagen, lieber meine Unfähigkeit bekenne, die ganze Achtung erkennen, die ich für diese Aufgabe habe.

Daß Sie mich für diese Aufgabe aber befähigt hielten, wird mir, bei Ihrer Erfahrung, immer eine der wertvollsten moralischen Genugtuungen meiner literarischen Bemühung sein. Ich danke Ihnen für dieses Zeichen Ihres Vertrauens mit der ganzen Innigkeit, deren ich fähig bin und werde jeder Gelegenheit froh sein, Ihnen diese Erkenntlichkeit tätig erweisen zu können. Im letzten wird Ihre Wahl doch eine glückliche werden, solange Sie selbst bestimmend auf den Gang und die Gestaltung Ihres großen Werkes einwirken – vielleicht würde eine Umfrage unter Ihren festen Künstlern Ihnen die beste Anregung geben, den Richtigen zu finden. Ich weiß, wie sehr zum Beispiel Thomas Mann das Problem einer deutschen Zeitschrift beschäftigt hat – sein Rat wäre doch wohl der Entscheidende, denn, trotz aller Scheinformen des Widerstands scheint mir Thomas Mann derjenige, der am klarsten in deutschen Dingen sieht und dessen Urteil über Menschen und Werke sich als fast fehllos erwiesen hat. Sein Blick, ungetrübt durch Beziehungen und Neigungen der Zeitläufte, würde sicher den rechten sehen. Auch an René Schickele habe ich mit mehr Vertrauen als an mich selbst gedacht.

Nochmals Ihnen auf das innigste dankend in aufrichtiger Verehrung ergeben Ihr

Stefan Zweig

An Hermann Bahr

Salzburg Neujahr 1921

Lieber verehrter Herr Bahr, ich bin von Wien zurück – freilich, um in 8 Tagen wieder zu verreisen: die alte Beweglichkeit kommt mit den Schnellzügen wieder und ich genieße sie nach der Stabilität dieses Herbstes und der Galeerenarbeit der letzten Monate. Für Ihren Selbstbiografiebeginn danke ich Ihnen sehr – die Capitel sind ganz ausgezeichnet. Ich wünschte mir vielleicht noch ein ganz klein wenig Milieu hinein (Linz, die Wohnung, die Lebensart, wie das ja bei Goethe vorbildlich ist, ja sogar ein Quentchen Preise und Zahlen: das gibt einen märchenhaft-historischen Character und zeigt, welche Fernen heute ein einzelnes Menschenleben überspannt.) Überhaupt würde ich mir den Rat erlauben, in Buchform das Werk erst drucken zu lassen, sobald die ganzen Aufsätze erschienen sind. Es ist sehr leicht möglich, daß Reflexe von späteren Spiegelungen zurückfallen und Ihr Gedächtnis dann bei irgend einem Anlaß sich wesentlicher Dinge erinnert. Aber wie schön wird das ganze Buch sein!

Ich grüße Sie und Ihre Frau Gemahlin herzlich ins neue Jahr hinüber! Daß ich Ihnen nicht einzeln zur Ehelei, zum Unmenschen, u. s. f. gratuliere, müssen Sie mir zu Gute halten: man brauchte jetzt verschwenderisch viel Papier, wollte man Sie zu jedem einzelnen Erfolg beglückwünschen. Also nur en bloc – Untersberghohe Tantièmen, viel Freude, viel neue Arbeit und ein Jahr ohne März! Herzlichst ergeben Ihr getreuer

Stefan Zweig

An Rudolf Pannwitz

Kapuzinerberg 5 Salzburg
25. I. 1921

Verehrter Herr Pannwitz, ich sprach gestern Herrn Rainalter, der mir sagte, daß es nun einzig an Ihnen sei, den Tag Ihrer Ankunft zu bestimmen: alles Andere wird dann hier auf das sorgfältigste vorbereitet; ich will selbst eine kurze orientierende Notiz über Sie im Salzb Volksblatt verfassen, um von vorneherein eine Respectstellung des Publicums (das aus dem engeren Kreise der Gesellschaft sich zuammenstellt) zu sichern. Vielleicht wäre es ratsam den Fasching, der hier die Leute mehr beschäftigt, als für ihr geistiges Heil wohltuend ist, abklingen zu lassen. Aber wann immer Sie den Tag wählen, wird er Aufmerksamkeit im besten Sinne finden.

Ich hätte Sie gerne gebeten, bei uns zu logieren, doch weiß ich nicht, ob unser so schönes Haus gerade im Winter als ein comfortables zu betrachten ist. Am Berg gelegen, nur zu Fuß erreichbar erreichen [!]. Die Zimmer [haben] bei wirklicher Kälte kaum eine wirklich warme Temperatur: bei lindem Wetter dagegen, ist es durchaus practicabel. Wenn Sie Ihre Ansprüche ganz ins Bescheidene rücken, so sind Sie natürlich als Gast uns besondere Freude.

Diesen Vortrag betrachte ich im Rahmen Ihrer Bemühung nur als einen Versuch, nicht schon als ersten Schritt eines logisch ansteigenden Weges. Wie sehr ein so ungeheueres Werk, wie Ihre Au[s]gabe, Concentration erfordert, ist mir zutiefst bewußt: aber von Zeit zu Zeit benötigt das Werturteil über sich selbst peripherischen Blick und nicht immer aus dem Centrum der Bemühung heraus. Nichts kann nach meinem Empfinden wohltätiger auf das Maß Ihrer Kreise einwirken als dieses Schauen von außen, dieser flüchtige, immer einmalige Ausflug ins Reale; sonst läuft ihre imaginäre Welt leicht in Gefahr, ganz im eigenen R[h]yt[h]mus, abgelöst von der realen, wie eine Uhr neben der andern zu laufen, indeß solche Überschau ermöglicht, den Zeiger von Zeit zu Zeit richtig zu stellen – nicht etwa, damit Sie in ewiger Gemäßheit zur Weltstunde blieben, sondern von Zeit zu Zeit wüßten, um wie viel Sie ihr geistig voraus sind. Jede sich selbst als Maß setzende Production gerät unbewußt in die Nähe des Manischen und Monomanischen – gerade der freie Mensch kann sich den Luxus leisten, ab und zu frei in die Zeit zu schauen, scheinbar ausruhend, in Wirklichkeit aber das Maß und die Distanz in solchen Augenblicken erfassend. Die Pause ist ein Gesetz der Musik – und da Musik am sinnfälligsten die Gesetze der Kunst offenbart, so müssen wir selbsttätig das Drängende des Lebensr[h]yt[h]mus diesem Atemholen der Kunst unterordnen. Dem wahrhaft Productiven ist keine Stunde verloren – am wenigsten die scheinbar jenseitigen von seiner Arbeit.

Ich habe mir in einer Zeitschrift schon das Wort über Ihren »Christus« gesichert, dem ich mich ungeduldig entgegenfreue. Aber zuvor grüßen wir Sie wohl noch hier! In herzlicher Ergebenheit Ihr

Stefan Zweig

An Romain Rolland

Salzburg, Kapuzinerberg 5
22. Avril 1921

Mon cher ami, merci pour votre bonne lettre. Les représentations à Vienne se poursuivent avec grand succès, aussi dans la province on montera la pièce. En Allemagne c'est encore le silence et l'indécision: les idées pacifiques sons là-bas les plus inactuelles. Nous traitons avec un théâtre de faubourg à Berlin, car les grand[s] théâtres du centre ont peur des pangermanistes, qui sont tout puissants pour le moment. Un théâtre qui s'adresse plutôt aux ouvriers, au peuple serait plus avantageux pour le succès de la pièce et pour l'action moral[e]. A Graz les ouvriers ont loué un théâtre pour le 1. Mai et acclameront votre pièce. C'est dans ce milieu plutôt que j'aimerais de [!] le voir monté à Berlin. A Munic[h] le théâtre n'ose pas encore, même chose à Hamburg, Leipzic [!], Dresden.

Je vous raconte tous ces détails pour vous donner une idée de ce qui se passe en Allemagne. Les Allemands, un des peuples les plus élevés dans l'esprit artistique et scientifique, sont absolument idiots en politique. Pendant toute une année ils bavardaient en public qu'ils ne payeront pas un sou aux Français et ils s'avaient [= s'étaient] convaincus eux-mêmes par ce bavardage. Ils croyaient en fêtant Ludendorf[f] et Tirpitz d'avoir gagné déjà la nouvelle guerre. Maintenant c'est un triste réveil. Et ce pauvre peuple est envenimé de haine – contre tous les peuples à la fois et contre soi-même. Haine des parties [!], des classes, des religions, des districts – tout cela rend l'Allemagne insupportable en ce moment. Et on les détesterait, si la façon française ne leur donnerait [= donnait] un certain droit de [= à la] sympathie.

J'ai publié un essay [!] «Die Tragik der Vergeßlichkeit» que je vous enverrai (il paraîtra aussi dans la Rassegna Internationale) où j'ai essayé de démontré [= démontrer] tout le tragique de notre monde qui a réussi grâce à une volonté obscure et surhumaine de [!] oublier tout. Autrefois beaucoup vivaient dans un rêve – aujourd'hui ils vivent dans le mensonge. Car aujourd'hui chaqu'un [= chacun] qui veut savoir peut savoir toute la vérité. Mais ils ne veulent pas.

J'ai lu ces jours les derniers poèmes de Rab. Tagore. Quel[l]e sérénité, quelle beauté! En [= dans] quinze jours on fêtera son 60ème anniversaire – je suis heureux que [!] un tel homme vit [!] entre nous et aide à répandre la sagesse.

Pour notre effort, dirigé par Bazal[gette], j'ai quelques adhésions, pas trop toutefois. Rudolf Goldscheid, le grand sociolog[u]e, et quelques autres sont très heureux d'être avec nous – d'autres comme Curtius, Eden & Cedar Paul se refusent à tout[e] œuvre collective. Je le regrette, mais je le comprends par la non-efficacité de tant des [!] beaux efforts. Vous avez bien raison de dire que l'indifférence morale soit universelle. Les gens ont perdu la foi – il faudrait un genie à [!] leur découvrir une religion nouvelle. Le bolchewisme [!] était trop rempli par [= de] ressentiments sociales [= sociaux] et puis, il touchait le point le plus sensible des gens, la propriété. Il leur faudrait inventer une foi qui leur coûte moins.

Je vous ai raconté que j'ai écrit deux articles sur le Shacespeare [!] de Landauer, après m'avoir [= m'être] entendu avec les journaux. Voulez-vous me croire que ni l'un ni l'autre [n'] ont parus [!] jusqu'à présent (excepté un dans les traductions dans l'art Libre et une revue Tchèque)? On n'ose pas de [!] reconnaître la grandeur morale d'un révolution[n]aire. Mais j'insisterai, car dans aucune revue j'ai [= je n'ai] lu jusqu'a présent un seul mot sur ce livre admirable. C'est comme une conjuration secrète (la même qui semble exister en France envers vous).

Je continue de travailler. Les trois semaines en Italie m'ont donné beaucoup de vitalité et j'étais très heureux de rencontrer le bon Jouve, qui, grâce à sa femme, a perdu beaucoup de son pessimisme et revient vers la vie. Sa belle énergie morale lui [= le] prédestinerait [pour] une position d'un [= de] guide pour une nouvelle génération en France, qui n'est pas encore venu[e], mais qui viendra.

Pour l'été ici à Salzbourg cette école internationale, dont on vous aura parlé sans doute, sera préparé[e]. Pour ma part je suis un peu inquiet, la population qui souffre encore du rencherissement continuel de tous [= toutes] les choses est très excité contre les étrangers (aussi ceux de Vienne sont des étrangers) et je ne m'étonnerais pas si au dernier moment on sera obligé de renoncer à cette belle idée. Nous sommes trop près de la frontière Allemande, de la Bavière, on fomente une agitation dégoûtante contre tout ce qui n'est pas pangermaniste, et si vraiment toute une école internationale avec Nicolai ect. [!] s'établirait [= s'établissait] ici, je ne pourrais pas garantir que cela se passera sans incident. Ma femme est plus optimiste que moi et deux dames de la délégation viendront encore une fois sonder le terrain fin d' [!] avril – peut-être que je suis encore trop pessimiste. Mais jusqu'à présent nos plus noires prévisions ont toujours été avancé[e]s par la réalité.

Je vous espère en bonne santé et je vous envoie mes meilleur[e]s assurances de fidélité amicale. Votre

Stefan Zweig

Quant à la «Montespan» j'ai transmis au traducteur votre décision, en lui conseillant, de vous faire directement des propositions, s'il en peut, pour qu'il ne croie pas, que le refus soit provoqué par moi.

An Heinrich Meyer-Benfey

Salzburg, am 27. April 1921.

Sehr verehrter Herr!

Ich komme gerade aus Italien zurück und nur die Fülle der Erledigung die mich hier erwartet hat, nötigt mich einen so wertvollen und freundschaftlichen Brief wie den Ihren maschinell zu beantworten, wobei aber hoffentlich nichts von der Herzlichkeit meiner Gesinnung verloren geht. Ich danke Ihnen vielmals für die außerordentlich schöne Anzeige des Rollandbuches im Hamburger Fremdenblatt. Es ist heute umso wertvoller, als ja in Deutschland ebenso wie in Frankreich in Folge der wahnwitzigen politischen Überhitzung die menschlichen Ideen ganz verdammt erscheinen und derjenige der sie fördert und verteidigt, bewußt oder unbewußt gegen die öffentliche Meinung spricht. Es scheint dies ja auch in Hamburg der Fall zu sein, denn gerade das Drama Rollands »Die Zeit wird kommen« (das ich gleichzeitig den Verleger angewiesen habe Ihnen zu senden) war vom dortigen Schauspielhaus mit großer Begeisterung vor einem Jahre angenommen, während jetzt, da es zur Aufführung kommen soll, plötzlich eine gewisse Ängstlichkeit wegen der Zeitstimmung zu Verschiebungen, wenn nicht zur endgültigen Abstellung führt. So hat Ihr Wort gerade in einer Hamburger Zeitung für Rolland besonderes Gewicht gehabt und ich werde nicht verfehlen sie ihm zu übermitteln und ihn an Ihren Wunsch zu erinnern.

Auch für den geplanten Vortrag in der Literarischen Gesellschaft glaube ich Ihnen den richtigen Mann nennen zu können. Es ist nicht Otto Grautoff, der Rolland gegenüber in eine ganz merkwürdige Stellung gekommen ist und heute ihm fremder ist als jemals, sondern ein Mann, der gleichzeitig in Deutschland größte Autorität und in französischen Dingen außerordentliche Kenntnis hat, ich meine Professor Dr. Ernst Robert Curtius an der Universität in Marburg, dessen Buch »Die literarischen Wegbereiter des modernen [!] Frankreich«, wie kein zweites durch klare Gelassenheit und seine geistige Erwogenheit auf die deutsche Jugend gewirkt hat. Sein Vortrag würde sicherlich allerersten Rang haben, sein wissenschaftlicher und künstlerischer Name hat in Deutschland besten Klang und auch die Art seiner politischen Gesinnung (er steht ganz im deutschen Gedanken, bei aller Gerechtigkeit zu den französischen Problemen) dürfte ihn als den wirklich Prädestinierten zu einem solchen Vortrag in Hamburg machen. Ich glaube auch nicht, daß er Ihren Ruf ablehnen würde wenn Sie ihn einladen. Seine Adresse ist: Professor Dr. Ernst Robert Curtius, Universität Marburg. Fügen Sie ihm bitte jedenfalls bei dieser Gelegenheit meine besten Grüße bei.

Daß Sie über Tagore ausführliche Studien vorbereiten, habe ich schon erzählen gehört und freue mich unendlich darüber, eben da sein englisches Gedichtbuch für mein Empfinden das schönste ist das er geschaffen hat und voll einer so großen seelischen Lauterkeit, wie man es in einem Dichter unserer Zeit gar nicht erwarten würde. Anfangs Mai, wird Kurt Wolff in München eine große Tagorefeier anläßlich seines 60. Geburtstages veranstalten, vielleicht fahre ich hinüber und würde mich ganz besonders freuen Sie dort begrüßen zu können. Zu dem von mir so geliebten Hamburg ist ja der Weg weit und ich weiß nicht, wann es mir wieder möglich ist Sie dort zu sehen.

Seien Sie nun verehrter Herr auf das innigste bedankt und bewahren Sie die so wertvolle Sympat[h]ie Ihrem

Stefan Zweig

An Romain Rolland

[Salzburg,] 3. Mai 1921

Mon cher et grand ami, je vous écris en ces jours de la grande tragédie Européenne, où on enterre pour quarante années nos idées de réconciliation et d'amitié entre la France et l'Allemagne. Tout ce que nous faisons est inutile pour l'époche [= l'époque] de deux générations, entre ces peuples, dont [l'] un sera l'esclave de l'autre. Mais cela ne touche pas la vérité, la nécessité de nos idées – au contraire plus qu'ils [= plus elles] seront mal vues de[s] deux côtés, plus il faut les maintenir. Ils [!] resusciteront [= ressusciteront]!

J'ai un tas de demandes à vous remettre. Mr. Kreutz à Vienne voulait fonder une société Romain Rolland, réunir tous ceux qui ne peuvent pas adhérer à la Clarté à cause du joug Moscovite, dans l'Europe. Je lui ai dit mon opinion: que nous seraient [= serions] [in]dépendants de vos idées et vos idées de nos actions – qu'il vaut mieux de [!] ne pas attacher jamais une foi à un nom. Même chez Jésus Christ c'était un[e] erreur, qui est mort – et combien plus serait-il [= ce] dangereux pour un vivant. J'espère [que] vous êtez [= êtes] de mon avis. Mr. Kreuz est très heureux que vous estim[i]ez son roman. On en prépare une édition française et espère tout d'une courte préface, si vous voudriez [= vouliez] lui prêter votre plume.

Autre demande. Mr. Ludwig Hatvany a écrit un livre «Das verwundete Ungarn [!]» dédié à vous et entièrement adressé à vous. Il ne sait pas si vous l'avez reçu.

Un écrivain Heinrich Meyer-Benfey, Wandsbeck [!] bei Hamburg (auteur de la critique sur vous ci-jointe et ami de Tagore, professeur du [!] Hindo[u]stan), prépare un petit livre sur vous, une conférence, qu'il veut tenir. Il vous prie de lui faire envoyer par votre éditeur «Clérambault», «Liluli» et «Pierre et Luce», comme les livres ne sont pas à la bibliothèque à Hamburg et trop chers pour qu'il puisse les acheter (les professeurs de [!] Hindo[u]stan gagnent moins chez nous qu'un brosseur des rues [= balayeur].) C'est un homme très fin, plein d'esprit religieux.

Autre demande[.] Une mademoiselle Hilda Bergmann vous a dédié les deux poèmes ci-jointes [!] et est resté[e] sans réponse (mon Dieu, je le comprends, votre courrier doit être énorme chaque jour!). Elle me prie de vous le transmettre. Soit!

Enfin après les demandes des autres un mot à vous, cher ami! «Le temps viendra» est à Vienne encore sur l'affiche, était un grand succès à Brünn. S'il ce [!] sera possible de le monter en Allemagne est encore très indécis. Vous ne devinez pas l'état d'esprit pourri par les journaux de Mr Stinnes qui achète tout[e] l'opinion et qui a un appui énorme dans la façon d'agir des Français. Hélas, ils ont tout oublié et rien appris. Peut-être vous, cher ami, aurez le temps de lire ce petit essay [!] de moi. Mais je ne suis pas du tout mélancholique [!] ou abattu. Je travaille bien, je me donne entièrement aux études – je vous enverrai dès qu'ils [!] seront imprimé[e]s quelques pages que je viens d'écrire et qui me paraissent le mieux de ce que j'ai fait jusqu'à présent. Le délire des auteurs ne me passionne plus. J'ai des moments d'une pitié profonde, mais cette pitié s'adresse déjà à l'homme éternel, l'être imparfait et non aux états, ces êtres à mille têtes et avec une seule gueule pour gémir et pour blasphémer. Je pense à ceux qui souffrent pas pour eux, mais pour les autres et par les autres. Et souvent je pense d'une telle façon à vous, le plus isolé de tous, parsqu'il [= parce qu'il] vit le plus dans les autres et pour les autres: et je voudrais être en [de] telles heures près de vous, pour vous dire toute l'affection de mon cœur, toute la fidélité de mon esprit. Votre

Stefan Zweig

An Hermann Bahr

[Wien,] 23. Mai 1921

Lieber verehrter Herr Bahr, hier in Wien, ganz gelöst in den Staub ehemaligen Asphalts, lese ich dankbarst die guten Worte die Sie meiner Novelle gewidmet haben und sehne mich wieder nach Untersbergluft und einem rechten Gespräch (hier zerflattert alles in Tratsch.) Meinen Sie nicht, daß ich an eine baldige Besserung der Menschheit, dieses schleimigen Tausendköpflers glaube: aber wird sie nicht einzig dadurch besser, daß man ihr immer wieder einredet, sie sei auf irgend einem geheimnisvollen Wege (während sie doch wahrscheinlich bloß um die eigene Axe [!] torkelt.)? Der »Wahn« gehört eben unverweigerlich in die magische Mixtur der Existenz und so wie wir selbst uns einen aus Worten, Religionen, Philosophien brauen, benötigt wohl auch die Menschheit den ihren. Und wir alle, ob wir wollen oder nicht, kochen mit an dieser breiten Bettelsuppe – jeder von uns tut sein Körnchen Salz hinein oder sein Quentchen Gewürz. Wir alle, die wir schreiben, bestärken doch die Menschen in dem halb irrigen, halb wahrhaftigen Gefühl, es sei hinter ihnen noch etwas sehr Geheimnisvolles versteckt, das sie nicht erkennen könnten, aber vielleicht doch einmal erkennen würden. Und mit diesem »Vielleicht« locken wir (wie von gestern heute und morgen) sie immer wieder in einen Wahn hinein (immer in einen andern und eigentlich doch immer in denselben, denn wie das Ideal heißt, ob Himmelreich oder Erdenbrüderschaft, ist ja im letzten Sinn nichts sehr verschiedenes mehr.) Diesen Wahn immer neu zu erfinden, ist für mein Empfinden die einzige Aufgabe der sogenannten Geistigen: daran zu glauben, ist ihnen so wenig auferlegt, als den Schauspielern sich an einer Rolle zu emotionieren. Emotioniert muß der Zuschauer sein, gläubig die Masse der Menschheit: in unserem Allerheiligsten dürfen wir, wie der Hohepriester hinter dem Vorhang, ein wenig gleichzeitig sceptisch sein, aber diese Scepsis muß unser Geheimnis bleiben, unsere Magie und unsere Macht. So werde ich es auch nicht ausplaudern, daß ich an eine baldige Verwirklichung meiner Hoffnungen ganz und gar nicht glaube. Denn Menschen können an das dritte Reich nur glauben, wenn sie es für morgen erwarten, so wie die Soldaten nur gut kämpften, solange sie meinten, mit den nächsten zehn Kilometern sei der Sieg schon erobert und wieder Friede. Auch da schwiegen die Feldherrn, die es besser wußten und taten um der Anfeuerung, um der Belebung der Energie willen, als sei dem wirklich so. Und diese Energie müssen wir erhalten wo immer wieder [= wir] etwas wollen und begreifen: darum auch vielleicht jene verstärkte Tätigkeit bei mir, die um der Sache willen die Skepsis mit Zuversicht cachiert.

Und nun grüßen Sie die Berge, grüßen Sie Ihre verehrte Frau und seien Sie noch einmal innigst bedankt von Ihrem getreuen

Stefan Zweig

An Romain Rolland

Salzburg 29. Mai 1921

Mon très cher et grand ami, je reviens aujourd'hui de Vienne que j'ai trouvé[e] d'ailleurs tout à fait changé[e], plein[e] de vie, très activ[e] et presque heureux [= heureuse]. C'est peut-être un peu l'impression printanière que tous [= toutes] les villes font, mais il est [= c'est] énorme, comme cette ville a retrouvée [= retrouvé] après [de] tels désastres son ancien élan. L'aide mondiale a été très très nécessaire et très efficace – puis l'élément juive [= juif] qui est [= a] afflué pendant la guerre de la Pologne et de l'Hongrie [!] et qui a changé la physiognomie [!] de la ville a fait avec sa [= son] activité mercantile un nouveau Saloniki [!], qui domine tout le[s] Balcan [!]. Vienne est balcanisée [!], mais pas détruite, comme nous avons craint: sa beauté subsiste. Et j'ai entendu dans [= à] l'Opéra sous la direction de Richard Strauss un Don Juan, qui ne sera plus à trouver nulle part en Europe.

Maintenant je suis retourné et je reste ici à Salzbourg jusqu'au 1. [!] Août. L'école internationale qui s'ouvrira à [!] ce jour ne me trouvera pas, seulement ma femme sera ici. Car je dois vous avouer une faiblesse psychique et même physique: depuis quelques années je ne suis plus capable de causer avec plusieur[e]s personnes par jour sans être fatigué et surtout, sans être empêché dans mon travail. J'aime beaucoup mes amis, mais seul à seul, j'aime beaucoup de [!] connaître des nouveaux [= de nouvelles] personnes, mais pas plus qu'un[e] par jour et en intervalles. Peut-être que je me donne trop, que ma curiosité psychologique avance trop – en tout cas, je me sens nerveux, incapable de travailler si [!] il y a un mouvement des gens autour de moi. Cette faiblesse me commande la fuite, néanmoins que l'école d'été, qui sera surveillé[e] de [= par] ma femme, m'est infiniment sympat[h]ique et serait pour moi une occasion excellente de renouveller [!] des relations très chers [= chères] et de [= d'en] nouer des nouvelles. Mais j'ai peur, d'être pris soudainement par un accès de fatigue. Je l'ai dit déjà au très cher Jouve, que j'aime[rais] tant à le revoir, mais que je ne voudrais pas, qu'il soit [= que ça soit] dans un tel trouble (car il y a sûrement aussi foule des amis [= une foule d'amis] de Vienne en [= à] ce moment) que nous nous reverrions [= revoyions]. Il [ne] s'agit d'aucune hostilité, mais seulement d'une question de nerfs – vous me comprendrez sans doute, si je me retire forcément pour quelque temps pendant le grand gâchis. Ma vie est assez compliqué[e] par la vieillesse de mes parents; je suis obligé de voyager tous [= toutes] les 6 semaines pour une semaine à Vienne, je suis obligé de voyager plusieurs fois en Allemagne – le reste doit donc être consacré au travail et au repos. J'ai absolument besoin de cela pour me conserver la force d'action.

Je vous raconte cela, parsque [= parce que] vous m'écrivez que Vildrac aussi voudrait venir à Salzbourg. Je serai heureux, très heureux de le voir excepté en ces deux semaines, où cette ville sera emcombré[e] de personnes et un moment de conversation tranquille sera quasi impossible. Ma femme qui a plus le don d'être en grand[e] compagnie, d'organiser et d'agir person[n]ellement, fera tout au mieux pour les amis français, qui assisteront. Et Mademoiselle votre sœur trouvera tout en notre maison comme chez soi – je viendrai exprès pour lui dire [un] bonjour amical avant de disparaître en Tchécho-Slovaquie [!]. Vers le 15 Août je serai de retour. Le flot sera alors disparu et je serai heureux de voir encore l'un ou l'autre.

Est-ce un signe de vieillesse de ne pouvoir plus être autant avec les hommes et même les amis comme autrefois? Autrefois les heures de conversation prolongé[e]s jusqu'à minuit m'animaient. Maintenant ils me fatiguent plutôt, – ils m'ennuient [à partir] d'un certain moment. Je n'aime plus à discuter, parsque [= parce que] je ne veux pas [!] convaincre personne – et sans discussion, sans cette volonté de combat les discours sont beaucoup moins amusants et passionants. De lire un livre de sagesse comme ce sublime «Sadhâna» de Tagore me donne plus que mille conversations. Je m'intéresse seulement pour l'humain dans les hommes, pour les formes qu'il prend et enfante – leurs opinions proprement dites me sons [= sont] peu intéressant[e]s. Et en somme, – la conversation (excepté comme avec des amis) me fatigue plus qu'elle m'anime.

Ditez [= dites] donc à tous les amis Français de venir après le

16 août, après l'école à Salzbourg, je serai tout heureux de le[s] voir alors. C'était si beau avec Jouve à Florence parsqu'on [= parce qu'on] a été seul[s] et pouvait se donner tout à fait un à l'autre. Je vous écrirai encore longuement ces jours-ci. Fidèlement

StZ

An Romain Rolland

Salzburg, Kapuzinerberg 5
4. Sept. 1921

Mon cher ami, depuis longtemps je ne vous ai pas écrit: d'abord il y avait les grandes vagues humaines (après la Sommer school commencaient les fêtes théâtrales) et puis je me suis tellement retrempé dans le silence, que j'avais peine à [en] sortir. Il me faut toujours avant que je commence un[e] œuvre plus large toute une atmosphère de silence et de tranquillité. Et j'espère maintenant – de [!] commencer après des semaines et des semaines.

De tous les amis seulement Desprès est encore ici: je suis heureux que pour la première fois dans sa vie il se repose bien et reviendra assez rétabli. Nous avons tous eu énormément de sympathie pour lui du premier instant: il a une bonté tout à fait non-européenne, une bonté silencieuse, Russe, et un cœur d'enfant. Et il est si droit, si courageux en même temps. Quel malheur que dans la vie publique des personnages comme lui n'ont [= n'aient] aucune influence: que ce sont [= soient] toujours les ambitieux et les vaniteux qui occupent tous [= toutes] les positions. Dans le socialisme avancé en France il me paraît de [!] mériter le droit et l'autorité d'un chef par sa sincérité et son courage. Vous avez en France des [!] excellents hommes: seulement on ne les rencontre que par hasard. Le vieu[x] cri de Jean Christophe «Balayez votre maison», il sonne encore dans mon cœur quand je vois de tels hommes.

Chez nous c'est la grande torpeur politique. L'assassinat d'Erzberger n'aura aucun effet: le réveil du peuple ne dure jamais plus que [= de] huit jours. Puis la réaction recommencera. La haine contre Erzberger n'était d'ailleurs pas si violente, parsqu'il [= parce qu'il] signait le traité – c'est seulement le prétexte – mais parsqu'il [= parace qu'il] était le partisan des grand impôts sur les fortunes. Et voilà le crime qu'on ne pardonne jamais – on ne l'a pas pardonnée [!] non plus à Caillaux en France. Pour moi – je le dis toujours et je le répète toujours – tous les mouvements réactionnaires sont des efforts pour ne pas payer ou pour ne pas payer immédiatement (et non seulement à l'Entente, mais les impôts de l'Empire aussi.) Je crois [que] nous commettons tous l'erreur de supposer aux gens dans la vie des motifs trop élevés, nous parlons encore du nationalisme, de l'orgueil – au fond, si on gratte bien, ce sont toujours les impôts qu'on ne veut pas payer. Personne ne veut liquider la guerre – ni la France, ni l'Allemagne. La seule Angleterre pense à l'avenir. Et nous ne verrons plus un monde tranquille en Europe. Je ne m'en plains pas: j'ai la tranquillité person[n]elle et je regarde tous [= toutes] ces convulsions, tous ces meurtres avec une pitié énorme, mais sans le sentiment qu'on puisse jamais empêcher les hommes de se faire du mal.

Toutefois je crois qu'il soit [= est] nécessaire de se réunir de temps en temps. A Salzbourg la réunion a tout-de-même fait [se] connaître beaucoup de personnes de mérite des différents pays. Maintenant il est question d'un grand congrès littéraire à Stockholm auquel j'aimerais bien assister, pourvu qu'il soit vraiment international et pourvu qu'il aboutisse enfin à une revue fraternelle (je vois toujours Bazal[gette] comme l'idéal rédacteur en chef) en plusieurs, ou au moins en [= dans] trois langues. Nous tous qui avons maintes journaux à notre disposition n' [en] avons pas un seul qui soit le <u>nôtre</u>: nous sommes toujours hospitalisés [= hébergés] soit par les socialistes, les bourg[e]ois, les pacifico-démocrates, mais nous n'avons pas le <u>foyer Européen</u>. Ce que Barbusse a détruit en tournant «Clarté» vers la politique de la violence, cela devrait être refait: et je ne laisse [= n'abondonne] pas l'espoir que cela [ne] se réalisera un jour. Et il est nécessaire que cette idée si nécessaire serait [= soit] réalisé[e] par <u>nous</u>, et pas une seconde fois par ceux qui ne sont pas assez Européens pour vouer à cet idéal durable tous les autres du jour et de l'heure.

De vos œuvres, bonnes nouvelles! A Hambourg la critique était pour l'Allemagne assez raison[n]able.: il y avait une hostilité très sensible dans la presse Teutone contre le fait qu'on représente un[e] œuvre Français[e], une vive répugnance contre la tendance, un silence discret sur le très grand succès chez le public – mais des [!] autres théâtres reprennent la pièce. Le bon Rütten & Loening n'a pas encore commencé le tirage du «Clérambeault [!]» et pas encore fini le Tolstoi et «Au pays de la musique» [= «Le Voyage musical au pays du passé».] Ils sont un peu pédants. Très honnêtes, mais très lents. Mon livre sur vous sera traduit en Polonais et en Suédois: l'édition Américaine est prête et paraîtra enfin, enfin, comme Sel[t]zer m'écrit de New-York.

Vous m'avez rendu très heureux en me disant que votre nouveau roman avance si rapidement. Je crois que la bonne tranquillité vous aidera beaucoup: vous n'êtez [= n'êtes] plus pressé comme au [= pour] Clérambeault [!] et pas exposé à de telles excitations – quel[le] bel[le] œuvre aurons-nous à attendre! Je suis déjà impatient, mais c'est le droit des amis – l'auteur doit avoir de la patience pour tous.

J'ai regretté beaucoup que Mademoiselle votre sœur s'est [= se soit] fatiguée autant. Elle n'avait pas ménagée [!] ses forces et toujours dans l'excitation des autres on ne s'aperçoit pas de sa propre fatigue. J'espère qu'elle soit [= est] déjà tout à fait rétablie et gaie – ce soir nous voulons aller au cinéma pour la voir avec Jouve, Nicolai, Jane Addams (on avait pris les cinémas ici, heureusement sans ma belle présence.) De Jouve j'ai une lettre de Paris: je suis heureux qu'il va [= aille] se stabiliser en France. Il a besoin d'un certain contact avec la vie, car à lui seul il vit trop dans la lit[t]érature à lui (et non celle de l'univers) et se donne trop facilement à son pessimisme. Puis il aura la joie de vous voir souvent – joie que je lui envie un peu. Il est vrai, j'ai l'intention de venir en Mars en France pour 8 jours – mais c'est plutôt un rêve encore qu'une promesse.

Mes meilleurs compliments à Mademoiselle votre sœur et de tout mon cœur votre fidèle

Stefan Zweig

An Katharina Kippenberg

Salzburg, Kapuzinerberg 5
6. Sept. 1921

Verehrte Frau Professor, seit dem Tage, da ich Sie leider in Leipzig versaümen mußte, wollte ich Ihnen schreiben: aber Sie vermögen nicht zu ahnen, in welch einen Tumult ich nach meiner Heimkehr geriet. Salzburg wird in den Reinhardtwochen eine Literaturbörse, eine dramatische Messe, eine Art ambulanter Akademie und das Ende war für mich eine Menschenmüdigkeit ohne gleichen. Ich ermüde von nichts mehr als von einer Menschenansammlung: und daß es hier Wertvollste waren, die alle in einer verhängnisvollen Gleichzeitigkeit herdrängten, hat den Spannungzustand nur gesteigert.

So kann ich Ihnen heute erst über Schaeffers Helianth sprechen. Für mich ist Schaeffer nach wie vor eine der stärksten dichterischen Kräfte, ein Simson, aber schon der geblendete, der nicht mehr seinen Weg sieht, der vorwärtsgeht ohne Maß, der sein Verhältnis zur Realität zu verlieren beginnt. Es gibt für den Künstler eine persönliche Wichtigkeit der Einzelheiten und eine absolute im Kunstwerk und die gleiten Schaeffer bereits völlig durcheinander – Gespräche über Stefan George, über Malerei, die bei Tische interessant, in einem Privatbrief bedeutend sein mögen, sind in einem Roman Ballast und Füllsel. Ich weiß, Schaeffer darf sich da auf Goethe berufen, der auch in den Wilhelm Meister wahllos hinein propfte, der aber auch – wagen wir es doch nur zu sagen! – an der Größe Goethens gemessen, eine künstlerische Ungestalt ist, bedeutend eben nur durch das Wunder Goethe. Bei Schaeffer aber wirkt dies Füllsel nur als Schwergewicht: es hängt sich an die Aufmerksamkeit und zieht sie dermaßen ab und herab, daß schon im zweiten Bande (wenigstens bei mir) eine absolute Gleichgiltigkeit gegen Fortgang und Entwirrung der Handlung entstand. Dazu kommt noch ein merkwürdiger Contrast: nämlich daß man fühlt, dieser Roman, der ein Höchstmaß an Geduld und Ruhe vom Leser fordert, sei selbst von einem Ungeduldigen und Unruhigen geschrieben. So tritt das nicht ein, was bei Stifters Nachsommer so wohltuend wirkt, dies Abgleiten der eigenen Nervosität in die überlegene kühle waldhafte Stille eines Meisters. Mich hat das Buch (bei aller einzelnen Bewunderung) nur müd, nur angereizt gemacht, nicht aber entspannt. Warum dies nicht offen bekennen? Leider scheint Schaeffer sich aber selbst immer mehr zu vertrauen, immer ungeduldiger mit sich selbst, Roß und Lenker zugleich, durchzugehen. Seine Geschwindigkeit hat etwas Dämonisches, wie jene des Pannwitz (in dem wirklich ein Genie lebt) aber ein gleich sich selbst und allen Zuspruch Überrennendes: mir ist es irgendwie grausig und schön, den Künstler vom Furor verzehrt zu sehn.

Ich danke Ihnen für die Zustimmung zu meiner Novelle »Die Augen des ewigen Bruders«, die mir mit Ihrem Einwand Ihr Gatte sagte. Sie haben Recht: ich bin in der einen Zeile nicht ganz deutlich, wo der König, in seiner Eitelkeit gereizt, Virata anbietet, die Hunde zu hüten. Er setzt nie voraus, daß Virata diesen allerniedrigsten Dienst übernehmen würde und denkt ihm nie diese Schmach zu – er will ihn nur versuchen. Aber Virata nimmt eben den niedrigsten Dienst bei den Tieren am liebsten. Ich werde das mit einer einzigen Zeile klarer machen, wenn – endlich! – die Novelle in der Inselbücherei erscheint. Auch meine andern neuen Novellen gehen der Beendigung entgegen: endlich, nach Jahren, kann ich mich wieder sam[m]eln und selbst die Gedichte langsam neugestalten, die ich seit zehn Jahren ungefeilt in den Schrank gelegt. Langsam fallen die Spannungen ab: ein Gleichgewicht entsteht wie in der Welt in jedem Einzelnen. Die Balance ist anders wie einst, die Gewichte im Widerspiel andere: aber es ist nicht mehr dies ärgerliche, dies verwirrende Schwanken.

Heute sandte ich an die Insel die Vorrede zum Verlaine-Prosaband. So ist auch dies Herauszugebende glücklich zuendegetan, ich kann hoffentlich jetzt aus mir heraus geben, statt herauszugeben. Der Herbst bleibt still, im November gehe ich (über Leipzig) nach Berlin, wo ich wieder einmal 14 Tage Groß[s]tadt, Theater, Concerte, Gesellschaft leben will, um dann wieder still in mich zurückzugehn. Auch nach Hamburg gienge ich gerne: ich habe solches Heimweh nach dem Meer.

Nochmals viele Grüße Ihnen und den Töchterchen (oder besser: den jungen Damen) von Ihrem getreu ergebenen

Stefan Zweig

P.S Den Dante Aufsatz für das Inselschiff (October) haben Sie wohl gut in Händen?!

An Erwin Guido Kolbenheyer

Salzburg, Kapuzinerberg 5
3. October 1921

Lieber Kolbenheyer, ich danke Dir herzlichst für den zweiten Teil des »Paracelsus« – er hat mich nicht enttäuscht und das will viel sagen, denn ich erwartete mir nach dem herrlichen Einsatz etwas Entscheidendes. Ich weiß kaum ein deutsches geistiges Culturbild dieses Ranges: Du bist mit diesem Werke ganz in jener ersten Reihe, aus der es kein Zurücktreten gibt. Die stille unbeirrbare Art Deines Fortschreitens hat etwas Vorbildliches und Erzieherisches: Dein Beispiel wäre für eine ganze junge, allzu ungeduldige Generation die reinste künstlerische Schule. Laß mich nun Dir sagen, was mir persönlich gegen die innere (die persönliche) Vision meines Paracelsus war – Du bist ja klar genug, um dies nicht als Tadel oder Einschränkung zu nehmen, sondern nur als geistige Gegenüberstellung innerer Bilder. Dein Paracelsus empfindet die Welt als tragisch, nicht aber seine Kunst: dieses Moment, das faustische, wo er immer wieder die Unzulänglichkeit der Medicin (wie kärglich war sie damals noch, wie fragmentarisch ist sie noch heute) fühlen mußte und spüren, daß noch Urkräfte, Urerkenntnisse im Werden sind, die er, der Einzelne noch nicht kennt. Du hast ihn immer als den Heilenden hingestellt – ich würde ihn (vielleicht im nächsten Bande) einmal gerne in einem Falle sehen, wo er nicht zu heilen weiß, in dieser entsetzlichen Secunde des Künstlers, der nicht die Materie bewältigen kann. Du schilderst ihn ja so herrlich als den Nicht-Magier, den Nicht-Zauberer (hast sogar merkwürdigerweise verzichtet, den hypnotischen Magnetismus, der wohl von ihm ausgieng, die Hellsehercuren darzustellen) – eben deshalb mußte er die Tragödie der begrenzten Wissenschaft erleben. Mich hat es einmal sehr gereizt, Arzt zu werden und nur die Idee des Nicht-Helfen-Könnens mich abgeschreckt, die manchmalige Impotenz des Gelehrten vor dem Leben. Der Widerstand der Welt ist für den Wissenden nicht tragisch, weil er ihn erwartet – der Widerstand des Geistigen, der Natur, er aber erschüttert immer wieder von neuem und gerade den, der so liebend wie Dein Paracelsus an die Natur herantritt.

Ich bin im tiefsten neugierig, wie Dein dritter Band den Ring schließen wird: ich hoffe, Du kommst zu Studienzwecken noch einmal nach Salzburg her. Jüngst erst stand ich lange vor seinem Grabstein und dachte, daß Dein Denkmal dieses vielleicht noch überdauern wird. Du hast wirklich Dein Bestes als Bestes darin gegeben.

Hoffentlich findet sich bald für mich eine Gelegenheit darüber zu schreiben, obwohl ich für das Entscheidende noch das Finale abwarte. Bei dieser Gelegenheit eine Bitte: mir ist in der Schweiz damals der erste Band abhanden gekommen, vielleicht kann Müller oder willst Du ihn mir nochmals schicken. Ich erwidere es Dir gerne mit denen meiner Bücher, die Du nicht hast – den »Jeremias« und die »Drei Meister« die mir wichtig sind, besitzt Du ja jedesfalls, aber es gibt noch eine Reihe anderes. Und im Frühjahr kommt ein in sich psychologisch gebundener Kreis von Novellen.

Sei also, lieber Freund, aufs innigste beglückwünscht. Du hättest jetzt ein Recht zu ruhen nach solcher Vollendung – aber ich wünsche Dir gerade verdoppelten Tatwillen und gestaltende Stunde.

Herzlichst Dein alter

Stefan Zweig

Wie fabelhaft ist doch das italienische Universitätsbild! Unvergeßlich! Überhaupt Deine Kunst historischer Situationen!

An Friderike Maria Zweig

Im Café des [Briefkopf:]
Central-Hotel / Berlin
Sonntag [20. 11. 1921]

Liebe Fritzi, ich komme endlich heute Sonntag abends in einem Café dazu, Dir zu schreiben. Es wirbelt um mich von Menschen und Dingen, dazu täglich Theater, dann die Überraschung Victor hier zu finden. Gestern war ich bei Harden – lange, sehr informative Gespräche, heute zwei Stunden bei Rathenau, der eben von der Reparationscommission kam: ich war wirklich ergriffen, daß er mir seine Zeit widmete und so freimütig-viel erzählte. Dazu noch die laute anstrengende schreiende Stadt, die mich ebenso fasciniert wie sie mich abstößt.

Ach, wen habe ich alles schon gesehen: Fischer, Kahane, Handl's Frau und Tochter, Schauspieler, Dichter, dabei weiß man es erst allmählich, daß ich da bin. Alles das frischt auf und ermüdet gar nicht. Von Kaemmerer ein rührender Brief, es geht ihm schlecht, vielleicht fahre ich doch noch hinüber.

Nun eine Sache, die Du belächeln wirst. Ich habe für die Stadt ein so merkwürdiges Gefühl von Feindlichkeit trotz aller Achtung, daß ich spüre, ich kann hier nicht vorlesen. Es ekelt mich. Und morgen will ich den schweren Gang tun und versuchen abzusagen, die Kosten den Leuten ersetzen. Diesen Luxus muß ich meinem Gefühl gönnen: ich mag nicht mehr anders als vor Freunden lesen. Außerdem ist es ungeschickt arrangiert, der Leiter selbst nicht da – es graust mir, es graust mir, vor den Leuten zu sprechen. Hoffentlich gelingt mir die Absage! Bitte lache mich nicht aus, daß die Stadt eine so merkwürdige Wirkung auf mich hat, aber ich kann mich wirklich nicht überwinden, ich habe einen seelischen Chok von dieser preußischen Tüchtigkeit und Rührigkeit bei aller intellectuellen Bewunderung. Und dann – wieviel Bekannte habe ich hier, wiewenig Freunde (Camill reist morgen für 4 Tage nach Prag.) Ich fände es anständiger von mir, den lieben guten kranken Freund in Hamburg zu besuchen, als hier einem Häufchen Snobs vorzulesen. Die Ausrede für meine Anwesenheit hier brauche ich nicht, ich spüre, daß mir ein solches Intervall nötig war. Aber ich könnte hier auf

Dauer nicht atmen: das Betriebhafte (auch im Eros) ekelt mich, es ist zuviel Sauerstoff in der Luft.

Dabei fühle ich mich vortrefflich, leicht, jung, unermüdbar, belebt, angeregt und heiter, auch der Husten weicht allmählich. Laß es Dir gut gehen, ich freue mich auch wieder nach Salzburg – erst in solchen Intervallen lernt man die Ruhe schätzen.

Herzlichst Dir, den Kindern, den Freunden Dein

Stefzi

An Friderike Maria Zweig

[Berlin, undatiert; vermutlich 25. November 1921]

Liebe Fritzi, ich war gestern abends bei Fischer, wo Heymann zum erstenmal seit einem Jahr wieder in Berlin auftauchte. Er sprach sehr sehr herzlich von Dir und bat mich, Dich vielmals zu grüßen, ebenso Herr und Frau Fischer. Das Essen war prunkhaft, Berlin W mit sechs Gängen, Gesellschaft Jessner der Intendant, Wassermann (mein Graus!) später Rathenau und Kerr. Im ganzen ziemlich gelungen, obwohl ich diesen Typus Einladung verabscheue der einen überdies 8 Stunden kostet mit dem Hin und Zurück.

Den Vortrag für das Staatstheater habe ich heute Freitag noch immer nicht gemacht, aber jetzt kommt er endlich an die Reihe. Ich fühle mich sehr wohl hier und bin ganz eins mit Hofman[n]sthal in der Meinung, daß hier eine stimulierende Luft ist – schließlich kommen ja alle Rasseneigenschaften aus der Atmosphäre. Auch bei Busoni war ich, freilich mit gemischtem Gefühl: der wunderbare Mensch ist umlagert von einem Weihrauchweiberklüngel wie weiland Vater Liszt. Sonst noch viele Leute, die alle pressiert an einem vorbeischießen wie die Telegrafenstangen an einem fahrenden Zug – ach diese Geschwindigkeit in Berlin, nicht nur im Geschäft, Du solltest auf der Straßenbahn die Fixigkeit erotischer Abschlüsse sehen. Das geht alles klipp klapp ohne Einleitung directemang darauf los auf die Schose. Wie in einem Caroussell hat man Freude an der Geschwindigkeit, Freude und Brechreiz zugleich.

Ich bleibe wohl bis Montag abends hier, will Dienstag nach Leipzig Dresden, Mittwoch oder Donnerstag in Wien, Samstag oder Sonntag oder Montag in Salzburg sein. An Vorlesungen in Brünn ect denke ich nicht im Traum. Bitte sei nicht ungeduldig auf Deinen

Stefzi

Alles gedenkt Metzens herzlich, Fischers ect und ich nicht minder. Grüße ihn und alle

An Ludwig Marcuse

Salzburg, am 28. Dezember 1921.

Sehr verehrter Herr Doktor!

Die Wahl wird mir wahrhaftig sehr schwer und ganz gewiß könnte ich nicht über »Novellen und Romane« bei Gerhart Hauptmann schreiben weil ich zu »Atlantis« an [= und] manchen andern Stücken gar kein inneres Verhältnis habe. Was mich am meisten reizen würde wäre gerade eine Nichtspezialisierung, eine Darstellung seiner nichtliterarischen, sondern seiner Dichtererscheinung in der deutschen Welt: ich meine, um mich deutlicher auszudrücken, die bestimmte Form, in der er im Gegensatz zu den früheren und gleichzeitigen die Form eines Dichters in Deutschland repräsentiert. Inwiefern sein Typus neu ist, inwieweit er sich an andere Dichterformen der Vergangenheit, in Lebenshaltung annähert. Das wäre nun gerade das Gegenteil einer Spezialisierung, es wäre eine Summierung in einem höchsten Sinn, die gar nicht auf das dichterische Werk sondern die Gesammt-Dichtererscheinung eingestellt ist. Dies schwebt mir noch am deutlichsten vor, nur finde ich im Augenblick noch nicht die Überschrift dafür. Vielleicht gelingt es mir sie zu finden und Ihnen dann präziseren Vorschlag zu machen. Ungefähr fühlen Sie ja wohl, wie ich es meine: es soll kein Versuch sein zu zeigen, was er gedichtet hat, sondern in welchem Sinn er als Dichter Erscheinung ist.

Mit herzlichen Grüßen Ihr ergebener

Stefan Zweig

An Raoul Auernheimer

Salzburg, am 31. Dezember 1921.

Lieber Freund!

Fast freue ich mich, daß Sie nun auch Ihr Dilemma haben und wir nun besser eine Einheitsfront bilden können. Selbstverständlich ist jedes isolierte Vorgehen von uns für den Einzelnen peinlich – ich bin über Bahr nicht recht informiert, er hat meines Wissens zugesagt mit dem heimlichen Gedanken auszuspringen, wenn er isoliert bleibt, während ich von vornherein den Ihnen bekannten Standpunkt vertrat. Ich glaube nun, daß ich persönlich keinesfalls fahren werde, ich fühle mich zu unsicher all den peinlichen Möglichkeiten die ich da voraussehe und die sogar aus uns Offiziere der Akademie über Nacht machen könnte. Meine Stellung ist noch bedeutend schwieriger als die Ihre, weil ich an meine Pariser Freunde verpflichtet bin die als Internationale in der Opposition stehen und eine Pariser Reise mit innern Unsicherheiten und schlechtem Gewissen ist mir keine Messe wert. Für Sie ist die Situation wesentlich leichter, Sie stehen im Geiste Molière näher und ich würde Ihnen nur raten zurückzustehen wenn Sie nicht Hofmannsthal Schnitzler und Bahr an der Seite haben. Sind wir Österreicher dort überhaupt schon zweite Garnitur so muß diese zweite wenigstens erste sein, absolut repräsentativ und untadelig: Hofmannsthal und Schnitzler scheint mir da vollkommen unentbehrlich.

Sie werden lieber Freund, in diesem meinem Entschluß schon eine gewisse Sicherheit des Nichtreisens gegenüber früheren Zweifeln finden, aber es ist ja auch schon reichlich spät geworden ohne daß es mit gelungen wäre, genaueres auszukundschaften, ob Deutschland mit einbezogen ist. Die ganze Angelegenheit hat durch das Zögern und Geheimtun ein so politisch-diplomatisches Gesicht bekommen, daß sie gar keine rechte künstlerische Ehrung mehr ist – offen gesagt, ich müßte mich heute zwingen zu demselben, was noch vor 14 Tagen für mich eine gewisse Lockung war. Darf ich Ihnen nur einen Rat geben so ist es der, mit Hofmannsthal Fühlung zu suchen und mit ihm gemeinsam zu entscheiden. Ich werde inzwischen H. Bahr auf den Zahn fühlen und schreibe oder telegrafiere Ihnen sofort seine Stellungnahme.

Zur rechten Zeit bringt Ihnen dieser Brief noch meine Neujahrsgrüße die Sie auch Ihrer lieben Frau übermitteln wollen. Was diese Sache betrifft, so wünsche ich Ihnen nur, daß Sie das einmal Entschiedene dann mit Freude und Neigung tun.

Herzlich getreu Ihr

Stefan Zweig

An Erwin Guido Kolbenheyer

Salzburg, am 31. Dezember 1921.

Lieber Freund!

Ich sehe die Wichtigkeit der Sache selbstverständlich genug ein um Dir sofort zu schreiben und Dir mit aller Klarheit zu sagen wie ich über die Sache denke. Im allgemeinen bin ich gewiß, daß der Inselverlag auf Dich großes Gewicht legen würde, nur ist der Zeitpunkt momentan der denkbar ungünstigste und zwar nicht weil es dem Inselverlag schlecht geht, sondern weil es ihm zu gut geht. Durch das wilde Weihnachtsgeschäft dieses Jahres sind mehr als die Hälfte aller Bücher des Inselverlages vergriffen, er weiß gar nicht wie er nachkommen soll und hat alle neuen Pläne auf das energischeste zurückgeschraubt. Auch weiß ich eigentlich nicht, ob der Inselverlag, so gut er ist, gerade für Romane sehr empfehlenswert wäre. Er hat nicht die rechte Triebkraft und bringt seine Bücher zwar hoch, aber doch nur langsam und innerhalb vieler Jahre.

Nun bin ich glücklicherweise sehr gut auch mit den drei andern großen Verlegern die in Betracht kämen und könnte dem an dem Dir am meisten gelegen ist, sehr gern diskret schreiben. Für mein Empfinden wäre der beste für Dich Rütten & Loening: er hat wenige Bücher wie Bonsels, Rolland, treibt aber die ungeheuer nach vorwärts und würde sehr gerne (wir sprachen einmal darüber) einen wirklich bedeutenden deutschen Romanschriftsteller erwerben. Nach meinem Gefühl wärest Du dort am allerbesten geborgen, auch in materieller Hinsicht, denn die Leute sind großzügig, sehr reich und setzen sich für jeden einzelnen ihrer wenigen Autoren auf das leidenschaftlichste ein. Sieh Dir einmal ihr Verlagsverzeichnis durch und Du wirst glaube ich, meiner Ansicht beipflichten. Es tut nicht gut in einem Verlag mit zu vielen Autoren zu sein.

Ebenso könnte ich aber auch an S. Fischer herantreten, ebenso an Kurt Wolff und durch meine Intervention wärest Du vor dem peinlichen Gefühl Dich selbst anbieten zu müssen, das wahrhaftig Deiner Bedeutung und Stellung nicht entspricht bewahrt.

Selbstverständlich bin ich auch gerne bereit bei der Insel vorzusprechen, aber wie gesagt dort ist Dir nicht die Gesinnung (durchaus nicht!) sondern nur der Augenblick ungünstig. Schreibe mir sofort und verlasse Dich vollkommen darauf, daß ich das Deinige noch besser als das meine tun will.

Herzlichst Dein alter

Stefan Zweig

An Raoul Auernheimer

Salzburg 12. Februar 1922

Lieber Freund, ich höre eben von dem schweren Unglück, das die Familie Ihres Schwagers F[rankfurter] betroffen hat – es ist so entsetzlich, daß ich fürchte mit einem directen Wort nur noch das schmerzliche Erinnern zu erneuern. Sie wissen wie gern ich Ihre Schwägerin und Ihren Schwager habe – vielleicht finden Sie einmal Gelegenheit, ihnen zu sagen, daß mein Schweigen nicht Anteilslosigkeit, sondern gerade das Gegenteil davon ist.

Ich habe die N[eue] F[reie] P[resse] nicht immer gesehen. Entgieng mir Ihr Bericht über Paris oder haben Sie ihn nicht geschrieben? Das Wesentliche werden Sie mir bald erzählen, ich komme in acht Tagen nach Wien und suche Sie sofort auf.

Eine Bitte bringe ich mit. Ich soll eine Auswahlausgabe der Aufsätze St. Beuves [!] leiten, die – von ersten Künst[l]ern übersetzt – geplant ist. Hoffentlich lassen Sie Sich [!] gewinnen, ein oder zwei Aufsätze zu übertragen – man lernt unglaublich viel dabei, einen Meister des Essays zu übertragen.

In alter Freundschaft Ihr

Stefan Zweig

An Ida Dehmel

Salzburg Kapuzinerberg 5
[21. Februar 1922]

Verehrte gnädige Frau, ich lese eben in den wunderbaren Briefen Dehmels und möchte Ihnen persönlich meinen Glückwunsch sagen zu der außerordentlich taktvollen und vornehmen Art in der Sie diese Briefe ausgewählt und dargeboten haben. Da ist keine Dissonanz, keine Indiscretion, keine Vordringlichkeit, keine Literaturkrittelei – rein und voll steht das Bild des verehrten Dichters vor uns; ich weiß, wie selten bei Briefbänden eine solche glückliche, gleichzeitig charakterisierende und doch niemanden verletzende Auslese glückt! Nehmen Sie meinen herzlichen Dank, meinen innigen Glückwunsch freundlich entgegen!

Ihr ergebener

Stefan Zweig

21. Februar 1922

An Ludwig Marcuse

Salzburg, am 1. März 1922.

Sehr geehrter Herr Doktor!

Zu meinem großen Bedauern muß ich Ihnen leider sagen, daß es mir unmöglich sein wird, das Manuskript sobald, ja überhaupt noch im Monat März liefern zu können. Ich wurde durch die Notwendigkeit überrascht in einer bestimmten Angelegenheit für 14 Tage nach Frankreich zu fahren und komme gerade aus Wien in dieser Sache, muß vielleicht in 8 oder 14 Tagen weiter, daß alles was ich in der Zwischenheit sagen könnte, einen durchaus unzulänglichen provisorischen und die Bedeutung Ihres Werkes nur schädigenden Wert haben könnte. Nun bin ich lieber gar nicht als mit etwas Unzulänglichem Minderwertigen vertreten. Sie werden es vollkommen einsehen, daß bei einem solchen repräsentativen Anlaß nur eine wirklich Repräsentative Leistung sich zeigen darf, denn sonst wäre ja Sinn und Absicht des Werkes vollkommen verfehlt.

Mir ist es ungemein leid, daß mir diese wichtige Angelegenheit in die Quere kam, aber ich bitte Sie, mir meine notgedrungene Absage nicht übel zu nehmen.

Mit den besten Empfehlungen Ihr

Stefan Zweig

An Franz Karl Ginzkey

Salzburg, am 13. März 1922.

Lieber Freund!

Vielen Dank für Deinen vermittelnden Brief. Leider kann ich den Wunsch Dr. Nabls nicht erfüllen: ich habe nur den einen Wunsch mehr, mich möglichst von allen Bücherbesprechungen, ja sogar Bücherlesen in nächster Zeit einzig auf meine eigene Arbeit zurückzuziehen und lehne jetzt prinzipiell alles ab was an Vorschlägen, Anregungen usw. an mich herantritt. Dir muß ich das ja nicht näher erklären, Du weißt ja selbst wie schwer wir es haben, uns gegen alle diese Ablenkungen und Versuchungen von außen zu verteidigen.

Ich gedenke Sonntag für etwa 14 Tage westlich zu vereisen, bin aber zu April Anfang wieder da und will dann eigentlich ohne größere Unterbrechung bis zum Sommer hier bleiben. Dann endlich werden wir uns hoffentlich öfter und ausführlicher sehen.

Herzlichst Dein

Stefan Zweig

An den Insel-Verlag, Leipzig

Salzburg, am 16. März 1922.

Verehrlicher Insel-Verlag!

Ich übermittle Ihnen heute gleichzeitig als rekommandierte Drucksache des [!] Restteil der »Italienischen Ant[h]ologie« für die »Bibliotheca mundi«. Das Manuskript ist nun komplett. Da aber die Aufeinanderfolge und die Einteilung erst durchgestaltet werden kann wenn das ganze Werk gesetzt ist, so bleiben wir wohl bei der bisherigen Vereinbarung, daß die einzelnen Beiträge in Fahnen abgesetzt werden und in Fahnen zuerst korrigiert damit dann auch beim Umbruch keine Korrekturkosten mehr entstehen. Die Korrekturen sind an Dr. Josef Gregor, Wien I. Nationalbibliothek, zu senden.

In diesem zweiten Manuskript sind um der raschen Fertigstellung willen eine große Anzahl der Blätter nicht in Maschinschrift, sondern in Handschrift geschrieben, die mir durchaus leserlich erscheint, aber doch immerhin einen Setzer erfordert der einigermaßen die italienische Sprache beherrscht. Ich zweifle nicht, daß in der Leipziger Druckerei einer selbstverständlich vorhanden ist.

Mit besten Empfehlungen Ihr sehr ergebener

Stefan Zweig

An Fritz Adolf Hünich

Salzburg, am 9. Mai 1922

Lieber verehrter Herr Doktor!

Ich erhalte soeben die beiden Verlaine-Bände die Sie mir freundlichst gesandt haben und will Ihnen auch persönlich für alle Mühe danken die Sie mit dem Buche hatten – Professor Kippenberg schreibe ich noch morgen. Es sieht tadellos aus und hätte ich gewußt, daß es solange dauert, so wäre es mir möglich gewesen allen einzelnen Autoren noch die Korrekturen zu schicken. So mögen sich zwei oder drei Druckfehler in die Gedichte geschlichen haben – wie mir Albrecht Schäffer klagte, aber bei diesem Buch war ja vieles chaotisch dadurch, daß ich die Manuskripte acht Jahre in Händen hatte und dann nach dem Kriege nicht immer mehr die Autoren dazu fand. Ich glaube aber trotzdem, daß sie als musterhafte Ausgabe eines lyrischen Dichters sich sehen lassen darf.

Für das Inselschiff bitte ich Sie, nicht mein Gedicht zu vergessen, auch würde ich Ihnen raten, aus dem ersten Verhaeren Prosabuche das unvergeßliche Holzschnitt-Portrait Masereels zu bringen. Vergessen Sie auch nicht ganz an die Novalisgedichte, die ich wie alle meine Manuskripte bei Ihnen wohl geborgen weiß und seien Sie vielmals gegrüßt von Ihrem herzlich ergebenen

Stefan Zweig

An Rudolf Pannwitz

Salzburg, Kapuzinerberg 5
[undatiert; vermutlich
15. Mai 1922]

Verehrter Herr Pannwitz, nicht ohne Entschuldigung mag ich Ihnen die kurze Anzeige Ihres Werks übergeben: ich habe Seiten und Seiten Notizen und Auszüge über Sie. Und immer, wenn es dazukommt, anzusetzen, setze ich ab: ich fühle, es ist nicht so weit. So kam es zu vorliegender provisorischer Anzeige, die nichts weiter will, als den Ton regulieren, in dem über Sie doch endlich einmal gesprochen werden soll und einen jungen Menschen anrufen, sich ganz an Ihr Werk zu geben.

Ich war inzwischen in Paris. Wir bereiten viele Dinge vor, die meine ganze Zeit absorbieren – eine große europäische Revue in französischer Sprache vor allem, bei der ich sehr auf Sie zähle. Ich selbst war der Hauptkämpfer dafür, daß die europäische Revue nicht deutsch erscheint: Weltwirkung können die entscheidenden Menschen in Deutschland nur gewinnen, wenn ihre Ideen nach Angelsachsien und in die romanische Welt dringen – Ich habe Wochen diesen (im gemeinen Sinne »undankbaren«) Bemühungen geopfert: jetzt werde ich wieder wach zu mir selbst.

Ich spürte so sehr Ihr Haus, Ihre südliche Welt in den Versen! Möge sie uns[,] Sie und all Ihr Wollen erfüllen! In Verehrung ergeben Ihr

Stefan Zweig

An Romain Rolland

Salzburg, 17. Juni 1922

Mon cher et grand ami, j'ai mauvaise conscience de vous écrire si rarement. Mais comme je suis maintenant obligé d'aller tous les mois pour une semaine à Vienne, le mois n'a pour moi plus que vingt jours et ceux-là sont remplis de travail et des [!] différent[e]s choses. La vie en Autriche est tellement compliqué[e]: on est mêlé à la vie des affaires sans le vouloir, comme le Mark vaut un jour 50 couronnes et le jour prochain 25. L'inconstance de l'argent trouble la vie quotidienne. Moi pour ma part je n'en souffre pas person[n]ellement, j' [en] ai plus que j'en ai [= je n'en ai] besoin, mais on sent cela transpirer [par] les portes closes de la maison. Il faut faire des [!] grands efforts pour se conserver l'esprit clair et pour pouvoir se concentrer.

«Clérambault» paraîtra enfin, ma biografie [!] est presque épuisé[e], les premiers 10 000 sont vendus, on imprimera une nouvelle édition. Aussi mes autres livres marchent très bien, et j'espère [que] mon nouveau livre, qui paraîtra en [= dans] deux mois, aura ce même succès large et en même temps non bruyant comme les derniers. Je déteste d'avoir des succès subites [!] et tapageux [= tapageurs]: et je sais gré à l'Allemagne qu'on peut [= puisse] se former là-bas lentement un public sûr et attentif. Le vôtre est très, très grand – Michelange [= Michel-Ange] a des tirages de 60 000 en deux ans!

Je n'entends rien de Colin à propos de la revue: je crains qu'il aura [= ait] trouvé des difficultés. De [= pour] ma part j'ai fait tout le possible.

Je suis heureux de vous savoir tranquillement installé à Villeneuve et j'espère [que] la solitude sera protectrice pour votre roman et efficace pour votre santé. J'aimerais aussi de [!] passer cet été tranquillement, mais je crains qu'il [= que ce] ne sera pas possible: d'abord les voyages à Vienne, puis les fêtes de Reinhardt et Richard Strauss à Salzbourg qui m'obligent à déménager pour 15 jours parsque [= parce que] je hais ces foules et le tapage littéraire. Peut-être [que] je réussirai de [= à] venir à Varese – je n'ose plus rien à [!] promettre, ma vie ne m'appartient plus.

Est-ce que vous connaissez le romancier anglais Lawrence (Sons and Lovers, The Rainbow) [?] Je le lis maintenant attentivement: il est étonnant par sa psychologie, sans doute l'observateur le plus vrai que les Anglo-Saxons ont eu depuis longtemps. Seulement il est un peu long, un peu sec, et ses milieux peu attractivs [!]. A mon avis il représente bien l'Angleterre en ce moment. J'ai lu aussi un excellent critique: Eliot. J'ai plus d'intérêt que jamais pour tout ce qui se passe en dehors de l'Allemagne: je collabore aussi à des [!] grand[e]s revues Américaines qui m'ont invités [!] (j'ai eu l'impression très drôle de recevoir pour mon essay [!] sur Dickens dans le «Drei Meister» qui m'était payé autrefois 250 couronnes à peu près un million de couronnes pour le droit de traduction).

Les amis de France m'écrivent quelque-fois: je vois peu de changement dans leurs efforts. Ils [se] tiennent bien – mais il[s] [se] tiennent un peu trop bien, ils ne se transforment pas. Et le monde, les idées se remuent comme jamais. Je suis souvent désolé de la timidité de notre lit[t]érature: Balzac, s'il pourrait [= pouvait] renaître, ce qu'il aurait fait de notre époque! Vingt romans, une épopée! Vous êtes le seul qui pourrait l'accomplir! J'ai peur [que] l'histoire ne saura rien de la vie véritable d'aujourd'hui: elle ne décrira que les batailles et les conférences. Mais l'esprit d'un peuple – celui de l'Autriche, de l'Allemagne – après la défaite, avec ces milles [!] nuances et différences, comme cela serait notre devoir! J'ai grand[e] envie de vous revoir: il faudrait expliquer toute cette vie anormal[e] chez nous, où la vie se double en intensité par le [= la] danse sur l'abîme et où en même temps le manque de foi et d'espérence [= espérance] étouffe l'âme des meilleurs! Peut-être [que] je viendrai en automne: j'ai des offres des [!] conférences en Suisse et cette fois je ferai [de] mon mieux. Je crois que j'aurais encore en 1922 la haute joie de vous serrer la main. Mes compliments à votre chère sœur et fidèlement votre

Stefan Zweig

An Romain Rolland

Salzburg, Kapuzinerberg 5
25.VI 1922

Mon cher ami, [en] ce moment je reçois la nouvelle terrible de l'assassinat de Rathenau. Vous savez, je crois, que j'étais lié avec lui par des années d'une étroite connaissance, j'ose presque dire, de l'amitié. Quand j'étais à Berlin, il me recevait, néanmoins qu'il devait partir le jour après pour Londres, entamer ces conversations historiques et décisives, et nous causâmes deux heures tout seuls. Nous avons parlés [!] aussi de vous, qu'il aimait et respectait beaucoup. J'ai connu beaucoup des [!] hommes dans ma vie et les plus célèbres de leur époque – mais jamais je n'ai vu un cerveau plus lucide, plus rapide que le sien. Un souvenir prodigieux, une promptitude unique qui avait toujours tout prêt: il pouvait parler dans une forme parfaite sans préparation et on pouvait envoyer son impromptu à l'imprimerie sans [é]changer un mot et c'était un essay [!] superbe. Il était très, très ambitieux, mais il avait [le] droit de l'être: jamais l'Allemagne [n'] a eu comme ministre un homme des [!] tel[le]s qualités, d'une telle supériorité.

Et un tel homme assassiné par des canailles payé[e]s par les métallurgistes, payé[e]s par l'argent des impôts cachés, comme tous les journaux pangermanistes sont payé[s] par l'argent jeté à main légère, parsqu'il [= parce qu'il] est ôté à l'Etat. Les conséquences sont énormes. Il devient plus clair d'un jour à l'autre que les pangermanistes ont un plan précis: d'assassiner tous les courageux, tous les vrais chefs des partis pacifiques ou révolution[n]aires – Liebknecht, Luxemburg, Paasche, Eisner, Erzberger, Garais, Landauer et maintenant Rathenau – pour s'emparer du pouvoir et faire à l'exemple de l'Hongrie [!], indifférent[s] à ce petit fait, qu'en résultera peut-être une guerre ou une invasion. Je vous avoue franchement que nous devons être heureux que la France a cette armée prêt[e] au Rhin – sans cela cette bande idiote rappellerait demain le grand Guillaume et son admirable fils.

Mais je déteste la politique: ce qui m'opprime c'est le triomphe de la brutalité sur l'esprit. Il n'y a personne en Allemagne, même le dernier paysan, qui ne sache pas que Rathenau était une des plus hautes intelligence[s], une âme d'artiste, il n'y avait personne qui osait dire que cet homme (qui perdait des millions de revenus par l'acceptation de sa place) était vendu et de mauvaise foi – on le savait bien qu'on [= qui] tuait. Mais on voulait tuer l'esprit, on veut tuer la pensée indépendente [!] en Allemagne – ces canailles ne désirent que leur idiotisme national, leur arit[h]métique factive qui leur prouve toujours que l'Allemagne est le plus beau, le plus grand, le plus moral des [!] tous les pays. Jamais je n'ai pas [!] vu plus sombre que [!] aujourd'hui: le fait qu'on continue de faire la chasse aux grands esprits en Allemagne comme aux lapins, qu'il existe des organisations de meurtre qui sont couvert[e]s et protégé[e]s par les hauts fonction[n]aires de la police et par la justice – cela est trop symptomatique! N'oubliez pas: ce Killinger qui avait reçu et caché chez soi les deux assassins de [!] Erzberger après l'assassinat, qui les a accompagné[s] à la gare d'où ils prenaient la fuite, a été acquitté par la justice en Allemagne et la foule acclamait celui qui avait caché des meurtres. Cela c'est [!] passé il y a six jours: l'encouragement a porté ses fruits. Aujourd'hui c'est Rathenau qui a été «puni» pour avoir combattu pour la raison.

L'humanité est-elle [!] toujours été si bête ou passons-nous [par] une crise de bestialité et de stupidité tout à fait spéciale? Je ne le sais pas. Je sais seulement que cet [!] seul homme valait plus par sa croyance active, par le courage qui se prêtait à une telle carrière (si ingrate en ce moment) que tous [= toutes] nos universités avec leurs professeurs et leurs étudiants, ivres de patriotisme et de bière. Je suis curieux [de savoir] si Hauptmann qui était l'ami le plus intime de R. (ils se tutoyaient) osera d' [!] élever la voix. Car la canaille Pangermaniste [n'] aurait pas honte de braquer le fusil aussi contre lui: tout ce qui représente la raison est leur ennemi. Pauvre Allemagne! Et pauvre France! Ils [= Elles] se ressemblent trop en leurs canailles! A tantôt plus [longuement], cher ami! Votre

St. Z.

An Victor Fleischer

Salzburg 29. Juni 1922

Lieber Victor, vielen Dank für Deinen guten Brief. Ich glaube nicht, daß ich nach Langeo[o]g kommen werde: ich kann jetzt auf zwei Meilen weit keine alldeutschen Jungens sehen. Lieber Frankfurter Juden, lieber Norderney als diese Geistigkeit, die einen Rathenau ermordet hat und der 75 jährigen Mutter, die ihren einzigen Sohn betrauert[,] anonyme Briefe ins Haus schickt, die sie verhöhnen. Das ist der letzte Abhub! Das Traurigste: Sie werden wieder Alles erreichen; so wie sie den Unterseebootkrieg und die Kriegsverlängerung erreicht haben, werden sie in einen neuen Krieg hineinsausen. Sie werden wieder in den Etappen sitzen und die jungen Burschen niedergeknallt werden: in Frankreich steht Alles Gewehr bei Fuß. Man verkennt diese Symptome nicht. Wir werden noch Einiges erleben.

Also L., das wird nichts. Ich lasse mich nicht pardonnieren und »dulden«, besonders dort wo ich bezahle. Lieber in ein Bad mit 700 000 galizischen Juden! Das habe ich nicht nötig – da lieber nach Marienbad oder Italien, falls ich nichts Rechtes finde. Verstelle ich ihnen die Luft, so verstinken sie mir die Natur: gegen diese Bande habe ich, was ich mir sonst verwehre, einen aufrichtigen Haß. –

St. Beuve [!] geht bald in einem großen Packen zu $^3/_4$ ab, Schluß folgt schnell. Die Leute sind alle saümig, ich muß mahnen und mahnen, zumal das Honorar ihnen immer weniger lockend wird – damals bedeutete es noch etwas. Wer, wer kauft jetzt noch Bücher, so teure Bücher? Unter 100 Mark gibt es doch wirklich nichts Rechtes mehr! Mein Novellenband ist schon fast ganz ausgedruckt, möge ich sein Erscheinen erleben. Es geht ja Alles jetzt so unerhört abscheulich langsam. Hoffentlich geht Dein Geschäft gut, ich wünsche Dir vom Herzen, daß Du etwas Fett ansetzt für die kommenden magern Jahre. Überall scheint es jetzt den Verlegern mit dem Geld knapp zu werden. Auch wir oben in Böhmen haben es mit unserm Unternehmen nicht leicht: mein Bruder (der übrigens geheirathet hat) ist geplagter als sein letzter Commis.

Wann sehen wir einander? Vielleicht in Leipzig wieder? Oder in Frankfurt! Ich schreibe Dir ausführlich meine Reisepläne: sie sind immer arg wackelig durch die Tatsache meiner alten Eltern, die in Wien verlassen sind. Ich weiß, Du kannst das nachfühlen: man ist nie ganz frei durch die Sorge und immer in einer gewissen Unsicherheit.

Deiner Frau innigsten Glückwunsch zu ihren Triumpfen [!]. Und viele Grüße! Herzlichst Dein alter

Stefan

Das ist der echte Ehrenstein, den Du sahst: grüße ihn schön von mir!

An Moritz Heimann

Salzburg, Kapuzinerberg 5
29. Juni 1922

Verehrter Herr Heimann, ich danke Ihnen spät für die außerordentliche Gabe Ihres Dramas, aber die Bewegung, die es in mir schuf, war eine zu weitreichende, als daß ich Ihnen hätte ein Wort sagen wollen, ehe dieser Wellenschlag vergangen und mir der Eindruck ganz klargespiegelt war. Denn dieses Drama hat ja eine so vielfältige Linie, daß sie zuerst verwirrt: allmählich erst und gerade im Fortschreiten findet man zur Einheit und je mehr man es dann von ferne fühlt, um so mehr laütert und erhebt sich die Gestalt. Es ist ein vielleicht von Ihnen ungern gehörter Wunsch von mir, daß ich persönlich es ungern auf dem Theater sehen würde: denn wer kann dort das Elementare dieses Schicksals mit allen seinen geistigen Wandlungen so ganz in sich zusammen halten, daß es dem unvergeßlichen Eindruck des Buches entspräche. In dieser Gestalt haben Sie – ich weiß nicht ob bewußt oder unbewußt – den heroischen Typus des Juden so vollendet dargestellt wie Beer-Hofmann den mythischen im Jaakob. Diese besondere Art des Heroismus im wissenden und doch nicht stoischen und doch nicht christlich-demütigen Leiden, dieses Schicksalerleiden ohne Lust am Leiden und ohne pflichtmäßige Entgegennahme – diese urjüdische Kraft <u>geistiger</u> Schicksalsbewältigung haben Sie für mein Empfinden herrlich gleichzeitig in Dur und Moll, in Akiba und seiner Frau dargestellt (genial geradezu wie der Sohn es zum Dreiklang löst.) Merkwürdig ist mir dies ja für die ganze Zeit (die irgend eine höchste Bewußtheit, eine tötliche [!] Vollendung des Judentums darstellt) daß alle Dichter, die jetzt jüdische Stoffe ergreifen, nicht mehr wie die früheren, im Stofflichen befangenbleiben, sondern in das Centrale des jüdischen Problems mit der ganzen aufgeregten Seelenkraft vorstoßen. Geheimnisvoll wächst ihnen da allen eine Kraft zu, die sie noch nicht hatten – und ohne Ihr früheres Werk, das ich, wie Sie wissen, sehr liebe, herabsetzen zu wollen, muß ich Ihnen doch sagen, daß hier ein mystischer Zuschuß von Außen oder Innen dazugekommen ist, der dieses Drama über Ihr bisheriges

Maß hinaustreibt. Ich danke Ihnen von früher viel: Erkenntnis, Gefühl der Gerechtigkeit, psychologischen Tiefblick, sprachliche Wollust, künstlerische Kraftprobe, die durch ein Ethisches immer siegreich war. Aber Erschütterung durch ein Werk danke ich Ihnen diesmal zum erstenmale – verzeihen Sie einem Jüngeren diese Aufrichtigkeit. Sie empfinden Sich mit der Ihnen eingeborenen und durch dreißig Jahre Zucht gesteigerten Gerechtigkeit sicherlich klar genug, um selbst zu wissen, daß in diesem Werk etwas von Ihnen wirksam geworden ist, was gelockert längst in Ihnen lag, was wir alle immer spürten und berührten, ohne daß es zu fassen war. Nun haben Sie es uns in die Hand gegeben: ich will nicht übertreiben und sagen ganz makellos (denn im Hintergrund der Nebengestalten scheint mir manchmal die Schärfe zu fehlen oder es verwirrt sich vielleicht mir nur der Begriff.) Aber seit Jahr und Tag habe ich (seit Beer-Hofmann) nicht die Freude gehabt, einen Menschen seine persönliche Wesenheit so verbunden mit den Urmächten seines Ursprungs gestalten zu sehen: nennt man das Reife, so muß man das Wort mit voller Ehrfurcht sagen, denn es ist etwas Abschließendes darin. Und ich spüre deutlich noch selbst in diesem Ihren zu sich offensten Werke Ungesagtes, das Sie uns noch gestalten werden. Möge es Ihnen gelingen, diesen werdenden Werken die herrliche sittliche und geistige Höhe dieser unvergeßlichen Vision zu erhalten: es ist ja in dieser Vollendung nichts Zufälliges, nicht ein glücklicher Stoffgriff, sondern eine Kraft, die sich ihre Formen selbstherrlich erschafft, Kraft zum Mythos eben aus einer Fülle eigenen Lebens. Wie könnte die versagen, wem [!] sie sich einmal gewährt! So kommt zu diesem Dank schon die Freude für Ihre neue Gestaltung und treue Bewunderung.

Ihr Stefan Zweig

An Raoul Auernheimer

[Salzburg, undatiert;
Poststempel: 18.VII. 22]

Lieber Freund, seien Sie herzlichst für den ersten Saint[e-]Beuve bedankt! Am Graben in Wien sah ich eine entzückende Tochter Ihrer Frau (nach der Ähnlichkeit vermutete ich dies.) Sie war es zu meinem Erstaunen aber selbst und sagte mir telef., Sie seien schon im Dichterasyl von Alt-Aussee, wohin nun mein Dank Ihnen hitzig nachtrabt. Freilich, St. Beuve [!] erscheint nicht bei der Insel sondern bei der Frankf. Verlagsanstalt, die ihn sehr schön vorbereitet und hoffentlich schneller ist, als die Insel, die mich seit Monaten mit Correcturen behelligt, ohne daß dieses neckische Spiel des Hin und Hersendens bedruckter Bögen die Tatsache des Erscheinens eines Buches zur Folge hätte. – Mit großem Gaudium bemerkte ich jüngst, daß der Börsenteil die ganze N[eue] F[reie] P[ressse] dur[ch]schlagen hat und bis in Ihr Feuilleton hin reingerutscht ist: wie durften Sie auch an das Allerheiligste rühren, an den Valutenhandel! Der ist doch legitim und ein Pfeiler des Staates!

Ich möchte gerne hinüber nach A[lt] A[ussee] auch um Zifferer zu begrüßen, aber ich muß jetzt jeden Zipfel Zeit fassen, denn der Sommer ist kurz, die Festspiele stehlen mir in den Vorbereitungstagen gute zwei Wochen durch Völkerwanderung und Schlag Festspielbeginn fahre ich, am 13. an die Nordsee.

Viele Grüße Ihres St. Z.

An Romain Rolland

Salzburg 4. août. 1922

Mon cher et grand ami, j'ai reçu votre bonne lettre et j'y sens – si amicalement que votre bonté l'exprime – le reproche de laisser une si haute cause, d'abandonner (avec les autres Allemands et Autrichiens) l'école de Varese. Je ne veux pas m'excuser complètement. Vraiment, à un certain moment j'ai abandonné tous les autres intérêts à mon travail. Ma vie est très étroite: je voyage chaque mois une fois pour 4–7 jours à Vienne pour voir mes parents, j'ai une énorme correspondance et je demande toujours plus de mon travail. Il y a donc vraiment des moments où je m'enferme en moi-même. Et il faut des [!] tels moments si l'œuvre à faire doit avoir un[e] certain[e] valeur.

Mais pour cette [!] été ce n'est pas le travail qui m'abstiendra [= me retiendra], mais un souci. Vous ne pouvez pas vous figurer notre état d'esprit d'inquiétude, dans lequel nous vivons. Depuis 5 jours la couronne et le mark ont perdu la moitié de leur valeur – je ne dis pas cela pour parler des pertes que nous subissons person[n]ellement, au contraire, nous, qui dépendons de l'étranger, nous gagnons – nous attendons d'un jour à l'autre quelque bouleversement. Pour moi-même je suis indifférent, mais ma famille à Vienne m'inspire toujours des inquiétudes: chaque jour courent des [!] autres rumeurs – grêves, révolte[s] à Vienne; vous ne pouvez pas vous figurer en Suisse ou dans les pays de l'Ouest l'énorme inquiétude de la vie chez nous. C'est pour cela que dans un moment si critique vous trouverez difficilement un Autrichien ou Allemand qui osera de [!] quitter sa maison et ses parents d'une [!] plus grande distance que 12–15 heures. Tout appointement fixe nous paraît insensé dans une époque comme celle[-ci]: je vous assure que depuis l'armistice et les batailles de rue en 1918 la situation en Allemagne et Autriche n'a pas été si menaçante: les prix [ne] montent pas chaque jour, mais – littéralement – chaque heure, les classes, qui ne gagnent et n'avancent dans leurs salaires que par mois, sont excités, en Allemagne on est sous la menace des notes Françaises et de leur armée – je vous répète: jamais depuis 1918, nous, qui voyons un peu plus loin, ont [= n'avons] eu de telles craintes, [de] telles inquiétudes. Toute la vie si fanatiquement, si désespérément gaie à Salzbourg avec ses fêtes et foires peut d'un jour à l'autre finir: il suffit [d'] un petit éclat de la grande poudroie [= poudrière] à Vienne et tous les gens fuyeront [= fuiront] dans tous [!] les directions.

Je n'ai donc pas le courage de quitter en ce moment l'Autriche ou d'aller en Allemagne plus loin, que je ne puisse pas à chaque instant être en communication téléfonique [!] avec mes parents (qui sont absolument impuissants de [!] faire face à la moindre crise, qui ne sauront pas se débattre dans un orage). J'ai refusé tous [!] les conférences, qu'on m'avait proposé[es], je n'ai pas assisté à une grande représentation du «Jeremias» qui vient d'être donné[e] dans un festival théâtral de Mannheim: je vais seulement vers le 14 (pour éviter les jours de fête ici) à Leipzic [!], où j'ai à faire pour les éditions de la Bibiotheca mundi, peut-être après encore à Hambourg et Francfort, mais cela seulement si la situation si tendu[e] s'apaise. Mon rêve, je l'avoue, seraient [= serait] 6–8 jours à la mère [= mer].

Je ne parle pas pour moi seul, mais pour nous tous en Allemagne. Il est très difficile de se déplacer, si on a des cohésions [!] avec sa famille et des devoirs en des moments si compliqués. Excusez et ne me comprenez pas mal, si je vous donne encore une fois l'exemple de l'argent, du change, car il montre comme un thermomètre la situation critique, sinon mortelle de notre cas. Le Franc suisse, qui, je crois, valait 800 en printemps quand j'allais à Paris, vaut aujourd'hui 10 000. Il a doublé en cinq jours: nous avons fait un pas de géant vers la Russie. Deux semaines ou deux mois encore et nous y serons. On sent craquer les murs de l'Etat, on sent que quelque chose doit arriver, mais ce «quelque chose» que chaqu'un [= chacun] attend et personne ne connaît, pèse lourdement sur nos têtes (je ne sais pas valser sur le volcan, comme font les autres, comme ils l'ont fait aussi pendant la guerre): je sens trop bien la nécessité d'un changement (et je n'ose pas espérer qu'il [!] sera un changement vers le mieux).

Je vous prie, cher ami, comprenez notre situation: il est impossible de faire quelque chose d'active [!] dans le sens international en Allemagne en ce moment. Personne ne nous écoute, tout le monde regarde vers la frontière où on attend les mesures menacé[e]s [= qui menacent]: depuis la faillite de Gênes, depuis le triomphe du Poin[c]arisme notre voix est étouffé[e]. Rathenau (loué d'être pur internationaliste) a été le premier [= la première] victime de cette nouvelle vague de folie, qui envahit le monde: sa mort aurait été un triomphe s'il aurait [= avait] pu changer la politique absurde, le triomphe du Poincarisme. Je ne veux pas dire que les meilleurs en Allemagne renient leur foi dans l'internationalisme (moi qui ne puis pas respirer dans un autre air que l'air Européen), mais il[s] craignent le ridicule si on voulait le manifester devant les soudards, les haineux en ce moment, où tout est trouble, consternation et désespération [= désespoir]. Dans la jeunesse nous n'avons pas d'appui, les intéllectuells [!] marchent avec le vent et si nous élevons la voix, elle est étouffé[e] par celle qui parle mille fois plus clairement, par celle des évènements. En quinze jours, en un mois peut-être beaucoup sera éclairci, mais justement ce mois d'Août me paraît le plus critique, un digne anniversaire de la folie de son ancêtre, l'Août 1914

Je sais, il y [en] a d'autres qui ne s'occupent pas, qui voyagent, tiennent des discours, montent leurs pièces et si [= se] fichent le diable du monde fou. Mais je ne peux pas sortir de ma peau: c'est mon sort, peut-être mon don, de sentir très intensément et de très loin les moindres répercussions dans la vie sociale et morale. Sûrement je suis un faible et loin des [!] ceux, qui obéissent au Christ quand il dit «Laisse ta femme, tes parents et tes enfants pour me suivre.» Je ne puis pas si faci[le]ment laisser. Et en ce moment je ne puis pas le faire moins que jamais. Car depuis 1918, je vous le répète, je n'ai pas été tellement pris par des vagues pressentiments et des craintes.

Ici on prépare des fêtes. Reinhardt, Hofman[n]sthal montent leurs pièces, Richard Strauss dirigera l'Opéra, aussi Béla Bartók, donc [= dont] vous me parlez et que j'estime beaucoup, viendra demain. Pour moi cette occupation est[h]étique a en ce moment quelque chose de répudiant [= répugnant]: je prends la fuite en tout cas devant ce[tte] danse sur le volcan et devant le veau d'or.

Je suis sûr, cher ami, vous me comprendrez. Il y a des moments, où on est dominé par les forces mystique[s] qui sortent de la profondeur de l'être, où les pressentiments vagues sont plus fortes [= forts] que la raison claire. Je suis maintenant dans un tel état que je ne pourrais pas exprimer raison[n]ablement à personne. Mais je sens: vous me comprendrez. Fidèlement votre

Stefan Zweig

Ma femme a écrit déjà à Mlle. votre sœur que de l'Allemagne Dr. Wilhelm Friedmann, professeur à l'université de Leipzic [!], serait heureux de venir et de tenir une conférence. Il parle le Français et l'Italien comme l'Allemand et serait de tout premier rang comme lecteur. Il est tout à fait dans nos idées et rencontre pour cela beaucoup de difficultés à Leipzic [!]

An Romain Rolland

[Salzburg, 11. 10. 1922]

Mon cher et grand ami, enfin j'ai la joie de vous envoyer mon nouveau livre: il contient cinq récits, en partie antérieurs à la guerre et retravaillés depuis. Ils sont sortis de ma vie intime: pas une confession de foi comme «Die Augen des ewigen Bruders» que vous avez reçu récemment, pas exactement des choses vécu[e]s, mais toutefois enraciné[e]s dans mon être. Maintenant la route est libre pour un grand roman ou un drame, dont j'ai des esquisses depuis longtemps. En passant je veux écrire aussi un petit livre-brochure sur notre cher Frans Masereel et une étude sur Stendhal qui m'est parent par sa passion de psychologie et de cosmopolitisme. J'ai grand[e] envie de me retirer plus profondément en moi-même, pour avoir après plus d'élan et d'énergie. Je ne vois dans notre époque aucun[e] place pour un[e] œuvre active: la politique est arrivé[e] à un point d'entêtement et de bêtise qui la [!] anéantira. Inutile à [= de] la combattre: elle se suicide. Inutile pour l'instant tous [!] les démonstrations, tous [!] les polémiques: les actions des diplomates qui ont habilement construit un[e] petit[e] guerre (sans sang, un[e] guerre d'opérette) se ridiculisent eux-mêmes. Je crois [qu'] une année suffira et le monde aura assez de ce hideux spectacle et nous aurons au moins un internationalisme du dégoût pour la politique. Vous me connaissez comme pessimiste: mais cette fois j'ai la conviction que nous sommes au comble. En Allemagne la situation s'éclaircit déjà. La mort de Rathenau a fait du bien: les meilleurs entre les nationalistes sont devenus honteux. La stupidité du Kaiser, son mariages [!], ses bavardages ont rendu ridicule le monarchisme, d'autre part les socialistes se sont fait tort par la cupidité de leurs employés. Donc: méfiance universelle contre les partis politiques et une attente presque religieuse à [!] une nouvelle foi. Vous ne devinez pas comme cette Allemagne boursière, banqueroutière, pays, où le protestantisme, le socialisme, le nationalisme ont perdu leur attraction morale, a soif de croire, de s'enivrer pour quelque chose. Partout une ardeur pour chaque homme, que [= qui] donne quelques grains d'un nouveau [!] idéalisme. Tous les grand courants très diverses [!], dont vous de loin n'apercevez peut-être pas la trace, se réunissent dans les profondeurs: Keyserlink [!] avec sa «Schule der Weisheit», Johannes Müller, le Bouddhisme, comme il [= cela se] reflète par les philosophes et les poètes, par Tagore et Hesse, l'anthroposophie de Rudolf Steiner, tous [!] cela a pris la forme des grandes sectes religieuses, qui n'osent seulement pas de se déclarer comme tels [!]. Je veux vous nommer des chiffres pour vous faire comprendre l'étendue de ces mouvements: les livres (très chers, très lourds) des Keyserlink [!], des Spengler, de Blüher, de Steiner se vendent chaqu'un [= chacun] en 50 000 Exemplaires [!] (plus grand tirage que les romans), Tagore en 100 000 exemplaires. La philosophie néo-religieuse domine la vie intellectuelle depuis la révolution comme la philosophie antireligieuse, matérialiste [dominait] la France avant la révolution de 1793. Je sens très très fort un grand courant sous cette Allemagne bruyante et politique – il serait pour vous très intéressant de le suivre. Charactéristique [!] aussi quels poètes [l'] emportent [!] – Goethe avant tout, puis Hölderlin, dont après un siècle la nation a découvert la grandeur grandiose (vous devrez lire son Empedocles), et des modernes ceux qui s'imposent par une tenue morale et allemande, Stefan George et Thomas Mann avant tout, les poètes qui parlent au peuple comme autorité[s], symboles de la sagesse (plus que de la beauté!). Si en ce moment une grand[e] person[n]alité surgissait qui réunirait les forces de Nietzsche, il [= elle] pourrait fonder et refaire la foi nouvelle. L'attente intellectuelle est énorme et le niveau des livres critiques très, très haut: celui de Ziegler sur le Bouddhisme est un chef d'œuvre, les grandes biografies [!] de Gundolf surpassent de loin tout ce qu'on possédait jusqu'à présent sur Goethe et Kleist. L'époque ressemble un peu à celle où l'Allemagne avec les Schlegel dominait la critique Européenne, par les Humboldt, Kant, Hegel, Schelling la science Européenne: seulement nous n'avons pas le Goethe, qui à ce moment vivait enveloppé dans sa grandeur comme dans un linceuil [= linceul], son propre monument.

Je regrette qu'il n'y ait pas un livre informative [!], qui représente bien tout cet état d'esprit. Mais il est peut-être encore trop tôt. Rien ne se dessine encore exactement, on ne sait pas quell [!] courant, quel[le] person[n]alité [l']emportera. Mais je vous assure: le moment est très intéressant en Allemagne. Et la jeunesse intellectuelle est bien loin de la politique et s'éloigne chaque jour plus: le procès Rathenau prouve bien que ce ne sont que les plus corrompus qui font la politique.

Des livres intéressants j'ai lu les Tagebücher von Theodor Herzl. Pour la première fois je lis l'histoire d'une époque, d'un mouvement que j'ai vu naître de tout près. Et je suis étonné comme on voyait mal à dix-huit ans et comme on sentait bien (mieux que les gens intelligents et mûrs). J'ai rarement vu si bien la naissance d'une grande idée se dévelloper [= développer] par magie comme dans ce précieux document qui intéressait psycholog[iqu]ement le père de Clérambault: il m'a profondément ému. Je parle d'ailleurs aussi de Bernard Lazare et avec beaucoup de sympathie.

Est-ce que vous éditerez maintenant les lettres de la Malvida Meysenbug et les vôtres? Il [!] serait peut-être bien, car le souvenir de cette admirable femme commence à s'effacer dans la nouvelle génération.

J'attends impatiemment votre nouveau roman, le premier livre après la guerre (car Clérambault était enfant de la guerre, conçu dans la souffrance et nourri par le sang des innocents). Je serais heureux de savoir que vous travaillez bien.

J'avais ici la visite de Le Fauconnier qui vient de faire en passant un très beau portrait de moi, dont je vous enverrai une reproduction. Son plus ardent désir serait de ... mais je sais que vous refusez cette permission à tous les peintres et indirectement aussi à vos amis, qui aimeraient d' [!] avoir votre regard vivant toujours auprès d'eux.

Ditez [= Dites] à mademoiselle votre sœur tous [= toutes] mes salutations et ceux [= celles] de ma femme et croyez-moi votre très fidèle

Stefan Zweig

11. Octobre
1922

An Leonhard Adelt

[Salzburg, undatiert;
vermutlich Mitte Oktober 1922]

Mein lieber Leonhardt [!], ich danke Dir herzlichst für Deinen guten Brief und die klugen Worte darin. Ich fühle selbst, daß ich in diesem Buche zu stark vorgetreten bin: aber das war eben eine Erledigung, wie ich überhaupt, ebenso wie in jener indischen Legende »Die Augen des ewigen Bruders« Einiges von den Dingen, die mich bewegten, abstoßen mußte. In mir ist der reine productive Trieb irgendwie zusehr durch Skepsis gekreuzt: das bloße Erzählen ist mir nicht Anreiz genug (weshalb ich, trotz sogenannter »Stoffe« in letzter Zeit kein Drama schrieb.) Erst wenn ich mich freimachen will, schreibe ich: das bloße Darstellen wie etwa im »Verwandelten Comoedianten« hat keinen Reiz für mich. Wenn man doch Menschen wie Lissauer und mich mischen könnte, dem einen das an Ehrgeiz geben, an Ungeduld, was der andere zuviel davon hat! Aber vielleicht ist es gut so wie es ist: zumindest ist nichts Falsches und Aufgeturntes in meiner Arbeit.

Lieber Leonhardt [!], wunderst Du Dich nicht, daß ich nie nach M[ünchen] komme? Ich verstehe es selber nicht. Ich sollte dort Bahr besuchen und andere Freunde, das Wetter ist hier elend, ich arbeite schlecht, die Mark habe ich liegen – ich weiß nicht, was mich hemmt: einerseits ist es, glaube ich, eine Antipathie gegen München (aus der Politik her) andrerseits der Degout, mich den Scharen österreichischer Valutaplünderer beizugesellen. Und im tiefsten vielleicht eine momentane Kraftlosigkeit. Ich will Ende November nach Berlin, da komme ich jedesfalls vorbei und hätte sehr, sehr das Bedürfnis mit Dir einmal ausführlich zu sprechen. Vor allem wüßte ich gerne von Deinem Roman.

Daß »Deutschland« starb, hat mich nicht gewundert. Ich habe nie daran geglaubt: es war durch den Dreifarbendruck von Anfang an zu teuer. Für Dich war es vielleicht gut, daß es zu Ende gieng: Du konntest Dich darin nicht ganz zum Ausdruck bringen, man spürte Dich nicht klar darin wie etwa in einer literar. Zeitschrift es möglich gewesen wäre. Jedesfalls: wir sehen einander bald: ich bleibe wohl zwischen dem Morgenzug und Abendzug in M[ünchen] und freue mich innig auf Dich. Grüße mir Malli und Richard, die Brillenschlange! Herzlichst

Stefan

An Richard Specht

[Salzburg, undatiert;
Poststempel: 16. X. 22]

Lieber Freund, ich danke Dir innigstens für Dein Schnitzler Buch: es ist reich und beseelt genug, um auch post festum erscheinen zu dürfen. Du bist jetzt wirklich der Biograf par excellence und wirst bald von allen eifrig umworben sein, die sich eine »definitive« Biografie wünschen (und das sind viele.) Ich ließ Dir schon vordem durch die Insel meine neuen Novellen senden (meine eigenen Exemplare sandten die Unglücksmenschen per Kiste so daß ich sie 1924 erhalten dürfte) – sollten sie nicht in den allernächsten Tagen eingelangt sein, so sage nur es, bitte, mit einer Zeile, dann bekommst Du eines aus der großen Kiste, die jetzt zwischen Leipzig und Salzburg sich alle Bahnhöfe des bankerotten Deutschlands tagelang betrachtet. In Salzburg ist es jetzt um so viel zu still als es im Sommer zu lebendig war – wir leben hier in Extremen. Grüß Deine liebe Frau herzlichst von Deinem getreuen

Stefan Zweig

An den Insel-Verlag, Leipzig

Salzburg, am 4. Dezember 1922.

Sehr geehrte Herren!

Bei meiner Rückkehr von Leipzig fand ich folgenden Brief der Deutschen Verlagsanstalt, deren Angebot mir immerhin plausibel erscheint, weil es ja indirekt auf meine Novellenbände hinweisen würde ohne dadurch mein Verhältnis zu Ihnen zu zerstören. Ich denke da eventuell an meine bei der Insel erschienene Novelle »Der Zwang« die ja nur in limitierter Ausgabe aufgelegt wurde und längst vergriffen ist und die ich erst in eine spätere Reihe eines Novellenbandes wieder aufnehmen würde. Vielleicht legen Sie Professor Kippenberg die Frage vor, ob er es nicht für richtig findet, daß ich diese Novelle der allgemeinen Sammlung einverleiben lasse ohne deshalb auf das Erscheinen in einem Novellenband zu verzichten und selbstverständlich mit der besonderen Bedingung, daß auf dem letzten Blatte ein Verzeichnis meiner Werke auch genannt wird. Ist es ihm aber aus irgendwelchen Gründen nicht angenehm oder meint er mir auch nur allgemein abraten zu können, so habe ich kein Bedenken es zu tun; mir liegt nicht besonders viel daran, an allen Tischen zu sitzen: ich denke nur, daß es im Allgemeinen den Absatz fördern kann, wenn man in einer solchen Reihe wie es die »Deutsche Novelle« darbieten will, mit einer Probe vertreten ist. Den Brief erbitte ich dann freundlichst zurück an mich.

Wegen »Amok« möchte ich nur noch sagen, daß gestern in der »Neuen Freien Presse« und in der »Wiener Allgemeinen Zeitung« darüber größere sehr rühmende Aufsätze erschienen sind und also von literarischer Seite alles geschieht um das Buch in Schwung zu bringen. Hoffentlich geht damit die erbetene Bemühung Hand in Hand, daß Sie durch ein Inserat im Börsenblatte noch einmal darauf hinweisen und die Buchhändler durch die neue Titelgestaltung endlich die Möglichkeit haben, das Buch in die Auslage zu geben.

Mit den besten Grüßen Ihr aufrichtig ergebener

Stefan Zweig

An Franz Servaes

Salzburg 22. Jan 1923

Lieber verehrter Freund, Sie sammeln – Sie Verschwender in der Zeit der Brennstoffnot – feurige Kohlen auf mein Haupt: ich war im November 6 Tage in Berlin und kam nicht dazu Sie aufzusuchen: dennoch aber spüre ich, so sehr ich Sie zu vergessen schien, daß Sie mich nicht vergessen haben, an Ihrer warmherzigen Kritik über die »Legende«. Dies Stück, das nur via ersten Schauspielern getragen, Leben haben kann, wurde dort anscheinend in einer Ecke abgespielt. Ich habe kein Recht zu klagen, denn meine Indolenz in Theaterdingen ist ja beispiellos: mir war es nur leid, daß Sie ins Ungeheizte gerieten.

Oft lese ich von Ihnen und immer mit Freude und habe ein rechtes Verlangen, Sie wieder, Sie Getreuester aller, zu sehen! Bald soll es sein. Freilich, so heiter wie in vergangenen Jahren wird es nicht werden, dafür sorgt schon die Zeit. Mir graut manchmal vor der rasenden Torheit dieses Weltfacismus, vor dem brutalen Triumph der Gewalt: er wird das Ideal der nächsten Generation sein und der Fußballenthusiasmus wird bald einem böseren Furor weichen. Möge wenigstens Ihnen Stille und Arbeit beschieden sein. Innigst Ihnen und den Ihren Ihr alt getreuer

Stefan Zweig

An Franz Karl Ginzkey

[Salzburg, 26. Februar 1923]

Lieber Freund, ich höre, daß Du in Leipzig gut angelangt bist und halte es für gewiß, daß Du Dich dort bald froh zurechtfindest: alle Dinge sehen in der Distanz von hundert Kilometern bedenklich klein aus und das ist für mich der wahre Sinn alles Reisens. Ich bin gewiß, daß Du heiter und erfrischt zurückkehrst, besonders wenn Du für ein paar Tage nach Weimar gehst, das doch eine der tiefsten Durchschütterungen und Belebungen bedeutet, die unsereinem geschehen kann. Auch die Landschaft ist dort rein und mild, der ideale Ort zum Ausruhen und ich glaube (laß mich dies prophezeien) es werden Dir dort einige Gedichte wachsen! Der Geist Goethes wirkt dort wie das Radium unsichtbar geheimnisvoll fort.

Ich war, offen gesagt, einen Augenblick Deinetwegen beunruhigt und bin es nun gar nicht mehr. Solche Erschütterungen sind uns notwendig, sie sind das Fieber, mit dem sich später unsere Imagination einheizt. Ich habe mir nie ein stillzufriedenes Leben gewünscht: danken wir Gott, wenn es uns von Zeit zu Zeit um und um schüttelt. Alles Gute Deines getreuen

Stefan Zweig

26. II 1923

An Erwin Guido Kolbenheyer

Salzburg, am 5. März 1923.

Lieber Freund!

Darf ich um eine kleine Gefälligkeit ersuchen? Du erinnerst Dich vielleicht noch, daß ich schon von unserer Studentenzeit her Sammler von Handschriften, insbesondere von Manuskripten war. Nun schickt mir ein Freund einen Ausschnitt aus einer Zeitung, demzufolge in Tübingen am 22. März 23 vormittag 11 Uhr im Justizgebeude [!] Nr. 28 eine Reihe von Autogrammen versteigert werden die mich sehr interessieren. Nun hast Du gewiß in Tübingen einen bekannten Buchhändler der mich auf Deine Intervention hin, gegen 5% Kommission bei diesen Versteigerungen vertreten würde. Vielleicht suchst Du ihn auf und veranlaßt ihn mir zu schreiben, erstens ob er gegen eine Kommission von 5% für mich die Vertretung übernehmen wollte, zweitens daß er die Sache besichtigen geht und mir kurz schreibt und eine Schilderung von folgenden Stücken gibt:
Schiller: Ausschnitt aus einem Gedicht (welches? Wieviele Zeilen?)
Lenau: Schilflieder (Wieviele, wieviel Seiten?)
Endlich ob von Herder, Mörike, Wieland[,] Hölderlin Gedichte vorliegen und welche?

Ich hoffe, lieber Freund, das ist nicht zuviel von Dir verlangt und Du wirst gewiß einen Antiquarius dort aufzutreiben wissen der das übernimmt und mir schreibt. Rückporto lege ich ihm auf jeden Fall bei.

Ich habe lange von Dir nichts gehört und wüßte gerne was Du tust, vor allem ob Dein »Parazelsus« sich bald dem Ende nähert. Ich habe mich damals bitter geärgert, daß Du mit Rütten & Loening nicht zusammenkamst, denn Georg Müller hat Deinen Roman nicht soweit gebracht wie er es verdiente. Mit der Zeit wird er ja gewiß jeden Erfolg erringen, aber die Zeiten sind ja nicht leicht zu verdauen und die Allerjüngsten sind wir ja auch nicht mehr.

Herzlichst Dein alter

Stefan Zweig

An Hermann Graf Keyserling

Salzburg, Kapuzinerberg 5
7. März 1923

Verehrter Herr Graf, jetzt erst, da ich das Heft des »Wegs zur Vollendung« erhielt kann ich Ihnen innigst für Ihre guten Worte danken, die – wie immer – über den Anlaß hinaus Ausblick ins Weite geben. Ich habe mich innigst gefreut an dieser durchdringenden Betrachtung.

Nun möchte ich noch zweierlei: erstlich Ihnen von Romain Rolland Grüße überbringen, der Ihr Reisetagebuch ungemein liebt: die »schöpferische Erkenntnis«, glaube ich, ist ihm noch nicht zur Hand gewesen. Er würde sich sehr freuen, schreibt er, könnte er Ihnen einmal persönlich begegnen.

Zum zweiten möchte ich Sie nochmals dringend auf den Pfarrer Leonhard Ragaz (Zürich, Gartenhausstraße) hinweisen, wohl die stärkste religiöse Natur eines freien social orientierten Christentums. Sein letzter Aufsatz in den »Neuen Wegen« über Deutschland und Frankreich war wohl das intensivste und bedeutendste, was ich an moralischer Kraft zu diesem Thema gelesen habe. Für Sie wäre er ein ungeheurer Gewinn in Darmstadt, denn er verbreitet – und darauf kommt es Ihnen, wenn ich Sie recht verstehe, am meisten an – Atmosphäre um sich, er ist eben Energiecentrum stärkster moralischer und religiöser Kräfte, rein bis zum Fanatismus, beredt durch Überzeugung. Ich weiß unter allen christlich Religiösen eigentlich keinen seiner »portée«. Versorgen Sie Sich [!] doch ein paar Hefte der »Neuen Wege« und Sie werden wohl selbst das Bedürfnis haben, ihn für Ihr Werk zu gewinnen.

Hoffentlich leiden Sie nicht unter dem politischen Druck der Besetzung: gerade unter den Kanonen ist die beste Philosophie in allen Zeiten gestaltet worden, ja es scheint mir manchmal, als wäre, wie die Schrift sagt, das Chaos nötig, um den Stern zu gebären.

In Verehrung getreu Ihr altergebener

Stefan Zweig

Ergebene Empfehlungen Ihrer verehrten Frau Gemahlin und viele Grüße an Oaha Schmitz!

An Romain Rolland

Salzburg 7. Avril 1923

Mon cher ami, depuis longtemps je veux vous écrire, mais je travaille avec intensité. Je prépare un livre correspondant au Drei Meister sur les trois grands types en Allemagne: die drei dämonischen Naturen, les seuls qui ne pactisaient pas avec la société, la nation, l'époque, et qui naturellement étaient [– ont été] détruits. Hölderlin, Kleist, Nietzsche. Cela sera un appell à la liberté d'artiste, à l'héroïsme de la souffrance, une grande paraphrase sur le démon. Je crains que par certain[e]s parties je froisserai le grand public allemand (ou plutôt je ne le crains pas), surtout en prouvant que Goethe, et tous après lui, ont préféré d' [!] étrangler le démon en eux, au lieu de se laisser étrangler par lui. Je me sens assez maître aujourd'hui de mon sujet et je prévois déjà de loin la suite de ce volume. Un volume sur les grands psychologues: Stendhal d'abord avec la thèse que la psychologie est en dernier sens [= ressort] une affaire de courage, du courage de voir le vrai et de le dire. Il y a beaucoup des [!]

nuances en cela et on trouve peu des [!] hommes qui sont montés [= ont gravi] assez profondément l'échelle dans les bas-fonds du cœur (on peut se casser le cou si on a le vertige). Tout cela se prépare depuis longtemps en moi, mais je ne suis pas pressé. J'ai du temps. J'ai mis des années pour les [«]Drei Meister» et mes nouvelles sont aussi part [= font aussi partie] d'un cycle. J'oppose donc à la fluctuation et l'excitation du monde un large plan de travail et je suis heureux d'y trouver une stabilité. Faut-il le dire que je me sens votre élève en cette forme de conception et dans la façon d'écrire [sur] l'héroïsme humain en ces formes les plus tragiques? Mon seul espoir serait de pouvoir appliquer cette méthode à un vivant. J'ai payé mon tribut d'admiration à Verhaeren et à vous. Mais chez nous je vois le vide. Je vois du talent, mais pas un héros. Je me rappelle du commencement du Don Juan de Byron «A hero! I want a hero!»

Vous comprenez avec quelle avidité j'attends votre Gandhi. Je sais un peu [de choses] de lui: mais vous nous rendrez sa person[n]alité tel qu'il est. Il faut avoir le cœur large pour comprendre le génie: mais alors on est pénétré par lui et je ne connais pas un [!] bonheur semblable. Cela doit être pareil au sentiment de la femme quand elle se sent embrassée, perforée et fécondée par l'homme.

J'ai envie aujourd'hui de vous parler aujourd'hui de belles choses. Mais je ne peux pas me taire sur les niaiseries et les canailleries. Savez-vous que notre cher ami Grautoff vient de publier un méchant livre «Das Gesicht und die Maske Frankreichs», qui, loué d'attaquer ouvertement la France – il est perfide, le bonhomme – en vante le patriotisme, le nationalisme, qui est sa vraie nature, et nous conseille de [= d'en] faire autant. Le chapitre sur vous a des petit[e]s pointes vénémineuse[s] [= venimeuses] sous une fausse impartialité, moi je suis également honoré par une petite méchanceté. Il croit être sagace en jouant le juste, et il lêche les bottes à la fois aux nationalistes Français et Allemands – voilà son internationalisme: mais au fond il reste le bête bourg[e]ois.

Thomas Mann (il me reproche de vous admirer et en même temps de respecter Thomas Mann que j'estime comme caractère, comme homme droit et comme superbe artiste) était deux jours ici: nous avons bien causé sans nous comprendre tout à fait, mais aussi sans nous mécomprendre [= mal nous comprendre]. – J'ai reçu «L'Europe» et je suis peu enthousiasmé pour la forme ancienne, timide et schématique de cet effort, qui aurait mérité plus de courage et d'élan. Fidèlement votre

StZ

An Fritz Adolf Hünich

Salzburg, am 9. April 1923.

Lieber Herr Doktor!

Haben Sie herzlichen Dank für Ihren freundlichen Brief und den Kassenauszug mit der angenehmen Überraschung. Sie bekamen einen üblen Einblick wie ungeschäftsmännisch und gleichgiltig ich im Punkt der Verrechnung bin.

Nun vor allem innigen Dank für Ihre freundliche Bereitschaft, mir bibliografisch bei den [!] neuen Buch helfen zu wollen. Ich glaube, ich erzählte Ihnen ja was es eigentlich sein soll: eine Darstellung der dämonischen Natur an drei Beispielen, sowie die »Drei Meister« eine Darstellung des Romanciers, des Weltbildners an drei Beispielen waren. Es ordnet sich auch hier alles auf das glücklichste und ich bin bei den Vorarbeiten eigentlich erstaunt welche Analogien sich zwischen Hölderlin, Kleist und Niet[z]sche in Schicksal und Lebensform ergeben, nur ist natürlich noch viel Studium notwendig Wenn Sie mir die Hölderlin Bibliografie von Seebass leihen wollen, so bin ich Ihnen sehr dankbar, das wesentlichste hoffe ich allerdings schon im Buche von Vietor zu finden, das ich mir bereits bestellt habe. Schwieriger steht es bei mir mit Nietzsche. Ich glaube die fünf Bände der Biefe (ich besitze nur die an Overbeck und die Auswahl) sind bei der Insel längst vergriffen: könnten Sie sie mir aber irgendwo antiquarisch besorgen, so wäre ich Ihnen ungemein dankbar. Außerdem würde ich Sie sehr bitten, mir das Werk von Heinrich Römer: Nietzsche, 2 Bände, das soeben bei Klinckhar[d]t & Biermann erschienen ist[,] zu bestellen. Ernst Bertram habe ich bereits und sonst ist glaube ich, nichts besonders und ganz eminent wichtig. Es gibt freilich noch ein Buch das ich gerne hätte, das ist der große Nietzsche von Andler, von dem in Paris bisher 4 Bände erschienen sind (sechs sollen es sein), dessen ganzes Erscheinen ich aber nicht abwarten kann. Schließlich sollen diese drei Aufsätze ja keine philologische Biografie sein und ich denke nicht daran, mich übermäßig mit Büchern zu belasten: wenn Sie mir die genannten freilich besorgen könnten, nämlich die Nietzsche Briefe und die Römer-Biografie, so wäre ich Ihnen sehr dankbar. Ich habe das angenehme Gefühl, daß es ein ziemlich wichtiges Buch werden könnte, gerade durch die Tatsache der Zusammenstellung, die statt zu vereinzeln ihm eine höhere Einheit gibt.

Merkwürdiger Weise werde ich gerade in der letzten Zeit heftig von Ullstein bedrängt, ihm für seine neue Biografienserie einen kleinen Hölderlin zu schreiben. Ich könnte nun den Aufsatz aus diesem neuen Buche isolieren, habe aber herzlich wenig Lust dazu, denn ich fürchte mich eher das Buch zu entwerten, wenn ich einen Teil daraus früher erscheinen lasse. Seine Angebote sind zwar außerordentlich und ich werde mir alle Mühe geben müssen, ihnen gegenüber inseltreu zu sein.

Lange habe ich nichts mehr von der »Bibliotheka [!] Mundi« gehört. Die französische Ant[h]ologie und die italienische müßten ja längst fertig sein. Werden sie etwa aus politischen Gründen zurückgehalten? Ich habe etwas von einem derartigen Entschluß der deutschen Verleger gehört, hielte ihn aber nicht für glücklich, denn nie wäre die Gelegenheit besser zu zeigen, um wieviel höher man geistig in Deutschland in diesen Dingen steht und außerdem ist das Buch wirklich zu einem Bedürfnis für die Gebildeten geworden.

Ihres Sohnes soll von nun an getreulich gedacht werden! Vielleicht komme ich noch im Frühling nach Leipzig: ich will zunächst nach Schwaben um die Hölderlin Landschaften mir anzusehen und wohl auch auf einen Tag nach Weimar um im Nietzsche-Archiv nach Einigem zu sehen.

Herzlichst Ihr

Stefan Zweig

An Artur Kutscher

Salzburg, am 17. April 1923.

Sehr verehrter Herr Professor!

Selbstverständlich bin ich prinzipiell sehr gerne bereit Ihnen das Manuskript des »Marquis von Keith« zur Einsicht zu überlassen, aber es ist nicht ganz so leicht, denn Sie vergessen, daß Bayern in einer Art Kriegszustand gegen uns Österreicher steht. Früher kam ich sehr oft nach München hinüber: jetzt, da ich mir eine »Vorgenehmigung« nehmen muß und den ersten Vormittag damit verbringen, auf die Polizei zu laufen und mir meine Gegenwart durch die Bezahlung von 8000 M für 48 Stunden zu erkaufen, komme ich natürlich nicht hinüber und mit dem postalischen Versandt [!] hat es nun wieder eine neue Not. Denn einerseits muß ich für Österreich eine Ausfuhrbewilligung oder zumindestens eine Deklaration einholen, Sie andererseits wieder eine für die Rücksendung, weil es in Buchform gebunden ist und daher eines Ausfuhrscheines bedarf. Außerdem ist ja die Post ein wenig unsicher.

Nun fährt glücklicherweise von Zeit zu Zeit immer irgend jemand hinüber, gerade vorgestern war ein Dozent der Universität Leipzig bei mir, durch den ich es leicht hätte senden können und ich hoffe, daß sich in Bälde wieder ein verläßlicher Bote finden wird. Änderungen enthält es meines Wissens nicht oder nur wenige, es ist die Reinschrift, nach der der Druck soviel wie unverändert erfolgt ist. Sobald sich also eine Gelegenheit ergibt verständige ich Sie sofort, für heute nur die besten Grüße Ihres aufrichtig ergebenen

Stefan Zweig

An Otto Heuschele

Salzburg, 2. Juni 1923

Verehrter Herr Heuschele, ich habe Ihnen lange nicht geschrieben: ich hoffte ja immer im Frühjahr nach Schwaben zu können und Hölderlins Heimat zu sehen. Aber jetzt verwirklichen sich unsere besten Wünsche selten und ich muß diese Reise auf ein anderes Jahr lassen: dafür ist aber der Hölderlin-

Aufsatz selbst im Werden und macht mir viel Freude eben durch die innere Spannung, eine solche Natur in ihrer großartigen Einmaligkeit zu gestalten. Das bloße Heroisieren, wie man es jetzt tut, das Ausrufen zum deutschen Genius, zum Seher ist noch nicht bildnerisch, sondern nur pathetisch: gerade, daß Hölderlin aus gewissen, sogar eng gespannten Grenzen der Begabung nur durch Reinheit emporwächst, finde ich groß. Und es ist seltsam, wie ähnlich er seinen Gegenspielern Kleist und Nietzsche in diesem Willen zum Unbedingten wird.

Ich fahre vielleicht für acht Tage an die Nordsee – ich brauche ein wenig andere stärkere Luft in die Lungen. Dann kehre ich im Sommer noch heim und vielleicht kann ich am Rückweg in Ihren schönen Gauen Rast halten für einen Tag. Man kennt Deutschland nicht, ja man verkennt es immer mehr, wenn man zu oft in die großen Städte kommt: ich spüre es immer erst in den bescheidenen Kreisen der ländlichen Bezirke und trete darum so gern in [eine] kleine Stadt und in unbekanntes Land. Haben Sie innigen Dank für Ihre gute Gesinnung und seien Sie herzlichst gegrüßt von Ihrem ergebenen

Stefan Zweig

An Romain Rolland

Salzburg 13. Juli 1923

Mon cher ami, quelle joie de vous attendre!! Nous sommes prêts, nous sommes heureux. Quant à la façon de voyager je vous conseille de ne <u>pas</u> venir par l'Allemagne (cela veut dire par la Bavière) à Salzbourg. Il est vrai, le trajet est plus simple (pas beaucoup!), mais il est presque dangereux de traverser la Bavière pour un Français. Vous trouverez partout les affiches «L'entrée interdite aux Fr[ançais] et aux Belges». Chaque boutique le porte, chaque hôtel, chaque restaurant!!

Vous pouvez prendre soit l'Orient-Express (Paris-Boucarest [!]) qui passait toujours par Munic[h], mais qui va maintenant via Zurich – Buchs, Innsbruck, Salzbourg. Il est excellent: Il part de Zurich vers minuit (je ne sais pas l'heure exacte – minuit 40 minutes) et arrive à Salzbourg à 16.00 (4 heures d' [!]

après-midi) sans toucher le territoire allemand. Seulement il ne marche pas tous les jours, je crois trois fois par semaine. Il faut donc s'instruire à temps et se faire réserver une place Wagon Lit – on peut rester au wagon à la frontière: grand avantage!

Puis il y a un autre train à côté du [!] Orient Express qui marche chaque jour, qui part de Zurich vers 20 ou 21 heures du soir et arrive à Salzbourg à 13.56 (deux heures d' [!] après-midi). Il est plus avantageux quant au prix, je ne sais seulement pas s'il a un wagon-lit et s'il ne faut pas sortir à minuit à la frontière (dans l'Orient-Express on peut rester dans le train, je crois aussi dans celui-là également, surtout si vous avez une attestation du médecin). Mais il faut également se faire réserver d'avance un wagon-lit quelques jours, si ce train dispose d'un wagon-lit, je ne le sais pas encor[e] et je m'en doute bien!

Si vous croyez que le trajet vous fatigue trop, vous pouvez aussi descendre à Innsbruck: je viens avec joie à votre rencontre, comme je viendrait [!] avec joie vous prendre à Munic[h]. Mais je vous répète: évitez plutôt de passer seul par la Bavière! En rentrant je peux vous accompagner à Munic[h] et vous faciliter par mes connaissances ici la frontière allemande à Salzbourg, mais je serais inquiet de vous laisser

---

je vois justement encore un bon train qui part

Zurich 9.11 matin
Buchs (frontière) 12
Innsbruck 5.12 après-midi
Salzburg minuit (sans difficulté de douane ect. [!])

Vous voyez avec ce train tout le Tyrol. Je viens à votre rencontre et si vous êtez [= êtes] fatigué on restera la nuit en route quelque part

passer tout seul. Je ne voudrais pas que vous arriviez ici avec des mauvais[es] impressions.

Il fait bien chaud ici, mais à [!] notre maison nous avons tous [!] les ressources de nous défendre bien et je suis sûr [que] vous vous trouverez bien ici, même si la pluie revient. Tout sera préparé et nos cœurs sont déjà ouverts de joie.

Vous me télégrafierez [!] l'heure et le jour de votre départ: je viendrai quelque[s] stations à votre rencontre et tout sera préparé. Nous installerons un service spécial de [= pour] vous défendre et notre bon chien sera toujours à la porte pour nous avertir si quelqu'un veut vous ennuyer, sans être prié de paraître.

Merci mille fois! Nous vivons dans l'espoir de vous voir bientôt! Et cette pensée nous rend joyeux! Fidèlement votre

Stefan Zweig

En hâte.
Le trajet par le Tyrol est admirable! Bien préférable au voyage par la Suisse!!

An Maxim Gorki

Salzburg (Österreich), 29. Aug 1923

Verehrter Herr Gorki,

selten hat mir die Post so gute Nachricht ins Haus gebracht, als die Nachricht, Sie wollten meine Novelle »Der Brief einer Unbekannten« in Ihrer Sammlung bringen. Selbstverständlich bin ich freudig einverstanden: aber das Freudigste ist für mich Ihre Zustimmung. Ich liebe Ihr Werk unendlich: seit Jahren hat mich nichts dermaßen erschüttert, wie die Schilderung Ihrer ersten Ehe in den »Erinnerungen«. Wir haben niemanden in der deutschen Literatur, der diese Unmittelbarkeit der Wahrheit hätte – ich weiß, man kann sie auch durch Kunst, vielleicht sogar durch Künste erreichen. Aber Ihre Unmittelbarkeit ist für mich einzig: selbst Tolstoi hatte nicht diese Natürlichkeit des Erzählens. Wie liebe ich Ihre Bücher! Wie ehre ich Ihre menschliche Haltung in all diesen verbrecherischen Jahren!

Mir ist nun innig wohl, daß ich Ihnen meine Liebe und Verehrung sagen durfte. Und fassen Sie es nicht als aufdringlich auf, wenn ich Ihnen zwei Bücher sende, einen Novellenband »Amok« und ein Buch über den Roman »Drei Meister« das einen Dostojewskiaufsatz enthält. Sie müssen sie nicht lesen, Sie brauchen mir nicht zu danken. Sie können Sie [!] auch ungelesen weiterschenken. Ich habe nur eben das Bedürfnis, Ihnen etwas zu schicken.

Wollen Sie mir aber einmal eine große Freude machen, so schicken Sie mir ein paar Manuscriptblätter aus einem Ihrer Werke. Ich sammle (nicht wie die kleinen Mädchen Autografe) solche Manuscripte erstlich aus Liebe zu den Dichtern, dann um in ihre Arbeit tiefer einzudringen. Von Dostojewski habe ich zwei Capitel aus den »Erniedrigten und Beleidigten«, von Tolstoi zwei Capitel aus der Urschrift der »Kreutzersonate« – beides hatte ich vor dem Kriege mit viel Geld und Mühe erworben. Wie glücklich wäre ich, ergänzten Sie diese beiden Dioscuren mit ein paar Blättern Ihrer Hand.

Noch Eines: wenn Sie jemals irgendetwas in literarischen Dingen in Deutschland brauchen, bin ich glücklich, wenn ich Ihnen dienen kann.

In Verehrung Ihr

Stefan Zweig

Versäumen Sie nicht Rolland zu besuchen!!! Es ist ein Erlebnis, ihn zu kennen. Seine Güte, seine Gerechtigkeit sind einzig auf dieser armen Erde und er ringt diese Leidenschaft einem hinfälligen Körper ab.

An Romain Rolland

Salzburg 9. Octobre 1923

Mon cher ami, je reviens de Vienne – mon père est toujours très faible et il faut que je lui rends [!] visite tous les mois, sans pouvoir lui porter un secours réelle[!], car il est devenu déjà tout à fait indifférent à la vie, tout à fait passiv [!], sans souffrir, mais sans joie. C'est triste à voir et je reviens toujours mélancolique de ces voyages.

J'ai écrit immédiatement au Insel-Verlag qu'il vous envoie un Faust complet. Ce volume contient ce que nous appellons le «Urfaust», la première forme, retrouvé[e] 60 ans après sa mort: la plus sensuelle, la plus vivante, mais sans l'approfondissement philosophique (fragment d'ailleurs)[.] Puis la première publication «Fragment d'un Faust», puis la forme définitive, et puis les esquisses. Dans les esquisses manque malheureusement la grande scène où Faust descend chez Pluton pour réclamer Hélène – il n'avait pas la force de la tracer avec ses 81 ans. Elle aurait été grandiose.

J'ai fini l'essay [!] sur Masereel: vous le recevrez bientôt. C'est la préface pour une publication de ces [!] bois en Allemagne. Car on publie encore, néanmoins qu'on paye déjà un livre, un exemplaire un milliard. C'est absolument fou au-delà de la frontière. Mes amis souffrent beaucoup. Les éditeurs n'impriment plus et volent les auteurs en leur envoyant l'argent trop tard – et deux jours de retard diminue[nt] le [!] valeur de 50%!!! Ils sont absolument écœurés, les pauvres! Barbusse est à Berlin en ce moment, j'espère [qu'] il fera un ap[p]ell [!] en France pour montrer que maintenant l'Allemagne est un enfer. Vous savez que j'ai toujours dit qu'on vit mieux en Allemagne après la guerre, et beaucoup trop bien – maintenant il [!] est devenu terrible et je souffre avec eux.

J'ai eu la visite d'un charmant Américain, Mr. Barett Clark, qui a traduit vos tragédies. Il est tout à fait de mon avis que vous avez fait [!] tort d'interrompre cette série et il partage mon opinion que leur «temps viendra». D'ailleurs j'ai causé avec un régisseur [= metteur en scène] de l'Odéon à Paris qui m'a dit qu'il a proposé déjà «Danton» à son directeur et qu'il croit lui aussi à une possibilité de reprise. Il a vu Danton chez Reinhardt et on a parlé beaucoup de ce succès à Paris.

Une question! La «Neue Freie Presse» publie .. des pièces de cinéma films [= scripts] des grands auteurs. Elle serait heureux [!] d'avoir le vôtre et publierait aussi les esquisses de Masereel, naturellement en réservant strictement le droit d'execution. Il est absolument sûr que [!] une telle publication provoquerait immédiatement la réalisation de votre cinéma-pièce. Est-ce que cela vous intéresserait?

La [!] adresse de Hermann Bahr est München, Barerstrasse 52[.] Mais il s'occupe de déménager en [= dans] quelque[s] mois à Vienne. Il a bien assez de Munic[h] comme tous les autres intéllectuels – on ne peut pas vivre dans la [!] domaine de Ludendorf[f], au centre de la violence. Vous ne pouvez pas vous figurer l'état d'esprit en Bavière, la haine absolue contre ... contre tout, tout simplement, cette frénésie de brutalité mal opprimée [= réprimée] qui aimerait de [!] se déclencher. Tous mes amis s'en vont, personne ne veut plus respirer cette [!] air empoisonnée [!].

Je suis heureux que vous avez [= ayez] fini «l'Eté». Reposez-vous bien maintenant. Rien ne vous presse et je suis sûr que ce repos se transformera sans que vous le savez [!] en création. Je suis déjà très curieux de lire ce second volume et combien d'autres partagent cette attente.

Je vous écrirai bientôt! Aujourd'hui je reviens justement du waggon [!] et la main qui vous écrit est encore noir[e] du charbon. Meilleurs compliments à Mademoiselle votre sœur de ma femme et de votre fidèle

Stefan Zweig

An Siegmund Warburg

[Salzburg, 9. Oktober 1923]

Lieber Herr Warburg, ich freue mich natürlich sehr, Ihren Freund bei uns zu sehen: nichts ist uns, die wir uns hier in die Stille zurückgezogen haben, lieber als von guten und wesentlichen Menschen die Welt, den Atem Europas zu spüren. Im Sommer hatten wir 14 Tage Romain Rolland in unserem Haus: schade, daß Sie um diese Zeit nicht vorbeikamen. Ich habe wieder an diesem einen Menschen an die Continuität der Vernunft inmitten des Irrsinns der Zeit zu glauben gelernt.

Wir denken noch sehr gerne Ihres Besuches und ich hoffe sehr, ihn [im] Herbst in Hamburg zu erwidern – meine Fahrt in die würtenbergische [!] Hölderlinlandschaft mußte ich aufgeben, obwohl ich gleichzeitig dort Gorki in Freiburg im Breisgau besuchen wollte. Die Arbeit will erst getan sein und andererseits brachte ich von den letzten Ausflügen nach Deutschland ein so depressives Gefühl nach Hause, daß ich mich ein wenig vor dieser Grenze fürchte. Die wirklichen Menschen sind so erschüttert und zerschlagen von der materiellen Bedrängnis, daß jedes Gespräch unwillkürlich valutarisch wird: wir haben diesen Zustand in Österreich zwei Jahre gelitten und sind noch voll Grauen vor diesem Ziffernspiel, hinter dem man die wirklichen Werte des Lebens gar nicht mehr errechnen kann.

Mit den herzlichsten Grüßen Ihr aufrichtig ergebener

Stefan Zweig

S[a]lzburg 9. October 1923

An Victor Fleischer

Salzburg, am 3. November 1923.

Lieber Viktor!

Ich fahre morgen nach Wien, wollte Dir heute nur eine kleine Sachlichkeit sagen. Meine Reichenhaller-Bank hat mich hinausgeschmissen, weil die einlangenden literarischen Honorare nicht die Buchungsspesen decken, so habe ich Rütten & Loening und noch zwei anderen Stellen von denen ich Mark-Honorare bekomme, ersucht, die Beträge direkt an Dich an Dein Konto bei Speyer und Ellissen zu überweisen. Du tust am besten, sie gleich für Dich auszugeben – es wird ja hie und da für 20 Zigaretten reichen – und wir verrechnen das einmal wenn wieder bessere Zeiten sind und ich mir ein eigenes Konto leisten kann, in irgend einer freßbaren Form.

Die deutschen Dinge verstehe ich nicht mehr, obwohl ich die Zeitungen lese. Ich verstehe nicht mehr die Menschen, die Bücher kaufen, daß Menschen noch arbeiten, daß das Reich noch zusammenhält und die Leute nicht alle tobsüchtig geworden sind. In acht Tagen bin ich wieder zurück, bis dahin herzlichste Grüße Deines getreuen

Stefan

An Romain Rolland

Salzburg, Kapuzinerberg 5
16. Nov. 1923

Mon cher ami, j'étais comme chaque mois à Vienne (une ville qui étonne tout le monde en ce moment par sa renaissance inattendue) et j'ai entendu à la bibliothèque nationale une nouvelle qui vous intéressera sans doute (si vous ne la savez déjà). On vient de trouver une [!] opéra de Monteverde «Il ritorno d'Ulysse [!]» et on l'a publié entièrement dans les «Denkmäler der Tonkunst in Österreich.» Si vous voulez, je vous procurerai le volume. Le Dr Haas qui l'a découvert me disait très justement quelle [!] bruit on aurait fait de la découverte d'une tragédie de Racine ou Corneille, pendant que personne ne s'est intéressé chez nous à cette trouvaille.

Est-ce que vous avez reçu mon livre sur Frans Masereel: je [vous] l'avais fait expédier à vous [!] il y [a] dix jours (recommandé). – On vient de me demander un petit essay [!] sur «Annette & Sylvie» pour le «Dial» à New York. Je l'écrirai un de ces jours et j'espère qu'il sera utile pour la publication de la traduction américaine qui est sous presse.

Ce qui se passe en Allemagne surpasse les attentes les plus tristes. Folie sur folie! De rappeller [!] en ce moment le Kronprinz était la [!] geste la [!] plus stupide et personne ne comprend plus ce triste «président de la République», le feu socialiste Ebert qui est devenu le jouet des réactionnaires les plus [!] pires.

En Bavière les Ludendorff et Hitler on envenimé tout le pays, suppression complète des journeaux [!] socialistes, défense de faire entrer des journeaux [!] comme la Frankfurter Zeitung et Berliner Tageblatt, une censure plus violente qu'au temps de la guerre, pillage sous prétexte de recherche des armes, un antisémitisme forcené, qui défend par exemple la représentation des œuvres des auteurs juives [!] ou suspects d'être de sang juif au théâtre, expulsion en 24 heures des [!] personnes, qui habitent Munic[h] pendant [= depuis] vingt ans. Un[e] terreur comme l'histoire ne connaît que très peu d'exemples, naturellement les étudiants forment, comme toujours en Allemagne, l'avant-garde de la réaction. Nous qui vivons [à] dix minutes de la frontière regardent [!] cette mer de haine comme d'un port sûre [!]: tous les efforts de replanter [= transplanter] l'agitation en Autriche a [!] jusqu'à présent été sans effet ou presque sans effet: nous souffrons seulement pour nos amis là-bas. L'un, le correspondant du journal de Berlin ne peut pas sortir sans être sûr d'une attaque, un autre, le traducteur de Dostojewski et Meres[h]kowsky a été expulsé et la situation des intellectuels et des ouvriers est terrible. Le pays est plein de blé (une récolte si superbe, comme l'Allemagne ne la connaissait pas depuis 20 ans), mais les Junker et les paysans n'envoyent [!] rien aux [!] villes pour stimuler le mécontentement contre la république et pour fomenter la dictature réactionnaire. La misère est artificielle par les causes et terriblement réelle pour les pauvres: jamais un pays [n'] a été si brutalement usé et pillé par ses maîtres comme l'Allemagne par les Stinnes et les Junker. Il y a malheureusement beaucoup de vérité dans les discours de Poincaré, qui d'autre part par sa ténacité [= obstination] a ruiné la démocratie en Allemagne. Quelle [!] monde! Je vous écrirai bientôt! Fidèlement votre

St. Z.

An Heinrich Meyer-Benfey

Salzburg, am 23. November 1923.

Verehrter Herr Doktor!

Haben Sie vielen Dank für Ihren Brief und das Maeterlin[c]kbuch, das mich außerordentlich erfreut und interessiert hat. Ich finde es sehr instruktiv und möchte nur flüchtig für eine Neue Auflage einige kleine Wünsche Ihnen unterbreiten. Mir fehlt darin eine übersichtliche Bibliografie und ein Register, das ein eventuelles Nachschlagen sehr erleichtert, ferner glaube ich, daß es von großer Wichtigkeit wäre, gerade in Bezug auf Lerberghe den Sie so ausgezeichnet schildern, deutlich darauf hinzuweisen, daß es eigentlich das kleine Drama von Lerberghe »Les Flaireurs« gewesen ist das den ganzen Stil der frühern Maeterlin[c]kschen Stücke geschaffen und bestimmt hat. Ich betone das nur, weil Lerberghe ein wenig zu vergessen scheint und ich es für eine

Pflicht der Aufrichtigkeit halte, immer wieder darauf hinzuweisen, daß er eigentlich der (und vergessene) Initiator war.

Ich will nun auch trachten Ihnen zunächst Rollands »Ghandy [!]« zu verschaffen. Rolland kennt sehr genau den Gegensatz zwischen ihm und Tagore und da er sie beide sehr liebt, mit Tagore außerdem sehr befreundet ist, so war es ihm nicht leicht darin gerecht zu sein. Aber ich glaube, es ist ihm gelungen die Gegenüberstellung der beiden Ideen (die ja eine ewige ist) klarer auszubilden und Sie werden an dem Buche gewiß Ihre Freude haben. Nebenbei: ich erhalte soeben aus Paris ein Werk Rabindrahnat [!] Tagores, das englisch noch nicht erschienen ist und direkt aus dem Bengalischen gemeinsam von Kalidas Nag und Pierre[-Jean] Jouve übersetzt ist. Es heißt »Cygne« und ist in der Librairie Stock erschienen, soviel ich bei flüchtigem Blick sehe, eine Gedichtsammlung, ich will es in den nächsten Tagen lesen. Inzwischen will ich auch trachten, was Ihnen von Rolland fehlt noch zu beschaffen: meine eigenen Bücher ergänze ich im nächsten Monat durch meine »Gesammelten Gedichte« und ersuche auch den Verlag Ihnen ein Exemplar der Werke von Masereel zu übersenden, die mit einer Einleitung von mir erschienen sind. Hoffentlich gibt der sie gutwillig her.

Sie mögen sich denken, daß wir hier gegen die deutschen Verhältnisse nicht gleichgültig sind. Ich kann Ihnen nicht verschweigen, daß das relative Wohlbefinden Österreichs schon wie immer einen gewissen österreichischen Hochmut hervorgerufen hat und jeder Esel hier glaubt, er selbst habe die Gesundung verursacht, während Deutschland nur durch seine Torheit und die Ungeschicklichkeit so herabgekommen ist. Aber die Wirklichen wissen doch, daß es nur ein Zufall ist, daß wir aus dem Abgrund entkommen sind über den das ganze heutige Deutschland gebaut ist. Immerhin ich sehe nicht so schwarz, weil ich glaube, daß die ganze Frage der europäischen Staatlichkeit längstens eine von 50 oder 100 Jahren ist und dann aus kommerzieller und materieller Notwendigkeit den Vereinigten Staaten von Amerika, [!] die Vereinigten Staaten von Europa gegenüberstehen werden. Ich glaube das nicht aus einem verschwommenen Idealismus, sondern aus einer gegenteiligen mathematischen und nationalökonomischen Überzeugung. Es ist unmöglich, daß die Staaten Europa[s] auf die Dauer 40 Millionen Menschen verwenden sollten um sie als Zollbeamte, Soldaten, Konsulen usw. zu verkleiden während in Amerika dieselben 40 Millionen nicht nur nicht von der Wirtschaftswelt gefüttert werden, sondern selbst produzieren. Deshalb scheinen mir Grenzen so gleichgültig, denn sie werden sich von selbst entwerten: wichtig ist nur, daß die Kultur, der Geist erhalten bleibe und hier ist die eigentliche Aufgabe aller wirklichen Deutschen und nicht in der Politik.

Nochmals vielen Dank und die herzlichsten Grüße von Ihrem aufrichtig ergebenen

Stefan Zweig

An Otto Heuschele

Salzburg, Kapuzinerberg 5
28. Nov. 1923

Lieber Herr Heuschele, ich bin so beschämt, Ihnen so lange nicht geschrieben zu haben, aber ich war oft in Wien (Familiengründe) und dann stehe ich immer ratlos vor einem Turm von Briefen. Im Sommer – schrieb ich es Ihnen schon? – war Romain Rolland 14 Tage Gast in unserm Haus, wahrhaft unvergeßliche Tage. Er sieht ganz über diese Zeit hinaus, weit über Europa, das noch Jahrzehnte braucht, um wieder genesen zu können. Warum wollen die Menschen nicht die Wahrheit? Das Leben ist schwer mit ihr, kostspieliger anstrengender als in einer warmen Lüge: aber ist nicht das ganze Unglück Deutschlands in dem Weglügenwollen der Tatsache der Niederlage? Was uns in Österreich gerettet hat, war das Eingeständnis, wir sind besiegt. Damit war aller Haß entwaffnet, ja sogar in Sympathie verkehrt (denn was will der Sieger anderes, als fühlen, daß er gesiegt hat: dann ist seine Leidenschaft zuende.) Und dann: dieser Mangel an Characteren in der Politik, rechts und links. Der Schrei nach dem Diktator ist ja nichts anderes als die Sehnsucht nach einem Menschen, einem Character, statt der schwankenden Gestalten. Und dazu diese Qual der Lebensmathematik, die den Geist ja verstören und zerstören muß: was ist da einem Volke zugemutet! Ich kann gar nicht daran denken.

Ich wollte Ihnen gerne als Gegengabe meine Ausgabe Masereels (bei Axel Jun[c]ker) senden: hoffentlich bekomme ich noch ein Exemplar. Wenn nicht so hoffe ich einen signierten Holzschnitt zu finden: Ich freute mich so, daß Sie diesen wunderbaren Menschen lieben. Es sind ja jetzt so ganz Wenige an denen man hängt – das neue Buch über Oscar Wilde von Frank Harris war mir so ein Erlebnis, dann das kleine Buch von Hans Carossa »Eine Kindheit«, sonst flüchtet man ja gerne wieder in die Vergangenheit zurück. Mein Hölderlin[-]Kleist-Nietzsche Buch geht langsam vorwärts. Welche Kraft der Einsamkeit war doch in diesen Menschen: es tut not, das zu erinnern, denn jeder von uns ist ja heute mehr in sich zurückgestoßen als je: ich wenigstens fürchte mich geradezu vor den Menschen, die vergiftet sind von Politik, Haß und Geld. Wir, die wir noch an eine höhere Einheit im Geist glauben, sind sehr zusammengeschmolzen, eine ganz kleine, unsichtbare Gemeinde und es wird immer schwerer (aber immer schöner und notwendiger) den Glauben zu bewahren, eben weil kein Wunder geschieht, Credo quia absurdum – das alte Kirchenwort ist wunderbar schön: glauben, gerade in einer Zeit, wo es unmöglich scheint.

Auf Ihr Buch freue ich mich sehr! Und wann immer Sie einmal kommen wollen ist ein Zimmer für Sie bereit, ein Tisch gedeckt. Vielleicht haben Sie Lust, einmal der deutschen Verwirrung zu entflüchten!

Mit vielen Grüßen Ihr herzlich ergebener

Stefan Zweig

An Felix Langer

Salzburg, am 20. Dezember 1923

Lieber Herr Doktor!

Ich habe mit Freude Ihr Buch empfangen und kann Ihnen leider nur kurz darüber schreiben, weil ich knapp vor einer größeren Reise stehe. Ihr Drama hat mich ungemein interessiert, ich finde die Idee des Wallensteinproblems und die innerliche Entscheidung historisch nach vorwärts zu rücken, ausgezeichnet und sein Charakter prägt sich darin ganz wie wir ihn fühlen ausgezeichnet aus. Auch sprachlich und szenisch scheint es mir außerordentlich geglückt, voll Saft und Kraft – was mich darin stört, ist genau wie bei Schiller die allzufühlbare Inferiorität der Frauengestalten. Wäre diese Episode nur auf Erotik beschränkt gewesen, so hätte sie wenigstens auf mich stärker gewirkt als hier, wo es sich um »Liebe« handelt. Dadurch kommt mir ein gewisser sentimentalischer Charakter in dieses harte und strenge Stück, mit dem ich mich nicht ganz abfinden kann, der aber andererseite [!] gerade wahrscheinlich dem Stück auf der Bühne hilfreich sein wird. Ich glaube, Sie werden sehr viel Erfolg damit haben und zwar einen durchaus verdienten Erfolg, zu dem ich Sie schon heute in aller Herzlichkeit und Aufrichtigkeit beglückwünsche.

Mit den besten Empfehlungen Ihr sehr ergebener

Stefan Zweig

An Franz Karl Ginzkey

[Wien, undatiert; vermutlich
Anfang Januar 1924]
[Gedruckt:] VIII. Kochgasse 8.
wie langeschon nicht mehr!!!

Lieber Freund, laß Dir auf das innigste für Deine guten herzlichen und taktvollen Worte über mein Buch danken: hätten sie doch auch noch dies für sich, daß sie vor dem lieben Gott wahr wären, daß in diesen Gedichten wirklich ein Wert zu Tage tritt, so wäre ich wirklich froh. Man hängt doch von allem immer noch an diesen lyrischen Dingen am meisten, weil wir hier wirklich nicht wissen, wer sie uns gegeben: sie sind das Zugeflogene, die Gnade, während alles andere erarbeitet, erdacht, erlernt ist. Mir bleibt es immer lieb an die Zeiten zu denken, wo unsere Verse entstanden und oft wir gegenseitig die Ersten waren, die sie klingen hörten und ich freue mich, daß diese alte Freundschaft sich ungetrübt in Dezennien hinüberfestigt. Du hast wieder eine rechte Probe dieser alten Treue gegeben: vielen Dank dafür!

Heinz Amelung von Scherl-Gartenlaube hat Dich hier sehr vermißt. Sonst hast Du aber nichts versaümt!

Herzlichst Dein alter

Stefan Zweig

An Heinrich Meyer-Benfey

Salzburg, am 10. Jänner 1924.

Lieber verehrter Herr Doktor!

Wie spät danke ich Ihnen für Ihren guten Brief, aber ich war inzwischen in Wien in allerhand Dinge verstrickt und bin erst jetzt wieder innerlich frei. Ich bin Ihnen unendlich dankbar für Ihr gütiges Interesse: es ist mir eigentlich fremd und schwer über meine eigenen Sachen zu sprechen, manchmal sogar von ihnen zu hören weil ich alles immer noch als provisorisch empfinde, gleichsam als irdische Form der platonischen Urbilder die ich in mir sehe. Momentan muß ich ja alles von mir selbst bei Seite lassen, um dieses Tryptichon [!] Hölderlin, Kleist, Nietzsche, würdig zu gestalten. Ihr Buch war mir eine große Hilfe dabei, für die ich Ihnen innig danke: es ist sehr klar, übersichtlich und vor allem – es stellt Kleist in den Rang der ihm gebührt. Seine Begabung ist von einem unerhörten Wachstum und man vermag sich gar nicht auszudenken wohin ein Weiterleben ihn noch geführt hätte, andererseits haben wir keine reinere, vollendetere Tragödie in Deutschland als seine Existenz. Mich lockt es ungemein, dem innern Geheimnis da möglichst nahe zu kommen, ohne mich in leichtfertige Konjekturen zu verlieren: manches wird Sie vielleicht überraschen und vor allem der Versuch einer ständigen Parallelität zwischen seiner Lebensform und Dichtungsform. Ich denke auch gar nicht daran, in diesem Gesammtbuche Goethe irgendwie als überlegen darzustellen weil er ein Sieger im Leben war – jene waren vielleicht mehr Sieger in ihrer Kunst und ihrem dämonischen Willen und ich stehe schroff der allgemein verbreiteten Ansicht gegenüber, als ob Goethe alles aus sich herausgeholt hätte, was in seinen dichterischen Fähigkeiten begründet war. Es ist in neuerer Zeit ein gewisser Byzantinismus eingerissen in der literaturgeschichtlichen Betrachtung Goethes: man findet alles herrlich, auch sein Verhalten gegen Beethoven, Schubert, Hölderlin und Kleist und nennt eine Härte (die zutiefst eine Schwäche war) liebedienerisch eine Tugend. Auch hier tut vielleicht Mut not und innere Freiheit um klar zu sehen – ich komme immer mehr darauf, daß Psychologie nicht bloß eine Sache des Intellekts sondern ebenso auch eine des Charakters ist. Man muß nicht nur sehen können, sondern auch den Mut haben manches zu sehen und auszusprechen. Diesen Mut hat unter andern Kleist in einem viel höheren Sinn und Maß als Goethe, den der Instinkt der Selbsterhaltung manchmal allzu zurückhaltend vor den eigenen Erkenntnissen ja vor den eigenen Erlebnissen gemacht hat.

In Deutschland wird es vielleicht schwer sein solche Ideen durchzusetzen, weil die allgemeine Meinung dort jetzt einen gefährlichen Charakter von leidenschaftlicher Unwahrhaftigkeit auch in literarischen Dingen angenommen hat. Sie haben ja selbst das Beispiel erlebt an Tagore; ein Jahr lang galt er als der größte Dichter, der Erlöser und Befreier, heute widmet ihm keine Zeitung mehr eine abgelegene Ecke und die Literaten lächeln bei seinem Namen. Diese Verächtlichkeit ist nun ebenso unecht wie die Begeisterung vom vergangenen Jahr – wir stekken noch tief im Kriegsphänomen der Massensuggestion und des Herdenurteils: in der Politik spürt man es ja ebenso wie in allen kulturellen und geistigen Dingen. Jeder Mensch der für sich denkt und aus eigener Neigung entscheidet, ist heute mehr als jemals isoliert: dies ist wohl auch der Grund, weshalb Sie in Ihrem Brief ihre eigenen Ansichten mit leiser Unruhe als »ketzerische« empfinden. Es hat eben ein großes Alleinsein der Aufrichtigen begonnen und wir müssen nur trachten, daß dieses Alleinsein sich in ein Verbundensein engerer Kreise verwandelt. In diesem Sinne grüße ich auch symbolisch Ihre Teilnahme und Ihren lieben Brief und danke Ihnen von ganzem Herzen als

Ihr aufrichtig ergebener
Stefan Zweig

An Otto Heuschele

Salzburg, am 12. Jänner 1924.

Lieber Herr Heuschele!

Wie werden Sie von mir denken, daß ich so spät erst Ihres guten Briefes und Ihrer schönen Sendung gedenke. Aber es fiel so vielerlei dazwischen, ich mußte nach Wien fahren und war dort mit Familiendingen 14 Tage so beschäftigt, daß ich nicht dazukam, auch nur eine Postkarte zu schreiben. Dann bei der Rückkehr wartete die aufgestaute Arbeit mit vielerlei Dringlichkeit und eine Sendung wie die Ihre wollte ja nicht eilig, sondern liebevoll, wie sie gedacht war, erledigt sein.

Ich finde Ihre »Briefe aus Einsamkeiten« ungemein schön. Das Buch ist durchaus organisch, obwohl es anfänglich zufällig zusammengestellt erscheint, man spürt erst allmählich, wie gleichsam um ein religiöses Zentrum herum, um jene Fähigkeit unbedingter Verehrungen der wahrhaften Verehrung würdig sich die Berichte und Gesichte formen und gerade, daß die Sphäre so weit ist, daß sie von einem Jahrhundert ins andere hinüberreicht, gerade das macht das Buch bedeutungsvoll und schön. Wir haben in unserer politisch vergifteten Zeit nichts notwendiger als eine Anschauung, die auf das Gemeinsame zielt, die in der Bewunderung das Ferment der Menschen und Völker sieht. In diesem Sinn wird Ihr Buch unendlich viel helfen, gerade weil es an die Ideale der Jugend rührt und die Gegenwart sosehr von Haß und Erbitterung verstört ist. Mir ist es seltsam, wievielen Gemeinsamkeiten meines noch unveröffentlichten Buches ich darin begegnete, vor allem jene Schilderung jenes »Dämonischen Zeitalters zu Anfang des 19. Jahrhunderts« - nur daß ich da noch weiter ging und in Frankreich mit André Chénier beginne und von Keats und Puschkin bis hinüber zu Leopardi das Heldenalter der früh gestorbenen Jünglinge darzustellen suche. Daß jene Zeit gleichzeitig eine politische Mißgunst und blutige Kriegswelt war, könnte einem große Hoffnung geben und diese Hoffnung sind wir verpflichtet zu erhalten, selbst wenn wir nicht daran mit unserer ganzen Seele glauben. Ich empfinde, daß Sie fühlen wie ich: daß Ihnen nämlich die ganze Zeit leichter wäre und erschiene, wüßten Sie um irgend einen neuen Hölderlin oder Kleist, der bestimmt ist ihre Kleinlichkeit zu verewigen. Aber schließlich liegt es nur an uns, und vielleicht sind die Großen in unserer Nähe, wir kennen ihre Namen, sprechen sie mit halber Achtung aus, ohne sie wahrhaft zu erkennen. Es ist dies zu allen Zeiten so gegangen, daß die Besten für das Beste in ihrer Nähe meist geheimnisvoll blind gewesen sind. Gegenwart leidet immer an einer merkwürdigen Weitsichtigkeit des Auges: man erkennt alle Größe in der Ferne, fühlt aber das Nahe nur verschwommen und ungewiß. Immerhin, wir sind wenigstens reinen Willens, das Wesentliche zu erkennen, wo immer es sich darbietet: Möge uns die Hoffnung erfüllt sein, es einmal in Nähe und Gegenwart zu erleben und zu erfühlen.

Auch Ihr Festschriftbuch war mir ungemein lieb, doch fast möchte ich wünschen, daß sich Ihre Träume nicht verwirklichen. Alle Wirklichkeiten entbehren der Reinheit: ich fühle das in Salzburg am besten, wo ich in die Kulissen der weltberühmten Festspiele Reinhar[d]ts zu sehen Gelegenheit hatte. Es ist zuviel Kulisse dabei, zuviel Betrieb und vor allem das verfluchte Geld, das alles vergiftet und zerstört was von einer Idee Wirklichkeit werden will. Ich glaube, das Theater ist irgend etwas, womit wir nicht rechnen dürfen, wenn wir von Kunst reden. Nur in Musik entsteht noch manchmal das Makellose, und ich habe es jetzt wieder in Wien beim Rosé-Quartett staunend und bewundernd erlebt. Nur da ist noch fugenlose Vollendung dankbar [!], nur da verschwindet der Apparat im raumlosen Element. Aber wo Menschen und Kostüme hinter Sof]f]itten wirken bleibt immer ein Erdenrest. Man muß vielleicht zwanzig Jahre alt sein und so leidenschaftliche Augen haben um ihn zu übersehen.

Als Gegengabe sende ich Ihnen endlich meine neuen Gedichte, die endlich erschienen sind und hoffe Ihnen, wenn ich tatsächlich nach Paris fahre, wie ich es für acht Tage plane, ein Blatt von Masereel erobern zu können, damit Sie eine Freude haben und mein gutes Gedenken fühlen. Von neuen Büchern habe ich nur sehr genossen das »Tryptichon [!] der Heiligen drei Könige« von Timmermann [!], dem Verfasser des herrlichen

Pallieter. Das ist noch ein ganzer, reiner Dichter, in dem man fühlt was die deutsche Kunst an Urquellen hat. Sonst spüre ich das eigentlich nur bei den Stillen im Lande, wie bei Hans Carossa, Wilhelm Schmidtbonn, die ja geringer sein mögen, wie Hauptmann oder Hofmannsthal, aber doch irgenwie rein das Dichterische im deutschen Sinn bewahrt haben.

Verzeihen Sie also, lieber verehrter Herr Heuschele, diesen späten, diesen unzulänglichen Dank und zweifeln Sie nicht an der großen Freude, die mir die Widmung Ihres Buches macht. Ich finde es eigentlich unzulänglich, Sie [!] in Briefworten zu erwidern und hoffe zuversichtlich im Frühjahr einmal zu Ihnen hinüberzukommen. Ich soll in Frankfurt und Baden-Baden zu Vorträgen, aber ich bliebe gern ein paar Tage zur eigenen Freude in Hölderlins Land.

Herzliche Grüße Ihres aufrichtigen

Stefan Zweig

Alles Gute für Ihre Zeit und Arbeit! Dieser Winter hat etwas Lastendes und Schweres, er liegt wie ein Gewölk über uns. Aber dieser Frühling wird um so schöner sein: ich glaube, daß aus der allgemeinen Müdigkeit endlich ein Friede zwischen Deutschland und Frankreich entstehen muß. Es ist noch zuviel Haß in der Welt. Was soll eine Jugend begeistern? Ideale der Vergangenheit, die Säbelrasselei, das schreiende völkische Bewußtsein. Oder wird sie nicht doch wieder den ewigen Quellen lauschen, die Sie in Ihrem Buche so schön aufzeigen? Ich möchte gerne noch einmal eine Jugend sehen, wie wir sie (bei allen Fehlern und Kleinlichkeiten) waren: verehrungsfroh, hingebungsvoll, und erfüllt von geheimnisvoller Demut vor der Zeit. Unsere Zeit verbietet es freilich, sie zu verehren: sie macht es eher einem leicht, sie zu verachten, aber das kann, das darf nur ein Übergang sein. Gott schenke uns einen deutschen Walt Whitman, einen neuen Nietzsche, einen einzigen großen Jasager zum Leben! Wir brauchen nichts nötiger als ihn!

An Friderike Maria Zweig

[Paris, Hôtel Beaujolais;
undatiert; Poststempel: 26. I. 1924]

Liebste Fritzi, aus meinem herrlichen Zimmer – Blick in den Garten, prunkvolle Türen aus dem alten Palais Royal – schreibe ich Dir spätabends. Ich war viel herum, habe viel Menschen gesehn, obwohl ich gar nicht will – aber sie wollen alle. Zuerst Bazal[gette], der prächtig ist, dann war ich bei Kra, dessen Töchten [!] Ligistinnen sind, alles von Dir und allen durch Ma[g]deleine Marx ect [!] wissen, speiste mit Bazal[gette], war nachmittags bei Billiet, die neuen Masereel Bilder zu sehen. Du kannst Dir nicht denken, wie herrlich seine letzten Portraits sind, – man soll die Reproductionen verbrennen, so leblos und farbtot wirken sie. Ich bin grenzenlos begeistert und ein großes Bild hätte ich leidenschaftlich gern gekauft, aber lieber lasse ich mich doch von M. portraitieren. Das nimmt zwar Zeit, aber ich bin glücklich, mit diesem wunderbaren Menschen beisammen zu sein. Er kam dann und wir sprachen lange: er ist nicht mehr so heiter wie früher, irgend etwas Dunkles hängt über ihm. Und dann, diese gigantische Arbeit. Dann sah ich noch Scheyer, speiste bei Zifferer – alles an diesem ersten Tag, wo ich erst um 10 Uhr ankam, tausend Straßen und Dinge sah!!! Dazwischen will mich morgen Fauconnier und die Hofrätin sehen und Unruh kommt und ich soll gemalt werden und zu Charavay gehen und abends wieder verabredet: der Tag wird voll, aber ich nicht müde. Fürchten tue ich mich nur vor Victor, dem noch einmal ich ausdrücklich telegrafierte, daß ich keine Zeit für ihn habe – ich kann nicht jemanden hier einkaufen führen und deutschredend herumziehen. Hoffentlich kriegt unsere jahrelange Freundschaft kein Loch durch diese Tage – aber ich bin von früh bis abends verabredet, Sonntag in St. Cloud bei Kra und vielleicht auch Mad. Verhaeren, will Montag den kranken Martinet besuchen und will Ruhe und Freiheit haben. Wie schade, daß einem die Menschen durch ein Übermaß immer die besten Beziehungen verderben!! Mein Herrlichstes hier – flâner dans les rues, bouquiner – lasse ich mir nicht gern durch Verabredungen, Bindungen nehmen.

Gott, ist diese Stadt schön. Abends Lichterschwärme, ein Glanz ohne Gleichen in die Dunkelheit. Dazu diese milde süße Luft – ich atme mit dem Geruch meine ganze Jugend mit, beuge mich zum Fenster mit mir selbst hinaus. Und saß im Januar nachts im Freien in einem Café nachdem ich 24 Stunden vorher noch im Coupé erbärmlich gefroren. Leb wohl! Es ist zwar zu schön hier vom Fenster ins Palais Royal um zu schlafen, aber einmal muß es sein. Innigst

Stefan

An Erich Ebermayer

Salzburg, 28. II 1924

Sehr geehrter Herr, seien Sie auf das innigste bedankt für Ihre guten Worte über meine Gedichte: mir ist es ein Glück, daß diese Verse, die – ich weiß kaum mehr, wann und wie – in verflogenen Jahren entstanden sind, für andere noch lebendig sind; daß Sie ihnen gerade für die neue Generation Wert zusprechen, war mir besonders wohltuend. Man meint nach dem vierzigsten Jahr manchmal schon, Abschied von der Jugend genommen zu haben und nichts klingt dann schöner wie ein Echo von anderer Jugend auf die eigene Stimme. Ich bin Ihnen aufrichtig und innigst für Ihre Worte verpflichtet – hoffentlich erreicht Sie dieser Dank Ihres herzlich ergebenen

Stefan Zweig

An Erhard Buschbeck

Salzburg, [undatiert;
vermutlich vor 10. März 1924]

Lieber Freund, in letzter Zeit werde ich aus Deutschland oft und öfter wieder um meinen »Verwandelten Komödianten« angegangen, der besonders bei allen österreichischen Autorenabenden Glanz- und Repertoirestück ist. Nun paßt er meinem Gefühl nach nirgends hin besser als in das Schönbrunner Schloßtheater: wäre es nicht eigentlich das Beste (ganz objectiv gesprochen) dort mit Hofman[n]sthals »Tor und Tod« (als

Nachtragsfeier seines 50 Geburtstags) diesem kleinen, totsichern [!] Stück von mir und einer dritten österreichischen Sache, z. B. Schnitzlers Paracelsus oder Max Mells Barbier von Berriac anzufangen? Vielleicht zeigen Sie Herterich das kleine Stück, das merkwürdigerweise in Wien wenig bekannt ist, während es in Deutschland fortwährend seit 15 Jahren auf dem Repertoire steht. Ich glaube, es paßte wie angegossen in das Schönbrunner Haus.

Wann kommen Sie wieder einmal?

Herzlichst Ihr

Stefan Zweig

An Romain Rolland

[Salzburg, undatiert; Poststempel: 31. 3. 1924]

Mon cher ami, excusez si je vous écrie [!] avec le crayon. Je suis depuis presque une semaine grippé. Maintenant tout semble passé et je peux quitter le lit. On doit à de telles interruptions de la vie quotidienne (trop quotidienne) les lectures inattendues, des rêves et du repos. La maladie et le voyage sont deux forces qui nous interrompent énergiquement la continuité. J'étudiais les nouvelles théories sur la non-existence d'un présent, la toute-relativité du monde – au fond tout cela sont pour moi des [!] illustres jeux avec les mots et les idées, inutiles et beaux comme les jeux des vers et toute la poésie. Il me manque (pour utiliser un mot de Goethe qui disait lui aussi qu'elle [!] ne l'avait pas) la curiosité métaphysique, die «metaphysische Neugier», je n'ai pas l'envie de voir un demi centimètre de plus du voile de la Maya – tout ou rien. Et on peut tout sentier [!] et [ne] rien «savoir». Ma curiosité intellectuelle est une à [= celle de] comprendre tout ce que je vois et non de vouloir voir ce que je ne puis plus comprendre. C'était donc une rare excursion au parc philosophique! Je préfère l'histoire. J'ai lu une belle biografie [!] de Byron, une de Shelley et je suis trempé profondément dans toute cette époque. Comme j'aime le jeune Keats: quelle fleur de poésie, sorti de la basse famille d'un London Cabman! Quelle saveur et douceur de la langue!

J'ai lu ces choses anciennes aussi pour oublier l'époque. Vous ne comprendrez peut-être pas pourquoi nous souffrons tellement des affaires de l'Allemagne: mais ces bêtises, l'imprisonnement [!] d'un pacifiste si pastoral et doux comme Quidde dans une République dont le chef est un socialiste, et le triomphe bruyant d'un Ludendorf[f], cela est pour nous intolérable. Quand j'étais à Paris et [que] j'ai vu les amis faire des collectes pour les affamés d'Allemagne (affamés par Stinnes, qui ne donnait pas un sou), j'ai souvent eu envie de leur dire: ne vous trompez pas! Et ne [vous] laissez pas vous [!] tromper. L'Allemagne est plus que jamais un foyer de guerre et peut-être la seule bonne politique de l'Europe sera cruelle, une commission qui prive l'Allemagne de toutes les possibilités des armes, qui la protège contre sa propre stupidité politique. Car il marcheraient demains [!] (si Ludendorf[f] fanfareronnera [!] et il aura besoin d'un [!] guerre encore pour son orgueil), il[s] marcheront comme les enfants aux temps des croisades avec des petit[e]s épées des [!] bois. Ils ont acclamé ceux qui voulaient détruire le pays et il n'existent [!] plus dix hommes qui ont [= aient] le courage (ou la patience, car il faut chaque jour combattre une nouvelle bêtise) de s'opposer. Tous les employés républicaines [!] ou démocratiques sont chassés de leur emploi, la justice condamne (voyez Zeigner et Hitler) seulement [d'] après les doctrines réactionnaires, il n'est plus question que de l'époque [= ce n'est plus qu'une question de temps] quand ils se débar[r]asseront du joug démocratique qui semble trop léger pour leurs épaules. On raconte que les femmes-paysannes [!] Russes, si elles ont un mari qui ne le[s] frappe pas et qui n'est pas s[a]ou[l] de temps en temps, sont désespéré[e]s: les Allemands ne veulent pas être libres. «Ruere in servititium [= servitium]», je ne sais pas si c'est Tacitus [!] ou César qui le disait le premier d'eux [!]! Et il est étonnant comme peu [!] les peuples changent [peu] malgré le flux et reflux du sang. Il [!] est le grand défaut des Américains de croire que «le peuple» Allemande [!] désirait de se gouverner: il ne demande qu'au [!] obéir. Comme il[s] n'avaient plus leur Guilleame [= Guillaume] il[s] ont fait un[e] idole de Stinnes, de l'homme qui les avait appauvris [!]! Et dans ce non[-]sens continuel règne une fatalité qui doit mener l'Allemagne toujours dans un conflit qui la détruit (elle se refait toujours avec sa vitalité). Mais avec son manque de raison, avec la politique de fanta[i]sie [= de fantasme], de rêve, elle est de nouveau le plus grand danger de la paix: elle cassera les vitres d'Europe, pas par méchanceté, mais dans son sonnambulisme [!] politique.

Comprenez-vous comme nous qui parlons la même langue et qui aimons la belle, la claire, la [!] imperturbable raison, comme nous devons souffrir de voir qu'on ne comprend plus les autres, qu'on ne nous comprend plus. Il était plus facile pendant la guerre de faire percer sa parole; à cette époque la vérité était défendu[e], le mensonge le pain officiell [!], le «Kriegsbrot» que le peuple dévorait et vomissait à la fois. Aujourd'hui la vérité est permis[e], mais le peuple, les intel[l]ectuels ne veulent plus l'entendre. Toute une nation s'entête dans le mensonge. Jamais l'air n'était plus [!] si lourd. Vous voyez aussi que tous les intellectuels se retirent: le seul Fritz von Unruh, poussé par sa vanité titanique, se présente aux élections.

Un mot encore. Vous souvenez-vous de Madame Rie-Andro qui avait traduit vos «musiciens»? Elle m'écrivait [= m'a écrit] une lettre sur l'Eté qui me montrait [!] comme ce livre peut pénétrer l'âme d'une femme. J'ai lu peu de journaux et revues Français – est-ce encore le silence ou est-ce qu'ils s'occupent lentement de vous?

Fidèlement votre

Stefan Zweig

Compliments à Mlle Rolland!

An Ernst Lissauer

[Salzburg, undatiert;
Poststempel: 21. IV. 24]

Lieber Freund!
Ohne Winde ohne Flammen
Ungewärmt und eingeschneit
Sitzen wir am Berg zusammen
Jederzeit für Dich bereit.
Aber auch in Rudolfiner-
Gasse zwanzig (einen Stock hinauf)
Suche ich bei nächster Wiener
Fahrt Dich höchst gewißlich auf.
Treulichst Dein
Stefan Zweig

An Georg Minde-Pouet

Salzburg, am 6. Juni 1924.

Sehr verehrter Herr Professor!

Herzlichen Dank für Ihren freundlichen Brief, an dem ich nur eines gleich berichtigen will: Sie tun Cornelius Meyer Unrecht. Der ausgezeichnete Mann ist vor einem halben Jahre gestorben und seine Familie genötigt, ja anscheinend eilig genötigt, die Sammlung zu verkaufen, denn der Zeitpunkt ist eigentlich ein recht ungünstiger! Hoffentlich gelingt es Frankfurt an d. Oder oder Berlin die wesentlichsten »Kleiste« zu retten.

Was die Stücke meiner eigenen Sammlung betrifft, so ist da ein Zuwachs fast ausgeschlossen, weil meine Sammlung prinzipiell nur ausschließlich Manuskripte und keine Briefe in sich schließt. Immerhin glaube ich, daß gerade Kleist bei mir so repräsentiert ist, wie es nicht ein zweitesmal einem privaten Sammler möglich sein wird. Ich besitze sechs Stücke,

1.) Sonett an die Königin Luise (Facs. Inselausgabe)
2.) Gedicht an den König von Preußen " "
3.) Germania an ihre Kinder
4.) Kriegslied der Deutschen Sämtl. Sammlung Meyer-Cohn
5.) An Kaiser Franz I.

6.) Variante zum »Zerbrochenen Krug«, offenkundig ein späterer kleiner Einschub, beginnend: »Hier in der Mitte mit der heiligen Mütze, sah man den Erzbischof von Arras stehen.«

Außerdem habe ich noch aus dem Kleistkreise den zweifellos ersten Entwurf eines Gedichts von Fouqué »An Heinrich von Kleist« das sichtlich auf die Nachricht seines Todes hin geschrieben ist. Ich weiß nicht, ob dieses Gedicht jemals gedruckt wurde, jedenfalls nicht in der ersten noch ungewissen Fassung, und wenn Sie es für Ihr Jahrbuch zur Publikation wünschen, so stelle ich es Ihnen gern zur Verfügung. Schließlich ist Salzburg doch nur eine Art Vorstadt von München, Sie bekommen als Münchner Bewohner anstandslos den sogenannten Nahreiseverkehr, der Ihnen auf Paßdauer und ohne Einschränkung den Übertritt sichert: vielleicht sehen Sie sich die Sache einmal persönlich an. Es ist ja nur ein Tagesausflug.

Eine zweite Sammlung die ich besitze, könnte Ihrer Forschung vielleicht noch wichtiger sein. Ich habe nämlich eine wirklich einzigartige Sammlung aller Autografenkataloge von 1834 bis heute, also die einzige sichere Grundlage auf der festgestellt werden kann, was jemals von Kleist in beinahe hundert Jahren im Handel erschienen ist. Vielleicht wäre da auch die Spur eines oder des andern verschollenen Briefes zu entdecken. Diese Durchsicht würde freilich schon einige Zeit erfordern, sie wäre aber immerhin nicht uninteressant.

An den Verlag Schneider gebe ich natürlich den Wunsch weiter, ein Exemplar der Ausgabe zu erhalten und sende Ihnen dann auch ein Verzeichnis der einzelnen Publikationen.

Für heute nur die besten Grüße Ihres aufrichtig ergebenen

Stefan Zweig

An Victor Fleischer

Salzburg, am 10. Juni 1924.

Lieber Viktor!

Vor allem, ich lasse jetzt, um Dir alle Mühe zu sparen, Markbeträge immer direkt an mein Konto bei Jacob Wolf[f] & Co senden. Dieser Tage dürften Mark 72.– dorthin überwiesen worden sein, die Du gelegentlich in Frava Aktien verwandeln kannst wenn es Dir gut dünkt. Ich sehe leider noch immer nicht die Möglichkeit, wie wir beide zusammenkommen sollen, denn Du hast keine Wiener Absichten und ich keine Frankfurter. Vor einigen Tagen begleitete ich Rolland nach Innsbruck von wo er weiter fuhr, und ich reiste von dort mit der herrlichen Mittenwaldbahn nach München, wo ich einen oder zwei Tage bleiben wollte. Aber mich ergriff ein so unüberwindliches Hemmungsgefühl, daß ich glatt durchfuhr. Ich wußte wirklich nicht was dort drüben anfangen und ausführen. Dabei möchte ich mit Dir wirklich gern über Vieles sprechen und auch die andern Freunde sieht man gar nicht mehr, auch Wien hoffe ich mir jetzt für einige Wochen ersparen zu können.

Meine Arbeit geht langsam und entschlossen fort, ich wünschte ihr etwas mehr Schwunghaftigkeit und innere Freude, aber die fehlt mir jetzt überhaupt, in mein Leben ist eine gewisse Monotonie getreten, es hat einen fast beamtenhaft regelmäßigen Charakter, eine umständliche Korrespondenz und Literaturverwaltung, die ja mir im Grunde aber recht antipat[h]isch ist. Die Dinge kommen alle in verkehrter Ordnung an einen heran, es hat z. B. gar keinen Sinn, wenn jetzt das Schloßparktheater in Steglitz Stücke von mir nach 15 Jahren für Berlin als Premiere bringen will, die ich selber nicht mehr ohne Magenschmerzen ansehen könnte, oder wenn Übersetzungen hereinschneien die man nicht lesen kann und auch sonst in keiner Weise genießen. Ich möchte wie Du, wieder einmal meine persönlichen Sachen für mich schreiben und hoffe im Herbst wieder soweit zu sein. Wohin ich dann zum Triumph gehe, weiß ich noch nicht, vielleicht versuche ich es mit Böhmen, das mir eine liebe Erinnerung und nicht zu weit ist.

Aber schreibe mir einmal ausführlich, man hat wirklich eine Freude, unter der geschäftlichen Korrespondenz hie und da einen Freundesbrief zu entdecken.

Herzlichst Dein

Stefan

An David Josef Bach

[Salzburg, undatiert;
vermutlich Ende Juni 1924]

Lieber Herr Doktor, Buschbeck erzählt mir eben, daß Ernst Fischers »Schwert des Attila« die größten Aussichten habe, vom Burgtheater für die Aufführungen der Musik- und Theaterwoche gewählt zu werden. Vielleicht ist es Ihnen als Parteigenossen schwerer, für ihn einzutreten – wenn Sie aber irgendwie die Sache fördern könnten, wäre ich sehr froh. Fischer braucht ein Stimulans – er muß bei der ungeheuren Gleichgiltigkeit seinem großen dichterischen Talent gegenüber einmal in die Öffentlich[keit] gerissen werden (er tut ja gar nichts dazu, hat Ihnen gewiß nicht, obwohl ich ihm schrieb, das Stück geschickt) – ich erwarte mir von ihm sehr sehr viel. Und was könnte er für Ihre Partei werden, wenn er nur aus Graz einmal herauskommt! Ich weiß kaum einen jungen Mann von solcher inneren Kraft wie ihn: man muß ihm nur helfen, daß er sie nicht verschwendet.

Ich freue mich schon sehr, Sie hier bei den Atonalen zu sehen. Viele Empfehlungen Ihrer verehrten Frau und gute Grüße Ihres ergebenen

Stefan Zweig

An Romain Rolland

[Salzburg, undatiert;
Poststempel: 10. 7. 1924]

Mon cher ami, j'étais justement intérieurement prêt de vous écrire quand votre bonne lettre arrivait [!]. Ce que vous ditez [= dites] de Ferrière m'a profondément ému: car je me sens coupable. A la nouvelle de sa mort j'avais l'intention de lui vouer [= consacrer] une étude dans un de nos journaux: mais j'étais justement en train de finir la seconde partie de mon livre et je ne trouvais cinq jours après plus d'élan. Au premier moment j'aurais pu bien écrire et peut-être de nouveau en [= dans] quelques semaines ou mois. Mais si l'instant favorable est parti je n'écris que peu bien. Tout ce que je ne produis pas dans un moment de vrai[e] passion ne réussit pas: j'ose dire que je suis obligé à [!] être sincère. Si je me force je n'ai plus de force.

Est-ce que vous avez entendu parler de cette nouvelle fondation «Les Entretiens à Pontigny»? J'ai reçu du comité Autrichien (Prince Rohan!) une invitation, Bahr et Heinrich Mann du comité de Paris (André Gide). Ce nom me suffit pour me rendre la chose suspecte et peu attractive: je n'y [!] pense pas d'y aller. Mais j'ai vu avec regret, combien des [!] gens comme Heinrich Mann (qui était ici avec Schnitzler un de ces jours) sont épris de [!] André G. ou plutôt: comme ils se laissent prendre. Et puis, quelle idée snob «entretiens» dans le vieux couvent sur les arts (première série), sur les questions Européennes (troisième série!) Tous [!] cela me paraît si artificiel: jamais un homme qui serait hanté au cœur par ces problèmes [ne] trouverait une forme si artificielle pour une communion libre des esprits libres.

C'est avec le plus grand plaisir que j'entends [parler] par vous du grand succès d'Istrati. J'ai réussi de [!] lui conquérir Rütten & Loening, les monsieurs [= messieurs les] «cunctatori»: enfin ils ont trouvé aussi le traducteur parfait, l'éditeur lui-même s'en [!] occupera de le traduire. Et Desprès me raconte du grand succès des «Lettres de Saint-Prix». C'est donc vous et toujours vous qui avait [!] fait le grand succès à [!] Rieder.

Je suis un peu déçu – je parle avec vous avec l'extrême sincérité – du livre de mon cher Bazalgette «Thoreau». J'aime passionément Bazal[gette], j'aime aussi sa prose claire, belle, mais cette fois j'y trouve un effort pour vivifier l'homme qui fait trop des [!] mouvements, qui irrite. Je préfère son Whitman. Il [n'] y a personne en France dont j'aimerais tant qu'il fasse des chef[s]-d'œuvres [!] comme de lui.

Et maintenant la grande joie: vous avez fini le drame et – je n'ose pas le croire – deux autres. Peux-je [!] me permettre de vous donner [!] une suggestion: donnez cette fois l'autorisation de les traduire à Rieger. Il le fera cent fois mieux que tous les autres, il a des relations et les fera jouer immédiatement chez nous, et si c'est lui qui aurait de cela un succès matériel je crois que cela serait mieux placé comme [!] chez Herzog qui laissait

[= faisait] faire les traduction[s] par des [!] autres et ne gardait que les recettes. Il pourrait faire les traductions du manuscrit et on donnerait la première représentation à Vienne ou à Berlin: je suis si heureux de savoir [= connaître] un ami qui mérite de la confiance. Ils sont si rares!

En écrivant le «Miroir de Vie» vous avez répondu à mon désir le plus ardent. Vous savez combien j'ensiste [!] que chaque vrai homme fasse une communion [!] de sa foi, de sa vie: je suis même très fier d'entendre par la fille de Freud que mes insistances chez lui (renouvellé[e]s [!] par lettre) lors de notre dernière visite ont eu un succès inattendu. Il a fait déjà grandes parties de sa [!] analyse intérieure par écrit (c'est en secret que je vous communie [= communique] cela) et j'espère: il continuera. Nous avons besoins [!] des [!] documents de [!] vraies [!] hommes, capables de la plus haute forme, du dernier degré du courage envers la vérité, pour connaître l'homme. Même où il est forcé de mentir il recèle une vérité et montre la plus haute échelle jusqu'à laquelle la franchise envers soi-même peut s'élever. Les dernières échelles de la vérité sont – autrefois on aurait dit: chez Dieu – inac[c]essibles: on ne peut que les deviner. Mais arrivé à cette hauteur on devine mieux que dans l'ombre: et le mensonge dans ces derniers degrés n'est qu'un[e] ombre facile à pénétrer. Et votre idée décrire [!] ce livre pour la publication après la mort est la seule juste: on est plus libre dans sa pensée quand on s'adresse à des êtres anonymes, à l'histoire elle-même. Vous m'avez rendu très heureux par ces nouvelles: seulement reposez-vous un peu après le travail.

Je me reposerai aussi un peu, mais en voyageant. Je veux rendre visite à un des [!] mes plus chers amis qui est obligé par une maladie de p[h]tysie de séjourner à l' [= en] Engadin. Je ne resterai que deux ou trois jours, puis je retournerai par les montagnes ou les lacs Italiens. Je serais venu de [!] vous voir aussi, mais je sais que [!] en Eté vous êtez [= êtes] accablé de visites: en Novembre ou Dézembre [!] je vous trouverai seul et je suis heureux d'avance des [!] nos discours. En somme je me reposerai dix jours en voyageant: puis je retourne à mon Hölderlin (qui est presque achevé) et mon Nietzsche. Cela fini et après un ou deux petits contes j'attaquerai le grand roman qui me hante depuis des années. Je rêve de me retirer quelque part en hiver pour deux mois pour le commencer, loin de la lit[t]érature et des gens. Mais qui peut prévoir?

Donnez à Upton Sinclair le renseignement suivant. Il n'existe pas de théâtre proprement populaire, mais partout des sociétés populaires qui font jouer dans les grands théâtres les pièces à leur choix. S'il veut me confier la pièce je me charge de lui trouver immédiatement une scène. S'il n'a pas encore éditeur et traducteur, je lui trouverai le meilleur – j'ai grand[e] confiance en sa force dramatique. Il me peut écrire [!] en Anglais et qu'il envoie aussi la pièce en me disant si je peux disposer en son nom et je lui arrangerai tout.

Vous recevrez peut-être un mot de moi avec [un] timbre Suisse. Mais je serai à l'autre coin de la Suisse avec les Mont Blancs [!] et Jungfrau entre nous. Avant le premier Août je serai de retour à Vienne. Fidèlement votre

Stefan Zweig

An Romain Rolland

[Salzburg,] 5. Août 1924

Mon cher ami, je suis retourné d'un trop court séjour au bord de la mer (ou Masereel me rendait visite: il vient de finir le premier volume du Jean-Christophe). J'ai lu là-bas beaucoup, surtout Marcel Proust, qui m'intéresse beaucoup par la finesse de sa psychologie vraimant [!] moderne (il y a là une application spontané[e] des théories de [!] Einstein), mais malheureusement le milieu mondain me paraît peu digne d'une telle intensité. Au fond tous ces personnages sont peu intéressants parsque [= parce que] leur vrai[e] vie humaine est tellement dominé[e] par les petitesse[s] de la «grande société». Je ne crois pas que [!] en Marcel Proust un vrai créateur soit [= ait] disparu, plutôt un psychologue très fin et raffiné. Je me le peux [!] très bien figurer sans l'avoir connu.

Aujourd'hui commence ici la nouvelle saison des atonalistes. Ma curiosité de les entendre est très faible: je ne m'attends pas [à] des surprises depuis l'année passé[e] [= dernière]. Aujourd'hui j'ai parlé le [= au] régisseur [= metteur-en-scène] de Dresden, qui doit faire la mise-en-scène du [!] Intermezzo de Richard Strauss. Je me suis tordu de rire en entendant les histoires qu'il racontait de Madame Strauss, il paraît vraiment que cette imbécile domine et ruine complètement ce grand artiste.

Une grande perte pour ma vie: Ferruc[c]io Busoni vient de mourir. Il était admirable non seulement comme pianiste mais superbe comme homme: généreux, bon, un vrai élève de Liszt, qui vivait une grande et belle vie d'artiste loyal et passionné. J'ai passé des heures inoubliables avec lui: dans sa présence on sentait «una grandezza», un[e] façon large et humaine de l'art et de [la] vie. Jamais je n'ai vu un si beau [!] exemple d'un maître de l'art. Et puis il dédaignait l'argent et la gloire. Les dernièr[e]s années il refusait tous [!] les offres de jouer en public (qui lui [!] auraient [r]apporté des millions) parsqu'il [parce qu'il] était las du «métier» et parsqu'il [= parce qu'il] aspirait [à] la grande création. Son œuvre capital[e], un «Faust» (mais tout autre que la «Margarethe» de Gounod) doit être achevé[e], je l'espère au moins. Il lui avait tout consacré, et, tant à ce qu'on me dit, il est mort tout à fait pauvre. Dans cette sorte du [!] héroïsme de consacrer tout à l'art il était presque seul dans notre monde désillusionné. Je l'ai bien admiré, j'estime beaucoup sa musique pour la grâce qu'elle développe et puis sa théorie, sa nouvelle esthétique de la musique (que vous connaissez sans doute). Voilà encore un flambeau qui illuminait ma jeunesse et qui s'éteint maintenant. Il faut se créer maintenant la lumière tout seul.

Je vous enverrai un de ces jours la [!] Anthologie Française de Duhamel qui vient de paraître dans la Bibliotheca mundi. C'est un signe qu'on commence à faire la paix en Allemagne: malheureusement nous attendons tous une grande bêtise qu'ils feront à Londres. On ne sait pas encore laquelle: mais il [= ça] ne serait pas la traditionelle politique [!] Allemande s'il[s] n'useraient [= n'utilisaient] pas le moment propice pour se barrer le chemin.

Quels souvenirs dans [!] ces jours! Dix ans de guerre et de désordre! Mais soyons heureux de les avoir vaincu[s] (avec la perte de beaucoup des [!] illusions) – que la prochaine décade au moins soit plus bénigne au monde! Je vous espère en bonne santé et je vous envoie l'assurance de ma fidélité! Votre

Stefan Zweig

P. S. Je ne passais pas par Paris et je ne restais que 12 heures à Zurich. En tout j'étais 14 jours absent. Le travail me rappelle!

An Erhard Buschbeck

Salzburg, am 25. September 1924

Lieber Freund Buschbeck!

Ich komme für ein paar Tage nach Wien, muß aber wahrscheinlich schon am 30. zurück und weiß keinen andern Weg um »Das Schwert des Atilla [!]« zu sehen, als daß ich Sie, resp. den »verehrten Autor« um eine Einlaßkarte zur Generalprobe bitte. Vielleicht kann sie mir Ernst Fischer in meine Wohnung IX. Garnisongasse 10 schicken. Bei der Generalprobe würde ich dann auch die Freude haben, Sie selbst zu sehen.

Rieger hat Ihnen vermutlich das Manuskript seiner Übersetzung des Rolland Stückes schon geschickt. Ich halte auch rein theatralisch sehr viel vom Werk und möchte Direktor Herterich da zur Eile raten, weil er damit die europäische Uraufführung und damit weitreichenden Erfolg hätte, der wohl auch in Paris und London bemerkt würde.

Hermann Bahr ist hier, momentan äußerst stolz, daß ihm gestern ein sechsstündiger Marsch ohne Beschwerden gelungen ist. Ich habe von ihm besonderen Auftrag, Sie besonders herzlich zu grüßen.

Aufrichtigst Ihr

Stefan Zweig

An Raoul Auernheimer

Kapuzinerberg 5 [Salzburg,
undatiert; vermutlich Oktober 1924]

Lieber Freund, seien Sie herzlich zum Volkstheaterpreis beglückwünscht: hoffentlich gibt er Casanova nun einen neuen Schwung für die Reise durch die Welt.

Ich lebe hier still und arbeitsam – aus Faulheit, um mein Essaybuch bald fertig zu haben und dann fortzureisen. Ich hoffe Dezember bei Rolland in der Schweiz, dann in Paris zu sein und soll nach Brüssel, wo mich die Studenten als ersten »feindlichen Ausländer« zu einem Vortrag geladen haben. Und Wien? Das liegt für mich so weit wie Berlin – ich vermeide aus einem Instinct Städte mit gedrückter Atmosphäre. Ich möchte dann im neuen Jahr wieder eine eigene Arbeit beginnen und brauche dazu eine Ausspülung mit Heiterkeit: die scheint aber in Wien gestorben zu sein. An Ihnen wäre es, sie mit einem hellen Lustspiel wachzudichten! Herzlichst Ihrer Frau und Ihnen Ihr

Stefan Zweig

An Otto Heuschele

Salzburg, am 27. Oktober 1924

Lieber Herr Heuschele!

Ich erhielt von Axel Juncker die Korrekturbogen und muß nun zunächst noch allerherzlichst für die schönen Worte danken, die es einleiten. Sie sind vielleicht wertvoller als die meinen die ich an den Schluß setze und von denen ich Ihnen gleichzeitig eine Abschrift schicke. Ich hoffe Sie fühlen es ihnen an, daß sie spontan aus einer aufrichtigen Gesinnung geschrieben sind. Vielleicht würde ich ausführlicher geworden sein, wenn mich nicht die Zeit so gewaltsam drängte: ich will nämlich jetzt um jeden Preis mein neues »Drei Meister« Buch fertig machen, um dann Ende November zu Rolland und nach Paris zu fahren. »Kleist« ist beendet, der »Hölderlin« gleichfalls, nur der »Nietzsche« formt sich noch zu Ende, ich hoffe aber, daß Sie im Ganzen mit dem Buche nicht unzufrieden sein werden, dem ich jetzt ein ganzes Jahr – am Ende schon unwillig und voll Ungeduld fertig zu werden – gewidmet habe. Denn das ist der Nachteil aller groß angelegten und breiteren Bücher, daß man am Ende eine Art Haß gegen sie bekommt, wenn man zulange mit ihnen zusammengelebt hat und sie einem zuviel Zeit wegnehmen, während kleinere Arbeit einen rasch für die Mühe bedankt und Gedichte gar einem lose und mühelos in die Hand fallen. Aber gerade diese Zucht ist andererseits gut und ich bereue sie nicht. Nur freue ich mich auf die Beendigung des Buches ein wenig so wie ein Gefangener auf seine Freiheit. Dann eine Novelle zu schreiben wird leicht und gut sein wie ein Spaziergang nach schwerer Holzfällerarbeit. Aber hoffentlich habe ich wenigstens gute Zimmermannsdienste getan und das Haus in dem die drei geliebten Dichter wohnen werden, hat festes Dach und kann ein paar Jahre überdauern.

Für das Frühjahr habe ich einen Vortrag in Baden-Baden[,] Freiburg und Wiesbaden zugesagt, da komme ich dann bestimmt in Ihre schwäbische Welt und kann Ihnen schon hoffentlich das fertige Buch ins Haus bringen.

Mit vielen Grüßen Ihr herzlich ergebener

Stefan Zweig

Eine edle und kostbare Kunst scheint ihrem Ende entgegenzugehen: die Kunst des Briefes. Was sie so wundervoll machte und ihr ein so weit verbundenes Leben, einen so einzigen Reichtum verliehen hat war, daß diese Kunst nicht wie alle andern allein an die Künstler gebunden blieb: jedem einzelnen Menschen war es gegeben, seinen Augenblicken inneren Aufschwungs und einer nur vorübergehend in ihn eingebrochener Beseelung im Briefe Ausdruck zu verleihen. Man gab einem Freunde, einem Fremden, was man vom Tage empfing, ein Geschehnis, ein Buch, ein Gefühl, gab es weiter mit leichter Hand ohne die Prätension eines Geschenkes, ohne die gefährliche Anspannung, für ein Kunstwerk verantwortlich zu sein. So entstanden in vergangen[en] Zeiten zahllose kleine Wunder der Wahrheit in einer stillen Welt, in der noch der Brief bindende Kraft und die Botschaft von Mensch zu Mensch still beschwörende Gewalt hatte.

Aber diese edle, diese reine Kunst des Briefes scheint zu Ende zu gehen. Ihr erster Vernichter war die Zeitung, in der alles für alle geschrieben ist, in denen [!] die Nachrichten, die sonst abgetönt dem Einzelnen zugesprochen waren[,] in sachlicher und kalter Form dem Massengebrauch dargeboten werden. Der zweite Vernichter war die Schreibmaschine, die das Wort entseelt und jenes geheime Bildnis, das jeder Mensch in seiner Schrift von sich gibt, wie hinter einem kalten Spiegel verschwinden läßt; die dritte Vernichtung kam vom Telefon, wo die Menschen nun mit der ihnen zugemessenen Hast alles einander berichten können, ehe es noch warm in das Innere, in das lebendige Blut gedrungen ist. So sind in den Millionen Briefblättern, die jeder Tag in schweren Säcken, in Karren durch die Städte schleppt, kaum mehr ein Dutzend lebendiger und gestalteter Worte und ganz schon verloren jene einsame Anstrengung, jene für uns schon ganz unfaßliche Liebe, mit denen die Vorfahren unseres Blutes und unseres Geistes einstens ihre Briefe schrieben. Ich weiß nicht, ob auch andere die gleiche Beschämung empfinden; aber jedesmal wenn ich im Goethehaus stehe und dort sehe, wie der erlauchteste Meister des deutschen Wortes, dem die Feder wie unter Magie in der Hand gehorchte, wichtige und sogar belanglose Briefe zwei- oder dreimal konzipierte und korrigierte ehe er sie der Absendung für reif erachtete oder wie Nietzsche Entwürfe fast jeden Schreibens mit eigener Hand anfertigte – dann überfällt mich immer die Frage, wieviele von uns unendlich Ärmeren des Wortes, unendlich weniger sicheren Menschen noch den Fleiß und die sittliche Geduld haben, einem zufälligen Briefe soviel Liebe und Ehrfurcht zu widmen. Wir haben alle, oder fast alle den Brief neben die Kunst gestellt: er dient bei den Künstlern heute noch manchmal im Kunstgeschäft, manchmal in der Kunstpolitik, fast niemals aber mehr gewähren wir ihm den Anspruch, selber ein Kunstwerk zu werden oder zu sein.

Aber ein wie Geheimnisvolles ist damit von uns gegangen, daß wir dem Brief unsere Liebe nahmen! Dadurch daß jeder Brief sich immer an einen Einzelnen wendet, an einen bestimmten, dem Gefühl gegenwärtigen Menschen wurde er unwillkürlich zum Doppelbildnis des Sprechenden. Unbewußt antwortete die Stimme des Angesprochenen und dieses Fluidum von Gemeinsamkeit strahlte eine Vertrautheit aus, die offen war und intim zugleich, beredt und verschwiegen, vertraulich und verbergend in einem. Manche Dinge vermochten überhaupt nur in diesem unbeschreiblichen Tonfall ausgesprochen [zu] werden, den die Rede zu Zweien hat und vielleicht sind manche der seelenvollsten Mitteilungen unserer Zeit nur darum verloren, weil wir diese Kunst des Briefes verlernt zu haben scheinen.

Dieses Verlorene zu erwecken, geistige[n] Dingen den Zwiegesprächston der seelischen Intimität wiederzugeben, versucht nun hier ein junger Dichter mit seinen »Briefen aus Einsamkeiten«. Er wohnt in einer kleinen deutschen Stadt, aber sein Herz lehnt an dem Herzen der ganzen Welt wo es am lautesten schlägt. So möchte er versuchen das, was von außen hinein in seine Stille dringt, in dieser Sprache der Stille wieder auszusprechen: dafür schien ihm die Form des Essay[s], die Kunstbildung der anspruchsvolle[n] Studie zu anmaßend und kalt. So fand er sich seine Form, in der er das, was ihn an einzelnen Erscheinungen bewegt, in einem Briefe an irgend jemand schreibt, an Einen, irgend einen in der Ferne, von dem man meint, daß ihn eine seelische Bruderschaft für seine eigene Stunde empfänglich finden könnte. Und er schreibt nun über Bücher, die sich ihm aufgetan, über große Gestalten die ihn bewegten, über Erscheinungen der Kunst und des Lebens die ihn beschäftigen, aus einer vollen Expansion des Gefühls, die sich nicht durch literarische Hemmungen entkälten und entfremden läßt. Diese Briefe an Unbekannte binden nun ein Buch und wandern in das Unbekannte hinein. Möge es die Freunde finden, deren Stille auf seine Stille antwortet und so sich ein reines und volles Gefühl belohnt sehen, das ohne Eitelkeit und nur aus innerem Bedürfnis sich in die Ferne mitteilt und die Lust am geheimen Lauschen in unsern [!] lautgewordenen Welt vermehrt.

Stefan Zweig

An Romain Rolland

Sa[l]zburg, 16. Dez. 1924

Cher ami, enfin je trouve le bon moment pour vous écrire: je suis revenu de Paris un peu fatigué. Trop des [!] personnes, une ville bruyante qui ne consiste que par des [= qu'en] autos. Il semble que je suis [!] déjà devenu un peu campagnard: la grande ville me rend trouble [= me trouble] et [me rend] confus.

Une bonne nouvelle avant tout: je lis dans les journeaux [!] que Reinhardt montera cette année encore à Vienne «Le jeu de l'amour et de la mort». Je viendrai certainement à Vienne pour vous renseigner sur leffet [!] théâtral et la mise-en-scène.

A Paris j'ai trouvé Martinet moralement très bien: hélas, il mène une vie artificielle et sa famille même semble d' [!] avoir peu d'espoir. S'il pourrait [= pouvait] au moins se redresser et travailler: mais il semble que la force lui manque. Il est admirable de courage et je l'aime bien.

Masereel étais [!] très pris par l'impression du Jean-Christophe: il faut toujours faire un petit voyage à l'imprimerie. Mais sa «Ville» avance admirablement, cela sera son chef-d'œuvre. J'ai lu un très beau [!] article de Van der [!] Velde sur lui dans l'Almanach de Kurt Wolff: il devrait paraître aussi en Français. Mais hélas, les amis de «l'Europe» sont un peu lents et toujours occupés de leur[s] petits combats. Un peu de largesse [= largeur], de tempérament, d'ardeur serait [!] nécessaire à eux tous: il est tragique que l'esprit activ [!] est [!] justement chez le plus malade de tous, chez Martinet.

J'ai passé deux excellents après-midis chez Suarès et j'étais heureux de le trouver sans aucune amertume, tout à fait fort et courageux et plein d'esprit. Il n'a pas du tout vieilli, au contraire, je le trouve moins artificiel, moins lit[t]érateur comme [= que] jadis. Quel[le] solitude morale autour de lui!

Excellent après-midi aussi chez Duhamel. Il est droit et très clair. Sa gloire lui a donné ou plutôt augmente sa responsabilité morale. J'ai tâché de le stimuler de faire quelque chose pour Jouve pour qu'on puisse enfin réunir ses poésies dans un livre: les éditions de luxe qu'il fait restent tout à fait inconnu[e]s et je souffert [= souffre] pour lui de voir comme cet excellent camerade [!]

et poète pathétique est absolument oublié pendant que [!] une génération bruyante occupe tous [!] les revues. Je ne sais pas si je ne suis pas partial [!]: mais je ne peux pas oublier à [!] Jouve sa bonne amitié franche et courageuse pendant la guerre: je trouve que l'auteur de ces poèmes et du [!] «Hotel Dieu» devrait avoir sa place (même si par [= pour] les questions personnel[le]s il se serait [= s'était] isolé person[n]ellement). Toujours quand je le vois je ressens lépoque [!] de la Suisse avec tout mon cœur et indépendant [= indépendemment] de tous les autres je tiens à lui garder toute ma [!] affection ancienne. Nous étions aussi avec l'excellente Andrée Jouve et le bon Bazal[gette].

Avec Roninger [!] je suis resté en correspondance: je lui ai conseiller [!] d'acheter aussi le[s] livres de Duhamel chez Rascher, qui sont là tout à fait oubliés. J'ai confiance en lui, parsqu'il [= parce qu'il] a une bonne initiative et parsqu'il [= parce qu'il] [n'] est nullement entêté, il accepte des conseils et semble sans aucune vanité person[n]elle. Et je crois au fond seulement aux hommes qui ont assez de foi pour agir aussi anonyme[ment] pour une chose qu'ils aiment.

Retourné, j'ai trouvé ma chambre rempli[e] des [!] livres. L'Allemagne, à peine qu'elle reprend haleine vomit des milliers de volumes. Quelle force non seulement de production mais aussi de consommation. Depuis [= Dès] qu'on franchit la frontière on ne voit plus une personne dans le chemin de fer sans livre.

J'espère [que] le Insel-Verlag vous a transmis l'exemplaire de Bach que je vous avais destiné: l'idée m'est chère de vous figurer le soir auprès de votre piano retrouvant les airs de Bach dans sa propre écriture.

Nous pensons si souvent aux bonnes journées de Villeneuve: ils [= elles nous] étaient plus sensibles à nous par le contraste de la grande ville «tentaculaire». Jamais je n'ai senti comme cette fois que toute cette vie de luxe, des théâtres, des sports, des amusements n'a plus rien à faire avec ma propre vie: je me sens si loin de cela comme d'un autre siècle. Et je ne voudrais jamais retourner plus [= plus jamais retourner] dans une grande ville pour y vivre: on devient avare avec [= de] son temps et quand, en rentrant, j'ai fait une longue promenade de nuit sans rencontrer voiture ou personne vivante, j'ai ressenti la concentration que donne l'isolement.

Je finis maintenant mon livre. Il sera prêt en Mars et je suis déjà impatient de le savoir entre vos mains. Ne travaillez pas trop et ne vous fatiguez pas: j'espère que aussi chez vous l'hiver est cette fois si [= aussi] bienveillant comme [= que] chez nous et vous permet des [!] bonnes promenades au bord de la mer.

Dès que j'entends un[e] date sûre sur la représentation de votre pièce je vous avertirai immédiatement. Reçevez, mon cher, mon grand ami, encore une fois nos remerci[e]ments pour les bonnes heures en votre présence et rappelez notre souvenir chez [= à] Monsieur votre père et Mademoiselle Rolland.

Fidèlement votre

Stefan Zweig

Ernst Toller a [= est] passé [à] Salzburg un jour avant mon arrivé[e]. J'ai regretté beaucoup de l'avoir manqué

An Romain Rolland

[Salzburg, undatiert;
Poststempel: 26. 1. 1925]

Mon cher ami, avant tout: nous fêtons avec vous le jour de votre naissance [= votre anniversaire] comme un vrai jour de fête. C'est le grand rouge dans le calendrier de notre cœur! Que cette année vous [ap]porte bonne santé et bon travail: ce que les autres demandent, le bonheur, est déjà compris dans le travail! Passez cette journée joyeusement – tous [!] nos pensées sont dans la Villa Olga aujourd'hui et vous tiennent fidèle compagnie.

Le «Jeu de l'amour et de la mort» sera donné à Hambourg le 12 ou 14 février pour la première fois. Je vous enverrai des journeaux [!]: je prierai un ami à Hambourg de me donner son impression person[n]elle.

J'ai écrit aussi à Leipzic [!] pour des renseignements précis quel[le]s œuvres de Händel on donnera pour les fêtes. Je serais heureux de vous accompagner: de Leipzic [!] j'irai peut-être pour quelques jours au bord de la mer. J'ai assez d'[!]envie de voyages; j'irai Fin Février donner quelques lectures dans des villes allemandes – mais j'ai refusé tous [!] excepté ceux [= celles] où il y a quelque chose à voir, donc je ne vais que [!] à Augsburg, Nürnberg, Freiburg, et peut-être Würzburg. Mon livre est assez gros, 300 pages serré[e]s et j'ai assez à faire avec les épreuves: mais je crois qu'il est supérieur aux autres par une certaine intensité de psychologie. Je dois me retenir avec force pour ne pas recommencer immédiatement avec le prochain volume, mais ce genre de travail a le défaut qu'il me force de rester avec les livres et les études chez moi. Je préfère d'[!]écrire des choses de la vie, peut-être le grand roman enfin, qui me permet de me déplacer à mon gré. L'année prochaine je me propose d'aller en Palestine pour voir moi-même les possibilités d'état, en tout cas je veux quitter un peu l'Europe, soit pour l'Amérique, soit pour l'Afrique: j'ai même des offres de conférences en Amérique et des offres des [!] éditeurs; si je voudrais [= voulais] leur écrire un petit livre de voyage: donc les frais ne comptent pas. Question seulement si l'état de santé de mes parents et les circonstances de la vie le permettront: il faut une certaine brutalité pour se faire [= rendre] libre et, hélas, j'en ai [= je n'en ai] pas trop.

Ce que vous me ditez [= dites] de Martinet m'afflige beaucoup. Quand je l'ai vu il était moralement plus vivant que tous les autres: il se soutient par l'esprit, par son beau courage, plus que par son corps. Et penser que des brutes et des imbéciles ne savent quoi faire avec [= de] leur force et leur santé!

Je tâcherai de vous procurer le Julius Cäsar de Brandes. Il base [= est basé] certainement sur Ferrero, mais Brandes a le don de choisir bien (aussi dans son Voltaire). Ce grand vieillard possède une finesse rare de tact: il n'ennuie jamais avec les détails et ne choisit que les plus poignant[s]. Son Portrait de Cicero dans le Cäsar est inoubliable – voilà le premier lit[t]érateur, fort contre le faible, lâche contre [les] forts, élégant et souple, peureux au fond, marquant [= simulant] le courage quand il voit les autres déjà perdus (Catilina, Cesar). Il aurait fait une belle figure en 1914. Dans les portraits de tel genre le livre de Brandes excelle: il connaît les hommes non seulement par l'histoire comme les historiens. Pour bien décrire ces hommes du passé il faut avoir connu les vivants – voilà pourquoi je crois toujours que votre théâtre de la Révolution aura maintenant les figures plus vivantes, plus nuancé[e]s parsque [= parce que] vous ne les sculptez pas [d']après les livres, mais [d']après la vie. Le[s] «Loups» avaient leur vie de l'affaire Dreyfus et le commencement de «Jeu de l'amour et de la mort» n'aurait jamais cette [!] admirable mélange de désespoir morale [!] et envie de vie, si nous n'aurions [= n'avions] pas vu avec [= de] nos propres yeux l'histoire de notre époque. Un historien ne suffit jamais, il faut un psychologue qui a connu aussi le présent. Voilà la grande faculté de Brandes: il compare avec la vie et cela rend son histoire si vivante.

Un autre très beau livre est celui d'un de mes amis, Emil Lucka, «Urgut der Menschheit», un[e] histoire du dévellopement [= développement] de la pensée mais pas [en] y voyant un triomphe, mais une destruction de la vision mythique des ancêtres, de la grand[e] unité de la croyance et de la raison. Il voit la nécessité que nous [nous] résign[i]ons de [= à] nous fixer seulement aux certitudes et que nous reviendrons [= revenions] aussi à la vision, à la création d'une nouvelle façon de regarder le monde. A mon avis c'est un des livres les plus importants des derniers [!] années, plein d'instruction et admirable de clarté. Je lui dirai de vous l'envoyer.

Et maintenant: encore une fois tous nos souhaits. Nos pensées sont invisiblement autour de vous aujourd'hui: permettez leur présence affectueuse et amicale dans votre vie intense et laborieuse.

Fidèlement votre

Stefan Zweig

Cher Monsieur Rolland,
permettez-moi de vous adresser aussi de ma part mes sincères félicitiations pour votre jour de naissance [= votre anniversaire] qui est pour nous une de[s] plus belles fêtes.

Votre bien reconnaissante

Friderique Zw.

An Victor Fleischer

[Salzburg, undatiert;
vermutlich 2. Februar 1925]
Samstag abends
(als Einziger allein zuhause)

Lieber Victor, ich schreibe Dir nach Deiner Abreise noch eine Zeile, um Dir herzlich zu danken für Deinen guten Besuch: Du wirst fühlen, daß es mir wirklich wohltut, mich einmal mit einem Freunde aussprechen zu können. So sehr ich es bedauerte, daß die Scene mit den Kindern dazwischen kam, war es mir doch nicht leid: Du hast damit tiefer in mein wirkliches Leben hineingesehn. Ich bin mir zutiefst bewußt, hier nicht im Unrecht zu sein – beide Kinder sind heute, also an dem Tage, wo sie die Nachricht erfuhren, daß ihr Vater zwischen Tod und Leben liegt, abends weggewesen, Alix in der Tanzstunde, Suse im Böhm in Amerika. Mir fehlt das Verständnis dafür, daß so etwas möglich ist und daß erwachsene Kinder vier Stunden nach einer solchen Nachricht, die sie erschüttern sollte, zu öffentlichen Amusements gehen und daß ihre Mutter nicht wagt, ihnen anzudeuten, sie sollten in einer solchen Schicksalsstunde ihres Lebens nicht lieber einmal auf eine Tanzerei und den Böhm in America verzichten. Ich versuche ganz gerecht zu mir selbst zu sein und muß nur sagen: dieser Fall müßte auch dem Fremdesten zeigen, daß in der innern seelischen Einstellung der Kinder (nicht zu mir) etwas nicht in Ordnung ist. Du kannst Dir Fritzi denken, die das alles fühlt, die fühlt, was für ein inneres Unrecht die Kinder begehn, an diesem Tag lustig auf ihre Tanzereien und in die Theaterposse zu gehn und nicht die Kraft hat, dreinzufahren[.]

Mein lieber Victor, mein Leben ist so nach innen gerichtet, daß ich all das nicht so fühle. Aber gerade von den Kindern her, die ich, weiß Gott, innerlich immer herzlich gerne an mein Leben gezogen hätte, weht mich in solchen Augenblicken ein Hauch von Fremdheit an – nicht nur von dem Ungeistigen ihres Wesens, aber von jener Gefühlsgleichgiltigkeit, die mich erschreckt (und von der Du, ihr ältester Freund und Bekannter doch in Art der Begrüßung, des Abschieds und des Interesses auch etwas gesehen hast.) Hätte ich nicht mit Fritzi über diese Schwierigkeit hinweg so viele Bindungen, so wär es schwer: gerade in einer kleinen Stadt brauchte man im Haus einen gewissen Halt. So verstehst Du, wenn mir in dem schönen Hause nicht recht warm wird und wir jetzt öfters auf Ausflügen und Erholungen sein werden – Gottseidank weiß ich an meinen alten und guten Freunden immer wieder was innerer Zusammenhalt ist, weiß es auch von meinem Bruder und fühle mich dadurch stark. Nur daß das Innere des Hauswesens durch diese – mir beispiellos erscheinende Stumpfheit des Gefühls bei den Kindern – an Wärme entbehrt, kannst Du Dir denken: vielleicht rächt es sich, daß ich selbst immer ein sehr zweifelhafter Sohn gewesen bin. Aber an jener innern Disciplin hat es mir nie gefehlt und ich hoffe, daß Du noch Gelegenheit im Leben finden wirst, meine Verläßlichkeit zu erproben. Verläßlichkeit – auf die kommt es im Letzten an: wir sind ja da ganz eines Sinnes.

Laß es Dir gut gehen: hoffentlich kommt auch die Kugel, auf der Dein Schicksal rollt, bald zu ruhigem Stand und Deine Wünsche erfüllen sich ganz in Deinem Sinne! Alles Gute und grüße innigst Deine liebe Frau! Dein

Stefan

An Felix Salten

Salzburg, 8. II. 1925

Verehrter Herr Salten, es war mir erfreulich, heute zu sehen, daß Sie mein (nur andeutender) Aufsatz zu einer Discussion angeregt hat und wenn sich auch unsere Meinungen recht antipodisch gegenüberstehen, so verlebendigt eine Discussion doch immer das Thema. Natürlich ist es schwer einander zu überzeugen: ich, in der Schule Verhaerens aufgewachsen, die das Technische als neues Element das [!] Lebens stürmisch feierte, habe im Kriege umgelernt und gesehen, wie es verführt, wie es die Menschen willenlos macht. Dieser Mangel an Selbstständigkeit [!] im Urteil, in der geistigen und künstlerischen Haltung scheint mir eine Gefahr: und jeder, der aus Amerika kommt, erschrickt dort über den Mangel an Persönlichkeiten (noch nie haben 100 Millionen Menschen der weißen Rasse so wenig Geistig-Individuelles produciert als America seit fünfundzwanzig Jahren.) Gerade die technische Identität schleift irgend ein sehr Kostbares ab: und wenn Sie Mode, Sitte, in [!] Zeitalter Ludwig XIV vergleichen, so bezog sich das auf einen Kreis von höchstens 10 000 Personen, die als ganz dünne Schicht über den zweihundert Millionen Europas standen, freilich der Hyppolyte [!] Taine hat ja in seiner Geschichte der Revolution als erster auf diesen Irrtum hingewiesen, daß man das achtzehnte Jahrhundert einzig nach dem Hofkreise bemißt und nicht nach den Massen, die im Dunkel lagen und plötzlich in der Revolution da waren. Aber sie waren immer da. Nur war die Masse nicht berührt von all den literarischen, philosophischen, künstlerischen Stilen, sie lag dunkel und formte still. Heute aber ist die Masse einbezogen, sie ist bis in die kleinen Dörfer mit in die Identität gerissen und alles geschieht in ungeheuren Stößen, jede Leidenschaft massenhaft, gruppenhaft, millionenhaft. Und dadurch schwindet die Selbstständigkeit [!], das Restistenzgefühl [!] des Einzelnen wird immer wehrloser gegen den Massenwillen – wohin es führt, haben wir im Kriege gesehn, in eine gemeinsame Trunkenheit und im Frieden im Einsetzen der Kraft zu Recorden. Die Zeit ist antiindividualistisch wie noch nie – darum glaube ich, müssen wir mehr individualistisch sein als je: darin bin ich mit dem klügsten Menschen des letzten Jahrhunderts, mit Nietzsche, dem Voraussehher aller dieser Gefahren eines Sinnes: gerade daß ich ihn jetzt wieder viel anläßlich einer Arbeit las, hat mir seinen Vorausblick gezeigt.

Nicht wahr, Sie denken nicht mich und ich nicht Sie zu bekehren – in einem gewissen Alter steht man zu fest in seinen Meinungen und seinem Gefühl. Was Sie bei mir Pessimismus nennen ist ganz ohne Resignation und Schmerzlichkeit: es ist wie bei Spengler nur das Gefühl, sich klar zu machen, daß man in ein kritisches Zeitalter geraten ist – so wie ich im Kriege vom ersten Augenblick mit einer wehtuenden Nüchternheit den Wahnsinn der Stunde empfand. Ich empfinde es ebensowenig als niederdrückend einem abblühenden Continent anzugehören wie einer (angeblich, höchst angeblich!) feigen, müden Rasse: mir ist es einzig wichtig, die innere Überzeugung auszusprechen ohne Scham und eigentlich ohne Bekehrungsabsicht. Vielleicht sogar auf ungeschickte Weise einen Gedanken ins Rollen zu bringen ist auch ein gewisses Verdienst – Sie haben ihm jetzt einen Stoß in eine andere Richtung gegeben: daß [!] wichtigste ist mir, daß es keimhaft in einen oder den andern Kopf fällt und dort andere Gedanken aufrührt.

Zum Schluß eine kleine Beschwerde (die ich Ihnen gerne mündlich vorbringen wollte, aber ich bin immer nur im Fluge in Wien): ich habe leider Ihr letztes Buch nicht bekommen, indeß mein Verleger strengste Anweisung hat, Ihnen die meinen zu schicken. Nehmen Sie das nicht als unbescheidene Postulierung: aber ich hätte es gerne besessen!

Mit besten Grüßen Ihr ergebener

Stefan Zweig

An Sigmund Freud

Salzburg, 15. IV 1925

Verehrter Herr Professor, es ist ergreifend und ehrend für mich, daß Sie, der so sehr und so wichtig Beschäftigte, mein Buch gleich zur Hand nahmen und Ihre Worte bedeuten mir viel. Wenn ich Ihren Namen über das Buch setzte, war es nicht nur im Sinn dankbarer Verehrung: manche Capitel wie »Die Pathologie des Gefühls« bei Kleist oder die »Apologie der Krankheit« im Nietzsche hätten nicht geschrieben werden können ohne Sie. Ich meine damit nicht, daß sie Resultate psychoanalytischer Methode wären – aber Sie haben uns den Mut gelehrt, an die Dinge nahe heranzugehen, furchtlos und ohne jede falsche Schamhaftigkeit auch an das Äußerste wie das Innerste des Gefühls heranzugehen. Und Mut ist notwendig für die Wahrhaftigkeit – das bezeugt Ihr Werk wie kaum eines unserer Zeit.

Hoffentlich darf ich Sie einmal in Wien wieder besuchen – mein Verlangen ist groß, nur der Respect vor Ihrer Zeit immer noch größer.

Mit vielem [!] Empfehlungen an Ihr verehrtes Fräulein Tochten [!]

und in Ehrerbietung getreu
Ihr Stefan Zweig

An Romain Rolland

Salzburg 4. Mai 1925

Cher ami, je vous réponds immédiatement. Je vous garantis que vous aurez votre repos: j'écris à Leipzic [!] qu'on ajourne la représentation du «Jeu de l'Amour» et à l'Hôtel vous serez gardé comme à Vienne. Et les représentations seront magnifiques. J'ai déjà écrit pour qu'on nous réserve une loge isolé[e]: donc vous ne verrez personne sauf ceux que vous voudrez.

Je vous voulais encore [= voulais encore vous] proposer de quitter avec vous Leipzic [!] le 10me [!] matin et d'aller ensemble à Weimar sur la route de Cologne et de voir ensemble la maison de Goethe. Je suis sûr que vous [en] aurez une grande impression (maintenant plus qu'autrefois: on le comprend toujours mieux) [!]

Et maintenant à mon livre qui est heureux de vous avoir comme lecteur. Je ne crois pas que le type de ce possédé par le démon soit plus fréquent en Allemagne. Seulement les possédés Français avaient un refuge dans l'église catholique (les Saints qui étaient tous des possédés, Pascal et Verlaine). Le [!] seul Rimbaud se refusait à la croix et préférait de [!] se laisser détruire. Comme grands types du XIX[è]me je vois Dostojewski, Strindberg, Van Gogh et avant tout Allen Edgar [!] Poë et (le plus beau type) William Blake, le grand halluciné. Dans les époques lointaines tous les mystiques, dont on ne devine pas l'histoire tragique, Michelange [!], les Praesheacspeariens [!], peut-être Villon (dont la vie est trop incertain[e]). Très intéressant[e] serait la liste de ceux qui ont dompté le démon, par exemple Gottfried Keller dont la gaité sort des plus profond[e]s crises de l'âme et Conrad Ferdinand Meyer qui passait sa jeunesse et sa vieillesse dans un[e] maison de santé: la partie moyenne avec sa clarté limpide est le triomphe de sa vie.

Ce que vous me ditez [= dites] sur la sincérité de Nietzsche est justement un des problèmes qui me touchent. Le prochain volume sera exclusivement voué aux figures qui passaient leur vie à se scruter eux-mêmes, Stendhal, Jean-Ja[c]ques [Rousseau], Tolstoi – les trois qui nous ont laissé trois autobiografies [!] dont je veux essayer à [!] fixer la véricidité [= véracité] et le mensonge. Il sera très intéressant, cet effort de montrer jusqu'à quel point l'homme peut être vrai envers soi-même. Un autre volume – quand finirai-je ces tâches dures? – sera dédié aux esprits clairs et architektoniques [!], Spinoza, Schiller et peut-être Voltaire. Un autre aux grands vision[n]aire[s] de l'univers, Platon, Dante, Goethe, Shacespeare [!]. J'ai tout un monde à construire et ma pauvre vie suffira-t-elle à cette tâche immense. J'ai de la patience et – encore! – de l'ardeur. Quand on a quarante années [= ans] passé[e]s on doit ce [!] concentrer à [= sur] des œuvres de grand[e]s proportions. Mais je rève aussi d'un roman! Et les gens prennent tant de notre temps, tant de notre force!

Le «Geheimnis des Gürtels» est une expression pour le «secret de la sexualité» qu'on évite à [!] toucher dans des procès et des polémiques – même dans les biografies [!]. Mais je ne pouvais pas chez Kleist l'éviter à [= éviter de l']aborder: j'espère de [!] l'avoir fait avec respect.

Dans le Nietzsche les derniers [!] quatre pages sont écrites pour vous et dans vos idées: de fêter l'homme libre, vrai et indépendant comme la forme la plus haute de l'humanité. Tout mon essay [!] est une polémique caché[e] contre l'effort (toujours plus arrogant) de réclamer Nietzsche pour l'Allemagne, pour la guerre, pour la «bonne chose [= cause] allemande» – lui qui était le premier Européen, notre ancêtre, homme archilibre de l'argent, du patriotisme, des vieilles croyance[s], le «Prinz Vogelfrei», le superbe «sans patrie». Les Pangermanistes et même sa bonne sœur seront choqués. D'ailleurs le livre semble à [!] prendre. Sans que [!] un mot ait [= ne soit] paru l'éditeur a vendu déjà 5000 exemplaires et par des lettres je vois qu'il occuppe [!] beaucoup les intellectuels et les poètes.

Cher ami, ayez confiance que je vous garderai bien. Le pélerinage à [!] Händel et aussi chez Goethe (si vous consentirez

[= consentez]) vous donnera, j'en suis sûr, un nouveau [!] essor. Il ne faut regarder que la grandeur dans ce monde des petitesses et des rancunes: et vous qui essayez continuellement à [= de] comprendre, vous devriez voir l'Allemagne d'après-guerre avec touts [!] ses défauts et sa grande vitalité.

Je vous souhaite bon succès de votre cure. Et j'espère de tout mon cœur de [= à] vous revoir bientôt. Fidèlement votre

St. Z.

J'ai lu votre beau [!] essay [!] sur Spitteler. Je l'admire beaucoup mais j'ai deux objections pour [= à] le placer si haut. Le premier est que tout vraie [!] génie se crée une nouvelle forme pour sa nouvelle vision: et Spitteler restait enfermé dans des formes vieillotes et dans les allégories d'un autre monde. Et puis: il n'avait pas assez de bonté. Il n'aimait pas, ni le monde, ni les hommes, ni (comme Hölderlin) les dieux. Et cela donne une sorte d'intellectualité, une non-sensualité à son œuvre. Et tout[te] œuvre éternelle doit être nourri[e] par les deux sources humaines, par le sang chaud et l'esprit clair. Il n'avait que l'esprit, la vision intellectuelle: il n'aimait pas assez!

Livres très importants à lire: le[s] documents posthumes sur Dostojewski; le Journal de sa femme et l'autobiografie [!] de sa femme. J'ai signalé cela à «Europe» pour qu'ils l'achètent pour la France. Mais ils sont si lents! En Allemagne paraîtront 10 volumes: j'en ai lu les deux première [!]. Quelle vie!!! C'était l'homme le plus bon [= le meilleur] et le plus méchant qui jamais existait [= qui n'ait jamais existé]!

An Franz Zinkernagel

Salzburg, Kapuzinerberg 5
8. Mai 1925

Verehrter Herr Professor, gerne stelle ich Ihnen die 8 Seiten zur Verfügung. Es ist nur eine Schwierigkeit: ich möchte nicht, daß Sie mir sie wertversichert zurücksenden, d. h. öffentlich, postalisch wertversichert, sonst wird es mir am Ende als Luxuseinfuhr besteuert und ich muß von Pontius zu Pilatus laufen, um sie frei zu bekommen. Es gibt aber einen Weg privater Versicherung, den Sie in Basel gewiß möglich haben. Wären Sie damit einverstanden?

Ich besitze von Hölderlin sonst noch den zweiten Teil der »Stimme des Volkes« (ohne Druckabweichung) den »Winter« den ich seinerzeit im Inselalmanach als erster drucken ließ, ferner die drei Gedichte (auf einem Blatt) Die Kürze, Lebenslauf[,] Einst und Jetzt. So ist Hölderlin in meiner Sammlung ganz brav vertreten. Dagegen ist mein Schmerz, daß ich um einen unveröffentlichten Gedichtentwurf von Hölderlin (zwei Seiten Folio) seit langem ringe, aber der Cerberus gibt ihn nicht her (außer für 2000 Mark!!!!) und keinesfalls erlaubt er eine Publication[.]

Der Schiller Brief an Hölderlin war publiciert in der Osternummer 1925 der Neuen Freien Presse in Wien, die Sie ja in einer Bibliothek einsehen lassen können.

Wenn Sie einmal des Weges kommen, könnten [!] Ihnen philologisch mein Autografenkatalogmaterial nützlich sein: ich habe über 2000 Autografenkataloge, vor allem sämtliche deutschen seit 1838 (der ersten Auktion) und kann jedes Autograf jedes Dichters feststellen, das [seit] hundert Jahren jemals im Handel gewesen. Hölderlin war immer selten.

Hoffentlich sind Sie als Hölderlin-Forscher mit meinem Hölderlinbild zufrieden, das eben bei der Insel in dem Bande »Der Kampf mit dem Dämon« erschien. Einige kleine Irrtümer hat rechtzeitig Dr Viëtor gütig ausmerzen helfen.

In aufrichtiger Ergebenheit Ihr

Stefan Zweig

Ich würde das Mcpt in 4–5 Tagen absenden, sofort wie ich Bescheid von Ihnen habe. Am besten wäre eine Rücksendung durch die Baseler Bibliothek, weil dadurch die Einfuhrfrage entfiele [!]

An Friderike Maria Zweig

[Weimar, undatiert;
Poststempel: 10. 6. 25]

Liebe Fritzi, heute Mittwoch geht es leider mit Weimar und Rolland zu Ende: wir haben hier ausgezeichnete Stunden der Ruhe und Behaglichkeit verbracht, waren gestern im Nietzsche Archiv, wo die uralte Fo[e]rster Nietzsche sich wie ein Kind über Rollands Besuch freute und zu mir über mein Buch ganz gegen meine Erwartung rührend und dankbar war. Sie hatte noch eilig ein paar Leute der Haute Societé verständigt und es waren wirklich ein paar Damen von einer vorweltlichen Courtoisie und Noblesse da: manchmal muß man hier wirklich staunen, was die kleinen Städte an Qualität bergen. In Leipzig hatte R. das erfreuliche Bild 25 000 Jungmannschaften Parade abhalten zu sehn: es ist gut, daß die Gutwilligen auch die Gefahren kennen: er war von der [!] Gesichtern beim Paradeschritt geradezu erschreckt, so starrten sie von Verbissenheit und gewaltsamer Anstraffung. Heute abends nächtige ich in Dresden, bin morgen Donnerstag R[eichen]b[erg,] Samstag Wien und hoffentlich Sonntag nachts zuhause. Herzlichst Euch allen

Stefan

An Leonhard Adelt

[Salzburg, undatiert;
vermutlich nach 17. Juli 1925]

Lieber Leonhardt [!], Fritzi erzählt mir eben von Deinem Brief: ich hoffe, die Besorgnis wegen Richard ist nicht am Orte. Das plötzliche Aufschießen so hochgewachsener Jungen ist fast regelmäßig begleitet von Unregelmäßigkeiten des Herzens, dem sogenannten Adolescentenherz. Das hat nichts zu besagen und gibt sich von selbst.

Ja, auch mich hat Liliens Tod wie ein Ruf berührt. Ich hatte ihn im Gedächtnis als baumstarken Kerl, die leibhaftige Gesundheit. Aber die ganze Generation hat den Krieg im Leibe: alle die Spannungen, Aufregungen, Unregelmäßigkeiten und

Unterernährungen haben Raubbau mit unsern Nerven getrieben: wie im ausgepowerten Kohlenbergwerk geht der Betrieb munter weiter, nur eines Tages kracht dann alles zusammen. Ich bemerke bei mir nichts physiologisches, aber ein schweres Manco an positiver Lebensfreude (die ein Tonikum ist), eine Art Trägheit zur Freude, ein unzeitig frühes Resignieren.

Ich will einmal hinüber nach München. Deine Auto-Pläne haben mir (Du weißt es) nie gefallen: das Auto wird allmählich durch die Vielzahl ein lebensgefährliches Vehikel, die Unfälle mehren sich in bedenklichem Anstieg. Außerdem ist es eine Bindung mehr – mein Sinn geht immer auf höhere Freiheit. Reisen ist Freiheit, Verändern Verjüngung. So denke ich jetzt auch auf 14 Tage loszuziehen – ich weiß noch nicht wohin, eigentlich nur den Festspielen zu entfliehen. Ich habe drei Novellen geschrieben, von denen eine danebengieng, zwei glaube ich, Haltung und Bewegung haben, eine bessere dritte will ich jetzt schreiben, die an sehr complicierte Probleme streift, nein sie geradezu packt: das ganze wird im Frühjahr wohl ein Band »Verwirrung der Gefühle« – ein Titel, der Dir vorlaüfig deutsam sein mag. Dann kommt wieder ein Baumeister-Band, ich erhole mich an einer Arbeit von der andern – schlechtes Zeichen eigentlich, daß ich Erholung nicht im Otium oder in Leidenschaft finde. Aber, um wieder zurückzufinden zum Ausgang: jede Nachricht aus unserm Freundeskreise ist eine Mahnung, das Leben, da man es nicht verlängern kann, möglichst zu füllen. Hoffentlich gelingt es Dir ebenso: ich erwarte mir von der Aufführung der »Dohle« das Beste – entscheidend freilich ist Berlin. Hast Du sie eigentlich je Frau Sagan gegeben, sie ist jetzt Regisseurin in Frankfurt und hat entscheidendes Wort.

Ich hoffe sehr bald zu Euch zu kommen, fast gewiß noch im August. Leb inzwischen wohl und grüße mir die Deinen! Und halte zu mir wie ich zu Dir: es wird sonst schütter in unserm einstigen Kreise! Innigst Dein

Stefan

Beim Schmidtbonn-Buch bin
ich natürlich dabei!

Von meinem »Dämon« ist die erste Auflage (10 000) an der Neige, im September kommt die neue. Es wirkt merkwürdigerweise gut gerade auf die Jugend, und auf ein paar wesentliche Leute. In München hat Lissauer etwas an die Münch[ner] N[euesten] N[achrichten] gegeben, es ist, glaube ich, noch nicht erschienen: mir sind die aüßern Zeichen eigentlich gleichgiltig. Es gilt nur dazusein mit seinen Büchern: hoffentlich ist Deine »Dohle« bald da, d. h. allgemein sichtbar!

An Frans Masereel

[Salzburg, undatiert;
vermutlich 20. Juli 1925]

Mon cher Frans, je te remercie pour ta bonne lettre – j'avais grand[e] envie d'écrire à toi [= de t'écrire]. Mais, hélas, la correspondance augmente dans des proportions terribles et d'autre part le plaisir diminue. Je suis souvent un peu las de la lit[t]érature: encore un livre et encore un et encore un et la vie passe, la jeunesse s'en va et on fera encore des livres et encore! Quant [!] on a une fois montré qu'on peut faire de bons livres il manque cette belle inquiétude et cela devient un métier. Mon vieux, c'est [= il y a] presque 25 ans, un quart de siècle, que j'ai publié mes premiers vers – au fond de mon être j'aurais envie de laisser la lit[t]érature à [= de] côté et de voyager. Mais le succès, le «devoir» devient une chaîne, une chaîne d'or, si tu veux – une joie pour les autres, mais moi (tu me connais) qui ne possède pas pour dix sous d'orgueil ou d'ambition, je regrette ma vie d'antan, anonyme, aventurière, vagabonde, insouciante. Peut-être des [!] tous les auteurs que je connais je suis celui qui déteste le plus son soi-disant succès: je crois que le succès gâte la vie et le caractère et que la vraie vie est celle qui reste anonyme. J'aurais envie de prendre un autre nom pour ma vie privé[e] et de faire peau neuve.

Tu es un des rares qui me comprendront. Les autres me disent que j'ai du succès et me l'envient sans savoir comme toute façon [= sorte] de vie publique me dégoûte. Mon vieux, que pense[s]-

tu si on voyagerait [= voyageait] [tous] les deux comme deux gamins pour 4 ou 6 semaines en Espagne ensemble? Tu n'a[s] qu'à le dire et je viendrais en [= au] printemps.

Je suis curieux de ton avis pour le «Liber amicorum». Il sera très beau, ce livre, et je suis fier d'avoir eu cette idée qui honorera notre ami (dont l'amitié est une des choses rares, auquel[le]s je tiens avec tout mon être).

Accablé des [!] divers devoirs j'ai oublié de souscrire à la «Ville». S'il existe encore un exemplaire disponible dis à l'éditeur de m'envoyer de la [!] édition simple avec la note. Je la règlerai immédiatement.

Je travaille à un nouveau volume de contes. Et je me prépare de [= à] faire après une nouvelle (et bien mauvaise) comédie anglaise de l'époque de Shacespeare [!] d'écrire une comédie, une farce, qui raille l'argent, ceux qui l'ont et ceux qui le méprisent. Si cela réussira [= réussit] cela serait très amusant – en tous [!] cas je m'amuse moi-même en la préparant. Elle ne contient pas un mot d'amour, tout tourne autour [de] l'or!

Impatient déjà de voir le Jean-C[h]ristophe volume II. Et le Uylenspiegel. Je vais me retirer en [= dans] trois semaine[s] en Italie pour entâmer la comédie. Mais peut-être [que] je viendrai encore cette année à Paris.

Ton vieux

Stefan

Amitiés à ta femme!

An Friderike Maria Zweig

Grand Hotel Am See
Zell a/See, am Mittwoch
[12. August 1925]

L. F. vielen Dank für Brief und Anruf. Hier lebe ich so isoliert wie kaum je, kenne niemanden weder im Hotel noch im Ort – nur Piefkes und Ungarn, Wien gleich Null – alles aus Leipzig und noch sächsischer. Mir aber ganz einerlei, ich arbeite und lese Einiges, nicht gar zu viel, wenigstens so lange es schön war. Die Novelle, die ich grundiere, ist unziemlich schwer, es reizt mich ja überhaupt nur mehr, das Complicierte anzugehen.

Meine depressiven Zustände haben keine reellen Gründe, weder in Arbeit (die ist nicht so arg) noch im Nicotin, daß [!] ich jetzt übrigens zur Probe zwei Tage aussetzte. Es ist eine Alterskrise, verbunden mit einer allzu großen (meinem Alter ungemäßen) Klarheit – ich beschwindle mich nicht mit Unsterblichkeitsträumen, weiß wie relativ die ganze Literatur ist, die ich machen kann, glaube nicht an die Menschheit, freue mich an zu wenigem. Manchmal kommt aus solchen Krisen was heraus, manchmal kommt man durch sie noch tiefer hinein – aber schließlich gehört sie zu einem dazu. Ich sehe sie bei Leonhardt [!] ebenso, der sich aber in dümmster Weise beschwindelt – man soll eben resignieren und hat zuvor durch die zehn Jahre Krieg und Nachkrieg nicht das zugehörige Maß an Freude und Jugend gehabt. Und dann sind unsere Kriegsnerven eben doch nicht mehr ganz reparabel, der Pessimismus reicht tief unter die Haut. Ich erwarte mir nichts mehr – denn ob ich 10 000 oder 150 000 Exemplare verkaufe, ist doch einerlei. Wichtig wäre etwas Neues neu anzufangen, eine andere Art Leben, anderer Ehrgeiz, anderes Verhältnis zum Dasein – auswandern nicht nur äußerlich.

Die Vortragsreise ist ja wirklich nicht sehr klug. Ich habe sie gemacht aus Schwäche, aus Nicht-Nein-Sagen-Können und dann, um mich zu zwingen, ein wenig unterwegs zu sein. Ich möchte in den nächsten Jahren mich gewaltsam beweglicher machen – viel und kurz reisen, das tut uns am besten.

Laß es Dir gut gehen und sei vielmals gegrüßt

S.

Lucka will ich dieser Tage besuchen

Bitte beiliegende[n] Brief an
Herrn W. H. I. Maas [!]
Altona zu senden und
Adresse nachzusehen, die
ich hier nicht habe[.]

An Lajos Baron Hatvany

[Zell am See, undatiert;
vermutlich vor 13. August 1925]

Verehrter lieber Herr Hatvany, Ihr Brief erreicht mich in Zell – jenes Interview habe ich selbst noch nicht gesehen. Aber es ist richtig, daß ich sagte, wir hätten in Ungarn keine Vertretung, kein Centrum für den europ. Gedanken – die paar Europäer sind emigriert. Die repräsentativen Menschen schweigen in Ungarn, ja nirgends fühlen wir weniger Antwort und Bindung.

Nun weisen Sie auf Bücher hin wie das Ihre, das Jascis – aber das sind Bücher der Anklage. Wir wissen, daß Ungarn, daß Österreich, daß allen Besiegten (wie allezeit) Unrecht geschehen ist. Aber es hilft jetzt nichts anzuklagen, Proteste wegen Südtirol oder Slowakei zu verfassen: jede Nation hat in unserm Sinn nur die Aufgabe, sich zunächst einmal trotz des erlittenen Unrechts für Europa zu bekennen. Erst wenn die Vereinigten Staaten bestehen, erst dann können Correcturen langsam gemacht werden – schließlich haben wir Österreicher hundert Jahre die Czechen bedrückt, die Ungarn ebenso die Serben[,] es wird und muß immer Unrecht geschehen, solang es gemengte Territorien gibt und Menschen, nicht Idealwesen Macht ausüben. Das Wichtigere ist aber jetzt, nicht immer auf das eigene Leiden hin[zu]weisen, als wäre es das Einzige der Welt, sondern zuerst unser Haus zu bauen, ehe wir uns um die Zimmer streiten. Ich bin überzeugt, daß die Europäische Einigung einzig vor dem Untergang der europäischen Cultur retten kann: und die ist wichtiger als die ungarische, die polnische, die deutsche, weil sie eine Summe ist, die Form des Individualismus, der jetzt allein dem amerikanischen, dem russischen Organisationswesen entgegensteht.

Darf ich offen sein: ich glaube, daß trotz allem die nationale Empfindlichkeit in kleinen Nationen stärker ist als in großen. Und so sehr Sie Europäer sind, so leidenschaftlich fühlen Sie noch für das Particel [!] dieser Gemeinschaft, in der Sie aufgewachsen sind. Schon bei Ihrem Buche merkte ich die unbewußte Einstellung, es sei Ungarn von allen Ländern das größte Unrecht geschehen: die Türkei hat mehr gelitten, Österreich mehr durch Hunger, Deutschland durch tieferen Sturz. Heute spüre ich außer bei den Pangermanen noch bei den Ungarn den stärksten Widerstand gegen Europa, die stärkste Neigung zu einem Trotz des Alleinseinwollens und der Revanche, eine Versteiftheit ins Reactionäre und Unrealisierbare, Königsspielereien und theatralische Romantik. Wo solche Ideale sind, verstellen sie unseren [!] Ideal den Blick – so habe ich vielleicht doch nicht Urecht gehabt, wenn ich sagte, wir hätten vom repräsentativen Ungarn (nicht Juden, nicht Emigrierten) noch nie ein Wort des Mitwollens gehört.

Herzlich Ihnen, Lieber, Verehrter in alter Neigung [?] Ihr

Stefan Zweig

An Werner Reinhart

Salzburg, Kapuzinerberg 5
2. Sept. 1925

Verehrter Herr Reinhart, mag's Ihnen sonderbar scheinen, daß ich mich gerade an Sie wende, so nehmen Sie doch meine Ansprache freundlich auf und vor allem als Ausdruck herzlichen Vertrauens. Kurz: ich habe eine kleine Pantomime geschrieben, die mir wesentlich scheint, weil sie unendliche Ausdrucksfähigkeit von der Musik fordert – es ist ein kleines Scenario von 5 Seiten im Ganzen. Nun widerstrebt mir's, mich anzubieten und dieses Thema ist mir so wichtig (nicht um meinetwillen, sondern um der Sache!) daß ich die Pantomime nur den Besten geben würde – am liebsten Strawinsky oder Honegger. Den ersteren kenne ich gar nicht, den zweiten nur flüchtig von hier. Und mich anzubieten ist nicht meine Sache.

Nun dachte ich an Sie, den wahrhaft edlen und niemals eines privaten Interesses zu Verdächtigenden als Mittelsmann. Ich würde Ihnen gerne die fünf Seiten zusenden (die in stenografischer Kürze das Motiv aufzeichnen.) Scheint Ihnen tatsächlich die Arbeit wichtig als Anregung eines großen Musikers, so könnten Sie dann Strawinsky oder Honegger darauf hinweisen – aber wie gesagt, nicht aus bloß gern geübter Liebenswürdigkeit, sondern nur wenn Sie der Meinung sind, daß diese Pantomime erstlich ein Geistiges würdig durchfühlen läßt, zweitens daß sie der Musik herrlichste und dem Tanz wichtige Aufgaben stellt. Das Commercielle ist mir ganz unwesentlich dabei – so klein die Arbeit war, so wichtig schiene sie mir, nähme sich ein großer Musiker ihrer an. Nichtwahr die Bitte ist nicht falsch gegangen und Sie empfangen freundlich die Grüße Ihres ergebenen

Stefan Zweig

Viele Grüße Ihren Herrn Brüdern!

An Erich Ebermayer

Salzburg, am 23. September 1925.

Lieber Herr Doktor!

Herzlichsten Dank für Ihren lieben Brief und Ihre freundliche Sendung. Ich habe mir Ihren Einwand sofort überdacht und will ihn wohl erwägen. Ich glaube aber nicht, daß er zu Mißdeutungen führen könnte. Würde ich sagen »Verirrung der Gefühle« so läge ja der Unterton darin, indes er er bei »Verwirrung der Gefühle« ausbleibt, umsomehr als ja auch die andern Novellen gar nichts mit diesem Gegenstand zu tun haben und ebenfalls eine solche Verwirrung zur Darstellung bringen wollen. In den nächsten Tagen trete ich schon an die Arbeit heran und hoffe doch, Ihnen in absehbarer Zeit das Manuskript vorlegen zu können. Inzwischen gedenke ich Ihres lieben Besuches in aller Herzlichkeit und freue mich schon sehr, Ihnen in Leipzig zu begegnen. Hoffentlich vollendet sich inzwischen auch Ihr Roman: der Herbst ist ja die Zeit der Ernte und wir sollen sie nicht versäumen.

Mit vielen Grüßen Ihr

herzlich ergebener
Stefan Zweig

An Friderike Maria Zweig

Hotel Beauvau
Marseille [undatiert;
Poststempel: 4. 11. 25]

Liebe Fritzi, nachdem ich mit einem Telegramm Dich bereits beruhigt zu haben hoffe, nun erste Nachricht. Ich habe als Hotel gefunden, was mir ganz zusagt: altes Haus ohne Restaurant, das einzige das Blick auf den Hafen hat (ich photografiere ihn Dir morgen von meinem Fenster) gut eingerichtet, ich habe ein Zimmer mit Bad, spaziös [!] so daß ich auch arbeiten kann.

Ich bin die Nacht mit Couchette durchgefahren, 2 Classe bis Bourg, von dort 1 Classe Couchette bis hieher, wo ich um 6 Uhr ankam, zu Fuß durch die Stadt schlenderte, bis ich das rechte Hotel fand. Auch sonst scheint Mars. ganz das zu sein, was ich will – eine südlich lebendige Stadt und mit 5 Minuten Tramwayfahrt ist man an der Corniche, einer Rivierastraße mit Tropenbäumen und Ausblick auf das Meer. Mir also lieber als die Curorte, wo nur langweilige Müßiggänger sind – allerdings verlockte es mich sehr nach den Bildern, die man hier sieht[,] für paar Tage auf die Hyèrischen Inseln zu gehen (bei Toulon) die ein Rivieraparadies zu sein scheinen.

Das Leben hier üppig und für uns noch immer sehr billig. Vor allem aber lebendig. Und Ruhe inmitten Lebendigkeit, Einsamkeit im Centrum einer Bewegung war ja das was ich suchte. Immer während ich Dir schreibe, sehe ich von Zeit zu Zeit rasch zum Fenster hinaus: mich mahnts an das Alsterbassin und mein Hamburger Zimmer, nur freilich, das Klima: laue, durchsonnte Luft mit unzähligen Farbtönen vom Grellen die Scala herunter bis zu dieser brume, die an Paris erinnert.

Ich bleibe hier jedesfalls (denke ich) 8 Tage bis also 12.[;] vielleicht gehe ich noch auf jene Inseln als bescheidene Compensation meines Balearentraums. Laß es Dir inzwischen gut gehen und sei mit Rusi vielmals gegrüßt von Deinem Dich in französischer Währung tausendmal küssenden (ist das genug? sonst Schweizer Währung)

Stefzi

An Frans Masereel

Marseille, le 10 Janvier 192.
[= Novembre 1925]
Hôtel Beauvau

Mon vieux, je quitte Marseille après-demain, le 12. Novembre, et je serai le 12 Novembre soir [!] à Dijon pour assister (ne ris pas, mon vieux!) à la Foire Gastronomique. Je veux rester donc le 13. Novembre à Dijon et repartir le 14 pour Villeneuve.

Frans – Dijon est [à] trois heures de Paris! Viens avec ta femme ou sans ta femme le 13. Nov. pour une journée, tu te rappelles comme c'était gai à Boulogne. Et à Dijon on bouffera toute une journée et on bouffon[n]era aussi. Mon vieux, nous devenons sérieux – il faut aussi des bons moments d'amitié et de paresse. Ne serait-ce pas un excellent rendez-vous?

Si tu veux, si tu peux, envoie-moi une dépêche jusqu'au 11. Novembre soir à quelle heure je pourrais te cu[e]illir à Dijon le 13. au train. Et je demanderai en tout cas à la poste restante centrale à Dijon s'il y a un mot de toi. Je peux rester aussi le 14me [!] Novembre si tu viendras [= viens].

Je n'ai pas écrit un mot à toi [= je ne t'ai pas écrit un mot] sur ton admirable livre. Pardonne-moi cela – je voulais le faire en public. Il a surpassé toutes mes attentes.

Je t'embrasse!

Amitiés à ta femme!

Stefan

Hôtel Beauvau
Marseille (jusqu'au 11. Janvier [!] soir)

An Leonhard Adelt

[Salzburg, undatiert; vermutlich
Ende November 1925]

Lieber Leonhardt [!], vielen Dank! Verzeih mein hartnäckiges Schweigen: ich habe mit einem Ruck jenes Volpone-Stück in vierzehn Tagen auf der Reise erstmalig geschrieben, hier dann in weiteren zehn Tagen zweimalig fertiggestellt: ich glaube, es ist sehr belebt, heiter und bühnenwirksam geworden. Vorläufig lasse ich es nicht drucken, sende es morgen an Felix Bloch, um die Meinung eines Fachmannes zu hören. In München will ich's dann Fal[c]kenberg vorlegen, zu dem es paßt wie der Handschuh an die Hand: ein Hoftheater hätte dazu nicht genug Tempo.

Die Liste der englischen Stücke schreibe ich Dir heraus: sie müßten alle bearbeitet werden, sind aber im Dialog und im Stoff meisterhaft; Aufgabe wäre zu comprimieren. Es stünde wohl dafür.

Fritzi erzählte mir, daß Du mit dem B[erliner] T[ageblatt] im Krieg bist. Ich kenne die Details nicht, würde Dir aber raten, vorsichtig zu sein: es wackelt jetzt finanziell derart in Deutschland, die Überdrängung der Stellungen wird eine derartige, daß man sich an die Starken halten muß. Und das B. T. ist und bleibt eine Macht. Von Verlegern, Theatern ist nichts jetzt zu erwarten: sie sind alle am Hund bis eben auch auf die wenigen Starken. Brich da nichts übers Knie, ehe Du nicht irgendwo eine bessere Position sicher hast: heute ist ein Dach über dem Kopf Alles wert.

Ich bin ein wenig müde von der scharfen Arbeit. Ihr hört bald mehr von Eurem

Stefan

Congreve The Way of the World
Wycherley The Country Wife
* Farquhar The Beaux' Stratagem
The recruiting Officer

* halte ich für das wirksamste, schreibe mir, falls Du etwas unternimmst!

An Erhard Buschbeck

Salzburg, 13. Dez 1925

Lieber Herr Buschbeck, vielen Dank für Ihre Zeilen: sie sind die erste Botschaft eines Fachmannes, denn ich habe (außer

Felix Bloch zwei Exemplare) das Stück noch nicht aus der Hand gegeben: ich habe keine Eile.

Wenn Sie es Director Herterich zeigen wollen, so habe ich keinen Einwand als den, daß ich ihn nicht gerne vergeblich bemühen möchte. Denn – offen gesagt! – das Akademietheater mag ich nicht recht als Start; dort vergröbert sich alles durch die Nähe von Publicum und Bühne. Und da ohnehin die Gefahr besteht, daß ein Derb-Possenhaftes überbetont werden könnte, so käme es da leicht zu Mißverständnissen. Was mir vorschwebte als Aufführung war eine commedia dell'arte, leicht parodistisch in den Figurinen, rasch, flughaft (mit Kürzungen natürlich!) – ein Spiel zwischen Carneval und Aschermittwoch. Ich hätte nichts dagegen, daß die Komödie vom Burgtheater nach ein paar Aufführungen ins kleine Haus wanderte, aber als Start möchte ich es nicht recht.

Wie gesagt aber, ich bin ein geduldiger Mann, habe bisher jede Notiz darüber unterdrückt, Verhandlungen weder in Berlin noch in Wien begonnen (mir graut vor derlei Dingen und doch hätte ich natürlich gerne Pallenberg, den idealen Volpone) und so können wir uns ja in Wien darüber aussprechen. Ich bin vom 24–29 in Wien, (hoffentlich nicht Sie gerade in jener Zeit in Salzburg!) dort will ich dann meine ungeschickten Fühler ausstrecken.

Grüßen Sie Herrn Director Herterich von mir: sein Amt gebietet ihm, soviel schlechte Stücke zu lesen, daß es auf eine vergebliche Stunde ihm wohl kaum mehr ankommt; er wird selbst verstehen, daß mir als Start das Akademietheater nicht ganz richtig scheint, (von meiner Seite) und wieweit sittliche Schwierigkeiten dem erlauchten Hause entgegenstehen, vermag ich nicht zu beurteilen. Jedesfalls war es bösartig von mir, in einer solchen Pleitezeit eine mit Gold gefüllte Kasse auf die Bühne zu stellen!

Herzlichst Ihr

Stefan Zweig

Ich bin von 24–29 in Wien und telefoniere Sie an, falls Sie mir nichts Anderes schreiben.

An Erhard Buschbeck

Salzburg, 12/I 26

Lieber Erhardus, ich fahre am 21 oder 22. nach Zürich, dort im Schauspielhaus über Rolland zu sprechen, dann lese ich mich quer durch Deutschland über Wiesbaden, Bonn, Berlin, Hamburg, Leipzig Lübeck ect., bleibe zwei Tage in der Spreestadt, um mit Felix Bloch das Endgiltige zu besprechen. Lieb wäre mirs, hätte ich da schon das Wiener Nein oder Ja in der Tasche, damit ich freier mich entschließen könnte. Ich nenne das Stück jetzt ganz einfach: Volpone. Eine Komödie ohne Liebe nach Ben Jonson von St. Z.

Grüßen Sie Director Herterich von Ihrem freundschaftlich ergebenen

Stefan Zweig

An Emil Bernhard Cohn

Salzburg am 27. Februar 1926.

Sehr verehrter Herr Doktor!

Verzeihen Sie wenn ich einige Tage gezögert habe Ihnen für Ihre »Legenden« zu danken: es waren allerhand äußere Umstände im Spiele die mich daran hinderten, nicht aber eine Nachlässigkeit, denn ich habe sofort das außerordentliche Buch gelesen, heute noch ganz verwundert, daß es nicht mehr von sich reden gemacht hatte und darüber Nachricht bis zu mir gedrungen war. Ich weiß von neuen Legenden kaum ein Buch, daß stärker auf mich gewirkt hätte – Schöpfungen wie »Die Empörung des Baumes«, »Die Legende von [Rabbi] Akiba« und »Die Wasser Siloa[h]s« vor allem, scheinen mir etwas absolut Vollendetes im Sinne der Legende, während ich mir »Die fremden Jahre« beinahe in einer Art aufgelöster dramatischer Form wünschte, als ein faustisches Lebensbild mit seinem wunderbaren tragischen Ausgang.

Ich hoffe sehr, lieber Herr Doktor, daß die endliche Aufführung Ihres Stückes bei Reinhardt mit einem Ruck auch dieses Buch ganz nach vorne stellen wird, das mir persönlich in seiner weitausbauenden Form mehr gegeben hat wie die meisten der bloß anekdotischen Legendenbücher Bubers, die ja meist nur vollendete Erzählerstoffe sind, aber noch nicht ausgestaltet zu den Formen und ins Weltreligiöse emporgehoben. Sie wissen gar nicht, wie sehr Ihr Buch mich versuchte, mich mit Ihnen zu messen. Ich plane selbst ein größeres Legendenbuch und wäre glücklich auch aus der biblischen Welt eines [!] einfügen zu können – eine aus der buddhistischen Welt, das Werk das ich von mir eigentlich am meisten liebe, »Die Augen des ewigen Bruders« erlaube ich mir Ihnen heute als bescheidene Gabe zu übermitteln. Ich habe dann noch für das Buch eine Legende, die zwischen Heidentum und Christentum spielt, im Stile des Dekameron (und des Anatol[e] France)[,] eine kleine alttestamentarische »Geschichte der dritten Taube«. Aber wie herrlich wäre es, gelänge mir eine aus der von Ihnen so meisterlich gestalteten eigenen Welt, der ich mich verhaftet fühle, freilich ohne das tiefe sachliche Wissen davon, das Ihnen zum Dichterischen noch einen besonderen Vorzug gibt.

Vielleicht finde ich einmal und hoffentlich bald Gelegenheit dieses Ihres Buches öffentlich zu gedenken – es wäre mir ein wirkliches Bedürfnis, denn ich wiederhole Ihnen, daß es auf mich so stark gewirkt hat wie schon lange kein Legendenbuch. Und hoffentlich erfüllt sich bald der Wunsch, Ihnen persönlich die Hand zu drücken.

Mit den besten Wünschen Ihr sehr ergebener

Stefan Zweig

An Romain Rolland

[Salzburg, undatiert;
Poststempel: 9. 3. 1926]

Mon cher ami, je reviens de Vienne – ce que nous avons craigné [= craint] depuis longtemps est arrivé, nous avons dû fermer les yeux à mon père, mort dans son [!] 81ème année, fatigué de la vie et sans autre maladie que l'épuisement de l'âge. Le vôtre est fort encore, vaillant et gai: j'ai pensé à lui et je lui souhaite que sa santé, sa force puissent durer encore longtemps, car il aime la vie et lui est attaché. Le mien n'en voulait plus depuis deux années, donc la mort était son ami[e].

J'ai trouvé votre bonne lettre. Je vous comprends parfaitement. Seulement vous oubliez que la situation de la France est exceptionnelle: l'histoire de l'Allemagne, de la Prusse sont des histoires nationales – l'histoire de la Révolution Française est comme celle de Rome une des [!] tous les peuples, un évènement Européen, avec Napoléon et la grande guerre le dernier. Donc tout ce qui entre dans les grandes lignes comme Danton, Robespierre, Mirabeau est universel comme la figure de César, de [!] Hannibal et Néron. C'est pour cela que le Danton a eu son succès partout: le «triomphe de la Raison» moins, parsque [= parce que] là le détail historique fait défaut au grand public. Ils [ne] gardent [jamais] dans leur mémoire jamais [!] les événements, seulement les grands hommes. Et Robespierre fascine encore comme le précédesseur [= prédécesseur] de Napoléon. Ne laissez pas de lui [= ne l'abandonnez pas], c'est un type de héros qui est tout à fait français, l'intellectuel, le moraliste fervent, le mystique de la raison. Il est nécessaire à votre «Danton» comme pendant: ce sont les deux caryatides qui ont porté tout le bâtiment. Après leur mort il croulait et devait être reconstruit par Napoléon. [Ne] Craignez pas de n'être pas compris: les grand[e]s figures répondent toujours à l'imagination de tous [!] les nations. Et continuez! Continuez! Chaque pièce faite sera doublé[e] en valeur par une nouvelle qui lui donne par ses reflets plus de lumière.

Moi-même je suis dans une mauvaise époque [= période]. J'ai été quatre fois interrompu dans mon travail – je voulais finir mon volume des [!] contes. Maintenant j'en suis las. J'attends ma mère ici pour 8–10 jours, puis je veux fuir quelque part, je ne sais pas encore où. Je suis bonne [!] travailleur – seulement, si je suis jeté une fois hors de moi-même je reviens difficilement à ma tâche.

Quant à Rieger, je sais qu'il travaille avec beaucoup de conscience et de goût. Je ne connais pas encore la traduction de «Aërt», mais si même quelques fautes s'y seraient [= étaient] glissé[e]s, cela me paraît pardonnable, car il fallait traduire le

«Aërt» en quelques jours sans lever la tête – le théâtre attendait le manuscrit pour jouer à votre anniversaire, il répétaient [!] même le premier acte déjà pendant qu'ils [!] traduisait le troisième. En tout cas il pourrait facilement dans les épreuves corriger les détails – de tout [!] vos traducteurs c'est lui que je préfère de loin.

Donc seulement ce mot rapide et mille salutations aux vôtres de votre fidèle

Stefan Zweig

9 Mars 1925

An Victor Fleischer

[Salzburg, undatiert;
vermutlich 25. März 1926]

Lieber guter Victor, eben Dein Brief und rasch als Antwort diese Zeilen, ehe ich reise. Ich hatte was Fontane eine »Nervenpleite« nennt und statt hier untätig zu hocken, reise ich mit Fritzi nach Südfrankreich, paar Tage Riviera und Marseille, dann über Carcasonne, Poitiers langsam herauf nach Paris, von dort heim. Die gute Lection, die man einem Todesfall dankt ist: stärker, gieriger zu leben und sich zu retten vom Lichthaften der Welt, was das Auge hält.

Deine Sorgen fühle ich nach. Und doch rate ich Dir, Deiner Frau nachzugeben und sie mit ihrer Mutter nach Africa reisen zu lassen. Es tut nicht gut, einen Kranken im Haus zu haben, er nimmt einem die Freiheit, drückt auf das Gefühl, zerstört gerade jene Anhänglichkeit, die man ihm schuldete: das wird nicht besser. Wir stehen in der gleichen Krise mit unserer Mutter, in der zwei disparate Dinge gefährlich gemischt sind: absolute Hilflosigkeit mit Eigensinn, unausdenkbare Unselbstständigkeit [!] mit unlenkbarer Hartnäckigkeit – weder mein Bruder noch ich können daran denken, sie zu uns zu nehmen, weil sie durch innere Unruhe Unruhe bringt. Wir sind selbst über die wahre Mitte des Lebens hinaus und können nichts mehr auf die

Schultern nehmen. Du wirst freier Dein Leben fühlen ohne die schwiegermütterliche Gegenwart: wo keine Enkel sind, die sie beschäftigen, leben solche alte Frauen ins Leere[.] Dies Opfer mußt Du vielleicht noch bringen, Deine Frau ein paar Monate im Sommer zu entbehren (vielleicht mit uns vorlieb nehmend) um dann Dein Herr zu sein. Wer weiß, wie lange Deine Mutter so selbstständig [!] sich behauptet – nur keine Lasten mehr, wir haben nicht Tragbalken in unsern arg von der Kriegszeit angewurmten Nerven.

Mir imponiert Deine geschäftliche Leistung ungemein. Denn diese Krise scheint ja ganz schwer zu sein, wenigstens bei mir ist der Absatz seit drei Monaten völlig abgerissen (woran auch die völlige hochmütige Abstinenz Kipp[enbergs] Schuld sein mag, zu dem ich ein auf Jahren Gemeinsamkeit aufgebautes persönliches Verhältnis immer mehr verliere. Er ist unangenehm selbstisch, ruiniert den Verlag, indem er seine Goethe Liebhabereien, Ausstellungen, Kataloge voranstellt und gar keine Propaganda macht, jeder Erneuerung mit einem ultraaristocratischen Stolze sich widersetzt: dies unter uns.) Da steht Deine Leistung ganz anders da – freilich wie sehr macht die Zeit Dich vom Freudigen, vom Gestaltenden im Verlag abwendig, Du wirst Verkäufer und Verkaufstechniker und vielleicht ist es darum nötig, daß Du den Künstler in Dir sommerlich freimachst. Ich würde Dir sehr Südfrankreich, das Sonnenland raten und will [mich] auch ein wenig für Dich umsehen. Wir gehen wahrscheinlich nach Belgien.

Innerlich bin ich mude und ausgelaugt. Wir sind eine geschlagene Generation, uns fehlt der Schwung eines aufsteigenden Landes, einer uns steigernden Zeit: man hat uns mit Haß gefüttert, mit Angst wieder purgiert, mit Dumpfheit geschlagen, unseren Geist abgezogen auf krisenhaft-sinnlose, feuerwerkhafte Geldspiele. Wie sollen wir ein Ganzes leisten, ein Starkgefügtes, auf Ruhe Ruhendes mit einer an Außenhaftes verzettelten Kraft! Sammlung, so heißt es, ja ich weiß, aber immer kommt dann, alles umstürzend, so ein Stoß wie jetzt er mir mitten in die Arbeit gefahren, zum sechsten – zum siebenten Mal schon, daß man eigentlich im Aufbau innen schon immer wieder die Störung erwartet. Nun ich wills noch einmal versuchen mit französischem Wein und der heilsamen Blaüe des Südmeers.

Von Dalmatien rate ich Dir dringend ab. Eine Reise, die einen hin macht, schlechtes Futter, elende Postverbindungen – und Ihr habts so herrlich nah ins französische hinunter (Straßburg 2 Uhr ab und nächsten Morgen in Marseille oder Nizza, ein Rutsch)[.] Und die Sonne wird Dir gut tun, sie hat africanische Heizung.

Leb wohl mein Lieber. Du weißt wie sehr wir an Euch hängen und wie gute Botschaft immer freudig empfangen wird! Innigst Dein

Stefan

Meine Mutter war hier, wir haben sie nach München spaziergeführt, im Sommer geht sie in Curorte, aber auch da eine Teilung der Wohnung, Kampf um jeden Kasten und Fetzen, Tragikomödie, bei der auch ich mitspielen muß[.]

An Richard Specht

[Salzburg,] 1. Mai 1926

Mein lieber Freund, jetzt erst kann ich Dir für Dein Buch über Werfel danken. Vor allem: ich stehe gewiß im Gegensatz zu vielen, die ein erstaunt ärgerliches »Jetzt schon? Zu früh« sagen. Du hast zweifellos den rechten Griff getan, denn nichts tut mehr not, als unserer eiligen Zeit Gedächtnis und Zusammenhang zu lehren. Hofman[n]sthal ist ihr der Verfasser der »Christinas [!] Heimreise« und des »Welttheaters«, Werfel der Autor einer Reinhardtaufführung – über das letzte Werk geht ihr Erinnern nicht. Und sie vergessen daß jener der größte Prosadeutsche seit Goethe, der Dichter des »Thor und Tod« (er wird ja nie »gespielt« wie sollten sie ihn kennen), jener wieder die mächtigste lyrische Emanation unser[er] Zeit ist (aber wer liest noch Gedichte?)

Darum tun Bücher, wie die Deinen, Du aufopferungsvoller Begleiter, Du wirklich Dich selbst an die andern Aufgebender und Hingebender, wahrhaft not: sie vereinheitlichen die zerflossene Zeit, sie geben ihr Antlitz und geistige Physiognomie statt Blitz und Spiegelschatten wie die verwirrenden Tagesreferate. Ich finde es ergreifend wie Du, erst als Junger den Älteren ehrfürchtig nahend und vor Mahler, Strauss und Schnitzler den Platz des Bildners einnehmend, nun, einen guten Guß Grau im Haar, Dich ohne jede Hochmütigkeit der Jugend zuwendest. Und wie keine falsche Geste weder einer künstlichen Bescheidenheit noch eines schulterklopfenden Brav-Brav! Deinen Ton je ins Schwanken bringt. Diese Unbefangenheit mitten in der Bewunderung ist Dir persönlich besonders zu eigen, Deine Urteile formen sich jetzt vollkommen bestimmt aber doch niemals dictatorisch aus – eine große Sicherheit ist heute in Dir, Sicherheit nicht als Selbstbewußtsein wie bei den meisten sondern aus der Bewußtheit des aufrichtigen Anschauens, des freiwilligen Tuns. In Deinen früheren Büchern, Mahler, Strauss warst Du eben durch den eingelebten, von Kindheitserinnerung noch überwuchtenden Respect noch gehemmter in Einschränkung: jetzt sprichst Du herrlich frei und (größtes Geheimnis des Kritikers, obzwar scheinbar Selbstverständlichkeit) genau das was Du wirklich sagen willst. Die meisten werden von dem Wort, vom R[h]yt[h]mus über sich hinausgerissen (ein gewisser St. Z. zum Beispiel) Du aber häl[t]st es im Zügel, daß es genau Deiner Hand und Deinem Schenkeldruck folgt.

Vortrefflich an Deinem Buch das Thema vor allem. Werfel ist der Stärkste von der Generation seit Hofman[n]sthal und Beer-Hofmann, der Glühendste, der Fruchtbarste. Er ist derjenige der am sichtbarsten einen Weg hinter sich hat, einen Weg vor sich: mein Vertrauen zu ihm ist unerschütterlich, weil ich seine menschliche Wärme, seine geniale Geistigkeit, den ungeheuren Impetus seines sittlichen Willens kenne. Der einzige Vulcanische unter allen, das einzige Element unter den zahllosen chemischen Verbindungen fremder Substanzen. Du hast also nur Geistespflicht getan, ihn in die Mitte der Zeit zu stellen – ganz mein Empfinden dies: hier ist sein Platz. Im Einzelnen Deine Darstellung vortrefflich, ich vermisse nur darin ein Gesichtsportrait, eine körperliche Vision dieses Gesichtes, in dem das

Kind, der fünfzehnjährige Knabe noch immer (vielleicht für immer) stehen geblieben ist und das doch immer mehr in das Männlich-Geniale sich formt, dazu der merkwürdig massige Körper, die Stoff gewordene Vehemenz seines Wesens. Dann die Stimme, die tenorisch oft aufsteigende, die Ekstase des Vorlesens – ich hätte beinahe Lust, dies Dir in Dein Buch noch brüderlich einzuzeichnen. Hier spreche ich vielleicht aus eigener Domäne: ich muß mir immer erst das Visuelle, das Physiognomische ganz deutlich machen, um das Geistige durchfärbt und betont zu sehen. Du tust es hier ganz vom Werk aus und stellst den Horizont der Zeit dahinter: damit gewinnst Du ein[e] andere Belichtung, die freilich (verzeihe die Einschränkung!) geübte, ja literarisch geübte Augen fordert, denn nur die werden zu erkennen vermögen, in wie meisterlicher Abbreviatur Du die einzelnen Figuren mit ein paar Attributen vollkommen silh[o]uettiert hast. Das profanum vulgus wird freilich an den Divagationen ins Zeitmalende hastig vorbeiblättern: die Zwischenspiele sind, fürchte ich, nicht allgemein informatorisch sondern gerade für uns durch die Feinheit der Lichtverteilung absoluter Genuß. Objectiver ist selbst über so zur Einseitigkeit Herausfordernde wie Kraus kaum je geschrieben worden. Überhaupt, Deine Ruhe, Deine klare, milde Sachlichkeit – ich höre Deine warme zusprechende Stimme dabei und sehe Dein gütiges Gesicht, alter Freund. Du sprichst wirklich aus Dir heraus!

Aber wie selten sehe ich es in Wirklichkeit! Irgend ein Sonderbares, mir selbst nicht Verständliches kommt mir jetzt zu: ich weiß in Wien nichts mehr anzufangen, ich flüchte, wenn ich meine Familie besuche, immer nach zwei Tagen fort. Und ich spüre von dort irgend ein[e] kühle Zugluft gegen mich – mir sind, ohne daß ich mich einer Schuld bewußt fühlte, dort fast alle Menschen verloren gegangen, ja gegen mich instinctfeindlich geworden. Außer dem Felix Braun, außer Erwin Rieger und Lucka, höre ich von niemandem mehr, sehe ich niemanden; wo ich hingreife spüre ich Verstimmtheiten. Irgend etwas ist da in Brüche gegangen. Mißverstehe mich nicht, Lieber, als ob ich mich beklagte oder gar literarisch gekränkt wäre – ich habe mich, weiß Gott, nicht zu beklagen, jedes Buch, das ich veröffentliche, hat am ersten Tag zehntausend Exemplare verkauft, die Verbreitung meiner übersetzten Bücher besonders in Rußland (eben schreibt mirs Toller wieder) ist eine geradezu phantastische. Ich habe es in Deutschland gut, in Frankreich meine innigsten Freunde – nur in Wien finde ich mich nicht mehr zurecht, ich sehe dort auch (zum erstenmal seit fünfzig Jahren) keine Jugend, keine Fünfundzwanzigjährigen, keine Beginnenden. Und dann – die Vergrämtheit, Verbittertheit! Deshalb ist's mir so lieb, daß Du noch manchmal meiner mit einem Worte gedenkst und ich so tief das Gefühl habe, daß wir einander in allem Wesentlichen verstehen – zwei Menschen wir, die wir jeder unsere Grenzen kennen, aus unserer Selbstbescheidung aber einen Dienst machen und der Kunst, glaube ich, im ganzen im besten Sinne von Nutzen waren. Wie gerne hätte ich mit Dir einmal ein langes, Vieles ausatmendes Gespräch! In Wien wirds kaum möglich sein, hier bei den Festspielen bin ich entweder nicht da oder von dem Trubel verschreckt und unconcentriert. Vielleicht kommst Du aber einmal still, nur zu Deiner Erholung und zu meiner Freude hieher zu Deinem herzlich Dich beglückwünschenden und getreuen

Stefan Zweig

Viele Grüße Deiner lieben Frau! Grüße mir auch Werfel, wenn Du ihn siehst – es ist Jahre, daß ich diesen so sehr geliebten Menschen nicht mehr wirklich also wesenhaft gesprochen habe. Dein Buch wird ihm ein starker Impuls sein!

An Victor Fleischer

[Salzburg, undatiert;
vermutlich 28. Juli 1926]

Lieber Victor, ich verstehe Dein Gefühl mit der Riviera: in einer Novelle von mir wirst Du das Wort von der Ansichtskartenschönheit, der flachen und immer bereiten, lesen. Das Buch ist schon fast ausgedruckt. Marseille ist mir das liebste, dort wäre ich geblieben in der Nähe ist ja guter Strand, ebenso in Cannes. Dann noch Menton, wo jetzt Ehrenstein sitzt und schwitzt.

Mein Lieber, ich bin in einer komischen Lage. Am 4. August will ich abreisen und weiß nicht, wohin. Mein Reiseziel war Dänemark, aber ich bin so durchfroren, durchschattet von einem drei Monate pausenlos anhaltenden Regen (Salzburg hat sich diesmal selbst übertroffen) daß ich Furcht habe, jetzt so nach Norden zu gehen. Italien wäre mir das liebste, aber es hat keinen Badestrand oder nur so wenige, daß sie alle abscheulich überfüllt sind. Und mir graut vor Überfüllung. So weiß ich heute noch nicht wohin. Am liebsten bliebe ich hier, aber das geht jetzt nicht wegen des Festspielhausgetues. Ich bin im ganzen müde – es ist so wie wenn man im Café zu lange sitzen geblieben ist und zu faul, aufzustehen. Überhaupt, mein Guter, ich braüchte eine Injection Ehrgeiz, Tatkraft, kurz eine Aufpulverung (man müßte sich verlieben und mit einem jungen Mädel drei Wochen reisen!) Der Ekel den ich vor der Literatur habe ist nicht zu schildern: am liebsten schriebe ich ein großes wissenschaftliches historisches Werk, an dem man Jahre arbeitet und ganz außerhalb der »Concurrenz« steht. All das sind Lamentos des Überganges: die Tatsache, daß wir aüßerlich jung blieben und der Krieg uns 5 Jahre wegnahm, hat uns lange über die Tatsache getaüscht, daß wir ältere Herren sind: uns fehlt eben der Gradmesser, die Kinder. Mit einem 20 jährigen Sohn würde man sich eben reputierlicher, solider, mannhafter empfinden als so semper novarum rerum cupidus.

Leb wohl, laß es Dir gut gehen und erhole Dich gründlich. Geschäftlich glaube ich an einen Aufstieg, falls die Verleger die Einschränkung der Production durchhalten.

Herzlichst Dein

S

Viertels Rede war wirklich wunderschön: man hätte beinahe Lust sich begraben zu lassen, um solche Worte zu hören.

An Sigmund Freud

Salzburg 8. Sept 1926

Verehrtester Herr Professor, neben Ihrem geistigen Werk üben Sie noch wunderbar eine große Kunst: durch Güte zu beschämen! Nicht die Worte nur, die Sie mir sagten, sondern die Tatsache schon, daß Sie, überhäuft, bedrängt von Menschen und Problemen in der Zeit Ihrer Erholung sich die Muße nahmen, so tiefgründig in ein Werk zu blicken, das doch Ihnen unendlich Vieles dankt, macht mich wirklich verwirrt – ich konnte gestern gar nicht die Feder führen.

Lassen Sie mich einmal klar sagen, was ich, was viele Ihnen danken – den Mut in der Psychologie. Sie haben, wie zahllosen einzelnen Menschen der Literatur einer ganzen Epoche die Hemmungen weggenommen. Dank Ihnen sehen wir vieles, – Dank Ihnen sagen wir Vieles, was sonst nicht gesehen und nicht gesagt worden wäre. Das ist heute Alles noch nicht klar, weil unsere Dichtung noch nicht historisch, nicht in ihren ursächlichen Formen gesehen wird – ein Jahrzehnt noch oder zwei, dann wird man erkennen, wo der Zusammenhang war, der plötzlich Proust in Frankreich, Lawrence und Joyce in England, der einigen Deutschen eine andere psychologische Kühnheit gab. Es wird Ihr Name sein. Und wir werden nie diesen großen Eröffner verleugnen.

Mir ist Psychologie (Sie verstehen dies wie kein zweiter) heute eigentlich die Passion meines Lebens. Und ich möchte dann einmal, wenn ich weit genug bin, sie am schwersten Object üben, an mir selbst. Auch die Selbstbiografie der nachfreudischen Zeit darf klarer und kühner sein, als all die der früheren. Ich studiere eben Tolstoi in dieser Hinsicht – jeden Tag redet er sich zu, kühn und wahr zu sein. Aber vor den wirklich klaren Wahrheiten weicht er aus. Es ist ihm bislang noch nie scharf auf den Leib gerückt worden und ich habe sehr Lust dazu. Von den Neueren war kühn (ohne genug Erkenntnis) Hans Jäger in der »Christianiaboheme« und »Kranke Liebe«. Auch das mir noch unzugängliche Buch von Frank Harris soll es sein. Aber ich glaube, unsere Zeit, die productiv schwach ist, wird Erkenntnisse und Documente hinterlassen: den Mut dazu dankt sie Ihnen.

Ich habe keinen innigeren Wunsch als daß Ihre Gesundheit stabil, Ihr Werk im Wachsen bliebe: noch immer sind Sie der Entscheidende im unsichtbaren Kampf um die Seele. Noch immer der Einzige, der die Mechanik des Geistigen uns schöpferisch erklärt. Wir brauchen Sie mehr denn je als einen Tätigen.

In Liebe Dankbarkeit und Verehrung

Ihr getreu ergebener
Stefan Zweig

An Raoul Auernheimer

[Salzburg, undatiert;
Poststempel: 16. IX. 26]

Lieber Freund, ich danke Ihnen herzlichst! Daß bei Volp[one] Ihnen gerade der dritte Akt mit der Entwirrung gut scheint, sollte mich ehren, denn von diesem ganzen dritten Akt hat der alte Ben Jonson nichts gewußt, den habe ich ihm angedreht statt einer Verwechslungs- und Verkleidungsserie. Ich fürchte nur, daß das Burgtheater nicht das Tempo aufbringt – ich streiche natürlich wie ein Primgeiger. – Haben Sie von Reclam schon Nachricht [?] Dr Sander schrieb mir, er wollte sich an Sie wenden, sonst käme – erschrecken Sie nicht! – Engelhorn sehr in Betracht, der sich mit Jacob Schaffner und Frank Thiess jetzt vollkommen erneut und sehr nach Autoren von Rang aus ist. Ich bin leider sehr, sehr faul jetzt ohne diese Faulheit zu genießen! Herzlichst Ihr getreuer

Stefan Zweig

An Franz Werfel

Salzburg 16. IX 1926

Lieber Franz Werfel, ich hatte das Briefblatt schon zur Hand, als der Ihre kam: tausend Dank! Aber sprechen wir nicht von mir. Ihr »Paulus« hat mich ungeheuer beschäftigt – Sie haben großartig da den entscheidendsten Augenblick der Geistesgeschichte gefaßt und an der schmerzhaftesten Wurzel, an jener, mit der wir jeder selbst verhaftet sind, die uns nährt und festhält, niederpreßt und geistig durchblutet. Der Wurf ist genial, die Gestaltung groß – manchmal von einer unbewußten Parteilichkeit, die eben unser Blut trotz alles Widerstrebens über uns verhängt. Nie ist der tragische Geistconflict des Judentums so Gestalt geworden als im Trifolium der drei großen Lehrer und Beschwörer, ja selbst im Empörer, in Paulus-Saulus, dem Ungestümen Gottes, der barbarisch in das Christentum hinein vorbricht. Was andern fehlen wird darin, ist das Christentum als Erhöhung, als Überwelt – das franziscanische, ganz in sich ruhende Christenum, wie es Johannes mit dem Lamme, dies Lamm Gottes am besten personificiert hätte neben dem bloß bieder-gläubigen Petrus. Aber ich danke Ihnen, daß Sie es nicht getan haben, denn in diesem Augenblick der Explosion, des Auseinanderfahrens wäre kein Raum für den in Christus träumerisch verfangenen Menschen – diese Art Glauben konnte erst in legendarischer Distanz entstehen. So ist jede Superiorität des Christentums als Heilsbotschaft vermieden – das Christentum erscheint nur als Succession, als zeitlich-historische Aneinanderfolge zum Judentum, nicht als seine höhere Schwelle. Das fühlt nicht nur dankbar der Jude in mir, sondern der historisch Wahrhafte, der man sich doch immer wieder zu sein bemüht. Das Stück, das mit dem letzten Akt neubeginnt, wäre noch zu schreiben, nicht aber von einem Juden – nur ein Gläubiger vermöchte es zu gestalten. Sie haben die entscheidende Wunde bloßgelegt – Vision als Geschehnis gesehen, Geschehnis als Vision gestaltet. Nie waren Sie weiter im Ausblick, nie bewußtgebändigter im Ausdruck. Daß es nebenbei scenisch-dramatisch von überwältigender Wirkung sein wird, zählt mir, der ich das theatralische Publicum als willige Beute jeder leidenschaftlichen Kraft, der wahren wie der trügerischen kenne, nicht so wichtig – der zweifellos ungeheure Erfolg wird nur ein Vehicel sein, um die ideelle Auseinandersetzung weiter in die Welt zu tragen.

Überhaupt: wie viel ist Ihnen gelungen! Sie sind fast der Einzige der Generation der ein »œuvre« hat mit Jahresringen und verbreitertem Wachstum, organisch aufsteigend aus der Musikalität in die Plastik der Erscheinungen, vom Geistigen stürmisch durchweht aber nie entlaubt. Mir tuts immer wohl zu sehen wie Feurigkeit des Gefühls sich in Geist verwandelt. Nur nicht auskühlen, nicht erkalten, nicht in den Formen erfrieren – neun Zehntel sind heute nur mehr erstarrte Standbilder ihres Einst. Und wie wenige noch lebendig! Sie haben heute wie als Achtzehnjähriger noch das Pneuma, den feurigen Atem und darum liebe ich Sie so sehr und Alles was Sie schaffen. Bleiben Sie der, der Sie sind – ich habe keinen bessern Wunsch. Wie oft sind Sie mir nah!

In alter freundschaftlicher Gesinnung und ganz durchwärmt im Gefühl von dem mir geschenkten Erlebnis Ihrer Welt

treulichst Ihr
Stefan Zweig

An Felix Langer

Salzburg am 28. September 1926

Lieber Herr Doktor!

Ich antworte Ihnen erst verspätet – nehmen Sie es mir nicht übel. Überschätzen Sie nicht die Wirkung oder Mißwirkung jener Kritik, die ja nichts Feindliches oder direkt Herabsetzendes enthielt – eine gewisse Lauheit wirkt ja freilich heute eher als Verurteilung, seit sich die Kritiker gewöhnt haben immer in Fanfaren zu schreiben und sofort mit Dostojewski und Balzac bei jedem mittelmäßigen Roman loszukanonieren. Ich habe Ihr Buch sehr aufmerksam gelesen, finde es im Gegensatz zu jener Kritik vor allem ausgezeichnet geschrieben, sehr farbig, scharfsichtig und in einer durchaus dynamischen Sprache[,] dagegen finde ich es architektonisch weniger geglückt, weil mir die einzelnen Abenteuer zu sehr nebeneinander stehen, statt sich zu steigern und zu überhöhen. Auch ist der Held selbst als Typus des in der Gesellschaft herumirrenden Dichters mir nicht interessant genug um einerseits tragisch, andererseits heroisch zu wirken. Aber es gab keinen Augenblick wo ich in dem Roman müde wurde und die einzelne Szene an sich versagt hätte – nur das schußhaft Weiterfahren, die Ungeduld fehlte mir, die ich ja nach wie vor als das Urelement alles Epischen empfinde.

Ich weiß, daß ich ziemlich einsam bin mit dieser Forderung in Deutschland, denn selbst die besten Romane der Zeit, wie »Der Zauberberg« genügen mir nicht, denn das scheint deutsche Tradition zu sein, die von Goethe und Jean Paul herüberkommt, während ich von Balzac, Stevenson, Josef [!] Conrad her das leidenschaftliche Moment der Ungeduld, die fragende Neugier nach der Entwirrung noch immer als ein Wesensmoment des richtigen Erzählens fordere. Sie sehen, daß ich aus alter Sympat[h]ie und Verbundenheit ganz offen zu Ihnen spreche und Ihnen auf privatem Briefblatt sage, wo ich Ihre Bemühung nicht ganz erfüllt finde – öffentlich würde ich natürlich diese persönlichen Einwände gedämpfter durchschimmern lassen und habe hoffentlich noch Gelegenheit dies in der Presse oder an anderer Stelle zu tun.

Ich bitte Sie nur herzlich, sich nicht entmutigen zu lassen und nicht von dem Standort einer einzigen Stadt Wirkung und Schicksal eines Werkes abhängig zu machen. Gerade aus solchen Zufällen müssen wir stärkere Spannungen und Anspannungen aus unserem Innern herausholen.

Mit den besten Grüßen Ihr

Stefan Zweig

An Samuel Fischer

Salzburg 25. Oct 1926

Verehrter Herr Fischer, es wird leider der Jahrestag Ihrer Verlagsgründung – der geistige Geburtstag also im strengen Sinne – nicht verlautbart, so möchte ich Ihnen doch ins Ungefähre meinen aufrichtigen Glückwunsch sagen. Er ist aufrichtig, denn diese ganze Tat ist an Sie persönlich gebunden und ist eben Tat, unausdenkbar aus dem deutschen Leben wie aus dem eigenen: wie erinnere ich mich noch der Ehrfurcht, mit der in Wien der Fünfzehnjährige schon ein »Fischer«-Buch sorglich von den andern unterschied! Und daß dieser Respect vor dem Signum des Verlags heute noch unvermindert ist und sich nur noch gebunden hat mit einer herzlich-persönlichen Verehrung für seinen Schöpfer und Erhalter – nehmen Sie dies nicht als ein Geringes in einer schnellebigen und undankbaren Zeit für die das Gestrige immer schon das Vergangene und das Geleistete ein bloß gewesenes [!] bedeutet! Ich weiß, es liegt nicht in Ihrer Art – aber doch, Sie dürfen stolz sein auf Ihr Leben und Ihr Werk: möge Ihnen die Kraft und tätige Freude dieser vorbildlich-schöpferischen vierzig Jahre noch lange erhalten bleiben!

In Verehrung Ihnen und den Ihren verbunden

Ihr ergebener
Stefan Zweig

Hochgeehrter Herr Fischer,

erlauben Sie mir, den Worten meines Mannes meine herzlichen und achtungsvollen Glückwünsche hinzuzufügen, mit dem frohen Bewußtsein, daß diese, wie berufenere – durch Ihr schönes Werk von selbst ihre Erfüllung finden. Wie viel Arbeit liegt hinter Ihnen! Lassen Sie nun nicht allzuviele um Sie sein.

Mit dankbarem Gedenken, verehrter Herr Fischer –

grüßt Ihre ergebene
Friderike M. Zweig

An Romain Rolland

Salzburg 25. Oct. 1926

Mon cher ami, j'ai depuis longtemps le besoin de vous écrire. Mais, hélas, l'avalanche de Noël commence déjà en Octobre, livres, lettres et j'irai en [= dans] quelques jours à Vienne pour regarder deux répétitions du Volpone au Burgtheater (je n'assiste pas à la représentation). J'ai eu la visite de Baudouin et j'étais de nouveau touché de sa profonde modestie, de sa grande capacité. Encore un cas où nos amis d'Europe ont montré peu de fidélité et de discernement, car en poète comme [en] essayiste Baudouin me paraît bien supérieur à la plupart de leur cercle. Je crains seulement que l'occupation psychoanalytique [!] est [= soit] à la longue si [= aussi] dangereux [!] comme [=que] celle avec les rayon[s] X: quand on entre profondément dans les folies des hommes, on ne peut pas toujours [en] sortir sain dans son [= en] Soi-même. Il [= Ce] n'est pas un hasard que tant des [!] psychoanalystes [!] meurent en [= dans la] folie ou par suicide: j'ai dit cela ouvertement à B., car il me paraît surmenagé [= surmené] et fatigué.

A Vienne il y avait le grand congrès Paneuropéen du (excellent et très sympathique) comte Coudenhove. Naturellement ce succès stimulait le prince Rohan et quinze jours plus tard il faisait une semaine intellectuelle présidée par Hofmannsthal (fanfare de guerre en 1916) avec l'assistance de Paul Valéry (qui rachète son noble silence de 15 ans par une activité prodigieuse). Et ici le congrès de la ligue de droits des hommes [= des Droits de l'Homme] avec Aulard ect. ect. [!]. Je trouve tout cela un peu ridicule, nous en avons parlé à Villeneuve. J'ai seulement accepté d'entrer dans un comité d'une revue Franco-Allemande qu'on prépare, parsque [= parce que] cela est au moins une réalité. Mais ces conférences me dégoûtent profondément et leur résultat moral est nul.

Je dois vous avouer un crime que vous me pardonnerez. J'ai supprimé plusieures lettres à vous de divers comités qui veulent vous faire venir en Allemagne pour faire un discours au 100[ème] anniversaire [!] de Beethoven. Et mille journeaux [!] vous demanderont pour ce jour quelque[s] paroles. Je vous conseille de [= d'en] préparer quelques-un[e]s, de les laisser dactylografier [!] 100 fois. Et vous serez sauvé.

Des livres j'ai [= j'en ai] vu peu d'importants. Pour mon plaisir je ne lis que Jack London et Joseph Conrad. Il y a des époques où je suis las de la psychologie, où je demande à lire comme un enfant: féerie, action, aventure prodigieuse et où une page de Proust, même de Dostojewski m'énerve. On fait trop de psychologie, on la fait trop bien. Et je préfère de [!] la faire moi-même en lisant la vie vivante, la biografie [!]. On me vante beaucoup la biografie [!] «Musician and murderer» d'un américain qui dépeint l'histoire d'un musicien de la Renaissance qui était en même temps un assassin réputé. Hélas j'ai oublié son nom, mais vous n'oubliez rien, je le sais bien.

Mais un livre est bien attendu chez moi, chez nous tous, votre roman. Quel contentement pour vous de finir encore cette tâche énorme, le second Jean-C[h]ristophe! Je suis bien curieux, je l'avoue. Mais peut-être [que] les presses impriment déjà! Mon livre est déjà au-delà du 20^em [!] mille. Nous aurons plus que [= de] 30 à Noël. Mais je rêve des autres à faire et des voyages. Il faut voyager quand les os marchent encore – j'ai entendu [parler] avec regret de la nouvelle défaillance de Tagore à Vienne. Il va déjà mieux. Mais quel[le] folie de traverser l'Europe de Naples à Stockholm, de Paris à Bukarest [!] et de parler devant les snobs dans un langue inintelligible de ses choses le[s] plus sacré[e]s! C'est une maladie contagieuse, cette nouvelle manie de voyager en mission[n]aire d[e l]'esprit à travers l'Europe – Thomas Mann, Paul Valéry font concurrence aux stars du Cinéma. Et le public les regarde partout avec cette même curiosité stupide et infidèle: tout de même cela convenait mieux à Guilliaume [!] II de se promener dans les pays (parsqu'on [= parce qu'on] était heureux à Berlin quand il n'y était pas) comme aux [= qu'aux] créateurs, aux poètes! Qui auraient mieux à faire – des œuvres!

Assez bavardé! Je [= J'ai] souvent d'[!]envie de vous serrer la main. Soyez content que les aéroplanes ne fonctionnent pas encore suffisam[m]ent bien, sans cela je ne vous garantirai pas de la visite de votre fidèle

St. Z.

Mes compliment à Mlle Madelaine, respects à M^r votre père

An Siegmund Warburg

Salzburg 25. Oktober 1926.

Lieber Herr Warburg!

Ich habe oft Ihrer gedacht und Ihnen noch immer nicht geschrieben, obwohl ich Ihnen innerlich sehr für Ihren Brief dankte. Ich bin genau noch der Meinung, daß das Weltgeschichtliche, oder wenigstens das Europäische, jetzt einzig in Eurem engeren Kreise gemacht wird und daß all die geistige Kongressiererei, die jetzt entfaltet wird, unbewußt nur ein ästhetisches Mäntelchen um sehr nackte Wirtschafts-Tatsachen darstellt. Sie werden sich vielleicht gewundert haben, daß ich bei keiner dieser Veranstaltungen war wie Paneuropa, Kulturbund, Penclub – es liegt da durchaus keine Feindlichkeit darinnen. Nur macht's mir keine Freude, Selbstverständlichkeiten jetzt auszusprechen, wo sie ungefährlich sind[,] und den Internationalismus und das Europäertum zu predigen, wo man dafür noch die Ehrenlegion bekommen kann. Der Internationalismus war für mich eine Art Religion, solange sie verboten war, ein Katakomben-Christentum – jetzt, seit er Staats-Christentum geworden ist, hat's für mich wenig Interesse, dort die meist langweiligen Messen der Neubekehrten zu hören. Ich habe das Thema übrigens ziemlich breit ausgeführt in einem Aufsatz: »Internationalismus oder Kosmopolitismus?« – ich halte den Kosmopolitismus für moralisch wertlos, weil er nur auf kurze Dauer gilt und bei jedem Krieg wie ein Taschenmesser einklappt. Paneuropa wiederum ist durchaus notwendig und mir ungemein sympathisch, vorausgesetzt, daß es nicht gegen Rußland und Asien sich einmal zur Waffe wendet. Über diesen Punkt ist Coudenhove schweigsam und ich billige seine außerordentliche Klugheit, nicht vorzeitig zu große Engagements zu nehmen. In ihm hat man wirklich das Erlebnis des geistigen Politikers – eine Spezies, die wir in Europa in der Kleinstaaterei verlernt haben und die jetzt wieder erst zur Wirkung kommt.

Zu einer Reise nach England kommt's bei mir noch immer nicht, ich weiß nicht warum. Eher glaube ich, daß ich im Frühjahr in Ihre neue Wahlheimat, nach Schweden, mich einmal verlieren werde.

Herzlichen Grußes

Ihr
Stefan Zweig

Wenn Sie einmal in Deutschland sind,
so schreiben Sie mir vorher ein paar
Zeilen; ich reise ziemlich viel in
diesem engeren Kreis herum und wir
könnten einander da leicht treffen.
Mein neues Buch »Verwirrung der Gefühle«
ist Ihnen vielleicht irgendwo begegnet[.]

An den Verlag Wremja, Leningrad

Salzburg
am 8. November 1926.

Sehr geehrte Herren!

Ich bitte Sie um Verzeihung wenn ich Ihnen erst verspätet antworte. Ich hatte vorgestern im Wiener Burgtheater die Premiere des »Volpone«, die auf das allerglücklichste ausfiel und auch bei der Presse einhellige Zustimmung fand. Es ist ein rechtes Stück für Schauspieler, bei dem sie alles hergeben können und ich glaube, es würde auch in Rußland seinen Erfolg haben. Der Theaterverlag stellt in etwa zehn Tagen die Kritiken zusammen und ich sende sie Ihnen dann zu, vielleicht daß sie verwertet werden können.

Zum zweiten danke ich Ihnen für den richtigen Erhalt des überwiesenen Betrages und die schönen Exemplare von »Verwirrung der Gefühle«, und nun zum dritten Erfreulichsten, zu der mir so freundlich von Ihnen angebotenen Gesamtausgabe.

Ich würde diese auf das Herzlichste begrüßen und sehe da zunächst folgende Bände vor: die drei umfangreichen Bände der Novellen »Erstes Erlebnis«, »Amok« und »Verwirrung der Gefühle« (der letzte Band mit der dritten bei Ihnen noch nicht enthaltenen Novelle), einen vierten Band »Legenden« (Die »Augen des ewigen Bruders« und zwei andere Legenden, die ich Ihnen im Manuskript schicken würde.[)] Ein fünfter Band kleinerer Novellen, die in Deutschland verstreut sind, kann leicht von mir zusammengestellt werden.

Von Dramatischem wäre mir wichtig einzig der Band »Jeremias« von dem, wie ich höre, eine sehr gute Übersetzung von Frau Woytinsky druckfertig vorliegt, die ich Ihnen jederzeit übermitteln kann. Von Essays die beiden Bände »Drei Meister« und »Der Kampf mit dem Dämon«.

Auch liegen da natürlich noch weitere Möglichkeiten vor, einzelne Essays, wie jener große über Masereel, die Desbordes-Valmore, Walther Rathenau, Freud, ein Band also, den man kurz »Gegenwärtige Gestalten[«] nennen könnte. Außerdem habe ich ja noch die große Biografie Romain Rollands, die in Deutschland in 20 000 Exemplaren und in England, ja sogar in Japan erschienen ist.

Es liegt also ganz an Ihnen, wie weit Sie diese Gesamtausgabe dann ausbauen wollen. Ein Porträt kann ich Ihnen natürlich beistellen, würde aber meinen berühmten Freund Frans Masereel bitten, dazu ein eigenes Holzschnitt-Porträt zu fertigen.

Für die Einleitung würde ich Richard Specht vorschlagen, der die großen Biografien über Schnitzler, Werfel, Richard Strauss geschrieben hat und gern einen größeren Aufsatz über mein Werk verfassen würde.

Was die materiellen Bedingungen betrifft, so würde ich Sie natürlich nicht belasten wollen, da die Bücher ja alle frei sind und nur in Hinkunft Ihnen wieder alles Wesentliche, was ich schreibe, im Voraus reservieren.

Teilen Sie mir bitte also freundlichst Ihre Ansicht mit, ich würde mich sehr freuen, wenn wir da zu einer restlosen Einigung kämen. Meinerseits besteht keine Erschwerung durch Forderungen oder Einschränkungen.

Ich sende Ihnen heute noch ein Buch von mir (»Der Zwang«), das Sie nicht kennen dürften, weil es nur in einer kleinen Auflage erschienen ist, das ich während des Krieges schrieb als Revolte gegen die Zeit und den Kriegsdienst und das Frans Masereel mit Holzschnitten versehen hat. Ich glaube, es gäbe eine hübsche Separatausgabe in Rußland mit diesen Holzschnitten, die Sie natürlich mitreproduzieren müßten und die dem Buche einen besonderen Reiz geben. Ich schicke es Ihnen rekommandiert zu und hoffe, daß es Sie richtig erreicht.

Nochmals viele Grüße von Ihrem aufrichtig ergebenen

Stefan Zweig

An Friderike Maria Zweig

[Berlin, undatiert;
Poststempel: 10. 12. 1926]

Gehetzt wie ein Wildschwein, schreibe ich nur im Fluge. Premiere ist am 18ten, ich will aber kaum bleiben, gedenke schon am Dienstag abends abzureisen. Fest bei Donath sehr nett, ich vergaß, Dich zu erinnern, ihm zu gratulieren, Victor mißmutig (mit Grund), Camill entzückend. Unzählige Bekannte, dazu die Auswärtigen, Lernet, Polgar, Bruno Frank ect. ect. – ich bin aber unauffindbar. Die Sonntagsvorlesung schon Mittwoch ausverkauft – wirklich scheußlich wie ein Tenor komme ich mir vor. Volpone einige Annahmen, Felix Bloch hofft auf weitreichenden Erfolg. Ich selbst sehr müde von zuviel Alkohol, Tabak zu wenig Schlaf dazu verschnupft und verkühlt von Zentralheizungen und kalten Zügen – in Duisburg mußte ich einmal mitten im Vortrag unterbrechen, die Stimme war fort, aber die 700 Leute da. Samstag, einziger freier Abend[,] große Fete bei Fischers, wo ich zusagte – heute nach dem Vortrag hoffe ich für zwei Stunden abzupaschen. Sonntag Diner für mich im Bristol mit allen Bonzen – scheußlich, aber unumgänglich. Oh la gloire, qu'elle [!] saleté! Quelle ordure! Aber bald in Salzburg, wie will ichs genießen – die Großstadt ist purer Irrsinn, besonders Berlin, wo Alles immer zugleich ist. Alle Freunde sind kaputt durch Telefon und tägliche Einladungen, alle stöhnen sie nach Schlaf – ich Salzburger gelte als der Erzweise. Und Du mein Lamm, klage nicht, verzage nicht, wenn Dir das Herz auch bricht, vergiß mich nie, üb' Stenografie und ächze nicht und krächze nicht, es geht Dir besser als Deinem

Stefzi

Grüße Suse und alle

An Richard Specht

Salzburg 19. Dec. [1926]

Lieber Freund,

ich danke Dir sehr für Deinen lieben Brief und sende Dir natürlich alles Gewünschte so weit ich es habe. »Die Augen des ewigen Bruders« sind mir beinahe meine liebste Sache und ich freue mich, daß Du sie jetzt kennen lernst. Wenn ich selbst einen Wunsch äußern darf für jenen Essay so wäre es derjenige, daß Du meine Tätigkeit im Initiatorischen stärker betonst, als es sonst üblich weil sie, historisch geworden, schon vielfach vergessen ist. Ich meine damit zum Beispiel »Jeremias«, das erste künstlerische Werk im Krieg gegen den Krieg, ferner daß mein gemeinsamer Vortrag mit dem Franzosen Jouve in Zürich im Jahre 1917 alle Versöhnungsactionen von heute mit höherem Einsatz vorausgenommen hat, daß mein Buch über Verhaeren, das gleichzeitig französisch und englisch erschien die Weltgeltung Verhaerens nicht nur für Deutschland sondern überhaupt begründet hat und ebenso mein Rolland-Buch mit den Übertragungen ins Englische, Japanische etc. ein übereuropäisches Buch geworden ist. Für Rußland ist noch wichtig, daß mein Aufsatz über Dostojewski der erste größere deutsche Aufsatz überhaupt war und der Anfang der Dostojewskiliteratur, daß mein Aufsatz über Ottokar Březina der erste war, der diesen slavischen Dichter in die Welt gestellt hat. Diese verbindenden Wirkungen scheinen mir als der eine Teil meiner Arbeit ebenso wichtig, wie die künstlerischen. Sie drücken ebenso meine Zeit- und Weltverbundenheit aus wie das schaffende Werk. Deshalb halte ich es für richtig auch auf diese Seite meines Werkes hinzuweisen. Auch hier liegt ja ein gewisses Überwinden des Wienerischen im Sinne des Europäischen vor.

Die Herren scheinen es mit der Ausgabe ziemlich eilig zu haben. Es freut mich natürlich, wenn Du bald ans Werk gehst, ich will sie meinerseits wieder mahnen Dir das Honorar auch bald zu überweisen. Mir wäre es eine große Freude, wenn Du selbst Freude an der Arbeit hättest. Mir hat seinerzeit als ich das Rolland-Buch schrieb, von dem ich wußte, daß es in fremde Sprachen übertragen wird, dieses Vorgefühl der Übertragung zu einer größeren Sachlichkeit und Klarheit verholfen, weil ich bei jedem Satze mich fragte, ob auch jenseits des Deutschen er klar und gültig sei. – Ich bin gewiß, daß man einzelne Abschnitte in deutscher Sprache wird veröffentlichen können, die Presse, der Börsencourier und eine Reihe von anderen Zeitungen werden gewiß Abschnitte daraus abdrucken, ebenso das Inselschiff.

Ich will Dich heute vor Weihnachten nicht länger aufhalten als mit einem herzlichen Dank im Voraus [!] und den herzlichen Grüßen

Deines getreuen
Stefan Zweig

Mir ist es natürlich wichtig, daß zum Ausdruck kommt wie ich, ausgehend vom Wienerischen, in das Europäische hinüberzielte, das ja meine Bücher mit den Übersetzungen in alle Sprachen ja wirklich erreicht haben

An Victor Fleischer

[Salzburg, undatiert;
vermutlich 23. Dezember 1926]

Lieber Victor, die Gattin hatte Dir in jener Sache geschrieben – ich war insoferne nicht dagegen, da in den letzten zwei Jahren im Inland und Ausland das Buch so sehr verlangt wird, daß mir tatsächlich es practisch rentabel für einen Verlag erschien. Wenn man mit jedem Buch 10 000 Ex am ersten Tag verkauft hat, ist anzunehmen, daß – ich verstehe es selbst nicht – ein großer Stock Menschen vorhanden ist, die sich nicht für das Buch nach dem Titel sondern für die Person interessieren. Rieger war mir willkommen, weil er discret ist, mich nicht loben, sondern darstellen würde und ich habe nie an ein Buch gedacht wie jenes von Specht über Werfel oder jenes Elsters über Molo mit 300 Seiten, sondern als Maximum 100 Seiten ohne Privatbilder ect. Ich gestehe Dir, daß es mir angenehm gewesen wäre rein aus technischen Rücksichten, weil von Rußland ect (wo jetzt die große Gesammtausgabe in 8 Bänden erscheint) immer »Material« gefordert wird. Nur das war meine Zustimmung – ich glaube schließlich selbst nicht am Ende zu sein, aber ein solches Buch formt sich ja um. Schließlich ist ja jene Monografie meiner Handschrift auch vergriffen, die höchst unzulänglich war: ich weiß genau alle Gefahr, glaube aber daß mit 46 Jahren eine Monografie von 100 Seiten nicht deplaciert ist – in diesem Alter und bei diesem Umfang der Arbeit war so ziemlich jedem meiner Altersgenossen, Lissauer, Bonsels, Ginzkey, Buber – um von Thomas Mann zu schweigen, mit dem ich mich nicht zu vergleichen wage, über den es 2 Dutzend gibt[,] Ähnliches und Umfänglicheres gesagt. Ich habe es nie gewollt[,] meine Frau weiß eben auch, daß es jetzt immer häufiger gefordert bin [!], da ich ja, Gottseisgeklagt, ein wenig Mann des Tages geworden bin. Daß ich nicht affig und aus Eitelkeit derlei »begehre« sondern nur mich nicht dieser rein technischen Erleichterung weigere weißt Du – schließlich sind die Autoren doch an der Hand abzuzählen, die bei meiner Berliner Premiere den Applaus den Schauspielern lassen und sich den Teufel darum scheren.

Natürlich hätte ich's nie erlaubt, daß meine Frau mit jemand andern [!] als Dir sich darüber ausspräche – bei uns ist doch Gespräch eine Art intimen Monologs. Und ich schreibe Dir nur, damit Du nicht glaubst die 40 000 wären mir in die Krone gefahren: niemand ist sceptischer gegen sich selbst als ich. Alles das gilt nur im Sinn der Relativität, was wir leisten – nur in diesem Sinn auch darf es betrachtet sein und in dem der europäischen Tätigkeit.

Ich war sehr froh, von dem Prosperieren des Verlags zu hören. Ich sagte Dir selbst, daß der böseste Moment vorbei ist. Und ich dränge Dich nochmals, obwohl ich Dich damit verdrieße, Dich nicht durch Unhöflichkeiten oder Streitigkeiten irritieren zu lassen und mit einer plötzlichen Geste des Ärgers eine Position aufzugeben, deren Wert und Form erst die nächsten, besseren Jahre herausarbeiten werden. Unabhängigkeit im vollsten Sinne ist wenigen gegeben – Du würdest sie auch in einer neuen Position nie vollkommen erreichen. Das Leben besteht aus Concessionen: man muß sich nur innerlich frei fühlen. Herzlichst

S

Ich hoffe die Volksbühne sandte Dir die Volpone Karten

An Oskar Maurus Fontana

Salzburg [undatiert; nach 25. Dezember 1926]

Lieber Oscar Maurus, ich sage Ihnen innigen Dank für Ihre guten Worte im »Tag«, nicht weil sie »gute« Kritik im Theaterjargon für mich sind, sondern ein Erkennen dessen, was mir vorschwebte. Ich war in meinen frühen Versen und Arbeiten sentimentalisch und Alles was ich kann, tue ich, um mich gewaltsam und mit aüßerster Willenskraft von allem wegzuarbeiten, was daran erinnert: weich sein in dieser Zeit ist mehr als Schwäche, es ist Feigheit vor allem. Da kam mir die Grundlage des Volpone gut zu paß und die angeblichen »Obscönitäten« (ich habe kein Gefühl für Grenzen im Erotischen) schienen mir nötig, damit das Publicum nicht vor sich selber erschrickt, und um ihm die Bitterkeit ein wenig zu verstecken. Ich danke Ihnen sehr (auch für die Worte im »Tagebuch« die ich noch nicht kenne) und wünschte mir sehr einmal ein langes gutes Beisammensein. Ich weiß wenig, ja gar nichts von Ihren neuen Arbeiten, denn dies hoffe ich ja, daß Sie Kritik und Beruf nicht völlig aufzehrt. Mit vielen Grüßen Ihr aufrichtig herzlicher

Stefan Zweig

An Anton Kippenberg

Salzburg [undatiert;
vermutlich 29. Dezember 1926]

Lieber Professor, eben telegrafiert mir eine Zeitung, Rilke sei gestorben, ich sollte schreiben – aber ich kanns natürlich nicht – ich bin ganz Schrecken und Ratlosigkeit über dies Plötzliche. Für Sie, für uns alle, für die Welt ist das unersetzlicher Verlust, schon um des Beispiels, das von diesem Manne ausgieng. Lassen Sie als einer seiner Freunde, als Verwahrer seiner geistigen Botschaft mit Ihrer Frau meine Worte als verwandte an Sie heran. Wir sind ja trotz seines Ruhms nur ein kleiner Kreis, der wahrhaft weiß, was wir an diesem Wunderbaren verloren haben: so teilen wir Schmerz und ergriffenes Gedenken an ihn in diesen Stunden. Und wenn Sie seine Frau sehen, seine Tochter – ich weiß deren Wohnung nicht – so sagen Sie ihnen, bitte, von mir einen Gruß und mein Mitgefühl.

Ihr aufrichtiger
Stefan Zweig

An Detmar Heinrich Sarnetzki

Salzburg, 4. Jänner 1927.

Sehr verehrter Herr Doktor!

Nun endlich komme ich dazu, Ihnen etwas ausführlicher zu schreiben. Ihr Brief erreicht mich eben im Augenblick, als ich den meinen ansetze, und gleichzeitig grüßt auch Ihr Aufsatz über Rilke. So schön er ist – ich fühle das Problem ein wenig anders wie Sie. Für mich war Rilke nebst seiner literarischen Werte der letzte Versuch eines dichterisch vollkommenen, wirklich reinen Lebens, einer schöpferischen Einsamkeit ohne die Pose und das Priestertum der georgischen Schule. Mit ihm ist etwas davongegangen, was immer seltener wird: der lyrische Mensch, eine der feinsten Blüten unserer Kultur, die auf den parzellierten Gefilden der Technik wohl nicht mehr gedeihen wird.

Aber ich spreche von Rilke und wollte doch von Ihnen sprechen, dem ich ausführlichen Eindruck über »Semiramis« noch schulde. Ich habe das Drama damals sofort gelesen und mit starkem, nachhaltigem Eindruck, besonders durch den immer höheren Aufstieg und das wirklich heroische Sich-Vergeistigen. Aber zunächst mußte und wollte ich doch des Praktischen gedenken und hatte schon auf einem Umweg anfragen lassen bei Frau Roland vom Burgtheater. Nun ist sie gerade in einen Konflikt mit dem Burgtheater geraten und ich muß abwarten, ob sie frei wird. Ich möchte nämlich rein technisch eine bewährte Schauspielerin darüber hören, ob ihr die Sprache, die dichterisch außerordentlich ist, ihr auch rein rhetorisch liegt. Mir scheint es, als ob die Sätze oft zu gefüllt und zu bildhaft durchsättigt wären, als daß das gesprochene Wort sie vollkommen aufknoten könnte. Und gerade, weil hier nicht in der äußeren Handlung allein, sondern im Wort-Geistigen der Aufschwung schöpferisch entsteht, hat das Wort bei Ihnen besondere Macht. Nun würde ich Ihnen raten, wenn Sie das Stück wem immer einreichen, es nicht in der gegenwärtigen Form zu tun, sondern schon vordem in das Exemplar die unbarmherzigsten Bühnenstriche selbst einzufügen. Die Dramaturgen und Direktoren lesen ungern und sind dankbar, je weniger sie zu lesen brauchen. Vielleicht haben Sie irgendeinen befreundeten Dramaturgen oder Regisseur, dem Sie ein Exemplar geben und ihn bitten, er möge es einmal genau so kürzen, als ob morgen die Proben beginnen würden. Dieses gekürzte Exemplar übertragen Sie dann in andere und dann erst, als reines Theaterwesen, bieten Sie es den Theatern dar – sonst sagt man Ihnen unverweigerlich: dichterisch wunderbar, aber, aber .... Ich versuche nun inzwischen das Meine, indem ich einerseits Frau Roland und dann noch einer anderen Schauspielerin von Rang das Stück zeigen will, sobald ich an sie herankomme.

Während sich aber da Bedenken vor dem Widerstand und der Schwerfälligkeit der Bühnenmenschen aufdrängten, bot mir Ihr Novellenband wirklich eine außerordentliche Überraschung und Freude. Überraschung, daß ich darin etwas fand, was ich nicht erwartet, nämlich eine Fähigkeit zur historischen Verwandlung, die in Ägypten wie in China gleich selbstverständlich bildhaft ist und dann wieder in Deutschland die volle Zartheit einer Storm'schen Novelle erreicht. Ich verstehe den Erfolg, den diese Novellen gewonnen haben, und bin nun sehr Ihres historischen Roman-Zeitbildes sicher. Sie haben da einen Meistergriff getan, indem Sie die Neuberin wählten und ich sehe mit wahrhafter Ungeduld dem Werden und Wachsen des Buches entgegen. Könnte ich doch auch einmal die ruhige, volle Form eines solchen Romanes finden! Vorläufig wage ich mich noch nicht daran und lerne von den anderen, die es wagen.

Ginzkey sagte mir, wie liebenswürdig Sie sich seiner annehmen. Sie werden an ihm eine rechte Freude haben.

Mit vielen Grüßen an Ihre verehrte Frau Gemahlin und der Hoffnung auf baldiges Wiedersehen

Ihr aufrichtig und herzlich ergebener

Stefan Zweig

Für Ihre Sammlung, die ich noch zu vermehren hoffe, sende ich Ihnen noch demnächst ein oder das andere Stück. Auch will ich die Händler aufmerksam machen, Ihnen ihre Kataloge zu schicken, vielleicht finden Sie etwas. So ist im letzten Katalog von Stargardt Berlin das schöne Gedicht Geibels auf Uhlands Tod »Es ist ein hoher Baum gefallen, ein Baum im deutschen Dichterwald« für 36 Mark ausgeschrieben.

An Ernst Sander

Salzburg, 30. März 1927.

Verehrter, lieber Herr Doktor!

Ich muß Sie diesmal, ohne daß Sie an meiner wirklich herzlichen Gesinnung zweifeln dürfen, um Entschuldigung bitten, wenn ich in diesem Falle Ihren Wunsch nicht erfüllen kann, und will es Ihnen rasch erklären: erstlich stecke ich tief in einer Arbeit und zweitens in einer Art persönlichen Widerstandes gegen Flaubert. Selbstverständlich verkenne ich nicht die Bedeutung Flauberts. Ich habe mich gerade mit seinen Jugendwerken sehr beschäftigt, aber ich bin ebenso wie André Suarès in einer Art Kampf gegen die Überstellung Flauberts gegenüber Balzac, dem strömenden Talente, gestanden und könnte nicht recht schreiben, ohne breit zu werden und vielleicht polemisch. Vielleicht würde zwar gerade das, was ich zu sagen hätte, diesem Buche förderlich sein, denn ich finde den Dichter Flaubert eigentlich stärker in dessen verworfenen Jugendwerken als in den späteren, allzusehr Literatur gewordenen. Mir ist die fehlerhafte, aber doch tief leidenschaftlich[e] »Éducation sentimentale« bedeutend lieber als die spätere geklärte Fassung und der »November[!]« menschlich erschütternder als die »Salam[m]bô«. Aber, wie gesagt, ich bin für Flaubert nicht der Rechte. Ich schreibe nur halbwegs gut dort, wo ich passioniert für den Gegenstand bin.

Lassen Sie mich Ihnen nun noch für die große Freude der Shakespeare-Übertragungen danken – ein hohes und kaum zu bewältigendes Bemühen, an dem man aber selber wächst und sich formt. Keine Übersetzung kann da endgültig werden, aber schon ihre Form klar zu deuten, ist Verdienst und Glück. Ich möchte Sie nur sehr hinweisen auf die anderen um Shakespeare. Es gibt da so viel Seltsames und Unbekanntes; so habe ich z. B.

die kulturhistorisch interessanten Romane von Delauné [!] erst jetzt durch die Übertragung bei der Nouvelle Revue Française kennen gelernt.

Ich komme gewiß wieder einmal nach Leipzig, wahrscheinlich irgendwie in Zusammenhang mit der Buchausstellung, und freue mich dann sehr, Ihnen zu begegnen.

Darf ich Ihnen noch eine Anregung für Reclam übermitteln, so wäre es die, in die neue Serie doch auch Otto Flake einzubeziehen, der Ihnen sehr gerne einen Band kleinerer Novellen zusammenstellen würde.

Also nichts für ungut und viele Grüße

Ihres aufrichtig ergebenen
Stefan Zweig

P.S. Ich komme gerade von der Beethoven-Feier in Wien – daher die Verzögerung!

An Victor Fleischer

[Salzburg, undatiert;
vermutlich Anfang April 1927]

L. V. ich bekam heute Deinen Brief – nicht mit restloser Freude. Denn ich fühle, Du siehst noch immer nicht klar und willst nicht klar sehen. Ein Verlag wie Du ihn planst, auf Schulden aufgebaut, mit Zinsen überlastet kann sich in einer Zeit der Großbetriebe nicht entwickeln – andererseits finde ich Deinen Standpunct, ein Großeinleger würde Dich »majorisieren« falsch. Man soll sich majorisieren lassen – es muß nicht jeder selbstständig [!] sein und als Director einer Verlags A. G. bist Du viel sorgloser als ihr verantwortlicher Besitzer. Ich glaube da ganz klar zu sehen und ebenso wie ich Dir verhängnisvoll früh profezeite [!], Deine Wohnung werde Dir wie ein Mühlstein am Halse hängen und Dich an jeder freien Bewegung, jedem Fortkommen hindern, so wiederhole ich Dir: heute, in einer Zeit der großen Capitalien, der großen Concerne kann man nicht mit Schulden an Papierleute, Buchdrucker arbeiten (die sich die Verlust- und Zinsverlustquote doch einberechnen), man kann ohne bare große Honorare keine Autorrechte kaufen: man verbraucht nur Jahre und Kraft in nutzloser Anstrengung. Ich halte es für tausendmal besser, Du treibst in der Zwischenzeit energisch und lucrativ Literatur und Zeitungsarticel, um Dich trotz jenes Mühlsteins über Wasser zu halten, bis einmal dann die Planke kommt, auf die Du Dich schwingen kannst. Aber beginne keinen Betrieb nur mit Bank- Papier- Druckereischulden – um Gotteswillen nicht, denn schließlich setzt Du Deinen Verlagsnamen dabei leichtfertig auf das Spiel und einen wirklichen großen, repräsentativen Verlag ohne Grundcapital zu schaffen – das dauert im günstigsten Fall zwanzig Jahre. Zwinge Dich also klar und mitleidslos zu denken, vergeude kostbare Verbindungen wie Poeschel ect nicht auf einen Pimperlbetrieb – tritt lieber, ich wiederhole Dir's, in subalterne Situation als zweite Geige und nimm auch wenn man Dich majorisiert, jede Gelegenheit. Es war Dein Fehler in der Frava damals nicht nachzugeben, als man – sehr richtig und kaufmännisch – die Gehalte dort für eine Zeit mindern wollte: heute ist glaube mir, die Inflationszeit vorbei, wo Tüchtigkeit Capital ersetzte und das herrenlose Geld sich jedem gern anvertraute. Heute ist das Geld, das Capital oben – und wer kein Capital hat muß sich zunächst unterordnen. Verlagsdirectoren wimmeln nur so von all den aufgelösten Verlagen her – Capital das ist das Entscheidende. Und solange Du es nicht hast, verdirb Dir nicht Deinen Namen – man kann nicht den Betrag für eine immerhin doch großzügige Lebensform in Berlin aus einem solchen Miniaturverlag herausschustern: spar jetzt Deine Kraft ganz für Literatur bis Du endlich einen wirklichen Capitalanschluß gefunden hast. In Geldsachen darf man nicht träumen, da muß man rechnen! Sei meiner Offenheit nicht böse, aber wer denn soll bei einer solchen Entscheidung unbarmherzig offen sein als ein alter Freund wie Dein

Stefan

An Claire Goll

Salzburg, 6. April 1927.

Liebe Claire Goll!

Ich habe selbstverständlich mit größter Freude gleich die kleinen Novellen gelesen. Sie sind sehr zart und tragen durch den Blick in's Lyrische hinein, sehr menschlich und sicherlich geben sie ein ergreifendes und zartes Buch. Ich habe nur wenig Hoffnung mit der Inselbücherei, die fast ausschließlich die eigenen Autoren der »Insel« und die illustren Toten bringt, aber ich will demnächst doch noch einen Versuch machen, nur möchte ich Ihnen vorher noch sagen, daß meine Macht dorten gering ist – fast so gering, wie mein Wunsch, es durchzusetzen, intensiv ist.

Und nun muß ich Ihnen sehr innig noch für die Gedichte danken. Ist es nicht eigentlich schon wunderbar an sich selbst, daß Iwan und Sie seit einem Jahrzehnt schon so prächtig geistig und menschlich gebunden sind, ohne sich abzunützen in den seelischen Kräften, und daß Sie beide (als die einzigen fast) zwischen den Sprachen schreiben. Ich habe immer lebhaft an Sie gedacht, als die Frage einer deutsch-französischen Monatsschrift in Berlin Formen anzunehmen begann. Sie wären doch in Paris die Gegebenen und ich hoffe noch immer, daß dies schöne und notwendige Unternehmen zustande kommt.

Seien Sie für all Ihre Sympathie herzlichst bedankt. Ich hoffe wirklich von Herzen, daß ich Sie bald einmal in Paris wiedersehe. Der Herbst bringt mich sicherlich hin!

Mit vielen Grüßen

Ihr
Stefan Zweig

An Otto Heuschele

Salzburg, 16. April 1927.

Lieber Freund Heuschele!

Ein richtiger Osterbrief wird es wohl nicht werden, gerade nur ein rechter Gruß aus herzlicher Gesinnung und eine kleine, Ihnen gültige Anfrage. – Merkwürdiger Weise hat jenes Vorwort zur jüngsten Lyrik mit seinen energischen Angriffen bei einigen Verlegern Gewissensbisse erzeugt und sie haben sich vorgenommen, jetzt stärker die Jugend zu fördern. So schreibt mir Dr. Emil [!] Sander, der literarische Leiter von Philipp Reclam, daß die dort jetzt gerne eine oder zwei Serien der Jungen bringen möchten. Und da dachte ich natürlich sehr an Sie, ob Sie nicht vielleicht etwas Novellistisches hätten, das diesen Rahmen ausfüllen könnte. Persönlich habe ich ja von Kindheit her irgendeine Vorliebe immer für diese Bibliothek gehabt, die die Möglichkeit gibt, bis hin zu dem Ernsten zu gehen. Vielleicht haben Sie ein ähnliches Gefühl. Sollte Ihnen also die Anregung willkommen sein, so nützen Sie sie im frohen wie fruchtbaren Sinne, dem dann schöpferische Zeugung entspringen möge. Angekündigt sind Sie bei Dr. Sander bereits von mir als einer, dem sich das Vertrauen ohne Enttäuschung zuwenden kann.

Von anderen Dingen ist nicht viel zu berichten: zwei Tage Beethovenfest – verschönt durch die Gegenwart Romain Rollands, der dann für einen Tag bei uns zu Gaste blieb; ein paar gute Bücher gelesen, leider noch kein neues dieser Art geschrieben: der Tolstoi geht langsamer von der Stelle, als meine Ungeduld sich's wünscht. Dagegen stelle ich für die Inselbücherei eine Auswahl kleiner historischer Aufsätze zusammen, die, wenn mich nicht alles täuscht, sich zu einem eigenartigen Ganzen zusammenfügen. Die Desbordes-Valmore erscheint neu, der »Volpone« wandert in andere Länder und sogar über das große Meer, so daß ich nicht zu klagen habe, obwohl ich die Freude am Arbeiten der Freude an den Arbeiten immer vorziehe.

Nun noch einen herzlichen Gruß hinüber in Ihre Landschaft, die uns ja durch Ihr letztes Buch vollkommen und dauernd gegenwärtig ist.

Ihr
Stefan Zweig

An Erich Ebermayer

Salzburg, 9. Mai 1927.

Lieber Freund!

Ich danke Ihnen vielmals für Ihr gutes Telegramm! Volpone geht ja wirklich außer in München, wo systematisch, genau wie bei Ihnen, die Zeitungen gegen den Direktor arbeiten, ausgezeichnet weiter und ich darf ganz zufrieden sein. Aber wichtiger ist immer die eigene Arbeit, die kommende, und da bin ich noch nicht so weit als ich wollte und lehne deshalb auch alles Reisen, Vortragen, ab, um endlich in eine gewisse Stetigkeit der Produktion zu gelangen.

Ich hoffe, Sie sind inzwischen auch nicht untätig geblieben und haben vor allem Ihre Novelle gefördert. Wie sehr freuten wir uns alle, wieder einmal mit Ihnen beisammen zu sein! Vielleicht läßt sich das im Sommer veranstalten. Meine Reisepläne sind zwar noch vollkommen dunkel, einerseits lockt mich Skandinavien oder gar Finnland, andererseits möchte ich wieder gerne arbeiten und nicht gar zu weit weg. Unser Unglück im Glück ist, daß man einerseits leben möchte und andererseits arbeiten, und die Dinge nie recht vollkommen zusammengehen: »bald fehlt uns der Wein, bald fehlt uns der Becher.«

Viele herzliche Grüße also und nochmals herzlichen Dank

von Ihrem
Stefan Zweig

An Arthur Schnitzler

Salzburg, 18. Mai 1927

Lieber verehrter Herr Doktor, man sagt mir, irgend eine Zeitung hätte Ihren fünfundsechzigsten Geburtstag gemeldet: nun, den habe ich gründlich verschlafen und komme mit einem späten, darum nicht minder herzlichen Glückwunsch. Und sage Ihnen gleichzeitig Dank für Ihre außerordentliche Novelle. Ich hatte seinerzeit die ersten drei Fortsetzungen in der B[erliner] I[llustrirten Zeitung] gelesen, die andern versäumte ich und war schon – besser und wichtiger! – ich blieb gespannt und hatte so deutlich alle Figuren und Situationen im Gedächtnis, daß ich im Buche gleich dort weiterlas, wo mir die Continuität genommen war. Ich erzähle Ihnen das, um Ihnen am lebendigen Object die Plastik Ihrer Figuren zu erweisen: ich hatte nicht einen Zug von ihnen vergessen, so scharfkantig waren sie in mein Gedächtnis eingeprägt. Ja, das ist wieder eine außerordentliche Novelle, geradlinig im Ablauf und doch kreisförmig rund, rein abgeschlossen und vier Menschen voll erfüllend, fünf eigentlich, denn auch der Consul, den Sie bewußt abdunkeln, erfüllt sich als Character. Vorbildlich bleibt mir die Ruhe Ihres Erzählens erregter und erregender Zustande: ich fühle, wie viel mir da von Ihnen zu lernen nottut und ich schäme mich nicht, willig dies Vorbildliche Ihrer ruhig referierenden und dabei den Atem der andern festhaltenden Kunst einzugestehen. Möge Sie dies großartige Gelingen Ihres epischen Ausdrucks entschädigen für die häßliche, mesquine und undankbare Art, mit der man gegen Ihre dramatische Production verfährt. Ich empfinde es als ein Unrecht gegen uns alle im Sinne der geistigen Gemeinschaft, daß Ihrem letzten Stück sich das würdige Theater nicht gefunden hat, daß der erbärmlichste französische Dreck meisterlich insceniert und interpretiert wird, indeß man wagt, ein edel geformtes und geistig ergreifendes Werk von Ihnen so einfach zur Seite zu legen. Ich spüre diese Art Kränkung vehementer als eine mir selbst zugefügte.

Sonderbar: in der Novelle erhob sich mir jener Einwand, den ich bei Fräulein Else schon verspürt hatte. Sie scheinen mir, Sie, der im Leben so Bescheidene, in der Kunst verschwenderisch mit dem Gelde. Ich habe, obwohl aus reichem Hause, einen Tausendguldenschein bei meinem Vater nie gesehen und kann mir kaum ausdenken wo die Leopoldine diese schwer zu beschaffende Note so rasch aufgetrieben hat. Mir wäre es tragischer erschienen, wenn ein armer Teufel von Leutnant schon um einer jämmerlichen Summe von 800 Gulden zu Grunde gienge. Elftausend, das war damals schon eine kleine Villa in Hietzing. Seien Sie nicht böse, daß ich auch auf solche Kleinigkeiten sehe: ich glaube nur rein technisch, daß es wichtig ist zu zeigen, wie im Leben oft an einem Hosenknopf ein Schicksal scheitert. Die große Summe steigert den Leichtsinn des Leutnants und entschuldigt das Zögern seiner Verwandten: ich hätte als junger Mensch bei all meinen reichen Verwandten um 1000 Gulden schon vergeblich gebeten. Dies wahrhaftig mein einziger Einwand inmitten leidenschaftlich dankbarer Zustimmung.

Ihr getreu ergebener
Stefan Zweig

An Romain Rolland

Salzburg 20. Mai 1927

Mon cher ami, je reçois en ce moment une lettre de Mr Simon Kra, me priant d'intervenir et d'aider à faire éviter un procès. Vous avez raison moralement à mon avis, mais je crains [que] vous aurez tort juridiquement: nous n'avons plus, hélas, de vie privée. Chaqu'un [= Chacun] peut utiliser nos lettres, les lire à des amis, les vendre et je crois que le marchand ait [= a] même le droit d'annoncer leur contenu (non le texte complet). Je ne blâme pas Mr Kra (c'est son métier) mais plutôt ceux qui vendent les lettres qu'on leur a confié[es]. D'ailleurs Mr Kra peut opposer que beaucoup de lettres ont passé dans les catalogues de Charavay et des [!] maintes [!] autres marchands (j'en vois souvent) sans que vous avez [= vous ne vous y soyez] opposé. Si je vous écris ce n'est pas pour Kra mais parsque [= parce que] je crains que la décision se tournera envers [= contre] vous (il y a trop de précédents dans le dernier temps [= ces temps derniers] depuis que les collectionneurs ont centuplé). Car vous n'avez pas indiqué au correspondant de [re]tenir les lettres confidentielles, de les garder ou de les rendre – donc l'adressat [= le destinataire] était propriétaire absolu et il a usé de se [!] droit en les trafiquant.

Je viens toujours plus à la conviction que tout dans la vie doit être payé. On paye le [!] soi-disant gloire avec la cession de la vie privé[e]: notre temps, notre figure, nos lettres, nos entretiens, rien ne nous appartient plus. On est la proie des autres et [on] doit se résigner. D'ailleurs je trouve ces lettres admirables: ils [!] vous font le plus grand honneur. Donc je vous conseille – non comme ami du vieux Kra mais comme le vôtre, de ne pas insister: moi je me défends toujours d'avoir recours à la loi, parsque [= parce que] je méprise la loi civique moi-même. Mais je n'ose pas de [!] vous imposer ma façon d'agir.

Parlons des choses plus belles – votre essay [!] sur Goethe et Beethoven est superbe, tout à fait superbe, un chef d'ouvre [= d'œuvre]. Vous n'y avez pas [un] mot à changer: peut-être des amis vous indiquerons [!] encore des détails. Je vous [!] tâcherai de vous procurer le texte de ce sonnet (falsifié) de Beethoven à Bettina, paru dans une petite revue (elle n'a pas osé de [!] le mettre dans sa correspondance). Mais vous avez montré sa figure admirable. Quel beau [= bel] essay [!]! J'en suis vraiment enchanté. Et le livre entier sur B., cela sera un monument! Je ne puis pas vous dire toute ma joie! Et comme votre vie revient toujours en serpentines [!] vers le commencement – le «Jeu de l'amour» au théâtre [de la] Révol[ution], «Mère au [= et] fils», l'atmosphère héroïque du Jean Ch., Beethoven vers le premier appell [!] – vraiment, mon cher ami, vous êtez [= êtes] dans le moment heureux de force et de rajeunissement! Merci au nom des milliers d'inconnus.

Votre fervent et fidèle

St. Z.

An Ernst Sander

Salzburg, 25. Mai 1927.

Lieber, verehrter Herr Doktor!

Ich schrieb heute gerade einen Brief an Dr. Reclam in der damals begonnenen Angelegenheit wegen Edmond Jaloux, der ja wirklich ein ausgezeichneter Autor im allerherzlichsten Sinne geistiger Unterhaltung ist und den Rilke so sehr liebte. Nun kommt Ihr Brief, der ja für Ihre persönliche Lauterkeit so wunderbar spricht und für dessen Vertrauen ich Ihnen vielmals danke. Ich bin leider älter und sehe die Dinge manchmal schon nüchterner. So sage ich Ihnen, auf eine gewisse Gefahr hin, Ihnen zu widersprechen, daß es mir beim Verlag Reclam eigentlich gefällt, wenn er sich nur langsam verwandelt und nicht mit Gewalt plötzlich höchste und zum Teil esoterische Kunst pflegt. Mir gefällt es, wenn in einem biederen Bürgerhaus Bilder von Grützner an der Wand hängen und Romane von Keller, von Wilhelm Raabe in der Bibliothek sind, weil solche Menschen sich eigentlich zu ihrem Geschmack bekennen, und mich ekelt es an, wenn, wie so oft in Berlin, bei ebenso würdigen und kleinverständlichen Leuten an der Wand kubistische Bilder knallen und Hölderlin und Novalis in Prunkausgaben herumliegen, von denen sie nie eine Zeile gelesen haben. Ich finde beim Verlag Reclam einen guten Willen bei langsamer Entschlußfähigkeit zur Besserung des Niveaus, und bei der ungeheuren Wichtigkeit, die der Verlag für das geistige Leben der Zeit hat, ist auch dieser langsam sich auswirkende Wille ein Wert. Wenn sich ein Verlag brüsk verändert, so kommt er aus dem Gleichgewicht und verstört sein Publikum: es war die schlechteste Zeit des Verlages Fischer, wo der alte Herr, von der neuen Zeit verwirrt, eine Menge Expressionisten brachte, die er selber innerlich nicht mochte. Und der Verlag ist wieder besser geworden, seit er sich zu seiner eigenen Geschmacksrichtung zurückgefunden hat. – Ein anderes ist es natürlich für Sie, der Sie ja Ihrer ganzen inneren Leidenschaft nach und der geistigen Haltung auf das Absolute gehen und ich finde es von Ihnen menschlich prachtvoll, daß Sie jedem Kompromiß da ausweichen. Im Allgemeinen warne ich ja jeden, der freien Schriftstellerei sich hinzugeben, wenn er nicht, wie Sie es betonen, die Fähigkeit in sich zu einer bescheiden-sachlichen Lebensführung hat. Ich finde im Gegensatz zu der oft ausgesprochenen Meinung es für einen jüngeren Menschen heute sehr leicht, so viel auf ehrlichste Weise zu verdienen, daß er bescheiden leben kann, ja sogar im Ausland (was ich für ungemein wichtig halte, um geistige[r] Distanz willen) – die Gefahr der jungen Leute liegt heute wirklich hauptsächlich darin, sich in der Lebenshaltung der Großbourgeoisie assimilieren zu wollen, ihre Lebensformen anzunehmen, deren Umgang der unergiebigste ist. Die französischen Dichter leben viel näher der Unterschichte[n] und ziehen daraus unendlichen Gewinn. Freilich ist innerhalb Deutschlands dies schwerer zu erreichen, aber ich kann mir denken, daß Sie in einem südfranzösischen Orte oder in Italien und Spanien die wundervollste Ruhe aufbrächten. Es ist übrigens leicht möglich, daß, wenn es Sie interessieren würde, ich Ihnen bei einer südfranzösischen Universität den Posten des deutschen Lektors vermitteln könnte – eine Stellung, die gar nicht beschwert und geistigen Kontakt mit Lebendigem bringt und die ich geradezu für die ideale für einen Dichter hielte. Gäbe es eine lockere Bindung zu Universitäten, so würde ich selber heute eine anstreben, nicht so sehr aus dem Verlangen des Lehrens, sondern aus dem, von der immer neuen Jugend selber zu lernen.

Ich hoffe aber dringend, mit Ihnen auch verbunden zu sein, wenn Sie den Verlag verlassen, und wünsche Ihnen für Ihr dichterisches Werk, für die nun Ihnen gegebene Ruhe des Schaffens alles Herzliche als Ihr

aufrichtig ergebener
Stefan Zweig

An Max Christian Wegner

Salzburg, 27. Juli 1927.

Herrn M. C. Wegner

Sehr geehrter Herr Wegner!

Ich schreibe gerne ein paar Zeilen für Friedenthals Novellen. Aber mißverstehen Sie mich nicht, wenn ich Sie bitte, sie nur im Weihnachtsverzeichnis zu verwerten und nicht auf dem Umschlage selbst. Im Vertrauen gesagt, mich schüchtert ein wenig das Beispiel Thomas Manns ein, der jetzt als Allesempfehler auf jedem Umschlag, in jedem Prospekt und Inserat figuriert und ich glaube, diese Empfehlungen sind auch schon vollkommen verbraucht eben dadurch, daß sie allgemein geübt werden, entwertet worden. Ich werde übrigens über das Buch Friedenthals dann sofort schreiben, sobald es erschienen ist, stehe also vollkommen und ganz dafür ein. Aber ich möchte nur nie die Rolle des öffentlichen Protektors und professionellen Türaufmachers spielen. Ich glaube, Sie geben mir da im Grunde recht.

Mit vielen Grüßen Ihr
Stefan Zweig

1 Beilage

An Emil Schwarzkopf [?]

Zuoz, Ober-Engadin
13. Aug. 1927

Sehr geehrter Herr Doktor, ich erhalte heute Ihren freundlichen Brief nachgesandt und danke Ihnen sehr für Ihr gütiges Angebot. Ich habe in der Tat jetzt schon eine größere Anzahl Hölderlin-Autografen beisammen, da ich fast der einzige Käufer in den letzten Jahren war (merkwürdigerweise) und bin noch immer bereit, die Collection zu ergänzen (törichterweise scheint Stuttgart und das Schillerarchiv sich nicht um Hölderlin zu kümmern und ich konnte sogar das Gedicht auf Stuttgart »Die Herbstfeier« (mit seinem Titel »Studtgard« erwerben, das doch, weiß Gott in Ihre Heimatstadt gehörte.) Mir ist es immer peinlich, Privaten ein Angebot zu machen, weil sich leicht später einmal der Besitzer geschädigt fühlen könnte und ich glaube wahrhaftig Ihnen den rechten und besten Preis zu bieten, wenn ich Ihnen dafür 550 Mark (fünfhundertfünzig Mark) vorschlage, – das letzte ungedruckte Gedicht bezahlte ich nicht höher und nur die »Herbstfeier« allerdings 6 große Folioseiten vollbeschrieben bis zum Rand hat mich mehr gekostet. Hier handelt es sich nur um ein ganzes kurzes Gedicht mit Siardanelli [!], von denen ich schon zwei besitze (nebst 8 Seiten Hyperion, dem 4 Großfolio Manuscript der »Untreue der Weisheit« ferner der Ode »Stimme des Volks« und einer ganzen Anzahl kleinerer Gedichte)[.]

Ich hoffe, dieser Brief gelangt in Ihre Hände, ich habe durch die Nachsendung Ihre Adresse nicht genau zur Hand, erinnere mich nur Friedrichstraße. Sagen Sie mir also bitte ein Wort direct an meine Adresse Salzburg, Kapuzinerberg 5[.] Ich würde mich natürlich sehr freuen, kämen wir auf diesem stillen und directen Wege zu einer beiderseits befriedigenden Einigung.

Mit besten Empfehlungen

Ihr sehr ergebener
Stefan Zweig

Ich bleibe hier nur bis zum 20. August und bin von dann ab 21. August in Salzburg: eine sofortige Nachricht trifft mich noch hier

An Fritz Adolf Hünich

[Zuoz, Graubünden, undatiert;
Poststempel: 15. VIII. 27]

Lieber Freund, ich bat um je 20 Ex. Amok und Verwirrung abzüglich der nächsten Auflage nach Salzburg – von dem Inselbüchel und Desbordes hoffe ich auf reichlich Exemplare!

Und außerdem auf Sie selbst im September. Ich bin schon wieder frischer dank einer Nichtrauche[r]cur und Gymnastik. Aber etwas älter wird man doch – mein Freund Polgar prägte das herrliche Wort »Thorheit schützt vor Alter nicht«[.] Herzlichst Ihr

Stefan Zweig

An Victor Fleischer

Salzburg, [undatiert;
vermutlich 22. August 1927]

Lieber Victor, ich bin zurück und habe Dir sofort durch die Insel jenes überweisen lassen. Meine nun nicht, Du alter, ältester Freund, daß ich durch diese Tatsache mir nun ein Recht nehme, zu Dir über Materielles zu reden. Aber ich verstehe Dich, verstehe die meisten nicht, warum Ihr Euer Leben so belastet. Alles Haüsliche ist an sich schon Last, wozu die noch ausbreiten, auf zwei Dienstboten angewiesen sein in einer zu großen Wohnung, die Ihr ja doch nie recht benützen werdet, da Ihr doch gewiß 4 mal in der Woche abends theatralisch und sonst außer Haus seid. Ich begreife nicht wie Du, der Du doch schon um Deiner Gesundheit willen reisen willst und frei sein, Dich als Großbourg[e]ois installierst: für wen? Hast Du denn wirkliche Freunde in jener Welt des [!] Besuche und Repräsentationen? Wem wenn nicht Dir allein willst Du wohnen und leben? Ich halte Enge der Wohnung und Freiheit der Bewegung für die einzige Art der Sorglosigkeit, die man sich erzielen kann – insbesondere jemand, der wie Du außerdem noch ein Büro für sich selbst zur Verfügung hat. Glückzustand ist: einmal sein Amt hinschmeißen zu können, wenns einem nicht paßt und sich in seinen kleinen Kreis zurückziehen, nicht immer verdienen müssen (was außerdem noch schwer ist in dieser Zeit.) Mit vier Zimmern wärst Du ein Freiherr, ein sorgloser Mensch – so wirst Du ein gehetzter Bürger, ewig unfrei. Ich sehe es an Adelt, der die gleiche Narrheit begieng, der ein Auto kaufte ohne dafür das Benzin zu haben: ich verstehe bei Euch allen nicht diesen Willen zum Bürgerlichsein. Vielleicht ist es mir angeboren, das Bürgerliche, Gesellschaftliche zu verachten: jedesfalls selbst ich spüre das Haus als einen Druck auf meinem Leben und wünsche mir manchmal einen Koffer als einzigen Besitz. Denk' doch mehr an das Ruhen – vielleicht, ja gewiß ermüdet man mit den Jahren, ich spüre selbst schon ein Lockern der Spannkraft: spann Du Deine nicht immer zum Äußersten. Deine Collegen sind Hofräte in Pension, wir müssen langsam auf das Sichere schauen, auf Erhaltung unserer Substanz, nicht auf den ständigen Anbrauch von Energie. Und dann (ich sehe es an mir) man muß noch immer mit unerwarteten Lasten rechnen, von Elternseite her, von dem Nachwuchs (meiner Frau) – das ganze Geheimnis bleibt, die Beine da nicht so breit auseinanderzuspannen daß man umfällt.

Sei mir nicht böse, daß ich Dir das noch rate: wer sonst als älteste Freunde dürfen so zu Freunden sprechen. Aber ich glaube ehrlich, Du nimmst Dir etwas, wenn Du immer bis zur äußersten Balance Deiner Möglichkeiten gehst, immer der Sphäre der Großbourg[e]ois Dich näherst. Ich setze, Du weißt es, einen Stolz darein, nie in die Hôtels der Oberen zu gehen, in ihren Vierteln zu wohnen: unser Ehrgeiz muß einzig die Unabhängigkeit von ihnen allen sein, die Verachtung jedes socialen Luxus aus innerem Hochmut des Geistes. Der Gedanke tut mir weh, daß Du nie ganz ohne Sorgen, nie mit Überschuß und Überfluß wirst leben können und mit Büchern herumwerkeln bis zum letzten Schnaufer. Ich finde es so viel einfacher, sich glatt aus jener Welt zu stellen – äußerlich unter ihnen, innerlich tausend Meilen über ihren Läppereien. Du paßt nicht nach Berlin W – irgendwo bist Du ja doch Zigeuner wie wir alle.

Möge ich Unrecht haben! Aber ich würde Dich so gerne beschwingt sehen, sorgenlos, gleichgiltig gegen Engagements

Deiner Frau, mießen [!] oder süßen Gang des Geschäfts, daß ich einmal ganz von der Leber redete.

Innigst Dein alter

Stefan

An Romain Rolland

Salzburg 2. Sept. 1927

Mon cher ami, depuis longtemps je vous dois une lettre. J'ai passé 16 excellents jours à Zuoz qui m'ont rétablis [!], mais je suis tombé encore à Salzbourg au milieu du festival et j'ai vu des centaines des [!] personnes – entre autres Henry Dana de Newyork [!] qui m'a montré des touchant[e]s lettres [!] de Vanzetti adressé[e]s à lui et qui seul[e]s prouveraient l'infamie et le crime odieux de ces taureaux éffrenés de l'Amérique. Plus que j'en vois [= Plus je vois] des personnes de là-bas plus je suis convaincu que le malheur (la décadence morale, l'idolâtrie de l'argent) provient de ce peuple qui n'a jamais été une nation au sens de la procuction [= production] intellectuelle et qui (sauf Whitman) n'a [rien] donné rien [!] à notre image du monde sinon ce ryt[h]me saccadé et rapide qui détruit la contemplation. Je suis presque résolu d'aller en février en Russie: j'ai besoin d'une espérance et je crois que néanmoins que la politique y règne extérieurement, je sentirai là-bas une humanité plus intense, plus neuve.

Martinet m'écrit hier et m'avertit de la mort de Chennevière. J'en [= Je n'en] savais rien et j' [en] étais douloureusement frappé: toujours les plus honnêtes, les plus discrets s'en vont et laissent la place aux brutes. Il m'écrit aussi qu'on se réunit pour secourir sa veuve, je m' [y] associerai naturellement. Je ne l'ai vu que deux ou trois fois et cela très rapidement: mais j'ai eu [!] toujours eu beaucoup d'estime et d'amitié pour lui. J'espère d' [!] entendre des détails à Paris où je serai probablement en Octobre ou Novembre pour voir la représentation de «Volpone» à la Comédie des Champs Elysées. Je ne connais pas encore l'adapt[at]ion de Romains mais elle sera certainement très habile. Et Gémier? N'avez-vous pas en France comme chez nous les lois qui <u>obligent</u> un directeur de [= à] monter une pièce retenu[e] et accepté[e]? Je suis furieux contre ce cabotin qui mérite son Chapiro, son chef de réclame.

Ma femme [ne] sera pas loin de vous le [= au] mois de Septembre. Elle installe sa fillette pour quelques mois à l'école de Gland: nous espérons que la petite apprendra enfin un peu les langues là-bas! Peut-être [qu'] elle se permettra d'avertir votre chère sœur – et moi-même j'espère également de venir pendant cet hiver de [= pour] vous dire bonjour. J'ai travaillé mais pas trop bien – ce grand essay [!] de Tolstoi est tellement responsable [!]!! Rien de plus difficile! Mais je continue et j'ai laissé tous les autres plans. Est-ce que j'ai vous écrit déjà [= je vous ai déjà écrit] que – tout d'un coup en quatre jours – j'ai écrit un épilogue dramatique pour «La lumière luit dans le[s] ténèbres» qui complète ce fragment pour l'histoire de sa [!] évasion et sa mort? Peut-être Moissi le donnera [t-il] à l'occasion de l'anniversaire.

Et vous, vous, mon cher ami! J'ai un mot de Latzko que le mauvais temps vous avait chassé – et j'avais à Zuoz un temps merveilleux que j'aurais vous [= je vous aurais] donné de si bon cœur! Et les œuvres! Et la santé! Je suis impatient d'entendre que les drames avancent et le Beethoven aussi. J'espère [qu'] un automne parfait qui dore si superbement les côtes du lac Leman, laisse [= fasse] mûrir les fruits de votre jardin et de votre table: si j'y pense j'ai grand[e] envie de prendre le train et de revoir vous [= vous revoir], votre vieux père, Mademoiselle Rolland, ce petit et délicieux cercle d'humanité. J'ai vu trop des [!] gens ici, j'ai grand[e] envie de voir les amis! Fidèlement votre

Stefan Zweig

An Victor Fleischer

Salzburg, 5. September 1927

Lieber Viktor!

Ich schreibe Dir noch einen kurzen Nachtrag zu meinem Brief, um Dir noch einige Namen vorzuschlagen: das gescheiteste ist, sie einfach Baron d'Espard, d'Arnaut, Marquis de Saint-Terre, Baron de Vadé, Belloy, zu nennen. Es sind dies im Wesentlichen Bürgersnamen, die ich einfach geadelt habe, aus dem ersten besten Katalog herausgeschnitten. Möge das die einzige Hemmung bei Deinem Roman sein und er munter fortschreiten! Bei Deinen Verbindungen wirst Du es ja leicht haben, ihn zu placieren und Dir damit Raum für weitere Überlegung zu schaffen. Meine Ansichten kennst Du ja: nur kein Kleinwerk, keine Kreditbetriebe, keine Experimente. Das Wichtigste ist ein großes Kapitalfundament und das läßt sich ja vielleicht in Berlin leichter beschaffen denn anderswo.

Mir ist es leid, daß Du mit Deiner Wohnung nicht einmal ein richtiges Heim hast und auf eigenem Grunde weiterzigeunerst: es muß schon so in den Sternen geschrieben sein, daß Deiner vehementen Neigung zur Bürgerlichkeit und Ehelichkeit immer wieder ein Neues sich entgegenstellt.

Von mir ist wenig zu berichten: ich arbeite langsam, aber ohne Hochspannung, eher wie ein Gelehrter als ein begeisterter Prosaist an dem neuen Essayband, für den mir leider der richtige Titel noch immer fehlt. Es sollen an Casanova, Stendhal und Tolstoi Formen und Grenzen der Selbstbiographie essayistisch dargestellt werden. Der Titel »Stufen der Selbstdarstellung« trifft's am besten, scheint mir aber schematisch und kalt, »Die Selbstbildner« oder »Drei Selbstbildner« irgendwie künstlich, »Der Kampf um die Wahrheit« undeutlich – kurz, hier verläßt mich mein Genius. Vielleicht blitzt Dir eine Möglichkeit auf. Denn bekanntlich, wenn man bewußt sucht, findet man am wenigsten. Ich bitte Dich, denke darüber etwas nach – das Unglück ist bei diesem Titel, daß sowohl »Ich« als »Selbst« eigentlich für mein Empfinden häßliche Worte sind und doch wohl eines oder das anderes [!] in der Zusammenstellung davon nicht zu vermeiden sein wird.

In der Sache Mildenburg habe ich Dir wohl schon das Wesentliche geschrieben. Sie wollte Dir lieber schon etwas Fertiges (aber Unbrauchbares) anhängen, anscheinend weil sie sich zum Schreiben momentan nicht entschließen kann. Sie meint es aber sehr ernst und ist ungemein ambitiös.

Herzlichen Grußes Dein
Stefan

An Max Sidow

Salzburg
Kapuzinerberg 5
am 22. September 1927

Sehr geehrter Herr Sidow!

Ich bitte Sie um Verzeihung, dass ich erst heute Ihnen, infolge einer kleinen Abwesenheit die Korrektur zurücksende. Ich habe sie sofort gelesen, und finde die Novelle in der ganzen Anlage ungemein stark. Das Motiv selbst hat ja seine bekannten Analogien in der Weltliteratur von Romeo bis Romeo auf dem Dorfe, aber hier ist es außerordentlich gesteigert. Eine Straffung allerdings würde noch heute einen großen Vorteil bringen, dagegen kann ich eine Kraßheit an jener Stelle nicht finden. Vielleicht genügte es, wenn Sie sagen »sie drängten die Lippen bis zu den Zähne aneinander« oder irgend eine Form, daß nicht der reine Biß in Erscheinung tritt. Das läßt sich ja sprachlich noch mit voller Gewalt durchführen ohne auch auf den Empfindlichsten verletzend zu wirken. Das Bild von den Ertrinkenden, die sich aneinanderklammern, scheint mir dagegen nicht ganz richtig. Ertrinkende fassen eine Hand oder irgend ein Glied eines Mituntergehenden aus dem reinen Instinkt des Sich-Retten-wollens, – eine völlige Umpressung scheint mir naturwidrig.

Nun das ist ja eine kleine Korrektur, die in der Gesamtheit ohne Bedeutung bleibt, ich möchte Ihnen nur nochmals sagen, daß ich mich außerordentlich gefreut habe.

Mit vielen Grüßen Ihr sehr ergebener

Stefan Zweig

An Ben Huebsch

Salzburg, 29. Okt. 1927.

Lieber, verehrter Herr Huebsch!

Das ist eine völlige Überraschung, daß Sie in Europa sind, und vielleicht ist mir gute Gelegenheit gegeben, Sie [!] zu begegnen. Ich sage Ihnen jedenfalls alle meine genauen Adressen: ich beginne eine kleine Vortragsreise am 6. November in München, 7. Stuttgart, 8. Frankfurt, 9. Darmstadt, 10. Bremen, 11.

Hamburg, dann bin ich in Berlin und Leipzig und könnte Sie leicht, falls Sie noch dort sind, treffen. Am 17. lese ich in Breslau und bin am 19. wieder zuhause.

Der große Essay über Tolstoi – ein Teil jenes Buches – ist gerade in letzter Fertigstellung. Ich lasse ihn sofort in Satz geben und kann wohl in 14 Tagen schon einen Abzug Ihnen überschicken. Er hat zirka 120 enge Druckseiten, ist also kein Buch über Tolstoi (was mir leicht gewesen wäre), sondern nur ein ganz gedrängter und geschlossener Essay, der zum 100. Jahrestag im August wohl seine Wirkung tun kann.

Ich wurde aus Paris angefragt, wo jenes Balzac-Dickens-Buch viel Erfolg hat, ob sie meine Drei-Meister ins Englische übersetzen können. Ich antwortete darauf, daß ich prinzipiell bereit wäre, aber Sie jedenfalls die Vorhand für alle meine Bücher hätten und sie sich zuerst mit Ihnen auseinandersetzen müßten. Sie sehen also, daß ich vollkommen klar und korrekt handle. Ich habe keine fixe Erlaubnis gegeben und noch nichts abgeschlossen, weil ich Ihnen immer das Vorrecht wahren will. Vielleicht wäre es sogar besser, das Buch nicht in dieser Form zu veröffentlichen, sondern die Essays über Tolstoi und Dostojewski auf ein Buch zusammenzulegen, das ja 250–300 Seiten umfassen dürfte und, wie ich hoffe, wirklich vollgiltig wäre. Vielleicht können wir in diesem Sinne abschließen, wenn Sie es nicht für richtiger halten, den Tolstoi allein herauszugeben, den Sie bald empfangen sollen.

Von »Verwirrung der Gefühle« ist bereits das 75. Tausend in Druck. Möchten Sie ähnliche Erfahrungen drüben machen!

Ich freue mich also sehr, von Ihnen zu hören. Wir können uns ja auch allenfalls telefonisch in Deutschland verständigen. Lassen Sie mich nur immer Ihre Adresse wenigstens mit einer Postkarte wissen.

Freudigst Sie bald zu begrüßen
Ihr Stefan Zweig

Ich bekam gerade ein Angebot von Payson & Clarke für meine Bücher, halte natürlich aber zurück. – Haben Sie etwas gehört, wann »Volpone« kommen soll?

An Siegmund Warburg

Salzburg, 29. Okt. 1927.

Lieber Herr Warburg!

Ich habe noch für Ihren guten, ausführlichen und eindringlichen Brief zu danken. Es tut wohl, jemanden in Amerika zu wissen, der nicht wie die anderen bloß an der Oberfläche reist, sondern in die tiefere Gebundenheit eindringt, und hoffentlich ahmen Sie gerade Rathenaus Beispiel insoferne nach, als Sie dann einmal entweder in Tagebüchern oder einer geschlossenen Form Ihre Eindrücke sichtlich zusammenlegen. Wir alle und gerade wir Schriftsteller leben eigentlich überall im internationalen Kreis und im offenbaren: könnte ich heute noch einmal anfangen, ich hätte irgendwie noch einen Beruf gelernt, in den ich mich immer für ein paar Monate verkapseln könnte, um dann wieder frisch emporzutauchen. Vielleicht ist es mir gegeben, wenn wir uns im Sommer sehen sollten, Ihren Bericht mit einem von der anderen Seite verbinden zu können. Ich plane nämlich, im März für einen Monat nach Rußland zu gehen. Mein Ideal wäre freilich, dort vollkommen anonym mit irgendeinem jüngeren Menschen herumzureisen. Ich weiß nicht, ob mir das gelingt. Jedesfalls glaube ich, daß nichts so sehr nottut als sachliche Informierung über diese beiden Endpole Amerika und Rußland, zwischen denen unser Schicksal schwingt.

Ich habe von Amerika doch den Eindruck einer immer stärkeren Geistigkeit. Bücher wie jenes »Manhattan« von John Dos Passos hat [!] mir einen ungeheuren Eindruck gemacht. Vielleicht hat auch dort der Krieg und die stärkere Vermengung mit Europa das psychologische Wachstum gefördert. Was mir eigentlich gemeinsam scheint zwischen Amerikanern und Russen, diesen absoluten Gegensätzen, ist ihre Neigung im Leben zu wagen. Es scheint mir, daß in Amerika die Leute reich und wieder arm werden, von unten nach oben und von oben nach unten fallen, genau wie in Rußland die Menschen seelisch in die Extreme treiben, während ich bei uns in Europa eine zunehmende Neigung zur absoluten Sicherung des Daseins vor dem Schicksal empfinde, einen Willen zur Behaglichkeit, zur Nichterregung, zur Bequemlichkeit. Vielleicht lockt es mich gerade noch einmal, wenn ich Rußland gesehen habe, auch einmal nach Amerika zu gehen, aber leider hemmt einen ja immer die eigene Arbeit, die man meint vollbringen zu müssen, während in Wirklichkeit es wichtiger wäre, längere Pausen einzuschalten und wieder neu und stofflich zu lernen.

Ich wünsche Ihnen das Allerbeste, das Allerherzlichste für Ihre Amerika-Tage, aber vergessen Sie nicht, Ihre Eindrücke immer festzuhalten; und selbst wenn Sie die edle Scheu haben sollten, nicht die Zahl der Bücher zu vermehren, so wäre es ein liebes Geschenk für Ihre Freunde, in einem Privatdruck Ihre Erlebnisresultate im Neuland unserer Welt niedergelegt zu haben. Grüßen Sie mir bitte auch unbekannter Weise Ihre verehrte Frau Gemahlin und seien Sie gewiß, daß Sie immer herzlichst erwartet sind

von Ihrem ergebenen
Stefan Zweig

An August Gamerdinger

Salzburg, 3/XI 27

Sehr geehrter Herr,

Ihr Roman ist in vieler Beziehung eine bemerkenswerte Arbeit, denn es steckt eine Fülle von Leben darin und eine große Vielfalt ohne trotz des riesigen Umfanges chaotisch zu werden. Die Landschaft[s]schilderungen sind prächtig und was an Philosophie darin steckt interessant. Aber der Roman müßte außerordentlich zu seinem Nutzen gekürzt werden, vorerst von Ihnen und dann wohl noch von einem deutschen Lektor. Der moderne Leser ist ein rasches, oft kinomäßiges Tempo gewöhnt, das ja nun auch in Werken, wie in dem von Dos Passos aus Amerika zu uns herüber kommt und man erwartet gar nicht mehr Übergänge von einer Handlung, einem Bilde zum anderen, sondern kann sie ruhig aneinanderreihen ohne zwischen ihnen zu vermitteln. Dadurch würde in Ihrer Arbeit die Lebendigkeit noch verstärkt werden und der Rhyt[h]mus des Dargestellten in die Darstellung übergehen. Streichen Sie also erbarmungslos was nur da ist Zeit auszufüllen, scheuen Sie nicht davor zurück

Manches nur zu skizzi[e]ren und anzudeuten. Besonders der erste Teil und die ersten Teile des zweiten würden dadurch sehr gewinnen und farbiger werden, das heißt ihre Farbe würde besser zum Ausdruck kommen. Ich würde Ihnen empfehlen den Roman in Kapitel mit Aufschriften zu zerlegen, das würde rein äußerlich nützlich sein. Dagegen fehlt mir als Ausgleich manchmal ein oder der andere karikaturistische oder gesellschaft[s]-kritische Zug als ein wenig Salz gegenüber den zuweilen hymnischen. An Humor und Schärfe des Blickes fehlt es Ihnen hiezu keineswegs. – Was die Sprache betrifft ist sie oft erstaunlich equilibri[e]rt und formschön, geradezu reich, aber Sie haben recht: man fühlt oft wieder fremde Wortstellungen, die vielleicht manche Wirkung erhöhen, zuweilen aber etwas stören und eine Ungleichheit hervorbringen, die der Harmonie Abbruch tun. Diesem Fehler abzuhelfen fände sich aber gewiß, sei es, wenn Sie einmal mit einem Verlag in Verbindung sind, der dortige Lektor oder sonst ein deutscher Stilist, dem Sie die Arbeit vor der aller letzten Fassung zeigen würden. – Den Roman in der jetzigen Form einem Verleger zu empfehlen würde dem Erfolg schaden. Der Umfang würde sofort auf Ablehnung stoßen und die angedeuteten Fehler als Vorwand dienen, sich nicht näher mit der gewiß hoffnungsvollen und wertvollen Arbeit zu beschäftigen. Aber ich glaube sicher, daß Sie Ihrer Arbeit sehr nützen und auch einen verlegerischen Erfolg erzielen werden, wenn Sie mutig kürzen und oft nur impressionistisch vorgehen, Begründungen einfach weglassen, die Tatsachen allein wirken lassen, wo es sich nicht um seelische oder gedankliche Vorgänge handelt und Wiederholungen vermeiden. Trachten Sie dieses interessante Werk so zur besten Geltung zu bringen.

In aller Wertschätzung

Stefan Zweig

Wenn Sie einverstanden sind behalte ich Ihr Exemplar noch in dieser Form hier in Europa zurück und schicke es einem Verleger: vielleicht, daß er selbst eine Bearbeitung (Kürzung) unternimmt und jedesfalls kann er schon in dieser Form vielleicht zu einem principiellen Ja unter der Voraussetzung der Umarbeitung gelangen. In diesem Fall senden Sie mir eventuell ein Kabel mit einem Wort »Zurückbehaltet« oder »Rücksendet«[.] Ich habe jedesfalls schon bei einem Verleger angefragt. Herzlichst Ihr

Stefan Zweig

An Oscar Maurus Fontana

Hamburg, [undatiert;
Poststempel: 12. 11. 27]
Auf Vorlesung!

Lieber Freund, verzeihen Sie daß ich fehle. Aber ich wäre entsetzt, müßte ich jedesmal wenn etwas von mir gelesen wird, eine Erlaubnis geben, ich hasse diesen Correspondenzbetrieb, der uns zu Beamten und Verwaltern unserer Werke macht und an neuen hindert. Und in der Frage des Urheberrechts bin ich beinahe Tolstoianer oder jedesfalls sehr radical gegen jede Verewigung des Eigentums. Wie leid, daß ich da nicht Ihres Sinnes bin, aber Schnitzler & Beer-Hofman[n] kennen in diesem Punkt meine Stellung. Ich habe Sie, Fontana, wirklich schwer vermißt in den letzten Jahren, aber ich komme fast nie mehr nach Wien und fühle mich dort fast fremd. Ihr Stefan Zweig

An Romain Rolland

Salzburg 21. Nov. 1927

Mon cher ami, je reviens d'Allemagne où j'ai donné une série des [!] conférences. Mais c'était mon «Schwanengesang». Je ne veux plus me gaspiller dans ces voyages fatiguantes [!] où on rencontre des centaines des [!] personnes sans pouvoir causer réellement avec un[e] seul[e]. Il faut se concentrer et je veux suivre votre exemple: me retirer pour le travail et faire des voyages seulement à mon gré. J'ai vu Sinclair Lewis, Emil Ludwig, le Comte Kaiserlingk [!] et je ne sais pas qui. Mais j'ai retenu très peu de tous [!] ces conversations.

Etonnant l'impression de l'Allemagne. Force énorme, richesse inouïe. Théâtres, conférences, cinémas, dancing[s] tout rempli à craquer. On achète des livres, des tableaux, on bâtit comme jamais. On se croit en Amérique, pays d'or [= en or]. Alors on commence à s'intéresser à ce phénomène, curieux pour un peuple vaincu. Et on découvre d'abord qu'ils travaillent non comme des forçats mais comme des fous. Dix heures, douze heure[s] par jour, c'est [= ce n'est] rien. Et le dernier employé comme le chef tous également. Et second phénomène qui explique cette richesse: le payement misérable des employés. C'est tout simplement terrible comme on abuse du fait que ce pays est congestionné, rempli des [!] millions des [!] hommes qui veuillent [= veulent] travailler à tout prix. C'est une sorte de folie et nous craignons tous que cela fomentera des [!] graves inconvéniants [!]. Jamais un peuple [n'] a été tellement trompé après une révolution, les industriels sont plus maître[s] aujourd'hui que [!] autrefois Guillaume II, ils sont rentrés avec une stupidité incroyable au tréteau [= dans le panneau] et gagnent la moitié [moins] que sous l'empire pendant que les gains des classes riches ont quadrouplés [= quadruplé]. Et admirable non seulement l'intensité mais aussi l'intelligence de ce travail. Ils font vraiment même de Berlin une belle ville! Jamais j'ai [= je n'ai] vu un élan semblable que à [= à celui de] Berlin en ce moment, et les Américains eux-mêmes sont ébahis. Tout cela serait admirable si ce n'était pas au frais des millions [de gens] qui ruinent leur corps et leur esprit par ce surplus de travail. Et puis, quand en [= dans] quelques ans [= années] cette force de l'Allemagne sera visible!! Espérons que l'alliance avec la France se fasse réellement, jamais je n'ai pas [!] eu un tel frisson de peur que de penser [= qu'en pensant] à un conflit Européen; comme c'est stupide d'occuper avec des soldats un mince territoire en Rhénanie pendant que tout le corps de ce pays se raidit et [se] remplit des forces [!].

Nous vivons dans un temps de transition comme aucun[e] époque peut-être: vraiment, si on ne peut pas écrire tout cela dans un roman (et je n'ai pas la force d'embrasser des [!] tels larges problèmes [= des problèmes aussi larges]) il faudrait noter tout chaque jour. Il faut [se] documenter au [= en] détail au moins. Notre lit[t]érature est bien loin de pouvoir retenir tous ces phénomènes, néanmoins [bien] que le niveau international n'a [= n'ait] jamais été si élevé dans le roman. Les Américains avec Dos Passos, Sinclair Lewis, Dreiser donnent des exemples d'observation et nos Européen[s] suivent bien. Comme la vie est intéressante. J'ai envie de voyager et de travailler et de lire pour tout comprendre, seulement je suis depuis un an un peu fatigué: le cerveau ne marche pas toujours avec cette rapidité que je lui demande. Mais toutefois j'espère d'[!]aller en Russie en Mars et aussi à Tiflis où je suis invité. Et vous, cher ami, j'espère que vous vous portez bien et que les drames sont faits! Je vous écrirai bientôt une autre lettre! Fidèlement votre

Stefan Zweig

Duhamel est à Leipzic [!] pour [= comme] conférencier. Il voyage trop vite pour pouvoir bien observer. Les Français ne savent rien de ce qui se passe maintenant en Allemagne

An Martin Buber

[Salzburg, undatiert;
Poststempel: 5. 1. 28]

Lieber, verehrter Martin Buber, ich möchte Ihnen nur sagen, wie großen Eindruck mir Ihre Bibelübertragung macht. Glück und Mut zu einem solchen heroischen und aufopferungsvollen Unternehmen! Ich habe Sie jetzt viele Jahre nicht gesehn, in Heppenheim konnten Sie mich damals nicht brauchen und seitdem war ich nur im Vorbeiflug in jener Gegend. Und ich selbst lebe hier um die Ecke, hoffentlich aber nur raümlich. Also von ganzem Herzen wünscht Ihnen gutes Vollbringen und weiters solches Plaisir Ihr altergebener

Stefan Zweig

An Eugen Relgis

Salzburg, 24. März 1928.

Lieber, verehrter Herr Relgis!

Ich kann Ihnen heute endlich ausführlich schreiben. Meine Arbeit liegt hinter mir und ich verreise morgen für drei oder vier Wochen nach Frankreich. In dieser Pause möchte ich Ihnen ganz aufrichtig und unverhohlen meinen Eindruck von Ihrem Buche sagen und seine Aussichten im realen Raum abzugrenzen versuchen.

Ich finde Ihr Buch menschlich ungemein eindringlich und ergreifend. Es ist ein Schicksal, ganz in's Geistige gehoben, und unter den Betrachtungen des Weltsinns und Weltgeschehens finden sich für mein Empfinden wunderbare Blätter, deren geistige Formulierung und lyrische Kraft in der durchaus guten Übersetzung vollkommen erhalten geblieben sind. Mich hat vieles in diesem Buche tief bewegt, das menschliche Schicksal vor allem, und ich kann mir denken, daß es einzelne Menschen immer überaus erschüttern und beeinflussen wird.

Ich sage: einzelne, um damit schon die Grenzen seiner Wirkung anzudeuten, denn Ihr Werk ist von tragischer Düsternis: das erschreckt die vielen, die aus beharrlichem Selbstinstinkt allem Dunklen des Lebens ausweichen. Es ist durchaus im Geistigen verankert und verachtet die Handlung – das schränkt von vornherein einen möglichen Leserkreis auf ein Minimum ein. Vielleicht war dies ein Konstruktionsfehler, das Buch dermaßen monologisch anzulegen, denn außer Miron selbst erscheint ja sinnlich faßbar keine einzige Figur, selbst der Vater, die Mutter, die Schulknaben, das Mädchen, alles dies ist hinter dem lyrischen Schleier nicht ganz deutlich und auch das Typische der rein rumänischen Landschaft (die für uns neu und eigenartig gewirkt hätte) ist nicht ausgedrückt. Das ganze Problem, die volle Seelenbewegung geschieht von innen und entwickelt sich von innen und auch diese Innenentwicklung kreist in einem und demselben Raum zwischen Ekstase und Depression. Um die Meistersinger zu rezitieren: »doch sage ich nicht, daß dies ein Fehler sei«, aber ich fürchte, daß ich es nicht ganz leicht mit den Verlegern haben werde, denn bei uns herrschen jetzt arge

Zustände. Es rentieren eigentlich nur Bücher, die über 5 oder 10000 Exemplare sofort absetzen und die Verleger haben eine ganz heidnische Angst vor allem, was dem Publikum nicht glatt entgegenkommt. Nun glaube ich, könnte das Buch viel gewinnen, sogar sehr viel, wenn stark gekürzt würde. Es müßte das Psychologische vor das Lyrische zurückgedrängt und aus einem Roman hier eine größere Novelle kondensiert werden, denn sonst, fürchte ich, wird der Widerstand gegen das Dunkle und Tragische bei den Verlegern kaum zu überwinden sein.

Nun, ich schreibe Ihnen lieber pessimistisch im Hinblick auf einen positiven Erfolg als allzu optimistisch, eben weil ich jenen Widerstand gegen das Bedrückende bei den Lesern und Verlegern kenne. Aber ich will jedesfalls nun schon vorzutasten beginnen und habe bereits an einer Stelle angefragt. Schreiben Sie mir nur gelegentlich (ich bin jetzt drei oder vier Wochen fort) ein Wort, ob Sie auch mit stärkeren Kürzungen im Prinzipe einverstanden sind, damit man allenfalls dieses Buch in einer der internationalen Novellenserien unterbringen könnte. Und ich bitte Sie herzlich zu glauben, daß meinerseits nichts unversucht bleiben wird, um Ihnen und Ihrem Werk, dessen Tiefe und oft erschütternde Menschlichkeit sowohl ich als meine Frau bei der beiderseitigen Lektüre so bewegt empfunden haben, in irgendeiner Form behilflich zu sein.

Und nun noch viele herzliche Grüße und Wünsche

von Ihrem
Stefan Zweig

An Rudolf G. Binding

Salzburg, 13. IV 1928

Lieber verehrter Herr Binding, mit einem so illustren Gegner in Freundschaft die Klinge zu kreuzen, tut ritterlich wohl. Nun, ich stehe zu meiner Behauptung (und die Vorrede dieser »Drei Dichter ihres Lebens«, jener typologischen Abwandlung des Problems der Selbstdarstellung erlaütert sie ausführlicher.) Alle Psychologie lehrt uns, daß Träume gehemmte Wünsche sind, aus der Phantasie vorgetriebene Steigerungen über die Wirklichkeit hinaus: und was wäre Dichten, denn ein wacher Traumakt des Künstlers? Wir steigern uns seelisch und moralisch im Werke über die eigene Unzulänglichkeit empor, wir erfinden Intensitäten des Schicksals, die uns von der Realität nicht gegeben haben [!]: Dichten bedeutet für mich Intensificieren sei es der Welt, sei es des Ich. Ich bin fest überzeugt, daß der Künstler fast nie so viel groben und factischen Lebensstoff verconsumiert als der Abenteurer und bloße Genußmensch, aber darin fußt ja sein Genie daß er aus dem Tropfen das Meer, aus der Andeutung die vollendete Form, aus dem Zufall die Notwendigkeit erschafft. Der bloße Genießer muß fressen, um sich voll zu fühlen, der Dichter, der Phantasiemensch erschafft das Bibelwort der sättigenden Brote täglich neu, er braucht keine ständige Zufuhr, keine breiten Quanten und er hätte auch gar nicht die Möglichkeit ständig Neues zu erleben, weil er nicht passiv-weibisch an sich nimmt, sondern auch activ-männlich aus sich selber schaffen will. Ich hoffe, meine Vorrede im Buche, das in vierzehn Tagen in Ihren Händen liegt, wird Ihnen deutlicher machen als dieses Briefblatt, daß ich nicht zwischen Dichten und Erleben einen reinen Gegensatz stelle, sondern zwischen phantasieloses Erleben (grobes Genießen) und dichterisches Erleben (actives Gestalten.) Diese Stelle im Casanova ordnet sich dort größerm geistigen Zusammenhang ein und wir werden die gezückten Klingen hoffentlich dann senken oder gar nach griechischer Heldenart austauschen. Manches wird Sie, – daran zweifle ich nicht – noch befremden, so etwa daß ich das Ideal der Selbstbiografie in einer schrankenlosen, ja sogar schamlosen Aufrichtigkeit sehe und den fast exhibitionistischen Na[c]ktheiten eines Casanova und Hans Jäger allerhöchsten documentarischen Rang in der Weltliteratur zuweise. Aber ich betrachte (im Gegensatz zu Gundolf) den Künstler nicht von der poetischen, der literarischen Sphäre allein her, sondern als Typus, als Geschehnis im Menschlichen. Und da ja der Künstler allein das Menschliche im Menschen verrät (indeß die andern Individuen es bloß in ihre Existenz auflösen) so muß er nur als Pegel dienen. Psychologie, dargetan an Gestalten, das wird immer mehr meine Leidenschaft und ich übe sie abwechselnd an real-historischen und poetisch-imaginierten Objecten: nun, da dies Werk (dessen Untertitel lautet: »Die Stufen der Selbstdarstellung«) vollendet ist, kehre ich wieder ins Novellistische zurück. Auch in Ihrem Werk und Wesen erkenne ich diese Teilung (oder besser gesagt: Doppelwirksamkeit) nur sind Sie Sich [!] des Dichterischen als der entscheidenden Aufgabe entschlossen bewußt (indeß mich die Psychologie, die reine Seelenwissenschaft, immer gefährlicher in ihre Labyrinthe lockt.)

Wie gut die Gelegenheit Ihnen wi[e]derum sagen zu dürfen, daß ich Sie ehre und liebe. Möge Ihnen der Frühling ein paar neue Lieder zaubern und die Sonne Ihre Prosa keltern: Sie wissen, als Feinschmecker liebe ich diese unter allen deutschen mit jener Carossas am meisten.

Dank und Gruß

Ihres getreu ergebenen
Stefan Zweig

Das Buch kommt in vierzehn Tagen! Ich bin eben erst von Paris zurück[.]

An Siegfried Guggenheim

Salzburg, 21. April 1928.

Sehr geehrter Herr Doktor!

Ich war mehrere Wochen abwesend: damit mögen Sie entschuldigen, daß ich heute erst für Ihre beiden wertvollen Gaben danke. Der Stammbaum hat wohl mehr persönlichen Charakter, aber ich finde von höchstem kulturellen Wert für die ganze Zeit- und Nationalgeschichte, daß Forschungen dieser Art von den einzelnen Familien pietätvoll veranstaltet werden. Auch in der unseren waren ähnliche Vorarbeiten im Gange, freilich ohne zu einem so gründlichen und weitreichenden Resultate zu führen. Und noch besonders haben Sie mich erfreut durch den wunderbaren Druck der Offenbacher Haggadah, dies Kunstwerk besonderer Art, mit dem Sie ein Stück jüdischer

Tradition in die deutsche Erde schöpferisch eingepflanzt haben. Es darf sich auf jeder deutschen Buchkunstausstellung und jeder internationalen in Ehren sehen lassen, und ich glaube, eine englische Ausgabe würde in Amerika ungemeinsten Erfolg haben. Ein Teil meiner großelterlichen Familie mütterlicherseits stammt selbst aus den rheinländischen Gegenden und wir haben noch zahlreiche entfernte Verwandte dort. So weiß ich, daß dort in besonders geistiger Weise und in einer sonst unauffindbaren künstlerischen Art die Tradition gepflegt wird. Dennoch war ich überrascht, daß im zwanzigsten Jahrhundert der allgemeinen Nivellierung noch eine solche pietätvolle Treue neu produktiv werden konnte und ich bin gewiß nur einer von sehr vielen, der Ihnen für diese außerordentliche Gabe dankt.

Hoffentlich habe ich bald die Freude, Sie einmal persönlich besuchen zu dürfen! Empfangen Sie heute nur den aufrichtigen Dank

Ihres sehr ergebenen
Stefan Zweig

An Emil Ludwig

Salzburg, 2. Mai 1928.

Lieber Emil Ludwig!

Ich bin nicht so höflich wie Sie und schreibe nicht mit eigener Hand, was Sie mir verzeihen mögen! Ich habe mich sehr gefreut, mein Buch in Ihre Hand legen zu können, und füge übrigens noch ein zweites kleines bei, das ich Ihnen in Berlin damals noch in die Tasche stecken wollte.

Von Ihren ungeheuren Erfolgen in Amerika habe ich mit Freude gehört. Sie wissen genau so wie ich selbst, daß Sie diesen Erfolg mit einem Widerstand daheim zu bezahlen haben werden, ja, daß man Ihnen die Verantwortlichkeit für die widerliche Flut der Biographies romancées zuzuschreiben beginnt. Sie haben zwar zur Zeit in der Welt die verdiente Aufnahme und Erfolg, aber ich habe eigens in einem Interview, das ich in Paris hatte, darauf hingewiesen, wie man Sie jetzt in Deutschland mit einer gewissen Ironie abtun wollte. Die Menschen verstehen nicht, daß Sie diesen Erfolg nicht gesucht haben, sondern er zu Ihnen gekommen ist. Biografien dieser Art zu verfassen, galt vor zehn Jahren als das absolut Aussichtsloseste, und ein Buch über Napoleon schien das Überflüssigste, es sei denn eines über Goethe. Lassen Sie sich deshalb nicht verwirren, so wenig als ich es tue, daß ich meine Reihe langsam und geduldig ausbaue. Nebenbei werde ich vielleicht ein kleines Lebensbild von Fouché veröffentlichen – Biografie eines Menschen, den ich nicht mag – um ein Bildnis des reinen Politikers zu geben, der jeder Überzeugung dient, jeden Posten annimmt, in allen Sätteln sitzt und nie eine eigene Idee hat und die gewaltigsten Menschen seiner Zeit eben durch diese Flexibilität überdauert. Es soll ein Hinweis und eine Warnung für die Politiker von heute und allezeit sein und das Gefährliche in bildnerischer Form andeuten, das der »brauchbare«, der geriebene Politiker für alle Nationen und Europa bedeutet.

Ihr neues Buch war mir nicht neu – ich hatte es sorgsam und sehr teilnehmend schon in der »Neuen Rundschau« gelesen. Der Versuch, den Sie unternommen haben, ist gefährlich und darum sehr groß, und jeder, auch ich, wird ihn unwillkürlich mit einer innen schon vorliegenden Vision konfrontieren, denn hier dichten Sie eine Legende in Tatsache um und schreiten aus dem Historischen in's Imaginäre hinüber, die geheimnisvollste Sphäre berührend, die es im Irdischen gibt: das Religiöse. Als Vorzug empfand ich dabei, als eminenten und nicht genug zu schätzenden, vor allem das Negative, daß es niemals das Vernunftsgefühl des Ungläubigen wie das schon eingeschworene des Gläubigen verletzt, daß es nicht lyristisch und hymnisch wird, sondern eine Einfachheit des Lebensganges in vorbildlicher Weise wiedergibt. Freilich versagt das ungeheure Thema Ihnen dabei, in ebendemselben Maße endgiltig zu sein wie im Napoleon. Es wird, wie Papini richtig voraussagte, diese Gestalt immer wieder gestaltet werden (begann es doch mit einer Vierzahl von Evangelisten, um mit einer Vielzahl zu enden oder vielmehr nicht zu enden). Aber innerhalb dieser Gestaltungen wird es als eines der gerechtesten und plastischesten meinem Gefühle nach dauerhaft bleiben. So wenig Rembrandt, Dürer vermochten, einen vollkommen einheitlichen und allgültigen Typus aufzufangen, kann dies dem beschreibenden Worte gegeben sein, aber in dieser ungeheuren Bilderreihe beharrt es als Bild und Gestalt.

Wenn ich selbst nicht öffentlich diesmal dazu Stellung nehme, so geschieht es nur, weil ich mich dem Gegenstand nicht bildungsmäßig gewachsen fühle, gerade jene Zeitgeschichte nur ungenau kenne.

Aber Sie wissen ja, daß sonst jeder Anlaß, mich mit Ihren Büchern zu beschäftigen, mir immer selbst produktiv wird. Nur wer selbst an Gestalten gearbeitet hat, weiß um die Widerstände, die überwunden werden müssen. Und gerade jetzt weiß ich's, denn gegen Tolstoi gerecht zu sein, war eine unheimliche Aufgabe.

Ich bin sehr neugierig auf das nächste Problem, das Sie gestalten wollen. Sollte es Sie nicht einmal reizen können, ein Werk der großen sozialen Bewegung zu schreiben, quasi eine Geschichte der sozialen Revolutionäre. Je mehr ich lese, desto mehr wird mir klar, daß Jean-Jacques Rousseau und Marx ein Typus sind, und sich alle Varianten von Thomas Mün[t]zer bis Marat (der Revolutionär als Fantast) ebenso wiederholen als der Revolutionär als Dogmatiker. Es wäre herrlich, das einmal der Welt darzustellen, als eine Monografie des revolutionären und sozialen Geistes in Gestalten. Ich habe nur eine zu schwere Hand dazu.

Mit vielen Grüßen Ihr

Stefan Zweig

P. S. Ihr »Tom und Sylvester« ist meines Gefühls nicht recht eingeschätzt worden und wenn ich eine Stelle finde, möchte ich es gerne nachholen.

An Romain Rolland

Salzburg 9. Avril [= Mai] 1928

Mon cher ami, je vous remercie de tout mon cœur pour votre bonne lettre. J'étais ému de voir que vous avez pris le temps pour moi de lire immédiatement ce grand morceau de Tolstoï.

Je comprends bien une certaine différence de nos vues d'ensemble, mais j'espère [que] vous avez vu que je ne manque pas de respect. Et d'[!]être vrai (selon sa propre idée de la vérité) est le plus pur hommage aux grands. Il est vrai, je suis plus dur envers les grands que [= qu'] envers les petits et les vivants car c'est seulement la grandeur qui ne souffre pas de la critique. Peut-être il y a dix ans je serais [= j'aurais] été plus passionné pour l'homme Tolstoï, je l'aurais élevé au rang des saints. Mais aujourd'hui je découvre que justements [!] ceux qui veulent transformer le monde sont ceux qui ne sont pas content[s] avec [= de] leur propre person[n]alité et qu'ils [= qui] jettent (je le dis dans ce livre) leur mécontentement avec [= envers] eux-mêmes sur le monde entier. Je viens de lire une excellente et impartiale biografie [!] de Marx par Otto Rühle (socialiste) – quel homme affreux, haineux, autocrate, ce génie humanitaire! Mais cela ne prouve rien contre l'œuvre, au contraire il [= cela] l'explique.

Ce que vous ditez [= dites] de Gorki, je l'ai toujours senti. Tolstoï avait un peu peur de Gorki, il était gêné par ce païen qui riait franchement quand Tolstoï commençait avec l'Evangile. Il sentait l'hostilité de ce grand réaliste contre le vague de ces idées: il est très difficile de tromper Gorki car son œuil [= œil] est terrible de clarté (lui non plus ne connaît pas le rêve et l'idéal, il vit sur la terre et de la terre)

Je ne sais pas si vous avez lu mon interview avec Lefèvre. Je lui [!] dois [lui] rendre justice qu'il n'a rien supprimé de ce que je disais de vous et de Suarès. Suarès m'écrivait à ce propos une de ces fameuses lettres, plein[e] de gratitude d'avoir parlé de lui avec admiration mais avec une haine folle contre Valéry, Gide, contre le «chien de Lefèvre» et à la fin il s'étonne que je le trouve orgueilleux. Je l'aime beaucoup avec toutes ses fautes, mais comme il se fait tort avec ses gestes (non avec ses paroles et œuvres).

Je crois que la Insel a réussi avec le Beethoven [,] j'en serais très content car elle l'éditera admirablement. Il est question maintenant de reprendre l'édition des Conversationshefte et on fera aussi appel à vous car on veut constituer un comité pour inviter à une s[o]uscription (du premier volume on a, je crois, vendu 150 exemplaires ce qui contraste sensiblement avec le grand bruit du festival). Je vous écrirai encore.

Demain j'attends Jean-Richard Bloch, il m'a promis. Il a vu beaucoup et [a] eu beaucoup de succès[.]

J'écris aujourd'hui à Martinet et c'est pour cela que je m'empresse de finir cette lettre hâtive qui ne voulait que vous remercier. Fidèlement votre

Stefan Zweig

An Arthur Schnitzler

Salzburg, 15. Mai 1928.

Lieber und verehrter Herr Doktor!

Ich habe zwiefach zu danken und beide Male sehr herzlich: sowohl für Ihren lieben Brief, der mich unendlich erfreute, und Ihr Buch, das mich überrascht hat – Ihr Fleiß gerade in den letzten Werken wirkt auf uns Jüngere beschämend. Nichts selbstverständlicher, als daß ich sofort das Buch zur Hand nahm und Ihnen so heute mit dem Danke zugleich ungehemmt meinen Eindruck aussprechen darf.

Sie haben sich ein ungeheuer schweres Problem gestellt, denn nichts ist in der Kunst schwieriger und undankbarer darzustellen als das Negative, eine gewisse Monotonie des Glücks und des Unglücks, die Tragik der Hoffnungslosigkeit. Ich weiß es gerade jetzt, weil ich eine größere Arbeit mitten im Werke aufgegeben habe, wo gleichfalls ein armer Lebenslauf geschildert werden wollte: unwillkürlich dringt die Monotonie leicht in die Gestaltung, und für mein Empfinden manifestierte sich Rembrandt nie genialer als wie er die drei riesigen Bäume allein in die ungeheure (sonst kaum malerisch darstellbare) Ebene stellte. Der Stoff also, den Sie sich gewählt haben (oder vielmehr, der Sie gewählt hat: es wählt ja für uns) will mir nur scheinbar bewegt vorkommen. Es ereignet sich ein fortwährendes Wellenspiel von Geschehnissen und Veränderungen – ich aber spüre am großartigsten und tragischesten darin die innere Hoffnungslosigkeit dieses Menschen. Ich weiß nicht, wieso es kommt, aber von der 50. Seite an wußte ich schon bei jedem Erlebnis, es würde nicht dauern, nicht Glück produzieren, es würde wieder enden an ebenderselben furchtbaren Verbannung von aller Freudigkeit, in welche dieser Mensch hineingeboren ist. Sie konnten nicht wahrer sein, indem Sie aus Millionen eine solche Gestalt herausholten, und für mein Empfinden stellt sich diese Chronik endgiltig dar. Sie romantisiert nicht, sondern sie bleibt grausam nüchtern und erschreckend wahr. Erschreckend – dies Wort gilt nicht für mich, der das Tragische und am liebsten das geheim Tragische des Daseins in Büchern als höchste Tugend ehrt, wohl aber vielleicht für ein breiteres Publikum, das, weil diese selbst Monotonie unbewußt erlebend, im Geschriebenen wie auf der Leinwand immer eine Spannung sehen will, bewegte Schicksale, und das unbewußt Depressive dieser Gestalt als genant empfinden wird – gênant für ihre Sorglosigkeit, für ihren Amüsierwillen, ihr Darüberhinwegwollen im eigenen Dasein. Sie haben es gewiß von Anfang gewußt, daß Sie hier einer Publikumsneigung im innersten entgegenwirken – die Menschen wollen immer nur Reichtum sehen, reiche Milieus, tropische Charaktere, rare und kuriose Erlebnisse – aber nichts ehrt Sie mehr, als daß Sie auf der Höhe Ihres Schaffens das Allerschwerste auf sich genommen haben, das dem Künstler vorbehalten ist: die arme Existenz zu schildern, die Tragödie der unzähligen Anonymen. Diese Menschen lesen nicht die Bücher in den ersten vier Wochen, insolange sie modern sind, sie kommen erst langsam an sie heran – dann aber werden Sie einzelne Dankbarkeiten erhalten, die Ihnen wirklich glückhaft sein müssen. Als Mann des Metiers muß ich ein wenig neugierig sein auf den Wiederhall im Kreise der Geistigen, ob diese das bewußt Heroische dieser Chronik wahrnehmen und würdigen können, das für uns Österreicher noch überdies besonderen dokumentarischen Wert hat. Das Gefährliche einer solchen Chronik im Gegensatz zu einem wirklichen Roman entgeht mir natürlich nicht, nämlich daß im Roman alle Gestalten auf Wiederkehr gestellt sind, also dramenhaft, während hier die meisten nur einmal episodisch auftreten und dadurch leichter dem Gedächtnisse verschatten – mir fließen die einzelnen Familien der Lehrerin in der Erinnerung schon ein wenig zusammen, aber dies war nicht zu vermeiden, denn sie bedeuten ja nichts als

Meilensteine, um den Weg zu messen. Sie wissen so viel von den Geheimnissen der epischen Prosa, daß Sie da mit Sparsamkeit gearbeitet haben, wo ein anderer in breiten Milieuschilderungen sich und die Leser erschöpft hätte, und ich glaube, daß die gewisse Silhouettenhaftigkeit der Nebenfiguren gegenüber der Prägnanz der Hauptgestalten Ihre rechte und richtige Einsicht war.

Lassen Sie sich nun ruhen auf solcher Leistung, die für uns Jüngere gleichzeitig eine Lehre bedeutet. Wie wunderbar, daß Sie aus solcher Fülle schöpfen können, und das selige Spiel des Erfindens sich Ihnen fast noch leichter als in den jugendlichen Jahren gewährt. Könnte dies Buch meine seit den Knabenjahren rein bewahrte Verehrung und Liebe noch erhöhen, so hätte es dies gewißlich in mir getan, aber vielleicht ist schon jene kristallene Festigkeit des Gefühls vorhanden, die durch ein gelungenes Werk nicht mehr gesteigert und durch ein mißlungenes nicht mehr gemindert werden könnte. Seien Sie dieser meiner lautersten und in ihrer Unabänderlichkeit verläßlichen Gesinnung aufrichtig gewiß! Und erlauben Sie mir, das[!], wenn ich nächstens nach Wien komme, ich Ihnen noch glückwünschend die Hand reiche.

Treulichst Ihr
Stefan Zweig

An Romain Rolland

Salzburg 24. Juillet 1928

Mon cher ami, je partirai demain pour trois semaines: le fesitval commence, donc il faut filer. J'ai un dégoût devant [= de] tous ces rassemblements de cabotins théatrals [= théâtraux] et lit[t]éraires. J'irai au bord de la mer pour vivre et pour travailler, ce qui est [tout] un pour nous.

Après [= Au bout de] cinq ans j'ai repris la tragédie de [!] Adam Lux. Elle a mûri en moi depuis la révolution Russe. C'est plutôt un[e] biografie [!] dramatique qu'un drame – pas des [!] femmes, aucune parole d'amour, seulement la déception de l'enthousiaste devant la réalité et le contrast[e] du révolution[n]aire idéal et le [= du] réalisme. Les faits en Russie – Trotski, la mort de Joffe –

m'ont donné le courage de reprendre ce travail. Il est bien loin de votre Lux, il est plus jeune (28 ans comme [= qu'] en réalité) et en contraste avec Forster plus vieux de vingt ans. Et une chose occupe une grande place qui ne rentrait pas dans votre conception: il se sent responsable pour Mayence comme initiateur de la révolte et la chute de la ville le décide beaucoup plus que la rencontre avec Charlotte [Corday]. Comme invention j'ai ajouté un[e] rencontre (tout à fait possible) avec André Chénier qui lui lit son ode à Ch[arlotte] C[orday]. Je n'espère rien sur la scène et très peu chez les écrivains. C'est un travail pour moi – j'ai besoin d'exprimer mes idées sur la révolution comme dans le Jérémie ceux [= celles] sur la guerre[.]

Je suis hanté du désir d'un grand voyage. Je voudrais voir des pays très lointains, de [!] vivre deux mois sans voir une lettre, une revue, un journal. Souvent je sens mes forces moraux [!] défaillir devant cette multitude des [!] demandes. On se sent impuissant avant [= devant] ce torrent des [!] livres, des [!] lettres, et je sens que je commence à lire négligemment, à remercier vaguement sans la précision et la franchise nécessaire – un peu le genre Victor Hugo qui jetait une phrase aimable au lieu d'une parole sincère. Il faut connaître et observer ses dangers. C'est la même [chose] pour nous tous. J'ai vu le vieux bon [= bon vieux] Bahr: il me dit aussi qu'il ne [= n'en] peut plus, car vous ne divenez pas qu'elle [= quel] nouvelle [!] fléau le [!] radio, les conférences, ces terribles organisations en Allemagne représentent. C'est la première fois depuis des mois que je pourrai lire des livres maintenant: j'ai mis dans ma valise Platon et [d']autres œuvres sérieuses. Heureux ceux qui ont le cœur indifférent et cet égotisme de l'œuvre qui les préserve des [!] penser avec les autres.

Mauvaises nouvelles de La[t]zko. Il est toujours en Hongrie au sanatorium. Je sais [= connaîs] maintenant sa maladie (qui [= que] lui-même ne connaît pas [!] ou feignait de ne pas deviner). C'est très grave. Il ne vivra pas [= plus] longtemps et on ne sait pas s'il faut [le] lui souhaiter. Le pauvre: ce qu'il s'est torturé moralement, neurasthéniquement avec des dangers et des soucis irréells [!]. Et maintenant c'est la réalité et ses forces se sont épuisé[e]s.

J'attends impatiemment le Beethoven. Ici on donnait [!] ces

jours[-ci] la fameuse messe de Benevoli (la première fois après [= depuis] 300 ans). Je trouve qu'on néglige trop la vieille musique: ce qu'il y a encore à découvrir! Quel roman pourrait-on faire de toute cette génération des maîtres oubliés, de ces précurseurs, [tous] engloutis tous [!] dans la gloire de Mozart et de Händel! Vous avez au moins commencé leur histoire! J'espère [que] vous n'avez pas trop chaud à Villeneuve et pas trop des [!] visites. Habitué déjà au mensonge je dis à chaqu'un [= chacun] que vous passez l'été dans [= sur] les hauteurs!

Votre fidèle

Stefan Zweig

Une affaire dégoûtante! On m'écrit de plusieurs parts [= côtés] pour une protestation. La Russie prépare l'édition du «Journal» de Tolstoï qu'il avait expressis verbis réservé au peuple, à tous donc. La famille Tolstoï a pris des copies secrètement qu'elle vend maintenant avant la grand[e] édition officielle aux éditeurs, violant donc encore une fois la volonté testamentaire du vieux! Et le fils joue le rôle de son père au cinéma à Hollywood. Quelle sinistre comédie à faire! Mais je n'ai pas protesté – il faudrait connaître leur situation matérielle et leurs arguments aussi.

An Romain Rolland

Salzburg 31. Aug 1928

Mon cher ami, je reçois [en] ce moment l'invitation des Sowjets [!] de représenter l'Autriche au centenaire de Tolstoï et j'ai pris vite ma résolution: j'accepte. Et je partirai pour Moscou le 7 Septembre. Il faut voir, il faut connaître, tant que la carcasse et le cerveau tient [= tiennent]. Je ne me trompe pas sur le fait que je ne verrai pas tout: mais je verrai beaucoup et je veux bien fermer ma [= la] bouche et bien ouvrir mes [= les] yeux.

Et vous, mon ami? Est-ce que votre santé vous permet ce voyage? Peut-être le fait qu'on pourrait voyager ensemble vous encouragerait. On pourrait partir ensemble de Vienne et je vous défendrais comme un lion.

Je laisse mon travail à [= de] côté. De [!] voir la Russie, voilà ce qui importe. Il faut connaître pour juger.

Connaissez-vous d'ailleurs le «Führer durch Sowjetrußland» de Baedeker édit par le Sowjet [!]? Un livre très instructiv [!]. Depuis que je l'ai lu je suis tout[e] curiosité.

J'ai eu deux visites ces jours [-ci], retournant [= revenant] de Hollande: James Joyce et G.A. Borgese. Joyce est émouvant: il souffre des yeux d'une façon terrible et ne cesse pas néanmoins de travailler. Et Borgese, mon vieux [!] ami, m'a ouvert largement son cœur. Il était venu exprès pour parler avec un ami. Et parler, c'est pour eux une joie si [= aussi] neuve et passionnante comme [= que] pour nous autres – je ne sais quoi. Nous n'avons rien que [qui] nous donnerait un[e] telle exubérance, une joie si [= aussi] ivre et dangereuse que pour ces pauvres prisonniers de la parole la franchise. Naturellement je ne peux rien vous écrire de ses confidences amicales: sa position est tellement difficile que je [ne] mentionne devant personne excepté de[vant] vous qu'il ma [!] rendu visite. Il avait des larmes dans les yeux en parlant et moi aussi: c'est plus [!] pire, mille fois plus [!] pire comme [= que] notre sort pendant la guerre. Et nous les aidons le mieux – – par le silence. Chaque appel en leur faveur est dangereux. Mais la folie ne peut pas durer.

Mon ami, quelle joie si votre santé permettraitt à vous [= vous permettrait] d'aller à Moscou! Cela serait une fête pour la Russie, une glorieuse gratitude pour la lettre éternelle de Tolstoï [adressée] à vous. Je veillerais sur vous mieux que vous-même.

Fidèlement votre

Stefan Zweig

An Friderike Maria Zweig

[Moskau, undatiert;
Poststempel: 11. 9. 28]
Dienstag Mitternacht

L. F. rasch ein paar Zeilen. Angekommen Montag 3 Uhr begrüßt, photografiert, cinematografiert, gewaschen, geplaudert, gegessen[,] um sechs in das herrliche Opernhaus[,] das viertausend Personen faßt, drei Stunden auf der Tribüne den Reden zugehört, dann selbst eine improvisiert während sechs Scheinwerfer einem die Augen blendeten und neben einem der Kinematograf curbelte, vor einem das Radio und 4000 Personen standen, dann um 1 Uhr nachts noch durch die Stadt. Morgens Dienstag Dostojewskimuseum, das herrliche historische Museum, dann das Tolstoi Haus eröffnen geholfen, tausend Leute kennen gelernt[,] dann ins Tolstoi Museum (mein Tolstoibuch wird an allen Straßenecken für 25 Kopeken verkauft und wie die »Stunde« von Colporteuren ausgerufen)[.] Nachmittags bei Boris Pilniak mit allerhand Russen, nachher bei Antiquaren und über alle Straßen in der Droschke[,] abends Opernhaus Eugen Onegin, jetzt 12 Uhr Abfahrt nach Tula, Ankunft morgen Mittwoch 6 Uhr[,] mit dem Auto dann nach Jasnaja Poljana, nachts wieder Schlafwagen zurück (was ist ein Bett)[,] Donnerstag 4 Museum [!], 10 Besuche vorgesehen, auch zu Gorki, abends Theater, nachts Bummel, Freitag ähnlich viel, ebenso Samstag. Samstag abends, von meinem Verleger geladen »Ausflug« nach Leningrad, 12 Stunden Schlafwagen, Sonntag Rembrandts und Leningrad, Sonntag abends im Schlafwagen 12 Stunden zurück, Montag (falls der Zug geht) im Schlafwagen nach Warschau, Dienstag Schlafwagen nach Wien bis Nachmittags, Donnerstag spätestens Freitag Salzburg. Wann soll ich da für Herrn Reclam Vorreden schreiben? Alles rasend interessant. Ich bin glücklich alles gesehen zu haben, es ist ein Eindruck für das ganze Leben. Mach also Du mich von Reclam los, beantworte alle Briefe mit dem Vermerk, ich bliebe noch einen Monat aus. Mir geht es gut, ich fühle mich durch die Intensität der Eindrücke frisch und besser als je. Herzlichst

Dein

Stefan

Schreibe Mama und Alfred, ich komme zu nichts[.]

An Romain Rolland

Salzburg, 21. September 1928.

Lieber, verehrter Freund!

Verzeihen Sie, daß ich Ihnen nicht in französischer Sprache schreibe, sondern deutsch, oder vielmehr diktiere, denn ich komme gerade aus Moskau und Leningrad zurück und es ist so viel zu tun und so viel zu sagen. Daß Sie, lieber Freund, nicht kamen, habe ich einerseits bedauert, denn nichts läßt sich an Interesse dem gegenwärtigen Rußland vergleichen, andererseits entlastete das Gefühl, die Reise hätte Sie überanstrengt, umso mehr, als die Organisation im Einzelnen nicht die glücklichste war. Ich verstehe nun viel mehr und vor allem die zögernde Haltung, die man selbst nach seiner Rückkehr einnimmt, die Unentschiedenheit, darüber zu schreiben, denn die Sache hat ein zwiefach Gesicht.

Man steht vor einer ungeheuren Leistung und nur, wenn man an Ort und Stelle die gigantische Prunkmasse der Zarenpalais und die unermeßliche Armut einer russischen Dorfhütte gesehen, vermag man zu ermessen, daß hier eine Spannweite existierte mitten im 20. Jahrhundert, wie sie Europa längst nicht mehr kennt, und begreift, daß dieser Strang zerreißen mußte. Diese[r] sinnliche Eindruck von der Notwendigkeit der russischen Revolution und ihrer bolschevistischen [!] Form überwältigt. Man kann nicht anders als ein »Ja« und »Selbstverständlich« sagen.

Dem Volke ist ein Ungeheueres gewonnen worden – freilich muß unser Instinkt sofort hinblicken, wer die Verlierenden sind, und die sind (nebst der ausgerotteten Klasse des Adels und des Kaiserhauses) gerade die Menschen, die uns am nächsten stehen, die Geistigen, die Freien, die Unabhängigen. Was diese Leute gerade jetzt in der letzten Zeit der Höchstspannung (es schwebt eine schwere wirtschaftliche Gefahr über Sowjet-Rußland) erlitten haben, war beispiellos, und daß sie es überdauerten, nur eben aus der russischen Leidensfähigkeit zu ermessen und zu erklären. Ich habe Wohnungen gesehen in Moskau und von anderen gehört, die nicht menschenmöglich sind und in denen Wissenschaftler arbeiten. Aber dies der Regierung als Schuld anzumessen, geht nicht an, wohl aber die völlige Beraubung der Meinungsäußerungs-Freiheit. Ich spüre genau die Grenze, die uns von diesen Menschen trennt. Sie versprachen Gleichheit, gingen aber in einem Ressentiment weiter und haben eine neue Ungleichheit geschaffen, indem sie ein (zahlenmäßig) geringfügiges Proletariat gewaltsam hochzüchten wollen, es mit ihrer Ideologie dogmatisch binden und alles, was an freier und unabhängiger Intellektualität existiert, damit unterdrücken. Ich weiß nicht, ob Ihnen der tragische Fall der Schülerselbstmorde in Moskau bekannt ist. Die Regierung hat die Universitätsplätze beschränkt und da eine bestimmte Abstufung der Berechtigung eingeführt: zuerst Söhne von Arbeitern, dann Söhne von Bauern, dann drittens erst Kinder von Intellektuellen und Beamten, für welch letztere natürlich sehr wenig übrig geblieben ist. Gerade diese sind es nun, die naturgemäß als Söhne von Ärzten und kulturellen Menschen dem Studium zustreben, und da ihnen auch die andere Möglichkeit verwehrt ist, nämlich im Ausland zu studieren (niemand bekommt mehr einen Auslandspaß wegen der valutarischen Verhältnisse), sind eine Unzahl Selbstmorde, wie man mir aus verläßlichster Quelle sagte, vorgekommen. Diese Unfreiheit, das Weder-ins-Ausland-Können noch frei reden oder sprechen zu dürfen, lastet schwer auf den meisten, und die Behauptung, daß sie z. B. Militärverweigerer schonen, entspricht, wie mir die Tolstois selber sagten, durchaus nicht den Tatsachen. Im übrigen hat sich Sascha Tolstoi in Jasnaja Poljana ausgezeichnet gehalten, frei und offen betont: in dieser Schule werden nie militaristische und atheistische Ideen gelehrt werden dürfen, worauf Lunatscharski, selbst ein Gefangener, sofort antworten mußte, natürlich die alte Leier aufziehend, man verabscheue den Krieg, aber, aber, aber – umringt von Feinden, müsse man gewappnet dastehen (Melodie Wilhelm II. und Poincaré). Diese geistigen Dinge stehen also äußerst schlimm und wahrscheinlich schlimmer als je. Dennoch aber glaube ich, wäre es ein Fehler, der russischen Revolution jetzt in den Rücken zu fallen. Ihre Situation ist ungefähr, wenn ich richtig sehe, der 2. oder 3. Thermidor, irgendeine Wendung, eine verschleierte Form der wirtschaftlichen Kapitulation scheint mir unvermeidlich. Es herrscht ein Zwangskurs für den Rubel (in Polen bekommt man vier Rubeln für einen Dollar, in Moskau bei Todesstrafe nur 1,92 Rubeln). Solche Spannungen können sich erfahrungsgemäß nicht halten. Es war schon besser in den Jahren 1924/25, inzwischen aber hat die Union den Krieg gegen England verloren, das heißt, ungezählte Goldmillionen in das chinesische Abenteuer und in die auswärtige Agitation gesteckt, die ihr jetzt fehlen. Dazu ist das Landwirtschaftsproblem katastrophal gelöst, kurz, es geht anscheinend wirtschaftlich verzweifelt, und das wissen zweifellos auch die auswärtigen Mächte. Wenn ich die Situation richtig sehe, so geht es jetzt in Paris nicht um das Rheinland, sondern darum, daß Deutschland Rußland fallen lasse. Nur so ist jener drohende Hinweis Briands auf die Unehrlichkeit Deutschlands zu verstehen, das ja tatsächlich seine Dollarkredite nach Rußland in Form von Waren weitergibt und riesige moderne Kriegsfabriken dort errichtet hat. Wenn tatsächlich Deutschland die Hand abzieht, wäre die russische Revolution wohl erledigt. Und das wäre meines Empfindens trotz allem und allem und allem ein furchtbares Unglück für die Welt, denn wir stünden dann einer Reaktion gegenüber, wie sie ähnlich geschlossen und einheitlich nie in Europa gesehen wurde. Ohne für den Augenblick den Terror anzuerkennen oder zu entschuldigen (der natürlich an dem Maße der Schwierigkeit der Situation gewachsen ist), muß ich doch heute vieles bewundern, was in den zehn Jahren dort geleistet worden ist, vor allem die vorbildliche Lösung der Nationalitätenfrage; dieser Irrsinn ist gänzlich und glücklichst erledigt. Und auch sonst haben sie in organisatorischer Hinsicht viel erreicht (man muß immer sich daran erinnern, daß es tausendmal schwerer ist, in dieser der Masse nach organisationsunfähigen Nation eine gewisse Straffheit der Verwaltung über einen ganzen Weltteil hin zu schaffen). Man steht eigentlich bewundernd vor einer Leistung, die nur durch das Zusammentreffen zweier Umstände möglich war: durch die beispiellos rabiate, brutale, fanatische Energie einer Handvoll Führer und die unbeschreibliche, europäisch unvergleichliche Leidensfähigkeit und Geduld dieses

Volkes, das seit 15 Jahren ohne zu murren, ein Quantum Entbehrung auf sich nimmt, das Pariser oder Berliner nicht 15 Wochen lang durchhalten würden. Auch bei den Gelehrten, auch bei den Künstlern ist die gleiche heroische Resignation. Sie knirschen mit den Zähnen, sie verabscheuen den Terror und doch, kein einziger von ihnen verleugnet die Revolution, kein einziger möchte, daß ihre Errungenschaften wieder verloren gehen.

Es fehlt jetzt dort nichts als Geld, eine Anleihe – fremde Kaufleute, privater Unternehmungsgeist – kurz all das, was sie bekämpfen, und es scheint, daß sie in diesem Punkte, hinter allerhand Paragraphen verschanzt, kapitulieren werden, wenigstens für einige Zeit, nur um durchzuhalten. Das wäre das Klügste, obwohl man von diesen starren Dogmatikern gerade Klugheit nicht erwarten darf. Jedenfalls, die Kontinentalsperre würgt die Menschen dort furchtbar, und es wäre verbrecherisch, sie jetzt durch irgendwie öffentliche Angriffe schwächen zu wollen und es wäre vor allem gegen den Sinn und die Absicht jener Intellektuellen, denen wir eigentlich helfen wollen. Abgesehen davon, daß jede Veröffentlichung meinerseits die Leute in Gefahr bringt, die ich gesprochen habe (jedes Telefongespräch, jede Begegnung wird dort kontrolliert), so handelte man damit auch gegen den inneren Wunsch jener Menschen, die, wie ich betone, doch für die Revolution sind und nur unter dem Augenblick des Terrors so schwer leiden. Auch 1793 haben es alle Republikaner bedauert, aus einer Nervenunruhe Robespierre gestürzt zu haben: wahrscheinlich wird auch dort mit einer besseren wirtschaftlichen Lage eine Milderung einsetzen.

Ich sage Ihnen also hier privat meine Eindrücke im politischen Sinn. Die künstlerischen sind natürlich ungeheuer, und schon das Grab Tolstois zu sehen, sowie das einzige Volk, die seit zehn Jahren stärkste Emotion für mein Leben. Ich sprach auch Gorki, dessen Eindrücke im ganzen positive sind, obwohl er nicht den lärmenden und zu allem jauchzend ja schreienden Servilismus von Henri Barbusse teilt (den merkwürdiger Weise die Russen selbst nicht sehr schätzen, weil er sich so vollkommen zum literarischen Agitator, zum Hofdichter der G. P. U.

herabgewürdigt hat und alles, alles, alles herrlich findet, ohne jemals ein Wort des Einspruchs oder der Reserve zu wagen). Es besuchte mich auch jener Bauerndichter Dutschenski und steckte mir sehr heimlich einen Brief für Sie zu, damit ich ihn über die Grenze bringe, und diesen Brief übermittle ich Ihnen anbei. Er zeigte mir auch den Ihren, doch muß ich Ihnen, lieber Freund, da mit aller Offenheit sagen, daß Sie in dieser Sache unrichtig informiert worden sind. Es ist nicht richtig, daß man in Österreich über einen solchen Fall, wie ihn dieser Mann (wohl auch irrig) schildert, nicht schreiben kann – im Gegenteil, im Gegenteil, die sozialistisch radikalen Blätter wären glücklich, überglücklich, begeistert, einen solchen Fall von germanistischer Rohheit [!] auswälzen, aushämmern und agitatorisch verwerten zu können. In Graz sind außerdem neben der sozialistischen Partei noch Leute wie Professor Ude, ein Mann äußerster Courage, der sich gewiß nichts verbieten ließe, aber ich betone es nochmals, es gehört gar keine Courage dazu und wenn Ihr Gewährsmann irgendeine sozialistische Zeitung in Graz oder einen Abgeordneten oder Prof. Ude oder die (sehr energische) Präsidentin der Frauenliga (die Ihre Schwester ja kennt), aufgesucht hätte, so wären alle diese nicht ihm nur zur Verfügung gewesen, sondern, wie ich es nochmals betone, geradezu glücklich, einen solchen agitatorischen Haupttreffer in die Hände zu bekommen. Ich muß leider befürchten, daß der Mann in eine ganz gewöhnliche und unpolitische Prügelei geraten ist und selber nicht verstanden hat, was vorging, und ich möchte sehr wünschen, daß er mir seine Gewährsmänner in Graz nennt, die den Dingen beigewohnt haben, damit ich sofort der Sache nachgehen kann.

Dieser Brief ist zwar sehr lang, müßte aber sechzigmal länger sein, wollte ich Ihnen nur ungefähr die Eindrücke übermitteln. Das Entscheidende darin ist wohl, daß ich sicher bin, einmal ausführlicher nach Rußland zurückzukehren und dieses interessanteste, lebendigste aller Länder genau zu durchreisen. Und so erschüttert ich auch über die momentanen Schicksale der Intellektuellen war, über die supramussolinische Diktatur, so kann ich doch den Unterschied nicht verkennen, daß jene eine aggressive ist und die russische zur Zeit eine defensive, um einen der gefährlichsten Augenblicke zu überwinden. Glauben Sie ja nicht, daß ich mir Potem'kinsche Dörfer zeigen ließ – ich habe keinen der politischen Menschen gesprochen (auch mit Lunatscharski nur en passant), habe mir nicht die appretierten Gefangenenhäuser u.s.w. zeigen lassen. Das überzeugendste für mich war der Besuch im Zarenpalais und der Blick auf das maßlose Elend, das jene als Erbe übernommen haben, und die große Gläubigkeit im ganzen Volke trotz aller gräßlichen Entbehrungen. Während alle Völker Europas nur davon träumen, reich zu werden und einer mächtiger als der andere, wartet hier noch geheimnisvoll eine absolute Idee, irgend etwas Religiöses und Übermaterielles, das einen wider Willen in seine Atmosphäre zieht.

In Verehrung und Freundschaft getreu Ihr

Stefan Zweig

J'ai oublié une chose importante. Le Burgtheater de Vienne a accepté les Léonides et vous prie de lui reserver le droit de la première représentation mondiale. Ecrivez leur une parole. Ils le monteront immédiatement[.]

En Russie j'ai trouvé des exemplaires de ma biografie [!] sur vous, paru en Russe 1923. On ne m'avait jamais averti.

An Heinrich Eduard Jacob

[Salzburg, undatiert; vermutlich Ende September 1928]

Lieber Heinrich Eduard Jacob, obwohl ich nicht weiß, ob diese Zeilen Sie nicht als unberufene anfassen, nachdem Sie unserer alten Freundschaft die Tür so plötzlich ins Gesicht geknallt haben, muß ich Ihnen doch ein paar Worte über Ihr Buch sagen. Gerade weil Sie meinem Gefühl nach ungerecht wider mich handelten, zwingt es mich zu aktiver Gerechtigkeit: so nahm ich aus dem Einlauf, besser gesagt, Einstrom dieser Tage nur Ihr Buch und las es sofort. Ich liebe es beinahe fanatisch seitdem, nicht nur als Ihr bestes, sondern eines der besten überhaupt, die mir im letzten Zeitablauf begegnet sind und dies nicht bloß um der bezaubernd leichten, hellsichtigen Kunst willen, dieser porzellanleuchtenden Farbigkeit des Worts, sondern um seiner linden Menschlichkeit. In Ihren letzten Novellen erlebte die Kunst sich selbst, sie waren Geistspiel allerhöchsten Rangs, aber nicht das Mittelste und Wichtigste unserer moralischen Existenz einmengend, sie galten dem Künstler in uns, indeß diese zarte, im edelsten Sinn neu-romantische Novelle bis zum letzten vordringt der Zeit, der des Geschlechts und des Schicksals der Europäer. Sie ist neben ihrer Schönheit in einer geradezu belehrenden Weise wahr und ihr Urmotiv, daß man in Deutschland (sagen wir besser: Europa) Leiden und Niederlage bloß als Störung empfindet, eine entscheidende Erkenntnis. Wie wahr sie ist, durfte ich jetzt in Rußland erfahren, dessen Existenz und Fortdauer mir seitdem erst verständlich ist durch die eingeerbte Leidensbereitschaft von Millionen, durch die erhabene Gleichgiltigkeit gegen das bischen [!] Luxus und wütige Geldraffen. Ihr Buch, an dem mich nichts stört als das kinoplakatige Titelblatt, dient wahrhaft einer mächtigen Idee, indeß es nur zu erzählen, nur zu schildern scheint; das war Ihnen noch niemals annähernd so vollendet gelungen, selbst im Untergang der dreizehn Musiklehrer nicht. Dort war die Erbitterung noch nicht ausgegoren, die Herbigkeit nicht durchgekeltert – hier hat sich das Stoffliche von aller bittern Herkunft erlöst ins Geistige, nahe Gegenwart in zeitloses Symbol. Ich bin sehr stolz für Sie auf dieses unvermutete und durchaus originale Werk und wünsche ihm den verdienten, also den ganz großen Erfolg.

Noch eine Bitte: antworten Sie mir nicht. Knüpfen wir nicht mit literarischem Hanf ein leider zerrissenes Band. Lassen wir dies persönlicher Begegnung oder sonst einem erneuten Verbundensein. Nur daß Ihre leicht wegwerfende Geste mich von Ihrem Werk und Wesen nicht losgemacht hat, sollten Ihnen diese Worte zeigen Ihres innerlich unverändert gesinnten

Stefan Zweig

An Romain Rolland

Salzburg, 3. Oktober 1928.

Lieber und verehrter Freund!

Ich hatte durch meine Reise nach Rußland etwas viel hier zu erledigen vorgefunden. So kann ich Ihnen erst heute schreiben und für Ihren lieben Brief danken und noch einiges über Rußland beifügen.

Um die ganze Situation verstehen zu können, war mir eines am meisten hilfreich: die Anschauung von der russischen Geduld. Nur durch sie ist verständlich, daß die Menschen dort seit vierzehn Jahren einen Zustand aushalten, der unsere europäischen Nerven vollkommen zermalmen würde. Sie sind das Leiden gewöhnt wie das Ungeziefer und die Unfreiheit lastet nicht so sehr auf ihnen – im tiefsten Grunde hat sich eigentlich im Verhältnis des Individuums zum Staate nicht viel verändert. Die Maschinerie ist dieselbe wie jene des Zarismus: Überwachung, Spione, staatliche Verschickungen, Willensdiktatur, ohne daß der Volkswille zum Ausdruck käme. Ja, es ist im gewissen Sinne noch schärfer, denn Freunde haben mich darauf aufmerksam gemacht, daß zur zaristischen Zeit jeder Verfolgte in irgendeinem Büro einen heimlichen Helfer hatte, jeder Flüchtige in einem Haus Unterkunft, denn die Sympathie stand unbewußt auf seiten der Revolution. Heute sind auch die Gegner des Regimes doch so sehr von der Notwendigkeit der richtigen Grundlinien Rußlands überzeugt, daß niemand etwa einen Trotzki bemitleidet oder gar dem einzelnen hilft.

Die Gefahr im ganzen scheint mir darin zu bestehen, daß sich ein neuer russischer Nationalismus entwickelt, ein – wenn ich so sagen darf – Sozialnationalismus. Zehn Jahre haben die Russen auf die Weltrevolution gewartet, nun scheinen sie die Hoffnung aufgegeben zu haben, nun empfinden sie sich als etwas, was von der übrigen Welt isoliert, eigenbeständig, besonders und (wie jedes Volk natürlich glaubt) allen anderen überlegen ist. Sie glauben nicht mehr an eine internationale Revolution, sondern an die russische und die Gefahr ist vorhanden, daß ebenso wie die französische sie in einem geistigen. National-Imperialismus enden wird. Mehr oder minder fühlen sie sich verraten von dem europäischen und auch von dem asiatischen Menschen und das gibt eine leichte Schärfe, die einmal schneidend und Waffe werden könnte.

Großartig aber hat mich im ganzen berührt, wie gleichgültig all die Menschen gegen ihren Besitzverlust sind (auch die Emigranten). Während in Europa die Menschen mehr unter dem Verlust ihres Vermögens litten als unter dem ihrer Söhne im Kriege, vertragen die Leute in Rußland die Enteignung wie etwas Selbstverständliches – das nitschewo, es macht nichts, formt sich hier in einen großartigen Stoizismus um. In dieser großartigen Gleichgültigkeit der Menschen gegen das Materielle liegt die Kraft der Regierung und die moralische Intensität des ganzen Volkes. In dieser Hinsicht ist wirklich viel gelungen, vor allem auch die brutale Ausrottung der Korruption durch das neue System, die »Überwachung durch die Masse«, indem durch die Bauernzeitungen das Publikum öffentlicher Ankläger und Kontrolleur bis ins kleinste Dorf geworden ist, so daß jeder Angestellte einen tausendäugigen Beobachter um sich fühlt, unendlich gefährlicher als die einzelnen Spione. Ich kann Ihnen bezeugen, daß all das Gerede von dem Luxus der Führer eine glatte Unwahrheit ist. Wie haben wir es entbehrt bei dem Ausflug nach Jasnaja Poljana, daß weder Lunatscharski noch die Kamenewa ein Automobil, geschweige denn einen Sonderzug für uns zur Verfügung hatten. Und auch die einzelnen Beamten, Professoren, wie ich privatim sah, leben in einer vorbildlichen Einfachheit.

Eine Tendenz zur Ungerechtigkeit möchte ich Ihnen noch anmerken, weil Sie selbst einmal in dieser Frage Stellung nahmen: nämlich gegen die russischen Schriftsteller im Ausland. Sie werden glatt totgeschwiegen, ein Merischowski [!] so behandelt wie Sie jahrelang in Frankreich, also in künstlicher Vergessenheit begraben. Es scheint, fürchte ich sogar, den in Rußland befindlichen Dichtern bequem, damit eine gewisse Konkurrenz erledigt zu haben. Man verzeiht es keinem, der sich heute behaglich ins Ausland gesetzt hat und dort bequem lebt und verdient, man verachtet Schaljapin, die Pawlowna [!] und Karsawina, weil sie Geld verdienen, statt zuhause die Notdurft zu teilen, und es war ein richtiger Instinkt von Gorki, daß er für einige Zeit nach Rußland zurückgekehrt ist. In alledem schwelt und steckt schon wieder ein Ansatz zum Nationalismus und wir können ihn nur bekämpfen, indem wir brüderlich für Rußland eintreten und uns den häßlichen Lügen möglichst entgegenstellen. Freilich, der Terror ist nicht zu beschönigen, wahrscheinlich nur ist er der historischen Struktur Rußlands gemäß, denn – wie ich schon ausführte – die Russen leiden nicht in demselben Maße unter der Einschränkung der staatsbürgerlichen Rechte wie wir. Auch ist natürlich die Proportion eine andere, wenn 200 000 Intellektuelle oder 500 000 benachteiligt sind zum unleugbaren Vorteile von 140 Millionen, denen doch und trotz allem durch diese russische Revolution ein Zuwachs von Menschenwürde gegeben worden ist.

Im ganzen also: wir tun unbewußt unrecht, wenn wir unsere Maßstäbe von Freiheit an Rußland anlegen und zu viel auf einmal verlangen. Die politische Situation ist ja für die Führer noch immer gefährlich. Das chinesische Experiment hat sie anscheinend ihre ganzen Reserven an ausländischem Geld gekostet und sie haben harte Mühe, den künstlichen Kurs des Rubels aufrecht zu erhalten. Dazu haben ungünstige Ernten und der Ablieferungszwang (das berühmte Maximum der Französischen Revolution) die Einkünfte bedenklich gemindert. Sie werden vielleicht auf diesem Wege noch weitergehen müssen. Das Wichtigste für sie scheint zu sein, daß innerhalb dieser Übergangszeit eine ganze Generation heranwächst, die unbedingt radikal gegen jede soziale Reaktion eingestellt ist und daß der Kollektivitätsgedanke zu einer Art religiöser Überzeugung für das nächste Geschlecht wird. Man bekommt doch viel Achtung vor diesen Leuten, die einerseits brutale Fanatiker und dennoch keine Utopisten sind, die trotz des Scheiterns ihrer Grundmaxime von der Weltrevolution Rußland selbst als Welt konstruieren, als eigenen Erdball mit besonderen Daseinsformen. Ob ohne jeden Blutzufluß von Geld das Programm verwirklicht werden kann, vermag ich natürlich nicht zu übersehen. Jedesfalls, die Spannung ist groß und wenn sie überdauert wird, so geschieht es nur dank der märchenhaften russischen

Leidensfähigkeit. Diejenige Europas ist in den vier Kriegsjahren vollkommen erschöpft worden und wir sehen in allen Ländern einhellig nur mehr bei allen Klassen den Willen nach Reichtum und Genuß; in Frankreich wie in Deutschland hat das Volk seine ideellen Rechte zurückgestellt zu Gunsten ihrer [!] wirtschaftlichen Forderungen. Rußland ist vielleicht das einzige Volk, das heute um einer Idee willen noch geduldig alle Opfer auf sich nimmt.

Ich weiß nicht, ob ich Ihnen klarmachen konnte, wie schwer es ist, heute öffentlich Stellung zu nehmen, denn wir haben ja alle ein doppeltes Herz: erstens für den Menschen an sich und doch die geheime verwandtschaftliche Sympathie für den Geistmenschen, für den Intellektuellen, unseren eigentlichen Bruder. Nun zahlen gerade diese in Rußland den Preis für die Befreiung der 140 Millionen und da sie selbst fast alle lieber weiter leiden wollen als die Revolution scheitern zu sehen, so hieße es sie verraten, wenn man sie öffentlich verteidigt und die Regierung anklagt. So verstehe ich auch die ausweichende Stellung, die manche unserer Freunde nach ihrer Rückkehr aus Rußland in der Öffentlichkeit eingenommen haben: unsere Angst, den Gegnern Waffen in die Hand zu geben. Was wir tun können, ist, glaube ich, vor allem, die Lügen zu bekämpfen, die über Rußland im Umlauf sind, ohne wie Barbusse die wirklichen Härten und Grausamkeiten aus politischer Besessenheit zu entschuldigen und Rußland als einen Idealzustand darzustellen. Wenn ich darüber schreibe (freilich kein Buch), so wird es vor allem in dem Sinne sein, die erschütterte Sympathie Europas für ein Land wachzurufen, das noch immer im Jahre 1928 im Jahre 1918 hält, inmitten der Krisen und Zwangsmäßigkeiten. Und wir müssen trachten, daß zu unseren Kongressen und Veranstaltungen möglichst viele der Künstler herüberkommen, um unsere unverminderte Brüderschaft öffentlich zu betonen. Ich habe in diesem Sinne schon einiges unternommen und möchte es noch weiter fördern, und bin auch sehr gerne bereit noch ein zweitesmal [!] ausführlicher und vorbereiteter nach Rußland zu fahren. Hier ist etwas Verbindendes zu leisten, denn in Europa ist die Verständigung längst Geschäft der Geschäftsmänner, ein unwürdiger Schacher, zu dem wir Geistigen unbewußt die Tafelmusik machen. Jener erste Brief Dutschenkos [!] an Sie enthält wohl jene begeisterte Zustimmung zur Sowjet-Regierung, nur um die Zensur passieren zu können. Aber wenn man in all dieser Erbitterung die Menschen fragt, ob sie als Ganzes den Gang der Geschehnisse bejahen, so kommt ein merkwürdiges Zögern und sie wagen kein entschiedenes Nein. Unbewußt fühlen sie doch alle, daß, ebenso wie in der französischen Revolution, zunächst auf falschem Wege mit Irrtümern und Gewalttätigkeiten doch etwas Fortwirkendes geschaffen wird und doch durch Blut und Elend die Menschheit einen Schritt vorwärts gegangen ist.

Dem Burgtheater habe ich natürlich Ihren Bescheid weitergegeben, und Rieger nimmt die Angelegenheit persönlich energisch in die Hand. Hoffentlich erhalten Sie bald gute Nachricht und erfüllen unsere geheime Hoffnung, zur Premiere nach Wien zu kommen. – Verzeihen Sie, daß ich deutsch diktierte, um ausführlicher zu sein: das reichliche Reisen hat mich mit allen Dingen in Rückstand gebracht.

Treulichst und herzlichst Ihr

Stefan Zweig

Noch Eines zur Situation: die Rede Briands gegen Deutschland ist unverständlich, wenn man nicht die Hintergründe versteht. Rußland wird heute nur durch Deutschland gehalten. Nur England und Frankreich fordern von Deutschland als Preis, daß es Rußland fallen läßt. Deutschland will aber nicht, weil es Rußland als Drohung gegen Polen braucht und als zukünftiges Absatzgebiet. Hinc illae lacrimae!

An Adolf Brand

Salzburg, 19. Okt. 1928.

Sehr geehrter Herr!

Verzeihen Sie, daß ich Ihren Aufruf nicht unterschreibe. Ich halte es für gefährlich, wenn man zu rasch zu viel verlangt, und dieser Paragraph ist doch wohl ein Schutzparagraph, der einen Handel gefährlichster Art verbietet. Ich nenne ihn gefährlich nicht nur für die anderen, sondern für die Individuen selbst, weil erfahrungsgemäß bei diesen gewerbsmäßigen Homosexuellen der kaufmännische Höchstwert in der Jugend unterhalb 20 Jahren liegt, sie, alt geworden, dann nicht mehr fähig sind, einen wirklichen Beruf zu ergreifen und die übelsten Praktiken anwenden. Sie wissen, daß ich vollkommen frei denke, aber in diesem Falle schützt unbewußt und unbeabsichtigt das Gesetz die Menschen vor sich selbst. Allerdings haben Sie recht, daß eine Bestrafung bis zu zehn Jahren Zuchthaus da natürlich das Maß überschreitet, denn die Herren Juristen haben trotz aller Selbstdarstellung und Dichterdarstellungen anscheinend noch immer keinen klaren Begriff, was zehn Jahre Zuchthaus für einen lebendigen Menschen bedeuten. Aber immerhin, ich halte den Protest an sich in der vorgeschlagenen Form für eher schädlich als für wirksam.

Mit den besten Empfehlungen Ihr

Stefan Zweig

An Alfredo Cahn

Salzburg, 22. Okt. 1928.

Sehr geehrter Herr Cahn!

Ich danke Ihnen vielmals für Ihren lieben und freundschaftlichen Brief und die zugesandte Nummer der »Nation [!]«, die mir besondere Freude bereitet hat: selbstverständlich mögen Sie aus meinem Werke übersetzen, was Ihnen lieb ist, nur wegen einer Buchausgabe meiner Essays schweben jetzt in Spanien Unterhandlungen und da würde ich Ihnen sofort rechtzeitig Mitteilung machen. Dagegen hat es mich eigentlich gewundert, daß meine vollkommen freie Neubearbeitung des »Volpone« noch nicht im Spanischen Fuß gefaßt hat. Sie ist unzählige Male in Deutschland und allen europäischen Ländern gespielt worden, kommt in Paris in einer Übertragung von Jules Romains und hat in New York im Theatre Guild weit über hundert Aufführungen hinter sich. Vielleicht macht es Ihnen

Spaß, in dieses Werk Einblick zu nehmen; daß mir der »Jeremias« natürlich wichtiger ist, mögen Sie sich denken, und ich hoffe, es wird ja wirklich einmal dazu kommen. Ich weiß genau, mit wie scharfen Schritten das geistige Leben drüben vorwärts geht und glaube, daß nach Jahren eines gewissen Stillstandes in der spanischen Sprache gerade von Argentinien ein neuer Impuls ausgehen wird. Innerlich bin ich ja schon seit langem entschlossen, wieder einmal nach Südamerika zu kommen (nicht zu Vortragszwecken, sondern einzig um zu sehen). Ich kenne nur Mexiko und Kuba, aber ich glaube, daß es für uns wichtiger und interessanter ist als Nordamerika. Ich habe mich dort immer viel mehr seelisch verwandt und dem Lebendigen näher gefühlt.

Ihre Anthologie deutsch schreibender Dichter wird ein ungeheuer wichtiger Gewinn für Deutschland sein: ein solches Werk war seit langem vonnöten. Vergessen Sie nur ja nicht, es zu schicken, damit ich bei uns darauf gebührend hinweisen kann.

Mit den herzlichsten Grüßen und in aufrichtiger Dankbarkeit

Ihr
Stefan Zweig

An Erich Ebermayer

Salzburg, am 10. Dezember 1928

Lieber Freund!

Traurigkeit und Melancholie paßt so schlecht zu Ihnen wie ein schwarzer Schnur[r]bart zu blondem Haar. Im Gegenteil, wer weiß ob die Lösung nicht ein Glücksfall für Sie war, denn Rütten & Loening wären tausendmal besser und auch den Lektorberuf halte ich für den aufreibendsten und unerfreulichsten (ich weiß es, weil ich ihn selbst sozusagen ehrenamtlich seit Jahren ausübe).

Nur noch dies, ich fahre nächster Tage an den Genfersee, um mich ein wenig zu isolieren und hoffentlich auch zu arbeiten. Wann immer Sie aber zu uns kommen, das Haus bleibt zurück um Sie, den jederzeit freundschaftlichst Erwarteten freundlich zu begrüßen.

Herzlichst Ihr
Stefan Zweig

An Karl Geigy-Hagenbach

[Montreux, undatiert;
Poststempel: 26. 12. 28]

Verehrter Herr Geigy-Hagenbach, vielen Dank. Ich komme zuverlässig mit jenem Zuge 11^{37} an und finde es ungemein liebenswürdig, daß Sie mich abholen wollen aber bitte nur, wenn Sie gar nichts anderes vorhaben! Von Maggs bekam ich aus der Sotheby Auction (als Weihnachtsgeschenk, das ich mir selber kaufte) eine Blake Zeichnung und den Strawinsky. Dagegen brachte (ich kann es gar nicht glauben) Dickens nach seiner Mitteilung 7500 Pfund. Ich glaubte wahnwitzig leichtsinnig zu sein, als ich 700 dafür bot! Man sieht an solchen Zeichen, wie arm Europa im Vergleich mit America geworden ist. Ich freue mich schon sehr und grüße Sie herzlichst als Ihr ergebener

Stefan Zweig

An Manfred Sturmann

Salzburg, 17 Jan. 1929.

Lieber Herr Sturmann!

Ich bin schwer in Ihrer Schuld und wollte doch besser wissen, wofür ich Ihnen alles Dank schuldig bin: so mußte ich erst Ihr Buch aufmerksam an mich nehmen, um die Hand recht frei zu bekommen zum Dank. Von den beiden Novellen hat mich eigentlich nur die zweite sehr überzeugt – die erste umwittert noch ein ganz dünner Resedenhauch von Sentimentalität. Der zweiten hingegen eignet eine elementare und wahre Novellenidee, ein wirklich tragender, überzeugender Einfall und er ist mit aller Härte und Schwungkraft durchgeführt. Mich hat die Novelle ungemein berührt, nicht nur, weil mich selbst verwandte Themen gerade beschäftigen, sondern weil sie wahrhaft lebenstragisch ist und gegen die andere, zwei Jahre früher verfaßte, einen ruckhaften Fortschritt zeigt. Sie dürfen (bis auf den unglücklichen Titel) mit dem Anfang wohl zufrieden sein und ich wünsche Ihnen wirklich von Herzen, daß Ihnen nun das Umfassendere gelingen möge, zu dem Sie sicherlich ausholen. – Ich hoffe, daß ich noch zurecht komme, um dem Buch in Wien eine Anzeige zu vermitteln, und daß es nicht schon vergeben ist. Ich frage noch heute nach.

Nach dem Dank, diesem leicht und frei gesagten, der andere, schwer zu formulierende, weil beschämte: ich bin nach leider 25 Jahren literarischer Tätigkeit noch immer bestürzt und geniert, wenn ich über mein Dasein und Am-Werk-Sein von einem Menschen besonderen Zuspruch erhalte, und so auch diesmal. Aber könnte ich doch Ihnen endlich einmal persönlich begegnen! Ich war jüngst in München, gerade einen Abend, um am Geburtstage meines verehrten Freundes Carossa nicht zu fehlen. Aber vielleicht lockt Sie einmal der schöne Schnee oder sonst der Frühling, die zwei Stunden elektrischer Fahrt nach Salzburg herüber zu wagen: dann könnte ich Ihnen meine Erkenntlichkeit viel besser sagen als mit diesen gewissermaßen errötenden Worten.

Herzlichst, aufrichtigst Ihr
Stefan Zweig

An Victor Fleischer

[Salzburg, undatiert;
Poststempel: 14.II.29]

L. V. ich habe mich gerade in diesen Tagen mit Pietro Aretino beschäftigt und da fiel mir auf, daß einer der seltensten und schönsten teuersten und gesuchtesten Bücher die alte deutsche Übersetzung der Raggionamenti [!] ist zu deutsch »Italiänischer Hurenspiegel«. 1672 Nürnberg. Die neue deutsche Übersetzung hat seiner Zeit der Inselverlag geheim gebracht, sie ist längst vergriffen und Rarissimum. Ein Facsimiledruck (Manul) jener alten Übertragung wird meiner Meinung in 600 Exemplaren sofort vergriffen sein. Sieh es Dir einmal in der Kgl. Bibliothek an, es enthält sehr schöne Holzschnitte und wäre, glaube ich, ein fabelhaftes Geschäft. Totus tuus

Stefan

Hoffentlich bist Du nicht erfroren!

An Otto Heuschele

Salzburg, 22. Febr. 1929.

Lieber Freund!

Ich danke Ihnen sehr für Ihre Gabe des Humboldt und will die Aufsätze sofort lesen. Zu meiner Schande gesagt, ich kenne so viel wie gar nichts von Humboldt, nicht einmal die Brautbriefe, deren Sie so schön in Ihrem bedeutenden Aufsatz gedenken. Das ist eines jener Bücher, für das man ein rundes und konzentriertes Stück Zeit braucht. Ich habe es mir notiert für eine Liste, welche Bücher ich mir einmal für ein Abseits mitnehmen will. Man steht eigentlich in einer Art Bücherkarussell und wird wirblig vor lauter Namen und Titeln. Man gewöhnt sich ein rasches, hastendes, ein bloß schupperndes Lesen an. Erst in der letzten Zeit dämme ich energisch, schreibe nicht über Bücher und lese nur wenige. Von deutschen hat mir großen Eindruck gemacht das Buch von Remarque »Nichts Neues im Westen« [!] und der neue Roman von Robert Neumann »Sintflut«, eine epische Leistung gewaltigen Ranges, nur etwas überpulvert. Dazu allerhand französische und dazu viel für meine eigene Arbeit – über die französische Revolution und Kaiserreich könnte ich jetzt ein Lexikon herausgeben, so sehr beherrsche ich die Materie bis in's Kleinste. Das scheint unergiebig, so in Geschichte zu wühlen, aber während ich am Fouché arbeitete (der im Herbst erscheinen soll), geriet ich auf einen ausgezeichneten Stoff für ein Drama, das mich jetzt beschäftigt. Es ist ein Komödienstoff ersten Ranges, der mir aber aus der leichten Sphäre unmerkbar hinausglitt. Es wird wohl eine Tragikomödie, oder ähnlich wie Volpone eine bittere Komödie werden. Wenn es nur gelingt! Ich stecke noch ganz in den ersten Niederschriften.

Sollte ich Ihnen über die Anthologie noch nicht geschrieben haben, so war es vielleicht auch aus einer gewissen Enttäuschung, nicht an Ihrer Auswahl, weiß Gott, die ausgezeichnet ist. Aber vielleicht habe ich irgendwie schon die Einfühlungsfrische verloren oder das Maß der Wichtigkeit, kurzum: ich fand keinen wichtigen Zeitrhythmus in all diesen jungen Menschen, der mich packte und mitriß wie ein Gedicht Walt Whitmans, mich aufhebt und begeistert wie Strophen Hölderlins, kein einziger Dichter, der mich wahrhaft passioniert. Seit Rilke und Werfel ist ja doch niemand »gekommen«, keiner, der Epoche macht, eine Jugend begeistert, sich eine Gefolgschaft schafft. Dabei liebe ich Gestalten wie die Erika Mitterers außerordentlich, freue mich der jungen Menschen wie des Manfred Sturmann in innigster Sympathie, aber – letztes Kriterium – ich weiß keines von den Gedichten auswendig, keines ist mir so völlig geblieben. Sie verstehen, lieber Freund, daß sich dies nicht gegen Sie wendet. Wir müssen nur feststellen, daß gegenüber den ungeheuren Leistungen der Epik und der Essayistik in Deutschland heute das Gedicht und Drama brach und flach liegt, und Sie haben in dürrer Furche liebevoll gepflügt. Vielleicht aber wird schon eine nächste »Ausfahrt« ein Amerika entdecken, neue Kontinente der Kunst.

Nun sehen auch Sie wie Felix Braun und mancher andere, daß ich die Zustände bei der Insel nicht falsch gesehen habe. Irgendein verhängnisvoller Widerstand gegen das Tempo und den Sinn der Zeit macht sich dort fühlbar. Das lange Zögern, das vorsichtige Handeln, das allzu Eklektische paßt nicht in unsere dynamische Welt. Es fehlt ein junger Mann dort und ehe der nicht da ist, wird sich kaum etwas ändern. Aber wer holt die verlorene Zeit ein! Auch im Künstlerischen ist es so: ist man einmal nur aus der Reihe gekommen, holt man sie niemals wieder ein.

Noch jetzt privat ein Kurzes: Mir ist es jüngst gelungen, wieder ein Hölderlin-Gedicht aufzufinden, eine vollständig unbekannte Fassung seines Freundschaftsliedes. Ich habe sie Zinkennagel [!] gegeben, der sie nächstens publizieren wird.

Herzlichst Ihr getreuer
Stefan Zweig

An Romain Rolland

[Salzburg,] 7. mars 1929

Cher ami, je vous dois une longue lettre. Mais j'étais pris soudainement par une pièce qui m'occupe jalousement. Je la commençais [!] comme comédie et entre les mains elle se transforme en tragicomédie. Je suis très hanté par le sujet et les personnages. Il y a des horizons là-dedans et un mouvement très intense. Enfin une pièce qui m'attire – le pauvre Lux reste toujours abandonné après être bâti presque jusqu'à la [= au] faîte je n'ai pas le courage pour le toit. Vous connaissez sans doute ces tristes expériences (très nécessaires). Un jour Phenix sortira des cendres avec un nouveau [!] élan.

J'ai eu des visites de Russie. La situation économique passe par la plus dure des crises (plus de café, de chocolat ect. [!]), mais il se prépare la grande consolidation. Le centre de la bataille est Bak[o]u et les Russes ont concentré tous [!] leurs forces organisatoires [= organisatrices] sur l'augmentation du [= de l']export[ation] et de la production du Pétrol[e]: les Anglais commencent [à] en avoir peur (Deter[d]ing et son trust) les Américains de s' [= à s'en] approcher amicalement. Le renfort matériel par l'Amérique (très proche) serait pour Stalin[e] ce que [serait] la paix avec le pape pour Mussolini: le relèvement du prestige. Derrière les coulisses se préparent donc des évènements énormes pour le futur – si la Russie surmonte cette crise (et nous l'espérons) le conservatisme Anglais sera frappé mortellement. Vous ne comprendrez la haine politique des Russes contre les Anglais que si vous connaissez bien l'histoire des combats à Archangels [= Arkhangelsk], à Bak[o]u, au Turkestan, où les Anglais ont attaqué (sans risquer un tommy) la Russie révolutionnaire à tous les points sensibles. Et [l'] Afg[h]anisthan [!] hier et demain – qui sait? Quelle grandeur dans ces perspectives et si un jour la Chine, les Indes s'en mêleront [= mêlent], notre «grande» guerre apparaîtra comme une petite escarmouche.

Je vais le 16 à Bruxelles tenir une conférence sur «L'idée européenne». J' [en] avais peu d'envie, mais on m'a forcé car la Belgique est un terrain chaud et jusqu'à présent inaccessible pour la lit[t]érature allemande. Donc on m'a choisi parsqu'on

[= parce qu'on] sait tout de même ce que j'ai fait pour Verhaeren: puis je suis Autrichien. Je ne pouvais pas me refuser mais j'y vais sans entraînement [= entrain]: mon ardeur reste ici près de la pièce interrompu[e] (qui s'appellara [= s'appellera] l'agneau du pauvre), l'éternelle histoire que l'homme riche prend au pauvre son seul bien. C'est l'histoire de ce lieutenant Fourès en Egypte, auquel Bonaparte prenait sa femme pour le temps de son séjour en expédiant le mari incommode. Chez moi Fourès devient le héros, l'homme honnête qui refuse de marchander, de se laisser payer avec [= par] des avancements ou [par de l']argent, qui reste incommode et à la fin naturellement sera broyé par la grande machinerie du pouvoir. Je l'appelle tragicomédie parsque [= parce que] ce combat d'un petit lieutenant contre l'homme le plus grand est très douloureux pour lui mais un peu ridicule vu par les autres: tous sont pour lui moralement et tous agissent contre lui. Je crois [que] la pièce me réussira assez bien et mes études sur Fouché (qui a la mission à la fin d'étouffer l'affaire, devenu[e] désagréable pour le consul) m'ont bien aidé. Tout en partant je suis déjà impatient de revenir.

Et vous mon cher ami? Toujours au travail! Je n'en doute pas. L'hiver m'a rendu bien mélancolique par sa long[u]eur et puis une perte après l'autre. Bazalgette, et un mois plus tard mon ami Paul Zifferer (vous l'avez connu), puis Arthur Schurig, le biografe [!] de Mozart qui était souvent avec nous. Je suis impatient de voir le soleil et surtout la lumière dans les ténèbres du travail. A vous, cher ami, de tout mon cœur, votre fidèle

Stefan Zweig

Je crois [que] le Burgtheater se met enfin en route!

Avez-vous remarqué que [!] après la centième représentation mon «Volpone» est devenu une pièce de Jules Romains et figure dans ces [= ses] «œuvres dramatiques»? Je suis réduit à un petit et presque introuvable «en collaboration». C'est comme si je mettrais [= mettais] «Le temps viendra» entre [= parmi] mes œuvres dramatiques! Heureusement cela m'amuse, un autre aurait crié sur tous les toits que le V[olpone] de Romains n'est qu'une toute simple traduction sans une scène, un personnage, un mot ajouté; seulement un peu raccourci (travail de régisseur [= metteur-en-scène]).

An Romain Rolland

Salzburg 26. Juin 1929

Mon cher ami, je reviens de Vienne où j'ai assisté un jour au meeting international du Pen-Club – par courtoisie, je ne voulais pas manquer quand il se réunissait en Autriche. Mais c'est une bien triste affaire, dénué[e] du [!] sens et le bon Crémieux veut en faire une académie internationale. On perd son temps en y assistant. J'avais fait inviter les Russes – ils n'ont pas pu venir: pas des [!] passeports! J'ai fait inviter Borgese et Enrico Rocca: ils sont venus mais ont dû garder [le] silence. Donc analogie complète. J'ai beaucoup entendu [parler] de là-bas: les pauvres! Mussolini ne fait [pas] seulement une politique réaction[n]aire et antihistorique (le temps des conquêtes et des colonies est passé), mais il veut aussi imposer à la morale, à la pensée une direction rétrograde. Il semble qu'on étouffe là-bas.

En Allemagne les nationalistes sont au désespoir. Le livre de Remarque «Rien de nouveau à l'Ouest» – tirage de 600 000 en 12 semaines et il ira à un million – les a bouleversé[s]. Ce livre simple et vrai a fait plus que la propagande pacifiste de 10 ans – seulement par sa (j'oserais presque dire) candeur avec laquelle il décrit la vie d'un jeune homme dans les tranchées. C'est un évènement qu'un homme dont on ne sait pas s'il est poète a [= ait] pu soulever toute une nation. D'ailleurs: détail très touchant. Je viens de reçevoir le 600me mille avec une lettre de Remarque: il me dit qu'il n'osait pas de [!] m'envoyer le livre à son apparition [= à sa parution] parsqu'il [= parce qu'il] ne le trouvait pas assez bon, mais qu'il veut maintenant faire son devoir, car il y a huit ans, dans un moment de désespoir moral, il s'avait [= s'était] adressé à moi et m' [avait] envoyé des poèmes. Et je lui aurait sauvé sa vie morale en lui écrivant une lettre et en lui [= l'] aidant. Et dire que j'avais complètement oublié que ce jeune inconnu était le même qui est si célèbre aujourd'hui. Je vous raconte cela parce que je sais combien de temps vous (et moi, votre humble élève) perdent avec des lettres et que c'est une récompense pour nous de savoir que «le grain ne meurt pas toujours».

Je vous ai écrit [à propos] du Jugendtagebuch de Beethoven que j'ai acheté à Londres. Je triomphais parsque [= parce que] j'ai cru que cela serait une acquisition qui ne pourrait pas être égalisé[e] [= égalée] et que cela serait ma plus étonnante acquisition. Eh bien, la réalité surpasse souvent nos vœux! Entendez donc, cher Beethovénien, et n'enviez pas un vieux [!] ami: j'ai acheté hier à Vienne du [= au] docteur Stefan Breuning le grand secrétaire de Beethoven qui était dans le Schwarzspanierhaus et qui contenait la lettre à l'immortelle aimée et sa fortune (en actions). Quand vous reviendrez au Kapuzinerberg vous verrez cette sainte relique* qui n'a été du jour de la vente 1827 jusqu' aujourd'hui que dans la famille de Breuning. Et peut-être [que] j'obtiendrai aussi le portrait de B. donné aux Breunings. Je suis un peu confus qu'on peut [= puisse] acheter pour une somme vraiment insignifiante des [!] telles [!] trésors et je n'ose presque pas de [!] dire que je les possède. Je me sens seulement pieux gardien et mon respect (qui ne se diminuera pas) excuse la soi-disante possession.

Mille amitiés de votre fidèle

Stefan Zweig

* dont vous trouverez la photographie chez Becker [!] et partout.

An Anton Kippenberg

[Salzburg, undatiert;
Poststempel: 18. 7. 29]

Zwei Tage war ich fort, leistete mir den Luxus keine Zeitung zu lesen und erfahre jetzt erst zurückgekehrt: Hofman[n]sthal! Erst Rilke, dann er – das ist kein Zufall mehr, sondern ein Symbol und kein gutes. Sie haben es wohl auch so gespürt. Herzlichst Ihr

Stefan Zweig

An Romain Rolland

[Salzburg, undatiert;
Poststempel: 20. 7. 1929]

Cher ami, je ne sais pas si vous l'avez lu: Hofman[n]sthal vient de mourir – avec lui et Rilke la vieille Autriche a finie [!]. Sa vie était une longue tragédie – perfection à 20 ans et puis les dieux lui ont retiré leur voix. Je l'aimais peu person[n]ellement, mais j'étais son élève et sa mort m'a très émue [!]. Fidèlement votre

St Z

An Ben Huebsch

Salzburg, am 16. August 1929
In great hurry!

Lieber Herr Huebsch!

Ich danke Ihnen herzlich für Ihren freundlichen Brief, der mich sehr gefreut hat. Der »Fouché« ist jetzt fertig und das Exemplar (bedeutend besser als jene ersten Fahnen) geht Ihnen bald in den nächsten Tagen zu. Wegen eines Kontraktes machen wir es glaube ich direct zwischen uns. Er könnte dann am besten im Frühjahr erscheinen und im Herbst vielleicht noch zuvor das andere Buch »Balzac, Dickens, Dostojewski«, das ja schon übersetzt ist, so daß eine gewisse regelmäßige Folge entsteht und allmählich eine Übersicht.

Was mein Stück betrifft, so ist es gottseidank gestern aus dem Hause gegangen zur Reproduktion. Sobald ich ein Exemplar habe, sende ich es Ihnen zu. Ich habe es einigen Leuten vorgelesen, es hat sehr gute Chancen. Ich glaube, daß es gerade durch seinen Stoff in Amerika einen guten Erfolg haben könnte und sich auch für den Film eignen. Ich würde Ihnen da die Rechte selbstverständlich auch reservieren für Amerika ebenso wie für den »Fouché«. Wir werden uns da wie in allem andern auch auf das gründlichste und herzlichste einigen können. Sobald Sie Ihre Pläne für Europa wissen, bitte [t]eilen Sie sie mir mit, Ich [!] bin sofort bereit, Ihnen überallhin entgegenzukommen, ich muß wahrscheinlich im September ohnehin auf ein paar Tage nach Berlin in Angelegenheiten des Stückes und würde das gern mit einem Besuch bei Ihnen verbinden. Mir ist bedeutend leichter, wie Sie sich denken können; immer wenn man Dinge hinter sich abgestoßen hat, lebt man einen anderen Atem und andern Elan und ich kann jetzt auch leichter mich bewegen. Mir wäre es also sehr lieb, wenn ich Ihre liebe Frau und Sie begrüßen könnte, vielleicht kommen Sie sogar da bei uns vorbei!

Also auf bald und viele Grüße Ihnen entgegen, auch Ihren Kindern. Herzlichst Ihr heute etwas eiliger

Stefan Zweig

Von neuen Büchern für Sie hat die Insel zwei für America sehr aussichtsreiche in Vorbereitung (ich kenne beide aus dem Manuscript) einen Cortez Roman von Richard Friedenthal und eine Monografie über Hill, ein Photografengenie cca 1860–1870 mit herrlichen Bildern, das in der Kunst- und Photografenwelt besonders Englands und Americas Sensation machen wird. Sie sollten es sich rechtzeitig sichern. Ich habe da, glaube ich, richtigen Instinct mit »Nichts Neues im Westen« [!] behielt ich ja auch Recht. Ferner ist bei Zsolnay ein sehr bedeutender Roman von Werfel in Vorbereitung. Ich schrieb es schon den Pauls.

Den Contract machen wir vielleicht doch lieber direct zwischen uns beiden. Ich will den Pauls die Mühe ersparen!

An Ferenc Herczeg

Salzburg [undatiert; vermutlich nach 18. August 1929]

Verehrter Herr Herczeg, der allgütige Hofrat Julian Weiss sagt mir, daß Sie so gütig sein wollten, in jener ärgerlichen Affaire, in die mich die grobe Taktlosigkeit eines ungarischen Journalisten gewaltsam hineingezogen hat, behilflich zu sein. Ich danke Ihnen innigst für diesen Akt guter Kameradschaft: hoffentlich kann ich ihn Ihnen entgelten.

Ein privates Wort noch. Herr S. hat seinen Aufsatz betitelt »Verrat der ung. Schriftsteller«[.] Dieses Wort habe ich nie gebraucht. Herr S. fragte mich um meine Stellung zu den ung. Verhältnissen. Darauf antwortete ich ihm: wir können da nichts tun und meiner Meinung nach dürfen sich immer nur die eigenen Künstler eines Landes verteidigen oder wehren wenn sie sich unterdrückt fühlen. Jede Intervention von außen – Sacco & Vanzetti, die nur durch die europäischen Intellectuellen hingerichtet wurden sind ein Beispiel dafür – schadet statt zu nützen, es haben sich die Ungarn selbst zu wehren, wenn sie unzufrieden sind. Meinen ablehnenden Vordersatz hat also Herr S. vollkommen unterdrückt und mir dadurch eine Einmischung imputiert, die ich gerade vermeiden wollte selbst in einem absolut privaten nie für die Öffentlichkeit bestimmten Gespräch.

Ich schreibe dies nur in Hast, damit der Brief rechtzeitig nach B. gelangt. Ich danke Ihnen noch ausführlich!!!

Ihr aufrichtig in Verehrung ergebener

Stefan Zweig

An Joseph Roth

Badgastein, 5. Sept. [1929]

Lieber Josef [!] Roth, Ihr Brief, mir heute nachgesandt, hat mich sehr erschüttert. Wir sprachen zufällig ununterbrochen von Ihnen, Höllriegl, und heute soll ich Karl Otten sehen und so ganz aus dem Gefühl heiterer Zuversicht – nun sagen mir Ihre Worte plötzlich von Ihrer qualvollen Krise. Schon als ich Sie in Salzburg sah, hieng jene Bedrückung über Ihnen und vielleicht sind im letzten harte Entscheidungen heilsamer als aufreibende Spannungen: aber doch, die Hilflosigkeit des Nichthelfenkönnens bleibt bei nahen Menschen die furchtbarste Not; ja ich selbst fühle ein Teil davon, indem ich Ihnen schreibe. Nur in einem kann und will ich Sie zu festigen suchen, nämlich daß Sie das Sterile Ihrer schöpferischen Unterbrechung zu schmerzlich empfinden. Solche Cäsuren sind uns allen auferlegt und eine solche Brache immer sinnvoller, wenn Sie [!] einer wirklichen Not entspringt – entsetzlich ist nur Unproductivität ohne Anlaß, die unbegreifliche Leere, das nervöse Versagen (ich habe das im vorigen Jahre drei Monate gekannt.) Aber alles

Nichtweiterkönnen aus einem Übermaß des Gefühls ist ehrlich, ja Beweis einer innern Redlichkeit: mir sind alle Künstler verdächtig, die gleichsam neben ihrer innersten Erschütterungen logisch wach und kunstbewußt weiter producieren können. Das darf Sie nicht sorgen, lieber Josef [!] Roth, das nicht. Im Gegenteil, ich könnte Sie nicht so ehren und achten, meldeten Sie mir gleichzeitig den Fortgang eines neuen Buches.

Ich hätte sehr das Bedürfnis, jetzt Ihnen nah zu sein. Vielleicht komme ich bald nach Berlin, ich bin jetzt freier (der Fouché und ein immerhin wichtiges Theaterstück sind abgestoßen) – ich glaube, ein Gespräch, in dem Sie hinter den vielleicht verlegenen Worten, doch stark die zudringende Teilnahme spürten, könnte Sie, wenn auch nicht ruhiger, so doch im höheren Sinne resignierter machen. Möge diese Spannung bald sich lösen: Sie hätten nach so viel schweren und verschatteten Jahren, weiß Gott, ein Anrecht auf Unbesorgtheit in jedem Sinne. Ich schäme mich ein wenig vor Ihnen, daß mein Leben so glatt läuft, wo ich im tiefsten nicht nur keine Angst sondern ein geheimnisvolles Verlangen nach tragischen Erschütterungen habe. Aber es wäre unredlich, die fremden als eigene zu nehmen.

Ich fühle sehr herzlich mit Ihnen von Ferne: hoffentlich kann ich's bald von der Nähe aus tun. Hinter Ihren Worten spüre ich ein sehr schmerzhaftes Gespanntsein, ich kann mirs ausdenken, wie jeder Tag und mehr noch vielleicht die immer allein zu erleidende Nacht Sie jetzt quält. Aber ich glaube, daß jeder Schmerz sich gerade an seinem Übermaß plötzlich bricht und entspannt; denken Sie an Ihre Aufgabe, der Sie Ihr Bestes ungebrochen erhalten müssen, Sie gehören nicht Sich [!] und Ihrer Frau sondern einer ganzen Generation, die (ich weiß es) von Ihnen wesentliches Werk erwartet.

Ihre Gabe liegt in Salzburg. Ich danke Ihnen noch von dort. Und alles, alles Herzliche – meine Wünsche suchen ihre ganze Kraft, um den Ihren beizustehen. Treulichst Ihr

Stefan Zweig

An Max Brod

Salzburg, 18. Sept. 1929.

Lieber Max Brod!

Ein Buch von Ihnen ist mir immer so wichtig, daß ich sofort alles andere liegen lasse und es zuerst lese und besonders auf dieses Stück war ich unerhört neugierig. Ich brauchte irgend eine Erholung von dem widerlichen, geradezu verbrecherisch schmusenden Kitschroman Edschmids und so nahm ich gleich Ihr Stück vor, das mich im höchsten Maße frappiert und in vielen Szenen überwältigt hat. Ich finde, daß Sie die Figur außerordentlich gut gegeben haben, im höheren Sinn wirklich historisch wahr, und ich hätte mir nur noch an einigen Stellen etwas mehr Härte hineingewünscht, nämlich gegen die Byron'sche Eitelkeit und seine Ausschwätzerei, durch die er allen Menschen zum Verhängnis geworden ist. Das Verhältnis zu Augusta wäre nie der Welt bekannt geworden, wenn er nicht gleich am nächsten Morgen allen Freunden gebeichtet und berichtet hätte, und ebenso bei allen seinen anderen angeblichen Lastern, die er sofort an seinen Verleger posaunte in Brief und Buch. Dieser grelle, antipathische Zug gehört für mich zu Byron, weil er die krankhafte Reaktion auf seine schreckliche innere Einsamkeit ist. Und das ist nun das Einzige, was Sie in Ihrem Stück nicht ausgedrückt haben und was vielleicht dramatisch nicht ausdrückbar ist, daß neben diesem umgetriebenen, ständig in Gefahren verwickelten Byron ein Mensch, ein Dichter war, der wochenlang nicht aus dem Haus ging, nicht einmal mit seinem Diener ein Wort redete, diese Urnatur im Kampfe mit sich selbst. Irgendeine Szene davon hätte ich gerne in dem Stück und einen Augenblick des Alleinseins Byrons mit sich selbst, einen Augenblick, wo man sieht, daß er leidet, wenn Menschen zu ihm sprechen und er zu Menschen sprechen muß. Dadurch verstünde man auch tiefer den Dichter[.] Vielleicht können Sie dies noch einbauen.

Herrlich finde ich die erste Szene mit Augusta, gerade, weil sie nicht historisch ist. Sie ist genial in die beiden Menschen hinein erfunden. Die zweite Szene, die Liebesszene, ist gleichfalls stark. Ich hätte sie aber doch anders gewünscht: mir fehlt etwas darin, nämlich die Herausforderung Byrons, daß er, wie er selbst einmal sagt, ein Laster sucht, das er noch nicht kennt. Die böse Lust, gegen die Gesellschaft zu handeln, der Ausgestoßene und Fuoruscito der gebräuchlichen Moral zu sei. Ich glaube, in paar Szenen könnten Sie da noch ungeheure Provokation gegen Gott, gegen das Weltgesetz hineinbringen, mit der er auch Augusta berauscht. Damit käme auch das Dämonische seines Charakters, das ungeheuer Getriebene stärker zum Ausdruck. In dieser Szene ist er mir zu wach. Hier müßte er sich hineinreden in die Situation wie in ein Gedicht und sich selber berauschen und die Rauschstimmung übergehen auf Augusta (und die Zuhörer). Man muß das gewollt Verbrecherische[,] das Diabolisch-Dämonische seiner Natur in diesem Akt verstehen und durchfühlen.*

Prachtvoll wieder der Schluß, wo Sie mit tiefstem Instinkt den Kern der Tragödie aufzeigen, wie Augusta von der Lady Byron gemartert wird. Für mich ein ergreifendes Finale.

Ich bin sehr aufrichtig und vielleicht gilt mein Wort insoferne, als ich Byron seit Jahrzehnten kenne, wenn ich Ihnen sage, daß das Stück wahrhaft ist in einem höheren Sinn als dem der kalt nachbildenden Historie, und ich bin gewiß, daß es auf der Bühne allerstärksten Erfolg haben wird. Das eine Bedenken müssen Sie Sich [!] aber immer wachhalten, daß das Publikum nichts von diesen Menschen, nichts von diesem Dichter weiß und den Dichter als Dichter an irgendeiner Stelle sehen will: dies wäre für mich in jener Liebesszene mit Augusta noch einzubauen, die »manfredischer« sein müßte, düsterer und von allen Flammen der Begeisterung überloht, eine bewußt urdämonische Herausforderung der ganzen Weltordnung und nicht nur eine Liebesszene. Vielleicht können Sie da noch, ehe das Stück ausgedruckt ist, in einer richtigen Inspiration die Hybris des Herausfordere[r]s heroisch gestalten, die ein wahrhaftes Drama

* Auch würde ich ihn statt Napoleon zitieren zu lassen als Beispiel logischer von dem herrlichen Drama John Fords über die Geschwisterliebe, den Shacespearianer [!], den er natürlich kannte[.]

erst immer zum Drama macht. Sie verstehen, daß ich da nicht mäkle, sondern freundschaftlich noch für Sie den Kulminationspunkt haben möchte, auch um der Wirkung auf das Publikum willen. Es muß am Ton, an der Farbe, am Schrecken, an der Herausforderung spüren, daß es sich hier nicht um eine bloße Liebesszene handelt, sondern um ein Ungeheueres und Einmaliges und so um etwas Verderben Bringendes. Ich glaube, Ihnen da gut und als Freund zu raten. Da Sie das Buch wahrscheinlich vor der Aufführung nicht herausgeben, so ließen sich ja diese paar Seiten noch umschreiben oder event. ein neuer Bogen einsetzen, denn das hier ist das Zentrum des Stucks und gerade da ist die allerhöchste Elevation in den Charakter und das Weltprovokatorische seiner Natur noch nicht ganz erreicht. Und Sie könnten sie erreichen.

Selbstverständlich schreibe ich sofort an das Burgtheater, daß es sich die Uraufführung sichern soll, Aslan ist zweifellos der richtige Mann dafür und für Farbe und Kolorit ist es noch immer an erster Stelle. Ich zweifle nicht einen Augenblick, daß es zustande kommt.

Mögen Sie, lieber Freund, auch einen Beweis, wie ich an Sie denke, in einer Zeile finden, die ich im Nachwort zu dem kleinen Buch von Oskar Baum geschrieben habe, das ich Ihnen gleichzeitig schicke. In der Presse schreibe ich, und gleichzeitig auch an einer anderen Stelle, über die ganzen Byron-Bücher zusammen und kann da gleich einen Vorstoß für Ihr Stück machen.

Herzlichst Ihr
Stefan Zweig

An Fritz Adolf Hünich

Salzburg, 18. Sept. 1929.

Lieber Freund Hünich!

Noch einen Tag oder zwei und ich beantworte Ihnen alles ausführlich. Ich bin nämlich in der komischen Situation, daß ich zwei Novellen fast fertig habe und noch nicht weiß, welche ich in die Chronik aufnehme, aber es kommt bestimmt in den nächsten Tagen das Manuskript. Sagen Sie Prof. Kippenberg, er soll die Verzögerung entschuldigen, aber ich bin jetzt momentan sehr gestört durch die theatralischen Verhandlungen. Es sollte im Wiener Volkstheater die Uraufführung sein mit Moissi, ich habe es ihm aber entrissen, da auch das Burgtheater dafür eigens Werner Kraus[s] verpflichtet hat, und wegen Berlin wird noch verhandelt. Außerdem scheint die Sache in Amerika zu klappen. Ich habe jetzt das Gefühl, daß das Stück seinen richtigen Weg gehen wird.

Den Aufsatz über Rollands Beethoven möchte ich lieber nicht schreiben, dafür gehört ein Musikmann ersten Ranges. Ich würde vorschlagen, daß Sie sich entweder an Rolland selbst wenden und ihn bitten um einige der Aufsätze, die in England oder Frankreich erschienen sind (gewiß hat sich da irgendein Mann allerhöchster musikalischer Ordnung darüber geäußert), oder von Wien aus würde gewiß Richard Specht darüber schreiben. Ich muß mich jetzt ganz für die neue Arbeit zusammenhalten. Vergessen Sie, lieber Freund, bei den neuen Büchern nicht an mich bei: den Briefen Rilkes, dem Rolland, dem Stendhal, Leuwen[,] dem Johann Seb. Bach, Goethes Gesprächen (in Leder) und der Kunst Japans.

Schade, daß Sie nicht jetzt im Herbst kommen: die Tage sind prachtvoll ohne gleichen!

Herzlichst Ihr
Stefan Zweig

An Otto Heuschele

Salzburg, 24. Sept. 29.

Lieber Freund!

Ich muß Ihre Nachsicht erbitten, wenn ich hastiger und unzulänglicher schreibe, als es mir Wunsch und inneres Bedürfnis wäre. Aber die letzten Zeiten waren arg überdrängt durch Besuche, Korrekturen, die ganzen sehr komplizierten Manipulationen mit dem Stück, dazu fällt mir nun noch eine Rede über Hoffmannsthal [!] ins Haus, die ich dem Burgtheater nicht verweigern kann, weil es mir für mein neues Stück eigens den Werner Kraus[s] gesichert hat, – Gründe genug, eines Freundes Nachsicht zu erbitten, selbst wenn man in dessen Schuld ist.

Ihren Roman habe ich natürlich gelesen, ohne daß ich es wagte, ihn eigentlich Roman zu nennen. Er ist allenfalls deutscher Roman in dem verschollenen Sinn, da dies noch ganz seelische Auseinandersetzung bedeutete, Auflösung in die Landschaft, ein Sich-erweitern-in-die-Welt, und nicht bloß eine sachliche Darstellung gehäufter und bewegter Lebensumstände. Die Wurzeln gehen bei Ihnen weit bis zu Stifter und Mörike hinüber und davon quillt ja auch dieser besondere Saft und die so sehr zarte Redekraft, die alle Menschen magnetisch ineinander bindet. Die Sprache wird immer bei Ihnen reiner und fester im einzelnen, ebenso wie sie schwungvoller in den Vorworten wird, die Sie in jenem anderen Buch gegeben haben, und ich preise Ihren Mut, mit dem Sie zu eigentlich Vergangenem oder Vergehendem getreu halten. Belobt wird solche Treue zu Vergangenheiten heute wenig; das zeigt das Schicksal Hoffmannsthals [!] und das unseres Freundes Felix Braun; Ihr seid im Dichterischen etwa das, was die letzten Hugenotten in Frankreich waren, die lieber auswanderten in ein unwirtliches Land, statt den Glauben an das Vergangene aufzugeben, und das Pietätvolle, das Bewenden, in Euren Büchern wird durch die Bewußtheit eben ihr stärkster Gehalt.

Ins Einzelne überzugehen, schafft wohl einmal ein gutes Gespräch Gelegenheit, und habe ich Ihnen auch noch zu danken für Ihre Worte über Fouché, dieses Buch, mit dem ich mich selber überrascht habe, weil es aus so ganz anderer Sphäre kommt. Zur Zeit beschäftige ich mich mit einem Landsmann von Ihnen, mit Messmer [!], über den leider unerhört wenig aufzufinden ist und für den Justinus Kerner mit seinen gleichfalls verschollenen Büchern heute der beste Zeuge ist. Sollten Sie zufällig da einmal in einer der Landeszeitschriften oder im Gespräch mit einem gelehrten Bibliothecarius mir einiges über die ganz dunkle schwäbische Jugend Messmers [!] auffinden können, machten Sie mich dankbar. Ich glaube, daß ich dem Messmer [!], diesem ganz verschollenen Menschen, durch Jahrzehnte lang geschmäht als Charlatan, eine andere Stellung im deutschen Zusammenhang werde geben können; er kommt von Paracelsus her, also aus der großen Ahnung, und endet in der modernen Nervenwissenschaft, also dem neuen Wissen – ein Mensch also der genialen Vergangenheit und einer genialen Zukunft und darum in seiner Gegenwart so vollkommen verkannt. Was Sie mir über ihn auftreiben können, außerhalb gedruckter Bücher, (etwa in den Landeszeitschriften und in einzelnen Studien), wird mir immer sehr willkommen sein.

Hoffentlich ist die Sorge wegen Ihrer Schwester schon von Ihnen gewichen. Ich weiß, wie sehr Sie ihr verbunden waren und wie stark sie Ihr Wissen gefördert hat durch teilnehmendes Dabeisein. Darf ich Sie bitten, auch ihr unbekannterweise meine innigsten Wünsche zu sagen.

Freundschaftlichen** Grußes Ihr

Stefan Zweig

** Schreibfehler, beim Zeus!!

An Hermann Bahr

Salzburg, 30. September 1929.

Sehr verehrter Herr Bahr!

Ich habe Ihnen schon wieder einmal zu danken für die eindringlichen Worte, die Sie meinem Fouché gewidmet haben. Dieses Buch war wirklich zufällig entstanden, um eigentlich mir selbst diesen merkwürdigen Menschen zu erklären, und ich freue mich, daß es den Wesentlichen gefällt und besonders im Auslande schon sehr bemerkt wird. Außerdem habe ich ein ernstes Stück geschrieben, das mit Werner Krauss im Burgtheater und auch in Berlin kommt, und jetzt denke ich nach, wo man am schönsten 8 Tage schauend faulenzen könnte, ob in Berlin oder Paris.

Sehr hat mich gekränkt und bedrückt, daß Sie nicht durch Salzburg kamen und ich Sie in Gastein nicht mehr erwischte. Die Spazierstunden mit Ihnen gehören unlöslich zu den guten

Dingen meines Lebens, die ich so entbehre, wie die Virginia bei der Arbeit. Ich will eigens nach München fahren, um mir eine solche Stunde zurückzuholen. Ein wenig hat mich die Anwesenheit Ihrer Frau Gemahlin entschädigt. Die Unterrichtsstunde war mir unvergeßlich und ich wollte eigens darüber einen Aufsatz schreiben, hatte mir schon Papier dafür zurecht gelegt, aber dann trampelten 200 Besucher über meine Zeit, und ich habe es bitter gebüßt, einmal 3 Wochen Festspiele über in Salzburg geblieben zu sein, (wobei mir nicht die Zeit blieb, eine einzige Vorstellung anzuschauen). Von Besuchen war darunter ein wichtiger und lieber, der Kahane's – lieb, weil ich den Menschen liebe, und dann, weil er mir von Ihnen so viel Erfreuliches berichtet hat: Sie hätten einen Roman vollendet, Sie hätten Ihre Lebenserinnerungen wieder aufgenommen. Das war mir eine besonders große Freude, denn Ihr Selbstbildnis ist noch immer fragmentarisch, und gerade jetzt z. Bsp., wo man mich rief, eine Gedächtnisrede für Hoffmann[sthal!] zu halten, und ich die Sphäre suchte für sein letztes Erscheinen in Wien, da – verzeihen Sie dies einem alten und ergebenen Freund! – da fluchte ich ein wenig auf Sie, daß Sie einen zweiten Band noch nicht geschrieben haben; denn da hätte ich alles gefunden, mit einem Griff. Wir geben uns selber nicht zu, daß ein gutes Stück unseres Lebens einer anderen Generation heute schon Historie in philologisch wichtiger Vergangenheit geworden ist. Uns sind Erinnerungen und Besinnungen geradezu Pflicht.

Sie erlassen mir wohl die Überflüssigkeit, Ihnen meine Anhänglichkeit zu beteuern, die mit den Jahren immer nur fester und dauerhafter wird. Und Tausend Grüße Ihrer lieben und verehrten Frau

Ihr getreuer
Stefan Zweig

Herrn Hermann Bahr
München

An Herbert Günther

Salzburg, 2. Oktober 1929.

Sehr geehrter Herr Günther!

Vielen Dank für die Zusendung Ihres Buches über Berlin, das mich außerordentlich interessiert und das ich mir noch in den nächsten Tagen vornehmen werde. Den Namen nach scheint es mir trefflich gewählt. Ich vermisse nur auf den ersten Blick ein Kapitel aus: »Kubinke«, der doch (wenigstens für die frühere Generation), eines der charakteristischesten literarischen Portraits Berlins war. Ich glaube, Sie werden viel Erfolg mit dem Buch haben – bei mir ist er schon im voraus gewiß, mögen nur auch die zehntausend Anderen bald nachrücken.

Mit besten Empfehlungen

Ihr sehr ergebener
Stefan Zweig

Herrn Herbert Günther
Berlin-Lankwitz
Corneliusstraße 2

An Romain Rolland

Salzburg 18. Oct. 1929

Mon cher ami, enfin je peux vous écrire! J'avais beaucoup à faire: un petit receuil [= recueil] de contes, les épreuves de la pièce (qui ne sera monté[e] qu'en [= au] printemps), un discours au Burgtheater sur Hofman[n]sthal et mille autres choses. Je suis maintenant assez fatigué et je me propose d'aller demain à Paris pour une semaine (sans voir [d']autres personnes que Masereel et Jean-Richard Bloch). Je veux absolument me retenir de lire un livre et d'écrire des lettres pour une semaine: cela sera ma cure!

Nous avons eu en Autriche des jours assez mouvementés. On ne le croirait pas: mais un peuple ne supporte pas la liberté. Il en devient fatigué, surtout les jeunes. Et le mécontentement matériel et économique est sûrement dirigé contre les socialistes par l'argent et la presse de la grande industrie allemande, le fascisme Italien et Hongrois. On a donné des uniformes gratuitement (et des armes) à des centaines des [!] milliers [de gens] et ils veulent les promener. Et les socialistes n'ont plus rien à promettre – ils ont eu tout ce qu'ils ont voulu. Donc – comme la gratitude n'existe pas au monde – ils se retournent vers les autres. La réaction en Europe se fortifie. En France la richesse renaissante tue le socialisme, en Italie la force brutale – l'Allemagne est encore sous l'instigation de la haine: donc je ne peux pas applaudir aux belles phrases qui se déroulent généreusement à la Société des Nations. Je vois le même phénomène se répéter comme [= qu']en 1914: à cette époque le peuple, faute d'imagination, ne comprenait pas ce que c'était [que] la guerre et maintenant il[s] ne comprennent pas ce que veut dire la réaction. Il y a très peu des [!] hommes qui sont nés pour la liberté – voilà ma conviction inébranlable. Et même ceux[-là] doivent apprendre à la défendre.

J'ai des [!] larges plans. Je veux écrire un petit roman, quelques portraits qui seront réunis en livre et qui se proposent de montrer la force de l'esprit sur le corps (Mesmer, Baker-Eddy, Freud), un livre très curieux qui aura pour titre «Die Heilung durch den Geist». Aucun mysticisme, aucun penchant pour la charlatanerie – mais un effort psychologique de montrer la force de la suggestion, la supériorité du cerveau sur le corps. Je m'explique mal, mais vous verrez: j'y mettrai deux ans. En tous [= tout] cas vous remarquerez que dans mes études je suis las de me laisser restreindre par le cadre étroit de la lit[t]érature: c'est l'homme dans [= sous] tous [= toutes] les formes qui m'attire.

J'ai lu des [!] belles choses: le nouveau roman de Werfel «Barbara», «The fountain of loneliness», la biografie [!] de Frédéric II par Kantorowicz (une vue admirable sur l'Italie avant la Renaissance), beaucoup d'histoire. Et je vis toujours plus isolément: pour l'hiver je veux me réfugier à [= sur] la côte Portugaise ou à Sorrento [= Sorrente], j'ai besoin de receuillement [= recueillement] avant que les distractions théâtrales commencent au printemps.

J'ai [de] mauvaises nouvelles de Guilbeaux. La [!] Humanité l'a expédié, sa position matérielle est mauvaise: nous voulons rassembler quelques fonds pour lui. Il a enfin écrit le grand livre sur ses années en Suisse et en Russie. Dès que je serai [de] retour je m'en occuperai.

La nouvelle que vous finissez votre roman m'a fait grand plaisir! Enfin cette œuvre ne pèsera plus sur vous, enfin je pourrai l'envisager comme unité. Et le grand [!] œuvre sur l'Inde finie également – quel triomphe du silence!! Maintenant encore le Beethoven et le Robespierre et votre [= vos] grands cycles seront terminés! Vous ne pouvez pas deviner avec quelle joie j'observe de loin la logique intérieure qui domine et qui unit votre œuvre. Fidèlement votre

Stefan Zweig

A Berlin j'ai acheté l'immortelle aria de Mozart de Cherubino du Figaro!

An Eugen Relgis

Salzburg, am 8. November 1929

Lieber Herr Relgis!

Ich habe mit größtem Interesse Ihre Schriften empfangen, die mit einer prächtigen Plastik die Probleme des Pazifismus ins rechte Licht stellen und gebe Ihnen gern Antwort auf die beiden Fragen, die Sie zu der (sehr notwendigen) Diskussion gestellt haben.

Ich billige vollkommen Ihre Anregung, endlich einmal alle Gruppen, Vereine, Bemühungen und Bestrebungen, die sich gegen den Krieg wenden, in eine einzige übergeordnete Instanz zusammenzufassen. Nichts hat ja so sehr der Idee des Friedens geschadet als daß die Friedensfreunde untereinander nicht Frieden hielten, daß aus Weltanschauungsgründen, leider auch oft aus Unverträglichkeit, Streitsucht und Eitelkeit die einzelnen Gruppen individuell handelten und daher erfolglos. Alle jene Zeitschriften, die jede mit einem Leserkreis von fünfhundert bis tausend Personen dieselbe Grundidee mit verschiedener Färbung betonen, verderben jede Schlagkraft und werbende Wirkung. Ein einziges pazifistisches Organ, eine zusammenfassende Organisation über alle Länder hin verbreitet, in allen Klassen verankert, Katholiken, Kommunisten, Quäker und Individualisten zu einer einzigen Front vereinend, würden von ungeheuerlichster Bedeutung sein. Denn gerade jene Zersprengung der Kräfte, jene unglückselige Divergenz der eigentlichen gemeinsamen Ideen gibt den gut organisierten Vertretern der Gewalt den Weg frei. Ihr Ruf kommt also da sehr zur rechten Stunde.

Dagegen kann ich mich nicht unbedingt dafür aussprechen, daß der Name Humanitarismus die richtige Parole für diese Vereinigung wäre. Überlegen wir klar: Was alle diese verschiedenen Weltanschauungsgruppen verbindet, ist nicht ein positives Ziel, sondern eine negative Tendenz: die Kriegsverneinung. Alle diese Gruppen sind zum großen Teil uneins in dem, was sie wollen und wie sie es wollen. Sie sind nur einig in dem, was sie nicht wollen: den Krieg, die Austragung sozialer oder nationaler Konflikte durch militärische Gewalt, also Menschenmord.

Meiner Meinung nach müßte darum unbedingt die Sammelparole nicht etwas Positives ausdrücken, ein Ideal, sondern etwas Negatives, nämlich die Gewaltfeindschaft, die Kriegsgegnerschaft. Ich verstehe zutiefst, was Sie unter Humanitarismus meinen und stehe Ihrer Idee persönlich durchaus nahe, aber das Wort Humanitarismus hat – verzeihen Sie meine Offenheit – etwas Flaues für die meisten Menschen, etwas undeutlich Sentimentales, etwas Ideologisches. Es müßte meiner Meinung nach unbedingt ersetzt werden durch ein vehementeres, ein mehr kämpferisches Wort, damit öffentlich bekundet würde, hier sei nicht irgend eine jener arglosen sentimentalen Sekten am Werke, eine Art ethischer Vegetarier beisammen, die davon träumen, man könne aus menschlicher Güte Brot und durch freundliches Zureden Gerechtigkeit auf Erden schaffen. Man muß im Gegenteil schon aus dem Titelwort eine starke Entschlossenheit von vielen Tausenden, ja Millionen spüren, einem wirklich vorhandenen und das Glück der ganzen Menschheit bedrohenden Feind, einem Verbrechen (was ist der Krieg anderes) mit aller Vehemenz und Aufopferung entgegenzutreten. Wir brauchen für diese Gruppen gerade die nichtpassiven, die nichtarglosen, die nichtnaiven Personen, wir brauchen eine Jugend, die gegen diese Gegner kämpfen will und das Titelwort muß darum schon deutlich den allgemeinen Gegner zeigen, nicht ein undeutliches Ideal. Denn ich wiederhole: wir sind heute bisher alle nur in dem einig, was wir bekämpfen, nicht in dem, was wir erstreben und unsere Vereinung bedeutet nur Coalition gegen einen gemeinsamen Feind, nicht ein Abgehen von der eigenen individuellen Überzeugung. Ich weiß, daß Ihnen persönlich das Wort viel bedeutet, weil es an Ihre sehr innerliche und, wie ich bezeugen kann, sehr reine, sehr edle Idee gebunden ist. Aber wir müssen geistige Werte von Nutzwerten unterscheiden und deshalb würde ich bei vollkommener Billigung Ihres Planes ein anderes Rahmenwort für die Organisation vorschlagen, über das sich die einzelnen Gruppen untereinander verständigen müßten. Das wird nicht schwer sein. Wo ein Wille ist ist auch ein Weg und diesen Willen müssen wir alle vereint in die Welt setzen.

Herzlichst Ihr
Stefan Zweig

An Sigmund Freud

Salzburg, 6. XII. 1929

Hochverehrter Herr Professor!

Was mir Ihr gütiger Brief berichtet, ist mir aufs äußerste peinlich. Ich kenne jenen Herrn Maylan nicht, habe auch niemals öffentlich über sein Buch berichtet. Er sandte es mir seinerzeit mit einem Briefe zu, ich sah es mir einigermaßen an, nicht sehr gründlich, und hauptsächlich deshalb, weil Ihr Bild auf der ersten Seite war und ich sah, daß er sich hauptsächlich mit Ihnen beschäftigte. Ich schrieb ihm dann, das Buch sei mir im gegenwärtigen Augenblick wichtig, weil ich selbst mit einer größeren Arbeit über Sie beschäftigt sei, ich fände es interessant, die Methode auf den Autor anzuwenden, aber doch die Art, in der er es tue, scheine mir einigermaßen umwegig. Dann erhielt ich einen Brief von Herrn Maylan, in dem er mich bat, ich möchte ihm spezifizieren, was ich unter »umwegig« verstehe. Darauf habe ich ihm nicht geantwortet – und nun berichten Sie mir zu meinem Erstaunen, daß er wohl irgendeinen urbanen Satz aus meinem Dankbrief für ein zugeschicktes Buch herausgeholt und auf ein Plakat gesetzt hat. Ich weiß gar nicht, was er da herausgeholt hat, und kann mich natürlich auch gar nicht erinnern, was ich ihm schrieb. Aber dieser Mißbrauch einzeln losgerissener Worte aus Briefen wird wirklich unerträglich und ich werde den Herrn sofort auffordern, dies zu unterlassen. Man soll wirklich vorsichtig sein!!

Ich danke Ihnen, verehrter Herr Professor, aufrichtig, daß Sie nicht einen Augenblick geglaubt haben, ich wüßte von dieser Machenschaft. Niemals bin ich Ihrem Werk und Ihnen näher gestanden als gerade jetzt und deshalb mußte mir selbst eine Mißdeutung und Vergröberung Ihres Werkes zur Zeit der Lektüre (ich will das Buch mir jetzt gründlich vornehmen) interessant sein. Sie persönlich mögen ja über manche Fehlauslegung Ihrer Lehre geärgert sein – wir von außen sehen die Sache anders, wir wissen, daß solche Wucherungen und Abzweigungen sich an jedem Werk bilden, daß diese Abfallenden im Laufe der Zeit aber im andern Sinne wirklich wie welke Blätter »abfallen« und nur der reine Stamm bleibt, die Gestalt. Ich habe jetzt gerade vielleicht 40 oder 50 zeitgenössische Broschüren gegen Mesmer gelesen, meist von solchen, die zuerst seiner Lehre gedient hatten, und alle zusammen haben sie nur das Interesse gesteigert und von allen ist nichts geblieben als der eine Mann der schöpferischen Idee. In dieser Arbeit über Mesmer werden Sie vielfach Parallelen finden zu Ihrem eigenen Schicksal, mir erscheint es geradezu fatalistisch, daß in eben derselben Stadt nach fast genau 100 Jahren die psychische Heilwirkung neu begründet wurde und daß Akademien und Professoren von 1785 eine verzweifelte Ähnlichkeit mit jenen von 1885 hatten.

Ich hoffe, die Auffassung des Buches wird Sie interessieren: für mich ist Mesmer Columbus, der Entdecker der psychischen Heilmethode, aber auch Columbus in dem Sinn, daß er bis an sein Lebensende meinte, den Seeweg nach Indien entdeckt zu haben, während er in Wirklichkeit Amerika fand. Ich möchte im Gegensatz zu den anderen eigentlich darstellen, wie er das Phänomen der Suggestion, der Hypnose, schon in der Hand hatte, ohne es zu wissen und zu verstehen, weil ihm seine mittelalterlichen Wahnvorstellungen vom Magnetismus den Blick verhüllten. Aber nachzuweisen wird sein, daß erstlich Mesmer niemals ein Charlatan war, sondern ein idealistischer und redlich forschender Mann, zweitens, daß die Akademien und Universitäten ihn durch 100 Jahre auf die unverständigste und neidischeste Art mißkannt haben.

Nach dem großen Aufsatz über Mesmer folgt ein Zwischenspiel über Mistress Eddy – halb ernst, halb heiter, – und das zweite Hauptstück des Buches ist dann die seit Jahren geplante Arbeit über Sie und Ihr Werk: also Mesmer Ahnung und Sie Erkenntnis der psychischen Heilmethode, der »Heilung durch den Geist« wie das Buch heißen wird.

Ich habe schon Ihr verehrtes Frl. Tochter gebeten, daß ich dann in Wien einmal 8 oder 14 Tage im psychoanalytischen Archiv arbeiten darf und mir vielleicht auch manches private Material zur Verfügung gestellt wird. Ich brauche schon um der Analogie mit Mesmer willen gerade die Dokumente des Widerstandes, der Verhöhnung, der Ablehnungen, die Dokumente über das Verhalten der Universitäten, der Verspottungen in Pamphleten und auf der Bühne, und hoffe da auf die zusammenstellende Hilfe Ihrer Freunde. Mir ist der Gang der Arbeit heute schon vollkommen klar und vielleicht ist es nicht überheblich, wenn ich sage, daß der Bogen doch etwas höher gespannt werden wird als in den meisten Betrachtungen. Ich werde mich weniger auf die eigentliche Heilwirkung einlassen, sondern auf die Weltwirkung, auf die Umformung des ganzen geistigen und moralischen Bildes durch diese Entdeckung.

Nochmals, ich danke Ihnen, lieber, verehrter Herr Professor, daß Sie mir in dieser Sache nicht eine Mitschuld zumuteten, ich werde dem Herrn heute sofort klar und deutlich meine Meinung sagen.

In inniger Verehrung

Ihr alt ergebener
Stefan Zweig

Herrn Prof. Sigmund Freud
Wien

Die große Studie über Ihr Werk will ich im März beginnen (bis dahin ist Mesmer und die gute Mrs Eddy fertig) und hoffe sie noch vor dem Sommer zu vollenden.

An Maxim Gorki

Salzburg, am 16. Dezember 1929

Teurer Maxim Gorki!

Ich möchte das Jahr nicht enden lassen, ohne Ihnen ein Zeichen meines Lebens und meiner Liebe gegeben zu haben. In meinen Plänen ist, vielleicht im Januar oder Februar auf zwei Wochen nach Sorrent und Amalfi zu kommen, vielleicht habe ich dort die Freude, Sie wiederzusehen.

Was ich Ihnen sagen wollte ist nichts Freudiges, sondern aufrichtiger Ärger. Ich habe eben die Bücher von Istrati gelesen und bin sehr empört über die Art und Weise, mit der er Ihre Stellung mißversteht. Mit ein wenig welthistorischem Blick müßte man das unermeßlich Schwierige Ihrer Position begreifen, und ich glaube Ihre Haltung ganz zu verstehen. Es ist sehr leicht, vielerlei der jetzigen Regierung in Rußland heute anzugreifen und ein Ausländer wie Istrati kann es schließlich tun, obwohl er sich wahrscheinlich nicht bewußt ist, daß nur die negativen Teile seiner Bücher als Angriffsmittel benützt werden und seine positive Einstellung zur russischen Weltumwälzung verschwiegen. Für Sie dagegen als den repräsentativen russischen Dichter ist es natürlich unendlich verantwortungsvoller,

Kritik zu üben. Ich verstehe, daß es Ihnen im Augenblick schwer sein muß, zu schweigen, aber jeder Vernünftige, jeder Einsichtige wird dieses Schweigen ehren. Es spricht manchmal genau so stark wie ein öffentliches Wort. Überall wird die Politik ja heutzutage mehr von wirtschaftlichen Fragen statt von rein geistigen beherrscht und damit immer mehr unsere Berechtigung vermindert, ein Nein oder Ja zu sagen. Aber ich bitte Sie, mir herzlich zu glauben, daß kein Vernünftiger und keiner, der Sie liebt und kennt und verehrt, mit diesen naiven Motiven, die Ihnen Istrati unterlegt, sich einverstanden erklären wird.

Ich kenne Istrati ein wenig, er ist durchaus Fantast und Fabulierer, ein Phantasiemensch voller Leidenschaft, sehr impressionibel, aber die ruhige, gerechte, weitdenkende Klugheit war und ist nie seine Sache gewesen. Was heute in Rußland geschieht, kann kein Zeitgenosse richtig überschauen und endgültig beurteilen, – ich persönlich würde niemals wagen, eine Ansicht zu sagen, und ich ehre und respektiere jeden, der sich in seiner Betrachtung auf das rein Menschliche und Bildnerische beschränkt. Mir macht überhaupt die Welt heute den Eindruck einer Zwischenaktspolitik, ich sehe nur Gärungen, Vorbereitungen und unentschiedene Linien. Wir müssen innerlich warten, bis die Formen sich klären.

Ich hoffe, Sie haben die Zeit genützt zu neuen Werken und vielleicht darf ich, wenn ich nach Italien komme, etwas von Ihnen hören.

Dies soll nur ein Gruß sein und eine herzliche, liebende Erinnerung.

Getreulichst Ihr
Stefan Zweig

An Hermann Bahr

Salzburg, 21. Dezember 1929

Lieber, verehrter Herr Bahr!

Ein Roman von Ihnen wurde freudig begrüßt, sofort aus der großen Weihnachtsschleuse herauspilotiert, und ich habe ihn sofort und leidenschaftlich gelesen. Zwar könnte ich mit Ihnen lange diskutieren, daß er eigentlich kein Roman ist, denn seine Menschen bleiben bei ihrer Anschauung unverändert stehen, während mir eigentlich das Wesen des Roman[s] die Umformung von Charakteren und Anschauungen durch äußeres oder innerers [!] Geschehnis erscheint. Aber all dies ist Schall und Rauch der Worte, ich muß Ihnen nun sagen, daß ich mich riesig gefreut habe an der Helligkeit Ihrer Darstellung, an der Klugheit Ihres Dialogs, der einem viel Gusto macht, ihn von der Bühne zu hören. – Denn diese Gestalten, scharf umrissen, wären bloß mit einem Handgriff hinüber zu transponieren in ein Stück und wir hätten die »österreichische Komödie« par excellence und ich teile sofort die Rolle der Uldus der Auguste Wilbrandt-Baudius zu. Welche Figur diese Fürstin! Da ist Ihnen einmal gelungen, was die meisten nicht wahr haben wollen, einmal das Alter liebenswert zu machen und ihm den Seelenglanz der alten, kostbaren Dinge zu geben. Auf die Bühne mit ihr, auf die Bühne! und noch ein paar Gegenzüge lebendiger Handlung! Unsere Zeit steht dabei wie niemals. Denken Sie sich doch den Dialog mit dem Prälaten! Ich bin kein Theatraliker, aber so einen Aktschluß wie Seite 111 haben Sie selbst bisher nicht geschrieben! Damit das Stück das ganze Österreich wäre, fehlt mir noch ein Element darin, das immer mehr Hauptelement wird: die Korruption, die ja rührend schnell ins Kraut schießt und jeden Moment eine andere, nicht gerade duftende Blüte trägt. Davon noch ein scharfer Spritzer hinein, von dieser gar nicht dämonischen, sondern schlampert täppischen Korruption, und noch ein kleiner Wirbel von Spannung und aus dem bedauerlich knapp geratenen Roman formt sich ein Stück. Denken Sie sich das durch, lieber, verehrter Meister, und rühren Sie die bewährten Hände! Unsere Bühne ist ja so von Gott und Geist verlassen, daß ein

Demiurg Ihres Ranges die verklappte Maschine wieder wunderbar ins Rollen brächte.

Ich weiß nicht, ob ich noch irgendwo zurecht komme, mein schlichtes Wörtlein zu Ihrem Werk öffentlich zu sagen, aber jedenfalls packe ich mich bald zusammen und stehe Ihnen demnächst, hoffentlich nicht unwillkommen, ins Haus.

Mit vielen Grüßen an die verehrte Meisterin

Ihr getreuer
Stefan Zweig

Herrn Hermann Bahr
München

An Fritz Adolf Hünich

Salzburg, 23. Dezember 1929.

Lieber Freund!

Was Sie mir über das Buch von Friedenthal melden, ist mir nicht ganz erfreulich. Der ausgezeichnete Benjamin Huebsch hat schon im Sommer auf meinen Rat bei Ihnen wegen des Friedenthal angefragt, und so hätte ihm eigentlich das Vorrecht gesichert werden sollen. Aber jedenfalls freut es mich sehr, daß für Friedenthal ein Abschluß erfolgt ist, ich habe ihn wie auch sein Buch außerordentlich gern.

Und nun, alle schönen Grüße nochmals ins neue Jahr

von Ihrem
Stefan Zweig

Herrn Dr. Fritz Adolf Hünich
Insel-Verlag
Leipzig

An Maxim Gorki

Naples [undatiert; vermutlich
11. oder 12. Januar 1930]

Cher et grand Maxim Gorky [!], je suis pour dix ou quinze jours à Naples au Parker Hôtel et je viendrai avec plaisir le jour que vous m'indiquerez, sans vous prendre plus d'une heure de votre temps précieux. Mais vous permettrez que ma femme m'accompagne qui désiderait [= désirerait] vivement de [!] vous voir. Choisissez tout à votre gré l'heure et le jour qui vous convient et ne cédez pas à l'aimabilité [!] le droit qu'exige votre travail.

Votre fidèlement dévoué

Stefan Zweig

An Joseph Gregor

Naples [undatiert; vermutlich
24. Januar 1930]

Vom 25. I. bis 7. II. Rom, Hotel Hassler

Lieber Freund, wenn Sie tatsächlich candidieren so gibt es niemanden für den ich ähnlich leidenschaftlich eintreten würde. Für mich wäre nur eines unmöglich – gegen Buschbeck als Dramaturgen das Geringste zu tun, ich wünschte sehr daß seine Stellung bei dem Wechsel gesichert sei.

Freilich, lieber Freund, ich beschwöre Sie: nehmen Sie die Stellung nicht ohne gewaltige Garantien. Das B[urg] Th[eater] ist unhaltbar wenn man nicht die alten Traditionalisten herausbringt, wenn man nicht energisch sein darf. Kommt da kein scharfer Wind in die stickige Garderobenatmosphäre so ist die immense Mühe vergeblich: wären die Weiber dort solche Tragödinnen als sie Intrigantinnen sind, dann müßte man das B. das erste Theater der Welt nennen. Ich halte die ganze Situation dort eigentlich für hoffnungslos dank der Politik, die ja alles verseucht und vergiftet: man könnte dort höchstens einmal zeigen, wie man etwas leistet und auf der Schanze ehrenhaft fallen, ehe man über eine Intrigue stolpert.

Also ich tue was Sie mir sagen. Bei der N[euen] F[reien]

P[resse] ist mein Einfluß dahin – ich stehe eher in Gegensatz zu den Herren dort; Sie sehen, man erweist meinen Büchern wie [»]Fouché« nicht einmal mehr die Ehre eines Feuilletons sondern schiebt sie wie meine eigenen Aufsätze in den Literaturteil ab – ich war dort einigen Herrn zu sehr im Wege und da ich das spüre, habe ich mich ganz zurückgezogen. Am ehesten wäre Ihre Candidatur von außen anzumelden (Berlin: E. H. [!] Jacob, Fontana) in Wien ist alles Tendenz. Und von den Politikern kenne ich eigentlich niemand. Schreyvogel scheint von Seipel persönlich gefördert zu werden, aber die Sache ist vielleicht zu früh für ihn losgegangen – ich sehe eigentlich keinen ernsten Candidaten, da Mell wohl nicht will, Wildgans rein gesundheitlich nicht agil genug ist, Lothar durch semitisches Blut erledigt und Kindermann dort durch nichts und garnichts seine Befähigung bisher erbracht hat. Sie sind gewiß der einzige ernste Candidat, falls von ernsten Maßstäben her Ausschau gehalten wird und will das mit Überzeugung jedem sagen, den Sie mir nennen: Schneiderhan kenne ich nun nicht persönlich, aber wenn Sie in irgend einer Form meine enthusiastische Zustimmung brauchen, so können Sie immer über mich disponieren ohne mich besonders zu fragen. Sollte sich die Entscheidung bis Ende Februar, Anfang März hinziehen, so kann ich ja von Wien aus besser eingreifen: ich fahre jetzt noch zu Gorki nach Sorrent und für 14 Tage nach Rom. Dann erst kehre ich wieder zurück. Aber ich würde nicht Telegramme und alles sparen, wenn Sie mir sagen, wo ich einhaken kann.

Im ganzen aber: wenn Sie das B. nicht bekommen, lassen Sie Sichs [!] nicht leid tun. Auch in Berlin, nirgends, nirgends kann sich ein Theater mit einem solchen Gagentroß halten – nur Repertoiretheater sind heute möglich. Man müßte alles ändern dürfen, erst niederreißen: dann erst wäre eine Möglichkeit des Aufbaus. Nur man wird, ich bin dessen gewiß, dem neuen Direktor schon die Flügel stutzen. Aber ich sehe, ich entmutige Sie statt Sie zu festigen – vielleicht weil ich Ihre productive Kraft zu sehr liebe, um sie in diesem Traditionskampf ermüdet und vergeudet zu sehen.

Herzlichst Ihr Stefan Zweig

An Lavinia Mazzucchetti

Roma, Hotel Hassler
26. I 1930

Preg^{ma} Signorina Professor[ess]a, une [= una] rapida parola soltanto! La Sua lettera con la proposta per Fouché mi ha raggionto [= raggiunto] a Roma – ma già troppo tardi! Io spero tuttavia di avere il piacere [di] aver Lei come traduttrice, poiché so che Lei ha tradotto già altri volumi per la Casa Mondadori, ma io ho nel frattempo già accettato per Fouché una proposta di questa casa. Ho gradito moto le Sue indicazioni ed i Suoi consigli, ma penso che mi varranno ancora per i volumi di novelle o per altro, mentre forse la Casa Mondadori era [= sarebbe stata] adatta al genere di Fouché. Mi rincresce molto que [= che] la Sua lettera sia arrivata troppo tardi ma forse avrò une altra [= un'altra] volta occasione di entrare in relazione con la casa sî stimata di Treves et [= e] [La] prego di dire la [= alla] direzione que [= che] io sero [= sarò] contentissimo di poter una altra [= un'altra] volta di [!] offrire uno dei miei libri.

Queste parole in fretta: ma spero di venire a Milano prima di lasciare la Sua bellissima patria.

Con molti saluti il Suo dev[otissi]mo

Stefan Zweig

An Unbekannt

Salzburg, 18. Feber 1930

Sehr geehrter Herr Doktor!

Daß das deutsche Theater einer Krise entgegengeht, darf nicht feig oder heuchlerisch abgeleugnet werden, es müssen im Gegenteil alle Kräfte angespannt werden, um diese Krise zu einer schöpferischen und läuternden umzuformen.

Die erste Gefährdung kam vom Film. Er hat einerseits das Publikum zum bequemeren, gedankenloseren, passiveren Genießen erzogen (dies seine Gefahr) anderseits seine Ansprüche an Herausholung der letzten Möglichkeiten gesteigert, (dies sein Wert).

Noch konkurrenzierender wird selbstverständlich der Tonfilm wirken, sobald er – und dies ist nur eine Frage von wenigen Jahren – ein gewisses Maß von Vollendung erreichen wird. Es hilft nun nichts, weder gegen den Film noch gegen den Tonfilm Acht und Bann zu schleudern, denn er hat seine Berechtigung gerade durch den leidenschaftlichen Anteil von Millionen Menschen dargetan. Man kann und man soll organische Entwicklungen nicht bekämpfen und nicht ein Blatt Papier vor eine Lokomotive in voller Fahrt werfen. Unsere Aufgabe kann nur sein zu erwägen, wie wir den unerhört wichtigen Kulturfaktor des deutschen Theaters erhalten und bewahren können.

Dies kann meiner Meinung nach nur dadurch geschehen, daß sich das Theater selbst dem Gesetz der wirtschaftlichen Entwicklung rechtzeitig anpaßt. Und dieses Gesetz heißt: Bindung aller Kräfte durch Konzentration, durch rastlose Rationalisierung auch der geistigen Kräfte. Die deutschen Theater müssen, wenn sie den mit einem Millionenaufwand hergestellten Filmen Parole bieten wollen, sich irgendwie in ihrer Leistung ständig zu steigern suchen und, je mehr der Film die gröberen Instinkte bindet, ihre geistige Haltung noch unerbittlicher wahren, um jene letzte seelische Schwingung zu erzielen, die bei jeder bloß mechanischen Wiedergabe doch unerreichbar bleibt.

Praktisch kann ein solches Resultat meines Erachtens nach nur erreicht werden, wenn die deutschen Provinztheater ihr System der Isolierung und gegenseitigen Koncurrenzierung aufgeben und sich zu größeren Gruppen vereinigen. Ich finde es absurd, daß während sich London keine ständige Oper leistet, 5 mitteldeutsche Städte, jede von der anderen kaum 1 Stunde entfernt, wie Frankfurt, Mainz, Wiesbaden, Darmstadt und Mannheim, sich jede ein größeres Opernensemble halten, das niemals voll ausgenützt werden kann. Ebenso hielte ich es für richtig, wenn auch im Schauspiel nahe gelegene Städte, wie z. Bsp. Bremen, Lübeck, Kiel, bei Beibehaltung einer gewissen Besonderheit einen gemeinsamen Spielplan vereinbarten, Schauspieler und Dekorationen sich gegenseitig gelegentlich zur Verfügung stellten; dadurch würden gewaltige Kosten an Material gespart, die Intensität des einzelnen Ensembles erhöht, die Probenanzahl vermehrt, eine verstärkte geistige Bewegungsfreiheit erzielt werden. Und wenn in Berlin heute so gut gespielt wird wie nie, so geschieht dies einfach dadurch, daß eigentlich alle Berliner Theater zusammengenommen ein einziges Ensemble darstellen, wo der einzelne Schauspieler für jede einzelne Rolle aufs exakteste und genaueste ausgewählt werden kann. Da die Not und die Gefahren alle deutschen Theater gemeinsam treffen, so hoffe ich mir einzig aus engstem Zusammenwirken der benachbarten Städte eine schöpferische Steigerung der individuellen Leistung und damit eine neuerliche Erweckung der alten deutschen Liebe zum Theater. Das Publikum ist anspruchsvoll geworden, danken wir ihm dafür, und suchen wir diese Ansprüche zu erfüllen, indem wir nicht gegeneinander wirken, sondern möglichst die Kräfte steigern und verbinden zur gemeinsamen Abwehr, denn Sie haben recht, der Feind steht vor den Toren.

Mit besten Empfehlungen Ihr

Stefan Zweig

An Unbekannt

Salzburg, Charfreitag [18. April] 1930

Liebes, verehrtes Fräulein, könnte ich Ihnen doch mit diesen Zeilen auch im Couvert gleich einen blauen Himmel über den See schicken! Ich täte es herzlich gern, um Sie so froh zu machen, wie Sie es verdienen! Vielen guten Dank noch für Ihr rührendes Gedenken, ein so blühender Wunsch mußte wirklich helfen und hat auch geholfen. Nun sitze ich hier mit dem Blick auf böswillig verschneite Berge mit dem unerfüllbaren Wunsch nach Wärme und tröste mich mit dem Erinnern an bessere Stunden, selbstverständlich meldet sich wieder die alte Unrast nach Reisen, der ich wohl aber erst im Sommer oder zu Sommersbeginn werde nachgeben können. Ich weiß heute noch nicht, wohin und mache es innerlich eigentlich abhängig vom Zug des Herzens, es gibt nicht Schöneres als unentschlossen zu warten und dem ersten richtigen Ruf nachzugeben. Bishin freilich will scharf gearbeitet sein! Wenn Sie Sich [!] zur Musikwissenschaft entschließen, kann ich Sie vielleicht beraten und das wird immer herzlich gerne geschehn. Jetzt aber erholen Sie Sich [!] recht und grüßen Sie mir, heimgekehrt, Ihre freundliche Freundin. In aufrichtig gutem Gedenken Ihr ergebener

Stefan Zweig

An Otto Heuschele

Salzburg, 7. Mai 1930.

Mein lieber Otto Heuschele!

Gerade gestern dachte ich daran, wie lange ich nichts von Ihnen gehört habe und wollte Ihnen schon schreiben, da kam Ihr guter Brief. Es wäre so viel einmal zu besprechen und wohl auch öffentlich zu sagen. Die Fragen, die Sie andeuten, nämlich das erschreckende Uninteresse in Deutschland für alles, was persönliche Ausdrucksform ist, beunruhigen mich gleichfalls. Stoff ist heute alles, die Welt will dokumentarischen Bericht über Menschen, Tatsachen und Zeiten, ein Buch muß ein »genre« haben, muß neuen Stoff zum Ausdruck bringen, fast gleichgültig in welcher Form es geschieht, daher der Triumpf [!] der Kriegsbücher, der Biographien, des rein Sachlichen. Ich speziell hätte ja nicht zu klagen, da viele meiner Arbeiten auf dieser Linie liegen, aber ich sehe im nächsten und allernächsten Freundeskreise, gerade bei jenen Menschen, die ich als Dichter besonders liebe, ein Zurückgeworfen- und Vergessensein, das sich in gefährlicher Weise auch bis ins Materielle, bis in die äußere Lebenshaltung hinein bedrückend auswirkt; ein Mann wie Wildgans muß die Burgtheater-Direktion annehmen, weil er von seiner Dichtung nicht leben konnte, Felix Braun versitzt seine Zeit an einer lächerlichen Pseudo-Universität in Palermo, und von vielen Anderen bringt mir jeder Brief Klage auf Klage. Seit Jahren hat sich kein Dichter durch sein Gedicht halbwegs Geltung erringen können, und ein Buch, wie jenes, von dem Sie sprechen, das der Erika Mitterer, – Sie erinnern sich, daß ich Sie vor Jahren bat, als Erster Proben von ihr zu bringen – wird kaum bemerkt werden; ich will mein Bestes dafür tun, aber weit langt es ja nicht, den[n] Lyrik ist für Deutschland eine Art Koptisch und Aramäisch geworden, eine Sprache, von der einzelne Privatgelehrte noch Kenntnis haben und an der die Anderen mit kalten Augen vorübergehen. Ich kann mir nicht denken, daß dies andauern könne, denn der Gegenwartsstoff ist nicht unbegrenzt, einmal werden der Krieg, die Großstadt, der Sport, die Biographien, thematisch erschöpft sein, dann muß eine Rückkehr zu dem rein Psychologischen und durch die Form Geadelten wieder kommen. So tut es not zu warten, bis die Welle ausgelaufen ist, und es hat keinen Sinn, sich gegen sie zu werfen. Unterirdisch geht die Strömung ja weiter. Ich erfuhr eine schöne Überraschung: ein ganz junger Dichter, der Walter Bauer heißt, Arbeiter in Fabriken war und sich nun mit 24 Jahren zum Volksschullehrer in einem Nest emporgearbeitet hat, gab vor einem Jahr ein prachtvolles Buch heraus »Kameraden, Euch rufe ich!«, das bei Kaden & Co. in Dresden erschien, die menschlichste Arbeit der Lyrik, die ich in Deutschland kenne, jetzt nach einem Jahr fiel mir das Buch in die Hand; es hat keine drei Rezensionen gehabt, niemand hat sich darum gekümmert. Nun lese ich ein zweites Buch in Manuskript von ihm, »Das Leuner-Werk« [!], gleichfalls hervorragend, und tue alles, um es zum Erscheinen zu bringen. Hoffentlich gelingt es mir – aber wie schwer ist das geworden, wie wenig Verleger haben heute noch den Mut, einmal zwischendurch ein Buch absoluter Dichtung zu wagen.

Da Sie anscheinend mein Stück nicht von der »Insel« bekommen haben, schicke ich es Ihnen gerne zu. Es hat merkwürdigerweise starke Wirkung geübt, obwohl es von Grund aus ein »unpleasant play« ist, ein antiheroisches Stück, mit einem sog. unbefriedigenden Ende, aber mich reizt gerade die Schwierigkeit und so bekämpfe ich jeden Vorschlag eines »happy end« oder eines tragischen Endes aus der Überzeugung, daß es im gewöhnlichen Leben etwas wie eine Art undramatischer Tragik gibt, die Tragik des Resignierens, giltig für Millionen und darum wahrer als die wenigen pathetischen Ausnahmsfälle.

Die anderen Arbeiten, Mesmer, Eddy, Freud, die gemeinsam ein neues Buch bilden sollen, sind scharf im Gange. Dann möchte ich einen kleinen Roman schreiben, zu dem manches

Material vorliegt und für den mir beim ersten Anlauf der Mut fehlt. Aber man soll die größeren Dinge innerlich auskochen und sich klar formen lassen. Wir gehören ja zu den Altmodischen, die noch an eine Art Architektur im Werke glauben und wohl auch auf die Dauer damit recht behalten werden.

Ihre Arbeit über die Günderode stelle ich mir äußerst interessant vor; wenn Sie auch jetzt nicht recht Unterkunft für sie finden, so haben Sie deshalb keine Sorge, Sie sollten mehr an Bücher in organischer Gestaltung denken, (alles Vereinzelte bleibt ohne Kraft) und vielleicht noch neben die Günderode ein paar andere Gestalten stellen, Rahel, Bettina, Droste – das gäbe eines Tages ein wahrhaftig weites und großes Buch über die deutsche Dichterin in ihren verschiedenen Typen, ein Buch mit Weitwirkung und von wirklicher Wesenheit, zu dem Sie besser als jeder andere berufen wären. Hoffentlich können wir davon ausführlich sprechen, wenn Sie hier vorbeikommen, ich bleibe jetzt bis zu den Festspielen hier und der Weg von der Schweiz her ist nicht weit. Versäumen Sie dort nicht die Landschaft von Wengen, die mir die schönste scheint, und wählen Sie den Weg vielleicht über das Engadin via Landeck nach Tirol hinein, wo noch keine Bahn geht, nur das Postautomobil, und so können Sie in einem Tage die ganze Skala von den Hochalpen bis zum Tale gleichsam musikalisch niedersteigen. Kennen Sie in Zürich Faesi, einen Freund, Professor der Universität und einer der besten Dichter? Ich würde Ihnen gerne ein Wort mitgeben, obzwar zweifellos die bloße Berufung genügt, da er Sie aus Ihrem Werk genau kennt. Er ist angenehm, klug und klar, und kann Ihnen auch manchen Weg zu Vorlesungen ebnen.

Ja, lieber Freund, lassen Sie sich bald sehen, Sie sind immer besonders herzlich willkommen, und seien Sie vielmals gegrüßt von Ihrem

Stefan Zweig

Herrn Otto Heuschele
Waiblingen

An Erhard Buschbeck

Salzburg, am 14. Juni 1930

Lieber Buschbeck!

Ich sehe, daß Ihr auch diese Woche einen vegetarischen Spielplan, mit Ausschaltung des Lämmerfleisches macht. Ist es schon endgiltig abgeschlachtet? Es würde mich eigentlich ein wenig wundern, denn soweit mir privat berichtet wurde, soll es doch innerhalb der sommerlichen Zeit ganz wacker vor zahlreichem Publikum geblöckt [!] haben. Oder ist Balser schon wieder aus Wien verschwunden und ist Aussicht, ihn für den Herbst zu bekommen?

Herzlichst Ihr

Stefan Zweig

An Hermann Struck

Salzburg, am 18. Juni 1930

Sehr verehrter Herr Sruck!

Ich danke Ihnen auf das allerherzlichste für Ihren freundlichen Brief. Eigentlich war es mir längst ein Bedürfnis Ihnen zu schreiben. Seit vielen Jahren, ja seit dem Beginn meines geistigen Wachseins bin ich ein großer Bewunderer Ihres Werkes und ich habe in der Tat oft Ihren Namen genannt, auch im Sinne eines moralischen Vorbildes. Wenn ich seit Anfang der zionistischen Bewegung eines gewissen Mißtrauens mich nicht erwehren konnte, so war es, weil die geistigen und künstlerischen Führer es vorzogen in Europa zu bleiben, angeblich um dort besser für die Idee wirken zu können. Meine Überzeugung war immer, daß ein Beispiel wirksamer ist als tausend Worte und Reden, daß also mit dem Vorbild der Aufopferung die wahrhaften Bekenner hätten vorangehen und in Palästina Aufenthalt nehmen müssen. Ich bin überzeugt, daß dies auf die jüngere Generation moralisch stärker gewirkt hätte als alle Reden, Worte, Bücher und Broschüren. Sie sind der einzige, der – gewiß viele persönlichen Erfolge und materiellen Erträgnisse aufopfernd – es entschlossen getan hat und immer wenn in einem Gespräch oder einer Diskussion das Thema zu Worte kam, habe ich auf Sie hingewiesen, bei dem allein innere Lebensüberzeugung und äußere Lebenshaltung völlig übereinstimmt. Mir war es ein starkes Bedürfnis dies Ihnen einmal persönlich zu sagen, aber es schien mir vordringlich und unberufen. Deshalb war mir Ihr Brief besonders wichtig und lieb, nun konnte ich auch zu Ihnen aussprechen, was ich so oft zu andern gesagt und es ist mir eine große Freude, Ihnen über eine solche Ferne hin wenigstens brieflich zu begegnen.

Ihr Hinweis war mir sehr wertvoll. Ich hatte die Legende nur in ihrer übernommenen Form gekannt, in der Umdeutung auf die christliche Religion. Selbstverständlich werde ich in der Buchausgabe den Fehler berichtigen.

Seit Jahren verzögern mir äußere Lebensumstände den Wunsch, nach Palästina zu Besuch zu kommen, aber lange bleibt wohl die Absicht nicht mehr aufgeschoben und nun weiß ich, daß ich guten Herzens bei Ihnen vorbeikommen darf. Das gibt mir ein gutes Gefühl und bestärkt mich in meinem Wunsch, mich bald zur Reise zu entschließen.

In herzlicher und sehr alter Verehrung, Ihr sehr ergebener

Stefan Zweig

An Victor Fleischer

Salzburg, am 7. Juli 1930

Lieber Viktor!

Dein Brief wurde sofort in die Sammlung gelegt. Nicht in die Autografensammlung, sondern in eine andere, die im raschen Wachstum befindlich ist: die der beleidigten Briefe. Ich habe in der letzten Zeit von alten Freunden recht viele bekommen und wahrscheinlich nicht unverdient. Daß auch Du nun in diesen Karton kommst, bedeutet mir natürlich eine Kränkung. Was Du von Berlin sagst ist richtig und nicht richtig – ich hatte Dir nämlich keinen Besuch gemacht, sondern bin nur hinaufgekommen um Dir die Hand zu schütteln und mußte natürlich jedem wirklichen Gespräch ausweichen, ebenso wie bei dem (gleichfalls beleidigten) Camill. Mir war es darum zu tun, zu bezeugen, daß ich auch bei anderthalbtägigem Berliner Aufenthalt und innerhalb der ärgsten Gehetztheiten mich bei Dir melden will. Was ich damals sagte weiß ich nicht, sehr vernünftig wird es nicht gewesen sein.. Dies überhaupt das Fazit: man soll keine Dinge gehetzt tun und in den letzten Jahren ist mein Leben wirklich gehetzt. Mich widert der ganze Betrieb, fünfzehn Briefe und fünf Bücher täglich, wo meine Neugier nach neuen Menschen und neuen Büchern arg gehemmt ist oder eigentlich schon fast zu Ende, dazwischen die eigene Arbeit immer schwerer wird, weil ich mir immer Schwereres heraussuche und selten zu einer Konzentrationsepoche komme. Wie das nun umzustellen ist und abzustellen, darüber bin ich mir nicht im Klaren. Wahrscheinlich wirds nur zu machen sein wenn ich einmal ein halbes Jahr weggehe und so wie ich es seit Monaten getan habe, alles Kritische abstelle, was natürlich eine Reihe von Kränkungen und Beleidigungen bereits gezeitigt hat. Mangel an innerm Selbstbewußtsein gibt mir nicht die Härte zur nötigen Verteidigung, so bleibt nur die Flucht und bislang ist durch familiäre Schwerfälligkeit es mir seit 12 Jahren <u>nie</u> möglich gewesen länger als drei Wochen einmal geschlossen fortzubleiben. Dies muß nun erzwungen werden, damit ich endlich einmal mich an eine größere Arbeit machen kann oder nicht machen. Jedenfalls, ich muß aus diesem Bagno heraus, das nur bedrückt: was Du »Erfolg« nennst, empfinde ich keineswegs als solchen, sondern nur als eine Last. Irgend etwas von der Naivität und reiner Freude ist unwi[e]derbringlich dahin durch diese Jagd und Flucht, wobei ich mir vorkomme wie ein Jäger, der eigentlich Vegetarianer ist, also gar keine Freude an dem Wild hat, das er abschießen soll. Nichts beschäftigt mich mehr als dieser Versuch einer Umstellung der Lebensführung. Viel habe ich schon abgeschafft, Vorlesungen, Aufsätze, alles Öffentliche, aber die endgiltige Formel ist noch nicht gefunden die mich frei macht. Und ohne Freiheit bin ich ohne rechte Seelenkraft. Das alles muß, von außen gesehen, höchst widersinnig erscheinen, sogar antilogisch und narrenhaft, aber da kann man halt nichts machen, es ist eben ein Komplex und ich verstehe selber nicht wieso ich nicht frei komme. Mir fehlt irgendwo in meiner Disposition ein notwendiger Einschuß von Brutalität und Selbstsicherheit.

Die Tatsache des Buches von Gundolf hat mich überrascht. Ich habe damals als Du mir sagtest, Du hättest Adler verkauft, das Gefühl gehabt, Du wolltest den Verlag nicht fortführen. Ich vermied nur, davon zu sprechen. Von ferne kann ich nicht übersehen ob es vernünftig ist oder nicht, da Deine beste Kraft hineinzuschütten. Ich habe keine Ahnung wie es im Verlagsbuchhandel wirklich steht und ob da das Individuum dem grauenhaften Gesetz der Konzentration auf die Dauer entgehen kann. Darüber wie über einiges andere würde ich gern einmal mit Dir sprechen, aber meine Reisepläne sind sehr ungewiß. Zur Zeit ist Fritzi in der Schweiz mit ihrer Tochter und von mir weiß ich nicht mehr, als daß ich (sehr ungern) im August fort muß. Ich bliebe weit lieber in diesem Reisemonat der ganzen Welt zuhause, aber dies gehört zu dem Kapitel der Flucht vor den Menschen: schon bei Beginn des Festspiel-Betriebes ergreift mich diese heillose Angst und erfahrungsgemäß nicht unberechtigt.

Vielleicht habe ich das große Essaybuch noch bis zum Herbst fertig, doch lasse ich es erst zum Frühjahr erscheinen um langsam Korrekturen zu lesen und nicht zu hetzen. Jedenfalls melde ich mich noch, in welche Windrichtung mich der August wirft, vielleicht kommen wir doch noch zusammen.

Grüße vielmals Deine Frau. Beinahe hätte ich sie in Wien noch gesehen, aber ich flüchtete sobald wie möglich von dort weg und bekam postwendend Briefe Deines Formats nachgesandt. Aber wie gesagt, es ist in meiner Natur, immer den Andern Recht zu geben und ich vermute, daß in dieser verstärkten Aversion etwas Richtiges sein muß. Vielleicht misant[h]ropische Alters[er]scheinungen meinerseits.

Herzlichst Dein

Stefan

An Romain Rolland

9. Juillet 1930

Mon cher ami, je vous réponds immédiatement. Ne croyez pas que je sois insensible aux nécessités d'un homme et camerade [= camarade] comme Guilbeaux. Je lui ai envoyé 400 marks il y [a] quelques mois, je lui ai procuré pour les manuscrits de vous pour les sauver d'une vente publique 300 marks, je lui ai envoyé 200 Mark[s] il y a huit jours. Mais naturellement je ne peux pas lui securer [= secourir] la vie tout seul. J'ai une [!] bonne conscience: j'ai donné plus de 10 000 Mark[s] l'année passée [= dernière] aux amis en détresse, cette année ce sont au mois de juillet déjà plus de 6000. La misère est énorme et surtout entre ceux de ma génération et ceux qui sont vers le[s] [= autour des] 60 ans, personne n'achête plus leur[s] livres, il[s] ont une femme (généralement deux) et des enfants. Naturellement la part de chaqu'un [= chacun] se [!] diminue en proportion du nombre. Je vous écris cela à vous seulement pour vous montrer que j'ai donné pour ma personne déjà vers le[s] [= autour de] 1000 francs suisses à Guilbeaux. La loi Juive demande 10% du revenu pour les pauvres, – je peux dire de moi que je surpasse bien le pourcentage formulé par le vieux [= l'Ancien] testament, car je donne plus que [= de] 10%. Ils oublient tous qu'on peut seulement donner parsqu'on [= parce qu'on] vit soi-même la vie d'un petit employé: je suis, je crois, le dernier écrivain d'Allemagne qui ne possède pas encore son auto et qui [ne] voyage pas dans les boîtes de luxe. Et si vous auriez [= aviez] un train de vie comme la plupart d'[entre] eux, il ne resterait rien pour ceux [qui sont] en détresse.

Le cas de Guilb[eaux] est extrêmement difficile, parsque [= parce que] sa faculté de produire semble diminué[e]. Il n'était jamais très fort comme écrivain et il raconte en général des petit[e]s anecdotes au lieu de donner des [!] larges vues. Un homme qui a vécu les années de Lénin[e] en Russie devrait avoir des [!] grand[e]s choses à dire. Je tâche [de faire] tout le [= mon] possible pour placer sa [!] autobiografie [!], car emploi – [l']Allemagne a 2 Millions ½ des [!] sans-travail, l'Autriche 200 000!! Chaque jour un autre vieux camerade [= camarade] est flanqué à la porte. Mais je m'occupe naturellement de sa personne – seulement les quelques [!] milles [!] marks dont il semble avoir besoin sont impossibles à trouver. Fidèlement

StZ

An Maxim Gorki

Salzburg Kapuzinerberg 5
z. Zt. Hamburg,
den 12. August 1930.

Lieber und verehrter Maxim Gorki,

Ich habe beschämend lang nichts von mir hören lassen, aber wir haben oft und sehr herzlich Ihrer gedacht, insbesondere jüngst, als wir hörten, daß die so geliebte italienische Landschaft durch ein Erdbeben bedroht war. Nun bin ich auf Urlaub und habe einen Großteil meiner Arbeit bereits glücklich erledigt, sodaß ich wieder Atem holen darf und nun herzlich wieder das Wort an Sie richte. Es ist sehr leicht möglich, daß ich in diesen Tagen Wladimir Lidin entweder hier oder in Berlin sehen werde und bin ungeheuer neugierig darauf, durch ihn mehr von den russischen Verhältnissen zu hören als ich indirekt aus den Zeitungen entnehmen kann, die nur zum geringsten Teil objektiv berichten und meist die Geschehnisse ins Pessimistische umformen. Ich glaube, daß niemals die Situation so gespannt war, niemals so tragisch und großartig wie in diesem Jahr: die nächste Generation russischer Schriftsteller wird einen Gegenstand finden, so groß und noch größer als die Ereignisse der Französischen Revolution. Zum ersten Mal bekommt das Wirtschaftliche die Majestät und das Elementare eines Naturereignisses, ein Wirtschaftsplan, der etwas von dem Aufregenden einer Gigantenschlacht hat. Man muß sein Wissen, seine Gefühle, seine ganzen überlebten Begriffe umstellen, um diese Geschehnisse zu begreifen, und ich gebe mir alle erdenkbare Mühe, um soviel wie möglich davon zu verstehen, während die meisten Geistigen bei uns mit einer mir unerklärlichen Indifferenz und Indolenz über die Begriffe hinweglesen. Sie scheinen nicht zu ahnen oder wollen es nicht zugeben, daß im Schicksal Rußlands sich auch das Schicksal der ganzen nächsten Generation, vielleicht sogar des nächsten Jahrhunderts, entscheidet. Für Sie, teurer, lieber verehrter Gorki, muß es sehr schmerzlich sein, daß Sie Ihren Wunsch, wieder einmal nach Rußland zu reisen, in diesem Jahre nicht erfüllen konnten. Hoffentlich ist nicht Ihre Gesundheit schuld, der ich das beste wünsche und die Sie auf das sorgfältigste behüten sollen. Sie sind uns noch das Ende Ihres großen Epos schuldig, und ich warte mit einer geradezu ingrimmigen Neugierde auf das Werk.

Es ist sehr leicht möglich, daß ich in diesem Winter wieder nach Neapel oder Sorrent hinunterkomme. Lieber freilich würde ich aus Europa ganz herausgehen für zwei oder drei Monate oder zum mindesten auf die Balearen. Aber alles dieses steht noch im Ungewissen, denn zunächst muß ein größeres psychologisches Buch geendet sein, das mich an Bibliotheken und Städte bindet: dann erst vermute ich Ende September bin ich frei und will einen kleinen Roman schreiben. Dazu braucht man nichts als zwanzig Bogen weißes Papier und eine Feder und die findet man überall. Ich freue mich schon auf diese Art Freiheit, denn innerlich werde ich von Jahr zu Jahr nomadischer und von Orten, Ländern und Sprachen unabhängiger. Für Italien spricht sehr der Wunsch, Sie und die Ihren wiederzusehen, und wenn das Herz den Ausschlag gibt, so wird sich unser Aufenthalt gewiß in diesem Sinn entscheiden.

Von Rolland haben Sie inzwischen hoffentlich öfters Nachricht. Er ist heute in Frankreich der Einzige, der ein freies, klares und überpolitisches Verhältnis zu Rußland hat, der Einzige, mit dem man human über diese Dinge sprechen kann, sonst herrscht dort eine bejammernswerte Unkenntnis und eine von den Emigranten aufs sorgfältigste genährte und gesteigerte Feindschaft. Sie würden die Luft dort nicht acht Tage atmen können.

Dieses nur ein flüchtiger Gruß, um Ihnen zu zeigen, daß wir auch im Schweigen Ihrer herzlich gedenken.

Mit den besten Grüßen an Sie Alle

Ihr getreu ergebener

Stefan Zweig

An Ben Huebsch

Salzburg, am 22. September 1930

Lieber verehrter Freund!

Nun sind Sie uns wohl schon über das Meer entschwommen und die herzlichsten Grüße gehen mit. Ich eile mich, Ihnen noch ein paar Worte zu sagen. Ich habe Bermanns »Mahdi« gelesen und ihm ehrlich meine Meinung gesagt, daß das Buch ausgezeichnet ist, aber noch an einigen Stellen Konzentrierung und Verstärkung braucht. Er arbeitet eigentlich noch daran. Im Ganzen wird es ja sehr schön. Sonst las ich von neuen Romanen den eines jungen Autoren Andreas Thom »Vorlenz und Brigitte«[,] ein gutes Buch, aber kein entscheidend wichtiges, ähnlich Finks »Mich hungert«, vielleicht noch etwas besser. Sonst kam mir nichts in die Hände was ich als wichtig ansprechen könnte, und auch bei Feuchtwangers Roman bin ich mir noch lange nicht klar. Die merkwürdige Mischung von Übertreibung, Satire, Zeitgeschichte, Karikatur, gibt dem Buch etwas innerlich Unruhiges und ich zweifle, ob man im Ausland, wo die politischen Schlüssel zu allen Figuren nicht immer zur Hand sind, recht und klar die Angelegenheit übersehen wird. Ich habe mir, offen gesagt, mehr erwartet nach vier Jahren Arbeit, oder umgekehrt: vielleicht hat Feuchtwanger zulange daran gearbeitet. Beides ist von Übel.

Ich arbeite inzwischen fleißig an meinem Buche und schicke Ihnen heute eine erste Form des Mesmer, der Freud kommt bald nach und ich hoffe, Sie haben nichts dagegen, wenn ich den einen oder andern einzelnen Teil in einer Zeitschrift drüben veröffentliche, selbstverständlich unter Hinweis auf das Buch. Aus Leipzig und Oslo habe ich gute Nachricht über das »Lamm des Armen«, aber entscheidend ist mir jetzt nur fertig zu werden und dann jenen kleinen Roman zu schreiben

Seien Sie also gewiß, daß ich genau aufpassen werde was geschieht, etwas Wichtiges wird mir kaum entgehen und ich schreibe oder telegrafiere Ihnen sofort.

Grüßen Sie mir Ihre Frau und seien Sie meiner freundschaftlich dankbaren Gesinnung versichert.

Ihr
Stefan Zweig

An Romain Rolland

Salzburg, Kapuzinerberg
1. Oct 30

Mon cher ami, depuis longtemps je tiens à vous écrire, mais les temps sont si passionnantes [!]. J'observe avec une peur toujours augmentante [= croissante] le terrible flux de la passion guerrière qui envahit l'Europe. Finlande, Pologne, Hongrie, Espagne, Italie, Yougoslavie, la moitié a déjà accepté la dictature, le reste suivra, demain l'Allemagne, après-demain l'Autriche: nous sommes déjà en face de l'ennemi. Et plus charactéristique [!] encore: où sont les exnationalistes de 1914 et les chantres de la réunion pacifique entre la France et l'Allemagne de 1920, où sont-ils? Je n'entends plus [parler] de leur[s] banquets et de leurs discours! Flaireurs du vent, ils commencent à se couvrir la tête pour n'attraper du [!] froid. On ne fait plus des [!] affaires avec le pacifisme – donc réouvrons l'autre boutique, celle de 1914! Nous serons bientôt de nouveau entre nous, cher ami, on nous cèdera bientôt la place.

Je ne veux pas chercher les raisons pour ce changement. Sûrement la France a sa bonne part de culpabilité qui se refuse à la révision nécessaire. Et vraiment un pays avec 3 millions de sans travail ne peut pas payer des sommes pareilles. Mais la vague a des couches plus profondes dans l'inconscient. C'est l'Europe qui veut se tuer: elle n'a pas réussi complètement en 1914. Maintenant elle renouvelle le beau [!] effort. Vous avez bien senti cela le premier, vous avez remarqué que si le soleil se couche chez nous elle [= il] se lève au même moment dans l'autre hémisphère. Hélas, je ne crois plus à la raison ou plutôt à son effet directe [!] et immédiate [!]. Et je trouve que le bon Freud était plus sage qu'on ne supposait.

D'ailleurs je travaille dans cette matière. Les deux autres essays [!] sont finis, je prépare le troisième. Puis je veux écrire un petit roman. Assez des [!] essays [!] et de la [!] psychologie. Inventer, créer, «schaffen solange es Tag ist» comme le bon Goethe disait.

J'approuve et je regrette à la fois que vous n'écriv[i]ez pas cette histoire de la musique en portraits. Elle aurait gagné des milliers ou des millions à l'amour de cette [!] art qui nous console de toutes les stupidités journaliers [!] de nos cher[s] frères en peau humaine et si peu frères dans l'esprit! Mais je vous sais en bon travail.

J'ai grande envie de vous revoir. Je crois [que] je viendrai exprès en Suisse pour vous voir pendant l'hiver. Je vous avertirai. Et le mois de Janvier Février Mars je me transplanterai peut-être jusqu'aux Baléares pour vivre enfin isolé de l'Europe et pour écrire mon livre.

Fidèlement votre

Stefan Zweig

An Eugen Relgis

Salzburg, am 17. Oktober 1930

Lieber Eugen Relgis!

Ich fahre gerade weg und schicke Ihnen nur die gewünschte Antwort, die Sie ja selbst ändern und ausfüllen können. Ich gebe Ihnen dazu volle Erlaubnis.

1.) Warum die junge Generation kriegerisch ist?

Aus einem falschen Minderwertigkeitsgefühl. Sie hat vor sich eine Generation von heute Vierzig- und Fünfzigjährigen, die an der Front gestanden ist und sich dessen rühmt. Nun schämen sie sich vor diesen Alten und Erprobten weniger tapfer zu erscheinen und fürchten, es könnte als Feigheit gedeutet werden, wenn sie diese Energieprobe nicht auf sich nehmen wollen und den Krieg pazifistisch ablehnen. Darum geberden [!] sie sich militärisch – aber im Untersten ist nur die Furcht für unmännlich gehalten zu werden, die eigentlich unterste Triebkraft und keineswegs ein wirklicher Haß.

2.) Ob die Kriegsbücher dem Pazifismus nützlich sind oder nicht?

Ich halte sie leider, trotz ihrer fast einhelligen pazifistischen Gesinnung eher für schädlich. Die Jugend sucht Romantik, Spannung und findet dies in der Darstellung des Krieges. Sie lernt sich dadurch in jene Situationen, auch die schrecklichsten, hineinträumen und Träume haben immer die gefährliche Tendenz sich verwirklichen zu wollen. Dann schließlich noch eines: alle Kriegsbücher sind von Menschen geschrieben, die heil aus dem Kriege zurückgekommen sind und geben damit doch jungen Leuten die Hoffnung aus solchen Abenteuern unbeschädigt hervor zu gehen. Könnten die Toten reden, sie, die das Furchtbarste erlebt haben, ihre Stimme würde allein Eindruck machen.

3.) Wie ich den gegenwärtigen Zustand Europas zwischen Revolution und Faschismus sehe?

Was die Menschen am wenigsten ertragen können ist die Unsicherheit und gerade diese Unsicherheit lastet heute auf unserer Welt. Niemand weiß genau was im nächsten Augenblick geschehen kann, alle Werte sind im Schwanken, nichts stabil. Die Menschen begehren aber nach Sicherheiten und so drängen sie unbewußt jenen Tendenzen zu, die ein Regime versprechen, eine wirkliche Ordnung. Ob sie diese Ordnung von der Revolution oder vom Faschismus erhoffen, ist für die meisten Menschen eigentlich Zufallswahl, sie wollen alle eigentlich lieber ein Ende mit Schrecken als einen Schrecken ohne Ende und es wird nich[t] früher Ruhe werden, als nich[t] durch die Vereinigung der europäischen Staaten wenigstens für zweihundertfünfzig Millionen Menschen eine gewisse ruhigere Entwicklung gewährleistet ist.

4.) Ob ich einen europäischen Geist schon bemerke?

Eigentlich nicht, sondern nur gewisse gemeinsame europäische Interessen. Die großen industriellen Konzerne haben bisher sich tätig geeinigt, während die Künstler und die Intellektuellen sich darauf beschränken, von der europäischen Einheit zu reden. Wir müssen sehr mißtrauisch gegen einen großen Teil der Schriftsteller sein, die heute pazifistisch sich geberden [!], erstens weil es meist dieselben sind, die während des Krieges die lautesten Kriegshetzer gewesen sind, anderseits weil sie diesen Pazifismus im Einvernehmen mit der Regierung und eigentlich im momentanen Interesse ihres Vaterlandes betreiben. Sie fordern die Abrüstung, aber nicht im eigenen Land, sondern zuerst von den andern. Sie greifen die fremden Regierungen an, aber nicht die eigene, während selbstverständlich der kouragierte [!], der eigentliche und ehrliche Pazifismus sich gegen jede Kriegstendenz und gegen jeden Nationalismus zuerst in der eigenen Nation wenden muß.

Damit macht man sich freilich unbequem und unbeliebt, aber aber [!] wir, denen der Pazifismus keine Konjunktur bedeutet, sondern eine Überzeugung, müssen uns schon daran gewöhnen daß wir eine schwierige und sogar gefährliche Arbeit zu leisten haben und gerade diesen Widerstand lieben, weil er unsere besten moralischen Kräfte herausfordert. Ich betrachte die Kriegsgegner nicht so sehr als unsere gefährlichsten Feinde – denn sie sind offen – als jene geschäftstüchtigen Nachkriegspazifisten, die sich aus dem auswärtigen Amt ihre Informationen und Überzeugungen holen und nur dort und gerade da eingreifen und erscheien, wo es eine höhere Stelle will und ihrem Vaterland genehm ist.

5.) Ob ich Hoffnung habe, daß der geistige und moralische Einfluß schließlich über die Vernunft Sieger wird?

Darauf kann ich nur ehrlich sagen: nicht so bald und keineswegs sofort. Wir müssen unsere Bemühungen auf lange Dauer einstellen und auf viel Widerstände und dürfen uns keinesfalls einbilden, mit etwas klugem Zureden würde die Leidenschaft und noch mehr das Interesse der Mehrheit sich der Vernunft unterordnen. Die einzige Hoffnung die ich hege auf die Wirkung der Vernunft, ist diejenige, die Freud so wunderbar in seinen Worten ausgedrückt hat: »Wir mögen so oft betonen, der menschliche Intellekt sei kraftlos im Vergleich zum menschlichen Triebleben[«] und Recht damit haben. Aber es ist doch etwas Besonderes um diese Schwäche; die Stimme des Intellekts ist leise, aber sie ruht nicht, ehe sie sich Gehör verschafft hat. Am Ende, nach unzählig oft wiederholten Abweisungen findet sie es doch. Das ist einer der wenigen Punkte, in denen man für die Zukunft der Menschheit optimistisch sein darf, aber es bedeutet in sich nicht wenig. Das Primat des Intellekts liegt gewiß in weiter, aber wahrscheinlich doch nicht in unerreichbarer Ferne.

6.) Von meinen eigenen Arbeiten?

Ich bin jetzt beschäftigt in meinen [!] Buch drei große Gestalten von Psychologen darzustellen. Diese Art von Porträts, die gewissermaßen moralische Standbilder sein sollen, scheinen mir notwendig der Zeit in Beispielen und Gegenbeispielen zu zeigen, daß immer wieder die geistige oder künstlerische Anstrengung sich durchsetzt und von großen Werken eine Beglückung ausgeht, die uns tröstet über die Torheit und den Widersinn der Gegenwart. Zwischen den eigenen dichterischen Werken liebe ich darum ab und zu solche Plastiken aufzustellen, um selbst an diesen Vorbildern zu lernen und besonders einer jüngeren Generation den notwendigen Elan zur großen Geduld und Hingabe zu geben.

Eiligst (ich fahre
eben nach Wien) Ihr
Stefan Zweig

An Romain Rolland

25. Oct. 1930

Mon cher ami, j'étais à Vienne et à Munic[h]. Maintenant le travail m'a repris. J'espère de [!] finir mon livre en Novembre. Puis les épreuves et puis – aus [= aux] Baléares, pour écrire un petit roman. L'Europe est dégoûtante: haine, politique, stupidité. Mais tout de même je vois dans l'esprit combattiv [!] de la jeunesse d'Allemagne et de l'Europe entier [!] quelque chose de sain: leur haine contre l'indécision comme on la pratique dans les palais de Genève, contre cette infecte méthode de ralentissement artificiel de toutes les questions. Ils veulent voir enfin des décisions. Ils sont las de ces pourparlers ennuyeux qui veulent narcotiser [= anesthésier] l'opinion publiques [!] et couvrir le fait qu'ils ne font rien à Genèves [!] que de remplir des paperasses. Cette méthode du ralentissement continuel est naturellement contraire à l'esprit de la jeunesse – et grâce à Dieu, je me sens jeune aussi dans ce sens. Je hais et je condamne ces acteurs (mauvais acteurs) d'une entente Européenne (Briand et tutti quanti) plus que les activistes, même plus que les franches [!] nationalistes. Douze ans depuis la soi-disante paix, cinquante, cent cinquante «séances» pour couvrir qu'on ne fait rien parsqu'on [= parce qu'on] ne veut pas faire quelque chose. Et l'Europe qui s'impatiente, une jeunesse qui ne croit plus à ces discours moëlleux et tournés, qui tend l'oreille aux paroles (au moins claires) des Mussolinis et Stalin[es]. Si vous croyez que ce soit juste, j'aimerais d' [!] écrire un essay [!] d'accusation contre le [!] fainéantise de la «Société des Nations» qui fait [= rend] impossible notre mouvement Européen en disant qu'elle le prépare (et en vérité le ruinant [= ruine]). Vous voyez donc que je ne suis pas d' [= de l']avis des autres qui voient du malheur dans la radicalisation de la jeunesse. C'est un[e] réaction très juste, et sorti[e] inconsciemment (malheureusement dans une fausse direction) d'un sentiment très juste. Il faudrait leur prendre l'avance [= rattraper leur avance] et attaquer nous-même[s] la Société des Nations pour sa lâcheté, sa paresse, son bureaucratisme stérile. Je crois [qu'] on ferait [une] bonne œuvre si on se réunirait [= réunissait] pour lui donner un coup de fouet qui la réveillerait.

Cher ami, je vois que j'ai éduqué en vous un dangereux élève. J'avais commandé naturellement les esquisse[s] de la «Neuvième» chez Heck (trésor unique que le bon ignorant ne comprenait [= n'appréciait] pas dans [= à] sa valeur) et j'ai entendu que mon élève en autografibus [!] a bien appris qu'il faut commander des choses précieuses par télégramme pour avancer [= devancer] les autres! Excellem[m]ent fait, mon cher et bon élève! Vous avez bien surpassé votre maître et aïeul! Ah, je [me] mettrai dès maintenant en garde contre vous!

En littérature peu d'important [= de choses importantes]! En Allemagne après la série A (guerre) maintenant la série B (révolution et après-guerre). Glaeser, Renn, Feuchtwanger ont écrit le même livre à la fois. Très beau un roman de Josef [!] Roth «Hiob» (je lui dirai de vous l'envoyer) et délicieux un roman chinois du XVIIème siècle Kin Ping Meh. Le Insel Verlag vous l'enverra sans doute si vous le désirez.

A Vienne j'ai vu Katayama. Il logera chez le bon Rieger et je vois déjà qu'ils seront bons amis.

J'attends votre Goethe et Beethoven! Travaillez bien – c'est la plus belle invention du bon Dieu pour les pauvres hommes! Votre fidèle

Stefan Zweig

Mes respects à M^{r} votre père et mademoiselle [!] votre sœur!

An Ben Huebsch

[Salzburg, undatiert;
Poststempel: 31. 10. 1930]

Lieber Herr Huebsch, ich möchte Ihnen zwei Bücher signalisieren, erstens den Roman von Ed. Heinr. [!] Jacob »Die Magd von Aachen« der im Januar im Berl. Tageblatt dann bei Rowohlt erscheint und außerordentlich sein soll: ich kenne nur den Inhalt und schätze Jacob als einen der besten.

Dann ein kleiner heiterer Roman von Helene Eliat [»]Saba besucht Salomon[«] ganz in der Art jenes amerikanischen Romans von Erskine (ich glaube er heißt so) [»]Das Privatleben der Helena[«] – also parodistisch amüsant. Nicht sehr wichtig, aber immerhin amüsant. Bei Ullstein erschienen. Sie sollten ihn jedesfalls lesen. Bald mehr.

Heute nur viele Grüße

Ihres
Stefan Zweig

An Otto Heuschele

Salzburg, am 10. Dezember 1930

Lieber Otto Heuschele!

Innigsten Dank für Ihren Glückwunsch. Freilich, man kommt schon in die Jahre, wo man im Geburtstag schon gewisse Melancholien oder vielmehr Resignationen findet. Ich habe ihn insofern gut gefeiert, als ich dieses große Essaybuch endlich beendet habe und mir damit den Weg freigelegt zu eigener Arbeit. Ich bin tiefer hineingeraten als ich wollte und mußte viel kürzen, damit es nicht ein Wälzer wird. Es ist ein Buch das auf Widerspruch angelegt ist, aber ich hoffe, gewisse Gedankenkreise in Bewegung bringt. Ihren Hoffmannsthal [!] habe ich mit sehr viel Freude gelesen. Sie haben das Richtige getan, indem Sie Ihre Darstellung ganz dem enthusiastischen Gefühle hingaben und nicht einschränkten. Den Walter der Sprache, den wahrhaften Dichter zu rühmen, ist ja das eigentliche Amt, dem Sie zugesandt sind, weil Sie selbst um die Sprache wissen und im Wort Dichter werden. Gerade heute war es notwendig, das Edle dieser Erscheinung der Geschäftigkeit des Literarischen gegenüberzustellen. Was ich gern über Hofmannsthal noch schriebe, muß ich mir versagen. Ich möchte gern die Tragödie seines Daseins darstellen, das Wissen um das Allerhöchste, das Nahekommen im Werke und einen geheimnisvollen Mangel an letzter Kraft, ein Werk großen Umfangs zu vollenden. Der »Tod des Tizian« sollte ja ein Weltwerk sein und blieb in diesem Fragment im neunzehnten Jahrhundert stecken. Der letzte Roman wieder, den Sie in der »Corona« gelesen haben, beginnt so herrlich wie kein deutsches Prosawerk und dann kam immer jene Schwäche der Nerven, jene merkwürdige Angst in ihm, jene Unruhe, sich rasch wieder etwas Leichterem, Näherem, Handgreiflicherem zuzuwenden und all das wirkte zusammen zu einer tragischen Unzufriedenheit im Menschen, in dem doch der Genius deutlicher da war, als in irgend einem andern unserer Zeit.

»Dichtung und Leben« liebe ich sehr und es ist mir leid, daß ich jetzt momentan gar nicht über Bücher schreibe, sonst hätte ich es zum Anlaß genommen, aber es ist für mich eines der Bücher, zu denen man zurückkehrt, um damit auch das richtige Maß zur Gegenwart zu finden. Sie tun das Rechte, nämlich nicht den strengen Maßstab an die Zeit anzusetzen, sondern den hohen. Dies ist ein Unterschied, den wenige merken. Man braucht nicht das Zeitliche [zu] verurteilen: es tut nur not, das Ewige zu loben. Damit allein schafft man Distanz ohne die anders Bemühten zu kränken und indem man rühmt, richtet man in einem höhern Sinn.

Haben Sie den schönen Roman bei der Insel gelesen »Kin ping Meh«. Er war mir neben Joseph Roths »Hiob« die reinste Freude dieses Herbstes. Sehr wichtig ist mir noch, Sie auf das Buch von Walter Bauer »Stimmen aus [dem] Leunawerk«, im Malik Verlag [aufmerksam zu machen]. Ein vierundzwanzigjähriger Schullehrer, früherer Arbeiter, hat diese Gedichte geschrieben und ich finde sie zum Teil in ihrer großen Ehrlichkeit und Einfachheit außerordentlich.

Getreulichst Ihr

Stefan Zweig

An Ernst Lissauer

Salzburg, am 10. Dezember 1930

Lieber Freund!

Ich schicke Dir einen privaten Brief von Dr. Felsenthal, den Du mir freundlichst zurückgeben willst. In meiner Antwort habe ich ihn besonders auf Dein »Weib des Jephta« und Dein neues Stück hingewiesen und ihm versprochen, daß Du ihm ein Exemplar schicken wirst. Diese jungen Menschen haben in Düsseldorf und München innerhalb ihrer Arbeitsgemeinschaft den Jeremias aufgeführt und zwar in einer Art, die weit künstlerischer und befriedigender war als jede Theateraufführung. Durchgearbeitete Sprechchöre, junge Menschen, die ohne Entgelt, nur aus Leidenschaft nach ihrer Tagesarbeit in Büro oder an der Universität vierzig, fünfzig Abende proben ohne Bezahlung, eine Mittlerschaft, wie der Dichter sie sich nicht besser wünschen kann. Nicht nur aus meiner persönlichen Freundschaft zu Dir, sondern auch im Sinne Deines Jephta und Moses habe ich gleich an Dich gedacht und würde mich freuen, wenn ich den Leuten eine wirklich schöne Sache und Dir eine würdige Darstellung Deines Werkes vermitteln könnte.

In der Sache Specht ist das vorläufige Resultat für die Zeit immerhin erfreulich. Auf die Stadt Wien ist wohl noch zu zählen. Ich habe mich noch einmal an den Bürgermeister direkt gewandt.

Lebe wohl und sei in alter Freundschaft gegrüßt

Stefan Zweig

An Franz Servaes

Salzburg, am 11. Dezember 1930

Lieber verehrter Franz Servaes!

Nur einen Dank und Gruß nach solanger Zeit, für Ihren lieben Brief. Ich steckte tief in der essayistischen Arbeit an meinem Buch »Der [!] Heilung durch den Geist«, einem verwegenen Ausflug in die Geheimnislande der seelischen Medizin. Aber dies ist ja meine Leidenschaft, immer um eine andere Ecke zu kommen als man erwartet und dadurch, daß sich die Gebiete soweit auseinanderspannen durch das Studium mehr vom Leben zu erfahren. Ich bin sehr neugierig, wann wir von Ihnen wieder etwas größeres zu erwarten haben, hoffentlich läßt Ihnen die strenge Arbeit in der Zeitung auch für Ihr innerliches Werk Zeit. Ihr Rembrandt bedeutet mir noch immer und immer soviel, daß ich wünschte, Sie möchten in diesem Sinne weiterbauen. Bücher dieser Art bleiben und wirken, während das Wort in der Zeitung verweht.

Nach Berlin komme ich jetzt nicht. Nach der schweren Arbeit will ich im Januar nach dem Süden und dort versuchen, ob ich noch etwas Dichterisches nach soviel Abseitigem schreiben kann.

Getreulichst Ihr

Stefan Zweig

An Rudolf G. Binding

Salzburg, am 5. Januar 1931.

Lieber verehrter Herr Doktor!

Innigsten Dank für Ihren bedeutenden Aufsatz, der ganz die hohe Haltung hat, die Ihre öffentlichen Arbeiten auszeichnet. Wunderbar die Formel darin vom »Körpersinn«, die zu den bedeutendsten Formulierungen gehört, die in letzter Zeit gelungen sind und die ich gern noch in mein neues Buch hinübergenommen hätte, das in einem Monat sich in Ihre Hände legen wird. Dort habe ich in gleicher Gesinnung[,] gewissermaßen am Rand, angedeutet, daß unsere Zeit neben allen Fehlern doch die Tugend der Aufrichtigkeit zu sich selbst erobert hat und jeder Dogmatismus im Geistigen nach kurzer Zeit schon immer unerträglich wird. Schon Nietzsche hatte dies gesehen, daß, wie er sich ausdrückt, »große Systeme eine Art edle Kindereien seien« und wir immer mehr bewußt werden, daß eben das Wandelbare die wirkliche Stetigkeit des Lebens ausdrückt. Ich habe Ihr Wort sehr gern, »das Offene ist mehr im Sinn der Zeit als das Verschlossene« – wichtig ist nur, daß wir vor dem Verschlossenen die Ehrfurcht bewahren und nicht mehr das Unwahrscheinliche unwahr nennen, wie es die freche Aufklärungsphilosophie des achtzehnten und neunzehnten Jahrhunderts sich zur Regel machte, und ganz wie Sie fühle ich gegen die Ablehnenden und Ungläubigen für das neue Geschlecht. Dies verbürgt mir zugleich die Erwartung auf Ihre nächsten Werke, denn wahrhaft produktiv kann nur sein, der im Grunde die Zeit, die Gegenwart und die Zukunft bejaht. Ich liebe dieses starke Ja in Ihrem Werke.

In wenigen Tagen fahre ich nach Spanien, oder vielmehr noch über Spanien hinaus auf die Balearen, um mich dort an einem epischen Werke abzuschieben von Europa zu versuchen. Inzwischen erscheint mein Buch, das ein psychologisches Thema behandelt und ich werde erst im April und Mai wissen, welche Zustimmung und welche Unruhe es erweckt hat.

Beinahe möchte ich Ihnen heute etwas Arges wünschen, nämlich daß Sie der Weg wieder nach Gastein führen möge. Aber Sie wissen ja wie ichs meine: ich wünsche mir dabei nur die Freude Ihres Vorüberkommens und einer guten Begegnung.

Herzlichst, Ihr verehrungsvoll ergebener

Stefan Zweig

An Ben Huebsch

Cap Antibes, 27/II [1931]

Lieber Freund,

vor einigen Tagen schrieb ich Ihnen und nun erhalte ich Ihren lieben Brief aus Salzburg nachgesandt und will Ihnen auch noch rasch danken und antworten. Pauls schrieben mir, sie hätten nicht besonders viel zu tun, worauf ich sie bat die »Heilung« so bald als möglich in Angriff zu nehmen, damit das Erscheinen im Herbst noch durchzuführen ist. Ich glaube, daß es besonders bei diesem Buche wichtig ist, daß zwischen dem Erscheinen jetzt und dem in Amerika nicht zu viel Zeit verstreicht. Für die Bücher danke ich Ihnen herzlich. Wir freuen uns schon sehr sie in Salzburg vorzufinden.

Wir sprechen, hier mit Joseph Roth vereint, oft und herzlich von Ihnen und hoffentlich fühlen Sie etwas von unseren guten Gedanken. Ich wiederhole wie sehr wir uns freuen würden Sie beide heuer im Sommer oder Herbst wiederzusehen und grüßen Sie alle aufs Herzlichste

Ihr
freundschaftlich ergebener
Stefan Zweig

Den Freud Aufsatz hatte ich hier einer Agentur für mehrere Sprachen gegeben, er [!] hat mir über das Schicksal noch nicht berichtet. Inzwischen haben Sie wohl längst das ganze Buch. Ich denke natürlich schon an das nächste und arbeite daran, an jenem Roman, der hoffentlich bald weiter wachsen wird und von dem ich Ihnen im Sommer schon viel wenn nicht alles zeigen kann. Tausend Grüße!

An Jean-Richard Bloch

[Salzburg, undatiert;
Poststempel: 30. 3. 1931]

Mon cher Jean-Richard,

retournant [= de retour] d'un long voyage je trouve ton livre et inutile de dire que c'est une joie person[n]elle pour moi de le lire. J'entreprends maintenant un petit roman très sérieux et très serein [;] ce n'est pas facile même pour un vieux travailleur comme ton fidèle

Stefan Zweig

An Sigmund Freud

Salzburg, am 16. Juni 1931

Verehrter Herr Professor, Sie als »Kenner der Höhen und Tiefen« werden beiliegenden Privatdruck, den ich nur einem engsten Kreise übermittle, hoffentlich nicht als ganz überflüssig empfinden: jene neun Briefe des Einundzwanzigjährigen Mozart, von denen ich hier einen in extenso publiciere, werfen ein psychologisch sehr merkwürdiges Licht auf seine Erotik, die stärker als die irgend eines andern bedeutenden Menschen, Infantilismus und leidenschaftliche Koprolalie zeigt. Es wäre eigentlich eine interessante Studie für einen Ihrer Schüler, denn durchgängig alle Briefe kreisen um das gleiche Thema.

Ich nehme die Gelegenheit wahr, um Ihnen meine Verehrung und die herzlichsten Wünsche für Ihre Gesundheit zu sagen und bleibe Ihr stet[s] getreuer

Stefan Zweig

An Frans Masereel

Salzburg, am 18. Juni 1931

Lieber Frans!

Mit Winterthur wirds nichts. Ich habe schon abgeschrieben, obwohl ich fest entschlossen war, aber ich setzte voraus Rolland dort zu treffen und Du weißt ja, durch welches traurige Ereignis eine Begegnung mit ihm in den nächsten Wochen ausgeschlossen ist. Schade, ich hätte mich so sehr für Dich gefreut und vor allem wollte ich doch die russische Sache mit Dir durchbesprechen. Schreibe mir vor allem, ob Du ernstlich willst, in nächster Zeit kommt mein amerikanischer Verleger und ich könnte mit ihm für Zeitschriften und dann in Büchern mit Deinen Zeichnungen fünfzig zu fünfzig abschließen und Dir den nötigen Vorschuß englisch, deutsch und wahrscheinlich auch spanisch verschaffen. Es wäre ein herrliches Buch. Sage mir nur, ob Du es ernst meinst, ich glaube wir könnten in sechs oder acht Wochen bis an die chinesische Grenze nach Turkestan und in die Krim, es wäre fabelhaft.

Was Deine Bilder betrifft, so ersuche ich Euer Hochwohlgeboren, mir einige Fotografien der allerneuesten samt Größe und Preisangabe freibleibend freundlichst anbieten zu wollen, damit ich dero freundlichem Offert nähertreten kann. Du siehst wie streng »geschäftlich« ich vorgehe.

Zur russischen Sache noch eines: ich würde gewiß von den Verlegern das Geld aufbringen für Vorschüsse, auch Freikarten auf den Bahnen in Rußland mir ruhig geben lassen, dagegen wäre es Bedingung für mich, daß wir nicht einen Rubel Subvention von der Regierung oder einem ihrer Ämter nehmen.

Man muß ganz frei bleiben. Also bitte, überlege es Dir gut und gründlich. Das Buch würde mit den Zeitungsabdrucken fabelhaft viel Geld bringen.

Herzlichst Dein
Stefan Zweig

An Anton Kippenberg

[Thumersbach, 7. Juli 1931]

Prof. Kippenberg
Lieber Professor, die Gorki-Einleitung habe ich heute corrigiert zurückgesandt: wenn Sie daran noch etwas corrigieren wollen, so habe ich nichts dagegen. Allenfalls kann sie auch im Almanach oder Inselschiff erscheinen.

Meine Arbeit geht hier vorwärts. Nur in der Mitte des Romans steckt noch ein tiefer Graben, den ich nicht überspringen kann. Aber vielleicht wachsen mir plötzlich Flügel und ich habe dann freie Bahn.

In Wien habe ich jetzt noch ein schönes großes Stück erworben. Aber damit ist wohl Schluß für dieses Jahr. Erst muß wieder verdient werden.

Herzlichst Ihr

Stefan Zweig

7. Juli 1931
Thumersbach bei Zell am See

Eben erhalte ich Ihre überraschende und mich hoch erfreuende Gabe! Hirzel war wohl Ihren Anfängen das scheinbar unerreichbare Vorbild: wie haben Sie es seitdem übertroffen! Wie eng ist heute sein Weltbild gegen das Ihre!

Da Sie so gütige Anteilnahme bekunden, will ich Ihnen verraten, welches Stück ich jetzt in Wien eingefangen habe, sobald es in meinen Händen ist – ein Reliquium ähnlich den andern großen, die ich besitze. Man muß jetzt zugreifen, es ist wohl die letzte Ernte. Und was die Zukunft bringt, höchst unsicher; ich vermag den allgemeinen Optimismus über die Hoover-Action nicht zu teilen. Entweder werden in allernächster Zeit die Zollgrenzen innerhalb Europas abgeschafft oder Europa ist erledigt. Gegen zwei so geeinte Riesenorganismen wie America und Rußland kann sich das zersplitterte, unorganisierte Europa wirtschaftlich nicht behaupten: was hat der leidige Völkerbund und die Gegeneinanderpolitik und der idiotische Friedenspakt an allen Nationen verbrochen! Wann wird wirklich wieder Vertrauen, dieser Nährstoff aller Leistung, wieder bei uns allen sein! Herzlichst Ihr

St Z.

An Fritz Adolf Hünich

Salzburg, am 22. August 1931

Herrn Dr. Fritz Adolf Hünich
Lieber Herr Doktor!

Sie wissen, ich bin nicht sehr für Reklamenotizen, aber der Fall ist doch zu amüsant und vielleicht könnten Sie den Zeitungen etwa folgende Notiz übermitteln:

»Die Heilung durch den Geist [«] dreimal dramatisiert. Die große Studie von Stefan Zweig über Mary Baker-Eddy in dem Buche D. H. d. H [!] hat wenige Wochen nach ihrem Erscheinen nicht weniger als drei Theaterstücke gezeitigt. Ernst Toller und Hermann Kesten haben darnach ein Drama »Wunder aus [!] Amerika«, Ruth [!] Langner ein Drama »Die Heilige aus Amerika« und der schweizerische Dichter Cäsar von Arx gleichfalls eine Tragödie gestaltet, die alle drei in diesem Jahre über die deutschen Bühnen gehen sollen.«

Wenn ich für die Abfassung dieser oder einer ähnlichen Notiz bin, so geschieht es, weil mit Ausnahme von Cäsar von Arx die andern gar nicht bei mir angefragt haben oder mich verständigten und es für das Buch doch ganz förderlich sein kann, wenn man sieht woher die ihren Most geholt haben. Natürlich darüber in der Notiz keinen Vermerk, es macht mir nur Spaß.

Hoffentlich haben Sie sich schon gut erholt, viele gute Grüße Ihres

Stefan Zweig

An Wieland Herzfelde

Salzburg, am 12. September 1931

Lieber Herr Herzfelde,

Seien Sie nicht böse, wenn ich für Sinclair nicht unterschreibe, denn meiner Meinung nach kommt primo et unico loco für den Nobelpreis nur der eine Mann in Betracht, der seit zwanzig oder dreißig Jahren geflissentlich ignoriert wird, der älter ist und meinem Gefühl nach ungleich bedeutender: Maxim Gorki. Ich finde es häßlich, daß aus politischen Gründen bei einer bloß literarischen Angelegenheit Rußland noch immer boykottiert wird und man seinerzeit sogar Tolstoi übergieng. Ich ehre und achte sehr Sinclair, aber zuerst die beiden Leute, die älter sind und deren vorgerücktes Alter eine Verschiebung nicht mehr duldet – Maxim Gorki und Sigmund Freud.

Herzlichst Ihr
S. Z.

Mon cher et grand Gorki, voilà ma reponse a une enquète que demande le prix Nobel pour Upton Sinclair. Je ne cesserai de le demander pour vous! Je viendrai au printemps en Russie pour un grand voyage et un livre. Votre fidèle

Stefan Zweig

An Max Brod

Salzburg, am 15. Oktober 1931

Mein lieber Max Brod!

Ihr Roman war mir schon von Zsolnay zugegangen und ich habe ihn gleich an mich genommen, denn jedes Buch von Ihnen ist mir wichtig, und insbesondere eines so hoher Au[s]einandersetzung. Ich finde darin, daß das Wesentliche, das Sie sich vorgesetzt haben Ihnen außerordentlich gelungen ist, nämlich jene Zweigeleisigkeit junger Menschen, bei denen der zeugende Urstoff in Gehirn und Sexus in gleichzeitiger Gärung sich befindet, dort sich auflösend in eine ganz reine und ekstatische Geistigkeit und gleichzeitig stofflich die Entladung verlangend. Gerade dies ist wahr und nur dies, daß in ständiger Gegensätzlichkeit Fleisch und Geist gleichzeitig sein Recht will und der Idealismus des Denkens oft sogar den Zynismus des Wortes braucht um sich im Gleichgewicht zu erhalten. Das alles ist prachtvoll und ich liebe sogar Anton vielleicht noch mehr als Stefan, weil der innere Zustand bei ihm schärfere Selbstbewußtheit erreicht. Sie haben da ein sehr tiefes Problem angerührt. Denn während alle andern den Idealismus immer isolieren wollen in einem jungen Menschen, haben Sie ihn in dynamische Verbindung gebracht zu seiner Triebwelt, wirklich menschlich dies und moralisch in einem sehr richtigen und reinen Sinn. Ihre Auseinandersetzung mit dem Problem Jugend geschieht darum auf einer ganz andern und höhern Ebene als in den üblichen programmatischen Büchern; dort ein Massentypus, hier der einzige uns wichtige, der Elitetypus; dort die Durchschnittsjugend, die ja doch einmal verbürgert, hier Bildnis von einigen jungen Menschen, von denen man fühlt, daß sie wichtig sind, weil sie das Problematische problematisch nehmen. Sehr richtig auch und einsichtig, daß Sie diese Jugend in die Vorkriegstage fixiert haben, aber an jenen Punkt, wo der Krieg schon latent da war, ehe er durch Kriegserklärungen sichtbar ward. Dadurch wird das Buch gleichzeitig dokumentarisch. Ich schränke den außerordentlichen Wert nicht ein, wenn ich es im Gegensatz zu Ihrem letzten, ein Buch für Männer nenne, denn es waltet auch eine gewisse Strenge darin, über die eine liebenswürdige leichte und scheinleichte Form nicht hinwegtäuschen kann. Hier geht es um innere Entscheidungen und auch die scheinbar bloß dialektischen Dialoge sind Entscheidung.

Das Einzige was ich dem Buch entgegensetzen könnte, werden Sie als Einwand vielleicht sogar bejahen, nämlich, daß dieser Roman nicht abgeschlossen ist. Sie entlassen Ihren Stefan gerade dort, wo er uns wichtig wird. Jetzt ist er geformt, gespannt wie ein Pfeil: jetzt möchte man ihn fliegen sehen, sein Wohin wissen, sein Wiehoch und Wieweit. Sie werden nicht umhin können, allen, denen Sie diesen Menschen wichtig gemacht, ihn nun auch weiter zu zeigen. Ich glaube, daß Sie werden um einen zweiten Roman nicht herumkommen, denn ich persönlich finde in dem Abschluß noch nicht das Lösende und Erlösende und das Buch hat mich irgendwie neugierig gemacht statt restlos zu entspannen. Sie verstehen, lieber Freund, daß ich damit nicht einen Tadel meine, vielleicht sogar, ja wahrscheinlich ist der Wunsch ein ehrliches Kompliment, wenn ich von dieser liebgewordenen Gestalt oder vielmehr von allen Gestalten noch mehr wissen möchte. Und gleichzeitig, welche Aufgabe, sie gerade während und nach dem Kriege zu schildern, nicht wie Hazek [!], herrlich heiter, ironisch, sondern mit dem ganzen historischen Ernst einer seit Jahrhunderten fälligen Auseinandersetzung. Sie dürfen glücklich sein mit diesem Buche, aber Sie dürfen nicht rasten. Seine stoffliche Kraft ist noch nicht erschöpft, das Thema nur angeschlagen, also weiter und weiter. Sie haben unbewußt eine ungeheure Aufgabe übernommen, nun müssen Sie sie zu Ende führen.

Ich bin sehr glücklich, daß Ihnen dieses Werk gelungen ist und kann es umsomehr schätzen, als ich selbst einen Roman versucht habe. Ich habe ihn aber zur Seite gelegt, er war mir noch nicht intensiv genug und ein Buch wie das Ihre zeigt mir, wie hoch man sein Ziel zu setzen hat. Ich habe daraus viel gelernt, ernste, strenge und geistige Verantwortung und der Lernende dankt Ihnen ebenso innig wie der Genießer.

Lassen Sie aufrichtig Ihre Hand nehmen und sie in alter Freundschaft und Verbundenheit schütteln. Sie haben jetzt – ich weiß nicht ob Ihr schönstes, aber gewiß Ihr wichtigstes und wesentlichstes Buch geschrieben.

Getreulichst und herzlichst Ihr

Stefan Zweig

Wie schade, daß wir einander so selten sehen. Ich reise viel, aber meist nach Westen und Süden, jetzt habe ich bei Rolland wieder wunderbare Stunden verbracht. Innerlich stehe ich dem Chaotischen der Zeit eigentlich ruhig gegenüber – ich spüre in all dem einen metaphysischen Willen. Dieses Sichauflösen ist ein organischer Akt jenseits der Vernunft, wir vermögen ihn nicht zu beschleunigen, noch zu verlangsamen – das wichtigste wäre, ihn zu verstehen. Auch an Ihrem Buche hat mich so beglückt, daß es jenseits aller Verbitterung ist, ein jasagendes selbst dort, wo es im tiefsten die Welt anders wollte.

An Lavinia Mazzucchetti

Salzburg, am 17. Oktober 1931

Liebe Lavinia Mazzuc[c]hetti!

Tausend Dank für Ihren lieben Brief, ich freue mich riesig, daß die »Heilung durch den Geist« schon bald erscheinen soll; die französische Ausgabe ist noch lange nicht so weit, ich habe sie meinem Versprechen gemäß zurückgehalten und noch nicht einmal der »Freud« ist in Druck gegeben (erst jetzt wird begonnen). Vom Roman habe ich nur die Hälfte gemacht und arbeite jetzt eine große und sehr interessante Biografie, die rasch vorwärtsschreitet und an der Sie Ihre Freude haben werden.

Nun eine besondere Sache: von Mondadori erhielt ich am 1. September Nachricht, daß ich 2971 Lire zu bekommen habe. Ich habe sie noch nicht empfangen und ihn auch nicht gemahnt und zwar aus einem bestimmten Grunde. Ich habe kein Bedenken, Ihnen mein Herz aufzuschließen: Wir haben seit acht Tagen eine neue Devisenordnung, nach der man verpflichtet ist, alle in fremden Währungen einlangenden Gelder sofort anzumelden und ebenso die Guthaben, die man bei einer ausländischen Bank – nicht aber bei Privatpersonen im Ausland hat. Sie verstehen also, daß es mir eigentlich recht war, daß das Geld nicht gerade jetzt in Lire in meine Hände kam, wo ich als braver Staatsbürger es sofort anmelden mußte, sondern lieber noch kurze Zeit warte, wo wahrscheinlich diese unmögliche Verfügung aufgehoben sein wird, oder aber bis ich selbst nach Italien oder Frankreich komme. Es bestehen also drei Möglichkeiten jetzt:

erstens, ich lasse das Geld noch ruhig dort und bleibe in Ihrer Schuld,

zweitens, ich lasse das Ganze an Sie überweisen und Sie sind so liebenswürdig, den mir zustehenden Teil mir immer bereit zu halten, wenn ich nach Italien oder Frankreich komme oder drittens, Ich schreibe an Mondadori, daß er zunächst tausend Lire Ihnen überweist und den Rest auf meinem Konto stehen läßt.

Ich tue alles so, wie Sie es vorschlagen, alle die drei Möglichkeiten sind im Sinne des Gesetzes korrekt und kein Verstoß gegen die heiligen Gesetze. Schreiben Sie mir darüber eine Zeile und vielleicht, wenn ich an Mondadori schreiben soll, einen kurzen Entwurf in italienischer Sprache, denn mein Italienisch reicht eher zu einem Gedicht als wie zu einem Geschäftsbrief.

Herzlichst Ihr

Stefan Zweig

An Benno Geiger

Salzburg, 20. October 1931

Dear old Benno, dies war unvermutete, aber gute Überraschung, von Dir dichterische Beichte zu empfangen, ein Stück Jugend für mich plötzlich belichtet und mit jäh entzündeten Erinnerungen. Da diese Beichte ein Privatissimum ist, stört mich das Krude und Allzuexacte nicht darin, Zimperlichkeit war, Du weißt es und wer besser also Du, niemalens meine Sache und wo das Private sich durch dichterische Form so völlig sublimiert, fällt alles Peinliche ab. Ich habe die Verse sehr genossen in ihrem Wechsel von gewollter Lockerheit zu harter metallischer Schwingung; daß sie unpathetisch sind und dennoch aus sich selbst manchmal eine gebietende Würde holen, ohne sie zu wollen und zu schauspielern, macht sie mir innerlich lieb. Wie immer bist Du mit diesem unclassificierbaren, diesem völlig einmaligen Buch ein einmaliger Mensch – ein fuoruscito aus aller »Literatur« mit allem Stolz und aller Leidkraft dieses Abseitsseins.

Daß ich gerne Dich wieder einmal gesehen hätte, muß ich Dir nicht sagen. Mein Leben ist durch sogenannte »Erfolge« sozusagen öffentlicher als mir lieb ist – ich rette mich durch viel Reisen und Escapaden zu mir selber und bin dann erstaunt, daß man mit fünfzig noch genau so würdelos vergnügt, kindisch und läppisch zu sein vermag wie anno 1910, daß man also nicht verkalkt und versteinert ist wie die meisten tönernenden [!] Monumente unserer Literatur, die sich selber in Marmor mimen. Ich glaube, Du würdest nicht zu sehr enttäuscht sein: in der ersten spontanen Freundschaftswahl einer Jugend liegt mehr Sinn als in alten späteren Auslesen: hier wirken geheimnisvollere Attractionen und Bestimmungen als bloße Hirnassociationen mit.

Nach Italien komme ich ab und zu, öfter nach Paris. Freunde sind mir unten vor allem Enrico Rocca, dann noch immer Borgese. Ansonsten lebe ich hier in meinem Haus, das seitdem sich wesentlich verändert hat[,] mönchisch (mit manchmal faunischen Gedanken wie jeder brave Mönch) arbeite und wundere mich, daß manches davon andern Freude macht. Lebwohl, wahrhaft wohl und vergnügt, sei gewiß Deines alten (viertelgrauen)

Stefan

An Clara Katharina Pollaczek

Salzburg, am 28. Oct. 1931

Verehrte gnädige Frau, es ist mir ein Bedürfnis, ein Wort an Sie zu richten und Ihnen zu danken für alle die Güte und Freundschaft, die Sie in den letzten Jahren unserm verehrten Art[h]ur Schnitzler erwiesen haben. Oft war mir der Gedanke schmerzlich, wie einsam er geworden war – ich wagte aus Respect mich wirklich weniger zu ihm als ich es vielleicht hätte wagen dürfen – und da tröstete mich immer innerlich das Gefühl der profunden und respectvollen Freundschaft, mit dem Sie ihm die letzten, die schwersten Jahre verschönten. Wir alle, die wußten, wer er war, gehören jetzt, da er uns fehlt, innerlich noch mehr zusammen und so verstehen Sie wohl diesen Gruß aufrichtiger Ergriffenheit.

Ihr immer ergebener

Stefan Zweig

An Felix Salten

Salzburg, 2. Nov. 1931

Lieber und sehr verehrter Herr Salten, ich danke Ihnen innigst für Ihren guten Brief: nur Aufrichtigkeit kann auf solche liebevolle Worte richtig antworten. Ich will mich nicht besser machen als ich bin, nicht sagen, daß ich aus vornehmer Haltung oder edler Bescheidenheit eine Feier ablehne, deren ehrende Bedeutung ich sehr deutlich fühle. Sondern ich gestehe die Wahrheit ein – ich leide an Öffentlichkeitscomplexen, an einer törichten, aber unheilbaren Phobie (die Sie ja von den Festspielen kennen.) Es ist mir unmöglich, irgendwo Centrum oder Mittelpunkt zu sein, eine Ansprache auf mich zu hören, an einem Tisch mit vielen Menschen zu sitzen; ich werde da sofort unsicher, verlegen, rede das dümmste Zeug und zu meiner Schande (jawohl Schande) habe ich in wichtigen Augenblicken vor Menschen keine Haltung oder eine lächerliche. Nur an meinem Schreibtisch fühle ich mich sicher oder mit ein paar befreundeten Menschen, sonst habe ich einen stupiden Druck in der Kehle und eine bald sichtliche Blutleere im Hirn. Deshalb bin ich in Paris und überall jedem Bankett des Penclubs und aller andern Einladungen ausgewichen (sehr zum Ärger meines Verlegers Grasset, der schon alle möglichen Leute vorausbestellt hatte) aber wirklich ich kann es nicht, sosehr ich es möchte. Sagen Sie, bitte, Ihren verehrten Collegen den innigsten Dank und meine collegiale Gesinnung. Und persönlich werde ich Ihnen nie die Herzlichkeit und Güte Ihrer Einladung vergessen.

Eben habe ich – mit größter Freude – Ihr Buch begonnen. Vielleicht kann ich einen Aufsatz schreiben, der mir seit langem vorschwebt »Zuchthaus für Tiere« und da Ihr Buch zum Zeugen nehmen für die Frage, mit welchem Recht wir Menschen eigentlich schuldlose Tiere lebenslänglich einsperren. Bei Menschen kann man den Begriff »Schuld« construiren [!], aber die Tiere, was haben sie getan? Ich spüre schon in den ersten dreißig Seiten Ihres Buches diese Anklage und hoffe, ich finde eine Stelle zu dieser, wie mir scheint, nicht unwichtigen Auseinandersetzung. Sobald ich es ganz gelesen habe, schreibe ich Ihnen sofort.

Es wäre mir ein großes Bedürfnis, mit Ihnen bald und ausführlich zu sprechen. Ich habe jüngst Ernst Benedikt und andererseits Werfel geschrieben, ob wir nicht endlich eine activere Haltung gegen die immer frecheren Demonstrationen des Ungeists in Österreich gegen die Geistigen einnehmen sollten. Die Brüskierung Freuds durch die Universität, das demonstrative Fortbleiben des Rectors und Ministers bei Einsteins Vortrag, das »Vergessen« einer Condolenz von seiten des Bundespräsidenten bei dem Tod des größten österreichischen Dichters, diese beabsichtigten Provocationen, die in letzter Zeit sich rasch wi[e]derholen, sollten uns in unserer Haltung geeinigt und vorbereitet finden. Ich denke nicht an Proclamationen und Beschwerden, sondern unsererseits an eine Ablehnung bei allen öffentlichen österreichischen Veranstaltungen – man zählt Schnitzler und Freud nicht mit, also zählen wir uns auch nicht mit, wenn di[e]se Herren uns einmal für repräsentative Zwecke vor Ausländern benötigen. Ich habe nichts gegen Nationalsocialisten, die ehrlich auf ihre Placate schreiben »Juden der Eintritt verboten«; das ist immerhin ein reinlicher Zustand. Aber ich hasse die Feigheit der österreichischen Stellen, die so machen als gäbe es keine Unterschiede und mit schönstem Dialekt »Meine Verehrung!« im Zimmer sagen und öffentlich dann ihre Angst demonstrieren lassen, man könnte sie durch ein Wort bei Schnitzlers Begräbnis für Philosemiten halten. Nichtwahr, Sie verstehen, was ich von uns jüdischen Schriftstellern fordere: kein weinerliches Sichbeschweren (das wäre der Achtung zuviel) sondern eine entschlossene gemeinsame ablehnende Haltung, irgendwo mitzutun, wo einmal die Herren sich nicht ängstigen oder uns brauchen. Schließlich sind vor dem Ausland wir doch Österreich und nicht der Herr Bürgerschullehrer Czermak und der Gymnasialprofessor Miklas. Lassen wir das kleine Inland, diesen ärmlichen verdorften und verbauerten Rest des wirklichen Österreich diesen Herren und ihrem Anhang.

Von der »Straßburger Stiftung« (Adresse Dr. Rudolf Kayser, Berlin Neue Rundschau) bekam ich eben ein wissenschaftliches Buch zugesandt und vorgeschlagen und weise meinerseits Dr Kayser auf das Ihre hin. Wäre die Entscheidung allein bei mir, sie wäre bereits getätigt.

Nochmals innigsten Dank und viele Grüße Ihres

Stefan Zweig

An Richard Strauss

Salzburg, 3. Nov. 1931

Hochverehrter Herr Doktor, ich danke Ihnen innigst für Ihren bedeutsamen Brief und werde mir erlauben, in der zweiten Hälfte November anzufragen, ob Ihnen mein Besuch nicht ungelegen kommt; nur möchte ich bitten, im Hôtel wohnen zu dürfen, ich bin als Hausgast niemals sicher, daß ich nicht störe.

Die beiden Pläne, von denen ich Ihnen sprechen möchte, sind sehr verschieden. Wichtiger und wesentlicher erscheint mir der erste, der – wenn ich ihn jetzt nur summarisch andeute – Ihnen auf den ersten Blick als weniger erwünscht scheinen wird. Doch glaube ich, daß gerade er, wenn ich ihn ausführlich darstelle, Sie durch seine ungeheuren Möglichkeiten gewinnen könnte. Es handelt sich – bitte, jetzt nicht gleich innerlich abzulehnen! – um eine Tanzpantomime allergrößten Stiles, die aber nicht choreografisches Spiel ist sondern in universalischer und allverständlicher Fassung das Problem der Musik, die Kunst überhaupt zur Darstellung bringt. Mir schwebt (rein praktisch jetzt gesprochen) ein Werk vor, wasserklar in seinen Linien, allverständlich, an jeder Bühne der Welt, in allen Sprachen, vor jedem Publicum, dem geistigen wie dem naiven sinnfällig verständlich, dabei den Musiker zur allerhöchsten Leistung herausfordernd, ein Werk das alle Contraste der Kunst, vom Tragischen bis zum Heitern, vom Apollinischen bis zum Dionysischen umfaßt, völlig zeitlos – ein Werk, in dem ein Mann und Musiker wie Sie das Summum seiner Lebensaufgabe ziehen kann. Der Plan liegt seit 10 Jahren in allen Einzelheiten fertig in meinem Pult. Ich habe ihn niemandem gezeigt und eigentlich nur an Sie gedacht – wenn ich nie an Sie herantrat, geschah dies einzig aus dem natürlichen Grunde des Takts gegenüber Hofmannsthal.

Zeitlich denke ich dabei an einen Raum wie für die Elektra – ein voller majestätischer Akt voll Größe und wandelndem Geschehnis. Wenn ich hier ein Eigenes zu rühmen scheine, bitte mißverstehen Sie mich nicht. Ich möchte Ihnen nur sagen, daß wenn ich an dieses Werk vor allem denke, ich Sie nicht zu einem Nebenwerk ablenken möchte, wie Sie es bei dem Ausdruck Tanzpantomime vielleicht mißtrauisch vermuten. Ich denke da genau im Gegenteil, daß Sie heute auf jener Stufe des Lebens und der Leistung stehen, wo man sich an Nebenwerke nicht verschwenden soll; wo man das für seine Inspiration wählen soll und muß, das noch einmal in großer Zusammenfassung die Gänze zeigt. Und ich träume mir vor, dieses Werk würde einen Spannraum geben, wie keine Oper.

Natürlich ist der Stoff so, daß ich ihn ebenso als Operntext formen könnte. Nur empfinde ich ihn noch universalischer in seiner Wortlosigkeit – nur einmal wird diese Pantomime durch die menschliche Stimme unterbrochen, an dem innern Höhepunkt und ich stelle mir das schaurig-schön vor, wie der Hörer, ganz der Sprache der Instrumente hingegeben, mit einemmale geradezu erschrickt, dieses heiligste und höchste Instrument, die menschliche Kehle, zu hören.

Der zweite Plan ist eine heitere, muntere bewegliche Spieloper, sehr leicht zu schreiben und ohne jede Beschwerung zu spielen mit den beinahe classischen Figuren – im Mittelpunkt eine Frau voll Charme, Witz und Übermut, ein Dutzend Figuren um sie herum, ein amüsantes Milieu. Ich halte eigentlich nur jene Novellen und Romane für gut, die soviel sichtliche Geschehnissubstanz haben, daß sie sich verfilmen lassen und nur jeden Operntext, den man auch ohne Textbuch versteht – jeder andere, den man vorauslesen oder während der Musik mitlesen muß, der sich nicht schon von der Rampe her sinnlich-sinnfällig verständlich macht, will mir Belastung des Werkes, Zerspaltung der Aufmerksamkeit zu bedingen scheinen. Meine Auffassung des Kunstwerkes ist, daß es europäisch und wahrhaft universal wirken muß, daß es nicht durch eine zu große Apparatur an wenige Städte gebunden sein darf sondern wie ein beschwingter Vogel überall, auch in einer Dorfhütte, sein Nest finden kann. Dies vermag meinem Gefühl nach auch erreicht zu werden ohne Verzicht auf aufrechte literarische Haltung, bleibt nur die Vorbedingung erfüllt eines leichten schlanken Baus, einer gewissen allverständlichen, alleindringlichen Anmut. Darf ich offen sprechen, so finde ich die letzten Hofman[n]sthaltexte zu sehr mit der Suche nach einem Stil belastet, zu sehr in eine Symbolik gedrängt, für die die normale Sehschärfe eines unbefangenen, nicht mit der Textbuchbrille ausgerüsteten Zuschauers nicht mehr ausreicht. Sie mißverstehen mich da gewiß nicht. Ich weiß wohl um die Weite der Hofman[n]sthalschen Vision, die nur die Schwungkraft seiner Sprache voll auszumessen vermochte. Aber ich fürchte, dieser Auftrieb zu einer gleichsam andern Dimension, hat die transportable Wirksamkeit geschädigt – die Allgiltigkeit eines Kunstwerks für jeden und alle ist zwar nicht die Voraussetzung seines Werts, aber doch seine letzte entscheidende Probe.

Diese Ausführlichkeit habe ich Ihnen vorwitzigerweise zugemutet, nur um Ihnen anzudeuten, daß ich Ihnen auch mit jenem pantomimischen Drama nichts Abstruses oder Abseitiges vorschlagen möchte: ich denke ebenso an Innsbruck dabei wie an Milwaukee und an Sevilla, an die Bühne und nicht bloß an die zwölf oder zwanzig Großopern der Welt (auch die Josefslegende ist mir noch zu sehr an Costüm, an Pracht und Stil gebunden und noch immer nicht variabel genug im Geschehniß.) Jedesfalls, Sie sehen, verehrter Herr Doktor, daß wenn ich zu Ihnen komme, ich nicht einen en-passant Text aus der Tasche klauben möchte, sondern das Ziel so hoch spanne wie meine Verehrung für Sie und Ihr Werk. Und das ist sehr hoch: da gibt es heute kein Darüberhinaus.

Bis etwa 15, 16. bin ich in eine Arbeit festgekeilt (vermutlich.) Aber keinesfalls komme ich ohne nicht telegrafisch zuvor die Gewißheit erfragt zu haben, daß ich nicht ungelegen eintreffe.

In großer Verehrung

Ihr ergebener
Stefan Zweig

An Victor Fleischer

Salzburg, [undatiert;
Poststempel: 11. XI. 31]

Lieber Victor, die Parte Albertos, die heute eintraf, war ein so unerwarteter Hieb – ich hatte keine Ahnung, daß seine Gesundheit irgendwie bedroht sein könnte! Gerade er, den man sich gar nicht anders als im Vollbesitz der physischen Kraft denken konnte! Nun, mein Lieber, da heißt es, selber wachsam sein und sich doch nicht fürchten – gestern war Felix da, wir sprachen lang von Benno, von Dir, von dem alten Kreise und unterdeß liegt ein schwarzgeranderter Brief schon in einem Postbeutel und heute morgen mache ich ihn auf. Ich hatte Stringas Vater noch gekannt, die Generation aus der er kam – ach ich bin ganz confus, mir wirbelt jetzt alles durcheinander. Manchmal möchte man einmal acht Tage durchschlafen um wieder ganz frisch zu sein. Die letzten Zeiten haben mich arg müde gemacht, hoffentlich hältst Du Dich besser. Du siehst, es tut not scharf das Leben anzupacken, es glitscht verflucht schnell einem aus der Hand. Herzlich

Stef

An Victor Fleischer

[Salzburg, undatiert;
vermutlich 14. November 1931]

Ja, mein lieber Victor, ich weiß selbst noch nicht wie es kam[;] nur den unanzweifelbaren Partezettel bekam ich schwarzgerändert ins Haus und hätte ich geahnt, Du seist nicht direct verständigt, ich hätte nicht so selbstverständlich in der ersten Aufwallung, einen Mitverstehenden anzusprechen, Dir auf einer Postkarte die Nachricht ins Gesicht geschlagen. Mich hat der Tod Albertos arg aufgerüttelt. Jetzt, da Alles so sehr problematisch wird, zeigt einem solch ein Stoß, daß man eigentlich selbst schon auf der Kippe steht: ich bin nicht freudig gewesen in all diesen Wochen, irgend ein Gewitter spürte ich in der Luft und dieser Blitz, vielleicht ist er nicht der Letzte. Doch da hilft nichts, als vorwärts und vorwärts, die Jüngeren haben es vielleicht noch ärger als wir, die wir immerhin schon ein gutes Stück halbwegs anständig durchgelebt haben – arg drückt mich eigentlich nur eine gewisse Müdigkeit und das Gefühl, daß die Welt nicht so bald wieder wohltuend wird. Jedesfalls, man lebt weiter und nur sollten wir wie die Vögel wenn der Sturm kommt, etwas näher an einanderheranrücken. Grüß Deine liebe Frau! Herzlich

S

Sobald ich mehr erfahre, schreib ich Dir.

An Victor Fleischer

[München, undatiert;
vermutlich 21. November 1931]

Lieber Victor, ich bin unterwegs seit Tagen und komme kaum zu Briefen, doch der Deine soll nicht unbedankt unter den Tisch fallen. Alberto war ein glücklicher Mensch, er liebte das was er schuf mit einer naiven Freude und hatte keinen andern Ehrgeiz als vor sich selber zu bestehen. Seine Leistung war durch eine gewisse Trägheit beschränkt, – was menschlich so herrlich war, diese Gleichgiltigkeit nach der Wirkung, dies sich außer aller Concurrenz Stellen fehlte natürlich als Spannkraft seinem Schaffen. Sonderbar unsere ganze Generation, gestern war ich lange und gut mit mit Leonhart [!] beisammen, der erstaunlich jung und doch zugleich auch müde ist: uns allen sitzen die Kriegsjahre im Nacken, wir sind bei körperlicher Wohlerhaltenheit doch im Weltvertrauen einmal zu heftig erschüttert worden. Ich darf ja nicht klagen[,] eigentlich habe ich doch mein ganzes Werk und meine öffentliche Stellung in den 12 Jahren nach dem Kriege aufgebaut, 12 Bücher oder mehr, die jedes in die Zeit gewirkt haben und alle früheren außer dem Jeremias der die Wende bedeutete, existieren nicht mehr. Aber das war bezahlt; rechne ich dazu den Verbrauch in Briefen, Menschen, den Hilfsdienst, so verstehe ich, daß manchmal eine Müdigkeit über mir ist. Jeder Morgen mit 30 Briefen und 5 Büchern auf dem Tisch beginnt mit einem Stöhnen und wenn Du sagst, ich hätte frei gearbeitet, so muß ich dawiderhalten, daß dieser menschliche Nebendienst allein die Arbeit eines Dramaturgen oder Verlagslectors bedeutet hat.

In den persönlichen Sache[n] zwischen uns habe ich kein schlechtes Gewissen. Ich weiß, wie sehr ich an allem Anteil nehme, viel zuviel sogar und daß auch Augenblicken [!] da sind, wo ich einfach nicht kann, wo ich gewissermaßen Urlaub zu mir selbst nehme. Du müßtest einmal zwei Wochen bei mir im Hause leben, um das zu begreifen – hie und da lasse ich eben aus, ich weiß es, aber mein Leben ist so in die Breite gegangen, ich bin, ohne es zu wollen, an so viel Schicksalen und Angelegenheiten (ohne jeden Vorteil für mich natürlich) beteiligt, daß manchmal Secunden kommen, wo ich versagen muß. Im ganzen glaube ich, daß niemand neben Rolland so viel von sich hergegeben hat – Du hast Recht, vielfach an Unwürdige und an Unnötiges, aber diese Verbundenheit gehört zu meinem Wesen und ich habe eine Übersetzungsagentur, eine Vermittlungs[-], eine Auskunftsstelle jetzt seit 15 Jahren neben der doch wirklich quantitativ respectablen Arbeit geführt. Ich war seit Jahren nicht wirklich frei, nie in einem Berliner Theater – hier in München erhole ich mich jetzt ganz anonym, gehe ins Weiße Rössel, zu Bruno Walter, zur Elektra und atme endlich einmal wieder für mich. Eigentlich ist mein Leben sehr sonderbar und kaum mit dem der andern Schriftsteller vergleichbar und im Ganzen darf ich wohl sagen, nicht egoistisch gewesen zu sein. Dazu die geheimen Lasten, die Bindung an die Familie in Wien mit manchen Sorgen jetzt, die Schwierigkeiten im Haus, wo ich das Gefühl habe, alles ins Leere zu bauen und zu sammeln – nein, Victor, ich habe ein Recht manchmal müde zu sein, manchmal nein zu sagen, einmal zweimal im Monat und dann trifft es jeden, der an diesem schwarzen Tag kommt. Ich habe keine materiellen Sorgen gehabt, gewiß, aber ich habe die Sorgen von Dutzenden auf mich genommen. Ich hätte frei meiner Arbeit leben können und habe Dienst auf mich genommen – nein, Victor, so leicht und glatt wie Ihr meint, war es nicht und ist es nicht, dazu noch der Umstand, daß ich hellsichtig-mißtrauisch auf meine Arbeit sehe, an »Erfolg« mich nicht freue und ihm, wie Du siehst, seit Jahren äußerlich ausweiche. Was mich freut ist, daß mein

Körper noch hält, daß ich nicht stumpf bin sondern noch neugierig auf vieles und nichts fürchte, weder Mißerfolg noch Vergessenheit noch Geldverlust noch Sterben – nur vor dem Kranksein, dem Altwerden oder Bitterwerden fürchte ich mich. Nun, bis dahin hats hoffentlich noch ein paar Jahre und ich will sie so tapfer als nur möglich durchhalten. Was mich drückt ist daß ich nicht alles was in mir ist, jetzt in ein Werk, einen Roman fassen kann [–] vielleicht kommt auch das einmal.

Daß Dein Verlag geht, freut mich sehr. Ich hatte es nicht geglaubt in dieser Zeit. Aber das Ärgste ist wohl für Deutschland vorbei, ich wenigstens habe das Gefühl, daß endlich die Inflationsvergiftung aus der Wirtschaft in dieser Krise ausgeschieden wird und wenn der Kranke diese Krise übersteht, so ist die Gesundung am Wege. Herzlichst Mary und Dir

Stefan

z. Zt. München

An Erich Ebermayer

München [undatiert;
vermutlich 28. November 1931]

Lieber Freund, dem Geburtstage entfliehend, stecke ich hier den Kopf unter die Decke, um die Welt nicht mit fünfzigjährigen Augen zu sehen! Tausend Dank für Ihre Worte – Sie wissen ja, wie innig ich Ihnen vom ersten Tage an verbunden war und so wollen wirs weiter halten, zunächst einmal bis zu Ihrem fünfzigsten! Treulichst Ihr

Stefan Zweig

An Alfred Zweig

[Salzburg, undatiert;
vermutlich 28. November 1931]

Lieber Alfred, ich danke Dir sehr herzlich für Deinen Brief. Zwischen uns sind viel Worte nicht vonnöten, wir haben immer und in allen Dingen mit unbedingtem Vertrauen zusammengehalten, nie einer dem andern je eine Lüge gesagt oder etwas verschwiegen – ich wüßte nicht, warum sich nach einem halben Jahrhundert restloser Erprobung und Bewährung sich jemals eine solche cementierte brüderliche Beziehung abschwächen sollte. Wahrscheinlich behält uns die kommende Zeit allerhand Überraschungen und Prüfungen bevor, wo ein solcher Zusammenhalt sich notwendiger erweisen wird als jemals. Ich habe da keine Sorge und danke Dir für alle erwiesene Liebe.

Die Hauptfeier meines Geburtstags dürfte [...] bestehen: ich lese eben in den deutschen Blättern ziemlich unverhüllte Dinge. Aber ich fühle mich notfalls noch frisch genug, den ganzen Hausrat wegzuschmeißen und noch einmal zu beginnen: als Söhne unseres Vaters haben wir von ihm eine gewisse persönliche Bedürfnislosigkeit gelernt. Ich könnte bequem in zwei Zimmern leben, ein paar Cigarren, einmal Caféhaus im Tag, mehr brauche ich eigentlich nicht. Deshalb ist es unnötig, sich viel zu sorgen, auch Mama werden wir ja die letzten Jahre ungestört erhalten können, was immer kommt und daß Du und ich keine Kinder haben, bin ich seit langem gewöhnt, als ein Glück zu betrachten. Was mich manchmal bedrückt, nämlich daß ich an Fritzis Kindern ganz andersartige und meinen Interessen fremde Menschen habe, das entlastet mich andrerseits auch, eigentlich obliegt uns so nur die Pflicht, unser eigenes Leben anständig zu Ende zu leben und das wird, bei unverbrüchigem Zusammenhalt[,] sicher gelingen. Ich fürchte mich eigentlich vor nichts mehr.

Den Geburtstag selbst verbringen wir hier still und allen Briefen Telegrammen bin ich bisher glücklich entkommen. Herzlichst Dein

Stefan

Liebe Stefanie, nur eine Zeile des Danks. Du hast noch weit bis zu derlei ominösen Ziffern, wo vorn ein Fünfer (die schlechteste Note) und rückwärts eine Null steht (als Zeichen das [!] nun nicht viel Gutes mehr kommt) [.] Sei herzlich begrüßt und hoffentlich sehen wir einander bald! Dein

St.

An Franz Servaes

Salzburg, am 30. November 1931

Mein lieber alter und verehrter Freund!

Ja, das ist nun dreißig Jahre bald her, daß ich zum erstenmal in die Redaktion hinaufkam um einem Redakteur ein Manuskript zu bringen und statt dessen einen wahrhaften Freund mir ins Leben mitnahm. Dank dafür und für alles, was ich von Ihnen lernte und an guter Gesinnung erfuhr. Was Sie mir von Ihrem Roman sagen, freut mich außerordentlich, nur heißt es jetzt schnell, denn 1933 ist gewiß ein Anti-Goethejahr aus Ermüdung, aus Erschöpfung, aus Überschwätzung. Ob mit der Insel etwas zu machen sein wird, bezweifle ich: in punkto Goethe ist Kippenberg ein drakonisch strenger Philologe und wenn Sie sich in einem einzigen Detail irren, so würde sein Wissen und Gewissen dies nicht dulden. Aber haben Sie nicht an Knaur gedacht? Der allein hat die Wucht und Kraft, einen solchen Roman mitten in das Volk zu werfen. Mein Freund, Richard Friedenthal ist dort literarischer Berater, ich würde ihn, wenn es soweit ist, dann sofort verständigen.

Tausend Grüße Ihrer lieben Frau und Dagny und in unveränderter in drei Jahrzehnten erprobten Gesinnung, Ihr

Stefan Zweig

An Felix Salten

Salzburg, 20. Dezember 1932 [= 1931]

Verehrter Herr Salten!

Lassen Sie mich Ihnen aufrichtig und herzlich für die Freude Ihres Buches danken. Mir schien es lange ein Paradoxon, ein unerklärliches, wenn die Kenner behaupteten, die passionierten Jäger, also die Tiertöter seien gleichzeitig die leidenschaftlichsten Freunde und Liebhaber der Kreatur. Schon in Ihrem »Bambi« war mir der wahre Sinn glaubhaft geworden, hier aber in diesem bedeutend dramatischeren Gebilde wirkt er als Wahrheit vollkommen überzeugend. Besonders die letzten Kapitel finde ich bezaubernd durch eine – beinahe hätte ich gesagt –

Menschlichkeit, aber es ist vielleicht noch mehr, nämlich wirkliches Gefühl der Weltkreatur und es bedarf nicht viel prophetischer Gabe, um Ihnen zu sagen, daß der Erfolg in beiden Welten jenen des »Bambi« noch übertreffen wird. Die Tiere können Ihnen nicht dafür danken, so müssen es die Menschen tun. Mir war diese Pflicht so dringend, daß ich sofort nach dem letzten Blatte und eine Stunde vor einer kleinen Reise, Ihnen diese meine Erkenntlichkeit (freilich mehr andeute als wirklich) sage.

Nehmen Sie die aufrichtigen Worte freundlich entgegen und dazu die herzlichsten Grüße Ihres sehr ergebenen

Stefan Zweig

Nachbemerkung

»Ich habe eine gewisse Angst mich selbst zu sehen, wie ich damals war – mein Tagebuch, das ich durchblätterte, zeigt mir manche Torheit. Was ich aber ferner fürchte ist – – – daß diese Briefe durch die Tatsache, daß sie über die Censur giengen nicht ganz gerade waren, daß sie, statt frei zu sprechen, oft umschreiben, daß sie vielleicht manchmal vorsichtiger sind als mein Denken war.« Diesen kritischen Blick zurück auf sein Verhalten in den Jahren des Ersten Weltkriegs wagte Stefan Zweig am 14. Januar 1920, als er Romain Rolland auf dessen Bitte antworten mußte, Briefe von sich aus dieser Zeit für eine Veröffentlichung freizugeben. »Meine Zurückhaltung in allen persönlichen Dingen ist sehr groß«, heißt es wenige Zeilen weiter. Wie sehr dies zutrifft, beweisen, von wenigen Ausnahmen abgesehen, die Beispiele dieses Bandes, doch immer gewinnt seine Persönlichkeit mit ihrem wachen Interesse am Briefpartner und mit der individuellen Anteilnahme an seinen Fragen wie am kulturellen und politischen Geschehen seiner Zeit klare Kontur. Die Jahre der Weimarer Republik sind trotz aller nicht zuletzt in den Reparationsforderungen der Alliierten begründeten Nachkriegsprobleme vielfältig belebt: Die Menschen, vor allem die Künstler und Intellektuellen, suchen das »Alte« abzuwerfen und streben neue Ziele an – jeder einzelne ist herausgefordert. Mancher Umweg ist nicht zu vermeiden, manche Sackgasse zwingt zum Umdenken. Auch Stefan Zweig hat sich diesen Gegebenheiten zu stellen. Sein zitierter kritischer Rückblick war notwendig, denn das letztlich allzu selbstbewußt-trotzig wirkende Wort aus einem Brief an Paul Zech vom November 1919 allein – »ich fühle mich aufrechter als je und gehe über die Trümmer der Kaiserreiche unbekümmert meinen Weg in unser gutes Europa hinein« – konnte keine geistige Grundlage für einen Neubeginn sein. Jahre später, 1927, hat er in einem autobiographischen Text für einen Prospekt des Insel-Verlags in

Leipzig, ›Flüchtiger Spiegelblick‹, bekannt: »Meine Welt war zerstört, eine neue wollte gebaut sein. Das forderte Selbstprüfung, entschlossene Lebensbilanz.« Auf diese Weise gewann er »neuen harten Mut und volles Gefühl der Verantwortlichkeit nach so vielen verlorenen Jahren. Nun, damit konnte man beginnen.«

Am Anfang seines neuen Lebensabschnitts steht die räumliche Trennung von Wien – im November 1917 hatte Stefan Zweig sich, bevor er sich vom Militärdienst nach Zürich hatte beurlauben lassen, in Salzburg auf dem Kapuzinerberg ein Haus gekauft – und die Heirat seiner langjährigen Lebensgefährtin Friderike Maria v. Winternitz. Er setzt alles daran, »in Ordnung zu kommen«, wie er es nennt, und nimmt »die Arbeit auf in einer ganz planhaften und zum erstenmal die Horizonte meiner Möglichkeit ausmessenden Art, denn nichts fordert ja meiner Meinung nach eine Zeit der Verwirrung wie die unsere unbedingter als eigene Klarheit über Absicht und Ziel« (›Flüchtiger Spiegelblick‹). Nach seiner Rückkehr aus der Schweiz 1919 hatte er als erstes bereits ein »europäisches Glaubensbekenntnis« abgelegt, das zugleich ein Freundschaftsdienst war: Er hatte in Wien einen Vortrag über Romain Rolland gehalten, denn »ohne ihn, ohne das Genie seiner Freundschaft ... hätten wir nie die Freiheit, die Sicherheit unseres Wesens gefunden«. Entsprechend wichtig wird für ihn gerade in diesem Jahrzehnt zwischen 1920 und 1931 die kontinuierliche Korrespondenz mit diesem französischen Freund, in der er ganz besonders seine Beobachtungen zum Zeitgeschehen fixiert. (Erika und Klaus Mann haben Stefan Zweig in der Erinnerung sehr treffend mit der Bemerkung charakterisiert, er sei »mehr Beobachter als Kämpfer, mehr Psychologe als Politiker« gewesen.) Nach dem Mord an Mathias Erzberger 1921 ist Stefan Zweig sich bewußt: »... wir werden keine friedliche Welt in Europa mehr erleben. Ich beklage mich darüber nicht: ich habe die persönliche Ruhe und blicke auf all diese Kämpfe mit einem riesigen Mitleid aber ohne das Gefühl, daß man jemals die Menschen hindern könnte, einander Böses zu tun.« Bereits wenige Monate später, als auch Walther Rathenau ermordet wird, im Juni 1922, wird seine Haltung entschiedener: »... ich verabscheue die Politik: was mich niederschmettert, ist der Triumph der Brutalität über den Geist.« (An Romain Rolland, 25. Juni 1922) Er wird diesen Standpunkt von nun an unbeirrt vertreten. Im Januar 1923 sieht er voraus, daß der »Weltfascismus«, daß der »brutale Triumph der Gewalt ... das Ideal der nächsten Generation sein und der Fußballenthusiasmus ... bald einem böseren Furor weichen« wird (An Franz Servaes, 22. Januar 1923). Mit öffentlichen Äußerungen zum Zeitgeschehen hält er sich von da an zurück und erklärt es mit der Notwendigkeit, bei der Konzentration auf ein größeres Werk »eine Atmosphäre des Schweigens und der Stille« zu benötigen. Denn er hat sich jetzt vor allem die Entwicklung seines erzählerischen und betrachtenden Werkes zum Ziel gesetzt. Zunächst stellt er erst einmal fünf Erzählungen zusammen, die »teilweise vor dem Kriege entstanden und danach überarbeitet sind. Sie sind aus meinem inneren Leben hervorgegangen ... nicht ganz erlebte Sachen, aber gleichwohl aus meinem Sein.« Doch das bloße Erzählen ist ihm nicht Anreiz genug, und so stellt er »der Fluktuation und Aufgeregtheit der Welt einen großen Arbeitsplan entgegen« (7. April 1923): nach Abschluß seines »Versuchs einer Typologie des Geistes«, ›Baumeister der Welt‹, die er 1919 mit ›Drei Meister. Balzac – Dickens – Dostojewski‹ begonnen hatte: ›Der Kampf mit dem Dämon. Hölderlin – Kleist – Nietzsche‹ (1925) und ›Drei Dichter ihres Lebens. Casanova – Stendhal – Tolstoi‹ (1928). Anfangs kommt er jedoch nicht recht voran: »Meine Arbeit geht langsam und entschlossen fort, ich wünschte ihr etwas mehr Schwunghaftigkeit und innere Freude, aber die fehlt mir jetzt überhaupt, in mein Leben ist eine gewisse Monotonie getreten, es hat einen fast beamtenhaft regelmäßigen Charakter, eine umständliche Korrespondenz und Literaturverwaltung, die ja mir im Grunde aber recht antipathisch ist ...« (An Victor Fleischer, 10. Juni 1924). Diese Perspektive hindert ihn jedoch nicht, seinen immer weiter ausgreifenden Briefaustausch mit alten Freunden wie Leonhard Adelt, Victor Fleischer, Frans Masereel, Franz Servaes, Richard Specht, mit Schriftstellerkollegen wie Raoul Auernheimer, Hermann Bahr, Arthur Schnitzler, mit

Sigmund Freud, mit Richard Strauss, mit den Verlegern Anton Kippenberg und Ben Huebsch sowie mit Autographensammlern und Literaturwissenschaftlern fortzusetzen. Ihm werden Manuskripte und Bücher persönlich zugeschickt: zu jedem nimmt er detailliert und kritisch Stellung; das Vertrauen in sein Votum ist groß, von seiten der Freunde wie von seiten noch unbekannter Autoren; daraus entwickelt sich beispielsweise auch eine lebenslange Freundschaft: mit Richard Friedenthal.

Bis zum Februar 1925 ist er mit ›Der Kampf mit dem Dämon‹ beschäftigt, dann kehrt er sogleich wieder zu seinem »Eigentlichen«, zum lange ersehnten, aber nicht einfach abrufbaren Erzählen zurück. Im Juli kann er Leonhard Adelt berichten: »Ich habe drei Novellen geschrieben, von denen eine danebenging, zwei glaube ich, Haltung und Bewegung haben, eine bessere dritte will ich jetzt schreiben, die an sehr complicierte Probleme streift, nein, sie geradezu packt: das ganze wird im Frühjahr wohl ein Band ›Verwirrung der Gefühle‹.« Nun muß man aber auch wissen, daß Stefan Zweig während Depressionen, die ihn zeitlebens überkamen, immer besonders intensiv arbeitet, wie jetzt auch. Bereits im September schließt er die Titelerzählung des Bandes ab, die er »wegen ihrer difficilen Problematik« nicht in einer Zeitung vorabdrucken lassen mag. Seiner Frau Friderike gesteht er, er wisse, wie relativ die ganze Literatur sei, die er machen könne; er glaube nicht an die Menschheit, er freue sich an zu wenigem. »Manchmal«, schreibt er ihr am 12. August 1925, »kommt aus solchen Krisen etwas heraus, manchmal kommt man durch sie noch tiefer hinein – aber schließlich gehört sie zu einem dazu.« Und er öffnet sein alterprobtes Ventil, um diese Phase als Chance zu nutzen. »Reisen ist Freiheit, Verändern, Verjüngung.« (An Leonhard Adelt, nach 17. Juli 1925) In Marseille findet er »Ruhe inmitten Lebendigkeit, Einsamkeit im Centrum einer Bewegung« (4. November 1925) – das hat er gesucht, das hat er gebraucht: Innerhalb von vierzehn Tagen stellt er die erste Fassung seines ›Volpone‹ fertig, die Bearbeitung eines Stückes von William Shakespeares Zeitgenossen Ben Jonson. »Ich glaube, es ist sehr belebt, heiter und bühnenwirksam geworden.« Stefan Zweig hat mit diesem Werk das Zutrauen zu sich und seinen Fähigkeiten wiedererlangt. Auf die Quelle ist er gestoßen, als er literarhistorisches Material für die Novelle ›Verwirrung der Gefühle‹ sucht, denn einer der Protagonisten beschäftigt sich mit dem elisabethanischen Theater. Stefan Zweig hat jetzt die richtige Technik heraus, mehrere größere Projekte parallel zueinander zu entwickeln – er wird von nun an fast immer an mehreren Büchern gleichzeitig schreiben, wobei er aber auch manches abbricht. »Ich betreibe zur Zeit zehn Dinge auf einmal und erhole mich von einer Arbeit bei der andern.« (7. Februar 1927) Der Erfolg bestätigt ihn und gibt ihm trotz aller wieder und wieder aufbrechenden inneren Unruhe die nötige Kraft. »Begeisterungsfreude, Menschheitsliebe und Aufopferungsbereitschaft – diese Dreieinigkeit«, zu der er sich schon im November 1914 bekannt hatte, ist nun endgültig zum eigentlichen Impuls seines Schreibens geworden, zum Geheimnis seines künstlerischen Schaffens und durch die Übertragung in die Kapillaren seines Werks auch zum Geheimnis seines Erfolgs. ›Volpone‹ wird nach der Uraufführung am Wiener Burgtheater am 6. November 1926 in ganz Europa nachgespielt – es ist und bleibt sein größter Bühnenerfolg. Doch gleich nach der Premiere sitzt er schon wieder über ernsterer Arbeit, die er »mehr zur Erholung« von ihr mit dem Heiteren, wie er sagt, mit »Derb-Possenhaftem« unterbrochen hat – sein Temperament braucht strengere Thematik. »Wer einmal den Menschen heiter kommt, scheint verwirkt zu haben, für seriös im strengen Sinne zu gelten, als ob nicht gerade das Spielhafte immer Erlösung von einem tieferen Ernst bedeutete«, wird er später (7. Januar 1928) Arthur Schnitzler bekennen. Als man ihn auf angebliche Obszönitäten in seinem ›Volpone‹ hinweist, antwortet er: »Ich habe kein Gefühl für Grenzen im Erotischen.« (An Oskar Maurus Fontana, nach 7. November 1926) In der Erzählung ›Angst‹, 1912 geschrieben, 1920 veröffentlicht, hat er das Thema Ehebruch aufgegriffen – in ›Der Amokläufer‹ 1922 die Problematik der Abtreibung – 1926 wagt er sich an die Beschreibung homoerotischer Empfindungen. Immer wahrt er dabei die ihm eigene Dezenz – und sein Publikum dankt ihm seinen Stil, interessiert sich für die von ihm gewählten Stoffe. »... ich habe mich, weiß Gott, nicht zu beklagen«, schreibt er am 1. Mai 1926 an Richard Specht, »jedes Buch, das ich veröffentliche, hat am ersten Tag zehntausend Exemplare verkauft, die Verbreitung meiner übersetzten Bücher besonders in Rußland ... ist eine geradezu phantastische.«

In den späten zwanziger Jahren festigt sich Stefan Zweigs Bekanntheits- und Beliebtheitsgrad in Deutschland und Österreich ebenso wie im Ausland. Er ist »ein wenig Mann des Tages geworden«. Nicht ohne Stolz darf er sagen: »Wenn man mit jedem Buch 10 000 Exemplare am ersten Tag verkauft hat, ist anzunehmen, daß ... ein großer Stock Menschen vorhanden ist, die sich nicht nur für das Buch nach dem Titel sondern für die Person interessieren ... ich weiß genau alle Gefahr, glaube aber daß mit 46 Jahren eine Monografie von 100 Seiten nicht deplaciert ist – in diesem Alter und bei diesem Umfang der Arbeit war so ziemlich von jedem meiner Altersgenossen ... Ähnliches und Umfänglicheres gesagt.« Zwei Jahre muß er noch warten, dann erfüllt ihm der Freund Erwin Rieger diesen Wunsch.

Sein Selbstbewußtsein, das jetzt überall Gefragtsein steigern Stefan Zweigs Energie und Aktivität. Als er im August 1926 in die Schweiz reist, um wie alljährlich dem Salzburger Festspieltrubel zu entgehen, beginnt er mit den Vorarbeiten zu seiner Biographie Joseph Fouchés, des Polizeiministers unter Robespierre wie unter Napoleon. Er will darin »die Stärke desjenigen zeigen«, wie er an Romain Rolland schreibt, »der keine Überzeugung, keine Leidenschaft hat, dafür die Magie des kalten Kalküls – der Antichrist des schöpferischen Wesens, des moralischen oder heldischen Geistes«. Es geht ihm in erster Linie ganz sicher um den Versuch, nach den noch abzuschließenden Essays zur Typologie des Geistes einen gänzlich anderen Menschen zu porträtieren. Voraussetzung hierzu ist die Intensivierung seiner Lektüre der authentischen Berichte jener Zeit bei gleichzeitiger Reduzierung eigener Aufsätze und – soweit möglich – auch der immer noch angewachsenen Korrespondenz. Zuvor aber hat er noch eine betrübliche Freundespflicht zu erfüllen: Für den am 29. Dezember 1926 gestorbenen Rainer Maria Rilke formuliert er den Abschied bei der Trauerfeier im Münchener Staatstheater.

»Von mir darf ich nichts sagen«, schreibt er Anfang des Jahres 1928 an Arthur Schnitzler, »als daß ein neues Drei-Meisterbuch, das meiner Arbeit wie ein Klotz im Wege gelegen, bald fortgerollt sein wird und ich wieder dem Erfinderischen mich nähern kann.« Doch soll es noch bis zum Herbst dauern, ehe er das Manuskript zu ›Drei Dichter ihres Lebens. Casanova – Stendhal – Tolstoi‹ an den Insel-Verlag schicken kann. Vor allem der Essay über Tolstoi fällt ihm schwer. »Ich arbeite langsam, aber ohne Hochspannung, eher wie ein Gelehrter als ein begeisterter Prosaist« (5. September 1927). Als das Buch dann Anfang Mai 1928 vorliegt, reagiert Thomas Mann begeistert: »Der große Aufsatz über Tolstoi ist wohl das kritisch Tiefste, was Sie geschrieben haben ... Die Entfaltung Ihres Lebenswerkes, Ihr Wachstum zu verfolgen, ist eine Freude!« Ein großes Ziel ist erreicht: Stefan Zweig ist bei den namhaften Schriftstellern seiner Zeit ebenbürtig akkreditiert, und er zählt zu den wirklich gelesenen Autoren: Der Erzählband ›Verwirrung der Gefühle‹ hat inzwischen nach einem Jahr das 75. Tausend erreicht.

Die Beschäftigung mit dem Werk und der Persönlichkeit Tolstois, die ihn fasziniert, obwohl er sich »seiner Lehre lebhaft widersetzt«, hat in Stefan Zweig den alten, zuletzt 1909 geäußerten Wunsch wieder wachgerufen, endlich nach Rußland zu reisen – anonym, nur nach seinem Gefallen. Aber es kommt anders: Ende August 1928 erhält er die offizielle Einladung der sowjetischen Regierung, Österreich bei der Hundertjahrfeier für Tolstoi zu vertreten. Er fährt am 7. September aus Salzburg ab; vierzehn Tage lang erwartet ihn ein volles Programm, man führt ihn herum, in Tolstois Haus, an Tolstois Grab, ins Museum, in die Oper. »Alles rasend interessant«, berichtet er Friderike aus Moskau, »es ist ein Eindruck für das ganze Leben.« Stefan Zweig ist von Land und Leuten derart begeistert, daß er schon bei der Rückkehr Ende September eine weitere Reise plant – in den Kaukasus und nach Georgien; wenige Wochen später denkt er zudem an die Vereinigten Staaten und an Südamerika. Bereits 1909 hatte er ausgerufen: »Mir ist, ich könnte nicht sterben, ehe ich nicht die ganze Erde kenne.« Rußland hat er nicht wiedergesehen, aber der amerikanische Kontinent sollte später für ihn entscheidend werden. Seine erste Reise dorthin hatte er 1911 in den nördlichen und in den mittleren Teil gemacht – erst 25 Jahre danach, 1936, wird er den südlichen kennenlernen, Brasilien. Zunächst aber hält es ihn in Europa. Am 16. März 1929 fährt er nach Brüssel zu einem Vortrag über ›Die europäische Idee in der Literatur‹. Da hat er seinen ›Joseph Fouché‹ im Manuskript bereits beendet: das Bildnis eines politischen Menschen, »eines niederträchtigen Charakters«, die Biographie eines sich chamäleongleich mit der Macht verwandelnden Typus. »Über die französische Revolution und das Kaiserreich könnte ich jetzt ein Lexikon herausgeben«, schreibt er einem Freund, »so sehr beherrsche ich die Materie bis ins Kleinste.« Die ausgiebige Lektüre der einschlägigen Bücher und Dokumente hat ihn dabei »einen ausgezeichneten Stoff für ein Drama« entdecken lassen: ›Das Lamm des Armen‹. »Es ist ein Komödienstoff ersten Ranges, der mir aber aus der leichten Sphäre unmerkbar herausglitt.« Auch hier, im Geschehen um die verheiratete, schöne Bellilotte, die sich Napoleons Verlangen nicht entziehen kann, läßt er den finsteren Joseph Fouché auftreten. Die Uraufführung findet am 15. März 1930 gleichzeitig an vier Theatern – in Breslau, Hannover, Lübeck, Prag – statt. Hatte Stefan Zweig diesen Dramentext seit August 1927 neben seiner den Tolstoi-Essay abschließenden Arbeit entwickelt, so hatte ihn, während er 1928 seinen ›Joseph Fouché‹ schrieb, noch ein anderer Theaterstoff beschäftigt. Er hatte sich daran erinnert, bereits 1913 schon einmal eine Gestalt aus der Zeit der Französischen Revolution aufgegriffen zu haben, um sie im Drama zu fassen zu suchen: ›Adam Lux. Zehn Bilder aus dem Leben eines deutschen Revolutionärs‹, den es aus Mainz nach Paris gezogen hatte. Was damals Fragment geblieben war, kommt aber auch bei der Wiederaufnahme der Szenen nicht über diesen Stand hinaus. Erst 1989 wird das Stück nach einer fremden Bearbeitung in Mainz posthum uraufgeführt.

Im Sommer 1929 wird Stefan Zweig in seiner Arbeit jäh unterbrochen: Am 15. Juli stirbt Hugo von Hofmannsthal. »Ich mochte ihn persönlich wenig«, gesteht er Romain Rolland, »aber ich war sein Schüler und sein Tod hat mich tief bewegt.« Am 13. Oktober 1929 hält er ihm bei der Trauerfeier im Burgtheater in Wien die Gedächtnisrede – Hofmannsthals Witwe Gerty und die Kinder Raimund und Christiane nehmen nicht daran teil.

Entgegen allen Beteuerungen, nach der »ewigen Notizarbeit und Quellengrabung« (Ende November 1927) »zu freierem Gestalten« zurückzukehren, entschließt er sich im Spätsommer 1929 zu einem weiteren Studienband – keiner eigentlichen Fortsetzung der drei Essay-Trilogien mit Porträts der Klassiker des Denkens allein, sondern einer Mischform von Darstellungen aus Vergangenheit und Gegenwart. Er wählt sich dazu den Begründer der Lehre vom animalischen Magnetismus, Franz Anton Mesmer, die Gründerin der Religionsgemeinschaft Christian Science, Mary Baker-Eddy, und Sigmund Freud. Unter dem Titel ›Die Heilung durch den Geist‹ faßt er diese drei Versuche zusammen – er sieht darin »eine psychologische Anstrengung, die Kraft der Suggestion, die Überlegenheit des Hirns über den Leib nachzuweisen«. Zwei Jahre nimmt er sich dafür vor, in denen er freilich, seinem Impuls folgend, noch weitere Bücher beginnt.

Die Geschichte Frankreichs zur Zeit des ausgehenden 18. Jahrhunderts und die entsprechenden Geschichten fesseln Stefan Zweig weiterhin. Im Frühjahr 1930 bittet er seinen Freund Erwin Rieger, in Paris in der Bibliothèque Nationale nach Material über die Königin Marie Antoinette, die Tochter Maria Theresias und Gattin Ludwig XVI., zu suchen. Als dieser seine Entdeckungen meldet, findet Stefan Zweig fürs erste aber doch nicht den rechten Gefallen, schon wieder eine Biographie zu beginnen, nicht zuletzt, weil die Essays für ›Die Heilung durch den Geist‹ erst einmal abgeschlossen sein wollen. Sobald der Freud-Aufsatz dafür fertig ist, setzt er sich dann lieber an den schon lange geplanten Roman, zu dem bereits manche Skizze vorliegt und für den ihm beim ersten Anlauf jedoch noch der Mut fehlt. Eine zweimonatige Reise nach Südfrankreich zu Beginn des Jahres 1931 und die Begegnung mit Joseph Roth animieren ihn aber, zumal er zusammen mit ihm, »Schulter an Schulter, jeder an einem Roman«, arbeiten kann. Mitte März wieder zu Hause, kommt er zunächst weiter gut voran – bis zum Juli, dann bricht er den Text vorerst ab. Begonnenes nicht fortzusetzen, bedeutet bei Stefan Zweig ganz und gar nicht, auch nichts Neues zu beginnen. Die Dokumente zum Leben Marie Antoinettes liegen bereit, die er sich während des Schreibens am Roman immer wieder einmal angesehen haben mag; jedoch er ist skeptisch. Seinem Verleger, der anläßlich seines 50. Geburtstags am 28. November 1931 eine Personalbibliographie für ihn vorbereitet, schreibt er im August: »Neues ist nicht dazugekommen und wird sich vermutlich nicht allzurasch ergeben.« Hier aber irrt er sich. Wenige Wochen später informiert er Lavinia Mazzucchetti, seine italienische Übersetzerin: »Die Arbeit an der Biografie geht scharf vorwärts ...« Anfang Januar 1932 heißt es in einem anderen Brief: »Ich glaube, es wird ein gutes Buch.« Später, nachdem er sie abgeschlossen hat, wird er gestehen: »Die Biographie war eine Episode, weil mein Roman sich mir verweigerte. Ich fand den moralischen Ausweg nicht.« (An Romain Rolland, 20. Oktober 1932) Aber auch die Wiederaufnahme des Erzählwerks bringt ihn nicht zu einem befriedigenden Ergebnis – der Roman erscheint erst posthum 1982 unter dem Titel ›Rausch der Verwandlung‹. Im August 1932 wird Stefan Zweig seine ›Marie Antoinette‹ abschließen, das Buch über »die Frau, die«, wie er sagt, »weder Reichtum noch Macht, noch Glück erträgt, die sich erst aufrichtet im Unglück«.

Am 3. November 1931 unterbreitet er Richard Strauss, der mit Hofmannsthals Tod seinen Librettisten verloren hat, schriftlich einen musikalischen Plan: »eine heitere, muntere bewegliche Spieloper, sehr leicht zu schreiben und ohne jede Beschwerung zu spielen mit den beinahe classischen Figuren – im Mittelpunkt eine Frau voll Charme, Witz und Übermut, ein Dutzend Figuren um sie herum, ein amüsantes Milieu.« Damit beginnt die Zusammenarbeit zwischen Stefan Zweig und Richard Strauss an der Oper ›Die schweigsame Frau‹ – wie ›Volpone‹ wieder erarbeitet auf der Grundlage einer Komödie von Ben Jonson. Zwei Wochen nach diesem Brief treffen sich der Dichter und der Komponist zum erstenmal in München: Stefan Zweig bleibt dort in Erwartung seines fünfzigsten Geburtstags; ihm »entfliehend«, steckt er, wie er Erich Ebermayer schreibt, »den Kopf unter die Decke, um die Welt nicht mit fünfzigjährigen Augen zu sehen«. Nicht allein seine ihm immer gegenwärtige Angst vor dem Alter, sondern auch familiäre Umstände, die er schon am 2. Februar 1925 in einem Brief an Victor Fleischer benannt hatte und die sich seitdem intensiviert haben, machen ihm zu schaffen. Andererseits aber hatte er schon zu Beginn der zwanziger Jahre, am 26. Februar 1923 in einem Brief an Franz Karl Ginzkey, bekannt: »Ich habe mir nie ein stillzufriedenes Leben gewünscht: danken wir Gott, wenn es uns von Zeit zu Zeit um und um schüttelt.«

Knut Beck
Jeffrey B. Berlin

Anhang

Abkürzungen

ALU Freiburg – Albert Ludwigs Universität, Freiburg
BN Paris – Bibliothèque Nationale, Paris
CUL Cambridge – Cambridge University Library, Great Britain
DLA Marbach/N. – Deutsches Literaturarchiv, Marbach/N.
DLC Washington, DC – The Library of Congress, Washington, DC
GWE – Stefan Zweig, ›Gesammelte Werke in Einzelbänden‹ (36 Bde.), Frankfurt a. M.: S. Fischer Verlag 1981–1990
HHI Düsseldorf – Heinrich-Heine-Institut, Düsseldorf
HUH Cambridge, MA – Houghton Library, Harvard University, Cambridge, MA, USA
IUL Bloomington, IN – Courtesy Lilly Library, Indiana University, Bloomington, IN
JNUL Jerusalem – Jewish National and University Library, Jerusalem
LBI New York – Leo Baeck Institute, New York
ÖBU Basel – Öffentliche Bibliothek der Universität Basel
ÖNB Wien – Österreichische Nationalbibliothek, Wien
OTM Wien – Österreichisches Theater Museum, Wien
StA Braunschweig – Stadtarchiv Braunschweig
StB Winterthur – Stadtbibliothek Winterthur
StWK Weimar – Stiftung Weimarer Klassik, Weimar
SUB Hamburg, Dehmel-Archiv – Staats- und Universitätsbibliothek Carl von Ossietzky, Dehmel-Archiv
SUC Fredonia, NY – State University College at Fredonia, NY, USA
WStLB – Wiener Stadt- und Landesbibliothek

Anmerkungen

An Julius Bab 3. 1. 1920 *13*
ms. Br., 2 S. – HUH Cambridge, MA – Briefkopf: Signet SZ – VIII. Kochgasse 8 / Wien, (Durchgestrichen), darüber Stempel: Salzburg / Kapuzinerberg 5.

1] *Julius Bab*: (1880–1955), einflußreicher Berliner Literaturkritiker, Schriftsteller, Herausgeber und Dramaturg. Etwa seit August 1909 mit SZ gut bekannt, stand er mit ihm bis 1934 im Briefwechsel.
2] *Ihren [...] Brief*: Nicht erhalten. Vermutlich die Antwort auf SZs Brief vom [26. 11. 1919]; vgl. SZ, ›Briefe 1914–1919‹, Frankfurt am Main: S. Fischer 1998, S. 303.
3] *die Ausgabe Verlaine*: Im März 1914 verschickte SZ einen mit »Frühjahr 1914«, vom Insel-Verlag in Leipzig und von ihm unterzeichneten Rundbrief mit der Einladung, sich an »einer – vom französischen Verleger autorisierten – deutschen Gesamtausgabe der Gedichte Paul Verlaines [1844–1896]« mit der einen oder anderen Übersetzung zu beteiligen. Bei Ausbruch des Ersten Weltkriegs am 1. August 1914 wurde die Ausgabe verschoben. Sie erschien schließlich u. d. T. ›Paul Verlaines Gesammelte Werke in zwei Bänden‹, hrsg. v. SZ, Leipzig: Insel-Verlag 1922; Bd. 1: ›Gesammelte Gedichte. Eine Auswahl der besten Übertragungen‹ (194 Gedichte von 52 Übersetzern), Nachwort von SZ; Bd. 2: ›Lebensdokumente‹ (übersetzt von Johannes Schlaf, Hanns Freiherr von Gumppenberg, Friderike Maria Zweig), Vorwort von SZ. Vgl. SZ, ›Briefe 1914–1919‹, a.a.O., S. 303.
4] *Ihren Namen ungern [...] fehlend*: Bab beteiligte sich nicht an dieser Ausgabe.
5] *Rilke*: Rainer Maria Rilke (1875–1926). Von ihm ist in dieser Ausgabe lediglich die Übersetzung des Gedichtes ›Agnus Dei‹ enthalten.
6] *Werfel*: Auch Franz Werfel (1890–1945) beteiligte sich nicht.
7] *Dehmel*: Richard Dehmel (1863–1920) ist in dieser Ausgabe mit sechs Gedichtübertragungen vertreten (›Helle Nacht‹, ›Der Bannkreis‹, ›Mirakel‹, ›Zu Gott‹, ›Lied Kaspar Hausers‹ und ›Ruhe‹), die alle, bis auf ›Der Bannkreis‹, bereits in SZs erster Auswahl der ›Gedichte von Paul Verlaine. Eine Anthologie der besten Übertragungen‹, hrsg. [und mit einem Vorwort versehen] von SZ, Berlin u. Leipzig: Schuster & Loeffler 1902, enthalten waren.

8] *Hasenclever*: Von Walter Hasenclever (1890–1940) hat SZ acht Gedichtübertragungen in die Ausgabe aufgenommen: ›Birds in the night‹, ›Kaleidoskop‹, ›Die Lust zu leben‹, ›Credo‹, ›Himmelfahrt‹, ›Veni Sancte‹, ›Ländliche Vesper‹ und ›Frühlingsgefühl‹.
9] *Eulenberg*: Herbert Eulenberg (1876–1949) hat drei Gedichtübertragungen für diese Ausgabe beigesteuert: ›Parsifal‹, ›Auf dem Balkon‹ und ›Pensionsfreundinnen‹.
10] *Bibliotheca mundi*: Eine Buchserie des Insel-Verlags in Leipzig mit Werken der Weltliteratur im Originaltext, die Werken mit geringerem Umfang und Anthologien vorbehalten war. SZ war Anreger und Berater dieser Serie. Sie wurde 1920 gegründet und bis 1923 fortgeführt, als nach der Inflation ausländische Literatur wieder unbeschränkt in Deutschland importiert werden konnte. Zu Einzelheiten zur Vorbereitung der Buchserie vgl. SZ, ›Briefe 1914–1919‹, a.a.O., S. 261 f.
11] *Ihr Vorschlag wegen Goethe*: Nicht ermittelt.
12] *eine so ei[n]zige und definitive Form*: Einige Vorschläge SZs für die Buchserie Bibliotheca Mundi wurden nicht dort realisiert, sondern in der gleichzeitig 1920/21 vorgelegten Sammlung ›Pandora‹, die sich in ihrer Gestaltung nur wenig von der 1912 gegründeten Insel-Bücherei unterschied, jedoch ebenfalls schmalere Werke im Originaltext brachte. Hier wurde Goethes ›Hermann und Dorothea‹ (als Band Nr. 16) herausgebracht und später, 1932, in die Insel-Bücherei übernommen, für die das Hexameterepos bereits 1912 eingeplant gewesen war.
13] *mit einem Vorschlag an Sie zu wenden*: Einzelheiten wurden nicht ermittelt.
14] *Liste der wesentlichen Mitarbeiter*: Bab gab kein Werk im Insel-Verlag in Leipzig heraus.
15] *Sie in Berlin [...] bei jenem Vortrag zu vermissen*: Am 26. Oktober 1919 hatte SZ im Berliner Theater Die Tribüne seinen zuvor am 11. April 1919 in Wien gehaltenen Vortrag über Romain Rolland wiederholt. Wegen der »Drohung der Verkehrssperre« hatte er aber »in ungebührlicher Hast« seinen Aufenthalt abbrechen müssen; vgl. SZs Brief an Julius Bab vom [26. 11. 1919], SZ, ›Briefe 1914–1919‹, a.a.O., S. 303.
16] *mit einem Buch*: SZ, ›Drei Meister. Balzac – Dickens – Dostojewski‹, Leipzig: Insel-Verlag 1920. Vgl. SZ, ›Briefe 1914–1919‹, a.a.O., S. 405 f. – Der Band trägt die Widmung: »Romain Rolland als Dank für seine unerschütterliche Freundschaft in lichten und dunklen Jahren.«

e. Br., 2 S. mit e. Nachschrift am Kopf des Briefes – BN Paris – Briefkopf: Signet SZ –VIII. Kochgasse 8 / Wien,; darüber Stempel: Salzburg / Kapuzinerberg 5 – D in deutscher Übersetzung: Romain Rolland-SZ, ›Briefwechsel 1910–1940. Erster Band 1910–1923‹, Aus dem Französischen von Eva und Gerhard Schewe (Briefe Rollands) und Christel Gersch (Briefe Zweigs), Berlin: Rütten & Loening 1987, S. 494–496.

Übersetzung
Mein lieber, mein guter Freund, ich bin sehr glücklich, Ihren guten Brief vom 4. Januar erhalten zu haben, und ich danke Ihnen für Ihre guten Wünsche für das Neue Jahr. Möge es fruchtbar für Sie sein; ich freue mich über die Nachricht, daß Sie »L'un contre tous« wieder aufgenommen haben. Glauben Sie nicht, daß ich besser daran täte, Ihren Roman abzuwarten, bevor ich das Buch über Sie abschließe? Ich glaube, daß er ganz entscheidende Dinge enthalten wird, und daß es meinem Buch an Aktualität mangeln würde, wenn es den Roman vergäße, wo Sie meisterhaft Ihre Gedanken während des Krieges zusammenfließen lassen. Wenn Sie glauben, es bis Herbst zu Ende zu bringen, würde ich gerne warten – ich wäre froh, wenn meine Biographie vor Weihnachten in Deutschland erschiene.

Die Übersetzung von Liluli ist fast abgeschlossen. Es war sehr schwierig, ich stoße oft auf Hindernisse, die in der Sprache selbst begründet sind. Hier eine der schwierigsten Fragen – ich sehe mich gezwungen, den Titel, den Namen »Liluli« selbst zu ändern. Zunächst spricht der Deutsche, wenn er Liluli gedruckt sieht, es wie Lilouli aus. Weiterhin sagen Sie »L'Illusion« (Liluli), der Deutsche aber »Die Illusion«, so daß das »L« in Liluli unverständlich ist. Ich habe also vor, sie »Illusine« zu nennen (ausgesprochen »Illousine« wie Melousine und viele andere Frauennamen in deutschen Märchen). Ich merke schon, daß in diesem Namen der spöttelnde und unbeschwerte Unterton fehlt, aber immerhin scheint er mir besser geeignet, als jeder andere, um die Gestalt im Deutschen wiederzugeben. Ebenso werde ich gezwungen sein, andere Namen zu ändern, manche Textstellen zu überarbeiten – eine wortgetreue Übersetzung ist absolut unmöglich. Dennoch hätte ich gerne Ihre Einwilligung zu einer solch wichtigen Änderung wie die der Titel, zum Beispiel werde ich »L'hopi« Publicia nennen, die Huluberloches – Sauerfresser (bezugnehmend auf Sauerkrautfresser), manche Wortspiele werden weggelassen oder ausgewechselt. Es geht nicht anders. Die Übersetzung des »Temps viendra« habe ich in sechs Tagen fertiggestellt, doch an diesem hier arbeite ich seit Monaten; zur Hilfe, und um mehr Sicherheit in den Sachfragen zu erlangen, habe ich meinen Freund Erwin Rieger (Freund von Jouve und Arcos) hinzugezogen. Eine andere Möglichkeit sehe ich nicht. Wenn Sie einverstanden sind, kann das Buch in vierzehn Tagen zu Rütten & Loening geschickt werden, er wird Ihnen seinen Vertrag zuschicken.

Le Temps viendra ist gedruckt, aber beim Buchbinder verspätet. Sie werden es in einigen Tagen in Händen halten. Reinhardt wird Ihren Danton in Szene setzen. Für »Temps viendra« und »Liluli« werde ich jede Aufführung so lange verhindern, bis Sie und die Société d'Auteurs Ihr Einverständnis gegeben haben.

Wenn Sie etwas fertiggestellt haben, was Sie gerne übersetzt hätten, schicken Sie es mir ruhig. Ich habe nie so viel zu tun, daß eine Übersetzung für Sie mich nicht glücklich machen würde.

Und nun, mein lieber Freund, komme ich zur Hauptfrage Ihres Briefes. Erlauben Sie mir, diesen Abschnitt auf deutsch zu schreiben, denn ich möchte mich mit der größtmöglichen Klarheit ausdrücken. [...]

Nächste Woche werde ich nach Wien reisen, um mich mit Frau von Winternitz zu vermählen: die Republik hat für uns den Vorteil gehabt, dieses dumme Hindernis abzuschaffen. Wir werden an diesem Tag an Sie denken, so wie wir es immer tun. In Kürze werden Sie meine neuen Bücher erhalten: für heute, mein lieber Freund, meine besten Wünsche und meine Hochachtung! Ihr getreuer

StZ.

P. S. Ich werde Ihnen das bewundernswerte Buch von Oswald Spengler »Der Untergang des Abendlandes« zukommen lassen, die größte historische Vision seit Hegel, ein Werk von enormer Gelehrsamkeit und überraschender Kraft.

1] *Romain Rolland*: (1866–1944). Der französische Musikwissenschaftler, Romancier, Dramatiker und entschiedene Pazifist, der sich besonders für die französisch-deutsche Verständigung engagierte, stand mit SZ seit 1910 in kontinuierlicher Korrespondenz, die auch während des Ersten Weltkriegs nicht unterbrochen worden war.

2] *«L'un contre tous»*: Dies war, in Anlehnung an Etienne de la Boëties (1530–1563) Begriff »Le Contr'un« (»Das gegen-den-Einen-Sein«), der ursprüngliche Titel von Rollands Roman ›Clérambault. Histoire d'une conscience pendant la guerre‹, Paris: Ollendorf 1920, den SZ u. d. T. ›Clerambault. Geschichte eines freien Gewissens im Kriege‹ (Frankfurt am Main: Literarische Anstalt Rütten & Loening 1922) übersetzte.

3] *avant de conclure mon livre sur vous / bevor ich das Buch über Sie abschließe*: SZs Monographie ›Romain Rolland. Der Mann und das Werk‹ erschien im Januar 1921 bei der Literarischen Anstalt Rütten &

Loening in Frankfurt am Main. SZ hatte Rolland laufend die einzelnen Teile seines Manuskripts zur kritischen Durchsicht zugeschickt. Das Kapitel über ›Clerambault‹ wurde in die Erstausgabe der Monographie noch aufgenommen.
4] *La traduction de Liluli / Die Übersetzung von Liluli*: Rollands »Satyrspiel einer ungeschriebenen Tragödie oder vielmehr jener Tragödie, die Rolland nicht zu schreiben brauchte, weil die Welt sie erlebte« (SZ, ›Romain Rolland‹, GWE 1987, S. 317), war 1919 in Genf bei Le Sablier puis Ollendorff erschienen. SZ kündigte Rolland am 9. 2. 1920 an, seine Übersetzung werde »morgen an Rütten & Loening abgeschickt: ich werde ein kleines Postskriptum anfügen, des Inhalts, daß dieses Stück eigentlich unübersetzbar ist und daß ich nichts als einen Versuch geboten habe« (Romain Rolland-SZ, ›Briefwechsel 1910–1940. Erster Band 1910–1923‹, a.a.O., S. 498). Am 4. 4. 1920 veröffentlichte SZ, trotz aller Zweifel, im Berliner Tageblatt eine Szene aus dieser Übersetzung u. d. T. ›Die Brücke‹ (und wie aus einem Brief Rollands vom 5. 7. 1920 bekannt ist, eine andere Szene in einer nicht näher bezeichneten Zeitung) – Rollands Reaktion (»ich habe darin mein Werk nicht ebenso gut wiedererkannt«) veranlaßte SZ, das Manuskript vom Verlag zurückzuerbitten, um »die Übersetzung in meiner Schublade zu vergraben« (An Romain Rolland, 12. 7. 1920). Die Literarische Anstalt Rütten & Loening brachte, mit SZs Einverständnis, 1924 das Stück mit den 32 Holzschnitten von Frans Masereel für die Originalausgabe in der Übersetzung von Prof. Walter Schiff (Wien) u. d. T. ›Liluli‹ heraus.
5] *«Temps viendra»*: Romain Rollands ›Le temps viendra. Drame en trois actes‹, Paris: Demain 1903, erschien in SZs Übersetzung u. d. T. ›Die Zeit wird kommen. Drama in drei Akten‹ 1919 im Verlag E. P. Tal, Leipzig und Wien (= Die zwölf Bücher. 1. Reihe).
6] *Erwin Rieger*: (1889–1941), österreichischer Erzähler, Redakteur, Übersetzer, Kritiker. Vgl. SZ, ›Briefe 1914–1919‹, a.a.O., S. 583.
7] *Jouve*: Pierre-Jean Jouve (1887–1976), französischer Schriftsteller.
8] *Arcos*: René Arcos (1880–1959), französischer Schriftsteller.
9] *Rütten & Loening*: In der Literarischen Anstalt Rütten & Loening *15*
in Frankfurt am Main war u. a. in den Jahren 1914 bis 1917 bereits die deutsche Übersetzung von Rollands Romanzyklus ›Jean-Christophe‹ u. d. T. ›Johann Christof. Roman einer Generation‹ erschienen.
10] *Reinhardt*: Max Reinhardt (urspr. Goldmann, 1873–1943). Berühmter Regisseur und Begründer eines neuen Aufführungsstils; von 1905 bis 1932 Direktor des Deutschen Theaters in Berlin.
11] *votre Danton / Ihren Danton*: Romain Rollands »Revolutionsdrama« ›Danton‹ (Trois actes [= ›Théâtre de la Révolution‹ II]; Paris: Revue de l'art dramatique 1900) war 1919 bei Georg Müller in Mün

chen in der Übersetzung von Lucy von Jacobi und Wilhelm Herzog erschienen. Reinhardt bereitete die deutsche Erstaufführung im Großen Schauspielhaus in Berlin für den 14. Februar 1920 vor; mit Paul Wegener in der Titelrolle, Werner Krauß als Robespierre und Ernst Deutsch als St. Just wurde das Stück dort bis zum 29. Februar 1920 sechsmal gespielt.

12] *Société d'Auteurs*: Die Société des auteurs, compositeurs et éditeurs de musique (Vereinigung der Autoren, Komponisten und Musikverleger) ist 1851 gegründet worden. Ihr Vorbild war die auf eine Anregung von Pierre-Augustin Caron de Beaumarchais (1732–1799) aus dem Jahr 1791 zurückgehende Société des auteurs et compositeurs dramatique (Vereinigung der Autoren und dramatischen Komponisten), die 1829 gegründet worden war. Sie besteht in einer Kommission aus 15 von der Generalversammlung benannten Mitgliedern und zwei Generalsekretären. Ihre Aufgaben sind 1. die gegenseitige Verteidigung der Rechte ihrer Mitglieder gegenüber den Theaterverwaltungen, 2. die Wahrnehmung der Autorenrechte und die Zusammenlegung eines Teils dieser Rechte, 3. die Bildung eines Unterstützungsfonds, 4. die Bildung eines Gewinnanteilfonds.

13] *zu jeder Veröffentlichung, die Sie [. . .] vornehmen*: Rolland plante sein ›Journal des années de guerre 1914–1919‹ einer Bibliothek in einem neutralen Staat zu übergeben (»ihre vollständige Veröffentlichung könnte später erfolgen«) – »ein Zeugnis kollektiver Moral: der guten Europäer – oder genauer (weil der Begriff Europa viel zu eng geworden ist) der getreuen Weltbürger, die von den Regierungen und Meinungen aller Nationen unterdrückt und verfolgt werden« (An Stefan Zweig, 4. 1. 1920). Zuvor aber wollte er, »um den internationalen Glauben an die Welt (im reinsten, menschlichsten und brüderlichsten Sinne) [nach dem Ersten Weltkrieg] neu zu beleben«, einen Teil daraus publizieren, »der etwa das erste Kriegsjahr umfaßte«. Dieser besteht nicht so sehr aus »eigenen Überlegungen, sondern aus Zeugnissen schmerzlicher menschlicher Brüderlichkeit, die mich von überallher erreichten«. Es war die Frage, ob die Freunde dieser, zum Teil fragmentarischen, zum Teil vollständigen Wiedergabe zustimmen würden. »Und ich denke dabei in erster Linie an Sie«, hatte er SZ am 4. 1. 1920 geschrieben – Rollands ›Journal des années de guerre 1914–1919‹ erschien posthum erst 1952, die erste deutsche Ausgabe innerhalb der ›Gesammelten Werke in Einzelbänden‹ u. d. T. ›Das Gewissen Europas. Tagebuch der Kriegsjahre 1914–1919. Aufzeichnungen und Dokumente zur Moralgeschichte Europas in jener Zeit‹ 1963–1965 im Verlag Rütten & Loening in Berlin.

14] *meine Briefe*: Rolland hatte SZ am 4. 1. 1920 in seinem Brief bestätigt: »Sie haben mir 1914 bewundernswerte Seiten geschrieben – erlauben Sie mir, Ihnen das zu sagen –, unsterbliche Seiten eines blutenden Glaubens an die große, vom Verbrechen, vom Wahnwitz zerrissene Gemeinschaft europäischer Seelen. Sie erinnern sich gewiß nicht mehr daran [. . .]. Würden Sie zustimmen, Ihrer moralischen Scheu Gewalt anzutun [. .] und die Veröffentlichung einiger Ihrer Briefe zu gestatten, die ich Ihnen unterbreiten würde? Natürlich würde alles ›Persönliche‹ weggelassen werden, was bei Ihnen ohnehin kaum vorkommt.«

15] *mein Tagebuch*: SZ führte u. a. ein »Tagebuch im Kriegsjahr 1914 vom Tage der deutschen Kriegserklärung an Rußland [30. Juli 1914–30. April 1915]«. (SZ, ›Tagebücher‹, GWE 1984, S. 79–161.)

16] *Hypokrisie*: Überstrenge.

17] *das Verhaeren-Buch*: SZ, ›Erinnerungen an Emile Verhaeren‹, Wien: Privatdruck [1920] (100 Exemplare).

18] *mein Buch über Sie*: SZ, ›Romain Rolland. Der Mann und das Werk‹; vgl. oben, Anm. 3.

19] *vermeiden will, als Intimer zu sprechen*: SZ hatte Rolland am 23. 3. 1915 geschrieben, er habe »damals« Otto Grautoff, der 1914 eine Veröffentlichung über Rolland herausbrachte, abgeraten, »Privatbriefe von Ihnen zu publicieren und ließ ihn jetzt zur Vorsicht mahnen bei der Broschüre über Sie, hoffentlich hat es genützt«. Diese Haltung gegenüber einem persönlichen Briefpartner hat SZ stets gewahrt.

20] *Jouve*: Daß SZ hier gerade den gemeinsamen Freund, den fran- *16*
zösischen Schriftsteller Pierre-Jean Jouve (vgl. oben, Anm. 7), der nichts über Rolland und auch sonst nichts Biographisches veröffentlicht hat, als Gegensatz zu sich selbst anführt, hat möglicherweise seinen Grund darin, daß Rolland seinen Brief vom 4. 1. 1920 an SZ durch Jouve übermitteln ließ; ein anderer Grund der Assoziation könnte die Tatsache sein, daß SZs Novelle ›Der Zwang‹ mit der Widmung: »Pierre J. Jouve in brüderlicher Freundschaft« in diesen Tagen gerade (in limitierter Auflage von 470 numerierten Exemplaren und mit zehn Holzschnitten von Frans Masereel) im Insel-Verlag in Leipzig erschien.

21] *je vais à Vienne pour me marier avec Madame de Winternitz / werde ich nach Wien reisen, um mich mit Frau von Winternitz zu vermählen*: SZ hatte Friderike Maria v. Winternitz (1882–1971), die mit ihren beiden Töchtern Alix Elisabeth (Lix, 1907–1986) und Susanne Benedictine (Suse, 1910–1998), von ihrem Mann Felix v. Winternitz getrennt, in Wien lebte, 1912 kennengelernt. Nach ihrer Scheidung 1913 zog sie zu SZ. Sie heirateten am 28. Januar 1920; bei der Trauung im Wiener Rathaus ließ sich die Braut allerdings – lt. Donald A. Prater »aus Schicklichkeitsgründen«! – von dem gemeinsamen Freund Felix Braun (1885–1973) vertreten.

22] *d'abolir ce stupide obstacle / dieses dumme Hindernis abzuschaffen*: In der Monarchie Österreich-Ungarn war Geschiedenen eine Wiederverheiratung rechtlich nicht möglich; erst im Nachfolgestaat Deutschösterreich wurde sie ab 1919 durch einen Dispens erlaubt.
23] *mes nouveaux livres / meine neuen Bücher*: SZ, ›Drei Meister. Balzac – Dickens – Dostojewski‹ (vgl. 3. 1. 1920, Anm. 16) und ›Der Zwang‹ (vgl. oben, Anm. 20).
24] *Oswald Spengler »Der Untergang des Abendlandes«*: ›Der Untergang des Abendlandes. Umrisse einer Morphologie der Weltgeschichte. 1. Bd. Gestalt und Wirklichkeit‹, Wien: Wilhelm Braumüller 1918.
25] *Hegel*: Georg Wilhelm Friedrich Hegel (1770–1831) hatte, wie Golo Mann in seiner ›Deutschen Geschichte des 19. und 20. Jahrhunderts‹, Frankfurt am Main: S. Fischer Verlag 1958, S. 731 f., referierte, »hundert Jahre früher [...] nur die Vergangenheit verstehen wollen und die Gegenwart, welche geronnene Vergangenheit war; über die Zukunft hatte er wohlweislich kein Wort gesagt. Spengler, wie Hegel, war sich bewußt, in einer zur Neige gehenden Epoche der Geschichte zu leben, er war so angeregt durch den Weltkrieg, wie Hegel durch die Erscheinung Napoleons. Wie Hegel wollte er einmal so recht und vollständig begreifen, was eigentlich mit seiner Zeit los war. Eine Versuchung des Denkens, zumal des deutschen Denkens, in Krisenzeiten. Vergleicht man aber beider Werke, so sieht man, wie der deutsche Geist in hundert Jahren an Feinheit und Tiefe verloren hatte. Wie war doch Hegels Philosophie noch mit griechischer und christlicher Tradition, mit Humanismus und Idealismus, mit Glauben an das Rechte und ewig Wahre gesättigt, wie brutal und simpel ist dagegen die Spenglersche. Das, was schon in Hegel Gefährliches war, übernahm Spengler; die Verherrlichung des Krieges, die Vergottung von Macht und Erfolg. Für Hegels Menschheitsglauben, die Zartheiten und Schönheiten und verdrehten Frömmigkeiten der Dialektik hatte er keinen Gebrauch. Der Mensch, bei Hegel, kam wohl aus der Natur nie los; seine Aufgabe war doch, auf der Basis des Natürlichen zu sich selber zu kommen, Geist zu werden, den in ihn gelegten, nie erloschenen göttlichen Funken zum Feuer zu entfachen. Für Spengler war der Mensch ein Raubtier und blieb es, vor anderen hauptsächlich dadurch ausgezeichnet, daß er eine ›Greifhand‹ besaß; und Ideen von Menschheit, Recht und Wahrheit waren faule Demokratenwitze. Daß der Mensch zum Tier werden kann und viel schlimmer als das Tier, hatte die Erfahrung des Krieges gezeigt.«

An Victor Fleischer [27. 1. 1920] *16*
e. Br., 2 S. – DLA Marbach/N. – Briefkopf: Signet SZ – VIII. Kochgasse 8 / Wien,

1] *Victor Fleischer*: (1882–1952), österreichischer Schriftsteller; er hatte Kunstgeschichte und Philosophie studiert und war 1905 zum Dr. phil. promoviert worden. Im Herbst 1920 gründete er in Frankfurt am Main die Frankfurter Verlags-Anstalt, deren Direktor er bis 1926 war. – Er war SZ in lebenslanger Freundschaft verbunden.
2] *Dich nicht mehr zu sehen*: Fleischer arbeitete bis zur Gründung der Frankfurter Verlags-Anstalt im Kunstverlag Anton Schroll in Wien; er war offenbar unmittelbar vor SZs Ankunft abgereist.
3] *heurathe morgen Mittag*: Vgl. 14. 1. 1920, Anm. 21. Die Trauungszeremonie fand am 28. Januar 1920 um 11 Uhr im Wiener Rathaus statt.
4] *Wahrheit und Dichtung von Goethe [. . .] »Die Frankfurter Jahre«*: Weder diesen noch die folgenden Vorschläge SZs, Auswahlausgaben aus Johann Wolfgang von Goethes ›Dichtung und Wahrheit‹ zu veröffentlichen, verwirklichte Fleischer in seinem neuen Verlag.
5] *Dein Jahrbuch*: Das ›Jahrbuch für Kunstsammler‹ erschien von 1921–1925 in der Frankfurter Verlags-Anstalt.
6] *Donath*: Adolph Donath (1876–1937), österreichischer Erzähler, Kunstkritiker und zionistisch orientierter Lyriker. Er wurde, entgegen SZs Rat, Herausgeber des ›Jahrbuchs für Kunstsammler‹.
7] *die »Deutschen Frauen«*: Offensichtlich ein von Fleischer geplanter *17*
Sammelband, den er aber nicht realisierte.
8] *St.[!] Beuve*: Charles Augustin Sainte-Beuve (1804–1869), bedeutender französischer Literaturkritiker und Schriftsteller.
9] *[»]Portraits des femmes«*: Diese Essays erschienen zuerst 1844; die erste deutsche Ausgabe hatte der Georg Müller Verlag in München bereits 1914 u. d. T. ›Frauenbildnisse aus vier Jahrhunderten‹, hrsg. von Stefanie Strizek, mit einer Einleitung von Hans Floerke, in zwei Bänden herausgebracht. SZ gab in der Frankfurter Verlags-Anstalt nicht erneut diese Sammlung heraus, sondern 1923 in zwei Bänden Sainte-Beuves ›Literarische Porträts aus dem Frankreich des 17. bis 19. Jahrhunderts‹ (eine Auswahl aus ›Portraits littéraires‹ des Jahres 1844); sie wurden u. a. von L. Andro (d. i. Therese Rie), Raoul Auernheimer und Gustav v. Festenberg übersetzt.
10] *Scizzen aus dem alten Frankfurt*: Fleischer griff diesen Vorschlag einer Anthologie nicht auf.
11] *Goethe*: Johann Wolfgang von Goethe (1749–1832).
12] *Heine*: Heinrich Heine (1798–1856).
13] *Börne*: Ludwig Börne (eigtl. Lob Baruch, 1786–1837).

14] *Die Belagerung von Mainz, die Goethe schildert*: Am 21. Oktober 1792 hatten die französischen Revolutionstruppen unter General Adam Philippe Custine (1740–1793) Mainz erobert. Bereits am 23. Oktober wurde dort nach französischem Vorbild der ›Club der Freiheits- und Verfassungsfreunde‹ (Jakobiner-Club) gegründet, der am 21. März 1793 Mainz zur Rheinischen Republik erklärte und »die brüderliche und unzertrennliche Vereinigung« mit Frankreich beschloß. Am Tag darauf erklärte das Römische Deutsche Reich Frankreich den Krieg, in den gleichzeitig England, die Niederlande, Spanien, Sardinien, Neapel und Portugal eintraten. Die Koalitionsarmee belagerte vom Lager Marienborn aus Mainz, das sich am 23. Juli 1793 ergab. – Johann Wolfgang von Goethe, der am 28. Mai 1793 im Lager Marienborn eingetroffen war, verfaßte am 30. und 31. Mai auf Wunsch des Herzogs Carl August von Sachsen-Weimar einen Bericht über die Belagerung von Mainz. Fleischer hat in der Frankfurter Verlags-Anstalt keine Einzelausgabe dieses Textes veröffentlicht.
15] *Forster [. . .] das Haupt der Clubisten:* Johann Georg Adam Forster (1754–1794), Natur- und Völkerkundler, wurde 1778 Professor in Kassel, 1784 in Wilna, 1788 Bibliothekar in Mainz. Durch die Eroberung von Mainz durch die französischen Revolutionstruppen (vgl. oben, Anm. 14) verlor er seine beruflichen Einkünfte; er schloß sich nach einigem Zögern dem ›Club der Freiheits- und Verfassungsfreunde‹ an, blieb aber trotz einer flammenden Rede am 15. November 1792 skeptisch, daß Deutschland für eine Revolution nach französischem Vorbild schon bereit sei. Forster wurde nicht »das Haupt der Clubisten«, sondern der führende Kopf der zivilen Verwaltung, die General Custine, den französischen Departements entsprechend, in Mainz einrichtete. Als der Club am 21. März 1793 Mainz zur Rheinischen Republik erklärte, wurde Forster zusammen mit Adam Lux und André Patocki am 25. März nach Paris entsandt, um beim Nationalkonvent die Eingliederung in die Französische Republik zu beantragen. Jedoch bereits nach 13 Tagen löste sich die Rheinische Republik auf.
16] *Seine Lebenserinnerungen oder gesammelten Schriften*: Georg Forster hat keine Lebenserinnerungen geschrieben, sondern Reisebeschreibungen in besonders künstlerischer Form sowie kunstgeschichtliche Betrachtungen verfaßt. Die erste Ausgabe seiner ›Sämtlichen Schriften‹ war 1843, »herausgegeben von dessen Tochter und begleitet mit einer Charakteristik Forsters von G. G. Gervinus«, in neun Bänden bei F. A. Brockhaus in Leipzig erschienen. Fleischer nahm SZs Vorschlag einer Auswahlausgabe für die Frankfurter Verlags-Anstalt nicht auf.
17] *der erste Versuch einer deutschen Revolution*: Vgl. oben, Anm. 14 und 15.

18] *Chuquet*: Arthur Chuquet (1853–1925), französischer Historiker, der mehrere Arbeiten über die Kriege der Französischen Revolution verfaßte: ›Les guerres de la Révolution‹, 3e série, vol. VII: ›Mayence‹, Paris: Le Cerf 1892.
19] *zeitgenössische Documente*: Johann Georg Adam Forster begann nach dem Scheitern der Rheinischen Republik in Mainz 1893 aus der Erinnerung an einer ›Darstellung der Revolution in Mainz‹ zu arbeiten, unterbrach sie aber zugunsten eines Essays ›Über die Beziehung der Staatskunst auf das Glück der Menschheit‹. Fleischer griff die entsprechenden Anregungen SZs für die Frankfurter Verlags-Anstalt nicht auf.
20] *Jean Paul-Briefe*: Jean Paul (eigtl. Johann Paul Friedrich Richter, 1763–1825), ›Die Briefe Jean Pauls‹, hrsg. u. erl. von Eduard Berend, 4 Bde., München: Georg Müller 1922–1926.
21] *seinen Gedichten*: Jean Paul hat keine Gedichte geschrieben; allerdings wurden einige seiner Prosaarbeiten von Zeitgenossen versifiziert.
22] *Deine Frau*: Leontine Sagan (geb. Schlesinger, 1889–1974), österreichische Schauspielerin und Bühnenregisseurin, arbeitete mit Viktor Barnowsky und Max Reinhardt zusammen, an dessen Schauspielschule sie lehrte.

An Friderike Maria v. Winternitz [27. 1. 1920] *17*
e. Br., 2 S. – SUC Fredonia, NY

1] *Friderike Maria v. Winternitz*: Vgl. 14. 1. 1920, Anm. 21.
2] *leider ganz unweiblich begleitet*: Vgl. 14. 1. 1920, Anm. 21. SZ verstand Friderikes Haltung und Entscheidung nicht, ihn zu ihrer Trauung allein nach Wien fahren zu lassen.
3] *fand alles wohl*: Vermutlich meint SZ seine Eltern, Moritz Zweig (1845–1926) und Ida Zweig, geb. Brettauer (1854–1938).
4] *mit dem Concipienten*: Jurist zur Ausbildung in einer Anwaltskanzlei.
5] *die Ceremonie*: Die Ziviltrauung.
6] *Felix und Consorten*: Felix Braun (vgl. 14. 1. 1920, Anm. 21) vertrat bei der Ziviltrauung im Wiener Rathaus die Braut; als Zeugen waren, lt. einer Äußerung von Friderike (zit. von Donald A. Prater, ›Stefan Zweig. Das Leben eines Ungeduldigen‹, Aus dem Englischen von Annelie Hohenemser, München: Carl Hanser Verlag [1981], S. 186) »[Hans] Prager, Antoine [?], Viktor [Fleischer]« vorgesehen; der letztere aber war bereits nach Frankfurt am Main abgereist (vgl. [27. 1. 1920] an

Victor Fleischer, Anm. 2). Die amtlichen Dokumente sind für Außenstehende erst 100 Jahre nach der Trauung einzusehen.
7] *Deiner Mutter*: Theresia Elisabeth Burger, geb. Feigl (1843–1923).
8] *Heidenangst vor dem Bolschewismus*: In Deutschland hatte Karl Liebknecht (1871–1919), Begründer einer Sozialistischen Jugendbewegung, nach dem Ende des Krieges zusammen mit Rosa Luxemburg (1870–1919), mit der er 1916 den radikalen marxistischen Spartakusbund gegründet hatte, versucht, eine Räterepublik nach russischem Vorbild durchzusetzen. Vor einer solchen Entwicklung auch in Deutschösterreich fürchtete man sich in Wien.
9] *Ich schreibe Dir über die Ceremonie*: SZs Brief ist nicht erhalten.
10] *Deinen bereits freigegebenen Schmuck*: Vermutlich hatte Friderike vor ihrer Abreise von Wien nach Zürich am 4. November 1917 ihren Schmuck als Pfand hinterlegen müssen.

18 *An Anton Kippenberg* 9. 2. 1920
ms. Br. mit e. Korr., 2 S., und ms. Beilage »Hauptgeschäft«, 3 S. (2. Blatt mit e. Notiz »Hauptgeschäft Bogen 2/9 Februar«) – StWK Weimar – Briefkopf: Signet SZ – VIII. Kochgasse 8 / Wien, – D: SZ, ›Briefe an Freunde‹, hrsg. v. Richard Friedenthal (Frankfurt a. M.:) S. Fischer 1978, S. 112–114 (Nur Beilage »Hauptgeschäft«).

1] *Anton Kippenberg*: (1874–1950), leitete seit Juli 1905 (zunächst mit Carl Ernst Poeschel [1874–1944], ab September 1906 allein) den Insel-Verlag in Leipzig, in dem SZs Werke seit 1904 erschienen.
2] *Herr Professor*: Kippenberg war am 4. Mai 1914, anläßlich seines 40. Geburtstags, vom Senat der Hansestadt Bremen der Professorentitel – »in Anerkennung Ihrer als Inhaber und Leiter des Inselverlags geleisteten literarischen Tätigkeit« – zuerkannt worden.
3] *Hauptgeschäftliche Teile*: Der Begriff »Hauptgeschäft« in der Korrespondenz zwischen Kippenberg und SZ ist Goethes Tagebüchern entlehnt – er bezeichnete damit diejenige größere Arbeit, die gerade im Vordergrund stand – und bezieht sich vor allem auf die Buchserie Bibliotheca Mundi (vgl. 3. 1. 1920, Anm. 10), aber auch auf die Serien Libri Librorum und Pandora. Kippenberg gebrauchte den Begriff erstmals in seinem Brief vom 27. 3. 1919.
4] *Morisse*: Paul Morisse (1866–?), französischer Übersetzer. SZ traf sich mit ihm Mitte Februar 1920 in München. »Ich schätze ihn sehr: er kennt das Land [Deutschland] und ist ein Mann von sehr umfassender und unabhängiger Geistigkeit.« (SZ an Rolland, 17. 2. 1920, in: Romain

Rolland-SZ, ›Briefwechsel 1910–1940. Erster Band 1910–1923‹, a.a.O., S. 501).

5] *poste restante Briefe*: Postlagernde Briefe.

6] *wegen des Hauptgeschäftes*: Vgl. oben, Anm. 3.

7] *»Hitopesa [!] oder die nützliche Unterweisung«*: ›Hitopadesa‹ (sanskrit, Heilsame Belehrung), altindische Fabelsammlung; die am weitesten verbreitete Neubearbeitung des ›Pañcatantra‹, dessen fünf Bücher unter Umgruppierung ihres Inhalts hier auf vier zusammengefaßt und um 17 weitere Fabeln aus unbekannten Quellen erweitert wurden. Die vier Bücher behandeln 1. die Gewinnung von Freunden, 2. den Bruch zwischen Freunden, 3. den Krieg und 4. den Frieden. ›Hitopadesa.‹ Eine alte indische Fabelsammlung aus dem Sanskrit zum ersten Mal in das Deutsche übersetzt von Max Müller, Leipzig: F. A. Brockhaus 1844 (= Ausgewählte Bibliothek der Classiker des Auslandes, Bd. 33).

8] *in französischer Übersetzung*: ›Hitopadesa ou l'Instruction utile, recueil d'apologues et contes traduits du sanscrit par M. Lancerau‹, Paris 1885 (= Bibliothèque elzévirenne de P. Janet).

9] *einige Werke aus der indischen Frühliteratur*: Diesen Vorschlag griff Kippenberg für den Insel-Verlag nicht auf.

10] *Eugen Karl Neumanns*: Aus der Übersetzung und Edition der ›Reden Gotamo Buddhos‹ [um 560 – um 480 v. Chr.] von Karl Eugen Neumann [1865–1915], München: R. Piper & Co. 1907, hatte der Insel-Verlag 1919 für die Insel-Bücherei als Band Nr. 310 ›Zwei Reden Gotamo Buddhos. [Kandarako. Die Pfeiler der Einsicht]‹ ausgewählt und mit einem Vorwort von Ernst Reinhold versehen.

11] *Meine eigenen Bücher*: SZ, ›Drei Meister. Balzac, Dickens, Dostojewski‹ (vgl. 3. 1. 1920, Anm. 16), und ›Der Zwang‹ (vgl. 14. 1. 1920, Anm. 20).

12] *des Monatsbetrages für Januar der Bibliotheca*: Aufgrund der erhaltenen Abrechnungsbelege läßt sich nachweisen, daß SZ in der Tat von November 1919 bis Januar 1923 vom Insel-Verlag monatlich 1000,– Mark für Spesen überwiesen bekam. (Vgl. Susanne Buchinger, ›Stefan Zweig – Schriftsteller und literarischer Agent. Die Beziehungen zu seinen deutschsprachigen Verlegern [1901–1942]‹, Frankfurt a. M.: Buchhändler-Vereinigung GmbH 1998, S. 149.)

13] *Hauptgeschäft*: Vgl. oben, Anm. 3.

14] *Dante*: ›Dantis Alagherii Opera Omnia. Introduzione di Benedetto Croce‹ erschien 1921 in zwei Bänden im Insel-Verlag innerhalb der Buchserie Libri Librorum. Der erste Band enthielt ›La Divina Commedia‹ und ›Il Canzoniere‹, der zweite ›Vita nuova‹, ›Il Convivio‹, ›Eclogae‹, ›De Monarchia‹, ›De Vulgari Eloquentia‹, ›Questio de Aqua et Terra‹, ›Epistolae‹ sowie, in italienischer Sprache, einen Epilog von Heinrich Wengler.

19 15] *»Fioretti«*: ›Il Fioretti di San Francesco‹ – dieser anonyme Legendenkranz um das Leben des Heiligen Francesco d'Assisi (1181–1226), der auf Ugolino da Monte Giorgio (1262–1348) zurückgeht, wurde vom Insel-Verlag nicht veröffentlicht. Im Ankündigungsverzeichnis der Buchserie Pandora wurde das Werk allerdings aufgeführt.

16] *Petrarca: »Rime«*: Der Insel-Verlag brachte in der Originalsprache keine Ausgabe der ›Rime (Canzioniere)‹ von Francesco Petrarca (1304–1374) heraus.

17] *Leopardi: »Poesie«*: Von Giacomo Leopardi (1798–1837) brachte der Insel-Verlag 1920 in der Originalsprache innerhalb der Buchserie Pandora als Band Nr. 6 ›Pensieri‹ heraus.

18] *den Spinoza und den Luther*: Weder von dem jüdischen Philosophen und Theologen Baruch Spinoza (1632–1677) noch von dem Protestanten Martin Luther (1483–1546) übernahm der Insel-Verlag ein Werk in der Originalsprache, lateinisch bzw. deutsch, in eine seiner entsprechenden Buchserien. Im Ankündigungsverzeichnis der Bibliotheca Mundi wurden allerdings Spinozas ›Ethica‹ und im Ankündigungsverzeichnis der Pandora sowohl sein ›Tractatus de deo et homine ejusque felicitate‹ als auch Luthers ›Von der Freiheit eines Christenmenschen‹ aufgeführt.

19] *wir kündigen gleich 30 statt der 20 Bände an*: SZ hatte Kippenberg am 5. 2. 1920 geschrieben: »Ich glaube es werden gute vier Monate vergehen ehe das Manuskript [der ›Anthologica Hebraica‹] druckreif sein wird. Ich habe mir daher überlegt, ob es nicht besser wäre daß wir, um uns nicht zu verpflichten was wir zuerst bringen, im Börsenblatt lieber 30 statt 20 Bände anzeigen, jene Bände, wo wir noch nicht sicher sind daß sie rechtzeitig fertig sind, mit den geplanten Ergänzungen.« – Kippenberg folgte diesem Vorschlag; im Februar 1920 gab der Insel-Verlag einen entsprechenden Prospekt heraus: ›Ausführliche Ankündigung über Bibliotheca Mundi, Libri Librorum, Pandora – drei einander ergänzende Sammlungen von Meisterwerken der Weltliteratur in den Ursprachen.‹ Von der Bibliotheca Mundi wurden »die ersten 20 Bände« angekündigt (von denen insgesamt 14 erschienen), von Libri Librorum »die ersten 7 Bände« (von denen insgesamt 5 erschienen), von Pandora »die ersten 100 Bände« (von denen insgesamt 52 erschienen).

20] *den Goethe*: Von Johann Wolfgang von Goethe erschien in der Buchserie ›Hermann und Dorothea‹; im Ankündigungsverzeichnis (vgl. oben, Anm. 19) wurden außerdem für die Bibliotheca Mundi ›Ausgewählte Gedichte‹ angeführt, die aber nicht dort erschienen.

21] *Byron*: Von George Noël Gordon Lord Byron (1788–1824) brachte der Insel-Verlag 1921 innerhalb der Bibliotheca Mundi in der Originalsprache ›Poems‹ heraus.

22] *Baudelaire*: Charles Baudelaires (1821–1876) Zyklus ›Les Fleurs du Mal‹ erschien 1920 in der Originalsprache innerhalb der Bibliotheca Mundi des Insel-Verlags.

23] *die russische Ant[h]ologie*: ›Russki parnass [Russischer Parnass]‹, (Sostavili Aleksandr i David Eliasberg), erschien 1920 innerhalb der Bibliotheca Mundi im Insel-Verlag.

24] *den Horaz*: ›Q[uinti] Horatii Flacci [65 v. Chr. – 8 n. Chr.] opera‹ brachte der Insel-Verlag 1921 innerhalb der Bibliotheca Mundi heraus.

25] *die hebräische Ant[h]ologie*: Die ›Anthologia Hebraica‹, Poemata selecta a libris divinis confectis usque ad Judaeorum ex Hispania expulsionem (A. MCCCCXCII) quae digesta atque disposita tractavit H[einrich, d. i. Hajjim] Brody adiuvante M[eïr] Wiener, (Hebräisch) Ed. altera (vgl. oben, Anm. 19), erschien erst 1922 innerhalb der Bibliotheca Mundi im Insel-Verlag.

26] *Moses Maimonides*: (Mose ben Maimon, 1135–1204), der bedeutendste jüdische Philosoph des Mittelalters, war außerdem Gesetzeslehrer und Arzt. Seine Ansichten wurden stark bekämpft. Sein philosophisches Hauptwerk, das er auf arabisch schrieb, ›More Newuchim‹ (Führer der Verirrten), gibt, überzeugt von der Identität von Religion und Philosophie, eine Darstellung des Judentums mit den Formen des Aristotelismus. – Der Insel-Verlag brachte keine Ausgabe seines Hauptwerkes heraus; möglicherweise weil bei L. Lamm in Berlin (später Amsterdam) innerhalb der Buchserie Die religionswissenschaftlichen Werke des Judentums, 1920 ein photomechanischer Neudruck der ersten Auflage in drei Bänden von 1839 in der Übersetzung von Rafael Jakob Fürstenthal erschien.

27] *von dem Napoleon Buche*: Der Sammelband ›Napoleon. Documents. Discours. Lettres‹, herausgegeben von Paul Amann, erschien 1921 innerhalb der Bibliotheca Mundi des Insel-Verlags.

28] *Paul Amann*: (1884–1958), österreichischer Kulturhistoriker und Literat.

29] *Meïr Wiener*: (1893–1941), »der junge Mann ist einer der bedeu- *20*
tendsten Köpfe, der mir von allen Seiten empfohlen wurde und mir den denkbar besten Eindruck machte«, charakterisierte SZ ihn gegenüber Kippenberg in seinem Brief vom 3. 2. 1920. Wiener, der in Krakau geboren wurde, schrieb hebräisch, jiddisch, deutsch und russisch. Während des Ersten Weltkriegs studierte er in Basel und Zürich, wo SZ ihn vielleicht kennengelernt hatte; von 1918 bis 1926 lebte er in Wien, Berlin und Paris, dann emigrierte er in die Sowjetunion.

30] *Agnon*: Samuel Josef Agnon (eigtl. Shmuel Yosef Czaczkes, 1888–1970), zunächst jiddischer, dann hebräischer Schriftsteller, siedelte 1924 endgültig von Deutschland nach Palästina über. Erhielt 1966 den Nobelpreis für Literatur. – Agnon, »der es ja wunderbar machen würde, aber aus Gewissenhaftigkeit ein furchtbarer Cunctator ist« (SZ an Kippenberg, 3. 2. 1920), beteiligte sich nicht an der ›Anthologia Hebraica‹.

31] *Griechischer Ant[h]ologie*: Der Insel-Verlag brachte weder in seinen Buchserien in den Originalsprachen noch in seinem allgemeinen Programm eine solche Anthologie heraus. Im Ankündigungsverzeichnis der Bibliotheca Mundi (vgl. oben, Anm. 19) war allerdings ein Band ›Griechische Lyrik‹ angeführt.

32] *Goethe*: Vgl. oben, Anm. 20.

33] *Luther*: Vgl. oben, Anm. 18.

34] *Renaissance von Schaeffer*: ›Il Rinascimento‹, Anthologia Italica ab saeculo decimo tertio usque ad saeculum decimum sextium, Curaverunt editionem Josephus Gregor et Carolus Roretz, erschien 1923 im Insel-Verlag innerhalb der Buchserie Bibliotheca Mundi. Der Kunsthistoriker Emil Schaeffer (1874–?) war nicht daran beteiligt.

35] *Holländische[r] Ant[h]ologie*: Der Insel-Verlag brachte weder in seinen Buchserien in der Originalsprache noch in seinem allgemeinen Programm eine solche Anthologie heraus. Im Ankündigungsverzeichnis der Buchserie Pandora wurde eine Sammlung mit Noten der ›Volksliederen‹ aus den Niederlanden angeführt.

36] *die Gesamtant[h]ologie in einzelne Bände aufzulösen*: Dieser Vorschlag wurde, soweit er nicht von vornherein mit der Planung übereinstimmte, nicht realisiert.

37] *Petrarca*: Vgl. oben, Anm. 16.

38] *die Renaissance*: Vgl. oben, Anm. 34.

39] *Leopardi*: Vgl. oben, Anm. 17.

40] *Schiller*: Friedrich Schiller (1759–1805).

41] *Das Bibliotheca mundi Papier*: Briefpapier mit dem Briefkopf: Bibliotheca Mundi / Redaktion / Salzburg, den ... Noch am 8. 3. 1920 ergänzte SZ in einem Brief an den Lektor Dr. Fritz Adolf Hünich oder Dr. Heinrich Wengler vom Insel-Verlag den Briefkopf seines privaten Briefpapiers (mit dem Signet SZ) um den handschriftlichen Zusatz: »Bibliotheca mundi«. Der früheste erhaltene Brief mit dem offiziellen Briefkopf ist 17. 3. 1920 datiert; er ist an Hugo von Hofmannsthal gerichtet.

42] *der Generalstab*: Neben den beiden Lektoren Drs. Hünich und Wengler wurde Anfang Februar 1920 noch Prof. André Jolles (eigtl. Johannes Andreas Jolles, 1874–1946), der bereits seit Jahren als Herausge-

ber dem Insel-Verlag verbunden war, als dauernder wissenschaftlicher Mitarbeiter für die Bibliotheca Mundi verpflichtet.
43] *Otto Hauser*: (1876–1944). SZ hatte Kippenberg den Übersetzer und Literarhistoriker als Hauptkorrektor für die fremdsprachigen Ausgaben empfohlen. Kippenberg aber lehnte ab, da in Leipzig ausreichend einwandfrei arbeitende Korrektoren vorhanden seien.

An Anton Kippenberg 25. 2. 1920 *21*
ms. Br. mit e. Korr., 2 S. – StWK Weimar – Briefkopf: Signet SZ –VIII. Kochgasse 8/ Wien, (Durchgestrichen)

1] *von dem amerikanischen Übersetzer meines Verlainebuches*: Otto Frederick Theis (1881–?) hatte 1913 SZs ›Verlaine‹ (Berlin und Leipzig: Schuster & Loeffler 1904) ins Englische übersetzt. Der Band erschien gleichzeitig bei Luce in Boston und Maunsel in Dublin und London.
2] *englischen Übersetzung Ihrer Novelle: Brennendes Geheimnis*: Stephen Branch [!], ›The Burning Secret‹, New York: Scott & Seltzer 1919.
3] *einiger Kritiker, die darüber schrieben*: Einzelheiten nicht ermittelt.
4] *der Verleger*: Der Übersetzer und Verleger Thomas Seltzer (1875–1943) stammte aus Rußland; der Verlag war 1919 gegründet worden; 1922 brachte er Arthur Schnitzlers Erzählung ›Casanovas Heimfahrt‹ in der Übersetzung von Eden & Cedar Paul heraus.
5] *Was wir dann tun sollen*: SZ wandte sich mit einer entsprechenden Mitteilung an die Redaktion der in Berlin erscheinenden Zeitschrift Das literarische Echo, die sie am 15. April 1920 (Jg. 22, H. 14, Sp. 892–893) abdruckte. Darin heißt es nach Darstellung des Sachverhalts: »Ich brauche wohl nicht ausdrücklich zu bemerken, daß weder ich noch der Inselverlag jemals die Erlaubnis zu dieser Übersetzung des Buches und noch weniger meines Namens gegeben haben und es mir nie beifiele, meinen Namen um besseren Buchabsatzes willen ins Englische übersetzen zu lassen. Amerikanische Freunde suchen drüben eine öffentliche Kennzeichnung dieses seltsamen Vorgehens für mich durchzusetzen, ich möchte inzwischen – da die Rechtsverhältnisse Amerika gegenüber ziemlich aussichtslose sind – auch von Deutschland aus die Unterstellung bekämpfen, daß ein deutscher Autor aus geschäftlichen Gründen oder aus Furcht vor Germanophobie seinen Namen auf dem Titelblatt eines seiner Werke unter fremdsprachiger Maske versteckte.«

22 *An Frans Masereel* 29. 3. 1920
e. Br., 2 S. – DLA Marbach/N. – Briefkopf: Signet SZ – VIII. Kochgasse 8 / Wien, (Durchgestrichen), daneben Stempel: Salzburg / Kapuzinerberg 5. – D in deutscher Übersetzung: SZ, ›Briefe an Freunde‹, hrsg. v. Richard Friedenthal, (Frankfurt a. M.:) S. Fischer (1978), S. 118–120.

Übersetzung
Mein lieber Frans, ich war sehr froh mit Deinem Brief! Das Leben ist so ekelerregend, daß man lieber in der Vorstellung seiner Freunde lebt: Du kannst Dir die Niedergeschlagenheit nicht vorstellen, die hier aus jedermanns Mund strömt wie ein schlechter Atem. Endlich fangen die guten Leute an zu verstehen, daß man nach einem verlorenen Krieg sehr, sehr arm wird, und sie, die die ganze Zeit hindurch das Doppelte, das Dreifache ihres jetzigen Gehalts bekamen, sind ganz erstaunt zu sehen, daß die Preise sich verhundertfacht haben! Mein Freund, wenn es nicht so traurig wäre, hätte man gute Lust, zu lachen: Du gehst in einen Laden, um einen Stift zu kaufen. Er kostet drei Kronen. Dann gehst Du zwei Tage später in denselben Laden, um denselben Stift zu kaufen, da kostet er schon zwölf Kronen. Ein Brief in die Schweiz brauchte bisher eine Briefmarke zu fünfundzwanzig Heller: seit einem Monat nun ist es eine Krone, ab nächstem Monat zwei Kronen. Da kannst Du wohl verstehen, daß die Leute verrückt werden. Es kam zu schnell für ihre beschränkten Köpfe – ich hatte das seit zwei Jahren vorhergesagt!

Trotzdem würde Dir das Leben hier unendlich gefallen, mein lieber Frans. Die Nahrung ist natürlich wenig zufriedenstellend, aber man findet sich eben ab. In Deutschland ist alles besser – nur fürchte ich, daß, wenn Du Dich in München einrichten möchtest, Du nur schwer an eine Wohnung kommen würdest. Alles ist überfüllt, die Leute warten ganze Monate, und vor allem ist man sehr strikt zu Ausländern. Aber die Idee selbst ist ausgezeichnet: Du würdest in Deutschland sicherlich sehr viel zu tun finden, und sobald Deine Bücher bei der Insel und bei Kurt Wolff erschienen sind, wirst Du sehr bekannt werden. Ich weiß nur nicht, ob der Verkauf von Büchern, und vor allem von Bildbänden so weitergeht wie bisher: schon jetzt sind sie arg teuer. Und welche Mühe es kostet! Der »Zwang« ist noch weit davon entfernt, zu erscheinen: in Leipzig ist man lieber auf die Barrikaden gegangen, statt Bücher zu binden. Gott allein weiß, wann die Ordnung sich wiederherstellen wird. Für uns wäre es natürlich das größte Glück, Dich in München zu wissen, denn wir wohnen zweieinhalb Studen von dort, und so könnten wir uns oft sehen. Vielleicht könntest Du auf's Land ziehen, eine oder zwei Stunden von München weg, um dort das ruhige Landleben zu genießen, und nur ein oder zweimal im Monat in die Stadt fahren. Komm jedenfalls einmal das Feld erkunden; wenn Du in die Münchner Gegend kämest, würde ich dorthin fahren, um Dir zu helfen, und Dich zu uns zu bringen!

Du weißt ja, daß der Kongreß, der in Bern abgehalten werden sollte, vielleicht hier stattfinden wird: wir würden uns vorher in der Schweiz treffen, ich käme liebend gerne, um Dich wiederzusehen, nur ist die Reise für uns sehr, sehr teuer. Es scheint, daß die guten Schweizer zu viele Geschäfte gemacht haben, und daß sie nun in ihrem eigenen Fett ersticken: für Euch ist die Lage natürlich eine andere, weil Ihr von anderen Ländern abhängig seid. Für Dich wäre es die Rettung, einen amerikanischen Verleger zu finden: ich bin jetzt mit einem in Kontakt, vielleicht kann ich etwas für Dich tun. Dort könntest Du einen riesigen Erfolg haben, genug, um Dir eine Weltreise zu leisten (diese schmutzige Welt, die wir dennoch so unsterblich lieben, die man vor lauter Liebe und Wut am liebsten bis zu den Eingeweiden aufwühlen möchte!). Ich fürchte, daß es um Jouve und Arcos schwieriger bestellt ist: Du bist kurz davor, eine Berühmtheit zu werden. Wehre Dich nicht mit falscher Bescheidenheit dagegen – mein lieber Frans, ich habe mein gutes Gespür schon unter Beweis gestellt, ich habe den Erfolg von Verhaeren, von Rolland und vielen anderen schon im voraus gewußt. Auch Deines Erfolgs bin ich mir sicher, und niemals, davon bin ich überzeugt, wirst Du ihn mißbrauchen.

Mein Guter, da haben wir einen langen Brief für einen Schriftsteller, der davon ein bis zwei Dutzend täglich produzieren muß: er stelle Dir meine Freundschaft unter Beweis. Meine Frau erwidert die Grüße Deiner lieben Familie aus ganzem Herzen: wir sprechen so oft von Euch! Dein Bild steht auf unserm Sekretär und bereitet uns viel Freude – aber nicht so viel wie das Original selbst es täte.

Ich umarme Dich, mein lieber Frans!

Stefan

Der Zwang wird im April erscheinen!
Beste Grüße an die Freunde!

1] *Frans Masereel*: (1889–1972), flämischer sozialkritischer, pazifistischer Graphiker, Maler und vor allem Holzschnittmeister. Er gehörte zu dem entschlossenen Kreis von Kriegsgegnern, die SZ 1918 in der Schweiz getroffen hatte. »Selten war mir ein Mensch sympathischer.« (SZ, ›Tagebücher‹, GWE 1984, S. 289.) Masereel ist vor allem als Buchillustrator bekannt geworden.

2] *avec [!] ta lettre / mit Deinem Brief*: Am 9. März hatte Masereel SZ geschrieben, er arbeite u. a. gerade an einem großen Holzschnitt für ein Heft der bei Kurt Wolff erscheinenden Zeitschrift Genius, das einen Aufsatz von Henry van de Velde über ihn enthalten werde, und plane im übrigen, für 14 Tage ins Tessin zu fahren, um sich zu erholen und Rainer Maria Rilke zu besuchen.

3] *un crayon [...] coûte 3 couronnes / ein Stift [...] kostet drei Kronen*: Dieser Preis entsprach am Tag dieses Briefes, am 29. 3. 1920, in Deutschland etwa 1,065 Mark. Zwei Tage später kostete der Bleistift, entsprechend SZs Angabe, dann schon 4,14 Mark.

4] *moi je l'ai prédit depuis deux ans / ich hatte das seit zwei Jahren vorhergesagt*: So hatte SZ im Februar 1919 z. B. an Victor Fleischer geschrieben: »Ich glaube, daß wir jetzt noch die bessere Zeit haben, die Assignatenwirtschaft verdeckt das Chaos, aber es ist unausbleiblich.« (SZ, ›Briefe 1914–1919‹, a.a.O., S. 260.)

5] *si tu veux t'installer à Munic[h] / wenn Du Dich in München einrichten möchtest*: Masereel lebte seit 1915 in Genf; seit 1909 hatte er sich, nach Reisen durch England und Deutschland, in Paris niedergelassen, dorthin kehrte er 1921 auch zurück.

6] *surtout pour les étrangers on est excessivement rigoureux / vor allem ist man sehr strikt zu Ausländern*: Durch die in der Nachkriegszeit große Wohnungsnot, auch in München, zog man bei der Vergabe Deutsche Ausländern vor.

7] *dès que tes livres auront parus [= paru] chez la [!] Insel et Kurt Wolff / sobald Deine Bücher bei der Insel und bei Kurt Wolff erschienen sind*: Im Insel-Verlag in Leipzig erschienen 1920 zwei Bücher, an denen Masereel als Illustrator mit Holzschnitten beteiligt war: René Arcos, ›Das Gemeinsame‹, Aus dem Französischen übersetzt von Friderike Maria Zweig, Mit 27 Holzschnitten von Frans Masereel, und SZ, ›Der Zwang‹, vgl. 14. 1. 1920, Anm. 20. Im Kurt Wolff Verlag in München erschien 1920 Masereels ›Mein Stundenbuch‹, 167 Holzschnitte, in zwei Ausgaben, einer auf Bütten-, einer auf kaiserlich Japan-Papier.

8] *Le «Zwang»*: SZ, ›Der Zwang‹; vgl. 14. 1. 1920, Anm. 20. Im übrigen siehe SZs Nachschrift zu diesem Brief.

9] *à Leipzig on faisait des barricades au lieu des reliures / in Leipzig ist man lieber auf die Barrikaden gegangen, statt Bücher zu binden*: Am 15. März 1920 hatten der Reichspräsident Friedrich Ebert und der Allgemeine Deutsche Gewerkschaftsbund sowie der Deutsche Beamtenbund zum Generalstreik aufgerufen; Grund war der Putsch des Juristen und rechtsextremistischen Politikers Wolfgang Kapp (1858–1922) und des Generals Walter Freiherr von Lüttwitz (1859–1942) gegen die Reichsregierung in der Nacht zum 12. März. Der Putsch brach am 17. März zusammen, da es Kapp nicht gelang, eine neue Regierung zusammenzubringen und Lüttwitz sich seiner Absicht, eine antiparlamentarische Diktatur zu errichten, verweigerte. Der Generalstreik wurde am 22. März für beendet erklärt; die Unruhe aber hielt an.

10] *Tu sais que le congrès [. . .] aura peut-être lieu ici / Du weißt ja, daß der* 23
Kongreß [. . .] vielleicht hier stattfinden wird: SZ war dem geplanten Kongreß gegenüber allerdings skeptisch. Am 28. 11. 1919 hatte er an Jean-Richard Bloch geschrieben: »Ich liebe und bewundere über alle Maßen [Henri] Barbusse und [Georges] Duhamel [die eine Einigung aller europäischen Intellektuellen im Sinne der Versöhnung einzuleiten versuchten], doch ich erkenne keinen moralischen Gewinn dabei, sich mit opportunistischen Leuten zusammenzutun, so wie sie sich zahlreich unter den Parteigängern finden.« (Vgl. SZ, ›Briefe 1914–1919‹, a.a.O., S. 304 bzw. 616.) »›Clarté‹ sollte diese Gruppe sich nennen – die Klardenkenden – und die Schriftsteller aller Nationen zum Gelöbnis vereinigen, in Hinkunft jeder Verletzung der Völker entgegenzutreten. Barbusse hatte mir und René Schickele gemeinsam die Führung der deutschen Gruppe angetragen und damit den schwierigeren Teil der Aufgabe, denn in Deutschland brannte noch die Erbitterung über den Friedensvertrag von Versailles.« (SZ, ›Die Welt von Gestern‹, GWE 1981, S. 346.) Ein »Kongreß der Intellektuellen mit Delegierten aller Länder irgendwo in einer geeigneten Stadt Mitteleuropas, in Bologna oder Salzburg oder einer Stadt der Schweiz« wurde geplant. »Im Laufe der Zeit änderte sich allmählich unsere Absicht: wir beschlossen, einen öffentlichen Kongreß zu vermeiden, um uns vor Zuläufern, Unberufenen, vor der unvermeidlichen Parasitengattung jener Intellektuellen zu schützen, die bei jeder Sache sich zudrängen nicht um der Sache Willen, sondern um sich sprechen zu hören und von sich sprechen zu lassen, vor jenen gefährlichen Eitelkeitsnaturen, für die jedes Ding der Erde nur Spiegelfläche ist, die ihnen ihr eigenes Bild zurückwirft. Statt eines Kongresses mit Reportern, Photographen und feierlichen Reden erwogen wir zunächst eine intime Zusammenkunft zwischen Künstlern aller Länder, ein erstes internationales Beisammensein der Geistigen an irgendeinem Orte für ein paar Tage.« (SZ, ›Epilog einer vergeblichen Bemühung‹, in: SZ, ›Die schlaflose Welt‹, GWE 1983, S. 151.) Aber auch dieser Plan ist schließlich gescheitert, vor allem aus Kostengründen aufgrund der hohen Wechselkurse im Nachkriegseuropa.

11] *en Suisse [. . .] pour te revoir / in der Schweiz [. . .], um Dich wiederzusehen*: Vgl. oben, Anm. 5.

12] *de trouver un éditeur Américain / einen amerikanischen Verleger zu finden*: Dies gelang erst 1924, dann aber mit zwei Verlegern: A. C. Boni in

New York brachte Emile Verhaerens, ›Five Tales‹ mit Verhaerens Titelporträt, geschnitten von Masereel, heraus, und Alfred A. Knopf in New York Charles-Louis Philippe, ›A simple Story‹ mit 12 Holzschnitten von Masereel.
13] *je suis maintenant en relation avec un [!] / ich bin jetzt mit einem in Kontakt*: Möglicherweise spielt SZ hier auf den Verlag Scott & Seltzer in New York an (vgl. 25. 2. 1920, Anm. 4), der ja etwas gutzumachen hatte.
14] *Jouve*: Pierre-Jean Jouve; vgl. 14. 1. 1920, Anm. 7.
15] *Arcos*: René Arcos; vgl. 14. 1. 1920, Anm. 8.
16] *j'ai connu d'avance le succès de Verhaeren, de Rolland / ich habe den Erfolg von Verhaeren, von Rolland [. . .] voraus gewußt*: SZ hatte sich, seit er ihn 1902 persönlich kennengelernt hatte, für den belgischen Lyriker und Dramatiker Emile Verhaeren (1855–1916) eingesetzt und sich intensiv durch Übersetzung seiner Gedichte wie seiner Dramen und die Veröffentlichung einer Biographie (1910) bemüht, ihn und sein Werk in Deutschland bekanntzumachen und durchzusetzen. In vergleichbarer Weise hat SZ dies auch seit 1911 für Romain Rolland getan, von dessen Romanzyklus ›Jean-Christophe‹ er von Anfang an besonders überzeugt war.
17] *Ma femme / Meine Frau*: Friderike Maria Zweig; vgl. 14. 1. 1920, Anm. 21.
18] *de ta chère famille / Deiner lieben Familie*: Masereel hatte 1911 Pauline Imhoff geheiratet; sie hatten zusammen eine Tochter, Charlotte.

24 *An Frans Masereel* [Anfang Mai 1920]
e. Br. mit e. Nachschrift von Friderike Maria Zweig, danach Nachschrift von SZ, 1 S. – DLA Marbach/N. – Briefkopf: Signet SZ –VIII. Kochgasse 8 / Wien, (Durchgestrichen)

1] *Dein Buch*: Die deutsche Ausgabe von Frans Masereels ›Mon livre d'heures‹ (1919), ›Mein Stundenbuch‹ (vgl. 29. 3. 1920, Anm. 7) – es wurde sein berühmtestes Buch.
2] *die Exemplare für Heller*: Der Verleger und Buchhändler Hugo Heller (1870–1923), der 1905 in Wien am Bauernmarkt 3 eine Buch- und Kunsthandlung eröffnet hatte, setzte sich sehr für Masereels Werk ein.
3] *die zweihundert Stufen zu unserm Hause*: Zu dem Haus Kapuzinerberg 5 führt ein relativ steiler Stufenweg, der heute nach Stefan Zweig benannt ist.
4] *die Biografie Whitmans von Bazalgette*: Léon Bazalgette (1873–1929), ›Walt Whitman. L'homme et son Œuvre‹, Paris: Société du ›Mercure

de France‹ 1908. SZ, der Walt Whitman (1819–1892) sehr schätzte, war mit Bazalgette befreundet.

Übersetzung

Mein lieber Freund, ich umarme Sie für Ihr Stundenbuch. Es vergeht kein Tag, ohne daß wir von Ihnen und den Freunden da unten sprechen. Wir fühlen uns hier wohl. Meine Grüße an Mme Masereel und gute Wünsche für alle Freunde. Herzlich, lieber Freund, Ihre Friderike.

5] *votre livre d'heure[s] / Ihr Stundenbuch*: Vgl. 29. 3. 1920, Anm. 7.

6] *Mme Masereel*: Pauline Masereel, geb. Imhoff.

7] *Rieger*: Erwin Rieger; vgl. 14. 1. 1920, Anm. 6.

8] *poste restante*: Postlagernd.

An Joseph Chapiro 19. 6. 1920 *25*

ms. Br., 2 S. – DLA Marbach/N.

1] *Joseph Chapiro*: (1893–1962); aus Kiew stammender Journalist und Literat; Korrespondent verschiedener in- und ausländischer Zeitungen in Berlin; lebte während des Ersten Weltkriegs in Berlin.

2] *die große Arbeit des Rollandbuches*: SZ, ›Romain Rolland. Der Mann und das Werk‹; vgl. 14. 1. 1920, Anm. 3.

3] *350–400 Seiten*: Die Erstausgabe von SZs ›Romain Rolland‹ hatte 266 Seiten.

4] *gleichzeitig auch englisch*: SZ, ›Romain Rolland. The Man and his Work‹, Tr. Eden & Cedar Paul, London: Allen & Unwin / New York: Seltzer 1921.

5] *seines neuen Romanes*: Romain Rolland, ›Clérambault‹; vgl. 14. 1. 1920, Anm. 2.

6] *»Drei Meister«*: Vgl. 3. 1. 1920, Anm. 16.

7] *über Dostojewski [...] ein Wort sagen*: Chapiro besprach SZs ›Drei Meister‹ offensichtlich nicht, wohl aber seinen ›Romain Rolland‹ (Berliner Tageblatt, 29. 5. 1921).

8] *die Genfer Freunde alle in Italien*: Zusammenhang nicht ermittelt.

9] *Dostojewski-Aufsatz in russisch*: Vermutlich ist die Übernahme von SZs ›Dostojewski‹-Essay aus dem Band ›Drei Meister‹ in russischer Übersetzung in ›Dostoevskii. Psigokologicheskaia povest' o ego zhizni i tvorchestve‹: K. Farrer, ›Pokhoronnyi marsh: Roman‹ / S. Tsveig, ›Dostoevskii‹, Riga: Zhizn'i kultura, s. d., S. 87–110, gemeint. Ob Chapiro Korrektur gelesen hat, wurde nicht ermittelt.

10] *von uns beiden*: SZ und Friderike Maria Zweig.

25 *An Marek Scherlag* 22. 7. 1920
ms. Br. mit e. Korr. und e. Nachschrift, 2 S. – JNUL Jerusalem

1] *Marek Scherlag*: (1878–1962), Bankbeamter; zionistischer Schriftsteller und Übersetzer aus Galizien. Jahrzehntelanger Korrespondenzpartner von SZ.
2] *Ihren lieben Brief*: Scherlags Briefe an SZ sind nicht erhalten.
26 3] *ein [...] Werk zusammen zu fassen*: Ein Aufsatz Scherlags über SZ und sein Werk konnte nicht ermittelt werden.
4] *»Drei Meister«*: Vgl. 3. 1. 1920, Anm. 16.
5] *wie der Trieb zur Zersetzung [...] ist uns ja der Sinn zur Bindung angeboren*: SZ – im Gegensatz zu Scherlag kein Zionist – hatte Martin Buber (1878–1965) vermutlich im Februar 1918 anläßlich der Uraufführung seines ›Jeremias‹ geschrieben und sich über seine Haltung zum Judentum, das in dieser diktierten Passage des Briefes gemeint ist, wie das handschriftliche Postskriptum beweist, geäußert. »Ich hätte gerne mit Ihnen einmal gesprochen um zu wissen, wie es in Ihren nationalen Kreisen wirkt: ob als Bekenntnis, ob als Verleugnung der Idee. Denn ich bin ganz klar und entschlossen, je mehr sich im realen [!] der Traum zu verwirklichen droht, der gefährliche Traum eines Judenstaates mit Kanonen, Flaggen, Orden, gerade die schmerzliche Idee der Diaspora zu lieben, das jüdische Schicksal mehr als das jüdische Wohlergehn. Im Wohlergehn, in Erfüllungen war dieses Volk nie ein Wert – nur im Druck findet es seine Kraft, in der Auseinandersprengung seine Einheit. Und im Beisammensein wird es sich selbst auseinandersprengen. Was ist eine Nation, wenn nicht ein verwandeltes Schicksal? Und was bleibt noch von ihr, en[t]weicht sie ihrem Schicksal? Palästina wäre ein Schlußpunkt, das Rückkehren des Kreises in sich selbst, das Ende einer Bewegung, die Europa, die die ganze Welt durchschüttert hat. Und es wäre eine tragische Enttäuschung wie jede Wi[e]derholung.« (SZ, ›Briefe 1914–1919‹, a.a.O., S. 202.)
6] *das Wanderhafte [...] ererbte Unruhe*: Anspielung auf den Volksglauben vom ausgestoßenen, zur ewigen Unruhe und Heimatlosigkeit verdammten Juden (Ahasver).
7] *in dem Buche »Fahrten«*: SZ, ›Fahrten. Landschaften und Städte‹, Leipzig/Wien: E. P. Tal 1919 (= Die zwölf Bücher).
8] *vielen Gedichten*: SZ hat sein Leben lang Gedichte geschrieben. Seinen ersten Gedichtband hatte er 1901 bei Schuster & Loeffler in Berlin und Leipzig veröffentlicht, ›Silberne Saiten‹, seinen zweiten, 1906 im Insel-Verlag in Leipzig, ›Die frühen Kränze‹.
9] *in meinem neuen Buch*: ›Drei Meister‹; vgl. 3. 1. 1920, Anm. 16.

10] *»Tersites«*: SZ, ›Tersites. Ein Trauerspiel in drei Aufzügen‹, Leipzig: Insel-Verlag 1907.

11] *Renan [...] sagt, daß das Judentum im Gegensatz zum Griechentum*: Obwohl das Zitat des französischen Schriftstellers, Historikers, Orientalisten und hebräischen Gelehrten Joseph Ernest Renan (1823–1892) nicht ermittelt wurde, kann man davon ausgehen, daß SZ sich auf seine ›Geschichte des Volkes Israel‹, vermutlich das ›Achte Buch. Die Juden unter der griechischen Herrschaft‹ bezieht (Deutsche autorisierte Ausgabe übersetzt von E. Schaelsky, Berlin: Verlag Siegfried Cronbach 1894, 5 Bde.).

12] *die Aufgabe des Jüdischen*: Vgl. oben, Anm. 5. *27*

13] *im Jeremias*: SZ, ›Jeremias. Eine dramatische Dichtung in neun Bildern‹, Leipzig: Insel-Verlag 1917.

14] *An den Polen*: »Wenn die im Vertrag von Versailles [am 28. Juni 1919] festgelegten Rüstungsbeschränkungen für Deutschland erst einmal verwirklicht waren, konnte Deutschland keinen Krieg mehr nach außen führen; sein Heer durfte nur zur Sicherheit der inneren Ordnung eingesetzt werden. Polen und [das noch im Bürgerkrieg befindliche Räte-]Rußland wurden keinen solchen Beschränkungen unterworfen. [Im Frühjahr] 1920 kam es zu einem schweren Konflikt zwischen diesen beiden Staaten, dessen Ausgang bis zum Schluß unentschieden war und auch das Schicksal vieler weiterer Nationen wieder ungewiß werden ließ. Es ging um das Überleben des Bolschewismus in Rußland und seine Fähigkeit, im Fall seines Sieges seine Schrecken und Ideen nach Westen auszubreiten, bis nach Deutschland, das von heftigen Unruhen erschüttert wurde. Nachdem die Truppen der Weißen in Nordwest- und Südrußland geschlagen waren, beeilten sich die Polen [unter ihrem Oberbefehlshaber Marschall Józef Pilsudski (1867–1935)], in die aufgegebenen Gebiete zu stoßen, bevor die Bolschewiki ihnen zuvorkamen. [Sie drängten die Russen Anfang Mai 1920 bis Kiew zurück, was diese mit einem Gegenangriff im Juli bis in den Bannkreis von Warschau beantworteten.] Es war der Ehrgeiz Polens, sein Staatsgebiet in den Grenzen wiederherzustellen, die vor den polnischen Teilungen im 18. Jahrhundert bestanden hatten, als Preußen, Österreich und Rußland das Land unter sich aufgeteilt hatten.« (Martin Gilbert, ›Geschichte des 20. Jahrhunderts‹, Zweiter Band, 1919–1933. Aus dem Englischen von Udo Rennert, München: List Verlag 1998, S. 72–74.)

27 *An Victor Fleischer* [22. 8. 1920]
e. Br. von Friderike Maria Zweig mit e. Nachschr. von SZ, 4 S. (Am Kopf von SZ hinzugefügt: »Fritzi hat diesen Brief noch einmal heimlich geöffnet, um zu sehen, was ich geschrieben habe daher die Verzögerung. Stefan«. Von fremder Hand irrtümlich datiert: »15.8.19«.) – DLA Marbach/N.

1] *Café Beethoven*: Das Café wurde nicht identifiziert.

2] *Landes Bildungs Amt*: Friderike Maria Zweig meint vermutlich die Lehrerbildungsanstalt (Universitätsplatz); womit sie dort beschäftigt war, wurde nicht ermittelt.

3] *Kindererziehen*: Friderike hatte zwei Töchter aus ihrer ersten Ehe; vgl. 14. 1. 1920, Anm. 21.

4] *wem man will*: Im Original ist das Wort »will« zweimal unterstrichen.

28 5] *mein Roman*: Friderike Maria Winternitz, ›Vögelchen‹, Berlin-Wien: S. Fischer Verlag 1919 (= Eine neue Romanreihe).

6] *einen neuen zu schreiben*: Friderike hat danach keinen Roman mehr geschrieben.

7] *Deine liebe Frau*: Leontine Sagan; vgl. [27. 1. 19120] an Victor Fleischer, Anm. 22.

8] *Deiner Frau Mutter*: Einzelheiten nicht ermittelt.

9] *aus der belagerten Festung Salzburg*: Am 22. August 1920 – an dem Tag, an dem dieser Brief geschrieben wurde – begannen die Salzburger Festspiele mit der Aufführung des mittelalterlichen Spiels vom ›Jedermann‹ in der Bearbeitung von Hugo von Hofmannsthal (1874–1929) und unter der Regie von Max Reinhardt (vgl. 14. 1. 1920, Anm. 10) auf dem Domplatz. (Zur Vorgeschichte der Salzburger Festspiele vgl. SZ, ›Briefe 1914–1919‹, Frankfurt am Main: S. Fischer 1998, S. 589.)

10] *Reinhardt*: Max Reinhardt; vgl. 14. 1. 1920, Anm. 10.

11] *Aussee vomiert sich aus*: Aussee – im steirischen Salzkammergut, damals eine beliebte »Sommerfrische« – ergoß sich (vom französischen »vomir«) nach Salzburg.

12] *Vathek*: Die in französischer Sprache geschriebene Erzählung ›Vathek‹ von William Beckford (1759–1844) war im Jahr des Erscheinens des Originals 1786 ohne Wissen des Autors mit dem Untertitel ›An Arabian Tale‹ in einer englischen Übersetzung publiziert worden, während er noch an ›Episodes‹ schrieb, die der Erzählung beigegeben werden sollten (sie erschienen erstmals 1912 in englischer Übersetzung). Die erste deutsche Ausgabe der Erzählung kam 1788, aus dem Französischen übersetzt von Georg Christian Römer, in Mannheim und parallel dazu in Wien auf den Markt; die erste deutsche Übersetzung aus dem Englischen von Otto Mohnicke erschien 1842 bei

Cnobloch in Leipzig. 1907 brachte der Verlag Zeitler in Leipzig eine neue deutsche Übersetzung aus dem Französischen in der Reihe Editionen merkwürdiger und berühmter Romane der Weltliteratur (Bd. 1) heraus. Die nächsten erschienen (ohne Angabe, aus welcher Sprache) 1921 als Umdichtung von Karl Toth in der Buchserie Kleine Amalthea-Bücherei des Amalthea-Verlags in Wien und 1924 von Hans Schiebelhuth, mit zehn signierten Radierungen von Fritz Heubner, in der Buchserie Die neuen Bilderbücher, Reihe 5, bei F. Gurlitt in Berlin. 1964 brachte der Insel-Verlag in Frankfurt am Main eine weitere Ausgabe, deutsch erstmals mit den ›Episoden‹, heraus; die Übersetzungen stammten von Franz Blei, Ronald Weber und Max Hölzer; sie wurden ergänzt durch ein Vorwort von Stéphane Mallarmé und ein Nachwort von Reinhold Grimm. Die Übersetzung der Erzählung durch Hans Schiebelhuth wurde ebenfalls 1964 vom Winkler-Verlag in München nachgedruckt. – Beckford erzählt in ›Vathek‹ die Geschichte dieses historisch belegten Kalifen (er war ein Enkel Harun-al-Raschids), der zur Befriedigung seiner Sinnenlust und seines unersättlichen Wissensdurstes einen Pakt mit dem Teufel schließt.

13] *Serie wie Kurt Wolff*: Im Verlag Kurt Wolff in Leipzig war seit Mai 1913 die Buchserie Der jüngste Tag erschienen – eine »Reihenfolge von Schöpfungen der jüngsten Dichter, hervorgebracht durch das gemeinsame Erlebnis unserer Zeit«, wie der Verlagsprospekt angekündigt hatte.

14] *von Wien aus*: Vgl. [27. 1. 1920] an Victor Fleischer, Anm. 2.

15] *escomptiert*: frz. escompter, diskontieren.

An Jean-Richard Bloch 6. 9. 1920 *29*

e. Br., 4 S. – BN Paris – Briefkopf: Signatur SZ – VIII. Kochgasse 8/ Wien, (Durchgestrichen)

Übersetzung

Mein lieber Freund, ich antworte Ihnen unverzüglich auf Ihren schönen Brief, der mir den Verlust einer vergangenen Zeit ankündigt. Ich danke Ihnen aus ganzem Herzen, daß Sie sich der französischen Ausgabe meines »Jeremias« annehmen möchten: ich für mein Teil verzichte auf alle Prozente auf die ersten Ausgaben, um Ihnen Ihr spätes Projekt zu erleichtern. Die Tatsache, daß eine englische und eine russische Ausgabe erscheinen, und auch die schöne Abhandlung von Rolland, werden, wie ich hoffe, den Verkauf erleichtern. Ich bin sehr froh, daß das Buch dank Ihnen in Frankreich erscheinen wird.

Die andere Broschüre, die Sie mir vorschlagen, bedauere ich, nicht schreiben zu können. Ich möchte nämlich nicht lügen. Sprechen wir ehrlich unter Freunden: Die deutsche und die österreichische Revolution waren so widerwärtig, so bar jeder revolutionären Gesinnung, daß man, würde man sie verkünden, die Wahrheit verfälschte. Die Deutschen haben den Kaiser in der Hoffnung weggeschickt, bessere materielle Bedingungen zu erreichen. Sie hatten Angst, zu zahlen. Und als die Revolution den revolutionären Gipfel erreichte, und ihre bürgerliche Geldbörse durch die Revolution bedroht wurde, haben sie Liebknecht und Luxemburg wie Hunde getötet. Und diejenigen, die heute große Staatsmänner sind, sind zugleich die Komplizen ihres Mordes. In Österreich hat man die Revolution in einer momentanen Erregung und in der Hoffnung auf Rache gemacht. Jetzt bedauert man es. Keine Spur revolutionären Geistes weder bei uns, noch bei ihnen. Man müßte grob lügen, um unseren »Revolutionen« eine heroische Gestalt zu verleihen – ausgenommen die großen Figuren Liebknecht, Landauer und Luxemburg, diese allmenschlichen Juden, die in ihrer Fehleinschätzung des deutschen Volkes dem idealistischen Traum nachhingen, man könne ein militaristisches Volk, das nur die eine Freude kennt, zu gehorchen oder zu befehlen, in ein demokratisches Volk verwandeln. Nein, mein teurer Freund, ich habe nicht den Mut zu dieser Lüge. Unsere Republik und die deutsche sind eine Ansammlung von Kompromissen und von Lügen. Der Staat ist vom Merkantilismus und von der Politik verseucht – schweigen wir lieber über den moralischen Zustand von Deutschland und Österreich, wenn wir ihnen nützlich sein wollen. Wenn nur ein ganz kleiner Teil der Begeisterung für die Revolution echt gewesen wäre – hätte sie dann in sechs Monaten so vollständig verschwinden können, daß man keinen Schimmer mehr davon wiederfindet, außer in unsern Herzen? In Deutschland ist der Haß, der sich gegen die Feinde richtete, nicht verschwunden. Er entlädt sich jetzt zwischen den Parteien und vor allem gegen die Juden, weil sie die Revolution gemacht haben. Und sie haben recht, mein Freund. Es waren nur einige Juden in Deutschland revolutionär, die Nation selbst ist dieselbe wie früher, kein Deutscher, der im Herzen republikanisch wäre. Wenn Curtius einmal diese Geschichte aufschreibt, dann wird er nicht die Wahrheit sagen. Ich sage sie Ihnen, aber nur unter uns. Manche Wahrheiten muß man verschweigen: denn wenn man in Frankreich die wahre Geisteshaltung Deutschlands kennen würde, dann würde der Haß ewig währen.

Ich habe es unendlich bedauert, daß unser Treffen gescheitert ist. Von einer Zusammenkunft verspreche ich mir nichts, was das Praktische angeht – aber für uns verspreche ich mir davon eine gewisse moralische Erhöhung. Wir würden uns sehen, wir würden unsere Geistesverwandtschaft lebhafter zu Gesicht bekommen, wir könnten uns besser gegen unseren Aktionsskeptizismus wehren. Aber lassen wir nicht von dieser Idee. Wir müssen uns wiedersehen. Ich würde zu jeder Zeit und überallhin kommen (außer nach Frankreich, weil ich keine Schritte unternehmen möchte, um dank irgendwelcher Protektionen eine Erlaubnis zur Grenzüberschreitung zu bekommen). Für uns sind die Reisekosten sehr hoch, höher als bei Ihnen, aber ich profitiere vom Verkauf meiner Bücher, der nach ruhigen Jahren nun so langsam wieder gut läuft.

Ich hoffe immer noch, mein lieber Freund, daß Ihr Roman endlich auf deutsch erscheinen wird. Wie steht es mit einer englischen Ausgabe? Ich könnte es meinem amerikanischen Verleger nahelegen, wenn Sie noch nicht vorgesorgt haben: ich denke, das Buch würde dort auf großes Interesse stoßen (vor allem, wenn Sie sich mit einigen Kürzungen einverstanden erklärten; das Buch würde viel hinzugewinnen, wenn man es um einige Details erleichtern würde).

Mein lieber Freund, ich danke Ihnen aus ganzem Herzen für Ihren schönen Brief. Hoffen wir! Hoffnung heißt leben, in einer Epoche, in der das Leben so freudlos, so engstirnig, so bar jeder Größe wird. Und arbeiten wir! Nur durch Arbeit kann man vergessen und seinen Skeptizismus bekämpfen. Ich schicke Ihnen noch ein Buch mit Essays, und ich wäre froh, wenn Sie den (sehr schwierigen) Versuch über Dostojewski lesen könnten, der bei uns sehr geschätzt wird, und der mir der liebste von all meinen kritischen Bemühungen ist.

Herzlichst Ihr

Stefan Zweig

Ich habe einige Sätze von Grautoff über Sie gelesen – gleichgültig und banal wie alles, was er schreibt.

1] *Jean-Richard Bloch*: (1884–1946), französischer Schriftsteller, Dramatiker, Essayist; Kritiker und Hochschullehrer; gründete 1923 mit Romain Rolland die Zeitschrift Europe; langjähriger Freund von SZ.
2] *à votre belle lettre / auf Ihren schönen Brief*: Nicht ermittelt.
3] *l'édition Française de mon «Jeremias» / der französischen Ausgabe meines »Jeremias«*: Die französische Ausgabe erschien erst 1929 u. d. T. ›Jérémie‹, in der Übersetzung und mit einem Vorwort von Louis Charles Baudouin bei Ridier in Paris als Band 10 der Buchserie Judaïsme.
4] *une édition Anglaise et Russe / eine englische und eine russische Ausgabe*: In England und Amerika erschien SZs dramatische Dichtung 1922 u. d. T. ›Jeremiah: A Drama in nine Scenes‹ in der Übersetzung nach dem revidierten Text von Eden & Cedar Paul und mit einem Vor-

wort von SZ bei Allen & Unwin in London und Seltzer in New York. Eine russische Ausgabe konnte nicht ermittelt werden.

5] *la belle étude de Rolland / die schöne Abhandlung von Rolland*: Romain Rolland, ›Vox Clamantis… Jeremías, poème dramatique de Stefan Zweig‹, in Coenobium, Lugano, 20. 11. 1917.

6] *grâce à vous / dank Ihnen*: Ob die französische Ausgabe des ›Jeremias‹ wirklich auf Blochs Vermittlung zurückgeht, konnte nicht ermittelt werden.

7] *l'autre brochure / Die andere Broschüre*: Zusammenhang nicht ermittelt.

8] *l'empereur / den Kaiser*: Wilhelm II. (1859–1941, seit 1888 deutscher Kaiser) hatte am 8. November 1918 abgedankt und war nach Holland ins Exil gegangen.

9] *Liebknecht*: Karl Liebknecht; vgl. [27. 1. 1920] an Friderike Maria v. Winternitz, Anm. 8.

10] *Luxemburg*: Rosa Luxemburg; vgl. [27. 1. 1920] an Friderike Maria v. Winternitz, Anm. 8.

11] *Landauer*: Gustav Landauer (1870–1919), Erzähler, Kulturschriftsteller, hatte sich schon früh an radikalsozialistische Kreise angeschlossen, lebte seit 1918 in München, wurde dort Mitglied des Revolutionären Zentralarbeiterrats und Minister für Volksaufklärung der Bayerischen Räterepublik; er wurde am 2. Mai 1919 im Gefängnis ermordet.

30 12] *Curtius*: Ernst Robert Curtius (1886–1956), Romanist. Eine Geschichte der Revolution von 1918 hat Curtius nicht geschrieben.

13] *votre roman paraîtra enfin en Allemand / Ihr Roman endlich auf deutsch erscheinen wird*: Jean-Richard Bloch, ›… et Cie‹, Paris: Editions de la Nouvelle Revue Française 1918 [= 1917]; die deutsche Ausgabe erschien u. d. T. ›Simler & Co.‹ in der Übersetzung von Paul Amann erst 1926 im Rotapfel-Verlag in Zürich. Für diese beiden Ausgaben schrieb Romain Rolland kein Nachwort.

14] *une édition Anglaise / einer englischen Ausgabe*: Jean-Richard Bloch, ›… & Co.‹, transl. by C. K. Scott-Moniereff, with an introduction by Romain Rolland, New York: Simon and Schuster 1929.

15] *à mon éditeur Américain / meinem amerikanischen Verleger*: Thomas Seltzer; vgl. 25. 2. 1920, Anm. 4.

16] *pour votre bonne lettre / für Ihren schönen Brief*: Vgl. oben, Anm. 2.

31 17] *un livre d'essays [!] / ein Buch mit Essays*: SZ, ›Drei Meister. Balzac, Dickens, Dostojewski‹; vgl. 3. 1. 1920, Anm. 16.

18] *quelques mots de Grautoff sur vous / einige Sätze von Grautoff über Sie*: Otto Grautoff (1876–1937), Kunsthistoriker, Romanist, hatte zusammen mit seiner Frau Erna, geb. Heinemann (1888–1949), Romain Rollands Romanzyklus ›Jean-Christophe‹ (Paris: Ollendorff

1905–1912) ins Deutsche übersetzt (›Johann Christof. Roman einer Generation‹, 3 Bde., Frankfurt am Main: Literarische Anstalt Rütten & Loening 1914–1917). Er war mit Rolland in einen Konflikt geraten, als er ihm vorwarf, er verrate den Geist seiner Nation. Seine Äußerungen über Jean-Richard Bloch wurden nicht ermittelt.

An Rudolf Pannwitz 13.9.1920 *31*
e. Br., 3 S. – DLA Marbach/N. – Briefkopf: Signet SZ – VIII. Kochgasse 8 / Wien, (Durchgestrichen)

1] *Rudolf Pannwitz*: (1881–1969), deutscher Philosoph, Dichter und Übersetzer. Sein von Nietzsche bestimmtes Werk sucht die Leistungen vieler Epochen und Kulturen in einer Synthese weiterzudenken.
2] *Ihres Buches*: Rudolf Pannwitz, ›Einführung in Nietzsche. (Flugblätter 8)‹, Nürnberg – Feldafing: Verlag Hans Carl 1920.
3] *Ihre Worte*: Nicht ermittelt.
4] *die kleinen Buchstaben und der Verzicht auf Interpunction*: Seit 1917 schrieb Pannwitz – mit Ausnahme von Eigennamen und Buchtiteln – nur in Kleinbuchstaben und ohne Kommata.
5] *Rolland*: Romain Rolland; vgl. 14. 1. 1920, Anm. 1. *32*
6] *Brandes*: Georg Brandes (1842–1927), dänischer Philosoph, Schriftsteller und Literaturwissenschaftler.
7] *Meres[ch]kowski*: Dimitri Sergejewitsch Mereschkowski (1865–1941), russischer Lyriker und Romancier, Verfasser philosophisch-theologischer Schriften.
8] *Ihren »Ecce homo«*: Vermutlich Anspielung auf Friedrich Nietzsches 1908 posthum erschienene Schrift ›Ecce homo. Wie man wird, was man ist‹, hrsg. v. Raoul Richter, Leipzig: Insel-Verlag 1908.

An Friderike Maria Zweig [25. 10. 1920] *32*
e. Postkarte – SUC Fredonia, NY – D: SZ-Friderike Zweig, ›Briefwechsel 1912–1942‹, Bern: Alfred Scherz Verlag [1951], S. 136; SZ, ›Briefe an Freunde‹, hrsg. v. Richard Friedenthal, (Frankfurt a. M.:) S. Fischer 1978, S. 123–124; Friderike Zweig-SZ, ›Unrast der Liebe. Ihr Leben und ihre Zeit im Spiegel ihres Briefwechsels‹, (Bern und München:) Scherz (1981), S. 114, und (Frankfurt a. M.:) Fischer Taschenbuch Verlag 1984 (= Fischer Taschenbuch 5366), S. 100.

1] *[Heidelberg]*: Am 16. Oktober war SZ via München zu einer zweiwöchigen Reise nach Deutschland aufgebrochen. Am 17. hielt er in

Frankfurt am Main einen Vortrag über Romain Rolland; am 20. reiste er über Ludwigshafen nach Mannheim weiter, wo er den Vortrag wiederholte; am 21. stand Stuttgart mit dem Vortrag auf seinem Programm; am 22. ging es noch einmal nach Frankfurt am Main; am 23. hielt er den Vortrag in Wiesbaden, am 24. blieb er in Frankfurt am Main, am 25. Juli fuhr er mit dem Vortrag nach Heidelberg, am 25. von dort nach Leipzig zum Insel-Verlag; am 29. und 30. war er wieder in München und kehrte am 1. November nach Salzburg zurück.

33 2] *Scheffelgedicht*: Josef Victor (seit 1876) von Scheffel (1826–1886), ›Alt Heidelberg, du feine, / Du Stadt an Ehren reich ...‹ aus ›Der Trompeter von Säckingen‹ (1854).

3] *Bô*: Vermutlich Anspielung auf einen ehelichen Kosenamen.

33 *An Romain Rolland* 2. 11. 1920

e. Br., 4 S. – BN Paris – D in deutscher Übersetzung: Romain Rolland-SZ, ›Briefwechsel 1910–1940. Erster Band 1910–1923‹, Aus dem Französischen von Eva und Gerhard Schewe (Briefe Rollands) und Christel Gersch (Briefe Zweigs), Berlin: Rütten & Loening 1987, S. 588–590.

Übersetzung

Mein teurer und guter Freund, nach Salzburg heimgekehrt finde ich das Buch des guten Jouve. Alle Arbeit links liegenlassend, habe ich es sofort und mit viel Freude gelesen. Jouve hat mit seinem Eifer und seiner beherzten Hingabe ein ganz und gar einzigartiges Werk geschaffen: er hat alle Entwicklungen Ihres Denkens in ihren feinsten Schwankungen nachvollzogen. Und mit welchem Taktgefühl er es verstanden hat, alle Tatsachen zu erzählen, ohne jemals indiskret zu werden! Für mich war das Feuer, die Zärtlichkeit, die Seiten durchglüht und jeden Satz durchdringt, etwas Heiliges. Und tatsächlich hat sich Jouve durch die Tiefe seiner Bewunderung und durch seine Inbrunst über sein eigenes Talent hinweggehoben: die Größe liebend, seinen Glauben verkündend, ist er gewachsen. Selten hat ein Lebender die Genugtuung gehabt, sein intellektuelles Dasein mit soviel Vertraulichkeit und Glaubwürdigkeit erschlossen zu sehen, wie Sie es durch das Buch von Jouve erfahren – aber, mein guter Freund, Sie alleine haben zwar nicht das Buch, wohl aber den Glauben geschaffen, der das Buch beseelt. Und alles, was wir geben, ist im Vergleich zu dem, was wir bekommen haben, recht gering.

Mein Buch erscheint neben dem Jouves vielleicht kalt, und ich selbst bin der erste, der die Überlegenheit des seinen erkennt. Ich war – das sehe ich schon – zu ängstlich, um meine ganze Zuneigung zu zeigen. Ich habe eine falsche Objektivität vorgetäuscht, anstatt aus vollem Herzen zu sprechen. Aber auch in meinem ersten Buch (dem öffentlichen) über Verhaeren habe ich diese Form gegen meinen heimlichen Wunsch gewahrt. Ich bin deshalb mehr als froh, daß ein so guter Freund wie Jouve neben mein Buch das seine gestellt hat und aufrichtiger die Dankbarkeit ausdrückt, die uns belebt.

Mein Buch wird um den 15. November herum erscheinen. Sie werden es Ende November erhalten, fünf Exemplare, und ein wenig später ein Luxusexemplar (von denen zwanzig Stück geliefert werden). Für den Clerambault ist alles mit Rütten & Loening geregelt; für Pierre et Luce habe ich bei Kurt Wolff Paul Amann als Übersetzer vorgeschlagen. Der arme Mann, der gerade seine Frau unter so unglücklichen Umständen verloren hat, braucht ja doch eine (auch materielle) Stütze. Er ist so anständig!

Heute bekommen wir hier in Salzburg Besuch von Maurice Ravel, der in Wien riesige Erfolge hatte, ein wahres Ravel-Festival. Ich schätze sein Talent sehr, ohne aber seine Art zu mögen. Meine Bewunderung bezieht sich eher auf seine große Kühnheit, auf das »Dämonische«, von dem Goethe immer spricht, und von dem ich zuletzt im Werk von Mahler einen Anflug verspürt habe (man muß dieses in seiner Ganzheit und im Zusammenhang mit Lebenslauf und Persönlichkeit kennen, um es zu empfinden).

In Deutschland sind meine Vorträge gut verlaufen. In Heidelberg haben die Studenten einige Plakate beschmutzt und entfernt (ihre Art des Protests), aber die Vorträge verliefen ohne Vorkommnisse. Ich war auch in den besetzten Gebieten, in Wiesbaden und Ludwigshafen – eine widerliche Vorstellung. Die Franzosen spielen weiter Krieg, den ganzen Tag über gibt es Paraden, rollende Konvois, Autos in voller Geschwindigkeit (als wäre man inmitten einer Schlacht). Die Offiziersfrauen mit reichen Pelzen und Schmuck – die Offiziere betreiben Schmuggel und bereichern sich, die Soldaten schlafen mit den jungen Mädchen des Landes, welche ihnen nicht die überflüssige Mühe bereiten, sie zu vergewaltigen. Man spürt dort die nationale Lüge in unerhörter Heftigkeit.

Ich verstehe nur zu gut Ihre Angst, sich festzulegen, sich irgendwo niederzulassen. Ein Haus ist etwas Lebendiges: es verzehrt, es wird krank, es beschäftigt Sie mit seiner unausweichlichen Gegenwart, und selbst wenn Sie es für einige Zeit verlassen, läßt es Ihnen keine Ruhe. Es bindet Sie an den Boden, an das Land, an die Menschen – es wirkt wie eine Bremse für die persönliche Freiheit. Aber könnten Sie nicht irgendwo eine Etage in einer Villa finden, eine ganz abgetrennte Etage, die Sie abschließen und ohne Sorge verlassen können? Für mich ist das die angenehmste Lösung – Verhaeren, der sein kleines Haus in Caillou hatte, welches aber vom daneben wohnenden Besitzer beaufsichtigt wurde, hat es so gemacht. Außerdem – man hat seine Bücher, man hat Unterlagen, und das ist die Hälfte unserer intellektuellen Existenz, die Einsamkeit mit Gedanken, Büchern, unserem ganzen gelebten Leben. Ich hoffe von ganzem Herzen, daß Sie eine zufriedenstellende Lösung finden. Und vergessen Sie nicht, vergessen Sie nicht, daß, wenn Sie einmal die vollkommene Entspannung suchen, Sie bei uns, in unserem wunderschön gelegenen Haus, zwei ruhige Zimmer haben, und daß uns Ihre Gegenwart sehr glücklich machen würde.

Noch ein Wort: Sie erinnern sich, daß ich Ihnen während des Krieges einmal eine unserer Bekannten, Berta Zuckerkandl (die Sie damals leider nicht erreichen konnte) geschickt habe, die Schwester von Madame Paul Clémenceau, dem Bruder des Tigers. Sie geht jetzt für einen Monat nach Paris und würde sich freuen, wenn Sie sie empfangen würden. Sie ist eine wundervolle Frau, die alles in der Kunst kennengelernt hat, und deren Güte zwei jungen Generationen zugute kam. Ich gebe ihr eine Nachricht für Sie mit und wäre sehr froh, wenn Sie sie empfangen würden: Sie wird Ihnen alles von unserem Land und Leben erzählen.

Ihr getreuer Stefan Zweig

Meine Empfehlungen an Ihr Fräulein Schwester.

1] *rentré à Salzbourg / nach Salzburg heimgekehrt*: Vgl. [25. 10. 1920], Anm. 1.

2] *le livre du cher Jouve / das Buch des guten Jouve*: Pierre-Jean Jouve, ›Romain Rolland vivant 1914–1919‹, Paris: P. Ollendorff 1920.

3] *Jouve*: Pierre-Jean Jouve; vgl. 14. 1. 1920, Anm. 7.

4] *Mon livre / Mein Buch*: SZ, ›Romain Rolland. Der Mann und das Werk‹; vgl. 14. 1. 1920, Anm. 3.

5] *dans mon premier livre (le public) sur Verhaeren / in meinem ersten Buch (dem öffentlichen) über Verhaeren*: SZ, ›Emile Verhaeren‹, Leipzig: Insel-Verlag 1910, ^{2}1913. Später, 1920, hatte SZ noch einen Privatdruck ›Erinnerungen an Emile Verhaeren‹ (vgl. 14. 1. 1920, Anm. 17) veröffentlicht.

34 6] *Mon livre paraîtra vers le 15 novembre / Mein Buch wird um den 15. November herum erscheinen*: Rolland erhielt das erste Exemplar am 13. Dezember 1920.

7] *Pour le Clérambeault [!] / Für den Clerambault*: Vgl. 14. 1. 1920, Anm. 2.

8] *pour Pierre et Luce / für Pierre et Luce*: Romain Rolland, ›Pierre et Luce‹, Avec quatre hors texte et vingt-neuf vignettes dessinés et gravés sur bois par Gabriel Belot, Paris: P. Ollendorff 1921. Die Novelle erschien u. d. T. ›Peter und Lutz. Eine Erzählung‹ in der Übersetzung von Paul Amann 1921 im Verlag Kurt Wolff in München.
9] *Paul Amann*: Vgl. 9. 2. 1920, Anm. 28. – Seine Frau: Martha, geb. Popper.
10] *Kurt [August Paul] Wolff*: (1887–1963) hatte 1913, nach der Trennung von Ernst Rowohlt, in Leipzig unter seinem Namen einen eigenen Verlag gegründet, mit dem er im Herbst 1919 nach München übersiedelt war.
11] *Maurice Ravel*: (1875–1937), französischer Komponist; sein Werk ist stark von naiver Spielfreude geprägt. Er war am 20. Oktober in Wien eingetroffen.
12] *des succès énormes à Vienne / in Wien riesige Erfolge*: Die beiden Ravels Schaffen gewidmeten Konzerte fanden am 21.und 25. Oktober 1920 im Großen Musikvereinssaal statt. Auf dem Programm des ersten Konzerts standen Ravels ›Rhapsodie espagnol‹, ›Valses nobles et sentimentales‹, ›Ma mère l'Oye‹ und ›Daphnis et Chloë‹; die Leitung hatte Oskar Fried. Das zweite Konzert brachte Lieder und Klavierwerke zur Aufführung; Marya Freud wurde dabei am Klavier von Maurice Ravel begleitet; Alfredo Casella spielte Klavierkompositionen.
13] *vers le «Dämonische» dont Goethe parle toujours / auf das »Dämonische«, von dem Goethe immer spricht*: Johann Wolfgang von Goethe hat sich über das Dämonische vor allem in ›Dichtung und Wahrheit‹ und in seinen Gesprächen mit Johann Peter Eckermann geäußert. »Manche Geschöpfe sind ganz dämonischer Art, in manchem sind Teile von ihm wirksam. [...] Unter den Künstlern findet es sich mehr bei Musikern, weniger bei Malern. Bei Paganini zeigt es sich im hohen Grade, wodurch er denn auch so große Wirkungen hervorbringt.« (Im Gespräch mit Eckermann am 2. 3. 1831.)
14] *dans l'œuvre de Mahler / im Werk von Mahler*: Gustav Mahler (1860–1911). »[...] so stark war diese Dämonie seines inneren Wesens, daß sie durchschlug wie eine Stichflamme durch die dünne Schicht seines äußeren Seins, denn er war ganz Glut, kaum zu halten in der schwächlichen Rinde seiner Körperlichkeit.« (SZ, ›Gustav Mahlers Wiederkehr‹, in: ›Zeiten und Schicksale. Aufsätze und Vorträge aus den Jahren 1902–1942‹, GWE 1990, S. 79–80.)
15] *En Allemagne mes conférences / In Deutschland sind meine Vorträge*: Vgl. [25. 10. 1920], Anm. 1.
16] *dans les pays occupés / in den besetzten Gebieten*: Außer dem eigentlichen Friedensvertrag hatten die deutschen Bevollmächtigten im

Spiegelsaal des Schlosses von Versailles am 28. Juni 1919 auch ein Protokoll über die Ausführungsbestimmungen des Vertrags sowie eine Vereinbarung über die militärische Besetzung des Rheinlands unterzeichnet. Ihr zufolge hatte das Deutsche Reich alle linksrheinischen Gebiete sowie die rechtsrheinisch gelegenen Brückenköpfe (z.B. Mainz-Wiesbaden) geräumt; sie wurden von den Siegermächten Vereinigte Staaten, Belgien, Frankreich und Großbritannien eingenommen.

17] *la peur que vous avez de vous stabiliser / Ihre Angst, [...] sich irgendwo niederzulassen*: Diese Äußerung ist charakteristisch für SZs Ambivalenz auch gegenüber dem Besitz eines Hauses. Kurz zuvor hatte Rolland ihm geschrieben, er besichtige in Lugano Häuser, die zu vermieten seien, um »einfach eine Bleibe« für seine verstreuten Bücher zu haben und einen Ort, wohin »ich mich selbst hinflüchten kann, wenn es einmal nötig ist« (17. 10. 1920). SZ antwortete ihm, es sei ihm lieb, dies von ihm zu hören (21. 10. 1920). Als Rolland darauf erwiderte, es sei »nicht jedem gegeben, sich Wünsche zu erfüllen«, und es sei für ihn bei seiner »angegriffenen Gesundheit« nicht so einfach, »sich in einem Haus niederzulassen. [...] Das kostet derart viel Zeit und Kraft!«, griff SZ diese skeptische Perspektive auf und bezog sie sogleich auf sich selbst.

35 18] *un étage dans une villa / eine Etage in einer Villa*: Im März 1922 mietete Rolland von der Société de l'Hôtel Byron in Villeneuve im Kanton Vaud in der Schweiz die Villa Olga, in der er bis zum Juni 1938 wohnte. (»Ganz klein, mit einem Gärtchen, so groß wie ein Taschentuch – aber Rosen und Obst.«) Im Hôtel Byron hatte sich Rolland bei seinen früheren Aufenthalten in Villeneuve eingemietet und auch SZ dort untergebracht, wenn er ihn besuchte.

19] *Verhaeren [...] qui avait sa petite maison au Caillou / Verhaeren, der sein kleines Haus in Caillou hatte*: Emile Verhaeren (vgl. 29. 3. 1920, Anm. 16) besaß ein Haus in Caillou-qui-bique, »einem kleinen Flecken im Wallonischen. [...] Im Herbst lebt Verhaeren im Wallonischen, aber im Frühjahr flüchtet er vor seiner Krankheit ans Meer. Flüchtet vor dem Heufieber.« (SZ, ›Emile Verhaeren‹, GWE 1984, S. 237–238.)

20] *et que [vous] nous rendrez heureux par votre présence / und daß uns Ihre Gegenwart sehr glücklich machen würde*: Rolland besuchte Friderike und SZ vom 30. Juli bis zum 12. August 1923 in Salzburg.

21] *Berta Zuckerkandl*: geb. Szeps (1864–1945). Am 18. 2. 1917 hatte SZ Rolland geschrieben: »Eine liebe Freundin von mir, Frau Berta Zuckerkandl, die Witwe des berühmten Anatomen [Emil Zuckerkandl, 1849–1910], eine der vollendetsten, geistigsten Frauen, die ich

kenne, ist jetzt in der Schweiz zur Erholung. Vielleicht begegnen Sie ihr [...].« (Romain Rolland-SZ, ›Briefwechsel 1910–1940, Erster Band 1910–1923‹, a.a.O., S. 259.)
22] *la sœur de Madame Paul Clémenceau, le frère du tigre / die Schwester von Madame Paul Clémenceau, dem Bruder des Tigers*: Sofie Clémenceau, geb. Szeps, war die Schwägerin des französischen, ausgesprochen deutschfeindlichen Politikers Georges Clémenceau (1841–1929), der aufgrund seines scharfen Verstandes und seiner Gesichtszüge den Beinamen »Der Tiger« bekam.
23] *si vous voudriez [= vouliez] la reçevoir / wenn Sie sie empfangen würden*: Rolland erklärte sich dazu bereit; ob sie sich getroffen haben, wurde nicht ermittelt.
24] *Mad. votre sœur / an Ihr Fräulein Schwester*: Madeleine Rolland.

An Sigmund Freud 3. 11. 1920 *35*
e. Br., 3 S. – DLC Washington, DC – Briefkopf: Signet SZ – VIII. Kochgasse 8 / Wien, (Durchgestrichen) – D: ›Jahrbuch der Psychoanalyse‹, 8/1975, S. 66–67 (Irrtümlich datiert: 3. 9. 1920; gekürzt); SZ, ›Briefwechsel mit Hermann Bahr, Sigmund Freud, Rainer Maria Rilke und Arthur Schnitzler‹, hrsg. v. Jeffrey B. Berlin, Hans-Ulrich Lindken u. Donald A. Prater (Frankfurt a. M.:) S. Fischer Verlag (1987), S. 167–168.

1] *Sigmund Freud*: (1856–1939).
2] *Ihren profunden [...] Brief*: Am 19. 10. 1920 hatte Freud sich bei SZ für die Übersendung seines Essaybandes ›Drei Meister. Balzac–Dickens–Dostojewski‹ (vgl. 3. 1. 1920, Anm. 16) bedankt. »Wenn ich Ihre Darstellung mit einem ganz besonders strengen Maßstab messen durfte, würde ich sagen: die Bewältig[un]g von Balzac und Dickens ist restlos gelungen. [...] Aber mit dem vertrackten Russen konnte es nicht so befriedigend abgehen. Da verspürt man Lücken und zurückgelassene Rätsel.« (SZ, ›Briefwechsel mit Hermann Bahr, Sigmund Freud, Rainer Maria Rilke und Arthur Schnitzler‹, a.a.O., S. 165.)
3] *dreiwöchentlichen Vortragsreise*: Vgl. [25. 10. 1920], Anm. 1.
4] *Smerdjäkoff*: Paul Fjedoritsch Smerdjakow, Gestalt aus Fjodor *36*
Michailowitsch Dostojewskis Roman ›Die Brüder Karamasow‹.
5] *eines der lockendsten Geheimnisse für einen Psychopathologen*: Freud hat sich immer wieder intensiv mit der Gestalt Dostojewskis und mit seiner ungesicherten Krankheitsgeschichte befaßt – vor allem in ›Dostojewski und die Vatertötung‹, 1928.
6] *dies öffentlich umfassend auszusprechen*: Zunächst hat SZ 1926 einen

Artikel zu Freuds 70. Geburtstag geschrieben, 1930 eine Rezension über sein neues Werk ›Das Unbehagen in der Kultur‹, 1931 ein Porträt in ›Die Heilung durch den Geist. Mesmer, Mary Baker-Eddy, Freud‹ zu geben versucht, 1936 öffentlich zu seinem 80. Geburtstag gratuliert und am 26. September 1939 ›Worte am Sarge Sigmund Freuds‹ im Krematorium London gesprochen. Die Beiträge sind zusammengefaßt in: SZ, ›Über Sigmund Freud. Porträt, Briefwechsel, Gedenkworte‹, Frankfurt am Main: Fischer Taschenbuch Verlag 1989 (= Fischer Taschenbuch 9240).

36 *An Samuel Fischer* 17. 11. 1920
e. Br., 3 S. – DLA Marbach/N. – Briefkopf: Signet SZ – VIII. Kochgasse 8 / Wien, (Durchgestrichen) – D: Samuel Fischer/Hedwig Fischer, ›Briefwechsel mit Autoren‹, hrsg. v. Dierk Rodewald und Corinna Fiedler, mit einer Einführung von Bernhard Zeller, (Frankfurt a. M.:) S. Fischer Verlag (1989), S. 794–795.

1] *Samuel Fischer*: (1859–1934), gründete 1886 in Berlin den S. Fischer Verlag.
2] *Ihren gütigen Brief*: S. Fischers Brief hat sich nicht erhalten. Sein Inhalt läßt sich aus dem PS eines anderen Briefes Samuel Fischers und seiner Frau Hedwig an Paula und Richard Beer-Hofmann vom 16. 2. 1920 ableiten, in dem es um eine Nachfolge Oskar Bies (1864–1938) in der Leitung der ›Neuen Rundschau‹ geht. »Zweig bleibt der geeignetste, ich würde ihn [Ephraim] Frisch [1873–1942] unbedingt vorziehen und warte die Gelegenheit ab, bis ich ihn direct oder indirect aushorchen kann.« (Samuel Fischer/Hedwig Fischer, ›Briefwechsel mit Autoren‹, a.a.O., S. 514.)
3] *die »Neue Rundschau«*: Die Zeitschrift war im Jahr 1890 u. d. T. Freie Bühne für modernes Leben von S. Fischer als Wochenschrift gegründet worden; mit Beginn des dritten Jahrgangs 1892 wurde sie in eine Monatsschrift umgewandelt und in Freie Bühne für den Entwickelungskampf der Zeit umbenannt; ab März 1894 bekam sie den Titel Neue deutsche Rundschau (Freie Bühne), ab 1904 den Titel Die neue Rundschau – dabei blieb es, bis er 1963 in Neue Rundschau geändert wurde. Die ersten verantwortlichen Redakteure waren Otto Brahm (bis November 1890), Wilhelm Bölsche (im Dezember 1890 noch in Vertretung, von Januar 1891 bis September 1893 eigenverantwortlich), Otto Julius Bierbaum (Dezember 1893 bis April 1894) und Oskar Bie (Mai 1894 bis Dezember 1921) – sein Nachfolger wurde

Rudolf Kayser. – SZ war seit 1908 gelegentlicher Mitarbeiter der Zeitschrift.

4] *leider oder gottlob?!, man weiß es nicht*: Vgl. 2. 11. 1920, Anm. 17. *37*

5] *unter Ihren festen Künstlern*: SZ war zu dieser Zeit noch nicht Autor des S. Fischer Verlags.

6] *Thomas Mann das Problem einer deutschen Zeitschrift beschäftigt*: Von November 1919 an – wie die Tagebücher zeigen, bis zum 21. März 1921 – beschäftigte Thomas Mann (1875–1955) sich mit Zeitschriftenplänen (›Das Odeon‹, ›Figura‹), die sich deutlich gegen Die neue Rundschau richteten; er korrespondierte darüber mit Hugo von Hofmannsthal, Hermann Graf Keyserling, die er beide neben Ricarda Huch und Jakob Wassermann als Herausgeber gewinnen wollte. Ob S. Fischer, auf Zweigs Rat hin, Thomas Mann befragt hat, ist nicht bekannt, eher unwahrscheinlich. – Thomas Mann war seit 1897 gelegentlicher Mitarbeiter der Neuen Rundschau.

7] *René Schickele*: (1883–1940), elsässisch-deutscher Schriftsteller, seit 1915 Herausgeber der Weißen Blätter im Kurt Wolff Verlag. *38*

An Hermann Bahr Neujahr 1921 *38*

e. Br., 2 S. – OTM Wien – Briefkopf: Signet SZ – VIII. Kochgasse 8/ Wien, (Durchgestrichen) – D: SZ, ›Briefwechsel mit Hermann Bahr, Sigmund Freud, Rainer Maria Rilke und Arthur Schnitzler‹, hrsg. v. Jeffrey B. Berlin, Hans-Ulrich Lindken u. Donald A. Prater (Frankfurt a. M.:) S. Fischer Verlag (1987), S. 66–67.

1] *Hermann Bahr*: (1863–1934), österreichischer Schriftsteller, Dramatiker und Literaturkritiker.

2] *von Wien zurück*: Nachdem sein Vater Moritz Zweig (vgl. [27. 1. 1920] an Friderike Maria v. Winternitz, Anm. 3) im Oktober 1920 einen leichten Schlaganfall erlitten hatte, war SZ, der zu der Zeit auf einer Reise in Deutschland gewesen war (vgl. [25. 10. 1920], Anm. 1), im Dezember zu ihm nach Wien gefahren.

3] *um in 8 Tagen wieder zu verreisen*: Am 10. Januar 1921 fuhr SZ nach Zürich. Der Grund dieser Reise war die Ausgabe von André Suarès' (eigtl. Félix André Yves Scantrel, 1868–1946) ›Cressida‹ innerhalb der von Carl Seelig (1894–1962), dem Zürcher Literatur- und Theaterkritiker, Lyriker und Erzähler, im Verlag E. P. Tal in Wien herausgegebenen Buchserie Die zwölf Bücher. Es hatte offenbar Komplikationen bei der Edition gegeben. Das Buch erschien mit der Jahreszahl 1920 offensichtlich aber erst Anfang 1921: André Suarès, ›Cressida‹. (Die Nachdichtung dieses Werkes wurde Stefan Zweig von André Suarès übertragen und von ihm gemeinsam mit Erwin Rieger durchgeführt.) Wien: E. P. Tal & Co. 1920 (= Die zwölf Bücher. Reihe 1. Herausgegeben von Carl Seelig). – Am 12. Januar besuchte SZ Verwandte in St. Gallen. Am 16. oder 17. Januar kehrte er nach Salzburg zurück.

4] *nach der Stabilität dieses Herbstes*: SZ vergißt hier für den Augenblick, daß er im Oktober 1920 eine zweiwöchige Reise nach Deutschland unternommen hatte. Vgl. [25. 10. 1920], Anm. 1.

5] *Ihren Selbstbiografiebeginn*: Bahr veröffentlichte seine Autobiographie, bevor sie als Buch u. d. T. ›Selbstbildnis‹ 1923 im S. Fischer Verlag in Berlin erschien, seit dem 3. Oktober 1920 in Einzelabschnitten in der Wochenschrift für Kultur, Politik und Volkswirtschaft Das Neue Reich, Innsbruck.

6] *Linz*: Bahrs Geburtsstadt.

7] *die Wohnung [. . .], Preise und Zahlen*: Im vierten und fünften Teildruck, die SZ noch nicht kannte, hatte Bahr diese Vorschläge bereits realisiert.

8] *bei Goethe vorbildlich*: Johann Wolfgang von Goethe hatte seine Autobiographie ›Aus meinem Leben. Dichtung und Wahrheit‹ detailliert ebenfalls in Teilen geschrieben (1809–1814, 1824–1831) und veröffentlicht.

9] *Ihre Frau Gemahlin*: Anna Bahr-Mildenburg (1872–1947); die Opernsängerin war 1898 an die Wiener Hofoper gekommen; 1909 hatte sie Hermann Bahr geheiratet.

10] *zur Ehelei, zum Unmenschen*: Hermann Bahr, ›Ehelei‹, Lustspiel in drei Akten, Berlin: Erich Reiss 1920; ›Der Unmensch‹, Lustspiel in drei Aufzügen, Berlin: Erich Reiss 1920.

11] *Untersberghohe Tantièmen*: Der Untersberg bei Salzburg (1853 m) war neben dem Gaisberg (1286 m) ein beliebtes Ziel des begeisterten Bergwanderers Bahr.

12] *ein Jahr ohne März*: Der Monat März bekam dem abergläubischen Bahr gesundheitlich im letzten Lebensjahrzehnt immer besonders schlecht.

39 *An Rudolf Pannwitz* 25. 1. 1921
e. Br., 4 S. – DLA Marbach/N. – Signet SZ – VIII. Kochgasse 8 / Wien, (Durchgestrichen)

1] *Rainalter*: Erwin Herbert Rainalter (1892–1960), von 1918 bis 1923 Feuilletonredakteur am Salzburger Volksblatt, am Wiener Mittag und an der Neuen Freien Presse (Wien), ab 1924 Theaterkritiker am Neuen Wiener Journal.

2] *den Tag Ihrer Ankunft*: Pannwitz kam schließlich doch nicht zu einem Vortrag nach Salzburg.
3] *ich will selbst eine [. . .] Notiz [. . .] verfassen*: Dies erübrigte sich, weil Pannwitz nicht nach Salzburg kam.
4] *unser [. . .] Haus*: SZ hatte Mitte November 1917, bevor er mit Friderike Maria v. Winternitz in die Schweiz ging, in Salzburg das sog. Paschinger-Schlössl auf dem Kapuzinerberg gekauft. »Das Haus erwies sich als ebenso romantisch wie unpraktisch.« (SZ, ›Die Welt von Gestern‹, GWE 1981, S. 330.) Zum Erwerb des Hauses vgl. SZ, ›Briefe 1914–1919‹, a.a.O., S. 446 f.
5] *Diesen Vortrag*: Vgl. oben, Anm. 2.
6] *Ihre Au[s]gabe*: Es ist nicht deutlich, was SZ hier genau meint. Möglicherweise bezieht er sich auf Pannwitz' insgesamt 10 Bände, allerdings geringen Umfangs, umfassendes Werk ›Mythen‹, das in der Zeit von 1919 bis 1921 im Verlag Hans Carl in München-Feldafing erschien.
7] *in einer Zeitschrift [. . .] über Ihren »Christus«*: Rudolf Pannwitz, 40
›Mythen. 10. Logos‹, München-Feldafing 1921. Am 31. 7. 1920 hatte Pannwitz dazu an SZ geschrieben: »Mir liegen diese reihen augenblicklich besonders nah da ich nicht ferne von dem abschluss meines Christus-epos ‹Logos› stehe das aus fülle und klarheit der unmittelbar aufgefassten quellen nur so zwingend als möglich in einem neuen aufbaue gestalt und wort hindichten will.« – SZ hat nicht über diesen Band geschrieben.

An Romain Rolland 22. 4. 1921 40
e. Br., 4 S. – BN Paris – Briefkopf: Signet SZ – VIII. Kochgasse 8 / Wien, (Durchgestrichen) – D in deutscher Übersetzung: Romain Rolland-SZ, ›Briefwechsel 1910–1940. Erster Band 1910–1923‹, Aus dem Französischen von Eva und Gerhard Schewe (Briefe Rollands) und Christel Gersch (Briefe Zweigs), Berlin: Rütten & Loening 1987, S. 631–633.

Übersetzung
Mein teurer Freund, Danke für Ihren guten Brief. Die Vorstellungen in Wien setzen sich mit großem Erfolg fort, das Stück wird auch in der Provinz aufgeführt werden. In Deutschland herrschen noch Stille und Unentschlossenheit: pazifistische Gedanken sind dort denkbar unaktuell. Wir verhandeln mit einem Vororttheater in Berlin, weil die großen Theater der Innenstadt Angst vor den Alldeutschen haben, die im Moment allmächtig sind. Ein Theater, das sich eher an die Arbeiter, an das Volk richtet, wäre vorteilhafter für den Erfolg Ihres Stücks und für die

moralische Einwirkung. In Graz haben die Arbeiter ein Theater für den ersten Mai gemietet, und werden Ihr Stück bejubeln. In Berlin würde ich es auch lieber in diesem Milieu aufgezogen sehen. In München wagt es das Theater noch nicht, das Gleiche in Hamburg, Leipzig, Dresden.

Ich erzähle Ihnen diese ganzen Details, um Ihnen einen Eindruck davon zu vermitteln, was sich in Deutschland abspielt. Die Deutschen, eines der höchstentwickelten Völker im Künstlerischen und in der Wissenschaft, sind in Sachen Politik absolut idiotisch. Ein ganzes Jahr lang schwatzten sie öffentlich, daß sie den Franzosen nicht einen roten Heller zahlen würden, und haben sich selbst von ihrem Geschwätz überzeugt. Indem sie Ludendorff und Tirpitz feierten, glaubten sie, den neuen Krieg schon gewonnen zu haben. Jetzt gibt es ein trauriges Erwachen. Und dieses arme Volk ist vergiftet vor Haß – gegen alle Völker gleichzeitig, und gegen sich selbst. Parteienhaß, Klassenhaß, Religionshaß, Haß gegen Bezirke – das alles macht Deutschland im Moment unerträglich. Und man würde die Deutschen auch hassen, wenn sie nicht durch das Benehmen der Franzosen ein gewisses Anrecht auf Sympathie hätten.

Ich habe einen Essay, »Die Tragik der Vergeßlichkeit« veröffentlicht, den ich Ihnen schicken werde (er wird auch in der Rassegna Internazionale erscheinen), und wo ich versucht habe, die ganze Tragik unserer Welt aufzuzeigen, die darin besteht, dank eines obskuren und übermenschlichen Willens alles zu vergessen. Früher haben viele in einem Traum gelebt – heute leben sie in der Lüge – denn heutzutage ist es so, daß jeder, der die ganze Wahrheit wissen <u>will</u>, sie auch wissen <u>kann</u>. Aber sie wollen nicht.

Ich habe in diesen Tagen die letzten Gedichte von Rab. Tagore gelesen. Welche Heiterkeit, welche Schönheit! In vierzehn Tagen wird sein sechzigster Geburtstag gefeiert – ich bin glücklich, daß ein solcher Mann unter uns lebt und uns hilft, die Weisheit zu verbreiten.

Für unsere Bemühungen, die von Bazal[gette] geleitet werden, habe ich einige Ergänzungen, jedoch nicht viele. Rudolf Goldscheid, der große Soziologe, und einige andere sind froh, dabei zu sein – andere wie Curtius, Eden & Cedar Paul lehnen jede kollektive Arbeit ab. Ich bedauere das, aber ich verstehe es wegen der Uneffektivität so vieler guter Bemühungen. Sie haben wirklich recht, zu sagen, daß die moralische Gleichgültigkeit universell ist. Die Menschen haben den Glauben verloren – man bräuchte ein Genie, um ihnen eine neue Religion zu eröffnen. Der Bolschewismus war zu sehr angefüllt mit sozialen Gefühlen, und außerdem berührte er den sensibelsten Punkt der Menschen, das Eigentum. Man müßte ihnen einen Glauben bieten, der weniger kostet.

Ich habe Ihnen geschrieben, daß ich zwei Artikel über Landauers Shakespeare geschrieben habe, nachdem ich mich mit den Zeitungen abgesprochen hatte. Wollen Sie mir wohl glauben, daß weder der eine, noch der andere bis jetzt erschienen sind (außer einem als Übersetzung in L'Art libre und in einer tschechischen Zeitschrift)? Man traut sich nicht, anzuerkennen, daß ein Revolutionär moralische Größe besitzt. Aber ich werde darauf bestehen, denn in keiner Zeitschrift habe ich bisher ein einziges Wort über dieses bewundernswerte Buch gelesen. Es ist wie eine geheime Verschwörung (die gleiche, die in Frankreich gegen Sie zu existieren scheint).

Ich arbeite wieder. Die drei Wochen in Italien haben mir viel Lebenskraft verliehen, und ich war sehr froh, den guten Jouve zu treffen, der dank seiner Frau einen großen Teil seines Pessimismus verloren hat und ins Leben zurückfindet. Seine gute moralische Tatkraft würde ihn dazu prädestinieren, eine Leitfigur für eine neue Generation in Frankreich zu sein, die noch nicht gekommen ist, die aber kommen wird.

Für diesen Sommer wird hier in Wien diese internationale Schule, von der man Ihnen erzählt haben wird, vorbereitet. Einerseits bin ich ein wenig besorgt; die Bevölkerung, die noch unter der kontinuierlichen Teuerung aller Dinge leidet, ist sehr gegen die Ausländer aufgebracht (die aus Wien sind auch Ausländer), und ich würde mich nicht wundern, wenn man im letzten Moment gezwungen wäre, auf diese schöne Idee zu verzichten. Wir sind zu nahe an der deutschen Grenze, an Bayern, man zettelt einen ekelhaften Aufruhr gegen alles an, was nicht alldeutsch ist, und wenn hier wirklich eine internationale Schule mit Nicolai usw. gegründet würde, könnte ich nicht garantieren, daß das ohne Zwischenfälle vonstatten ginge. Meine Frau ist optimistischer als ich, und zwei Damen der Delegation werden das Feld noch einmal Ende April erkunden – vielleicht bin ich zu pessimistisch. Aber bis heute wurden unsere schwärzesten Vorhersagen immer von der Realität überrannt.

Ich hoffe, daß Sie bei guter Gesundheit sind, und versichere Ihnen meine freundschaftliche Verbundenheit. Ihr

Stefan Zweig

Was die »Montespan« angeht, habe ich dem Übersetzer Ihre Entscheidung übermittelt und ihm dazu geraten, Ihnen direkt Vorschläge zu unterbreiten, wenn er das kann, damit er nicht glaubt, daß die Ablehnung auf mich zurückgeht.

1] *votre bonne lettre / Ihren guten Brief*: Rolland hatte SZ zuletzt am 17. 4. 1921 geschrieben.

2] *Les représentations à Vienne / Die Vorstellungen in Wien*: Premiere von Rollands Drama ›Die Zeit wird kommen‹ im Deutschen Volkstheater in Wien war am 2. April 1921 gewesen. Wie viele Vorstellungen es gab, wurde nicht ermittelt.

3] *En Allemagne / In Deutschland*: Rollands Drama ›Die Zeit wird kommen‹ wurde in Deutschland erstmals am 15. August 1921 in der Regie von Alex Otto am Deutschen Schauspielhaus in Hamburg gespielt.

4] *peur des pangermanistes / Angst vor den Alldeutschen*: Bereits 1891 war in Deutschland der Alldeutsche Verband als überparteiliche politische Organisation gegründet worden, dessen Ziel es war, das Nationalbewußtsein zu stärken. Er hatte sogleich Zustimmung in der bürgerlichen Jugend und in demokratisch-liberalen Kreisen gefunden. Der Verband war schon vor dem Ersten Weltkrieg in Gegnerschaft zur Außenpolitik der Reichsregierung getreten und wurde dann zum Verfechter annexionistischer Forderungen. In der Weimarer Republik gehörte der Alldeutsche Verband zur ›Nationalen Opposition‹, verlor aber immer mehr an Bedeutung.

5] *A Graz / In Graz*: Die Städtischen Bühnen in Graz brachten am 1. Mai 1921 »bei gewöhnlichen Preisen« eine programmgemäße Aufführung von Rollands Drama ›Die Zeit wird kommen‹ (die 9.), ohne irgendeine weitere Beteiligung, etwa einer Arbeiterorganisation.

41 6] *qu'ils ne payeront pas un sou aux Français / daß sie den Franzosen nicht einen roten Heller zahlen würden*: Im Friedensvertrag von Versailles (28. Juni 1919) war Deutschland die allgemeine Verpflichtung zur Zahlung von Reparationen auferlegt worden. Die Konferenzen über die Einzelheiten begannen im Frühjahr 1920 und wurden ein Jahr später in Paris beendet mit dem Beschluß, Deutschland habe bis 1963 226 Milliarden Goldmark zu zahlen; er wurde durch das Deutsche Reich abgelehnt; daraufhin besetzten die Franzosen Düsseldorf, Duisburg und Ruhrort. Das Londoner Ultimatum vom 4. Mai 1921, das die Anerkennung einer Reparationsschuld von insgesamt 123 Milliarden Goldmark und eine jährliche Abgabe in Höhe von 26% des Wertes der deutschen Ausfuhr forderte, wurde angenommen.

7] *Ludendorf[f]*: Erich Ludendorff (1865–1937), preußischer General, einer der tatkräftigsten Militärs im Ersten Weltkrieg; gewann ab 1916 überragenden Einfluß auf die Gesamtkriegsführung; forderte 1918 aufgrund der vom amerikanischen Präsidenten Thomas Woodrow Wilson geforderten Bedingungen für einen Waffenstillstand kompromißlos die Fortsetzung des Krieges; als er damit scheiterte, reichte er am 26. Oktober 1918 sein Abschiedsgesuch bei Kaiser Wilhelm II. ein; beim Zusammenbruch des Krieges flüchtete Ludendorff zunächst nach Schweden, kehrte aber schon bald nach Deutschland zurück.

8] *Tirpitz*: Alfred von Tirpitz (1849–1930), Admiral der deutschen Kaiserlichen Marine; nahm 1916 seinen Abschied, als er sich mit seinem Plan eines uneingeschränkten U-Boot-Krieges gegen England nicht durchsetzen konnte; flüchtete im November 1918 in die Schweiz, kehrte aber schon kurz darauf nach Deutschland zurück.
9] *la façon française / das Benehmen der Franzosen*: Bei den Reparationsverhandlungen; vgl. oben, Anm. 6.
10] *»Die Tragik der Vergeßlichkeit«*: SZs Essay ist am 27. 3. 1921 in der Prager Presse erschienen. Aufgenommen in SZ, ›Die schlaflose Welt. Aufsätze und Vorträge aus den Jahren 1909–1941‹, GWE 1983, S. 141–146. Darin schreibt er: »Alles Erleben ist sinnlos, insoweit es vergänglich ist und wieder verlorengeht, alle Wahrheit nutzlos, wenn sie wieder vergessen wird.« – In der in Mailand erscheinenden Zeitschrift Rassegna nazionale ist keine Übersetzung dieses Essays erschienen.
11] *les derniers poèmes de Rab. Tagore / die letzten Gedichte von Rab. Tagore*: Rabindranâth Thakûr (Tagore) (1861–1941), indischer Dichter und Philosoph, leitete seit 1901 eine eigene »Schule der Weisheit«. 1921 waren bei Kurt Wolff in München von ihm ›Gesammelte Werke. (Die deutsche Gesamtausgabe der Werke wurde in Verbindung mit dem Dichter verantwortlich hrsg. von Heinrich Meyer-Benfey und Helene Meyer-Franck. Einzig autorisierte Ausgabe. 8 Bde.)‹ erschienen. Die Gedichte enthielt Band 1: ›Der Gärtner. (Liebesgedichte.) / Gitanjali. (Sangesopfer.)‹
12] *son 60ème anniversaire / sein sechzigster Geburtstag*: Am 6. Mai 1921.
13] *Pour notre effort, dirigé par Bazal[gette] / Für unsere Bemühungen, die von Bazal[gette] geleitet werden*: Rolland hatte SZ am 9. 12. 1920 geschrieben: »[Léon] Bazalgette [vgl. (Anfang Mai 1920), Anm. 4] und ich erörtern den Plan einer Liga oder eines Bundes für internationale gegenseitige Hilfe, um die Hindernisse abzubauen, die unsere Völker trennen. Ich akzeptiere nichts mehr, was nicht ein konkretes, praktisches Ziel hat.« (Romain Rolland-SZ, ›Briefwechsel 1910–1940. Erster Band 1910–1923‹, a.a.O., S. 594.) Es blieb bei dem Plan.
14] *Rudolf Goldscheid*: (1870–1932), Soziologe und Philosoph; begründete 1909 die deutsche Gesellschaft für Soziologie.
15] *Curtius*: Ernst Robert Curtius; vgl. 6. 9. 1920, Anm. 12.
16] *Eden & Cedar Paul*: Eden Paul übersetzte zusammen mit seiner Frau Cedar (Gertrude Mary), geb. Davenport (?–1972), einer Sängerin und Schriftstellerin, seit 1920 mehrere Bücher von Rolland und SZ ins Englische.
17] *deux articles sur le Shacespeare [!] de Landauer / zwei Artikel über Landauers Shakespeare*: Gustav Landauer (vgl. 6. 9. 1920, Anm. 11). Die zweibändige Ausgabe seines ›Shakespeare. Dargestellt in Vorträgen‹ war

»im letztwilligen Auftrag des Verfassers« 1920 von Martin Buber in der Literarischen Anstalt Rütten & Loening in Frankfurt am Main herausgegeben worden. SZs Besprechungen erschienen unter der Überschrift ›Gustav Landauers Shakespeare‹ am 19. 7. 1921 in der Frankfurter Zeitung, S. 1–2, und unter der Überschrift ›Anmerkungen zu Gustav Landauers Shakespeare‹ in Das Tage-Buch, Berlin, 1. 10. 1921, S. 1182–1185.

42 18] *dans les traductions dans l'art libre / als Übersetzung in L'Art libre*: Die Besprechung, die später in der Frankfurter Zeitung erschien (vgl. oben, Anm. 17) war zunächst im April 1921 in französischer Übersetzung – ›Le ‹Shakespeare› de Gustav Landauer‹ – in der Zeitschrift L'Art libre, Bruxelles, 3:4, p. 60, abgedruckt worden.

19] *une revue Tchèque / einer tschechischen Zeitschrift*: Nicht ermittelt.

20] *comme une conjuration secrète (la même qui semble exister en France envers vous) / wie eine geheime Verschwörung (die gleiche, die in Frankreich gegen Sie zu existieren scheint)*: Rolland war als Friedensförderer in der politisch angespannten Situation in Frankreich recht unerwünscht.

21] *Les trois semaines en Italie / Die drei Wochen in Italien*: SZ und Friderike waren am 22. März über Verona nach Brescia gefahren, am 28. weiter nach Florenz, wo sie Pierre-Jean Jouve und seine Frau Blanche sowie Fritz von Unruh trafen. Am 13. April kehrten sie von dieser »verspäteten Hochzeitsreise« (Donald A. Prater) nach Salzburg zurück.

22] *cette école internationale / diese internationale Schule*: Die englische Sektion der International Women's League for Peace and Freedom plante im August 1921 ein Sommerseminar, zu dem SZ am 11. August, vermutlich seiner Frau zuliebe, für die Delegierten einen Empfang in seinem Haus am Kapuzinerberg gab, obwohl er sich größeren Menschenansammlungen gegenüber immer sehr reserviert verhielt. Er kam eigens dazu früher aus Marienbad zurück, wohin er seine Eltern begleitet hatte. – An diesem Seminar, das vom 1. bis zum 20. August stattfand, nahmen u. a. Rollands Schwester Madeleine, Pierre-Jean Jouve und die spätere Friedensnobelpreisträgerin (1931 zusammen mit Nicholas Murray Butler) Jane Addams (1860–1935) teil. Das Programm der ersten Woche galt den Themen Psychologie und Literatur; in der zweiten Woche wurden gemeinsame Ausflüge unternommen; die dritte Woche war den Themen Politik und Nationalökonomie gewidmet. Die Teilnehmer kamen aus Norwegen, Schweden, der Schweiz, Holland, England, Frankreich, Amerika, Japan und China; die größte Gruppe stellten englische Lehrerinnen und Lehrer; die Vorträge wurden teils auf englisch, teils auf französisch, teils auf deutsch gehalten.

23] *de la frontière Allemande / an der deutschen Grenze*: Salzburg liegt nur etwa $1^{1}/_{2}$ km von der deutschen Grenzstadt Freilassing entfernt.

24] *Nicolai*: Georg Friedrich Nicolai (1874–1964), Naturwissenschaftler und Soziologe; vor dem Ersten Weltkrieg Arzt der Kaiserin Auguste Victoria; übernahm an der Berliner Universität eine Professur für Biologie; sprach sich zu Beginn des Krieges offen gegen ihn aus, woraufhin er seiner Ämter enthoben wurde; man machte ihm den Prozeß, er wurde zu fünf Monaten Gefängnis verurteilt, konnte aber nach Dänemark fliehen; von dort setzte er sich in Verbindung u. a. mit Rolland und SZ weiter für den Frieden und für eine europäische Einigung ein; von 1919 bis 1924 übernahm er an der Berliner Universität eine Professur für Physiologie, ohne darüber sein idealistisches Ziel einer Plattform, auf der in Deutschland eine soziale Revolution durchgeführt werden könnte, aus den Augen zu verlieren. Als ihm dies aufgrund der politischen Entwicklung immer weniger möglich erschien, wanderte er nach Argentinien aus. – Rolland hat Nicolai als »im wesentlichen rationalistisch und experimentell veranlagt« gesehen, »mit einem kleinen verborgenen Hang zum Frondeur, zum Draufgänger und Abenteurer«. (R. Rolland, ›Das Gewissen Europas. Tagebuch der Kriegsjahre 1915–1919. Aufzeichnungen und Dokumente zur Moralgeschichte Europas in jener Zeit. Band III: März 1917 bis Juni 1919‹, Berlin: Rütten & Loening [1983], S. 736.)
25] *je ne pourrais pas garantir / könnte ich nicht garantieren*: Das Seminar verlief ohne die von ihm befürchteten Zwischenfälle.
26] *Ma femme / Meine Frau*: Friderike Zweig war als Mitglied der International Women's League maßgeblich an der Organisation dieses Sommerseminars in Salzburg beteiligt. Sie wurde bei der Eröffnung mit den Worten gewürdigt, sie sei in Salzburg überall dort zu finden, »wo es einem guten und großen Gedanken zum Durchbruche zu verhelfen gilt«.
27] *deux dames de la délégation / zwei Damen der Delegation*: Nicht ermittelt.
28] *la «Montespan» / die »Montespan«*: Romain Rolland, ›La Montespan‹, 3 actes, Paris: Revue de l'art dramatique 1904. Eine deutsche Ausgabe ist nicht erschienen, und auch einer Aufführung stimmte Rolland nicht zu. Das Stück über Françoise Athénais, Marquise de Montespan (1641–1707), die Geliebte Ludwigs XIV., dem sie acht Kinder gebar, »ist nicht charakteristisch, weder für mich noch für meine Kunst«, befand Rolland 1921. »Es war ein dramatisches Spiel aus der Zeit vor 1900. Sein Hauptverdienst liegt in der Sprache, die sehr genau den Konversationsstil zur Zeit Ludwigs XIV. trifft. Dieses Verdienst aber geht in einer Übersetzung völlig verloren. [...] Es dürfte, wenn überhaupt, nur als Kuriosum gespielt werden – wobei sorgfältig darauf zu achten wäre, daß das Entstehungsjahr mitgeteilt wird.« (Rolland an

SZ, 16. 3. 1921, in: Romain Rolland-SZ, ›Briefwechsel 1910–1940. Erster Band 1910–1923‹, a.a.O., S. 626.)

29] *au traducteur / dem Übersetzer*: Georg Altmann (1884–1962), seit 1913 als Nachfolger von Max Reinhardt Direktor des Kleinen Theaters in Berlin, seit 1919 des Kleinen Schauspielhauses und von 1921 bis 1925 an verschiedenen Theatern tätig, hatte Rollands Stück ›La Montespan‹ übersetzt (»recht annehmbar und gut gemacht«, wie SZ urteilte, dem er das Manuskript zugesandt hatte) und wollte es mit Tilla Durieux in der Titelrolle inszenieren.

43 *An Heinrich Meyer-Benfey* 27. 4. 1921

ms. Br., 2 S. – Privat – D: Claude Flor, ›Stefan Zweig und Meyer-Benfey. Bisher unveröffentlichte Briefe. Ein Psychogramm und die Erzählung ‹Der Kampf um den Südpol›‹, Hamburg: Deutscher Literatur-Verlag Otto Melchert 1986 (= DLV-Taschenbuch Nr. 223), S. 15–16.

1] *Heinrich Meyer-Benfey*: (1869–1945), deutscher Philologe, seit 1919 außerordentlicher Professor an der Hamburger Universität. Mitherausgeber der Gesammelten Werke von Rabindranath Tagore (vgl. 22. 4. 1921, Anm. 11).

2] *aus Italien zurück*: Vgl. 22. 4. 1921, Anm. 21.

3] *einen [. . .] Brief wie den Ihren*: Nicht erhalten.

4] *Anzeige des Rollandbuches*: Heinrich Meyer-Benfey, ›Stefan Zweig, ‹Romain Rolland. Der Mann und das Werk›‹, Hamburger Fremdenblatt, 16. 4. 1921. Vgl. auch 14. 1. 1920, Anm. 3.

5] *in Hamburg [. . .] das Drama Rollands »Die Zeit wird kommen«*: Vgl. 22. 4. 1921, Anm. 3. Zur Buchausgabe vgl. 14. 1. 1920, Anm. 5.

6] *Otto Grautoff*: Vgl. 6. 9. 1920, Anm. 18.

7] *Ernst Robert Curtius*: Vgl. 6. 9. 1920, Anm. 12.

8] *»Die literarischen Wegbereiter des modernen [!] Frankreich«*: Ernst Robert Curtius, ›Die literarischen Wegbereiter des neuen Frankreich‹, Potsdam: Gustav Kiepenheuer [1920].

9] *Sein Vortrag*: Ernst Robert Curtius, ›Neues von und über Romain Rolland‹. Wann genau er diesen Vortrag in Hamburg gehalten hat, wurde nicht ermittelt; veröffentlicht hat er ihn am 2. 7. 1921 in Das Tage-Buch, Berlin.

44 10] *über Tagore ausführliche Studien*: Heinrich Meyer-Benfey, ›Rabindranath Tagore‹, Mit vielen Vollbildern, Berlin: Brandussche Verlagshandlung [1921] (= Die Literatur-Sammlung Brandus. Bd. 39). – Zu Tagore vgl. 22. 4. 1921, Anm. 11.

11] *sein englisches Gedichtbuch*: Rabindranath Tagore, ›The Gardener.

(Poems of love and life)‹, Translated by the author from the original Bengali, Leipzig: Bernhard Tauchnitz 1921 (= Collection of British authors. Vol. 4559).

12] *Kurt Wolff*: Vgl. 2. 11. 1920, Anm. 10.

13] *in München eine große Tagorefeier*: Einzelheiten zu dieser vermutlich privat veranstalteten Geburtstagsfeier – Tagore wurde am 6. Mai 1921 60 Jahre alt – wurden nicht ermittelt.

An Romain Rolland 3. 5. 1921 *44*

e. Br., 4 S. – BN Paris – Briefkopf: Signet SZ – VIII. Kochgasse 8/ Wien, (Durchgestrichen) – D in deutscher Übersetzung: Romain Rolland-SZ, ›Briefwechsel 1910–1940. Erster Band 1910–1923‹, Aus dem Französischen von Eva und Gerhard Schewe (Briefe Rollands) und Christel Gersch (Briefe Zweigs), Berlin: Rütten & Loening 1987, S. 633–635.

Übersetzung

Mein lieber und guter Freund, ich schreibe Ihnen in diesen Tagen der großen europäischen Tragödie, wo unsere Vorstellungen von Versöhnung und Freundschaft zwischen Frankreich und Deutschland für vierzig Jahre vergraben werden. Alles, was wir tun ist unnütz für die Epoche zweier Generationen, zwischen diesen Völkern, von denen eines des anderen Sklave sein wird. Aber das rührt nicht an der Wahrheit, der Notwendigkeit unserer Ideen – im Gegenteil, je kritischer sie von beiden Seiten beäugt werden, desto entschiedener müssen wir sie aufrechterhalten. Sie werden wiederauferstehen.

Ich habe Ihnen eine Anzahl von Anfragen zu unterbreiten. Hr. Kreutz aus Wien wollte eine Romain Rolland-Gesellschaft gründen, all diejenigen in Europa zusammenbringen, die wegen des Moskowitischen Jochs nicht der Clarté beitreten können. Ich habe ihm meine Ansicht dargelegt: daß wir unabhängig seien von Ihren Ideen und Ihre Ideen von unseren Aktionen – daß man besser niemals einen Glauben mit einem Namen verbindet. Sogar bei Jesus Christus war das ein Fehler – und er ist tot –, um wieviel gefährlicher wäre es also bei einem Lebenden. Ich hoffe, daß Sie meiner Meinung sind. Hr. Kreutz ist sehr froh, daß Sie seinen Roman schätzen. Wir bereiten eine französische Ausgabe vor und erhoffen uns alles von einem kurzen Vorwort, falls Sie sich bereit erklärten, ihn mit einigen Zeilen zu beehren. Andere Anfrage: Hr. Ludwig Hatvany hat ein Buch geschrieben, »Das verwundete Ungarn [!]«, das er Ihnen gewidmet und ganz an Sie gerichtet hat. Er weiß nicht, ob Sie es erhalten haben

Ein Schriftsteller, Heinrich Meyer-Benfey aus Wandsbeck bei Hamburg (Autor der beigefügten Kritik über Sie, ein Freund von Tagore und Professor für Hindustani) bereitet ein kleines Buch über Sie vor, einen Vortrag, den er halten möchte. Ich bitte Sie, ihm über Ihren Verleger »Clerambault«, »Liluli« und »Pierre et Luce« zukommen zu lassen, weil diese Bücher nicht in der Bibliothek Hamburg vorhanden sind und zu teuer, als daß er sie kaufen könnte (ein Hindustanisch-Lehrer verdient bei uns weniger als ein Straßenkehrer). Es ist ein sehr feiner Mann, ganz durchdrungen von religiöser Überzeugung.

Nächste Anfrage: Ein Fräulein Hilda Bergmann hat Ihnen die zwei beigelegten Gedichte gewidmet und ist ohne Antwort geblieben (mein Gott, ich verstehe das, Ihre Post muß jeden Tag erdrückend sein!). Sie bittet mich, es Ihnen auszurichten. Sei es drum!

Nach den Anliegen der Anderen schließlich noch ein Wort an Sie, lieber Freund! »Die Zeit wird kommen« ist in Wien noch plakatiert, in Brünn war es ein großer Erfolg. Es ist noch ganz unentschieden, ob es möglich sein wird, das Stück in Deutschland aufzuführen. Sie können sich nicht vorstellen, welche Geisteshaltung hier durch die Zeitungen des Herrn Stinnes verbreitet wird, der die Meinung ganz aufkauft und sich die Handlungsweise der Franzosen beträchtlich zunutze macht. Leider Gottes haben sie alles vergessen und nichts gelernt. Vielleicht werden Sie, mein lieber Freund, Zeit haben, diesen kleinen Essay von mir zu lesen. Aber ich bin gar nicht melancholisch oder zerschlagen. Ich arbeite gut, ich widme mich ganz den Studien – sobald gedruckt, werde ich Ihnen ein paar Seiten schicken, die ich gerade geschrieben habe und die ich für das Beste halte, was ich bisher geschaffen habe. Mich beeindrucken die Schwärmereien der Autoren nicht mehr. In manchen Augenblicken empfinde ich ein tiefes Mitleid, aber dieses Mitleid richtet sich schon auf den ewigen Menschen, das unvollkommene Wesen, und nicht auf die Staaten, diese tausendköpfigen Wesen mit einem einzigen Maul, um zu winseln und zu fluchen. Ich denke an die, die leiden, aber nicht für sich, sondern für die Anderen und durch die Anderen. Und oft denke ich auf diese Weise an Sie, den einsamsten von allen, weil er am meisten in den Anderen und für die Anderen lebt: ich möchte Ihnen in solchen Stunden nahe sein, um Ihnen alle Zuneigung meines Herzens zu sagen, die ganze Treue meines Geistes. Ihr

Stefan Zweig

1] *en ces jours de la grande tragédie Européenne / in diesen Tagen der großen europäischen Tragödie*: Nach den sog. Pariser Beschlüssen vom 28. Januar 1921 hätte Deutschland im Zuge der Verbesserung seiner Wirtschaftslage gestaffelte Jahreszahlungen leisten müssen, die im Laufe der Frist von 2 auf 6 Millarden Goldmark pro Jahr gesteigert werden sollten, und hätte außerdem jährlich 12% des Wertes seines Exports abgeben müssen. Zum Londoner Ultimatum vom 4. Mai 1921 vgl. 22. 4. 1921, Anm. 6.
2] *la nécessité des nos idées / der Notwendigkeit unserer Ideen*: Rolland und SZ waren entschiedene und aktive Befürworter der europäischen Aussöhnung und Annäherung.
3] *Kreutz*: Rudolf Jeremias Kreutz (Psd. für R. J. Krisch, 1876–1949), 45
im Ersten Weltkrieg Berufssoldat, Gefangener in Sibirien; als Oberstleutnant verabschiedet, lebte er als freier Schriftsteller in Bad Aussee und Wien; er wurde durch seine Kriegserlebnisse zum Pazifisten.
4] *une société Romain Rolland / eine Romain Rolland-Gesellschaft*: Erst nach Rollands Tod wurde im Dezember 1945 in Paris eine Gesellschaft der Freunde Romain Rollands gegründet. Danach wandte sich Rollands Witwe Marie Romain Rolland an die deutschen Freunde, dem französischen Beispiel zu folgen. Am 22. Februar 1951 wurde in Erlangen eine deutsche Romain-Rolland-Gesellschaft gegründet. Ihr erster Präsident war der Dirigent Wilhelm Furtwängler.
5] *à la Clarté à cause du joug Moscovite / wegen des Moskowitischen Jochs nicht der Clarté*: Die von dem französischen Schriftsteller und Sozialisten Henri Barbusse (1873–1924) im Frühjahr 1919 gegründete Antikriegsbewegung hatte das Ziel, »eine Einigung aller europäischen Intellektuellen im Sinne der Versöhnung einzuleiten«. Barbusse vertrat dabei, was den Freunden zunächst nicht bewußt war, ein linientreues bolschewistisches Programm. »Unmerklich suchte er aus ›Clarté‹ ein Instrument des Klassenkampfes zu machen, wir aber verweigerten uns einer Radikalisierung, die unsere Reihen notwendigerweise schwächen mußte.« (SZ, ›Die Welt von Gestern‹, GWE 1981, S. 346–347.)
6] *que nous seraient [= serions] [in]dépendants des vos idées et vos idées de nos actions / daß wir unabhängig seien von Ihren Ideen und Ihre Ideen von unseren Aktionen*: SZ betont die Individualität der Freunde im Bemühen um eine europäische Verständigung, unabhängig von demokratischen politischen Strömungen.
7] *son roman / seinen Roman*: Rudolf Jeremias Kreutz, ›Die einsame Flamme‹, Roman, Berlin: Egon Fleischel 1920.
8] *une édition française / eine französische Ausgabe*: Sie ist vermutlich nicht erschienen. – Auf die Bitte um ein Vorwort zu einer solchen Aus-

gabe antwortete Rolland SZ am 8. 5. 1921: »Dieses Vorwort für Herrn Kreutz werde ich nicht schreiben. [...] Das [Werk] von Herrn Kreutz erscheint mir gut: mehr nicht.« (Romain Rolland-SZ, ›Briefwechsel 1910–1940. Erster Band 1910–1923‹, a.a.O., S. 636.)
9] *Ludwig Hatvany*: Lajos (Ludwig) von Hatvany (1880–1961), Schriftsteller und Essayist in deutscher und ungarischer Sprache, hatte sich nach dem Ersten Weltkrieg der ungarischen Radikalen Partei angeschlossen, in der er eine führende Rolle spielte.
10] *»Das verwundete Ungarn [!]«*: Ludwig von Hatvany, ›Das verwundete Land‹, Wien: E. P. Tal & Co. 1921.
11] *Heinrich Meyer-Benfey*: Vgl. 27. 4. 1921, Anm. 1.
12] *Tagore*: Rabindranâth Thakûr (Tagore); vgl. 22. 4. 1921, Anm. 11.
13] *professeur du Hindo[u]stan / Professor für Hindustani*: Meyer-Benfey war Germanist; seine Frau Helene Meyer-Franck (1873–1946) übersetzte u. a. Werke von Rabindranâth Thakûr (Tagore) aus dem Bengalischen ins Deutsche.
14] *un petit livre sur vous / ein kleines Buch über Sie*: Das Buch kam nicht zustande; der Vortrag konnte nicht ermittelt werden.
15] *«Clérambault»*: Vgl. 14. 1. 1920, Anm. 2.
16] *«Liluli»*: Vgl. 14. 1. 1920, Anm. 4.
17] *«Pierre et Luce»*: Vgl. 2. 11. 1920, Anm. 8.
18] *Hilda Bergmann*: (Psd. und Mädchenname von Hilda Kohner, 1878–1947), Lehrerin in Wien; Lyrikerin und Erzählerin. Die erwähnten Gedichte wurden nicht ermittelt. Rolland antwortete SZ am 8. 5. 1921: »Ich bitte um Vergebung, wenn ich Fräulein Bergmann eine Antwort schuldig geblieben bin. Aber es ist mir zur Zeit unmöglich, Briefe zu erwidern, wenn dazu keine dringende Notwendigkeit besteht.«
19] *«Le temps viendra» est à Vienne / »Die Zeit wird kommen« ist in Wien*: Vgl. 22. 4. 1921, Anm. 2.
20] *à Brünn / in Brünn*: Eine Aufführung von Rollands Drama ›Die Zeit wird kommen‹ in Brünn wurde nicht ermittelt.
21] *en Allemagne / in Deutschland*: Vgl. 22. 4. 1921, Anm. 3.
22] *par les journaux de Mr Stinnes / durch die Zeitungen des Herrn Stinnes*: Der Großindustrielle Hugo Stinnes (1870–1924) baute die Hugo Stinnes GmbH (Mühlheim) und die AG für Seeschiffahrt und Überseehandel (Hamburg) auf, in denen neben Kohlenerzeugung und -handel, See- und Binnenschiffahrt, auch die anderen wirtschaftlichen Interessen vereinigt waren, wie Papier, Zellstoff und Druckerei. Stinnes hatte am 4. Juni 1920 nur die Deutsche Allgemeine Zeitung in Berlin gekauft. Er baute sie bis zum September 1922 systematisch aus, so daß es von ihr schließlich eine Reichsausgabe Nord (Berlin) gab, die täglich einmal erschien, eine Großberliner Ausgabe (täglich zweimal),

eine Reichsausgabe Süd (Frankfurt a. M., täglich zweimal). Nach Stinnes' Tod wurden die Aktien an der Deutschen Allgemeinen Zeitung an die Reichsregierung verkauft, 1927 an ein Konsortium der deutschen Großindustrie.

23] *la façon d'agir des Français / die Handlungsweise der Franzosen*: Bei den Reparationsverhandlungen in Paris; vgl. 22. 4. 1921, Anm. 6.

24] *Hélas, ils ont tout oublié / Leider Gottes haben sie alles vergessen*: Vgl. 46
22. 4. 1921, Anm. 10.

25] *ce petit essay [!] / diesen kleinen Essay*: Vermutlich SZ, ›Die Tragik der Vergeßlichkeit‹; vgl. 22. 4. 1921, Anm. 10.

26] *quelques pages que je viens d'écrire / ein paar Seiten schicken, die ich gerade geschrieben habe*: Vermutlich SZ, ›Dem Gedächtnis Alfred H. Frieds‹, Neue Freie Presse, Wien, 13. 5. 1921, S. 1–3.

An Hermann Bahr 23. 5. 1921 46

e. Br., 3 S. – OTM Wien – D: SZ, ›Briefwechsel mit Hermann Bahr, Sigmund Freud, Rainer Maria Rilke und Arthur Schnitzler‹, hrsg. v. Jeffrey B. Berlin, Hans-Ulrich Lindken u. Donald A. Prater (Frankfurt a. M.:) S. Fischer Verlag (1987), S. 71–72.

1] *hier in Wien*: SZ war am 21. Mai zu seinen Eltern (vgl. [27. 1. 1920] an Friderike Maria v. Winternitz, Anm. 3, und Neujahr 1921, Anm. 2) nach Wien gefahren, wo es nach dem Schlaganfall seines Vaters einiges zu organisieren galt. Er blieb bis zum 28. Mai.

2] *die guten Worte die Sie meiner Novelle gewidmet haben*: Bahr hatte SZ am 2. 5. 1921 geschrieben, er habe ›Die Augen des ewigen Bruders‹ »tief ergriffen und hingerissen von der ruhigen edlen Kraft« des Erzählens gelesen.

3] *Untersbergluft*: Vgl. Neujahr 1921, Anm. 11.

4] *eine baldige Besserung der Menschheit*: Der Held der Novelle ›Die Augen des ewigen Bruders‹, Virata, ist »die Personifikation einer Idee, eines humanen Gedankens«. »Durch den Dialog beabsichtigt er [SZ], sich dem Leser unmittelbar zuzuwenden und ihn vielleicht dahin zu bringen, an jeder dem ›Helden‹ aufgegebenen Station Stellung zu beziehen, sich selber zu fragen, sich zu bekennen.« (Alexander Hildebrand, Nachwort zu SZ, ›Legenden‹, Frankfurt a. M.: S. Fischer Verlag 1979 [= Fischer Bibliothek], S. 232.)

5] *das dritte Reich*: Der Begriff geht auf den italienischen Mystiker 47
Joachim de Fiore (um 1132–1202) zurück, nach dessen chiliastischer Geschichtstheologie dem Zeitalter des Vaters und dem des Sohnes das des Heiligen Geistes folgt. Spätere Jahrhunderte verstanden darunter

die Synthese von Antike und Christentum (Ibsen, ›Kaiser und Galiläer‹) bzw. von Religion und Wissenschaft (Mereschkowski).
6] *Ihre verehrte Frau*: Anna Bahr-Mildenburg; vgl. Neujahr 1921, Anm. 9.

48 *An Romain Rolland* 29. 5. 1921
e. Br., 4 S. – BN Paris – Briefkopf: Signet SZ – VIII. Kochgasse 8 / Wien, (Durchgestrichen) – D in deutscher Übersetzung: Romain Rolland-SZ, ›Briefwechsel 1910–1940. Erster Band 1910–1923‹, Aus dem Französischen von Eva und Gerhard Schewe (Briefe Rollands) und Christel Gersch (Briefe Zweigs), Berlin: Rütten & Loening 1987, S. 637–639 (Irrtümlich datiert: 28. Mai 1921).

Übersetzung
Mein sehr lieber und guter Freund, ich komme heute aus Wien zurück, das ich übrigens ganz verändert vorfand, voller Leben, sehr rege und fast glücklich. Vielleicht ist das ein wenig der frühlingshafte Eindruck, den alle Städte auslösen, aber es ist unheimlich, wie diese Stadt nach einem solchen Desaster ihren alten Schwung wiedergefunden hat. Die weltweite Hilfe war sehr notwendig und sehr effektiv – und dann hat auch das jüdische Element, das während des Krieges aus Polen und Ungarn herangeströmt ist und die Physiognomie der Stadt verändert hat, mit seiner kaufmännischen Aktivität ein neues Saloniki entstehen lassen, das den ganzen Balkan dominiert. Wien ist balkanisiert, aber nicht zerstört, wie wir befürchtet hatten: seine Schönheit überdauert. Ich habe auch in der Oper unter der Leitung von Richard Strauss einen Don Juan gehört, der nirgends in Europa so zu finden sein wird.

Jetzt bin ich zurückgekehrt, und ich bleibe hier in Salzburg bis zum 1. August. Die internationale Schule, die man an diesem Tag hier eröffnet, wird mich nicht vorfinden, nur meine Frau wird da sein. Ich muß Ihnen nämlich eine psychische und sogar physische Schwäche gestehen: seit einigen Jahren bin ich nicht mehr dazu in der Lage, mich mit mehreren Personen am Tag zu unterhalten, ohne müde zu werden, und vor allem, ohne an der Arbeit gehindert zu werden. Ich mag meine Freunde sehr, aber einen nach dem anderen, ich lerne sehr gerne neue Personen kennen, aber nicht mehr als eine pro Tag und in Abständen. Vielleicht verausgabe ich mich zu sehr, vielleicht dringt meine psychologische Neugierde zu weit vor – jedenfalls fühle ich mich nervös, unfähig zu arbeiten, wenn es ein menschliches Treiben um mich herum gibt. Diese Schwäche befiehlt mir geradezu die Flucht, obwohl die Sommerschule, die von meiner Frau beaufsichtigt wird, mir unendlich sympathisch ist und mir eine hervorragende Gelegenheit böte, sehr liebgewonnene Bekanntschaften wieder aufzufrischen und neue zu knüpfen. Aber ich habe Angst, plötzlich von Müdigkeit übermannt zu werden. Ich habe schon dem sehr lieben Jouve gesagt, daß ich ihn so gerne wiedersehen würde, aber daß ich nicht möchte, daß es in einem solchen Trubel geschieht (denn es sind zu dieser Zeit auch sicherlich eine Menge Wiener Freunde dabei), wenn wir uns wiedersehen. Es handelt sich um nichts Ernsthaftes, nur eine Frage der Nerven – Sie werden mich sicherlich verstehen, wenn ich mich gezwungenermaßen für einige Zeit während des großen Spektakels zurückziehe. Mein Leben ist durch das Altern meiner Eltern kompliziert genug: ich muß alle sechs Wochen für eine Woche nach Wien reisen, ich muß öfter nach Deutschland – der Rest muß also der Arbeit und der Erholung gewidmet werden. Ich brauche das unbedingt, um mir meine Schaffenskraft zu bewahren.

Ich erzähle Ihnen das, weil Sie mir schreiben, daß Vildrac auch nach Salzburg kommen möchte. Ich wäre froh, sehr froh, ihn zu sehen, außer in diesen beiden Wochen, wo diese Stadt von Menschen überfüllt sein wird und ein Moment ruhiger Unterhaltung quasi unmöglich sein wird. Meine Frau, die begabter dafür ist, in großer Gesellschaft zu sein, zu organisieren und sich persönlich einzusetzen, wird für die französischen Freunde, die teilnehmen werden, alles zum Besten gestalten. Und Ihr Fräulein Schwester wird sich in unserem Haus ganz wie bei sich zu Hause fühlen. Ich werde eigens kommen, um sie zu begrüßen, bevor ich in die Tschechoslowakei entschwinde. Um den 15. August herum werde ich zurück sein. Die Flut wird sich dann zurückgezogen haben, und ich werde froh sein, den einen oder anderen noch zu sehen.

Ist es ein Zeichen des Älterwerdens, nicht mehr so sehr unter Menschen und sogar Freunden sein zu können wie früher? Früher haben mich die stundenlangen, ausgedehnten Unterhaltungen bis Mitternacht angeregt. Jetzt ermüden sie mich eher – sie stören mich ab einem gewissen Zeitpunkt. Ich diskutiere nicht mehr gerne, weil ich niemanden überzeugen möchte – und ohne Diskussion, ohne diesen Kampfeswillen, sind Unterhaltungen viel weniger amüsant und unterhaltsam. Ein Buch voller Weisheit zu lesen, wie dieses erhebende »Sadhâna« von Tagore, gibt mir mehr als tausend Gespräche. Ich interessiere mich nur für das Menschliche an den Menschen, für die Formen, die es annimmt und gebiert – ihre eigentlichen Meinungen sind für mich nicht von Belang. Und alles in allem – die Unterhaltung (außer die mit Freunden) ermüdet mich mehr, als daß sie mich anregt.

Sagen Sie also allen französischen Freunden, nach dem 16. August zu kommen, nach der Salzburger Schule, ich wäre wirklich froh, sie dann zu sehen. Es war so schön mit Jouve in Florenz, weil wir alleine waren und sich einer dem anderen ganz widmen konnte. Ich werde Ihnen dieser Tage noch einmal ausgiebig schreiben.
Ihr getreuer

StZ

1] *je reviens aujourd'hui de Vienne / ich komme heute aus Wien zurück*: Vgl. 23. 5. 1921, Anm. 1.

2] *un nouveau Saloniki [!] / ein neues Saloniki*: Die zweitgrößte Stadt Griechenlands, gegründet um 315 v. Chr., hatte eine wechselvolle Geschichte. 1204 war Saloniki Hauptstadt eines fränkischen bzw. griechischen Königreichs; es wurde 1430 von den Türken erobert, im Balkankrieg 1912 von den Griechen wiedergewonnen; seitdem ist es ein bedeutendes Handelszentrum für Südosteuropa.

3] *sous la direction de Richard Strauss un Don Juan / unter der Leitung von Richard Strauss einen Don Juan*: Der Komponist und Dirigent Richard Strauss (1864–1949) war von 1919 bis 1924 zusammen mit seinem Dirigentenkollegen Franz Schalk (1863–1931) Direktor der Wiener Staatsoper. Am 20. Mai 1921 dirigierte er dort ›Don Giovanni‹ von Wolfgang Amadeus Mozart.

4] *L'école internationale / Die internationale Schule*: Vgl. 22. 4. 1921, Anm. 22.

5] *Jouve*: Pierre-Jean Jouve; vgl. 14. 1. 1920, Anm. 7, und 22. 4. 1921, Anm. 21.

49 6] *par la vieillesse de mes parents / durch das Altern meiner Eltern*: Moritz Zweig und Ida Zweig, geb. Brettauer; vgl. [27. 1. 1920] an Friderike Maria von Winternitz, Anm. 3.

7] *plusieurs fois en Allemagne / öfter nach Deutschland*: Im Zusammenhang mit seiner Beratertätigkeit für die Buchserie Bibliotheca Mundi fuhr SZ in regelmäßigen Abständen zum Insel-Verlag nach Leipzig.

8] *Vildrac*: Charles Vildrac (1882–1971), französischer Lyriker und Novellist.

9] *en ces deux semaines, où cette ville sera encombré[e] / in diesen beiden Wochen, wo diese Stadt von Menschen überfüllt sein wird*: In dieser Zeit fanden in Salzburg die internationale Schule (vgl. 22. 4. 1921, Anm. 22) und gleichzeitig – SZ im Augenblick nicht bewußt –, vom 2. bis zum 23. August, die Festspiele statt (vgl. SZ, ›Briefe 1914–1919‹, a.a.O., S. 589).

10] *Mademoiselle votre sœur / Ihr Fräulein Schwester*: Madeleine Rolland.

11] *avant de disparaître en Tchécho-Slovaquie [!] / bevor ich in die Tsche-*

choslowakei entschwinde: SZ begleitete seine Eltern zur Kur nach Marienbad.
12] *Vers le 15 Août / Um den 15. August*: SZ kam bereits am 11. August 1921 zurück; vgl. 22. 4. 1921, Anm. 22.
13] *«Sadhâna»*: Rabindranath Tagore, ›Sadhâna. Der Weg zur Vollendung‹, Deutsch von Helene Meyer-Franck nach der von Tagore selbst veranstalteten englischen Ausgabe, München: Kurt Wolff Verlag (1921).
14] *plus que mille conversations / mehr als tausend Gespräche*: Am 1. 10. 1921 veröffentlichte SZ in Das literarische Echo, Berlin, Jg. 24, H. 1, Sp. 1–6, u. d. T. ›Rabindranath Tagores ‹Sadhâna›‹ ein erfundenes Gespräch zwischen einem jüngeren und einem älteren Schriftsteller.
15] *avec des amis / mit Freunden*: Im Original zweimal unterstrichen.
16] *si beau avec Jouve à Florence / so schön mit Jouve in Florenz*: Vgl. 22. 4. 50
1921, Anm. 21.

An Romain Rolland 4. 9. 1921 50
e. Br., 6 S. – BN Paris – Briefkopf: Signet SZ – VIII. Kochgasse 8 / Wien, (Durchgestrichen) – D in deutscher Übersetzung: Romain Rolland-SZ, ›Briefwechsel 1910–1940. Erster Band 1910–1923‹, Aus dem Französischen von Eva und Gerhard Schewe (Briefe Rollands) und Christel Gersch (Briefe Zweigs), Berlin: Rütten & Loening 1987, S. 651–653.

Übersetzung
Mein lieber Freund, ich habe Ihnen seit langem nicht geschrieben: zunächst gab es ja die großen Menschenströme (nach der Sommer-School haben die Theaterfestspiele begonnen), und dann habe ich mich so in die Stille hineingetaucht, daß es mir schwergefallen ist, wieder herauszukommen. Bevor ich ein größeres Werk beginne, brauche ich immer eine Atmosphäre der Stille und Ruhe. Und ich hoffe nun, nach endlosen Wochen, anzufangen.

Von allen Freunden ist nur noch Desprès da: ich bin glücklich, daß er sich zum ersten Mal im Leben erholt und einigermaßen wiederhergestellt heimkehrt. Vom ersten Moment an hatten wir alle eine riesige Sympathie für ihn: er besitzt eine ganz un-europäische Güte, eine stille, russische Güte und das Herz eines Kindes. Und gleichzeitig ist er so aufrichtig, so mutig. Was für eine Schande, daß Menschen wie er im öffentlichen Leben gar keinen Einfluß ausüben: es sind immer die Ehrgeizigen und Eitlen, die alle Positionen bekleiden. Im fortgeschrittenen Sozialismus in Frankreich scheint er es mir zu verdienen, mit seiner Ehrlichkeit und seinem Mut die Rechte und die Autorität eines

Anführers zu erlangen. Sie haben in Frankreich herausragende Männer: nur leider trifft man sie höchstens per Zufall. Der alte Ausruf des Jean-Christophe »Fegt euer Haus rein!« klingt noch in meinem Herzen nach, wenn ich solche Männer sehe.

Bei uns herrscht die große politische Erstarrung. Die Ermordung Erzbergers wird gar keinen Effekt zeitigen: das Erwachen des Volks dauert nie länger als acht Tage. Dann wird die Reaktion wieder einsetzen. Der Haß gegen Erzberger war übrigens nicht so ungestüm, weil er den Vertrag unterschrieben hat – das ist nur der Vorwand –, sondern weil er ein Verfechter hoher Steuern auf die Vermögen war. Da haben wir das Verbrechen, das man niemals vergibt – man hat es auch Caillaux in Frankreich nicht vergeben. Für mich – das sage ich immer, und ich wiederhole es immer – sind alle reaktionären Bewegungen Bemühungen, um nicht zu zahlen oder um nicht sofort zu bezahlen (und nicht nur an die Entente, sondern auch die Reichssteuern). Ich glaube, wir begehen alle den Fehler, den Menschen im Leben zu edle Motive zu unterstellen, wir sprechen noch vom Nationalismus, vom Stolz – wenn man unter der Oberfläche kratzt, dann sind es aber nur die Steuern, die man nicht zahlen möchte. Niemand will den Krieg abschaffen – weder Frankreich noch Deutschland. Einzig England denkt an die Zukunft. Und wir werden in Europa keine ruhige Welt mehr sehen. Ich beschwere mich nicht darüber: ich habe die persönliche Ruhe und ich betrachte all diese Zuckungen, all diese Morde mit einem enormen Mitleid, aber ohne das Gefühl, daß man jemals die Menschen davon abhalten kann, sich Leid zuzufügen.

Trotz allem glaube ich, daß es nötig wäre, sich von Zeit zu Zeit zu treffen. Die Zusammenkunft in Salzburg hat doch viele verdiente Menschen aus verschiedenen Ländern bekannt gemacht. Nun ist die Rede von einem großen literarischen Kongreß in Stockholm, an dem ich gerne teilnehmen würde, falls er wirklich international wird, und endlich in eine brüderliche Zeitschrift mündet (ich sehe immer Bazal[gette] als idealen Chefredakteur) in mehreren oder zumindest in drei Sprachen. Wir alle, die wir zahlreiche Zeitschriften zur Verfügung haben, haben nicht eine einzige, die uns gehört: wir werden immer irgendwo eingeordnet, sei es bei den Sozialisten, den Bürgerlichen, den pazifistischen Demokraten, aber wir haben kein europäisches Forum. Was Barbusse zerstört hat, indem er den »Clarté« zur Politik der Gewalt hingedreht hat, müßte wieder aufgerichtet werden: und ich verliere nicht die Hoffnung, daß es sich eines Tages realisieren wird. Und diese so sinnvolle Idee muß von uns verwirklicht werden und nicht ein zweites Mal von denen, die nicht Europäer genug sind, um sich diesem Ideal dauerhaft täglich und stündlich zu widmen.

Gute Nachrichten von Ihren Werken! In Hamburg war die Kritik für Deutschland sehr vernünftig: es gab eine deutlich bemerkbare Feindseligkeit in der teutonischen Presse gegen die Tatsache, daß ein französisches Werk aufgeführt wird, einen lebhaften Widerwillen gegen die Tendenz, ein diskretes Schweigen über den sehr großen Erfolg beim Publikum – aber andere Theater nehmen das Stück auch auf. Der gute Rütten & Loening hat noch nicht mit dem Druck des »Clerambault« begonnen, und hat Tolstoi und »Im Land der Musik [!]« noch immer nicht fertig. Sie sind ein wenig pedantisch. Sehr ehrlich, aber sehr langsam. Mein Buch über Sie wird ins Polnische und ins Schwedische übersetzt: die amerikanische Ausgabe ist fertig und wird endlich, endlich erscheinen, wie mir Sel[t]zer aus New York schreibt.

Sie machen mich sehr froh, wenn Sie sagen, daß Ihr neuer Roman so schnell vorankommt. Ich glaube, daß die gute Ruhe Ihnen dabei sehr hilfreich sein wird: Sie sind nicht mehr gehetzt wie bei Clerambault und nicht solcher Aufregung ausgesetzt – welch schönes Werk haben wir da zu erwarten! Ich bin schon ungeduldig, aber das ist das Anrecht der Freunde – der Autor muß Geduld für alle haben.

Ich habe es sehr bedauert, daß Ihr Fräulein Schwester sich so ermüdet hat. Sie hat ihre Kräfte nicht eingeteilt, und ständig in der Erregung der anderen eingefangen, wird man sich nicht der eigenen Müdigkeit bewußt. Ich hoffe, daß sie schon vollkommen erholt und frohgemut ist – heute abend möchten wir ins Kino gehen, um sie zu sehen – mit Jouve, Nicolai, Jane Addams (man hatte hier die Kinos gestürmt, glücklicherweise ohne meine werte Gegenwart). Ich habe einen Brief von Jouve aus Paris: ich bin froh, daß er sich in Frankreich stabilisiert. Er braucht einen gewissen Kontakt mit dem Leben, weil er alleine zu viel in seiner eigenen Literatur lebt (und nicht in der des Universums) und sich seinem Pessimismus zu leicht hingibt. Und dann wird er das Glück haben, Sie oft zu sehen – ein Glück, um das ich ihn ein wenig beneide. Es stimmt, ich habe vor, im März für 8 Tage nach Frankreich zu kommen – aber das ist noch eher ein Traum als ein Versprechen.

Meine besten Wünsche an Ihr Fräulein Schwester, und aus ganzem Herzen Ihr getreuer

Stefan Zweig

1] *après la Sommer school commençaient les fêtes théâtrales / nach der Sommer-School haben die Theaterfestspiele begonnen*: Vgl. 29. 5. 1921, Anm. 9.
2] *Desprès*: Fernand Desiré Alfred Desprès (Psd. A. Desbois, 1879–1949), Schuster; Anarchist, später Kommunist; Freund von Rolland.
3] *«Balayez votre maison» / »Fegt euer Haus rein!«*: Im zweiten Band

von Rollands Romantrilogie ›Jean-Christophe‹ (›Johann Christof‹), (vgl. 6. 9. 1920, Anm. 18), ›Jean-Christophe à Paris‹ (›Johann Christof in Paris‹), gegen Ende des Ersten Teils des Kapitels ›La maison‹ (›Das Haus‹) ruft der Titelheld dies aus in der Diskussion mit seinem Freund Olivier über »die verborgenen Quellen Frankreichs«, das »sich von dem Gesindel niederzwingen« läßt.

4] *L'assassinat d'Erzberger / Die Ermordung Erzbergers*: Der deutsche Zentrumspolitiker und erste Reichsfinanzminister der Weimarer Republik (1919/20) Matthias Erzberger (geb. 1875) war am 26. August 1921 von den Mitgliedern der rechtsradikalen ›Organisation Consul‹ Heinrich Schulz (1893–?) und Heinrich Tillessen (1894–?) ermordet worden.

51 5] *Caillaux*: Joseph-Marie-Auguste Caillaux (1863–1944), ehemaliger französischer Ministerpräsident (1911) und mehrmaliger Finanzminister – auch später in den Jahren 1925 und 1926 – war noch während des Ersten Weltkriegs 1917 nach Aufhebung seiner parlamentarischen Immunität unter der Beschuldigung, ein Agent Deutschlands zu sein, verhaftet und deswegen 1920 verurteilt worden.

6] *à l'Entente / an die Entente*: Der Begriff Entente blieb während des Ersten Weltkriegs und der nachfolgenden Jahre auf die englisch-französische Zusammenarbeit, die 1904 gegründete sog. Entente cordiale beschränkt.

7] *Personne ne veut liquider la guerre / Niemand will den Krieg abschaffen*: Frankreich hatte z. B. am 19. Februar 1921 ein Verteidigungs- und Wirtschaftsbündnis mit Polen geschlossen; in Deutschland war es nach einer Volksabstimmung über die Zugehörigkeit der Bevölkerung Oberschlesiens zu Polen oder zum Deutschen Reich am 20. März 1921 zu bewaffneten Konflikten zwischen Polen und Deutschen gekommen.

8] *A Salzbourg la réunion / Die Zusammenkunft in Salzburg*: Vgl. 22. 4. 1921, Anm. 22.

9] *d'un grand congrès littéraire à Stockholm / von einem großen literarischen Kongreß in Stockholm*: Vermutlich meint SZ die Gründungsversammlung des Internationalen Schriftsteller- und Dichterverbandes PEN-Club, die am 5. Oktober 1921 in London (!) stattfand.

10] *à une revue fraternelle / in eine brüderliche Zeitschrift*: SZ verfocht diese Idee konsequent. Anfang April 1922 nahm er in Paris an einer Konferenz teil, bei der man – »eine Gruppe, die eigens zu diesem Zweck nach Paris gekommen war« – die Notwendigkeit erkannte, »ein Zentrum für die moderne Literatur und internationale Bewegung aller Länder zu schaffen«, wie er am 19. 4. 1922 an den Verleger Kurt Wolff schrieb. Man kam schließlich überein, daß eine entsprechende europäische Zeitschrift in französischer Sprache allen Literaturen nützlich sein würde – »irgendeiner Summe aus ›Nouvelle Revue Française‹ plus ›Weiße Blätter‹ und ›Neue Rundschau‹ plus Italien, England, Spanien usw.«. Kurt Wolff wurde von SZ als Verleger vorgeschlagen, weil der Insel-Verlag, seiner Meinung nach, »innerlich unendlich weniger Interesse an einem solchen Unternehmen« habe, wie er Wolff wissen ließ. Die Zeitschrift mit dem Titel Europe. Revue mensuelle erschien schließlich nicht in Deutschland, sondern in Frankreich (Paris: Ed. Français réunis). Das erste Heft kam am 15. Februar 1923 heraus; bis August 1939 wurden es insgesamt 200 Hefte.

11] *Bazal[gette]*: Léon Bazalgette (vgl. [Anfang Mai 1920], Anm. 4) wurde erst 1925, als Paul Colin ausgeschieden war, zusammen mit René Arcos Chefredakteur von Europe.

12] *Ce que Barbusse a détruit en tournant «Clarté» / Was Barbusse zerstört hat, indem er den »Clarté«*: Vgl. 3. 5. 1921, Anm. 5.

13] *A Hambourg la critique / In Hamburg war die Kritik*: Einzelheiten 52
wurden nicht ermittelt.

14] *Rütten & Loening n'a pas encore commencé le tirage du «Clérambeault [!]» / Rütten & Loening hat noch nicht mit dem Druck des »Clerambault« begonnen*: Vgl. 14. 1. 1920, Anm. 2.

15] *pas encore fini le Tolstoi et «Au pays de la musique» / hat Tolstoi und »Im Land der Musik [!]« noch immer nicht fertig*: Romain Rolland, ›Das Leben Tolstois‹, hrsg. von Wilhelm Herzog. Vom Dichter genehmigte deutsche Ausgabe. Die Übersetzung von O. R. Sylvester [i. e. Erna und Otto Grautoff], Frankfurt am Main: Rütten & Loening 1922. – Romain Rolland, ›Musikalische Reise ins Land der Vergangenheit‹, übers. von L. Andro [i. e. Therese Rie], mit 17 Bildern, Frankfurt am Main: Rütten & Loening 1921.

16] *Mon livre sur vous sera traduit en Polonais et en Suédois / Mein Buch uber Sie wird ins Polnische und ins Schwedische übersetzt*: Nicht ermittelt.

17] *l'édition Americaine est prête / die amerikanische Ausgabe ist fertig*: SZ, ›Romain Rolland. The Man and his Work.‹ Tr. Eden & Cedar Paul. London: Allen & Unwin / New York: Seltzer 1921.

18] *Sel[t]zer*: Thomas Seltzer; vgl. 25. 2. 1920, Anm. 4.

19] *votre nouveau roman / Ihr neuer Roman*: Romain Rolland, ›L'âme enchantée‹, Roman, 6 vols., Paris: Ollendorff 1922–1934. (1. ›Annette et Sylvie‹, 1922.) Die deutsche Übersetzung von Paul Amann erschien 1924 u. d. T. ›Annette und Sylvia. Ein Roman‹, München: Kurt Wolff 1924 [= Der neue Roman]; die Ausgabe enthielt keinen Hinweis auf den Zyklus.

20] *vous n'êtez [= n'êtes] plus pressé comme au [= pour] Clérambeault [!] / Sie sind nicht mehr gehetzt wie bei Clerambault*: »[...] die ernste, stille, dauernde Auseinandersetzung des Dichters mit der Zeit ist sein Roman ›Clerambault‹, die ›Geschichte eines freien Gewissens‹, die er in vier Jahren langsam zur Vollendung gestaltet hat. [...] Durch vier Jahre, immer gehemmt durch die öffentliche Tätigkeit und äußere Lebensumstände, hat Rolland hier sein Werk aus der Tiefe des Schmerzes zur Höhe der Tröstung emporgeführt: erst nach dem Kriege, in Paris im Sommer 1920, ist es vollendet.« (SZ, ›Romain Rolland‹, GWE 1987, S. 321.)

21] *Mademoiselle votre sœur / Ihr Fräulein Schwester*: Madeleine Rolland.

22] *au cinéma / ins Kino*: 1907 war in Frankreich die erste Film-Wochenschau entstanden; im Ersten Weltkrieg hat sie als Dokumentation auch in Deutschland und Österreich an Bedeutung gewonnen und wurde allmählich in jedes Filmprogramm aufgenommen.

23] *Jouve*: Pierre-Jean Jouve; vgl, 14. 1. 1920, Anm. 7.

24] *Nicolai*: Georg Friedrich Nicolai; vgl. 22. 4. 1921, Anm. 24.

25] *Jane Addams*: Vgl. 22. 4. 1921, Anm. 22.

26] *de venir en Mars en France pour 8 jours / im März für 8 Tage nach Frankreich zu kommen*: SZ fuhr am 20. März 1922 in Begleitung von Berta Zuckerkandl über Straßburg nach Paris, wo er bis zum 28. März blieb; am folgenden Tag fuhr er nach Zürich und war am 3. April in Salzburg zurück.

53 *An Katharina Kippenberg* 6. 9. 1921
e. Br., 4 S. – DLA Marbach/N. – Signet SZ – VIII. Kochgasse 8 / Wien, (Durchgestrichen)

1] *Katharina Kippenberg*: geb. von Dühring (1876–1947), Frau von Anton Kippenberg und Mitarbeiterin im Insel-Verlag.

2] *Frau Professor*: Die Anrede hat rein gesellschaftlichen Charakter; der Professorentitel war im Mai 1914 ihrem Mann Anton Kippenberg aufgrund seiner »als Inhaber und Leiter des Inselverlags geleisteten literarischen Tätigkeit« vom Senat der Hansestadt Bremen verliehen worden.

3] *in Leipzig*: Vgl. 29. 5. 1921, Anm. 7.

4] *in den Reinhardtwochen*: Während der Salzburger Festspiele; vgl. 29. 5. 1921, Anm. 9.

5] *Schaeffers Helianth*: Albrecht Schaeffer (1885–1950), ›Helianth. Bilder aus dem Leben zweier Menschen von heute und aus der norddeutschen Tiefebene in neun Bildern dargestellt‹, 3 Bde., Leipzig: Insel-Verlag 1920.

6] *ein Simson*: Heldengestalt im Alten Testament (Das Buch der Richter, 13–16). Durch eine List seiner Geliebten Delila seiner Kraft beraubt, indem sie ihm die sieben Locken seines Haupthaars abscheren ließ, wurde er von den Philistern geblendet.

7] *Stefan George*: (1868–1933), der bedeutendste Dichter der Neuromantik in Deutschland. 1892 gründete er für den sich um ihn sammelnden und sich für die geistige Elite seiner Zeit haltenden Kreis die Zeitschrift Blätter für die Kunst. Dort huldigten ihm u. a. Leopold von Andrian, Ernst Bertram, Rudolf Borchardt, Friedrich Gundolf, Hugo von Hofmannsthal, Ludwig Klages, Georg Simmel und Karl Wolfskehl.

8] *Schaeffer darf sich da auf Goethe berufen*: Wie Johann Wolfgang von Goethe in seinem Roman ›Wilhelm Meisters Lehrjahre‹ (1795/96) und ›Wilhelm Meisters Wanderjahre oder die Entsagenden‹ (1821 bzw. 1829) wollte Schaeffer mit seinem ›Helianth‹ einen Bildungsroman seiner Zeit schaffen – mit dem Ziel, »das Leben, wie es ist«, in der ganzen Vielfalt seiner Erscheinungen zu zeigen, fügte er ihm Tagebuchaufzeichnungen, Briefe, Träume sowie zeit- und sozialkritische Bemerkungen ein. Mit dem ›Wilhelm Meister‹, in den Goethe Aufzeichnungen anderer realer Personen (Susanne von Klettenberg) als »Bekenntnisse einer schönen Seele« einbaute, läßt sich Schaeffers ›Helianth‹ aber denn doch nicht vergleichen.

9] *Stifters Nachsommer*: Adalbert Stifters (1805–1868) ›Der Nachsommer‹ (1857) ist ein Entwicklungsroman in der direkten Nachfolge von Goethes ›Wilhelm Meister‹.

10] *Pannwitz*: Rudolf Pannwitz; vgl. 13. 9. 1920, Anm. 1. *54*

11] *»Die Augen des ewigen Bruders«*: SZs Legende war im Mai 1921 in Die neue Rundschau, Berlin, 32. Jg., H. 5, S. 485–515, erstmals gedruckt worden.

12] *mit einer einzigen Zeile klarer machen*: Für die erste Buchausgabe – SZ, ›Die Augen des ewigen Bruders. Eine Legende‹, Leipzig: Insel-Verlag 1922 [= Insel-Bücherei 349] – änderte SZ am Schluß einen Satz von »›Willst du Aufseher der Hunde sein in meinem Palast?‹« in »›Würdest du Aufseher der Hunde sein wollen in meinem Palast?‹«

13] *meine andern neuen Novellen*: SZ bereitete die Zusammenstellung seines – nach ›Erstes Erlebnis. Vier Geschichten aus Kinderland‹ (Leipzig: Insel-Verlag 1911) – zweiten Sammelbandes mit Novellen vor: ›Amok. Novellen einer Leidenschaft‹, Leipzig: Insel-Verlag 1922. Er enthielt (nach einem einführenden Gedicht): ›Der Amokläufer‹, ›Die Frau und die Landschaft‹, ›Phantastische Nacht‹, ›Brief einer Unbekannten‹ und ›Die Mondscheingasse‹. Da SZ sich entschloß, seinen Erzählbänden zukünftig eine eigene Ordnung zu geben, bekam dieser Band einen Kollektivtitel: ›Die Kette. Ein Novellenkreis. Der zweite Ring‹ – mit der entsprechenden Bezeichnung ›Der erste Ring‹ wurde 1923 das 19.–23. Tsd. des Sammelbandes ›Erstes Erlebnis‹ nachgedruckt.

14] *die Gedichte*: Eine Neuausgabe von SZs Gedichten brachte der Insel-Verlag 1924 u. d. T. ›Die gesammelten Gedichte‹ heraus.

15] *Vorrede zum Verlaine-Prosaband*: Vgl. 3. 1. 1920, Anm. 3.

16] *im November gehe ich (über Leipzig) nach Berlin*: SZ fuhr vermutlich am 18. November 1921 von Salzburg nach Berlin, wo er bis zum 28. November, dem Tag seines 40. Geburtstags, blieb; am 29. – einen Tag eher als geplant, weil in Berlin gestreikt wurde – reiste er weiter nach Leipzig, am 30. nach Dresden, am 1. Dezember über Prag nach Wien und war am 4. Dezember in Salzburg zurück.

17] *nach Hamburg*: SZ war anläßlich der Aufführung seiner Tragödie ›Das Haus am Meer‹ am Hamburger Schauspielhaus am 23. November 1912 zum ersten Mal in Hamburg gewesen.

55 18] *den Töchterchen*: Bettina und Jutta Kippenberg.

19] *Dante Aufsatz*: SZ, ›Dante. Zum sechsten Jahrhunderttag seines Todes‹, Das Inselschiff, Leipzig, Jg. 3, H. 1 (Oktober 1921), S. 1–13. Der Aufsatz wurde am 11. 9. 1921 in der Neuen Freien Presse, Wien, vorabgedruckt.

55 *An Erwin Guido Kolbenheyer* 3. 10. 1921

e. Br., 4 S. – Kolbenheyer-Archiv, Gerritsried – Briefkopf: Signet SZ – VIII. Kochgasse 8 / Wien, (Durchgestrichen)

1] *Erwin Guido Kolbenheyer*: (1878–1962), Dr. phil., Dr. med. h. c.; Lyriker, Erzähler, Dramatiker, philosophischer Schriftsteller. Vgl. SZ, ›Die Welt von Gestern‹, GWE 1981, S. 150.

2] *den zweiten Teil des »Paracelsus«*: Der erste Teil von Kolbenheyers Paracelsus-Romantrilogie war 1917 erschienen – ›Die Kindheit des Paracelsus‹, München: Georg Müller. Der zweite Teil erschien 1921, ebenfalls bei Georg Müller in München, u. d. T. ›Das Gestirn des Paracelsus‹. Den abschließenden dritten Teil – ›Das dritte Reich des Paracelsus‹ – brachte Georg Müller 1926 heraus. Vgl. SZ, ›Briefe 1914–1919‹, a.a.O., S. 309.

3] *für eine ganze junge, allzu ungeduldige Generation*: »Dieser Roman, der eine Fülle kulturgeschichtlichen Materials in kraftvoller dynamischer Sprache vergegenwärtigt und die Kämpfe zwischen Luthertum und Katholizismus, Humanismus und Wiedertäuferei eindringlich schildert, ist aufgrund seiner Ideologie, seiner Mystifizierung des Deutschtums zugleich« – was SZ zu diesem Zeitpunkt (und auf die literarische Gestalt des Werkes konzentriert) noch nicht erkennen konnte – »ein Zeugnis für jenen völkisch-nationalen Geist, der in der ›Blut-und-Boden‹-Literatur des Dritten Reiches seinen extremen Ausdruck fand.« (Elke

Heidenreich, ›Kindlers Literatur-Lexikon im dtv‹, [München:] Deutscher Taschenbuch Verlag [1974], Bd. 17, P – Ple, S. 7173.)
4] *im nächsten Bande*: Vgl. oben, Anm. 2.
5] *Arzt zu werden*: Eine entsprechende Äußerung ist aus früherer Zeit nicht überliefert. Als SZ zu Beginn des Ersten Weltkriegs gemustert wurde, schrieb er jedoch am 19. 10. 1914 an Romain Rolland: »Es wäre für mich ein Glück, ginge mein Wunsch in Erfüllung, dem Spitaldienst zugeteilt zu werden: Wunden zu heilen wäre mir tausendmal lieber als Wunden zu schlagen. Ich fühle, daß ich da viel, im Felde wenig leisten könnte, weil man doch nur dort vollwertig ist, wo die Anstrengung auf der inneren Linie des Charakters liegt.« (SZ, ›Briefe 1914–1919‹, a.a.O., S. 22.) 56
6] *Salzburg [. . .] vor seinem Grabstein*: Paracelsus (eigtl. Theophrastus Bombastus von Hohenheim) wurde um 1494 in Einsiedeln in der Schweiz geboren und starb am 24. September 1541 in Salzburg. Als Philosoph und Arzt durchwanderte er ganz Europa, praktizierte mit seinen Schülern und rang um immer neue naturwissenschaftliche und geistige Erkenntnisse. Er lehrte ein dreifaches Sein: das göttliche, das geistige und das körperliche oder vergängliche, in der Überzeugung, sie seien so aufeinander abgestimmt, daß der göttliche Kosmos und der Makrokosmos dem Mikrokosmos entsprächen.
7] *eine Gelegenheit darüber zu schreiben*: SZ hatte mit der National-Zeitung in Berlin im September 1921 eine Vereinbarung getroffen: »Unter dem Titel ›Bücherkaleidoskop‹ wird Stefan Zweig in regelmäßiger und doch freier Folge über neue Bücher berichten. Diese informative Rundschau des bekannten Essayisten und Dichters will weder eine vollständige Übersicht aller Neuerscheinungen, noch eine alleinige sein, die andere ausschließt, sondern einzig eine ganz persönliche Auswahl und Empfehlung literarischer Lektüre mit besonderer Bevorzugung von Werken, die nicht schon im Brennpunkt der allgemeinen Diskussion stehen.« Mit dieser Vorbemerkung erschien SZs erstes ›Bücherkaleidoskop‹ mit der Überschrift ›Exotica und Phantastica‹ am 18. 9. 1921. Im ›Bücherkaleidoskop (II), Paracelsus in Dichtung und Werk‹ (National-Zeitung, Berlin, 29. 10. 1921, Nr. 250, Beiblatt, S. 1) besprach er Erwin Guido Kolbenheyers ersten und zweiten Band seiner Paracelsus-Trilogie (vgl. oben, Anm. 2) sowie ›Die Schriften Theophrasts von Hohenheim‹, ausgew. und hrsg. von Hans Kayser, Leipzig: Insel-Verlag 1921 [= Der Dom]. Kolbenheyers dritten Band der Paracelsus-Trilogie – »das Finale« – hat SZ nicht rezensiert.
8] *Müller*: Der Verlag Georg Müller in München.
9] *»Jeremias«*: Vgl. 22. 7. 1920, Anm. 13.
10] *»Drei Meister«*: Vgl. 3. 1. 1920, Anm. 16.

11] *ein in sich psychologisch gebundener Kreis von Novellen*: Vgl. 6.9. 1921, Anm. 13.
12] *das italienische Universitätsbild*: Kolbenheyer schildert im zweiten Teil seiner Paracelsus-Romantrilogie die Universitätsstadt Ferrara.

57 *An Friderike Maria Zweig* [20. 11. 1921]
e. Br., 4 S. (Von fremder Hand am oberen Briefrand datiert: »20. Nov. 21«; am Schluß des Briefes datiert, ebenfalls von fremder Hand: »19/11 21«) – Briefkopf: Hotelsignet (Geflügeltes Rad) – Central-Hotel/Berlin – SUC Fredonia, NY – D: SZ-Friderike Zweig, ›Briefwechsel 1912–1942‹, Bern: Alfred Scherz Verlag [1951], S. 144–145 (Gekürzt); SZ, ›Briefe an Freunde‹, hrsg. v. Richard Friedenthal, (Frankfurt a. M.:) S. Fischer 1978, S. 135–136 (Gekürzt); Friderike Zweig-SZ, ›Unrast der Liebe. Ihr Leben und ihre Zeit im Spiegel ihres Briefwechsels‹, (Bern und München:) Scherz (1981), S. 117–118 (Gekürzt), und (Frankfurt a. M.:) Fischer Taschenbuch Verlag 1984 (= Fischer Taschenbuch 5366), S. 103–104 (Gekürzt).

1] *Berlin*: Vgl. 6. 9. 1921, Anm. 6.
2] *Victor*: Victor Fleischer; vgl. [27. 1. 1920] an Victor Fleischer, Anm. 1.
3] *Harden*: Maximilian Harden (eigtl. Maximilian Ernst Witkowski, 1861–1927); zunächst Schauspieler, dann Journalist; gründete 1892 in Berlin die politisch-literarische Wochenschrift Die Zukunft.
4] *Rathenau*: Walther Rathenau (1867–1922), deutscher Großindustrieller; 1915 Präsident der AEG; demokratischer Politiker; von Mai bis November 1921 Reichsminister für Wiederaufbau und Leiter der deutschen Delegation bei den Reparationsverhandlungen (vgl. 22. 4. 1921, Anm. 6); übernahm am 1. Februar 1922 widerstrebend das Amt des deutschen Reichsaußenministers; am 24. Juni 1922 wurde Rathenau von den Angehörigen der rechtsextremistischen ›Organisation Consul‹ Erwin Kern (1898–1922) und Hermann Fischer (1896–1922) erschossen. – Rathenau hatte am 6. Oktober 1921 für das Deutsche Reich das sog. Wiesbadener Abkommen mit Frankreich unterzeichnet, in dem sich das Reich verpflichtete, bis zum 1. Mai 1926 Sachleistungen im Gesamtwert von 7 Milliarden Goldmark zu liefern. Pro Jahr sollten ihm dafür bis zu 1 Milliarde Goldmark – das sind 33 % des Warenwerts – auf seinem Reparationskonto gutgeschrieben werden. Die Reaktionen darauf waren in Frankreich weitgehend positiv.
5] *Fischer*: Samuel Fischer; vgl. 17. 11. 1920, Anm. 1.
6] *Kahane*: Arthur Kahane (1872–1932), Dramaturg, künstlerischer Berater und Sekretär Max Reinhardts.

7] *Handl's Frau und Tochter*: Einzelheiten zu Fritzi Handl, der Witwe von Willi Handl, und ihrer Tochter konnten nicht ermittelt werden. Der österreichische Schriftsteller und Kritiker Willi Handl (1872–1921) war viele Jahre für den Berliner Lokal-Anzeiger tätig gewesen; zuvor war er Prager Korrespondent der Neuen Freien Presse in Wien und Redakteur der Bohemia, Prag.

8] *Kaemmerer*: Ami Kaemmerer (1861–1926), Hamburger Exportkaufmann, langjähriger Freund von SZ, der auf dieser Reise keinen Abstecher nach Hamburg machte.

9] *ich kann hier nicht vorlesen*: SZ hat den für den 26. November geplanten Vortrag vermutlich abgesagt.

10] *Camill*: Camill Hoffmann (1878–1944), SZs langjähriger Freund, war zunächst als Journalist in Wien tätig, wurde 1911 Feuilleton-Redakteur der Dresdner Neuesten Nachrichten und nach dem Ende des Ersten Weltkriegs Pressechef der Botschaft der Tschechoslowakei in Berlin.

11] *den lieben [...] Freund in Hamburg*: Ami Kaemmerer; vgl. oben, Anm. 8.

12] *(auch im Eros)*: SZ »genoß die Bewunderung junger Mädchen *58*
[...]. Mit wachsendem Ruhm (und seine vierzig Jahre sah man ihm nicht an), fehlte es ihm nicht an jungen Frauen, die ihn bewunderten und vor denen er den Don Juan spielte: Und es lag eine Spur Sadismus in seiner Art, Friderike kein einziges Detail seiner Affären zu ersparen, sei es bei seiner Rückkehr, sei es in seinen fast täglichen Briefen, wenn er auf Reisen war.« (Donald A. Prater, ›Stefan Zweig. Das Leben eines Ungeduldigen‹, München: Hanser [1981], S. 199.)

13] *den Kindern*: Alix Elisabeth (Lix) und Susanne Benedictine (Suse) v. Winternitz; vgl. 14. 1. 1920, Anm. 21.

An Friderike Maria Zweig [25. 11. 1921] *58*

e. Br., 3 S. – SUC Fredonia, NY – D: SZ-Friderike Zweig, ›Briefwechsel 1912–1942‹, Bern: Alfred Scherz Verlag [1951], S. 147–148 (Gekürzt); SZ, ›Briefe an Freunde‹, hrsg. v. Richard Friedenthal, (Frankfurt a. M.:) S. Fischer 1978, S. 136–137 (Gekürzt); Friderike Zweig-SZ, ›Unrast der Liebe. Ihr Leben und ihre Zeit im Spiegel ihres Briefwechsels‹, (Bern und München:) Scherz (1981), S. 119–120 (Gekürzt), und (Frankfurt a. M.:) Fischer Taschenbuch Verlag 1984 (= Fischer Taschenbuch 5366), S. 105 (Gekürzt).

1] *Fischer*: Samuel Fischer; vgl. 17. 11. 1920, Anm. 1.

2] *Heymann*: Moritz Heimann (1868–1925), seit 1895 Lektor im S. Fischer Verlag, lebte in Kagel bei Berlin – »kann Berlin nicht ausstehen« (Otto Brahm, 1894); seit 1918 war seine Gesundheit angegriffen – das gute Verhältnis zu S. Fischer ermöglichte es ihm, von da an nur noch gelegentlich ins Verlagshaus in der Bülowstraße 90/91 zu gehen. – Heimann hatte als Lektor Friderikes Roman ›Vögelchen‹ (vgl. [22. 8. 1920], Anm. 4) betreut.

3] *Frau Fischer*: Hedwig Fischer, geb. Landshoff (1871–1952).

4] *Berlin W*: Samuel und Hedwig Fischer hatten sich im Grunewald, den S. Fischer besonders liebte, 1904/1905 in der Erdener Straße 8 ein Haus gebaut. Das Verlegerehepaar war besonders gastfreundlich, und so schrieb der dänische Autor und Freund Peter Nansen bereits vier Jahre nach dem Einzug: »Das Grunewaldhaus ist ein Welthotel geworden.«

5] *Jessner*: Leopold Jessner (1878–1945), Regisseur; 1919–1930 Generalintendant der Staatlichen Schauspiele in Berlin.

6] *Wassermann*: Jakob Wassermann (1873–1934). SZ hatte seit 1908 mit ihm korrespondiert, 1912 einen großen Aufsatz über ihn und sein Werk geschrieben; später war es zu Meinungsverschiedenheiten zwischen ihnen gekommen.

7] *Rathenau*: Walther Rathenau; vgl. [20. 11. 1921], Anm. 4.

8] *Kerr*: Alfred Kerr (eigtl. Kempner, 1867–1948), deutscher Theaterkritiker, seit 1919 am Berliner Tageblatt.

9] *Vortrag für das Staatstheater*: Für den 29. November 1921 hatte SZ bei einer großen Aktion für die Russenhilfe im Berliner Staatstheater einen Vortrag zugesagt; die Veranstalter hatten ihn angesprochen, als Karl Kraus, der als Redner vorgesehen war, kurzfristig absagte und sie hörten, daß er in der Stadt war. SZ sprach über Fjodor Michailowitsch Dostojewski als »Anwalt des Leidens«.

10] *Hofman[n]sthal*: Hugo von Hofmannsthal; vgl. [22. 8. 1920], Anm. 8. Es wurde nicht ermittelt, auf welche Äußerung Hofmannsthals sich SZ hier bezieht.

11] *Busoni*: Ferruccio Busoni (1866–1924), deutsch-italienischer Komponist und Pianist.

12] *Liszt*: Franz von Liszt (1811–1886), ungarisch-deutscher Komponist und Pianist.

59 13] *nach Leipzig Dresden*: Vgl. 6. 9. 1921, Anm. 6.

14] *Vorlesungen in Brünn*: Vermutlich war während seiner Abwesenheit von Salzburg eine entsprechende Einladung eingetroffen, von der ihm Friderike Nachricht gegeben hatte.

15] *Metzens*: Friedrich (?) Metz. Näheres nicht ermittelt.

An Ludwig Marcuse 28. 12. 1921 59
ms. Br., 1 S. – Privat

1] *Ludwig Marcuse*: (1894–1971), Literaturhistoriker und Essayist.
2] *Die Wahl wird mir [...] schwer*: Marcuse bereitete aus Anlaß von Gerhart Hauptmanns 60. Geburtstag am 15. November 1922 die Herausgabe eines Aufsatzbandes ›Gerhart Hauptmann und sein Werk‹ (Berlin und Leipzig: J. Gnadenfeld 1922) vor; er hatte auch SZ eingeladen, sich daran zu beteiligen.
3] *»Atlantis«*: Gerhart Hauptmann, ›Atlantis‹, Roman, Berlin: S. Fischer 1912.
4] *eine Darstellung [...] seiner Dichtererscheinung*: Dies realisierte SZ in seinem Beitrag zu Hauptmanns 60. Geburtstag in der Neuen Rundschau (Berlin 1922, 33. Jg., H. 11, S. 1147–1165), wo unter der Überschrift ›Bekenntnisse und Erinnerungen‹ insgesamt 13 Aufsätze von Schriftstellerkollegen gesammelt wurden (Hermann Bahr, Félix Bertaux, Oskar Bie, Henri Guilbeaux, Knut Hamsun, Hugo von Hofmannsthal, Harry Graf Kessler, Annette Kolb, Selma Lagerlöf, Eugen Lundberg, Gabriele Reuter, Franz Werfel und SZ).

An Raoul Auernheimer 31. 12. 1921 60
ms. Br., 2 S. – WStLB – D: ›The Correspondence of Stefan Zweig with Raoul Auernheimer edited with an introduction and notes by Donald G. Daviau and Jorun B. Johns and with Richard Beer-Hofmann edited with commentary and notes by Jeffrey B. Berlin‹, Columbia, South Carolina: Camden House (1983), S. 77.

1] *Raoul Auernheimer*: (1876–1948), österreichischer Essayist, Novellist, Dramatiker, Journalist.
2] *auch Ihr Dilemma haben*: Anläßlich des 300. Geburtstags von Molière (eigtl. Jean Baptiste Poquelin, 1622–1673) bereitete die französische Regierung in Paris eine offizielle Feier vor, zu der als Repräsentanten ihres Landes zwar einige Intellektuelle und Schriftsteller aus Österreich, nicht aber aus Deutschland eingeladen wurden. SZ war als einer der ersten gefragt worden, wollte aber keineswegs allein reisen. Die Angelegenheit wurde zu einer Frage der Diplomatie. Als deutlich wurde, daß von den österreichischen Schriftstellern weder Hugo von Hofmannsthal noch Arthur Schnitzler, noch Hermann Bahr, noch Karl Schönherr nach Paris fahren würden, hatte auch SZ »keine Lust mich zu exponieren«. Raoul Auernheimer nahm nach anfänglichem

Zögern schließlich zusammen mit Anton Wildgans auf Wunsch der österreichischen Regierung an der Molière-Feier teil.

2] *über Bahr nicht recht informiert*: Am 3. 1. 1922 konnte SZ Auernheimer mitteilen, daß Hermann Bahr (vgl. Neujahr 1921, Anm. 1) »keinesfalls fahren werde. Er fürchtet sich vor den Kosten, die ihm dennoch erwachsen und außerdem, bei diesem Anlaß, Paris nicht so zu sehen wie er wollte. Er will, sobald er die offizielle Einladung bekommen, dann wegen Gesundheitsrücksichten absagen [...]«. (›The Correspondence of Stefan Zweig with Raoul Auernheimer... ‹, a.a.O., S. 78–79.)

3] *ich [...] den Ihnen bekannten Standpunkt vertrat*: »Ich bin kein Mann der Feste, ich mag von Regierungen nicht geladen sein und wollte an einem schönen Fest nicht teilhaben, das eine Nation ausschließt.« (An Romain Rolland, 4. 1. 1922; Romain Rolland-SZ, ›Briefwechsel 1910–1940. Erster Band 1910–1923‹, a.a.O., S. 671.)

4] *aus uns Offiziere der Akademie [...] machen*: Die gewählten Mitglieder der Académie française heißen Offiziere. SZ fürchtete, durch die Wahl in diese französische Organisation von seinen nicht nationalistisch gesonnenen Freunden in Frankreich getrennt zu werden.

5] *eine Pariser Reise [...] keine Messe wert*: Maximilien de Béthune, Duc de Sully (1560–1641), Minister Heinrichs IV. von Navarra, Königs von Frankreich (1553–1610), soll seinem Herrn, als dieser 1593 vom Calvinismus zum katholischen Glauben übertrat, gesagt haben: »Paris vaut une messe« – Paris ist eine Messe wert.

6] *Sie stehen im Geiste Molière näher*: Auernheimers erzählerisches und dramatisches Werk ist stark von der französischen Literatur beeinflußt; außerdem war er als Übersetzer u. a. von Werken Molières hervorgetreten.

7] *Hofmannsthal*: Hugo von Hofmannsthal; vgl. [22. 8. 1920], Anm. 8.

8] *Schnitzler*: Arthur Schnitzler (1862–1931).

9] *ob Deutschland mit einbezogen ist*: Auernheimer antwortete SZ auf diesen Brief am 1. 1. 1922 diesbezüglich: »Meine Annahme ist moralisch begründet in dem legitimen und begreiflichen Wunsch unserer Regierung, bei der Feier vertreten zu sein und die Deutschen zumindest durch deutschösterreichische Schriftsteller vertreten zu sehen – ein Standpunkt, der auch die rückhaltlos zustimmende Haltung der deutschen Gesandtschaft zu erklären scheint.« (›The Correspondence of Stefan Zweig with Raoul Auernheimer... ‹, a.a.O., S. 78.)

10] *Hofmannsthal [...] Bahr*: Vgl. oben, Anm. 2.

61 11] *Ihrer lieben Frau*: Irene Beate Auernheimer, geb. Guttmann (1880–1967).

An Erwin Guido Kolbenheyer 31. 12. 1921 *61*
ms. Br., 2 S. – Kolbenheyer-Archiv, Gerritsried

1] *daß der Inselverlag auf Dich großes Gewicht legen würde*: Kolbenheyer dachte offenbar daran, sich vom Georg Müller Verlag in München zu trennen, und hatte SZ vermutlich um Vermittlung bei Anton Kippenberg gebeten. Aber Kolbenheyer wurde weder jetzt noch später Autor des Insel-Verlags in Leipzig, sondern blieb bei Georg Müller.
2] *Rütten & Loening*: Vgl. 14. 1. 1920, Anm. 9.
3] *Bonsels*: Waldemar Bonsels (1880–1952), deutscher Schriftsteller. Seit 1920 erschienen einige seiner Bücher auch in der Literarischen Anstalt Rütten & Loening in Frankfurt am Main.
4] *Rolland*: Die deutschen Ausgaben von Romain Rollands (vgl. 14. 1. 1920, Anm. 1) Büchern erschienen fast ausschließlich bei Rütten & Loening.
5] *die Leute*: Alleininhaber des Verlags war zu dieser Zeit Wilhelm Ernst Oswalt (1877–1942); ihm stand als Geschäftsführer seit 1913 Adolf Neumann (1878–1953) zur Seite.
6] *S. Fischer*: Vgl. 17. 11. 1920; Anm. 1. *62*
7] *Kurt Wolff*: Vgl. 2. 11. 1920, Anm. 10. Zum Programm seines Verlags vgl. auch [22. 8. 1920], Anm. 12.

An Raoul Auernheimer 12. 2. 1922 *62*
e. Br., 2 S. – WStLB – Briefkopf: Signet SZ – VIII. Kochgasse 8 / Wien, (Durchgestrichen) – D: ›The Correspondence of Stefan Zweig with Raoul Auernheimer edited with an introduction and notes by Donald G. Daviau and Jorun B. Johns and with Richard Beer-Hofmann edited with commentary and notes by Jeffrey B. Berlin‹, Columbia, South Carolina: Camden House (1983), S. 81.

1] *Unglück, das die Familie [. . .] F[rankfurter] betroffen hat*: Der älteste Sohn des Hofrats Albert Frankfurter (1868–1952) und seiner Frau Ella, geb. Guttmann (1873–1957), einer Schwester von Irene Beate Auernheimer – Leo (1894–?) –, war von einer Straßenbahn angefahren und verletzt worden; ihr jüngerer Sohn – Victor? (1903–1922) – hatte etwa zur selben Zeit Selbstmord begangen, was Auernheimer SZ gegenüber am 15. Februar 1922 mit den Worten erläuterte: »ich wenigstens kann seinen Entschluß, aus einem zerstörten Leben zu scheiden, nur billigen.« (›The Correspondence of Stefan Zweig with Raoul Auernheimer . . . ‹, a.a.O., S. 81.)
2] *Ihr Bericht über Paris*: Auernheimer hatte über die Feierlichkeiten

zum 300. Geburtstag Molières in Paris (vgl. 31. 12. 1921 an Raoul Auernheimer, Anm. 2) zwei Feuilletons in der Neuen Freien Presse in Wien veröffentlicht: ›Paris im Lichte Molières‹ (29. 1. 1922) und ›Molière und das Lustspiel‹ (4. 2. 1922).
3] *in acht Tagen nach Wien*: SZ fuhr vermutlich am 20. Februar nach Wien, wo er unter anderem auch seinen Bruder Alfred traf, und kehrte am 1. März wieder nach Salzburg zurück. Die Reise dorthin war notwendig geworden, weil SZ als Ehrenmitglied zur Gründung des Cercle littéraire, des späteren französischen PEN-Clubs, am 25. März 1922 nach Paris eingeladen worden war; dafür mußte er zunächst bei der französischen Botschaft in Wien einen Einreiseantrag nach Frankreich stellen; zur Genehmigung mußte sein Paß aber zuvor nach Paris geschickt werden, was etwa vier Wochen Zeit beanspruchte.
4] *eine Auswahlausgabe der Aufsätze St. Beuves [!]*: Charles Augustin Sainte-Beuve, ›Literarische Portraits aus dem Frankreich des 17. bis 19. Jahrhunderts‹; vgl. [27. 1. 1920] an Victor Fleischer, Anm. 9. Auernheimer übersetzte die Essays ›Madame Recamier‹ und ›Die Marquise du Deffand‹.

63 *An Ida Dehmel* [21. 2. 1922]
e. Ansichtskarte (Salzburg) – SUB Hamburg, Dehmel-Archiv

1] *Ida Dehmel*: geb. Coblenz (1870–1942). Ab 1899 lebte sie mit Richard Dehmel (1863–1920) zusammen und heiratete ihn 1901 nach der Scheidung von seiner ersten Frau Paula, geb. Oppenheimer (1862–1918).
2] *Sie diese Briefe ausgewählt*: Richard Dehmel, ›Ausgewählte Briefe aus den Jahren 1883–1902‹, hrsg. von Ida Dehmel. Mit 6 Bildbeilagen, Berlin: S. Fischer 1922. Ein zweiter Band – ›Ausgewählte Briefe aus den Jahren 1902–1920‹, ebenfalls hrsg. von Ida Dehmel, erschien 1923 im S. Fischer Verlag in Berlin.
3] *des verehrten Dichters*: SZ hatte von 1901 bis 1920 mit Richard Dehmel korrespondiert. Vgl. SZ, ›Briefe 1897–1914‹, Frankfurt a. M.: S. Fischer 1995, und SZ, ›Briefe 1914–1919‹, a.a.O.

63 *An Ludwig Marcuse* 1. 3. 1922
ms. Br., 1 S. – Privat

1] *das Manuskript*: Vgl. 28. 12. 1921, Anm. 2 und 4.
2] *für 14 Tage nach Frankreich zu fahren*: Vgl. 12. 2. 1922, Anm. 3. SZ fuhr am 19. März – nicht als offizieller Repräsentant, sondern als freier

Schriftsteller – zusammen mit der Hofrätin Berta Zuckerkandl nach Paris. Er stellte sich bei dieser Versammlung und ihren Beschlüssen ganz in den Dienst der intellektuellen Einigung Europas. Am 29. März trat er die Rückreise nach Salzburg über Zürich an.
3] *komme gerade aus Wien*: Vgl. 12. 2. 1922, Anm. 3.

An Franz Karl Ginzkey 13. 3. 1922 *64*
ms. Br., 1 S. – WStLB

1] *Franz Karl Ginzkey*: (1871–1963), österreichischer Berufsoffizier und Schriftsteller, wie Hugo von Hofmannsthal, Jakob Wassermann, Richard Dehmel u. a. Mitarbeiter der 1899 gegründeten Wiener Allgemeinen Montagszeitung, die von Felix Salten redaktionell geleitet wurde. SZ erhielt zusammen mit Franz Karl Ginzkey und sechs weiteren Schriftstellern 1906 die Ehrengabe des Bauernfeldpreises. 1914 vermittelte Ginzkey SZ eine Beschäftigung im Pressequartier des k. u. k. Kriegsarchivs, so daß er nicht als Soldat an die Front mußte. (Vgl. SZ, ›Briefe 1914–1919‹, a.a.O.)
2] *Deinen vermittelnden Brief*: Nicht erhalten.
3] *Dr. Nabls*: Franz Nabl (1883–1974), Dr. phil. h. c., Erzähler, Dramatiker; erhielt 1921 den Bauernfeldpreis.
4] *Bücherbesprechungen*: Vermutlich hatte Ginzkey den Wunsch von Franz Nabl an SZ weitergegeben, sein neues Buch, ›Die Galgenfrist. Eine erfundene und etwas aus der Form geratene Geschichte‹, Berlin, Stuttgart: Deutsche Verlags-Anstalt 1921, zu rezensieren. Aber es blieb bei dieser Absage; etliche andere Bücher besprach SZ jedoch in den folgenden Monaten.
3] *für etwa 14 Tage westlich zu verreisen*: Vgl. 12. 2. 1922, Anm. 3.

An den Insel-Verlag, Leipzig 16. 3. 1922 *64*
ms. Br., 1 S. – StWK Weimar

1] *Insel-Verlag*: SZs Bücher erschienen von 1904 bis 1934 im wesentlichen im 1899 gegründeten Insel-Verlag in Leipzig.
2] *als rekommandierte Drucksache*: Als eingeschriebene Drucksache.
3] *der »Italienischen Ant[h]ologie«*: ›Il Rinascimento‹; vgl. 9. 2. 1920, Anm. 34.
4] *»Bibliotheca mundi«*: Vgl. 3. 1. 1920, Anm. 10.
5] *Dr. Josef Gregor*: Joseph Gregor (1888–1960), Dr. phil., war Regisseur an der Münchner Hofoper, dann in Berlin bei Max Reinhardt; *65*

seit 1918 Vorstand der Theatersammlung der Österreichischen Nationalbibliothek und des Bundestheatermuseums in Wien. Universitätsprofessor, Theater- und Kulturhistoriker, Lyriker, Erzähler.
6] *in der Leipziger Druckerei*: Bei Poeschel & Trepte wurden die meisten Bücher des Insel-Verlags gedruckt; sie war gegenüber der Offizin W. Drugulin, ebenfalls in Leipzig, kostengünstiger.

65 *An Fritz Adolf Hünich* 9. 5. 1922
ms. Br., 1 S. – StWK Weimar

1] *Fritz Adolf Hünich*: (1885–1964), Germanist; Lyriker. »[...] trat 1913 als Lektor und wissenschaftlicher Mitarbeiter in den Insel-Verlag ein und erhielt im September 1919 Prokura. Als Redakteur stellte er den Kriegs-Almanach, die Insel-Almanache zwischen 1921 und 1933 und zeitweise das Insel-Schiff zusammen; daneben zeichnete er für mehrere Anthologien und Textausgaben verantwortlich, erarbeitete Personalbibliographien Rainer Maria Rilkes (1919 und 1935 [...]) und Stefan Zweigs (1931 [...]) und betreute als Kustos seines Chefs auch die Bände I (1921) bis IX (1931) des Jahrbuchs der Sammlung Kippenberg [...].« (Zit. nach Hugo von Hofmannsthal, ›Briefwechsel mit dem Insel-Verlag 1901–1929‹, hrsg. von Gerhard Schuster, Frankfurt a. M.: Buchhändler-Vereinigung GmbH [1985], Sp. 510.)
2] *die beiden Verlaine-Bände*: Vgl. 3. 1. 1920, Anm. 3.
3] *Professor Kippenberg*: Anton Kippenberg; vgl. 9. 2. 1920, Anm. 1 und 2.
4] *daß es solange dauert*: Die Buchproduktion zog sich offensichtlich hin.
5] *allen einzelnen Autoren*: Gemeint sind die Übersetzer; vgl. 3. 1. 1920, Anm. 3.
6] *Albrecht Schäffer*: Vgl. 6. 9. 1921, Anm. 5.
7] *die Manuskripte acht Jahre in Händen*: Vgl. 3. 1. 1920, Anm. 3.
8] *Für das Inselschiff [...] mein Gedicht*: In der Hauszeitschrift des Insel-Verlags Das Inselschiff wurde in diesem Jahrgang kein Gedicht von SZ abgedruckt.
9] *Verhaeren [...] Holzschnitt-Portrait Masereels*: Für die Originalausgabe von Emile Verhaerens (vgl. 29. 3. 1920, Anm. 16) erstem Prosaband ›Cinq récits‹, Genève: Editions du Sablier 1920, hatte Frans Masereel (vgl. 29. 3. 1920, Anm. 1) einen Portrait-Holzschnitt Verhaerens geschaffen; er wurde in die deutsche Ausgabe – Emile Verhaeren, ›Fünf Erzählungen‹, übertragen von Friderike Maria Zweig, Leipzig: Insel-Verlag 1921 – übernommen. Ebenso wurde er in Das Inselschiff. Eine

Zweimonatsschrift, Leipzig: Insel-Verlag, 3. Jg., H. 5, Juni 1922, S. 213, aufgenommen.
10] *die Novalisgedichte*: Novalis (eigtl. Friedrich Leopold Freiherr von Hardenberg, 1772–1801), ›Drei Jugendgedichte. (Zum erstenmal veröffentlicht)‹, in: Das Inselschiff. Eine Zweimonatsschrift, Leipzig: Insel-Verlag, 3. Jg., H. 5, Juni 1922, S. 198–200. Es handelt sich um »An ihrem Busen weih ich mich zum Gotte...« / Trinklied (»Was suchst du in dem goldnen Wein...«) / »Der Ritter den du mir hast zugesandt...«. – Im Vorsatz des Verlags zu diesem Abdruck heißt es: »In seiner Ausgabe von Novalis' Werken schrieb J[akob] Minor [Novalis, ›Schriften‹, 4 Bde., hrsg. v. J. M., Jena: Diederichs 1901, ²1923], sie werde, von unberechenbaren Funden abgesehen, für die dichterischen Werke wohl als eine abschließende gelten können. Einen solchen unberechenbaren Fund stellen nun die drei folgenden Gedichte dar, die uns von befreundeter Seite zum erstmaligen Abdruck überlassen worden sind. Sie stammen offenkundig aus der Jugendzeit des Dichters, verraten aber doch in einzelnen Wendungen schon die künftige bedeutende Form.«

An Rudolf Pannwitz [15. 5. 1922] *66*
e. Briefkarte, 2 S. (Datierung von fremder Hand) – DLA Marbach/N. – Briefkopf: Signet SZ – VIII. Kochgasse 8 (Durchgestrichen)

1] *die kurze Anzeige Ihres Werks*: SZ, ›Provisorisches über Rudolf Pannwitz‹, Literarisches Echo, Berlin, 24. Jg., H. 16, 15. 5. 1922, Sp. 982–984. In diesem Aufsatz referierte SZ über fünf Bücher von Pannwitz.
2] *in Paris*: Vgl. 1. 3. 1922, Anm. 2.
3] *eine große europäische Revue in französischer Sprache*: Vgl. 4. 9. 1921, Anm. 10.
4] *sehr auf Sie zähle*: Pannwitz arbeitete nicht an der Zeitschrift Europe mit.
5] *in den Versen*: Vermutlich Rudolf Pannwitz, ›Das Geheimnis‹, [Dichtung], München-Feldafing: Hans Carl 1922.

An Romain Rolland 17. 6. 1922 *66*
e. Br., 4 S. – BN Paris – Briefkopf: Signet SZ – VIII. Kochgasse 8/ Wien, (Durchgestrichen) – D in deutscher Übersetzung: Romain Rolland-SZ, ›Briefwechsel 1910–1940. Erster Band 1910–1923‹, Aus dem Französischen von Eva und Gerhard Schewe (Briefe Rollands)

und Christel Gersch (Briefe Zweigs), Berlin: Rütten & Loening 1987, S. 686–688.

Übersetzung
Mein verehrter und guter Freund, ich habe ein schlechtes Gewissen, daß ich Ihnen so selten schreibe. Aber da ich jetzt gezwungen bin, jeden Monat für eine Woche nach Wien zu fahren, hat der Monat für mich nur noch zwanzig Tage, und die sind angefüllt mit Arbeit und verschiedensten Dingen. Das Leben in Österreich ist dermaßen kompliziert: wir sind, ohne es zu wollen, mit dem Geschäftsleben verwoben, weil die Mark an einem Tag 50 Kronen und am nächsten Tag 25 Kronen wert ist. Die Unbeständigkeit des Geldes bringt das Alltagsleben aus dem Konzept. Ich für meinen Teil leide persönlich nicht darunter, ich habe mehr, als ich brauche, aber man spürt, wie es durch die verschlossenen Haustüren dringt. Man muß große Anstrengungen unternehmen, um sich einen klaren Geist zu bewahren und um sich zu konzentrieren.

»Clerambault« wird endlich erscheinen, meine Biographie ist fast ausverkauft, die ersten 10 000 Exemplare sind verkauft, es wird eine neue Auflage gedruckt. Meine anderen Bücher gehen auch sehr gut, und ich hoffe, daß mein neues Buch, das in zwei Monaten erscheinen wird, den gleichen breiten, gleichzeitig aber nicht lärmenden Erfolg haben wird, so wie die letzten. Ich verabscheue es, jähe und tosende Erfolge zu haben: und ich rechne es Deutschland hoch an, daß man dort langsam eine sichere und aufmerksame Leserschaft für sich gewinnen kann. Die Ihre ist sehr, sehr groß – Michelangelo hat eine Auflage von 60 000 in zwei Jahren!

Ich höre nichts von Colin hinsichtlich der Zeitschrift: ich fürchte, er ist auf Schwierigkeiten gestoßen. Ich für meinen Teil habe mein möglichstes getan.

Ich bin sehr froh, Sie in aller Ruhe in Villeneuve eingerichtet zu wissen, und ich hoffe, die Einsamkeit wird sich günstig auf Ihren Roman auswirken und heilsam auf Ihre Gesundheit. Ich würde diesen Sommer auch gerne beschaulich verbringen, aber ich fürchte, daß es nicht möglich sein wird: da sind zunächst die Reisen nach Wien, dann die Festspiele von Reinhardt und Richard Strauss in Salzburg, die mich für zwei Wochen zum Wegziehen veranlassen, denn mir graut vor Menschenmassen und literarischem Getöse. Vielleicht kann ich es bewerkstelligen, nach Varese zu kommen – ich traue nichts mehr zu versprechen, mein Leben gehört mir nicht mehr.

Kennen Sie den englischen Romancier Lawrence (Sons and Lovers, The Rainbow)? Ich lese ihn jetzt aufmerksam: er weckt Erstaunen durch seine Psychologie, zweifellos der beste Beobachter, den die Angelsachsen seit langem haben. Er ist nur ein wenig langwierig, ein bißchen trocken, und seine Milieus wenig attraktiv. Meiner Meinung nach repräsentiert er gut das momentane England. Ich habe auch einen ausgezeichneten Kritiker gelesen: Eliot. Ich bringe mehr denn je Interesse dafür auf, was außerhalb Deutschlands passiert. Ich arbeite auch mit großen amerikanischen Zeitschriften zusammen, die mich eingeladen haben (ich war sehr belustigt, als ich für meinen Essay über Dickens in den »Drei Meistern«, der mir damals mit 250 Kronen entlohnt wurde, nun ungefähr eine Million für das Übersetzungsrecht bezahlt bekam).

Die Freunde aus Frankreich schreiben mir manchmal: ich sehe wenig Veränderung in ihren Bemühungen. Sie halten sich wacker, aber sie halten sich ein bißchen zu wacker, sie wandeln sich nicht. Und die Welt, die Gedanken bewegen sich wie noch nie zuvor. Ich bin oft bestürzt über die Schüchternheit unserer Literatur: Balzac, wenn er wiederauferstehen könnte, was hätte er aus unserer Epoche gemacht! Zwanzig Romane, eine Epopöe! Sie sind der einzige, der das vollbringen könnte! Ich habe Angst, daß die Geschichte nichts vom wahrhaftigen Leben heutzutage erfahren wird. Sie wird nur die Schlachten und die Konferenzen beschreiben. Aber der Geist eines Volks – jener von Österreich, von Deutschland – nach der Niederlage, mit diesen Tausenden von Abstufungen und Unterschieden, in wie hohem Maße wäre das unsere Aufgabe!

Ich habe große Lust, Sie wiederzusehen: man müßte von diesem bei uns ganz anormalen Leben Zeugnis ablegen, in dem das Dasein durch den Tanz über dem Abgrund eine doppelte Intensität erhält, und wo gleichzeitig der Mangel an Glauben und Hoffnung die Seele der Besten erstickt! Vielleicht werde ich im Herbst kommen: ich habe Angebote für Vorträge in der Schweiz, und diesmal werde ich mein Bestes tun. Ich glaube, ich werde noch 1922 die große Freude haben, Ihnen die Hand zu drücken. Meine Empfehlungen an Ihre verehrte Schwester, Ihr getreuer

Stefan Zweig

1] *de vous écrire si rarement / daß ich Ihnen so selten schreibe*: SZ hatte Rolland zuletzt am 26. 5. 1922 geschrieben.
2] *d'aller tous les mois pour une semaine à Vienne / jeden Monat für eine Woche nach Wien zu fahren*: Aufgrund des Alters seiner Eltern (vgl. [27. 1. 1920] an Friderike Maria von Winternitz, Anm. 3) und ihrer Beschwerden fuhr SZ jetzt regelmäßig nach Wien. Vgl. auch SZs Brief an Rolland vom 29. 5. 1921.

67 3] *L'inconstance de l'argent / Die Unbeständigkeit des Geldes*: Am 1. Juni 1922 hatte die Mark einen Wert von 41 Kronen, am 16. Juni, dem Tag dieses Briefes, von 56 Kronen und am 30. Juni von 51 Kronen. (Die Herausgeber danken der Deutschen Bundesbank, Frankfurt am Main, für diese Information.)

4] *«Clérambault»*: Vgl. 14. 1. 1920, Anm. 2.

5] *ma biografie [!] / meine Biographie*: Vgl. 14. 1. 1920, Anm. 3.

6] *une nouvelle édition / eine neue Auflage*: Die erste Auflage war in 10 000 Exemplaren gedruckt worden; die zweite unveränderte Auflage, 11.–15. Tsd., erschien 1923.

7] *mon nouveau livre / mein neues Buch*: SZ, ›Amok. Novellen einer Leidenschaft‹; vgl. 6. 9. 1921, Anm. 13.

8] *Michelange [= Michel-Ange] / Michelangelo*: Romain Rolland, ›Das Leben Michelangelos‹. (Die Übersetzung ist von Werner Klette.) Hrsg. von Wilhelm Herzog. (Vom Dichter genehmigte deutsche Ausgabe.) Frankfurt am Main: Literarische Anstalt Rütten & Loening 1919. Die Erstauflage betrug 25 000 Exemplare, 1920 wurde das 26.–37. Tsd. gedruckt, 1921 das 38.–47. Tsd., 1922 das 48.–60. Tsd. und das 61.–80. Tsd. Diese Ausgabe erreichte 1926 das 81.–85. Tsd. Parallel zu dieser Edition erschien 1919 im M. Rascher Verlag in Zürich eine andere Ausgabe in der Übersetzung und mit einer Einleitung von Salomon D. Steinberg in der Buchserie Europäische Bücher in einer Auflage von 5000 Exemplaren. Die Serie wurde 1922 vom Rotapfel-Verlag in Zürich übernommen; dort erschien sogleich eine illustrierte Ausgabe, die bis 1951 – 21.–24. Tsd. – nachgedruckt wurde. – Die französische Erstveröffentlichung, ›La vie de Michel-Ange. (Vie des hommes illustres)‹, Paris: Cahiers de la quinzaine, série VII, No. 18, et série VIII, No. 2, 1906, wurde 1907 vom Verlag Hachette als Buch veröffentlicht.

9] *Je n'entends rien de Colin à propos de la revue / Ich höre nichts von Colin hinsichtlich der Zeitschrift*: Der belgische Schriftsteller und Übersetzer Paul Colin (1890–1943) war vermutlich mit der Koordination der Beiträge für die geplante europäische Zeitschrift betraut (vgl. 4. 9. 1921, Anm. 10).

10] *à Villeneuve / in Villeneuve*: Vgl. 2. 11. 1920, Anm. 18.

11] *pour votre roman / auf Ihren Roman*: Romain Rolland, ›L'âme enchantée‹; vgl. 4. 9. 1921, Anm. 19.

12] *les voyages à Vienne / die Reisen nach Wien*: Vgl. oben, Anm. 2.

13] *les fêtes de Reinhardt et Richard Strauss / die Festspiele von Reinhardt und Richard Strauss*: Vom 2. bis zum 23. August 1922 fanden die von Max Reinhardt (vgl. [22. 8. 1920], Anm. 8), Richard Strauss (vgl. 29. 5. 1921, Anm. 3) und Franz Schalk (vgl. 29. 5. 1921, Anm. 3) 1920 gegründeten Salzburger Festspiele statt. Vgl. SZ, ›Briefe 1914–1919‹, a.a.O., S. 589.

14] *m'obligent à déménager pour 15 jours / die mich für zwei Wochen zum Wegziehen veranlassen*: SZ verreiste während der Festspiele jedes Jahr.
15] *à Varese / nach Varese*: Romain Rolland fuhr auch in diesem Jahr, wie schon 1921, nach Varese in der Lombardei, zwischen Lago Maggiore und Comer See gelegen, wo bei einer internationalen Zusammenkunft u. a. einer »der besten jungen Hindu-Musiker, Dilip Kumar Roy, schöne alte Gesänge aus Indien zu Gehör bringen« sollte (Rolland an SZ, 31. 7. 1922; Romain Rolland-SZ, ›Briefwechsel 1910–1940. Erster Band 1910–1923‹, a.a.O., S. 697).
16] *Lawrence*: David Herbert Lawrence (1885–1930); ›Sons and Lovers‹, Roman, London: Duckworth 1913; ›The Rainbow‹, Roman, London: Methuen 1915.
17] *Eliot*: Thomas Stearns Eliot (1888–1965), amerikanisch-englischer Lyriker, Dramatiker, Essayist; Nobelpreis 1948.
18] *à des [!] grand[e]s revues Américaines / mit großen amerikanischen Zeitschriften zusammen*: Es konnte nur die von SZ hier selbst angegebene Zusammenarbeit mit The Dial, New York, ermittelt werden. Unter der Überschrift ›Charles Dickens‹ erschien SZs Essay ›Dickens‹, der zuerst im Februar 1910 in Maximilian Hardens Zeitschrift Die Zukunft (Berlin) abgedruckt und 1920 in den Sammelband ›Drei Meister. Balzac, Dickens, Dostojewski‹ (vgl. 3. 1. 1920, Anm. 16) aufgenommen worden war, in der Übersetzung von Kenneth Burke im Januar 1923 in The Dial, New York, No. 74, p. 1–24; dort wurde auch auf den Seiten 16–17 SZs inzwischen verschollenes Porträt, das Henri Victor Gabriel Le Fauconnier (1881–1946) im Oktober 1922 in Salzburg von ihm gemalt hatte, abgebildet.
19] *Les amis de France / Die Freunde aus Frankreich*: Zu SZs Freundes- *68*
kreis gehörten vor allem René Arcos (vgl. 14. 1. 1920, Anm. 8), Léon Bazalgette (vgl. [Anfang Mai 1920], Anm. 4), François Crucy (1874–1958), Fernand Desprès (vgl. 4. 9. 1921, Anm. 2), Georges Duhamel (1884–1966), Pierre-Jean Jouve (vgl. 14. 1. 1920, Anm. 7) und Charles Vildrac (vgl. 29. 5. 1921, Anm. 8).
20] *Balzac*: Honoré de Balzac (1799–1850) hatte seit 1841 mit seiner ›Comédie humaine‹, die am Schluß 91 Romane und Novellen mit rund 3000 Personen umfaßte, ein großangelegtes repräsentatives Bild seiner Zeit und ihrer Gesellschaft gegeben. SZ bewunderte Balzac von früh auf und beschäftigte sich sein Leben lang mit ihm und seinem Werk. Vgl. dazu Knut Beck, ›Stefan Zweigs Weg zu Balzac‹, in SZ, ›Balzac‹, GWE 1990, S. 543–566.
21] *j'ai des offres des [!] conférences en Suisse [. . .] encore en 1922 / ich habe Angebote für Vorträge in der Schweiz [. . .] noch 1922*: SZ fuhr im Herbst 1922 nicht in die Schweiz.

68 An Romain Rolland 25.6.1922
e. Br., 4 S. – BN Paris – Briefkopf: Signet SZ – VIII. Kochgasse 8/ Wien, (Durchgestrichen) – D in deutscher Übersetzung: Romain Rolland-SZ, ›Briefwechsel 1910–1940. Erster Band 1910–1923‹, Aus dem Französischen von Eva und Gerhard Schewe (Briefe Rollands) und Christel Gersch (Briefe Zweigs), Berlin: Rütten & Loening 1987, S. 689–692.

Übersetzung
Mein verehrter Freund, in diesem Moment erhalte ich die schreckliche Nachricht von der Ermordung Rathenaus. Ich glaube, Sie wissen, daß ich mit ihm durch Jahre enger Bekanntschaft, ich wage fast zu sagen: Freundschaft, verbunden bin. Als ich in Berlin war, empfing er mich, obgleich er am nächsten Tag nach London verreisen mußte, um diese historischen und entscheidenden Verhandlungen in Gang zu bringen, und wir unterhielten uns zwei Stunden lang ganz alleine. Wir haben auch von Ihnen gesprochen, den er sehr mochte und respektierte. Ich habe viele Männer in meinem Leben gekannt, darunter die berühmtesten ihrer Zeit – aber niemals habe ich ein hellsichtigeres, schnelleres Hirn als das seine erlebt. Ein ungeheuerliches Gedächtnis, eine einzigartige Geistesgegenwart, die immer alles bereitstellte: er konnte in perfektem Stil ohne Vorbereitung sprechen, seine Stegreifrede konnte man zum Druck geben, ohne ein Wort daran zu verändern, und es kam ein herrliches Essay dabei heraus. Er war sehr, sehr ehrgeizig, aber er hatte Recht, es zu sein: nie hat Deutschland einen Mann von solchen Qualitäten, solcher Überlegenheit als Minister gehabt.

Ein solcher Mann ermordet durch Kanaillen, die von Hüttenbesitzern bezahlt wurden, bezahlt mit dem Geld versteckter Steuern, so wie alle alldeutschen Zeitungen mit locker hingeworfenem Geld bezahlt sind, weil es dem Staat weggenommen wurde. Die Folgen sind verhehrend. Es wird von Tag zu Tag deutlicher, daß die Alldeutschen einen präzisen Plan verfolgen: alle Mutigen, alle wahren Anführer der pazifistischen oder revolutionären Parteien zu ermorden – Liebknecht, Luxemburg, Paasche, Eisner, Erzberger, Gareis, Landauer und jetzt Rathenau –, um die Macht an sich zu reißen und das Beispiel Ungarns nachzuahmen, gleichgültig gegenüber der nichtigen Tatsache, daß vielleicht ein Krieg oder eine Invasion daraus entstehen. Ich gestehe Ihnen ehrlich, daß wir froh sein müssen, daß Frankreich diese Armee am Rhein stationiert hat – sonst würde diese idiotische Bande morgen den großen Wilhelm und seinen prächtigen Sohn wieder aufleben lassen.

Aber ich verabscheue die Politik: was mich bedrückt, ist der Triumph der Brutalität über den Geist. Es gibt niemanden in Deutschland, nicht einmal den letzten Bauern, der nicht wüßte, daß Rathenau eine der höchsten Intelligenzen war, eine Künstlerseele; es gab keinen, der gewagt hat zu behaupten, dieser Mann (der durch Akzeptanz seiner Stellung ein Millioneneinkommen verlor) sei verkauft oder von schlechtem Glauben – man wußte wohl, wen man tötete. Aber man wollte den Geist töten, man will in Deutschland das unabhängige Denken töten – die Kanaillen begehren nur ihren nationalen Idiotismus, ihre selbstgemachte Arithmetik, die ihnen immer beweist, daß Deutschland das schönste, das größte, das moralischste aller Länder ist. Nie habe ich schwarzer gesehen als heute; die Tatsache, daß man weiterhin Jagd auf die Geister in Deutschland macht, wie auf Hasen, daß es Organisationen des Mordes gibt, die durch hohe Beamte der Polizei und der Justiz gedeckt und geschützt werden – das ist zu symptomatisch! Vergessen Sie nicht: dieser Killinger, der die zwei Mörder Erzbergers nach dem Mord bei sich untergebracht und versteckt hat, der sie an den Bahnhof begleitet hat, wo sie die Flucht antraten, wurde von der deutschen Justiz freigesprochen, und das Volk bejubelte den, der diese Mörder versteckt hatte. Das hat sich vor sechs Tagen abgespielt: die Ermutigung hat Frucht getragen. Heute ist Rathenau dafür »bestraft« worden, daß er für die Vernunft gekämpft hat.

Ist die Menschheit immer so dumm gewesen, oder gleiten wir in eine ganz spezielle Krise der Bestialität und Beschränktheit? Ich weiß es nicht. Ich weiß nur, daß dieser eine Mann durch seinen aktiven Glauben, durch seinen Mut, der sich einer solchen Laufbahn stellte (die ja in dieser Zeit so unerquicklich ist), mehr wert war, als alle unsere Universitäten mit ihren Professoren und ihren Studenten, die trunken sind vor Patriotismus und vom Bier. Ich bin gespannt, ob Hauptmann, der der engste Freund Rathenaus war (sie duzten sich), es wagen wird, die Stimme zu heben. Denn die alldeutschen Kanaillen würden sich nicht schämen, das Gewehr auch auf ihn zu richten: alles, was die Vernunft verkörpert, ist ihr Feind. Armes Deutschland! Und armes Frankreich! Sie gleichen sich zu sehr in ihrem Abschaum! Demnächst mehr, verehrter Freund! Ihr

St. Z.

1] *de l'assassinat de Rathenau / von der Ermordung Rathenaus*: Vgl. [20. 11. 1921], Anm. 4.
2] *Quand j'etais à Berlin, il me recevait / Als ich in Berlin war, empfing er mich*: Vgl. SZs Brief an Friderike Maria Zweig vom [20. 11. 1921].
3] *ces conversations historiques et décisives /diese historischen und entschei-*

denden Verhandlungen: Diese Verhandlungen in London, die zu einer endgültigen Festlegung der deutschen Reparationszahlungen führten (vgl. 22. 4. 1921, Anm. 6), hatten bereits im Mai 1921 stattgefunden; SZ hatte Rathenau aber erst im November 1921 in Berlin getroffen.

69 4] *comme ministre / als Minister*: Vgl. [20. 11. 1921], Anm. 4.

5] *un homme des [!] tel[le]s qualités, d'une telle supériorité / einen Mann von solchen Qualitäten, solcher Überlegenheit*: Bei den Beratungen des Obersten Rats der Alliierten in Cannes im Januar 1922 über die Zahlungsmöglichkeiten Deutschlands bezüglich der vertraglich vereinbarten Reparationsleistungen erläuterte Walther Rathenau als Delegationsleiter die wirtschaftliche Lage seines Landes und erreichte tatsächlich eine, wenn auch geringe Kürzung der Gesamtforderungen. Zum anschließenden Weltwirtschaftskongreß in Genua wurde Deutschland, vor allem aufgrund der überzeugenden Persönlichkeit Rathenaus, der inzwischen Außenminister geworden war, als gleichgestellter Diskussionspartner in der deutschen Reparationsfrage eingeladen. Diese Position nahm er auch in den folgenden Verhandlungen ein, bis zur Londoner Übereinkunft.

6] *assassiné par des canailles payé[e]s par les métallurgistes / ermordet durch Kanaillen, die von Hüttenbesitzern bezahlt wurden*: Die Attentäter Erwin Kern und Hermann Fischer (vgl. [20. 11. 1921], Anm. 4) handelten aus Überzeugung, von Republikfeindschaft und militärischem Kadavergehorsam bestimmt. Sie zwangen Rathenaus Neffen Ernst Werner Techow (1901–1945) unter Drohungen zur Mittäterschaft.

7] *comme tous les journaux pangermanistes / wie alle alldeutschen Zeitungen*: Vgl. hierzu auch 3. 5. 1921, Anm. 22.

8] *les pangermanistes / die Alldeutschen*: Vgl. 22. 4. 1921, Anm. 4.

9] *d'assassiner tous les courageux / alle Mutigen [. . .] zu ermorden*: Bis zu dem Attentat an Walther Rathenau waren seit 1919 in Deutschland nahezu 380 politische Morde verübt worden.

10] *Liebknecht*: Karl Liebknecht; vgl. [27. 1. 1920] an Friderike Maria v. Winternitz, Anm. 8.

11] *Luxemburg*: Rosa Luxemburg; vgl. [27. 1. 1920] an Friderike Maria v. Winternitz, Anm. 8.

12] *Paasche*: Hans Paasche (geb. 1881), Seeoffizier, im Ersten Weltkrieg bis 1916 Kapitänleutnant; 1918 Mitglied des Vollzugsrates der Arbeiter- und Soldatenräte, Lebensreformer, Pazifist; war am 21. Mai 1920 auf Gut Waldfrieden bei Hochzeit/Neumark ermordet worden.

13] *Eisner*: Kurt Eisner (geb. 1867), deutscher sozialistischer Politiker; 1918 Führer der Revolution in München, dann Ministerpräsident einer Regierung von Unabhängigen und Mehrheitssozialisten; war am 21. Februar 1919 auf dem Weg in den Landtag, wo er aufgrund des Ergebnisses der Landtagswahlen zugunsten einer bürgerlichen Mehrheit seinen Rücktritt erklären wollte, von Anton Graf Arco auf Valley (1897–1945) ermordet worden – sein Tod war das Signal für die Ausrufung der Räterepublik.

14] *Erzberger*: Matthias Erzberger; vgl. 4. 9. 1921, Anm. 4.

15] *Gareis*: Karl Gareis (geb. 1890), der führende Kopf der Unabhängigen Sozialdemokratischen Partei Deutschland (USPD) in Bayern, ein entschiedener Gegner der rechtsgerichteten Staatsregierung und der Einwohnerwehren, war am 9. Juni 1921 ermordet worden.

16] *Landauer*: Gustav Landauer; vgl. 6. 9. 1920, Anm. 11.

17] *faire à l'exemple de l'Hongrie [!] / das Beispiel Ungarns nachzuahmen*: Der ungarische Ministerpräsident, der radikale Graf M. Károlyi, hatte am 21. März 1919 die Herrschaft an den kommunistischen Führer Béla Kun abgegeben, der Ungarn in eine Räterepublik verwandelte, die am 1. August 1919 zusammenbrach. Die Anfang 1920 zusammengetretene Nationalversammlung wählte unter Wiederherstellung der Staatsform (Königreich) am 1. März 1920 Admiral Nikolas Horthy von Nagybánya zum Reichsverweser; zwei Rückkehrversuche König Karls IV. (1921) wurden vereitelt; die Nationalversammlung sprach am 5. November 1921 seine Entthronung aus. Ministerpräsident wurde Stephan Graf Bethlen (1921–1931), dem es trotz Wiederherstellung der politischen und wirtschaftlichen Ordnung nicht gelang, die brennenden sozialen Fragen des Landes zu lösen; unter seinen Nachfolgern kamen rechtsradikale Strömungen zur Geltung.

18] *la France a cette armée prêt[e] au Rhin / Frankreich diese Armee am Rhein stationiert hat*: Vgl. 2. 11. 1920, Anm. 16.

19] *le grand Guillaume et son admirable fils / den großen Wilhelm und seinen prächtigen Sohn*: Wilhelm II. (vgl. 6. 9. 1920, Anm. 8) und der Kronprinz Friedrich Wilhelm (1882–1951) waren, nachdem sie ihren Thronverzicht erklärt hatten, am 9. November 1918 ins Exil nach Doorn in Holland gegangen.

20] *qui perdait des millions de revenus / der [...] ein Millioneneinkommen verlor*: Vgl. [20. 11. 1921], Anm. 4.

21] *Killinger*: Manfred von Killinger (1886–1944, Selbstmord) war 70
nach dem Ersten Weltkrieg Führer im Sturmbataillon des Freikorps Ehrhardt; trat 1927 in Hitlers NSDAP ein. Killinger war am 13. Juni 1922 vom Offenburger Schwurgericht von der Anklage, am Attentat auf Mathias Erzberger beteiligt gewesen zu sein, aus Mangel an Beweisen freigesprochen worden.

22] *Hauptmann*: Gerhart Hauptmann (1862–1945; vgl. auch SZs Brief an Ludwig Marcuse vom 28. 12. 1921) entwarf für die Trauerfeier für Walther Rathenau am 27. Juni 1922 in Reichstag eine Rede, in der er unter anderem sagte: »Hätten diejenigen ihn gekannt, die ihre Revolverläufe und Handgranaten gegen ihn gezielt haben, wären sie mit ihm zusammengewesen, nur eine kurze halbe Stunde lang, sie hätten sich eher die Hand abgeschlagen, als gegen ihn die Waffe gerichtet.« (Zit. nach Wolfgang Leppmann, ›Gerhart Hauptmann. Leben, Werk und Zeit‹, Bern: Scherz Verlag 1986, S. 315.) Rathenau hatte für die von Felix Holländer herausgegebene ›Festschrift zum sechzigsten Geburtstag Gerhart Hauptmanns‹ (Berlin: Mosse 1922) einen kurzen Beitrag geschrieben. An dieser Festschrift beteiligten sich viele führende Persönlichkeiten seiner Zeit.

70 *An Victor Fleischer* 29. 6. 1922
e. Br., 4 S. – DLA Marbach/N. – Briefkopf: Signet SZ – VIII. Kochgasse 8 / Wien, (Durchgestrichen)

1] *für Deinen guten Brief*: Nicht erhalten.
2] *Langeo[o]g*: Ostfriesische Nordseeinsel, Seebad. Inwieweit die Insel zu dieser Zeit besonders von Alldeutschen besucht gewesen sein soll, wurde nicht ermittelt.
3] *Norderney*: Westlich von Baltrum und Langeoog gelegene ostfriesische Insel.
4] *Rathenau*: Walther Rathenau; vgl. [20. 11. 1921], Anm. 4, und 25. 6. 1922, Anm. 6.
5] *der 75 jährigen Mutter*: Mathilde Rathenau, geb. Nachmann (1845–1926).
6] *den Unterseebootkrieg*: Deutschland hatte im Ersten Weltkrieg am 4. Februar 1915 die Gewässer um die englischen Inseln als Vergeltung für die von England durchgeführte völkerrechtswidrige Fernblockade zum Kriegsgebiet erklärt; Schiffe mußten damit rechnen, ohne Vorwarnung versenkt zu werden. Aus politischen Gründen wurde der Unterseebootkrieg mehrfach gelockert. Admiral Alfred von Tirpitz (vgl. 22. 4. 1921, Anm 8.) hatte sich 1916 mit seiner Forderung nach einem uneingeschränkten U-Boot-Einsatz nicht durchsetzen können und war daraufhin von dem Oberbefehl der Marine zurückgetreten. Am 31. Januar 1917 wurde dann der uneingeschränkte U-Boot-Krieg doch noch aufgenommen.
7] *Kriegsverlängerung*: Am 15. Dezember 1917 war zwischen der neuen russischen Regierung und den Mittelmächten ein sofortiger Waffenstillstand vereinbart worden, der vorerst bis zum 14. Januar 1918 dauern sollte. Als die Friedensverhandlungen im Dezember 1917 und Januar 1918 in Brest-Litowsk aufgrund der harten deutschen Forde-

rungen scheiterten, begannen am 18. Februar 1918 deutsche und österreichisch-ungarische Truppen eine neue Offensive. Ihr Erfolg führte am 10. März 1918 unter Protest zum Abschluß des Friedens mit Rußland.

8] *in den Etappen*: Militärisch bedeutet dies in den Versorgungs- und Nachschubgebieten hinter der Front. 71

9] *in Frankreich*: Vgl. 4. 9. 1921, Anm. 7.

10] *L.*: Langeoog; vgl. oben, Anm. 2.

11] *pardonnieren*: Begnadigen.

12] *Marienbad*: Von Jugend an begleitete SZ seine Eltern nach Marienbad in Böhmen, wohin sie regelmäßig zur Kur fuhren.

13] *Italien*: SZ fuhr immer wieder gerne nach Italien.

14] *St. Beuve [!]*: Charles-Augustin Sainte-Beuve; vgl. [27. 1. 1920] an Victor Fleischer, Anm. 9, und 12. 2. 1922, Anm. 4.

15] *Unter 100* Mark: Die Inflation in Deutschland und Österreich stieg immer intensiver. Vgl. auch 17. 6. 1922, Anm. 3.

16] *Mein Novellenband*: SZ, ›Amok. Novellen einer Leidenschaft‹; vgl. 6. 9. 1921, Anm. 13.

17] *Dein Geschäft*: Vgl. [27. 1. 1920] an Victor Fleischer, Anm. 1.

18] *mit unserm Unternehmen*: In Reichenberg in Nordböhmen hatte SZs Vater Moritz Zweig 1878 eine kleine Weberei gegründet, »die er dann im Laufe der Jahre langsam und vorsichtig zu einem stattlichen Unternehmen ausbaute« (SZ, ›Die Welt von Gestern‹, GWE 1981, S. 20). Die Textilfabrik wurde schon während des Ersten Weltkriegs von SZs Bruder Alfred Zweig (1879–1977) geleitet.

19] *der übrigens geheirathet hat*: Alfred Zweig hatte am 2. Mai 1922 Stefanie Duschak (1894–?) geheiratet.

20] *in Leipzig*: SZ besuchte als Berater der Bibliotheca Mundi in regelmäßigen Abständen den Insel-Verlag in Leipzig; Victor Fleischer wird zur Buchmesse im Frühjahr dorthin gefahren sein.

21] *Frankfurt*: Sitz der Frankfurter Verlags-Anstalt, deren Direktor Victor Fleischer war.

22] *meiner alten Eltern*: Vgl. [27. 1. 1920] an Friderike Maria von Winternitz, Anm. 3, und SZs Brief an Romain Rolland vom 29. 5. 1921.

23] *Deiner Frau*: Leontine Sagan; vgl. [27. 1. 1920] an Victor Fleischer, Anm. 22.

24] *Der echte Ehrenstein*: Albert Ehrenstein (1886–1950); österreichischer Schriftsteller, Freund und Kollege SZs im Kriegsarchiv. – Hier vermutlich als der »echte« bezeichnet im Blick auf seinen jüngeren, als Schriftsteller weniger bedeutenden Bruder Carl Ehrenstein (1892–1940).

72 *An Moritz Heimann* 29. 6. 1922
e. Br., 4 S. – DLA Marbach/N. – Briefkopf: Signet SZ; darüber eigenhändig: Stefan Zweig – VIII. Kochgasse 8 / Wien, (Durchgestrichen); darunter Besitzstempel: Autograph Collection / of / Dr. Max Thorek / Chicago

1] *Moritz Heimann*: Vgl. [25. 11. 1921], Anm. 2.
2] *Ihres Dramas*: Moritz Heimann, ›Das Weib des Akiba‹, Ein Drama in fünf Akten (zwölf Szenen), Berlin: S. Fischer Verlag 1922.
3] *auf dem Theater*: Die Uraufführung fand erst nach Heimanns Tod am 5. Oktober 1926 am Stadttheater Kiel statt.
4] *In dieser Gestalt*: Rabbi Akiba ben Joseph (50/55 – um 135 n. Chr.), durch unermüdliches Studium vom Am ha'aretz, vom Gesetzesunkundigen, zum maßgebenden Gesetzeslehrer geworden, legte durch systematische Ordnung den Grund für den Talmud, das Hauptwerk des Judentums. Nach langem Zögern befürwortete er den Aufstand Bar Kochbas 132/135 n. Chr. gegen Rom (Bar Kochba bezeichnete Akiba als Messias). Rabbi Akiba starb als Märtyrer. Die jüdische Legende handelt vom Opfermut seiner Frau – Heimann gibt ihr in seinem Drama den Namen Jaltha –, die allen Widrigkeiten zum Trotz zu Akiba hält.
5] *wie Beer-Hofmann [. . .] im Jaakob*: Richard Beer-Hofmann (1866–1945), ›Jaákobs Traum‹, Ein Vorspiel, Berlin: S. Fischer Verlag 1918. SZ schätzte Beer-Hofmanns stark jüdisch betonte Werke.
6] *der Sohn*: Heimann gibt ihm in seinem Drama den Namen Joseph.

74 *An Raoul Auernheimer* [18. 7. 1922]
e. »Postkarte« – WStLB – Absender: Stefan Zweig / Salzburg Kapuzinerberg 5 – D: ›The Correspondence of Stefan Zweig with Raoul Auernheimer edited with an introduction and notes by Donald G. Daviau and Jorun B. Johns and with Richard Beer-Hofmann edited with commentary and notes by Jeffrey B. Berlin‹, Columbia, South Carolina: Camden House (1983), S. 83.

1] *den ersten Saint[e]-Beuve*: Auernheimer hatte für die von SZ geplante Auswahlausgabe aus den Aufsätzen von Charles Augustin Sainte-Beuve (vgl. [27. 1. 1920] an Victor Fleischer, Anm. 9) als erstes ›Madame Recamier‹ übersetzt (vgl. 12. 2. 1922, Anm. 4). Er wurde am 7., 8. und 9. 11. 1922 in der Neuen Freien Presse, Wien, vorabgedruckt.
2] *Tochter*: Anna Klara Auernheimer (1898–?).
3] *Ihrer Frau*: Irene Beate Auernheimer; vgl. 31. 12. 1921 an Raoul Auernheimer, Anm. 11.

4] *im Dichterasyl von Alt-Aussee*: Damals war der im steirischen Salzkammergut gelegene Ort eine u. a. von Auernheimer, Jakob Wassermann, Hugo von Hofmannsthal und vielen Journalisten gerne besuchte »Sommerfrische«.
5] *mit Correcturen behelligt*: Im Insel-Verlag in Leipzig wurde die Ausgabe von SZs Novellenband ›Amok‹ (vgl. 6. 9. 1921, Anm. 13) vorbereitet.
6] *Börsenteil [. . .] bis in Ihr Feuilleton*: Auernheimer hatte in der Neuen Freien Presse in Wien am 9. 7. 1922 unter der Überschrift ›Börsenjugend‹ ein Feuilleton veröffentlicht.
7] *Zifferer*: Paul Zifferer (1879–1929), österreichischer Journalist und Schriftsteller.
8] *die Festspiele*: Die Salzburger Festspiele (vgl. dazu SZ, ›Briefe 1914–1919‹, a.a.O., S. 589) fanden in diesem Jahr vom 13. bis zum 29. August statt.
9] *an die Nordsee*: Am 13. August fuhr SZ über München, Leipzig und Hamburg nach Westerland auf Sylt; am 4. September war er zurück in Salzburg.

An Romain Rolland 4. 8. 1922 *74*
e. Br., 4 S. – BN Paris – Briefkopf: Signet SZ – VIII. Kochgasse 8 / Wien, (Durchgestrichen) – D in deutscher Übersetzung: Romain Rolland-SZ, ›Briefwechsel 1910–1940. Erster Band 1910–1923‹, Aus dem Französischen von Eva und Gerhard Schewe (Briefe Rollands) und Christel Gersch (Briefe Zweigs), Berlin: Rütten & Loening 1987, S. 698–702.

Übersetzung
Mein verehrter und guter Freund, ich habe Ihren guten Brief erhalten, und ich spüre darin – so freundschaftlich Sie es auch mit Ihrer Güte ausdrücken – den Vorwurf, eine so hohe Sache aufzugeben, die Schule in Varese (mit den anderen Deutschen und Österreichern) fallenzulassen. Ich kann mich nicht von jeder Schuld freisprechen. Tatsächlich habe ich zu einem gewissen Zeitpunkt alle anderen Interessen meiner Arbeit geopfert. Mein Leben ist sehr eingeschränkt: ich reise jeden Monat einmal für 4–7 Tage nach Wien, um meine Eltern zu sehen, ich habe eine riesige Korrespondenz, und ich verlange immer mehr von meiner Arbeit. Es gibt daher wirklich Momente, wo ich mich in mir selbst verschließe. Und solche Momente sind notwendig, wenn das zu verwirklichende Werk einen gewissen Wert haben soll.

Aber in diesem Sommer wird mich nicht die Arbeit abhalten, sondern eine Sorge. Sie können sich nicht ausmalen, in welch sorgenvollem Zustand wir hier leben. Seit 5 Tagen haben die Krone und die Mark die Hälfte ihres Wertes verloren – ich sage das nicht, um von den Verlusten zu sprechen, die wir persönlich erleiden, im Gegenteil, wir, die wir vom Ausland abhängen, wir gewinnen – wir erwarten von einem Tag zum nächsten irgendeinen Umsturz. Gegen mich selbst bin ich gleichgültig, aber meine Familie in Wien erfüllt mich immer mit Besorgnis: jeden Tag kursieren andere Gerüchte – Streiks, Revolten in Wien; Sie können sich in der Schweiz oder in den anderen Ländern des Westens nicht die enorme Lebensangst bei uns vorstellen. Deshalb werden Sie in einem so kritischen Moment nur sehr schwer einen Österreicher oder einen Deutschen finden, der es wagt, sein Haus und seine Eltern für eine größere Distanz als 12–15 Stunden zu verlassen. Jede feste Entlohnung erscheint uns in einer solchen Zeit absurd: ich versichere Ihnen, daß die Lage in Deutschland und Österreich seit dem Waffenstillstand und den Straßenkämpfen 1918 nicht so bedrohlich war. Die Preise steigen nicht etwa jeden Tag, sondern – buchstäblich – jede Stunde, die Schichten, die nur monatlich verdienen und im Verdienst vorankommen, sind erregt, in Deutschland ist man von den französischen Noten bedroht und von ihrer Armee – ich wiederhole es Ihnen: seit 1918 hatten wir, die ein bißchen weiter sehen, nie solche Ängste, nie ein solches Bangen erlebt. Das ganze so fanatisch, so heillos frohe Leben in Salzburg mit seinen Festspielen und Messen kann von einem Tag zum nächsten vorbei sein: es genügt ein kleiner Knall auf das große Pulverfaß in Wien, und alle Menschen werden in alle Richtungen entfliehen.

Ich habe deshalb nicht den Mut, in diesem Moment Österreich zu verlassen oder weiter nach Deutschland zu gehen, wo ich nicht zu jedem Moment in telephonische Verbindung mit meinen Eltern treten könnte (die absolut außerstande sind, der kleinsten Krise die Stirn zu bieten, die nicht gegen ein Unwetter ankämpfen können). Ich habe alle Vorträge abgelehnt, die mir angeboten wurden, ich habe der großen Aufführung des »Jeremias«, die gerade im Rahmen eines Theaterfestivals in Mannheim aufgeführt wurde, nicht beigewohnt: ich werde nur um den 14. herum nach Leipzig gehen (um hier die Festtage zu vermeiden), wo ich etwas für die Ausgaben der Bibiotheca mundi zu erledigen habe, vielleicht danach noch nach Hamburg und Frankfurt, aber das nur, wenn die so gespannte Situation sich beruhigt. Mein Traum, ich gestehe es, wären 6–8 Tage am Meer.

Ich spreche nicht für mich alleine, sondern für uns alle in Deutschland. Es ist sehr schwierig, sich von der Stelle zu bewegen, wenn man Bindungen an seine Familie und seine Aufgaben in solch komplizierten Zeiten hat. Entschuldigen Sie, und verstehen Sie mich nicht falsch, wenn ich Ihnen noch einmal das Beispiel des Geldes, des Wechsels anführe, denn es zeigt die kritische, wenn nicht gar tödliche Situation unseres Falles wie ein Thermometer an. Der Schweizer Franken, der, wie ich glaube, im Frühling, als ich nach Paris fuhr, 800 wert war, ist heute 10 000 wert. Er hat sich in fünf Tagen verdoppelt: wir haben einen riesigen Schritt nach Rußland hin gemacht. Zwei Wochen oder zwei Monate noch, und wir werden dort angelangt sein. Man spürt die Mauern des Staates einstürzen, man spürt, daß etwas geschehen muß, aber dieses »etwas«, was jeder erwartet und keiner kennt, lastet schwer auf unseren Köpfen (ich kann nicht auf dem Vulkan tanzen, wie es die anderen tun, wie sie es auch während des Krieges getan haben): ich spüre zu gut die Notwendigkeit einer Veränderung (und ich wage nicht zu hoffen, daß es eine Veränderung hin zum Besseren sein wird).

Ich bitte Sie, verehrter Freund, meine Situation zu verstehen: es ist in Deutschland zur Zeit unmöglich, sich in internationalen Angelegenheiten zu engagieren. Keiner hört uns zu, jeder schaut zur Grenze, von wo man angedrohte Maßnahmen erwartet: seit dem Bankrott von Genua, seit dem Triumph des Poincarismus ist unsere Stimme erstickt. Rathenau (seiner reinen internationalen Gesinnung wegen gerühmt) war das erste Opfer dieser neuen Welle von Irrsinn, die die Welt überschwemmt: sein Tod wäre ein Triumph gewesen, wenn er die absurde Politik hätte ändern können, den Triumph des Poincarismus. Ich will nicht behaupten, daß die Elite in Deutschland ihren Glauben an den Internationalismus leugnet (ich, der keine andere Luft atmen kann als die europäische), aber sie fürchten, sich lächerlich zu machen, wenn sie ihren Glauben vor den Haudegen, den Haßerfüllten gerade im diesem Moment manifestieren, wo alles Verwirrung, Konsternierung und Hoffnungslosigkeit ist. In der Jugend haben wir keine Stütze, die Intellektuellen drehen sich mit dem Wind, und wenn wir die Stimme erheben, wird sie von derjenigen der Ereignisse erstickt, die tausendmal klarer ertönt. In vierzehn Tagen, in einem Monat vielleicht wird sich vieles aufgeklärt haben, aber gerade der Monat August scheint mir der kritischste zu sein, ein würdiger Geburtstag des Irrsinns seines Vorgängers, des August 1914.

Ich weiß, es gibt andere, die sich nicht darum kümmern, die reisen, Reden halten, ihre Stücke aufführen und sich einen Teufel um die verrückte Welt scheren. Aber ich kann nicht aus meiner Haut: es ist mein Los, vielleicht meine Gabe, ganz intensiv und schon aus großer Entfernung die kleinsten Auswirkungen des sozialen und moralischen Lebens zu spüren. Ich bin sicherlich ein Schwächling und weit von denen entfernt, die Christus gehorchen, wenn er sagt: »Verlasse dein

Weib, deine Eltern und deine Kinder, um mir zu folgen.« Ich kann nicht so einfach loslassen. Zur Zeit kann ich es weniger denn je. Denn seit 1918, ich wiederhole es Ihnen, bin ich nicht so sehr mit unbestimmten Vorgefühlen und Ängsten beschäftigt gewesen.

Hier werden die Festspiele vorbereitet. Reinhardt, Hofmannsthal führen ihre Stücke auf, Richard Strauss wird die Oper dirigieren, auch Béla Bartók, von dem Sie mir erzählen, und den ich sehr schätze, wird morgen kommen. Für mich hat diese ästhetische Beschäftigung im Moment etwas Abstoßendes: ich trete in jedem Fall die Flucht an vor diesem Tanz auf dem Vulkan und vor dem Goldenen Kalb.

Ich bin sicher, verehrter Freund, Sie verstehen mich. Es gibt Momente, wo man von den mystischen Kräften beherrscht wird, die aus der Tiefe des Seins kommen, wo unbestimmte Vorgefühle stärker sind als die klare Vernunft. Ich bin jetzt in einem solchen Zustand, den ich keinem Menschen vernünftig erklären könnte. Aber ich fühle: Sie werden mich verstehen. Ihr getreuer

Stefan Zweig

Meine Frau hat Ihrem Fräulein Schwester schon geschrieben, daß Dr. Wilhelm Friedmann, Professor an der Universität Leipzig, gerne aus Deutschland kommen würde, um einen Vortrag zu halten. Er spricht französisch und italienisch wie deutsch und wäre ein Lektor ersten Ranges. Er teilt unsere Ideen ganz und gar und trifft aus diesem Grunde auf große Schwierigkeiten in Leipzig.

1] *votre bonne lettre / Ihren guten Brief*: Vom 31. 7. 1922.

2] *l'école de Varese / die Schule in Varese*: Vgl. 17. 6. 1922, Anm. 15.

3] *pour voir mes parents / um meine Eltern zu sehen*: Moritz und Ida Zweig; vgl. [27. 1. 1920] an Friderike Maria v. Winternitz, Anm. 3, und 17. 6. 1922, Anm. 2.

4] *la moitié de leur valeur / die Hälfte ihres Wertes*: Der Kurs der Krone gegenüber der Mark schwankte während des Sommers 1922 stark. So wurde die Mark am 7. Juli mit 44 Kronen notiert, am 17. Juli mit 77 Kronen, am 4. August, dem Tag dieses Briefes, mit 65 Kronen. Ab September 1922 stabilisierte sich der Kurs. (Die Herausgeber danken der Deutschen Bundesbank, Frankfurt am Main, für diese Information.)

5] *qui dépendons de l'étranger / die wir vom Ausland abhängen*: SZ meint vermutlich, daß Schriftsteller wie Rolland und er auf Honorare aus amerikanischen Übersetzungen in fester Währung zurückgreifen konnten. Vgl. 17. 6. 1922, Anm. 18.

6] *grêves, révolte[s] à Vienne / Streiks, Revolten in Wien*: Ende Juni 1922 hatte eine Streikwelle ganz Europa und auch die USA überflutet. Grund war eine allgemeine Geldentwertung.

7] *difficilement un Autrichien ou Allemand / sehr schwer einen Österreicher oder einen Deutschen*: SZ bezieht sich auf Rollands Erwartung, daß auch Österreicher und Deutsche nach Varese kommen sollten (vgl. 17. 6. 1922, Anm. 15).

8] *depuis l'armistice / seit dem Waffenstillstand*: Am 11. November 1918 war das Waffenstillstandsabkommen zwischen dem Deutschen Reich und dem alliierten Oberkommando im Eisenbahnwaggon bei Compiègne unterzeichnet worden.

9] *les batailles de rue en 1918 / den Straßenkämpfen 1918*: Am 6. Dezember 1918 war es in Berlin nach einem Putschversuch von Offizieren und Soldaten gegen die Macht der Arbeiter- und Soldatenräte zu Straßenschlachten gekommen.

10] *sous la menace des notes Françaises et de leur armée / von den französischen Noten bedroht und von ihrer Armee*: Der französische Ministerpräsident und Außenminister Raymond Poincaré (1860–1934) forderte die restlose Erfüllung des Versailler Vertrages und drohte bei Verzug mit den französischen Truppen.

11] *à Salzbourg avec ses fêtes / in Salzburg mit seinen Festspielen*: Vgl. SZ, ›Briefe 1914–1919‹, a.a.O., S. 589.

12] *avec mes parents / mit meinen Eltern*: Moritz und Ida Zweig; vgl. [27. 1. 1920] an Friderike Maria v. Winternitz, Anm. 3.

13] *une grande représentation du «Jeremias» / der großen Aufführung des »Jeremias«*: Am Nationaltheater Mannheim wurde SZs dramatisches Gedicht ›Jeremias‹ (vgl. 22. 7. 1920, Anm. 13) am 10. Juli 1922 in der Regie von Hanns Lotz aufgeführt. *76*

14] *vers le 14 [. . .] à Leipzic [!] [. . .] pour les éditions de la Bibliotheca mundi / um den 14. herum nach Leipzig gehen, [. . .] wo ich etwas für die Ausgaben der Bibliotheca mundi zu erledigen habe*: Vgl. 3. 1. 1920, Anm. 10, und 29. 5. 1921, Anm. 7.

15] *à Hambourg et Francfort / nach Hamburg und Frankfurt*: SZ fuhr von Leipzig nach Hamburg (vgl. [18. 7. 1922], Anm. 9); ob er auf der Rückreise von Westerland über Frankfurt gefahren ist, wurde nicht ermittelt.

16] *à la mère [= mer] / am Meer*: Vgl. [18. 7. 1922], Anm. 9.

17] *Le Franc suisse [. . .] valait 800 / Der Schweizer Franken [. . .] 800 wert war*: Im März 1922 entsprach der Schweizer Franken 1430 Kronen, im August 1922 bereits 13 333 Kronen. (Die Herausgeber danken der Schweizerischen Landesbank, Zürich, für diese Information.)

18] *en printemps quand j'allais à Paris / im Frühling, als ich nach Paris fuhr*: Vgl. 4. 9. 1921, Anm. 26.

19] *un pas de géant vers la Russie / einen riesigen Schritt nach Rußland hin*: Seit dem Winter 1921/22 herrschte in Rußland große Not. »Täglich sterben Tausende an Hunger und Seuchen«, hatte die Frankfurter Zeitung am 1. Januar 1922 berichtet. Die wirtschaftliche Not hatte sich inzwischen dort nicht gebessert.

20] *depuis la faillite de Gênes / seit dem Bankrott von Genua*: Die Weltwirtschaftskonferenz, zu der erstmals auch Deutschland eingeladen worden war (vgl. 25. 6. 1922, Anm. 5) fand vom 10. April bis zum 19. Mai 1922 in Genua statt. Sie brachte keine Zugeständnisse in der Reparationsfrage (vgl. 22. 4. 1921, Anm. 6, und 3. 5. 1921, Anm. 1).

21] *depuis le triomphe de Poin[c]arisme / seit dem Triumph des Poincarismus*: Die Mehrheit des französischen Parlaments (532 gegen 65 Stimmen) hatte der Regierung von Raymond Poincaré (vgl. oben, Anm. 10) Anfang Juli 1922 ihr Vertrauen ausgesprochen. Anlaß für die vorausgegangene Auseinandersetzung war der Vorwurf oppositioneller Kreise, daß die antideutsche Haltung Frankreichs eine Gefahr für die friedliche Entwicklung in Europa darstelle.

22] *Rathenau*: Walther Rathenau; vgl. [20. 11. 1921], Anm. 4.

77 23] *l'Août 1914 / des August 1914*: Am 1. August 1914 hatte das Deutsche Reich den Krieg an Rußland erklärt, am 3. August an Frankreich.

24] *«Laisse ta femme / »Verlasse dein Weib*: »Jesus antwortete und sprach: Wahrlich ich sage euch: Es ist niemand, so er verläßt Haus oder Brüder oder Schwestern oder Vater oder Mutter oder Weib oder Kinder oder Äcker um meinetwillen, der nicht hundertfältig empfange [...]« (Markus 19, 29–30).

25] *des fêtes / Festspiele*: Vgl. [18. 7. 1922], Anm. 8.

26] *Reinhardt, Hofman[n]sthal*: Max Reinhardt inszenierte für die diesjährigen Salzburger Festspiele als Uraufführung am 13. August 1922 in der Kollegienkirche Hugo von Hofmannsthals ›Das Salzburger große Welttheater‹.

27] *Richard Strauss*: Strauss (vgl. 29. 5. 1921, Anm. 3) dirigierte bei diesen Festspielen viermal Mozarts ›Don Juan‹, zweimal Mozarts ›Così fan tutte‹ und einmal ein Konzert des Orchesters der Wiener Staatsoper mit Werken von Mozart; Franz Schalk (vgl. 29. 5. 1921, Anm. 3) dirigierte viermal Mozarts ›Die Hochzeit des Figaro‹, viermal Mozarts ›Die Entführung aus dem Serail‹ und ein Konzert des Orchesters der Wiener Staatsoper mit Werken von Mozart.

28] *Béla Bartók*: (1881–1945). Der ungarische Komponist und Volksliedforscher kam als Zuhörer zu den Festspielen.

29] *devant ce[tte] danse sur le volcan / vor diesem Tanz auf dem Vulkan*: »Nous dansons sur un volcan« ist ein Ausspruch des französischen Gesandten Comte Narcisse Achille Salvandy (1795–1856) auf einem

Fest, das der Herzog von Orléans 1830 zu Ehren des Königs von Neapel gab – man hat es als Voraussage der Revolution von 1880 gedeutet.
30] *devant le veau d'or / vor dem Goldenen Kalb*: Im Alten Testament (2. Mose, 32) wird berichtet, daß Moses älterer Bruder Aaron auf Drängen des Volkes aus ihrem Schmuck am Sinai das Goldene Kalb gießen ließ, dem das Volk dann opferte, während Mose auf dem Berggipfel die Zehn Gebote empfing.
31] *à Mlle. votre sœur / Ihrem Fräulein Schwester*: Madeleine Rolland. *78*
32] *Dr. Wilhelm Friedmann*: (1884–1942, Marseille; Selbstmord) war 1922 Ordinarius für Romanistik an der Universität Leipzig. SZ hatte ihn während des Ersten Weltkriegs in der Schweiz kennengelernt.
33] *tenir une conférence / um einen Vortrag zu halten*: Einzelheiten wurden nicht ermittelt.
34] *Il est tout à fait dans nos idées / Er teilt unsere Ideen ganz und gar*: Vgl. 3. 5. 1921, Anm. 2.

An Romain Rolland [11. 10. 1922] *78*
e. Br., 4 S. – BN Paris – D in deutscher Übersetzung: Romain Rolland-SZ, ›Briefwechsel 1910–1940. Erster Band 1910–1923‹, Aus dem Französischen von Eva und Gerhard Schewe (Briefe Rollands) und Christel Gersch (Briefe Zweigs), Berlin: Rütten & Loening 1987, S. 709–712.

Übersetzung
Mein verehrter und guter Freund, endlich habe ich die Freude, Ihnen mein neues Buch zu schicken: es enthält fünf Erzählungen: zum Teil aus der Zeit vor dem Krieg und seither überarbeitet. Sie sind meinem Privatleben entnommen: kein Glaubensbekenntnis wie »Die Augen des ewigen Bruders«, das Sie kürzlich erhalten haben, nicht wirklich erlebte, aber dennoch in meinem Dasein verwurzelte Dinge. Jetzt ist der Weg frei für einen großen Roman oder ein Drama, wofür ich seit langem die Entwürfe fertig habe. Nebenbei möchte ich auch ein kleines Broschüren-Buch über unseren lieben Frans Masereel schreiben, und eine Studie über Stendhal, dem ich mich wegen seiner Begeisterung für Psychologie und für das Kosmopolitische verwandt fühle. Ich habe große Lust, mich tiefer in mich selbst zurückzuziehen, um danach mehr Schwung und Energie zu besitzen. Ich sehe in unserer Epoche überhaupt keinen Platz für ein engagiertes Werk: die Politik ist an einem Punkt der Starrköpfigkeit und Dummheit angelangt, die sie vernichten werden. Unnötig, sie zu bekämpfen: sie begeht Selbstmord. Unnütz derzeit alle Demonstrationen, alle Polemiken: die Diplomaten

machen sich durch ihr Gebaren, mit dem sie geschickt einen kleinen Krieg konstruiert haben (ohne Blut, einen Operettenkrieg), selbst lächerlich. Ich glaube, ein Jahr wird genügen, damit die Welt von diesem scheußlichen Spektakel genug hat, und wenigstens werden wir so eine internationale Übereinstimmung in politischer Anwiderung haben. Sie kennen mich als Pessimisten: aber diesmal bin ich davon überzeugt, daß das Maß voll ist. In Deutschland klärt sich die Lage schon auf. Rathenaus Tod hat gutgetan: die Besten unter den Nationalisten sind beschämt. Die Beschränktheit des Kaisers, seine Heirat, sein Geschwätz haben den Monarchismus lächerlich gemacht, auf der anderen Seite haben sich die Sozialisten durch die Raffgier ihrer Angestellten geschadet. Also: universelles Mißtrauen gegen die politischen Parteien und eine fast religiöse Erwartung eines neuen Glaubens. Sie glauben es nicht, wie dieses Deutschland der Börsenspekulanten und Bankrotteure, ein Land, in dem der Protestantismus, der Sozialismus, der Nationalismus ihre moralische Anziehungskraft verloren haben, danach dürstet, etwas zu glauben, sich an etwas zu berauschen. Überall gibt es eine Begeisterung für jeden, der einige Körner eines neuen Idealismus verstreut. Alle ganz verschiedenartigen Strömungen, von denen Sie von weitem vielleicht keine Spur wahrnehmen, treffen sich in den Tiefen: Keyserling mit seiner »Schule der Weisheit«, Johannes Müller, der Buddhismus, wie er von Philosophen und Dichtern abstrahlt, von Tagore und Hesse, die Anthroposophie Rudolf Steiners, all das hat die Form großer religiöser Sekten angenommen, die sich nur nicht recht getrauen, sich als solche zu erklären. Ich möchte Ihnen Zahlen nennen, um Ihnen die Reichweite dieser Bewegungen zu verstehen zu geben: die Bücher (sehr teuer, sehr gewichtig) der Keyserlings, der Spenglers, von Blüher, von Steiner verkaufen sich jedes zu 50 000 Exemplaren (größere Auflagen als die Romane), Tagore in 100 000 Exemplaren. Die neo-religiöse Philosophie beherrscht das intellektuelle Leben seit der Revolution, so wie die antireligiöse, materialistische Philosophie Frankreich nach der Revolution von 1793 beherrscht hatte. Ich spüre sehr sehr stark eine große Strömung unter diesem lärmenden und politischen Deutschland – es wäre sehr interessant für Sie, das zu verfolgen. Charakteristisch auch, welche Dichter den Sieg davontragen: allen voran Goethe, dann Hölderlin, dessen überwältigende Größe die Nation nach einem Jahrhundert entdeckt hat (Sie sollten seinen Empedokles lesen); von den Modernen diejenigen, die sich durch eine moralische und deutsche Haltung hervorheben, allen voran Stefan George und Thomas Mann, Dichter, die als Autoritäten zum Land sprechen, Symbole der Weisheit (mehr als der Schönheit!). Wenn in diesem Moment eine große Persönlichkeit hervorbrechen würde, die Nietzsches Kräfte in sich vereinigte, könnte sie den neuen Glauben begründen und wiederschaffen. Die intellektuelle Erwartung ist enorm und das Niveau der kritischen Bücher sehr, sehr hoch: das von Ziegler über den Buddhismus ist ein Meisterwerk, die großen Biographien von Gundolf übersteigen bei weitem alles, was man bisher über Goethe und Kleist besessen hat. Die Epoche gleicht ein wenig der, wo Deutschland mit seinen Schlegels die europäische Kritik beherrscht hat, mit seinen Humboldt, Kant, Hegel, Schelling die europäische Wissenschaft: nur haben wir keinen Goethe, der zu dieser Zeit in seiner Größe wie in ein Leichentuch eingehüllt lebte, sein eigenes Denkmal.

Ich bedauere, daß es kein informatives Buch gibt, das diese ganze Geisteshaltung gut darstellt. Aber dafür ist es vielleicht noch zu früh. Es zeichnet sich noch nichts Genaues ab, man weiß nicht, welche Strömung, welche Persönlichkeit als Sieger hervorgeht. Aber ich versichere Ihnen: der Moment ist in Deutschland sehr interessant. Und die intellektuelle Jugend ist sehr weit von der Politik entfernt und entfernt sich jeden Tag ein Stück mehr davon: der Rathenau-Prozeß beweist ja gut, daß nur die Bestechlichsten Politik betreiben.

An interessanten Büchern habe ich die Tagebücher von Theodor Herzl gelesen. Zum ersten Mal lese ich die Geschichte einer Epoche, einer Bewegung, die ich aus nächster Nähe entstehen sah. Und ich bin erstaunt, wie schlecht man mit achtzehn Jahren sah und wie gut man fühlte (besser als die intelligenten und reifen Menschen). Selten habe ich so gut die Geburt einer großen Idee sich durch Magie entwickeln sehen wie in diesem wertvollen Dokument, das den Vater von Clerambault psychologisch interessierte: es hat mich tief bewegt. Er spricht übrigens auch von Bernard Lazare, und das mit großer Sympathie.

Werden Sie jetzt die Briefe von Malvida Meysenbug und Ihnen selbst veröffentlichen? Es wäre vielleicht gut, denn die Erinnerung an diese bewundernswerte Frau beginnt in der neuen Generation zu schwinden.

Ich erwarte ungeduldig Ihren neuen Roman, das erste Buch nach dem Krieg (denn Clerambault war ein Kind des Krieges, empfangen im Leiden und genährt vom Blut der Unschuldigen). Ich wäre froh, zu wissen, daß Sie gut arbeiten.

Ich hatte hier Besuch von Le Fauconnier; er hat flüchtig ein sehr, sehr schönes Portrait von mir angefertigt, dessen Reproduktion ich Ihnen schicken werde. Sein brennendster Wunsch wäre es, ..., aber ich weiß, daß Sie diese Erlaubnis allen Malern verweigern, und indirekt auch Ihren Freunden, die Ihren lebendigen Blick immer gerne bei sich hätten.

Richten Sie Ihrem Fräulein Schwester meine besten Grüße aus, auch die meiner Frau, und sehen Sie in mir Ihren sehr getreuen

Stefan Zweig

1] *mon nouveau livre / mein neues Buch*: SZ, ›Amok. Novellen einer Leidenschaft‹; vgl. 6. 9. 1921, Anm. 13.
2] *«Die Augen des ewigen Bruders»*: Vgl. 6. 9. 1921, Anm. 11 und 12.
3] *pour un grand roman ou un drame / für einen großen Roman oder ein Drama*: Erst im Sommer 1931 begann SZ mit der Niederschrift eines Romans, den er allerdings nicht für den Druck abschloß und auch ohne Titel ließ; er wurde 1982 posthum u. d. T. ›Rausch der Verwandlung. Roman aus dem Nachlaß‹ (Frankfurt am Main: S. Fischer) veröffentlicht. – Das nächste Theaterstück schrieb SZ erst im Winter 1925/26 mit seiner freien Bearbeitung von Ben Jonsons ›Volpone‹.
4] *un petit livre-brochure sur notre cher Frans Masereel / ein kleines Broschüren-Buch über unseren lieben Frans Masereel*: Arthur Holitscher und SZ verfaßten gemeinsam ein kleines Buch über ›Frans Masereel‹ (Berlin: Axel Juncker 1923 [= Graphiker unserer Zeit. 1]; SZs Beitrag mit der Überschrift ›Frans Masereel. Der Mann und Bildner‹ steht am Anfang des Bändchens (S. 7–31); mit der Überschrift ›Der Holzschneider Frans Masereel‹ veröffentlichte ihn die Neue Freie Presse, Wien (4. 11. 1923, S. 1–4).
5] *une étude sur Stendhal / eine Studie über Stendhal*: Ob SZ zu dieser Zeit tatsächlich seinen Essay über Stendhal zu konzipieren begonnen hat, läßt sich nicht feststellen; jedenfalls wurde er zum dritten Bestandteil seines Triptychons ›Drei Dichter ihres Lebens. Casanova, Stendhal, Tolstoi‹ (Leipzig: Insel-Verlag 1928 [= Die Baumeister der Welt. Versuch einer Typologie des Geistes. Dritter Band]).
6] *un[e] petit[e] guerre (sans sang, un[e] guerre d'opérette) / einen kleinen Krieg [...] (ohne Blut, einen Operettenkrieg)*: Vermutlich meint SZ die Ausweisung von Deutschen aus Elsaß-Lothringen, weil das Deutsche Reich bei den Reparationszahlungen im Rückstand war; am 25. Juni 1924 wurde von der französischen Regierung beschlossen, sie zurückkehren zu lassen.
7] *La mort de Rathenau / Rathenaus Tod*: Walther Rathenau; vgl. [20. 11. 1921], Anm. 4, und 25. 6. 1922, Anm. 6.
8] *La stupidité du Kaiser, son mariages [!] / Die Beschränktheit des Kaisers, seine Heirat*: Wilhelm II. (vgl. 6. 9. 1920, Anm. 8, und 25. 6. 1922, Anm. 19) hatte am 5. November 1922 – nach dem Tod seiner ersten Frau, Kaiserin Auguste Viktoria am 11. April 1921 – in seinem holländischen Exil in Doorn Hermine von Schönaich-Carolath geheiratet.

9] *Keyserlink [!]*: Der Philosoph Hermann Graf Keyserling (1880–1946) 79
hatte 1920 in Darmstadt eine »Schule der Weisheit« gegründet, die den Menschen durch schöpferische Erkenntnis zur »Selbstverwirklichung« führen soll.
10] *Johannes Müller*: (1864–1949), protestantischer Theologe und Kulturphilosoph; Verkünder einer undogmatischen christlichen Lebensform.
11] *le Bouddhisme [. . .] reflète [. . .] par Tagore et Hesse / der Buddhismus [. . .] von Tagore und Hesse*: Zu Rabindranath Tagore vgl. 22. 4. 1921, Anm. 11. – Hermann Hesse (1877–1962) hatte 1922 ›Siddharta. Eine indische Dichtung‹ (Berlin: S. Fischer) veröffentlicht, mit der er »weltanschaulich-religiöses Ringen um erlösende, glückselig machende Erkenntnis und Existenzform [. . .] aus dem eigenen Lebensbezirk ins Indien der Zeit Buddhas transponiert«. (Heinz Stolte, in: Gero von Wilpert u. a. [Hrsg.], ›Lexikon der Weltliteratur. Band II. Hauptwerke der Weltliteratur in Charakteristiken und Kurzinterpretationen‹, Stuttgart: Alfred Kröner Verlag 1968, S. 954.)
12] *l'anthroposophie de Rudolf Steiner / die Anthroposophie Rudolf Steiners*: Die Lehre Rudolf Steiners (1861–1925), die »Anthroposophie ist eine Erkenntnis, die vom höheren Selbst im Menschen entwickelt wird«; sie soll »für Menschen da sein, die in ihrer Seele die Wege zum geistigen Erleben suchen«. (R. Steiner, zit. nach ›Der große Brockhaus‹, Bd. 1, Wiesbaden: F. A. Brockhaus 1953, S. 313.)
13] *des Keyserlink [!], des Spengler, de Blüher, de Steiner*: Die von SZ hier angeführten Beispiele entsprechen absolut nicht der Realität. Hermann Graf Keyserling veröffentlichte 1922 z. B. ›Schöpferische Erkenntnis‹; Oswald Spengler (1880–1936) hatte 1918 den Ersten Band von ›Der Untergang des Abendlandes‹ geschrieben (vgl. 14. 1. 1920, Anm. 24), 1922 den Zweiten Band (›Welthistorische Perspektiven‹), Hans Blüher (1888–1955) 1917 ›Die Rolle der Erotik in der männlichen Gesellschaft. Eine Theorie der menschlichen Staatsbildung nach Wesen und Wert‹ (2 Bde.), Rudolf Steiner 1919 ›Die Kernpunkte der sozialen Frage‹ – außer Spenglers Werk erreichte keines dieser Bücher, auch später nicht, die Marke von 50 000 Exemplaren.
14] *Tagore en 100 000 exemplaires / Tagore in 100 000 Exemplaren*: Rabindranath Tagores Roman ›Das Heim und die Welt‹ (Aus dem Englischen übertragen von Helene Meyer-Franck, München: Kurt Wolff 1921) wurde im ersten Jahr des Erscheinens der deutschen Ausgabe mit 190 000 Exemplaren gedruckt. Das 191. bis 199. Tsd. wurde erst 1932 ausgegeben.
15] *la philosophie [. . .] matérialiste / die [. . .] materialistische Philosophie*: Die soziale Funktion der kollektiven Vorurteile wird von den franzö-

sischen Materialisten des 18. Jahrhunderts herausgestellt, besonders von Claude Adrien Helvétius (1715–1771), dessen Werk im wesentlichen erst nach seinem Tod, kurz vor der Französischen Revolution erschienen ist. Helvétius erklärte die Ideen für die notwendigen Konsequenzen der Gesellschaften, in denen man lebt.

16] *Goethe*: Johann Wolfgang von Goethe; vgl. [27. 1. 1920], Anm. 11.

17] *Hölderlin*: Friedrich Hölderlin (1770–1843).

18] *son Empedocles / seinen Empedokles*: Friedrich Hölderlins ›Der Tod des Empedokles‹ war erst 1910 »für eine festliche Aufführung bearbeitet und eingerichtet von Wilhelm v. Scholz« erschienen (Leipzig: Insel-Verlag).

19] *Stefan George*: Vgl. 6. 9. 1921, Anm. 7.

20] *Thomas Mann*: Vgl. 17. 11. 1920, Anm. 6.

21] *Nietzsche*: Friedrich Nietzsche (1844–1900). SZ hatte sich schon früh, 1902, mit dem Philosophen beschäftigt; danach läßt sich dieses Interesse aber erst wieder 1918 anhand des Tagebuchs nachweisen.

22] *celui de Ziegler sur le Bouddhisme / das von Ziegler über den Buddhismus*: Leopold Ziegler (1881–1958), ›Der ewige Buddho. Ein Tempelschriftwerk in vier Unterweisungen‹, Darmstadt: O. Reichl 1922.

23] *les grandes biogafies [!] de Gundolf [. . .] sur Goethe et Kleist / die großen Biographien von Gundolf [. . .] über Goethe und Kleist*: Friedrich Gundolf (eigtl. Leopold Gundelfinger, 1880–1931), ›Goethe‹, Berlin: Georg Bondi 1916, [10]1922, und ›Heinrich von Kleist‹, Berlin: Georg Bondi 1922.

24] *L'époque ressemble un peu à celle / Die Epoche gleicht ein wenig der*: Vgl. 14. 1. 1920, Anm. 25.

25] *Schlegel*: Die Brüder August Wilhelm (1767–1845) und Friedrich von Schlegel (1772–1829), Schriftsteller, Kritiker und Sprachforscher, Caroline von Schlegel, geb. Michaelis (1763–1809), Frau von August Wilhelm von Schlegel, und Dorothea (urspr. Brendel) von Schlegel, geb. Mendelssohn (1763–1839), Schriftstellerin, bildeten den Mittelpunkt des Jenaer Kreises der Frühromantik, der sog. »Jenenser Romantik«.

26] *Humboldt*: Die Brüder Freiherren Wilhelm (1767–1835) und Alexander von Humboldt (1769–1859). Der Jüngere, Alexander, war ein bedeutender Naturforscher, der durch die Ergebnisse seiner Reisen neue Wissensgebiete erschloß: Erdmagnetismus, Vulkanismus, Pflanzengeographie; der Ältere, Wilhelm, Gelehrter und Staatsmann, beschäftigte sich zunächst mit Literaturkritik, wurde Leiter der preußischen Kulturpolitik, gründete die Universität Berlin, vertrat als Diplomat 1814/15 zusammen mit Karl August Freiherrn von Hardenberg (1750–1822) Preußen beim Wiener Kongreß, quittierte danach den Staatsdienst und widmete sich den vergleichenden Sprachwissenschaften.

27] *Kant*: Immanuel Kant (1724–1804), als Philosoph Protagonist der deutschen Aufklärung.
28] *Hegel*: Georg Wilhelm Friedrich Hegel; vgl. 14. 1. 1920, Anm. 25.
29] *Schelling*: Friedrich von Schelling (1775–1854), deutscher Natur- und Religionsphilosoph; Freund von Hegel und Hölderlin.
30] *le procès Rathenau / der Rathenau-Prozeß*: Am 14. Oktober 1922 fand vor dem Leipziger Staatsgerichtshof der Prozeß gegen die Helfer der nicht mehr lebenden Rathenau-Mörder Erwin Kern und Hermann Fischer (vgl. [20. 11. 1921], Anm. 4) statt. Angeklagt waren Ernst Werner Techow (vgl. 25. 6. 1922, Anm. 6), der das Attentatsauto gefahren, und Ernst von Salomon (1902–1972), der das Auto zur Verfügung gestellt hatte.
31] *Tagebücher von Theodor Herzl*: Theodor Herzl (1860–1904), ›Tagebücher 1895–1904‹, 3 Bde., Berlin: Jüdischer Verlag 1922 (Bde. 1 u. 2), 1923 (Bd. 3).
32] *le père de Clérambault / den Vater von Clerambault*: Romain Rolland; vgl. 14. 1. 1920, Anm. 2.
33] *Bernard Lazare*: (1865–1903), französischer Schriftsteller und Sozialist, später Zionist. Er schrieb engagiert gegen den Antisemitismus und nahm führend an der Aufdeckung des Dreyfus-Skandals teil. Am 17. Juli 1896 notierte Herzl über ihn im Tagebuch: »Vorzüglicher Typus eines guten französischen Juden.«
34] *les lettres de la Malvida Meysenbug et les vôtres / die Briefe von Malvida Meysenbug und Ihnen selbst*: Eine Auswahl aus der Korrespondenz zwischen Romain Rolland und Malvida von Meysenbug erschien 1932 zunächst in deutscher Übersetzung: Romain Rolland – Malvida von Meysenbug, ›Ein Briefwechsel‹. Mit einer Einleitung von Romain Rolland: ›Dankgesang. Erinnerungen an Malvida‹. (Aus dem Französischen [nach dem Manuskript] von Axel Lübbe [Die Erinnerungen an Malvida von Meysenbug] und Berta Schleicher [Die Briefe]), hrsg. von Berta Schleicher, Stuttgart: Engelhorn 1932. Die französische Originalausgabe erschien erst 1948 u. d. T. ›Choix de lettres à Malvida de Meysenbug‹ (établi par Marie Romain Rolland, avant-propos de Edouard Monot-Herzen) bei Albin Michel in Paris.
35] *cette admirable femme / diese bewundernswerte Frau*: Malvida Freiin von Meysenbug (1816–1903), Schriftstellerin; setzte sich für Frauen- und Arbeiterbildung ein; befreundet u. a. mit Giuseppe Garibaldi und Friedrich Nietzsche.
36] *votre nouveau roman / Ihren neuen Roman*: Romain Rolland, ›L'âme enchantée‹; vgl. 4. 9. 1921, Anm. 19.
37] *Clérambault*: Vgl. 14. 1. 1920, Anm. 2.

38] *Le Fauconnier*: Henri Victor Gabriel Le Fauconnier; vgl. 17. 6. 1922, Anm. 18.

81 39] *à mademoiselle votre sœur / Ihrem Fräulein Schwester*: Madeleine Rolland.

81 *An Leonhard Adelt* [Mitte Oktober 1922]
e. Br., 1 S. – ÖNB Wien

1] *Leonhard Adelt*: (1881–1945), Schriftsteller, Kritiker. Seit 1920 als Journalist u. a. in Wien und München tätig; langjähriger Freund von SZ.
2] *Deinen guten Brief*: Nicht ermittelt.
3] *in diesem Buche*: SZ, ›Amok. Novellen einer Leidenschaft‹; vgl. 6. 9. 1921, Anm. 13.
4] *»Die Augen des ewigen Bruders«*: Vgl. 6. 9. 1921, Anm. 11 und 12.
5] *kein Drama*: Vgl. [11. 10. 1922], Anm. 3.
6] *im »Verwandelten Comoedianten«*: SZ, ›Der verwandelte Komödiant. Ein Spiel aus dem deutschen Rokoko‹, Leipzig: Insel-Verlag 1913.
7] *Lissauer*: Ernst Lissauer (1882–1937), deutscher Lyriker und Dramatiker.
8] *nichts Falsches [. . .] in meiner Arbeit*: »Mein Bemühen geht dahin, in meinen Büchern immer mehr das zu sein, was ich im Leben bin: ich habe vielleicht nicht mehr Talent als vor zehn Jahren und auch nicht mehr Kraft, nur größeren Mut, ich selber zu sein und mich nicht mehr zu verstecken. Was mir in der Literatur aller Epochen mangelt, ist die Aufrichtigkeit: man kann die wenigen Bücher herzählen, die wirklich der Mensch sind, der sie schrieb.« (25. 11. 1922; Romain Rolland-SZ, ›Briefwechsel 1910–1940. Erster Band 1910–1923‹, a.a.O., S. 716.)
9] *nach M[ünchen]*: Adelt lebte in Gauting bei München.
10] *Bahr*: Hermann Bahr (vgl. Neujahr 1921, Anm. 1) war Anfang Mai 1922 von Salzburg nach München übersiedelt, da seine Frau Anna Bahr-Mildenburg (vgl. Neujahr 1921, Anm. 9) dort an der Akademie für Tonkunst eine Professur übernommen hatte.
11] *(aus der Politik her)*: Das Ziel der Nationalsozialistischen Deutschen Arbeiter-Partei unter Adolf Hitler, die Regierung der Weimarer Republik von Bayern, besonders von München aus, zu stürzen, wurde immer deutlicher
12] *Valutaplünderer*: Der Wert der Mark gegenüber der Deutsch-Österreichischen Krone stieg ständig. Mitte Oktober 1922 stand er bei 3,50 Mark für 100 Kronen – Ende Oktober bereits bei 5,70 Mark.

13] *Ende November nach Berlin*: Am 18. November 1922 fuhr SZ über München, wo er mit Adelt und auch mit Hermann Bahr zusammentraf, nach Berlin. (Es ging ihm, wie immer um diese Zeit, darum, seinen Geburtstag möglichst frei verleben zu können.) Am 30. November reiste er von dort nach Leipzig, wo er beim Insel-Verlag vorsprach, und kehrte am 1. Dezember via München nach Salzburg zurück.
14] *von Deinem Roman*: Über einen Romanplan Adelts in dieser Zeit 82
wurde nichts ermittelt.
15] *»Deutschland«*: Adelt war (zusammen mit anderen) Redakteur von Deutschland. Zeitschrift für Aufbau, die seit 1922 in München in einem eigens dafür gegründeten Verlag erschien; im Oktober 1922 scheint es bereits Schwierigkeiten gegeben zu haben, doch die Zeitschrift wurde, wenn auch mit Unterbrechung, bis 1926 weitergeführt.
16] *in M[ünchen]*: Vgl. oben, Anm. 13.
17] *Malli*: Amalie Adelt, geb. Beinhackl.
18] *Richard*: Amalie und Leonhard Adelts Sohn Richard (1907–1974).

An Richard Specht [16. 10. 1922] 82
e. Ansichtskarte (Salzburg) – Privat

1] *Richard Specht*: (1870–1932), österreichischer Journalist, Kritiker, Musikschriftsteller.
2] *Dein Schnitzler Buch*: Richard Specht, ›Arthur Schnitzler. Der Dichter und sein Werk. Eine Studie‹, Berlin: S. Fischer 1922.
3] *der Biograf par excellence*: Arthur Schnitzler sah es nicht ganz so: »Ich finde das Buch vortrefflich, bin aber selbstverständlich nicht in jeder Einzelheit ganz einer Meinung mit dem Verfasser.« (An Rudolph Lothar, 16. 10. 1922; Arthur Schnitzler, ›Briefe 1913–1931‹, hrsg. von Peter Michael Braunwarth, Richard Miklin, Susanne Pertlik und Heinrich Schnitzler, [Frankfurt am Main:] S. Fischer [1984], S. 288.)
4] *meine neuen Novellen*: SZ, ›Amok. Novellen einer Leidenschaft‹; vgl. 6. 9. 1921, Anm. 13.
5] *Salzburg [. . .] im Sommer zu lebendig*: Wegen der Festspiele; vgl. [18. 7. 1922], Anm. 8.
6] *Deine liebe Frau*: Vera Specht, geb. Schapira (1891–1930), war Pianistin.

83 *An den Insel-Verlag, Leipzig* 4. 12. 1922
ms. Br., 2 S. mit e. Korr. – StWK Weimar

1] *Bei meiner Rückkehr von Leipzig*: Vgl. [Mitte Oktober 1922], Anm. 13.
2] *der Deutschen Verlagsanstalt*: Die Deutsche Verlags-Anstalt in Stuttgart hatte 1918 ›Das neue deutsche Novellenbuch‹, hrsg. von Wilhelm von Scholz, veröffentlicht und plante jetzt offenbar eine Buchserie mit dem Titel ›Die deutsche Novelle‹, zu der man SZ eingeladen hatte, einen Beitrag zu liefern. Diese Buchserie kam nicht zustande.
3] *»Der Zwang«*: Vgl. 14. 1. 1920, Anm. 20.
4] *in eine spätere Reihe eines Novellenbandes*: SZ nahm ›Der Zwang‹ später nicht in eine eigene Zusammenstellung seiner Novellen auf.
5] *Professor Kippenberg*: Anton Kippenberg; vgl. 9. 2. 1920, Anm. 1 und 2.
6] *die »Deutsche Novelle«*: Vgl. oben, Anm. 2.
7] *»Amok«*: Vgl. 6. 9. 1921, Anm. 13.
8] *in der »Neuen Freien Presse«*: Erwin Rieger, ›Stefan Zweigs neues Novellenbuch‹, Neue Freie Presse, Wien, 3. 12. 1922, S. 34–35.
9] *in der »Wiener Allgemeinen Zeitung«*: Ludwig Ullmann, ›Bücher als Beispiele‹ [Sammelbesprechung, u. a. von SZ, ›Amok‹, vgl. 6. 9. 1921, Anm. 13), Wiener Allgemeine Zeitung, 2. 12. 1922, S. 5.
10] *Inserat im Börsenblatte*: Der Insel-Verlag meldete am 4. 1. 1923 in einer Anzeige im Börsenblatt für den deutschen Buchhandel in Leipzig SZs ›Amok‹ als wieder »unbeschränkt lieferbar«; gleichzeitig zeigte er dort die 2. Auflage von SZs ›Legende eines Lebens‹ (Leipzig: Insel-Verlag 1919) an.
11] *die neue Titelgestaltung*: Vermutlich war die erste Auflage des Novellenbandes aus Kostengründen ohne Schutzumschlag erschienen.

84 *An Franz Servaes* 22. 1. 1923
e. Briefkarte, 2 S. – WStLB – Briefkopf: Signet SZ – VIII. Kochgasse 8 (Durchgestrichen)

1] *Franz Servaes* (1862–1947), Erzähler, Dramatiker, Feuilletonist; bis 1899 Theaterkritiker an der Vossischen Zeitung in Berlin; 1899–1919 Schriftleiter der Neuen Freien Presse in Wien, seit 1904 in der Nachfolge Theodor Herzls dort auch Feuilleton-Redakteur; wechselte 1919 zum Berliner Lokal-Anzeiger.
2] *im November*: Vgl. [Mitte Oktober 1922], Anm. 13.
3] *Kritik über die »Legende«*: Franz Servaes, ›Theater in der Kommandantenstraße. »Legende eines Lebens«, ein Kammerspiel von Stefan Zweig‹, Berliner Lokal-Anzeiger (Morgenausgabe), Nr. 33, 41. Jg., 20. 1. 1923, S. 2.

4] *Dies Stück*: SZ, ›Legende eines Lebens‹, Ein Kammerspiel in drei Akten, Leipzig: Insel-Verlag 1919.

An Franz Karl Ginzkey [26. 2. 1923] *84*
e. Br., 1 S. – WStLB

1] *in Leipzig*: Der Grund von Ginzkeys Reise wurde nicht ermittelt.
2] *nach Weimar*: SZ war erstmals im August 1911 in Weimar gewesen. »[...] man schauert hier bei jedem Schritt, bei jeder Ecke hat man Angst, ER könnte kommen. Wie wundervoll das ist!« (SZ an Ferdinand Gregori, 29. 8. 1911; vgl. SZ, ›Briefe 1897–1914‹, a.a.O., S. 238.)
3] *Deinetwegen beunruhigt*: Zusammenhang nicht ermittelt. *85*

An Erwin Guido Kolbenheyer 5. 3. 1923 *85*
ms. Br., 2 S. mit e. Korr. – Kolbenheyer-Archiv, Gerritsried

1] *Sammler von Handschriften*: »[...] ich sammle niemals bloß die Schrift, nicht Zufallsbriefe und Albumblätter von Künstlern, sondern nur Schriften, die den schöpferischen Geist im schöpferischen Zustande zeigen, also ausschließlich Handschriften von oder aus künstlerischen Werken. Wo ich das Dasein und Vorhandensein eines literarischen oder musikalischen Werkes liebe, interessiert mich seine Entstehung. Diese aber spüre ich immer am sinnlichsten im Schriftbild des Manuskriptes und da wieder mehr noch im ersten Entwurf als in der eigentlichen Reinschrift. So kam ich schon sehr früh darauf, Handschriften von Werken oder wenigstens Teile daraus zu sammeln und von allem Anfang an habe ich mich auf diesen innersten und interessantesten Kreis beschränkt [...]. Mir ist es hauptsächlich darum zu tun, von jedem schöpferischen Menschen wenisgstens *ein* Schöpfungsdokument zu haben und zwar, wenn erreichbar, eines, das den genetischen Prozeß sehr charakteristisch zeigt und am allerliebsten eines, das in der Niederschrift das Wesen eines repräsentativen Menschen in seinem allerrepräsentativsten Werke darstellt, wie es in meiner Sammlung mir ja bei obern und untern Geistern vielfach gelungen ist, immer also den Schöpfer womöglich im inspiriertesten und intensivsten Augenblick seines Daseins.« (SZ, ›Meine Autographensammlung‹, Philobiblon. Eine Zeitschrift für Bücherliebhaber, Wien, III. Jahr, Heft 7, 1930, S. 279–280.)
2] *einen Ausschnitt aus einer Zeitung*: In der Tübinger Chronik hatte am 17. 3. 1923 folgende Notiz gestanden: »In einer Nachlaßsache kommen am Donnerstag, 22. März 1923, vormittags 11 Uhr, Justizgebäude Zi. 28,

Autogramme großer Männer einzeln zur Versteigerung, Gerichtsnotar Schüble.« Einzelheiten über die Nummern, die zum Aufruf kamen, wurden hier aber nicht gegeben. Versteigert wurde der Nachlaß von Manuela Meier (1856–1921). (Für diese und die folgenden Angaben über die Auktionsergebnisse danken die Herausgeber Herrn Roger Sonnenwald vom Antiquariat J. J. Heckenhauer in Tübingen.)

3] *Buchhändler der mich [. . .] vertreten würde*: Nicht ermittelt.

4] *Schiller*: Friedrich Schiller (vgl. 9. 2. 1920, Anm. 40); möglicherweise handelt es sich um »7 Xenien«, die SZ in einer Auflistung einiger Handschriften aus seiner Sammlung nennt. Sie wurden in der Auktion – es war Inflation! – für 605 000 Mark ersteigert.

5] *Lenau: Schilflieder*: Nikolaus Lenau (eigtl. Niembsch Edler von Strehlenau, 1802–1850); SZ erwarb die ›Schilflieder‹ für 1 355 000 Mark der Inflationswährung.

6] *Herder*: Johann Gottfried Herder (1744–1803); hiervon erwarb SZ offenbar nichts.

7] *Mörike*: Eduard Mörike (1804–1875); hiervon erwarb SZ offenbar nichts.

8] *Wieland*: Christoph Martin Wieland (1733–1813); hiervon erwarb SZ offenbar nichts.

9] *Hölderlin*: Friedrich Hölderlin (vgl. [11. 10. 1922], Anm. 17); ob SZ hiervon etwas erwarb, ist nicht feststellbar.

86 10] *einen Antiquarius*: Möglicherweise hat Kolbenheyer SZ bei der Auktion selbst vertreten.

11] *»Parazelsus«*: Der dritte Teil von Kolbenheyers Romantrilogie, ›Das dritte Reich des Paracelsus‹, erschien erst 1926; vgl. 3. 10. 1921, Anm. 2.

12] *mit Rütten & Loening*: Vgl. SZs Brief an Erwin Guido Kolbenheyer vom 31. 12. 1921.

86 *An Hermann Graf Keyserling* 7. 3. 1923
e. Br., 2 S. – Privat

1] *Hermann Graf Keyserling*: Vgl. [11. 10. 1922], Anm. 9.

2] *Heft des »Wegs zur Vollendung«*: Der Weg zur Vollendung. Mitteilungen der Gesellschaft für freie Philosophie Schule der Weisheit, hrsg. von Hermann Graf Keyserling, Darmstadt 1920 ff.

3] *dieser durchdringenden Betrachtung*: Keyserling hatte im Fünften Heft seiner Zeitschrift (März 1923) in der ›Bücherschau‹ (S. 67–95) über SZs ›Drei Meister. Balzac–Dickens–Dostojewski‹ (vgl. 3. 1. 1920, Anm. 16) u. a. geschrieben (S. 90–91): »Was darin nämlich über Dostojewski zu lesen steht, gehört nicht allein zum Tiefsten, was je über diesen geschrieben ward – durch die Hinzuziehung in *einen* Zusammenhang mit Dickens und Balzac erhält seine Größe eine Qualifizierung und Spezialisierung, die sie dem Europäer zum ersten Male vollkommen verständlich machen wird.«

4] *Ihr Reisetagebuch*: Hermann Graf Keyserling, ›Das Reisetagebuch eines Philosophen‹, 2 Bde., Darmstadt: O. Reichl 1919.

5] *die »schöpferische Erkenntnis«*: Hermann Graf Keyserling, ›Schöpferische Erkenntnis‹, Darmstadt: O. Reichl 1922.

6] *Leonhard Ragaz*: (1868–1945), Schweizer Pfarrer, seit 1908 Professor für Dogmatik und Ethik der religiös-sozialen Bewegung; engagierte sich nach 1918 in der internationalen Friedensbewegung. Von 1906 bis zu seinem Tod gab er die Zeitschrift Neue Wege heraus, für die er selbst etwa 1000 Beiträge schrieb.

7] *Aufsatz in den »Neuen Wegen«*: Leonhard Ragaz, ›Zur Weltlage: Deutschland und Frankreich, Reparationsfrage und Weltfriede‹, Neue Wege, Zürich, 17. Jg., H. 1, Januar 1923, S. 24–35.

8] *in Darmstadt*: Dort war der Sitz von Keyserlings »Schule der Weisheit«, vgl. oben, Anm. 1.

9] *»portée«*: Bedeutung, Breitenwirkung. *87*

10] *Besetzung*: Am 3. März 1923 hatten französische Truppen, die bereits am 11. Januar 1923 zusammen mit belgischen Soldaten das Ruhrgebiet als Pfand zur Sicherstellung von Kohlelieferungen als Teil der Reparationsleistungen (vgl. [20. 22. 1921], Anm. 4) besetzt hatten, auch die große Eisenbahnwerkstatt in Darmstadt okkupiert, um den Transport zu sichern.

11] *das Chaos nötig, um den Stern zu gebären*: Quelle nicht ermittelt.

12] *Ihrer verehrten Frau Gemahlin*: Goedela Gräfin Keyserling, geb. Gräfin von Bismarck-Schönhausen (1896–1981).

13] *Oaha Schmitz*: Oskar A[dolf] H[ermann] Schmitz (1873–1931), deutscher Schriftsteller.

An Romain Rolland 7. 4. 1923 *87*

e. Br., 2 S. – BN Paris – Briefkopf: Signet SZ – Kapuzinerberg 5 / Salzburg – D in deutscher Übersetzung: Romain Rolland-SZ, ›Briefwechsel 1910–1940. Erster Band 1910–1923‹, Aus dem Französischen von Eva und Gerhard Schewe (Briefe Rollands) und Christel Gersch (Briefe Zweigs), Berlin: Rütten & Loening 1987, S. 734–736.

Übersetzung

Mein verehrter Freund, ich möchte Ihnen schon seit langem schreiben, aber ich arbeite mit Eifer. Ich bereite ein Buch vor, den Drei

Meistern entsprechend, über die drei typischen Charaktere in Deutschland: die drei dämonischen Naturen, die einzigen, die nicht mit der Gesellschaft, der Nation, der Epoche paktiert haben, und die natürlich zerstört worden sind: Hölderlin, Kleist, Nietzsche. Es wird ein Appell an die Künstlerfreiheit, an das Heldenhafte des Leidens, eine große Paraphrase auf den Dämon. Ich fürchte, daß ich in manchen Teilen das deutsche Publikum verletze (oder vielmehr fürchte ich es nicht), vor allem wenn ich darlege, daß Goethe und alle nach ihm lieber den Dämon in sich erwürgt haben, anstatt sich von ihm erwürgen zu lassen. Ich fühle, daß ich heute das Thema gut genug beherrsche, und die Fortsetzung dieses Bandes sehe ich schon weit im voraus. Ein Band über die großen Psychologen: Stendhal als erster, mit der These, daß die Psychologie letzten Endes eine Sache des Mutes ist, Mut, das Wahre zu sehen und auszusprechen. Es gibt darin sehr viele Abstufungen, und nur wenige Menschen sind bisher weit genug die Leiter bis in die Untiefen des Herzens hinabgestiegen (man kann sich den Hals brechen, wenn man nicht schwindelfrei ist). Das alles formt sich schon lange in mir, aber ich habe es nicht eilig. Ich habe Zeit. Für die »Drei Meister« habe ich Jahre gebraucht, und meine Novellen sind auch Teil eines Zyklus. Ich halte den Schwankungen und der Aufregung in der Welt einen breiten Arbeitsplan entgegen und bin glücklich, darin einen Halt zu finden. Muß ich noch sagen, daß ich mich in dieser Art des Entwurfs und in der Art, das menschliche Heldentum in seinen tragischsten Formen zu beschreiben, als Ihren Schüler empfinde? Meine einzige Hoffnung wäre es, diese Methode auf einen Lebenden anzuwenden. Ich habe meinen Tribut der Bewunderung für Verhaeren und für Sie gezahlt. Aber bei uns sehe ich nur Leere. Ich sehe Talent, aber nicht einen Helden. Ich rufe mir den Anfang des Don Juan von Byron ins Gedächtnis: »A hero! I want a hero!«

Sie werden verstehen, mit welcher Gier ich auf Ihren Gandhi warte. Ich weiß ein wenig über ihn: aber Sie werden seine Persönlichkeit so wiedergeben, wie er ist. Man muß ein weites Herz haben, um das Genie verstehen zu können. Aber dann wird man von ihm durchtränkt, und ich kenne kein vergleichbares Glück. Es muß wohl dem Gefühl einer Frau ähneln, wenn sie sich umarmt fühlt, durchdrungen und befruchtet vom Manne.

Ich habe heute Lust, Ihnen erfreuliche Dinge zu erzählen. Aber ich kann über die Einfältigkeiten und Gemeinheiten nicht schweigen. Wissen Sie, daß unser lieber Freund Grautoff gerade ein böses Buch publiziert hat, »Das Gesicht und die Maske Frankreichs [!]«, welches, dafür gelobt, daß es Frankreich offen attackiert – der Mann ist hinterlistig –, dessen Patriotismus, Nationalismus rühmt und uns dazu rät, dasselbe zu tun. Das Kapitel über Sie enthält einige giftige Spitzen unter einer falschen Unparteilichkeit, ich werde auch mit einer kleinen Bösartigkeit beehrt. Er glaubt sich scharfsinnig, indem er den Gerechten mimt, und er leckt gleichzeitig den französischen und den deutschen Nationalisten die Stiefel. – Das ist sein Internationalismus: aber im Grunde bleibt er der dumme Spießbürger.

Thomas Mann (er wirft mir vor, Sie zu bewundern und zugleich Thomas Mann zu respektieren, den ich als Charakter, als aufrechten Mann und als hervorragenden Künstler schätze) war zwei Tage hier: wir haben uns gut unterhalten, ohne uns gänzlich zu verstehen, aber auch ohne uns mißzuverstehen. – Ich habe »L'Europe« erhalten und bin wenig enthusiastisch über die althergebrachte, schüchterne und schematische Form dieser Bemühung, die mehr Mut und Schwung verdient hätte. Ihr getreuer

StZ

1] *un livre [. . .] sur les trois grands types en Allemagne / ein Buch [. . .] über die drei typischen Charaktere in Deutschland*: SZ, ›Der Kampf mit dem Dämon. Hölderlin, Kleist, Nietzsche‹, Leipzig: Insel-Verlag 1925 (= Baumeister der Welt. Versuch einer Typologie des Geistes. Zweiter Band).

2] *Drei Meister*: Vgl. 3. 1. 1920, Anm. 16.

3] *Hölderlin*: Friedrich Hölderlin; vgl. [11. 10. 1922], Anm. 17.

4] *Kleist*: Heinrich von Kleist (1777–1811).

5] *Nietzsche*: Friedrich Nietzsche; vgl. [11. 10. 1922], Anm. 21.

6] *Goethe*: Johann Wolfgang von Goethe; vgl. [27. 1. 1920] an Friderike Maria v. Winternitz, Anm. 11, und, zum Stichwort des »Dämonischen«, 2. 11. 1920, Anm. 13.

7] *je prévois déjà de loin la suite de ce volume / die Fortsetzung dieses Bandes sehe ich schon weit im voraus*: ›Drei Dichter ihres Lebens. Casanova, Stendhal, Tolstoi‹, Leipzig: Insel-Verlag 1928 (= Baumeister der Welt. Versuch einer Typologie des Geistes. Dritter Band).

8] *Stendhal*: (eigtl. Marie-Henri Beyle, 1783–1842), französischer Schriftsteller.

9] *[«]Drei Meister»*: Vgl. 3. 1. 1920, Anm. 16. Zu ihrer Entstehung vgl. *88*
die Ausgabe des Fischer Taschenbuch Verlags, Frankfurt am Main 1999, Bd. 12278, S. 213–223 (Nachbemerkung des Herausgebers).

10] *mes nouvelles [. . . partie] d'un cycle / meine Novellen [. . .] Teil eines Zyklus*: Vgl. 6. 9. 1921, Anm. 13.

11] *appliquer cette méthode à un vivant / diese Methode auf einen Lebenden anzuwenden*: Dies ist der erste Hinweis darauf, daß SZ nach den drei Bänden des Zyklus ›Baumeister der Welt‹, in denen er über historische Künstler und Denker schrieb, ein vergleichbares Buch über (zumin-

dest einen) Zeitgenossen zu schreiben beabsichtigte. Daraus wurde ›Die Heilung durch den Geist. Mesmer, Mary Baker-Eddy, Freud‹, Leipzig: Insel-Verlag 1931.
12] *d'admiration à Verhaeren / der Bewunderung für Verhaeren*: Zu Emile Verhaeren vgl. 29. 3. 1920, Anm. 16; zu SZs Büchern über ihn vgl. 2. 11. 1920, Anm. 5, und 14. 1. 1920, Anm. 17.
13] *Don Juan de Byron*: George Noël Gordon Lord Byron (vgl. 9. 2. 1920, Anm. 21), ›Don Juan‹, Satirisches Epos in 17 Gesängen (1818–1824 entstanden; unvollendet).
14] *«A hero! I want a hero!»*: »Ein Held! Mir fehlt ein Held!«
15] *Votre Gandhi / Ihren Gandhi*: Romain Rolland, ›Mahâtmâ Gandhi‹, Paris: Librairie Stock, Delamain, Boutelleau & Cie 1924 [= 1923].
16] *sa person[n]alité / seine Persönlichkeit*: Mohandas Karamchand Gandhi (mit dem Ehrentitel Mahatma, i. e. »große Seele«; 1869–1948). Der indische-hinduistische Politiker hat 1947 sein seit 1920 angestrebtes Ziel, die Befreiung Indiens, durch politische Einsicht und hohe persönliche Lauterkeit, asketische Lebenshaltung und tiefe Religiosität erreicht; er wurde von einem fanatischen Hindu ermordet.
17] *Grautoff*: Otto Grautoff (vgl. 6. 9. 1920, Anm. 18), ›Die Maske und das Gesicht Frankreichs in Denken, Kunst und Dichtung‹, Gotha, Stuttgart: Friedrich Andreas Perthes 1923.
18] *Le chapitre sur vous / Das Kapitel über Sie*: Im Kapitel ›Die Tragik der Rollandschen Freiheit‹ (S. 48–70) heißt es. u. a.: »Gerade in den Kriegsjahren hat Romain Rolland den Beweis erbracht, daß er Franzose ist und daß ein Europäertum, wie er und seine Freunde es erstreben, ein Ideal ist, das französische Menschenkraft nicht verwirklichen kann. Durch diese Erkenntnis wird Rolland nicht kleiner, aber sie macht uns die geistigen Grenzen Frankreichs sichtbar.« (S. 57)
19] *moi je suis également honoré / ich werde auch [...] beehrt*: Im selben Kapitel heißt es von SZ: »Er spricht in seinem Buch [›Romain Rolland. Der Mann und das Werk‹; vgl. 14. 1. 1920, Anm. 3] nur von Rollands Herzenswoge, die emporschäumt, nicht aber von dem Fels, an dem sie zerschellt.« (S. 57)
20] *Thomas Mann*: Vgl. 17. 11. 1920, Anm. 6. SZ hatte Thomas Mann in Salzburg einen Vortrag vermittelt. Am 27. März 1923 sprach er über ›Goethe und Tolstoi‹ und las anschließend ein Kapitel aus seinem noch unvollendeten Roman ›Bekenntnisse des Hochstaplers Felix Krull. Buch der Kindheit‹ (Wien: Rikola-Verlag 1922). Er reiste am folgenden Tag weiter nach Wien, Budapest und Prag.
89 21] *«L'Europe»*: Vgl. 4. 9. 1921, Anm. 10.

An Fritz Adolf Hünich 9. 4. 1923 *89*
ms. Br. mit e. Korr., 3 S. – StWK Weimar

1] *Ihren freundlichen Brief*: Nicht erhalten.
2] *bei den [!] neuen Buch*: SZ, ›Der Kampf mit dem Dämon. Hölderlin, Kleist, Nietzsche‹; vgl. 7. 4. 1923, Anm. 1.
3] *»Drei Meister«*: Vgl. 3. 1. 1920, Anm. 16.
4] *Hölderlin*: Friedrich Hölderlin; vgl. [11. 10. 1922], Anm. 17.
5] *Kleist*: Heinrich von Kleist; vgl. 7. 4. 1923, Anm. 4.
6] *Niet[z]sche*: Friedrich Nietzsche; vgl. [11. 10. 1922], Anm. 21.
7] *Hölderlin Bibliografie von Seebass*: Friedrich Seebass, ›Hölderlin-Bibliographie‹, München: H. Stobbe 1922 (= Einzelschriften zur Bücher- und Handschriftenkunde. Bd. 3).
8] *im Buche von Vietor*: Karl Viëtor, ›Die Lyrik Hölderlins. Eine analytische Untersuchung‹, Frankfurt a. M.: Diesterweg 1921.
9] *Nietzsche [. . .] fünf Bände der Briefe*: ›Friedrich Nietzsches gesammelte Briefe.‹ ([Vom Insel-Verlag, Leipzig,] übernommen aus dem Verlag Schuster & Loeffler, Berlin.) Hrsg. von Elisabeth Förster-Nietzsche und Peter Gast [u. a.] 1902–1909. 6 Bde.
10] *die an Overbeck und die Auswahl*: Friedrich Nietzsche, ›Briefwechsel mit Franz Overbeck‹, hrsg., eingel. und erl. von Richard Oehler und Carl Albrecht Bernoulli, Leipzig: Insel-Verlag 1916. – ›Nietzsches Briefe‹, ausgew., hrsg., eingel. und erl. von Richard Oehler, Leipzig: Insel-Verlag 1911.
11] *Heinrich Römer: Nietzsche, 2 Bände*: Leipzig, Klinkhardt & Biermann 1921.
12] *Ernst Bertram*: ›Nietzsche. Versuch einer Mythologie‹, Berlin: Georg Bondi 1918, ⁴1921.
13] *Nietzsche von Andler*: Charles Andler, ›Nietzsche. Sa vie et sa *90*
pensée‹, 6 vols., Paris: Gallimard 1920–1931.
14] *Ullstein [. . .] für seine neue Biografienserie*: Die offensichtlich schon frühzeitig geplante Biographienserie des Propyläen-Verlags, einer 1919 gegründeten Tochter des Ullstein-Verlags in Berlin, erschien erst 1935: ›Die großen Deutschen. Neue deutsche Biographien‹, hrsg. von Willy Andreas und Wilhelm v. Scholz, in vier Bänden. Den Hölderlin-Artikel schrieb Paul Wiegler. – SZ veröffentlichte lediglich einige Passagen aus seinem Hölderlin-Aufsatz vorab in Zeitschriften.
15] *»Bibliotheka Mundi«*: Vgl. 3. 1. 1920, Anm. 10.
16] *Die französische Ant[h]ologie*: ›Anthologie de la poésie lyrique de la fin du XVe siècle à la fin du XIXe siècle‹, Presentée par Georges Duhamel [1884–1966], Leipzig: Insel-Verlag 1923 [recte 1924] (= Bibliotheca Mundi).

17] *die italienische*: ›Il Rinascimento. Anthologia Italica‹; vgl. 9. 2. 1920, Anm. 34.
18] *Entschluß der deutschen Verleger*: Nicht ermittelt.
19] *Ihres Sohnes*: Nicht ermittelt.
20] *im Frühling nach Leipzig*: SZ fuhr erst am 20. Juni 1923 über München nach Leipzig (21. Juni), am folgenden Tag weiter nach Berlin; am 23. Juni war er in Altona und reiste von dort tags darauf nach Westerland/Sylt; am 7. Juli fuhr er nach Würzburg und war am 9. Juli zurück in Salzburg.
21] *die Hölderlin Landschaften*: Diesen Plan einer Reise nach Württemberg gab SZ auf.
22] *Weimar [...] Nietzsche-Archiv*: Das Nietzsche-Archiv wurde bereits 1894, noch zu Friedrich Nietzsches Lebzeiten, während seiner schweren geistigen Umnachtung von seiner Schwester Elisabeth Förster-Nietzsche (1846–1934) in dem Haus in Weimar eingerichtet, in dem er später starb. – SZ hat das Archiv am 10. Juni 1925 besucht.

91 *An Artur Kutscher* 17. 4. 1923
ms. Br. mit e. Korr., 1 S.- DLA Marbach/N.

1] *Artur Kutscher*: (1878–1960), Literaturhistoriker und Theaterwissenschaftler.
2] *das Manuskript des »Marquis von Keith«*: Frank Wedekind, ›Der Marquis von Keith‹. Die erste Buchausgabe war unter dem Titel ›Der Marquis von Keith. (Münchener Scenen). Schauspiel‹ 1901 bei Albert Langen in München erschienen.
3] *Bayern in einer Art Kriegszustand gegen uns Österreicher*: Der Freistaat Bayern grenzte sich zu dieser Zeit stark gegen Ausländer, auch gegen Österreicher, vor allem aber gegen ehemalige Kriegsgegner ab. Vgl. 29. 3. 1920, Anm. 6.
4] *eine »Vorgenehmigung«*: Diese im einzelnen nicht ermittelte Bestimmung stand vermutlich mit der politischen Abgrenzung Bayerns (vgl. oben, Anm. 3) in Zusammenhang.
5] *auf die Polizei zu laufen*: Die Einwohnermeldeämter waren seinerzeit Dienststellen der Polizeidirektion. (Die Herausgeber danken Herrn Dr. Stahleder vom Stadtarchiv der Landeshauptstadt München für diese Auskunft.)
6] *8000 M für 48 Stunden*: Dies entspricht einem heutigen Gegenwert von etwa 40,– DM.
7] *Ausfuhrbewilligung*: SZ meint vermutlich eine zollamtliche Bescheinigung für den grenzüberschreitenden Versand einer Ware.

8] *ein Dozent der Universität Leipzig*: Vermutlich Dr. Wilhelm Friedmann; vgl. 4. 8. 1922, Anm. 32.

An Otto Heuschele 2. 6. 1923 *91*

e. Br., 2 S. – DLA Marbach/N. – Briefkopf: Signet SZ – Kapuzinerberg 5 / Salzburg – D: SZ, ›Briefe an Freunde‹, hrsg. v. Richard Friedenthal (Frankfurt a. M.:) S. Fischer 1978, S. 141–142.

1] *Otto Heuschele*: (1900–1996), deutscher Lyriker, Erzähler und Essayist.
2] *lange nicht geschrieben*: SZ stand mit Heuschele seit 1920 in Korrespondenz.
3] *im Frühjahr nach Schwaben*: Vgl. 9. 4. 1923, Anm. 21.
4] *der Hölderlin-Aufsatz*: Für den Band ›Der Kampf mit dem Dämon. Hölderlin, Kleist, Nietzsche‹ (vgl. 7. 4. 1923, Anm. 1). Zur Entstehung des Aufsatzes vgl. den Brief vom 9. 4. 1923 an Fritz Adolf Hünich.
5] *Hölderlin*: Friedrich Hölderlin; vgl. [11. 10. 1922], Anm. 17. *92*
6] *Kleist*: Heinrich von Kleist; vgl. 7. 4. 1923, Anm. 4.
7] *Nietzsche*: Friedrich Nietzsche; vgl. [11. 10. 1922], Anm. 21.
8] *acht Tage an die Nordsee*: Vgl. 9. 4. 1923, Anm. 20.
9] *in Ihren schönen Gauen*: Heuschele wohnte in Waiblingen; SZ machte auf der Rückreise aber in Würzburg Station.

An Romain Rolland 13. 7. 1923 *92*

e. Br., 3 S. – BN Paris – Briefkopf: Signet SZ – Kapuzinerberg 5 / Salzburg – D in deutscher Übersetzung: Romain Rolland-SZ, ›Briefwechsel 1910–1940. Erster Band 1910–1923‹, Aus dem Französischen von Eva und Gerhard Schewe (Briefe Rollands) und Christel Gersch (Briefe Zweigs), Berlin: Rütten & Loening 1987, S. 753–754

Übersetzung

Mein verehrter Freund, welche Freude, Sie zu erwarten!! Wir sind bereit, wir sind glücklich. Was die Reiseart betrifft, rate ich Ihnen dazu, nicht über Deutschland nach Salzburg zu kommen (das heißt über Bayern). Es stimmt, die Strecke ist einfacher (nicht viel!), aber es ist fast gefährlich, als Franzose durch Bayern zu fahren. Sie werden überall Plakate vorfinden: »Zutritt für Franzosen und Belgier verboten«. Jedes Geschäft ist damit beklebt, jedes Hotel, jedes Restaurant!!

Sie können entweder den Orient-Express (Paris-Bukarest) nehmen, der bisher immer über München fuhr, der aber jetzt via Zürich –

Buchs, Innsbruck, Salzburg fährt. Er ist ausgezeichnet. Er fährt gegen Mitternacht von Zürich ab (ich kenne die genaue Zeit nicht – Mitternacht 40 Minuten) und kommt um 16 Uhr (4 Uhr nachmittags) in Salzburg an, ohne das deutsche Gebiet zu berühren. Er verkehrt nur nicht jeden Tag, ich glaube 3 mal pro Woche. Man muß sich also beizeiten erkundigen und sich einen Schlafwagenplatz reservieren lassen – man kann an der Grenze im Waggon bleiben: großer Vorteil!

Dann gibt es noch einen anderen Zug neben dem Orient-Express, der jeden Tag fährt, der gegen 20 oder 21 Uhr abends von Zürich losfährt und um 13.56 (zwei Uhr nachmittags) in Salzburg ankommt. Er ist preislich von Vorteil, ich weiß nur nicht, ob er über einen Schlafwagen verfügt und ob man nicht um Mitternacht an der Grenze aussteigen muß (im Orient-Express kann man im Zug bleiben, ich glaube in diesem aber auch, vor allem wenn Sie ein Attest vom Arzt haben). Aber man muß sich auch einige Tage im voraus einen Schlafwagenplatz reservieren, wenn dieser Zug überhaupt über einen Schlafwagen verfügt, was ich noch nicht weiß, aber ich denke schon.

Wenn Sie glauben, daß die Fahrt Sie zu sehr ermüdet, können Sie auch in Innsbruck aussteigen: ich komme Ihnen mit Freude entgegen, so wie ich Sie mit Freude in München abholen würde. Aber ich sage Ihnen noch einmal: vermeiden Sie es besser, alleine durch Bayern zu fahren! Auf der Rückfahrt kann ich Sie begleiten und Ihnen durch meine Beziehungen hier die deutsche Grenzüberschreitung in Salzburg erleichtern, aber ich würde mir

---

Ich sehe grade noch einen guten Zug, der abfährt

Zürich 9.11 morgens
Buchs (Grenze) 12.00
Innsbruck 5.12 nachmittags
Salzburg Mitternacht (ohne Schwierigkeiten beim Zoll usw.)

Mit diesem Zug sehen Sie ganz Tirol. Ich komme Ihnen entgegen, und wenn Sie zu müde sind, verbringen wir die Nacht irgendwo unterwegs.

Sorgen machen, Sie alleine durchfahren zu lassen. Ich möchte nicht, daß Sie mit schlechten Eindrücken hier ankommen.

Hier ist es recht warm, aber in unserem Haus haben wir alle Möglichkeiten, uns gut dagegen zu schützen, und ich bin sicher, daß Sie sich hier wohl fühlen werden, sogar, wenn der Regen wiederkommt. Alles wird vorbereitet sein, und unsere Herzen sind schon ganz weit vor Freude.

Sie werden mir Stunde und Tag Ihrer Abreise telegraphieren: ich werde Ihnen einige Stationen entgegenkommen, und alles wird vorbereitet! Wir werden spezielle Maßnahmen zu Ihrem Schutz ergreifen, und unser guter Hund wird immer an der Tür sein, um uns zu warnen, wenn ein ungebetener Gast Sie belästigen will.

Tausend Dank! Wir leben in der Hoffnung, Sie bald zu sehen! Und dieser Gedanke macht uns glücklich! Ihr getreuer

Stefan Zweig

In aller Eile:
Die Strecke über Tirol ist wunderschön! Sehr der Reise über die Schweiz vorzuziehen!!

1] *quelle joie de vous attendre / welche Freude, Sie zu erwarten*: Vgl. 2. 11. 1920, Anm. 20.
2] *ne pas venir par l'Allemagne (cela veut dire par la Bavière) / nicht über Deutschland [...] zu kommen (das heißt über Bayern)*: Vgl. 17. 4. 1923, Anm. 3.
3] *je viendrai quelque[s] stations à votre rencontre / ich werde Ihnen einige Stationen entgegenkommen*: SZ empfing Rolland, der die von ihm empfohlene Strecke über Zürich und Innsbruck genommen hatte, in Bischofshofen, ca. 40 km südlich von Salzburg. *94*
4] *notre bon chien / unser guter Hund*: Der Schäferhund Rolf.

An Maxim Gorki 29. 8. 1923 *94*
e. Br., 2 S. – A. M. Gor'kowo, Moskwa – D: Maxim Gorki – SZ, ›Briefwechsel‹, hrsg. v. Kurt Böttcher; aus dem Russischen Übersetzung von Irmgard Neugebauer, aus dem Französischen Übersetzung von Helga Hasselbach, Leipzig: Verlag Philipp Reclam jun. 1971, S. 29–30; SZ, ›Briefe an Freunde‹, hrsg. v. Richard Friedenthal (Frankfurt a. M.:) S. Fischer 1978, S. 142–143.

1] *Maxim Gorki*: (eigtl. Alexei Maximowitsch Peschkow, 1868–1936), russischer Dramatiker und Erzähler.
2] *die Nachricht*: Romain Rolland hatte seinem Brief an Friderike Zweig vom 24. 8. 1923 »Für Stefan« einen Auszug aus einem Brief Gorkis an ihn vom 6.8. beigelegt: »Ist Stefan Zweig, der Autor des Buches über Sie, nicht derselbe, der den ›Brief einer Unbekannten‹ geschrieben hat? Wenn es so ist, wollen Sie ihn dann bitte meine tiefe Bewunderung für diese schöne Erzählung wissen lassen. Es ist ein wundervolles Werk, das mich sehr bewegt hat, und ich habe einem der

russischen Verleger in Berlin vorgeschlagen, es in eine Buchreihe aufzunehmen, die er unter dem Obertitel ›Die Liebe‹ herausbringt. Es sind hübsche Bücher mit schönen Illustrationen. Darunter ›Manon Lescaut‹, ›Erste Liebe‹ von Turgenjew, ›Unser Herz‹ von Maupassant, ›Victoria‹ von Hamsun, ›Romeo und Julia‹, Ihr ›Pierre et Luce‹ und andere. Hätte Zweig etwas dagegen, in diese Reihe aufgenommen zu werden?« Im Anschluß daran gab Rolland ihm Gorkis derzeitige Anschrift an: Freiburg i. Breisgau, Hotel Kyberg, Günterstal.

3] *»Der Brief einer Unbekannten«*: Neue Freie Presse, Wien, 1. 1. 1922, S. 31–38. – Aufgenommen in ›Novellen, Bd. 40‹, Wien: Österreichische Journal-Aktiengesellschaft 1922, S. 145–186.

4] *in Ihrer Sammlung*: Gorki hat keine Buchserie herausgegeben. Über die erwähnte Ausgabe von SZs Erzählung innerhalb einer russischen Sammlung in Berlin wurde nichts ermittelt.

5] *Ihrer ersten Ehe in den »Erinnerungen«*: Gorki war in erster Ehe mit Jekaterina Pawlowna Peschkowa (1876–1965) verheiratet gewesen; darüber hat er in seiner 1923 erschienenen Erzählung ›Erste Liebe‹ geschrieben.

6] *Tolstoi*: Lew Nikolajewitsch Graf Tolstoi (1828–1910).

7] *Ihre menschliche Haltung*: Gorki hatte sich bereits während des Krieges mit anderen humanistischen Schriftstellern solidarisiert.

8] *»Amok«*: Vgl. 6. 9. 1921, Anm. 13.

9] *»Drei Meister«*: Vgl. 3. 1. 1920, Anm. 16.

10] *Dostojewskiaufsatz*: Fjodor Michailowitsch Dostojewski (1821–1881).

95 11] *Manuscriptblätter aus einem Ihrer Werke*: Gorki entsprach SZs Bitte umgehend: am 18. 9. 1923 schickte er ihm acht Kapitel aus ›Moi vospominanija iz dnevnika‹. Die einzige autorisierte Übersetzung des Buches von Erich Boehme erschien 1924 u. d. T. ›Erlebnisse und Begegnungen‹ im Malik-Verlag in Berlin.

12] *Ich sammle [. . .] solche Manuscripte*: Vgl. 5. 3. 1923, Anm. 1.

13] *Von Dostojewski habe ich zwei Capitel aus den »Erniedrigten und Beleidigten«*: Aus Dostojewskis Roman aus dem Jahr 1861, ›Unižennye i oskorblennye‹ besaß SZ drei Kapitel.

14] *von Tolstoi zwei Capitel aus der [. . .] »Kreutzersonate«*: Tolstois ›Krejcerova sonata‹ entstand 1889.

15] *Rolland zu besuchen*: Rolland hat Gorki im Juli 1935 auf seiner »Datscha« bei Moskau besucht und drei Wochen lang bei ihm gewohnt

95 *An Romain Rolland* 9. 10. 1923

e. Br., 2 S. – D in deutscher Übersetzung: Romain Rolland-SZ, ›Briefwechsel 1910–1940. Erster Band 1910–1923‹, aus dem Französischen von Eva und Gerhard Schewe (Briefe Rollands) und Christel Gersch (Briefe Zweigs), Berlin: Rütten & Loening 1987, S. 767–769.

Übersetzung

Mein teurer Freund, ich kehre gerade aus Wien zurück – mein Vater ist immer noch sehr schwach, und ich muß ihn jeden Monat besuchen, ohne ihm wirklich Beistand leisten zu können, denn er ist schon ganz gleichgültig dem Leben gegenüber geworden, völlig passiv, ohne zu leiden, aber ohne Freude. Es ist traurig mitanzusehen, und ich komme von diesen Reisen immer melancholisch zurück.

Ich habe unverzüglich an den Insel-Verlag geschrieben, daß er Ihnen einen kompletten Faust schickt. Dieser Band enthält das, was wir den »Urfaust« nennen, die erste Fassung, die 60 Jahre nach seinem Tod aufgefunden wurde: die sinnlichste, die lebendigste, aber ohne philosophischen Tiefgang (übrigens ein Fragment). Weiterhin die erste Publikation »Fragment eines Faust«, dann die endgültige Fassung, und schließlich die Entwürfe. In den Entwürfen fehlt leider die große Szene, wo Faust zu Pluto hinabsteigt, um Helena zurückzufordern – er hatte mit seinen 81 Jahren nicht die Kraft, sie niederzuschreiben. Sie wäre grandios geworden.

Ich habe den Essay über Masereel beendet: Sie werden ihn bald erhalten. Es ist das Vorwort für eine Publikation seiner Holzschnitte in Deutschland. Man publiziert nämlich noch, obwohl man schon für ein Buch, ein Exemplar, eine Milliarde zahlt. Jenseits der Grenze ist es absolut verrückt. Meine Freunde leiden sehr. Die Verleger drucken nicht mehr und bestehlen die Autoren, indem sie ihnen ihr Geld zu spät schicken – und zwei Tage Verspätung mindern den Wert um 50%!!! Sie sind völlig angewidert, die Ärmsten! Barbusse ist zur Zeit in Berlin, ich hoffe, er wird in Frankreich einen Aufruf machen, um zu zeigen, daß Deutschland nunmehr eine Hölle ist. Sie wissen, daß ich immer gesagt habe, daß man in Deutschland nach dem Krieg besser lebt, und viel zu gut – jetzt ist es schrecklich und ich leide mit ihnen.

Ich hatte Besuch eines liebenswürdigen Amerikaners, Mr. Barett Clark, der Ihre Tragödien übersetzt hat. Er ist ganz meiner Ansicht, daß Sie zu Unrecht diese Serie unterbrochen haben, und er teilt auch meine Meinung, daß Ihre »Zeit kommen wird«. Übrigens habe ich mit einem Regisseur des Odéon in Paris gesprochen, der mir gesagt hat, daß er den »Danton« schon seinem Direktor vorgeschlagen hat und daß er auch an die Möglichkeit einer Wiederaufnahme glaubt. Er hat Danton bei Reinhardt gesehen, und wir haben viel von diesem Erfolg in Paris gesprochen.

Eine Frage! Die »Neue Freie Presse« veröffentlicht.. Drehbücher großer Autoren. Sie würde sich über Ihres freuen und würde auch die Skizzen Masereels veröffentlichen, natürlich bei strikter Reservierung der Aufführungsrechte. Es ist absolut sicher, daß eine solche Veröffentlichung sofort die Verwirklichung Ihres Kinostücks nach sich ziehen würde. Würde Sie das interessieren?

Die Adresse Hermann Bahrs lautet München, Barerstrasse 52 [.] Aber er ist damit beschäftigt, in einigen Monaten nach Wien umzuziehen. Er hat wirklich genug von München, wie alle intellektuellen Autoren – man kann im Gebiet Ludendorffs nicht leben, im Zentrum der Gewalt. Sie können sich den Geisteszustand in Bayern nicht vorstellen, den absurden Haß gegen ... gegen ganz einfach alles, diese tobende, schlecht unterdrückte Brutalität, die sich gerne ausladen würde. All meine Freunde gehen fort, niemand möchte mehr diese vergiftete Luft atmen.

Ich bin froh, daß Sie »l'Eté« fertig haben. Ruhen Sie sich jetzt gut aus. Nichts treibt Sie zur Eile, und ich bin sicher, daß diese Ruhe sich ohne Ihr Wissen in Schaffenskraft verwandeln wird. Ich bin schon sehr gespannt darauf, diesen zweiten Band zu lesen, und wie viele andere teilen diese Erwartung!

Ich werde Ihnen bald schreiben! Heute komme ich geradewegs aus dem Zugabteil, und die Hand, die Ihnen schreibt, ist noch schwarz von Kohlenstaub. Beste Empfehlungen an Ihr Fräulein Schwester von meiner Frau und von Ihrem getreuen

Stefan Zweig

1] *mon père est toujours très faible / mein Vater ist immer noch sehr schwach*: Moritz Zweig (vgl. [27. 1. 1920] an Friderike Maria von Winternitz, Anm. 3) hatte sich Ende August 1923 einer Notoperation wegen eines Leistenbruchs unterziehen müssen; obwohl der Eingriff erfolgreich war, schwächte er den achtundsiebzigjährigen alten Herrn zunehmend.

2] *au Insel-Verlag qu'il vous envoie un Faust complet / an den Insel-Verlag [...] daß er Ihnen einen kompletten Faust schickt*: Rolland hatte SZ am 3. 10. 1923 nach Einzelheiten einer Ausgabe von Goethes ›Faust‹ gefragt; er meinte, sie sei »unter den schönen, von Ihnen besorgten Editionen des Insel-Verlags«, also in der Bibliotheca Mundi, erschienen; er wollte wissen, »1. ob sich diese Ausgabe von anderen durch ihren Luxuscharakter oder durch einen besonderen wissenschaftlichen Wert unterscheidet; 2. ob der Band, in letzterem Fall, erschwinglich ist«. (Romain Rolland-SZ, ›Briefwechsel 1910–1940. Erster Band 1910–1923‹, a.a.O., S. 766.) – Der Insel-Verlag in Leipzig hatte 1909 als 6. Band ›Dramatische Dichtungen. Band I‹ von ›Goethes Werken in sechzehn Bänden. Großherzog-Wilhelm-Ernst-Ausgabe‹, hrsg. im Auftrage von Alfred

Walter Heymel unter dem Beirat von Bernhard Suphan [u. a.], Ausstattung von Emery Walker unter der Oberleitung von Harry Graf Kessler, Buchtitel und Überschriften von Eric Gill, Halbtitel von Edward Johnston, sämtliche Faust-Dichtungen Goethes zusammengefaßt.

3] *«Urfaust»*: ›Goethes Faust in ursprünglicher Gestalt‹, nach der Göchhausenschen Abschrift hrsg. von Erich Schmidt, Weimar: Böhlau 1887.

4] *la grande scène où Faust descend chez Pluton / die große Szene, wo Faust zu Pluto hinabsteigt*: In den ›Paralipomena zu Faust‹ hat Goethe den Gedanken entwickelt, Faust in den Orkus hinabsteigen zu lassen, um Helena zurückzuholen. Manto, die griechische Seherin, ist ihm dabei Führerin und Fürsprecherin bei Proserpina, Plutos Gemahlin. Ihre Rede »muß bedeutend sein. [...] Hat doch Helena selbst schon einmal die Erlaubnis gehabt, ins Leben zurückzukehren, um sich dem frühgeliebten Achill zu verbinden!« Proserpina erteilt ihre Zustimmung. »Nun soll sie [Helena] ebenmäßig auf den Boden von Sparta zurückkehren, um, als wahrhaft lebendig, dort in einem vorgebildeten Hause des Menelas aufzutreten, wo denn dem neuen Werber überlassen bleibe, inwiefern er auf ihren beweglichen Geist und empfänglichen Sinn einwirken und sich ihre Gunst erwerben könne.« 96

5] *J'ai fini l'essay [!] sur Masereel / Ich habe den Essay über Masereel beendet*: Vgl. [11. 10. 1922], Anm. 4.

6] *C'est la préface pour une publication de ces [= ses] bois / Es ist das Vorwort für eine Publikation seiner Holzschnitte*: Die von Arthur Holitscher und SZ verfaßte Broschüre (vgl. [11. 10. 1922], Anm. 4) enthält lediglich in der Vorzugsausgabe (150 Exemplare) ein signiertes Selbstporträt Masereels als Holzschnitt.

7] *un exemplaire un milliard / ein Exemplar, eine Milliarde*: Am 5. Oktober 1923 hatte der durchschnittliche Buchpreis noch 60 Millionen Reichsmark betragen – am 20. Oktober 1923 war er bereits auf 3 Milliarden Reichsmark gestiegen.

8] *deux jours de retard diminue[nt] le [!] valeur de 50% / zwei Tage Verspätung mindern den Wert um 50%*: Am 9. Oktober 1923, dem Tag dieses Briefes, hatte eine Deutsch-österreichische Krone den Wert von 17 200 Mark; zwei Tage später von 72 000 Mark, am Tag darauf von 55 600 Mark; am 31. Oktober 1923 überschritt er die Million: 1 020 000. (Die Herausgeber danken der Deutschen Bundesbank, Frankfurt a. M., für diese Information.)

9] *Barbusse*: Henri Barbusse; vgl. 3. 5. 1921, Anm. 5.

10] *qu'on vit mieux en Allemagne après la guerre / daß man in Deutschland nach dem Krieg besser lebt*: In SZs Briefen an Rolland findet sich diese Behauptung nicht; aber von seiner ersten Nachkriegsreise nach Deutschland schrieb er am 22. 10. 1919 aus Leipzig an Friderike Maria

v. Winternitz: »Zu kaufen Alles. Die Geschäfte gehen über von Lebensmitteln. Käse, Wurst, Gänse, Milch, Fleisch dich[t]gedrängt in den Auslagen, Café[,] Thee, Cacao, Sprotten – wie im Feenland. Ähnliches habe ich nie in der Schweiz gesehen [...] alles also herrlich, nur rasend teuer, besonders für uns.« (SZ, ›Briefe 1914–1919‹, a.a.O., S. 299.)

11] *Mr. Barett Clark*: Barrett H. Clark (1890–1953), amerikanischer Schauspieler; später Professor an der Columbia University, New York; Lektor für Samuel French; Autor wissenschaftlicher Bücher über das Theater; Übersetzer.

12] *cette série / diese Serie*: ›Théâtre de la Révolution‹: (1) ›Les loups‹ (1898), (2) ›Danton‹ (1899), (3) ›Le quatorze juillet‹ (1902). Danach entstand, unabhängig von dieser Serie, ›Le temps viendra‹ (vgl. 14. 1. 1920, Anm. 5).

13] *l'Odéon*: Théâtre de l'Odéon; das Theater wurde 1797 in einem bereits 1782 feierlich eingeweihten Gebäude gegründet; nachdem das Haus zweimal abgebrannt und wiederaufgebaut worden war, wurde das Theater 1819 als Second Théâtre-Français erneuert. Der alte Name blieb im allgemeinen Sprachgebrauch üblich. 1946 wurde das Gebäude von der Comédie-Française für die Aufführungen zeitgenössischer Stücke genutzt; 1959 erhielt es als Théâtre de France seine Unabhängigkeit zurück.

14] *«Danton»*: Vgl. 14. 1. 1920, Anm. 11.

15] *à une possibilité de reprise / an die Möglichkeit einer Wiederaufnahme*: Einzelheiten nicht ermittelt.

16] *Il a vu Danton chez Reinhardt / Er hat Danton bei Reinhardt gesehen*: Vgl. 14. 1. 1920, Anm. 11.

17] *La «Neue Freie Presse» publie.. des pièces de cinéma films [= scripts] / Die »Neue Freie Presse« veröffentlicht.. Drehbücher*: Die Neue Freie Presse in Wien hatte eine regelmäßige Beilage Filmrundschau (später Film-Rubrik), in der sie Filme rezensierte und allgemeine Beiträge zu diesem Thema brachte; Filmdrehbücher veröffentlichte sie aber nicht. Woher SZ diese Information hatte, wurde nicht ermittelt.

18] *Elle serait heureux [!] d'avoir le vôtre / Sie würde sich über Ihres freuen*: Über ein Filmdrehbuch Rollands wurde nichts ermittelt.

19] *les esquisses de Masereel / die Skizzen Masereels*: Frans Masereel hat erst 1931 mit Berthold Bartosch einen (seinen einzigen) Film gedreht: ›Die Idee‹ nach seiner eigenen gleichnamigen Bildfolge aus dem Jahr 1920. Die Originalmusik dazu schrieb Arthur Honegger. Die Erstaufführung fand am 27. Dezember 1934 statt. Für andere Filme hat Masereel später die Dekoration und Kostüme entworfen.

20] *la réalisation de votre cinéma-pièce / die Verwirklichung Ihres Kinostücks*: Nicht ermittelt.

21] *de Hermann Bahr*: Vgl. Neujahr 1921, Anm. 1, und [Mitte Oktober 1922], Anm. 10. – Bahrs Adresse lautete: Barerstraße 50.
22] *de déménager [. . .] à Vienne / nach Wien umzuziehen*: Daraus wurde nichts; im Briefwechsel Bahrs mit SZ ist davon nicht die Rede.
23] *dans la [!] domaine de Ludendorf[f] / im Gebiet Ludendorffs*: Erich Ludendorff (vgl. 22. 4. 1921, Anm. 7) lebte nach seiner Rückkehr aus Schweden in München und betätigte sich schriftstellerisch in der deutsch-völkischen Freiheitsbewegung. Er war politisch aktiv und beteiligte sich am 8./9. November 1923 an Adolf Hitlers (1890–1945) gescheitertem Versuch, sowohl die bayerische als auch die Reichsregierung zu stürzen. – Von diesen Strömungen ist im Briefwechsel Bahrs mit SZ nicht die Rede. 97
24] *que vous avez [= ayez] fini «l'Eté» / daß Sie »l'Eté« fertig haben*: ›L'Eté‹ ist der zweite Band von Rollands Roman ›L'âme enchantée‹ (vgl. 4. 9. 1921, Anm. 19); er erschien 1924. Die deutsche Übersetzung, wiederum von Paul Amann, brachte ebenfalls der Kurt Wolff Verlag in München 1924 u. d. T. ›Sommer‹ heraus; auch diese Ausgabe erhielt keinen Hinweis auf den Romanzyklus.
25] *je reviens justement du waggon [!] / ich komme geradewegs aus dem Zugabteil*: Vgl. den Anfang dieses Briefes.

An Siegmund Warburg [9. 10. 1923] 97
e. Br., 4 S. – LBI New York

1] *Siegmund Warburg*: (1902–1982), Hamburger Bankier; emigrierte 1938 nach der Enteignung des Bankhauses Warburg nach England; 1966 geadelt.
2] *Ihren Freund*: Nicht ermittelt.
3] *Romain Rolland in unserem Haus*: Vgl. 2. 11. 1920, Anm. 20.
4] *Ihres Besuches*: Nicht ermittelt.
5] *[im] Herbst in Hamburg*: Diese Reise kam nicht zustande.
6] *meine Fahrt in die [. . .] Hölderlinlandschaft*: Vgl. 9. 4. 1923, Anm. 21.
7] *Gorki in Freiburg*: Maxim Gorki; vgl. 29. 8. 1923, Anm. 1 und 2.
8] *Die Arbeit*: SZ arbeitete an ›Der Kampf mit dem Dämon. Hölderlin, Kleist, Nietzsche‹; vgl. 7. 4. 1923, Anm. 1.
9] *von den letzten Ausflügen nach Deutschland*: Im Juni/Juli 1923 war SZ zuletzt durch Deutschland gereist; vgl. 9. 4. 1923, Anm. 20.
10] *jedes Gespräch [. . .] valutarisch*: Bedingt durch ständig steigende Inflation.
11] *diesen Zustand in Österreich*: Vgl. SZs Brief an Frans Masereel vom 29. 3. 1920; dort besonders auch Anm. 3. 98

98 *An Victor Fleischer* 3. 11. 1923
ms. Br. mit e. Korr., 1 S. – DLA Marbach/N.

1] *Ich fahre morgen nach Wien*: Seines Vaters wegen; vgl. 9. 10. 1923 an Romain Rolland, Anm. 1.
2] *Meine Reichenhaller-Bank*: SZs Bankverbindung in Deutschland, im bayerischen Bad Reichenhall.
3] *Speyer und Ellissen*: Das 1836 gegründete Bankhaus Lazard Speyer-Ellissen, mit Sitz in Frankfurt am Main und Berlin, trat 1934 in Liquidation. (Die Herausgeber danken dem Historischen Archiv der Deutschen Bundesbank, Frankfurt a. M., für diese Information.)
4] *Die deutschen Dinge*: Am 11. Januar 1923 hatten Franzosen und Belgier zur Erzwingung der Reparationsforderungen das Ruhrgebiet besetzt – das führte dort zu Streiks und »passivem Widerstand«, der am 26. September abgebrochen wurde – das wiederum hatte am 29. September zum Ausnahmezustand geführt. Im Oktober wurden linksradikale Unruhen in Sachsen, Thüringen und Hamburg (dort unter Führung von Ernst Thälmann [1886–1945]) durch die Reichswehr niedergeschlagen; in Aachen war zur gleichen Zeit die separatistische »Rheinische Republik« und in der Rheinpfalz (unter dem Schutz des französischen Befehlshabers) die »Autonome Regierung der Pfälzischen Republik« ausgerufen wurden.

99 *An Romain Rolland* 16. 11. 1923
e. Br., 2 S. – BN Paris – Briefkopf: Signet SZ – VIII. Kochgasse 8 / Wien, (Durchgestrichen) – D in deutscher Übersetzung: Romain Rolland-SZ, ›Briefwechsel 1910–1940. Erster Band 1910–1923‹, Aus dem Französischen von Eva und Gerhard Schewe (Briefe Rollands) und Christel Gersch (Briefe Zweigs), Berlin: Rütten & Loening 1987, S. 769–770.

Übersetzung
Mein teurer Freund, ich war wie jeden Monat in Wien (einer Stadt, die zur Zeit wegen ihres unerwarteten Wiedererwachens alle Welt in Staunen versetzt) und habe in der Nationalbibliothek eine Neuigkeit erfahren, die Sie zweifellos interessieren wird (wenn Sie sie nicht schon kennen). Man hat kürzlich eine Oper von Monteverde gefunden »Il ritorno d'Ulysse [!]«, und hat sie in voller Länge in den »Denkmälern der Tonkunst in Österreich [!]« veröffentlicht. Wenn Sie möchten, werde ich Ihnen den Band besorgen. Dr. Haas, der sie gefunden hat, sagte mir sehr richtig, welchen Lärm man bei der Entdeckung einer Tragödie

von Racine oder Corneille veranstaltet hätte, während sich für diesen Fund niemand bei uns interessiert hat.

Haben Sie mein Buch über Frans Masereel erhalten? Ich hatte es Ihnen vor zehn Tagen per Einschreiben schicken lassen. – Man hat mich vor kurzem um einen kleinen Essay über »Annette & Sylvie« für den »Dial« in New York gebeten. Ich werde ihn dieser Tage schreiben, und ich hoffe, er wird der Publikation der amerikanischen Übersetzung, die sich im Druck befindet, nützlich sein.

Was sich in Deutschland abspielt, übertrifft die traurigsten Erwartungen. Wahnsinn über Wahnsinn! In diesem Moment den Kronprinzen zurückzurufen war die denkbar dümmste Geste, und niemand versteht mehr diesen traurigen »Präsidenten der Republik«, den gewesenen Sozialisten Ebert, der zum Spielball der schlimmsten Reaktionäre geworden ist.

In Bayern haben die Ludendorffs und Hitlers das ganze Land vergiftet, komplette Einstellung der sozialistischen Zeitschriften, Einfuhrverbot für Zeitungen wie die Frankfurter Zeitung und das Berliner Tageblatt, eine schärfere Zensur als zu Kriegszeiten, Plünderung unter dem Vorwand der Waffensuche, ein rasender Antisemitismus, der beispielsweise die Aufführung von Werken jüdischer Autoren, oder solcher, die des jüdischen Blutes verdächtig sind, im Theater verbietet, Vertreibung von Menschen, die seit zwanzig Jahren in München leben, binnen 24 Stunden. Ein Terror, von dem die Geschichte nur wenige Beispiele kennt, natürlich bilden die Studenten, wie immer in Deutschland, die Vorhut der Reaktion. Wir, die wir zehn Minuten von der Grenze entfernt wohnen, betrachten dieses Meer des Hasses wie von einem sicheren Hafen: alle Bemühungen, den Aufruhr nach Österreich auszuweiten, sind bisher ohne Effekt oder fast ohne Effekt geblieben. Wir leiden nur für unsere dort lebenden Freunde. Einer, Korrespondent der Berliner Zeitung, kann nicht ausgehen, ohne sich eines Überfalls sicher zu sein, ein anderer, Übersetzer von Dostojewski und Mereschkowski, ist ausgewiesen worden, die Situation der Intellektuellen und der Arbeiter ist schrecklich. Das Land ist voller Getreide (eine so reichhaltige Ernte wie Deutschland sie seit zwanzig Jahren nicht hatte), aber die Junker und die Bauern schicken nichts in die Städte, um die Unzufriedenheit gegen die Republik noch mehr anzufachen und um die reaktionäre Diktatur zu verschlimmern. Das Elend ist von den Ursachen her künstlich und schrecklich real für die Armen: nie ist ein Land von seinen Herren so brutal ausgenutzt und geplündert worden wie Deutschland von den Stinnes und Junkern. Leider steckt viel Wahrheit in den Reden von Poincaré, der andererseits durch seine Sturheit die Demokratie in Deutschland zerstört hat. Welche Welt! Ich werde Ihnen bald wieder schreiben! Ihr getreuer

St. Z.

1] *comme chaque mois à Vienne / wie jeden Monat in Wien*: Seines Vaters wegen; vgl. 9. 10. 1923 an Romain Rolland, Anm. 1.

2] *Monteverde «Il ritorno d'Ulysse [!]»*: Claudio Monteverdi (Monteverde, 1567–1643), ›Il Ritorno d'Ulisse in Patria. [1641.] Die Heimkehr des Odysseus‹, mit deutscher Übersetzung u. ausgesetztem Basso continuo bearb. von R[obert] Haas, Wien: Universal-Edition-Leipzig: Breitkopf & Härtel 1922 (= Publikationen der Gesellschaft zur Herausgabe der Denkmäler der Tonkunst in Österreich. Jg. 29 [Tl. 1.] Band 57). – Die Echtheit des Werkes ist umstritten.

3] *Dr Haas*: Robert Maria Haas (1886–1960), Musikforscher; österreichischer Staatsbibliothekar; 1919–1944 Vorstand der Musikabteilung der Österreichischen Nationalbibliothek.

4] *Racine*: Jean Baptiste Racine (1639–1699), französischer Dramatiker.

5] *Corneille*: Pierre Corneille (1606–1684), französischer Dramatiker.

6] *mon livre sur Frans Masereel / mein Buch über Frans Masereel*: Vgl. [11. 10. 1922], Anm. 4. SZ vergißt zu erwähnen, daß er dabei nur Mitverfasser ist.

7] *un petit essay [!] sur «Annette & Sylvie» / einen kleinen Essay über »Annette & Silvie«*: SZs Aufsatz erschien zuerst im deutschen Original – »-ei-«, ›Romain Rollands neuer Roman‹ – in der Neuen Freien Presse, Wien, 2. 12. 1923, S. 33–35. Die englische Übersetzung (›Romain Rolland after the War‹) erschien im Mai 1924 unter SZs Namen in The Dial, New York, 76. Jg., H. 5, S. 445–448. – Zu Rollands ›Annette et Sylvie‹ vgl. 4. 9. 1921, Anm. 19.

8] *la publication de la traduction américaine / der Publikation der amerikanischen Übersetzung*: Romain Rolland, ›Annette and Sylvie‹, transl. from the French by Ben Ray Redenon, New York: H. Holt and company 1925.

9] *De rapeller [!] en ce moment le Kronprinz / In diesem Moment den Kronprinzen zurückzurufen*: Kronprinz Friedrich Wilhelm (vgl. 25. 6. 1922, Anm. 19) war am 11. November 1923 aus dem holländischen Exil nach Deutschland – Schloß Oels – zurückgekehrt. Er hatte wenige Wochen zuvor bei der Reichsregierung den entsprechenden Antrag gestellt; sie hatte, wie sie ihm am 10. November mitgeteilt hatte, »keinen Grund rechtlicher oder tatsächlicher Art erkennen können, der es gerechtfertigt hätte, diesem deutschen Staatsangehörigen die Heimkehr [...] zu verwehren«.

10] *ce triste «président de la République» / diesen traurigen »Präsidenten der Republik«*: Der sozialdemokratische Politiker Friedrich Ebert (1871–1925) war am 11. Februar 1919 von der Weimarer Nationalversammlung zum vorläufigen Reichspräsidenten gewählt worden; er behielt dieses Amt auch nach Inkrafttreten der Weimarer Verfassung; um einen Wahlkampf in kritischer Zeit zu vermeiden, verlängerte der Reichstag durch verfassungsänderndes Gesetz am 27. Oktober 1922 unter Verzicht auf die verfassungsmäßige unmittelbare Volkswahl Eberts Amtszeit bis zum 30. Juni 1925. Ebert erwies sich als kluger Vermittler zwischen den Gegensätzen und führte sein Amt in überparteilicher Neutralität. – SZs Einschätzung seiner Persönlichkeit bezieht sich auf seine Entscheidung, den Kronprinzen nach Deutschland zurückkehren zu lassen (vgl. oben, Anm. 9).

11] *En Bavière les Ludendorff et Hitler / In Bayern haben die Ludendorffs und Hitlers*: Vgl. 9. 10. 1923 an Romain Rolland, Anm. 23.

12] *suppression complète / komplette Einstellung*: Am 11. November 1923 hatte der bayerische Generalstaatskommissar Gustav Ritter von Kahr (1862–1934) alle sozialdemokratischen und kommunistischen Zeitungen und Zeitschriften verbieten lassen.

13] *le correspondant du journal de Berlin / Korrespondent der Berliner Zeitung*: Vermutlich Leonhard Adelt (vgl. [Mitte Oktober 1922], Anm. 1), der dort für das Berliner Tageblatt arbeitete. *100*

14] *le traducteur de Dostojewski et Meres[h]kowsky / Übersetzer von Dostojewski und Mereschkowski*: Alexander Eliasberg (1878–1924) hatte seit 1905 in München gelebt und ging jetzt nach Berlin. – Zu Fjodor Michailowitsch Dostojewski vgl. 29. 8. 1923, Anm. 10; zu Dimitri Sergejewitsch Mereschkowski vgl. 13. 9. 1920, Anm. 7.

15] *Stinnes*: Hugo Stinnes (vgl. 3. 5. 1921, Anm. 22) und andere Großindustrielle sowie die sog. Junker, Großgrundbesitzer, unterstützten finanziell und ideell die deutsch-völkischen Bestrebungen.

16] *dans les discours de Poincaré / in den Reden von Poincaré*: Raymond Poincaré (vgl. 4. 8. 1922, Anm. 10) hatte in mehreren Reden das Deutsche Reich beschuldigt, die eigene Zahlungsunfähigkeit absichtlich herbeigeführt zu haben. Das französische Parlament stimmte daraufhin zu, die deutsche Leistungsfähigkeit hinsichtlich der Reparationen durch Sachverständige überprüfen zu lassen und auch deutsche Vertreter dazu zu hören. – Rolland antwortete SZ auf dessen Einschätzung am 18. 11. 1923: »Ich bitte Sie, hüten Sie sich, Poincaré zu loben, weil Stinnes und die Junker Banditen sind! Nur zu oft beuten die Banditen des einen Lagers die Verachtung und den Haß für sich aus, die ihren Gevattern im andern Lager gelten. Machen wir dieses Spiel nicht mit! Seien wir unerbittlich gegen die einen wie die andern!« (Romain

Rolland-SZ, ›Briefwechsel 1910–1940, Erster Band 1910–1923‹, a.a.O., S. 773.)

100 *An Heinrich Meyer-Benfey* 23. 11. 1923
ms. Br. mit e. Korr., 3 S. – Privat – D: Claude Flor, ›Stefan Zweig und Meyer-Benfey. Bisher unveröffentlichte Briefe. Ein Psychogramm und die Erzählung ‹Der Kampf um den Südpol›‹, Hamburg: Deutscher Literatur-Verlag Otto Melchert 1986 (= DLV-Taschenbuch Nr. 223), S. 21–23.

1] *Ihren Brief*: Nicht erhalten.
2] *das Maeterlin[c]kbuch*: Heinrich Meyer-Benfey, ›Das Maeterlinck-Buch‹, Dresden: C. Reissner 1923 (= Schöpferische Mystik).
3] *für eine Neue Auflage*: Sie kam nicht zustande.
4] *Lerberghe*: Charles van Lerberghe (1861–1907), Lyriker und Dramatiker des Symbolismus. Er war Flame, schrieb aber französisch.
5] *»Les Flaireurs«*: Bruxelles: P. Lacomblez 1889 (= Drama. Bibliotheca Belgica), »ein ergreifendes und unheimliches Prosadrama (Gero von Wilpert u. a. [Hrsg.], ›Lexikon der Weltliteratur, Bd. I. Biographisch-bibliographisches Handwörterbuch nach Autoren und anonymen Werken‹, Stuttgart: Alfred Kröner Verlag [3]1988, S. 895).
6] *der frühern Maeterlin[c]kschen Stücke*: Maurice Maeterlinck (1862–1949), bedeutender Dramatiker des Symbolismus; war wie Lerberghe französischschreibender Flame.
101 7] *Initiator*: Des Symbolismus,
8] *Rollands »Gandhy [!]«*: Vgl. 7. 4. 1923, Anm. 15.
9] *zwischen ihm und Tagore*: Mohandas Karamchand Gandhi (vgl. 7. 4. 1923, Anm. 16) und Rabindranath Tagore (vgl. 22. 4. 1921, Anm. 11).
10] *ein Werk [. . .] Tagores*: Rabindranath Tagore, ›Cygne‹, Traduction du bengali par Kâlidas Nâg et Pierre-Jean Jouve, portrait gravé par Frans Masereel, Paris: Delamain, Boutelleau et Cie 1923 (= Poesie du temps).
11] *Kalidas Nag*: (1892–?). Näheres nicht ermittelt.
12] *Pierre[-Jean] Jouve*: Vgl. 14. 1. 1920, Anm. 7.
13] *meine »Gesammelten Gedichte«*: Vgl. 6. 9. 1921, Anm. 14.
14] *der Werke von Masereel [. . .] mit einer Einleitung von mir*: Vgl. [11. 10. 1922], Anm. 4, und 9. 10. 1923 an Romain Rolland, Anm. 6.
15] *die deutschen Verhältnisse*: Vgl. 3. 11. 1923, Anm. 4.

An Otto Heuschele 28. 11. 1923 *102*
e. Br., 2 S. – DLA Marbach/N. – Briefkopf: Signet SZ – VIII. Kochgasse 8 / Wien, (Durchgestrichen) – D: SZ, ›Briefe an Freunde‹, hrsg. v. Richard Friedenthal (Frankfurt a. M.:) S. Fischer 1978, S. 143–145.

1] *so lange nicht geschrieben*: SZ hatte Heuschele zuletzt am 2. 6. 1923 geschrieben.
2] *in Wien (Familiengründe)*: Vgl. 9. 10. 1923 an Romain Rolland, Anm. 1.
3] *Romain Rolland 14 Tage Gast in unserm Haus*: Vgl. 2. 11. 1920, Anm. 20.
4] *Der Schrei nach dem Diktator [. . .] statt der schwankenden Gestalten*: SZ sah die Hauptursache der ständigen Unruhen und der Inflation in der Unentschlossenheit der meisten Politiker der Weimarer Republik und der Ermordung Walther Rathenaus (vgl. [20. 11. 1921], Anm. 4). Auch die von Gustav Stresemann (1878–1929) im August 1923 – auf dem Höhepunkt der wirtschaftlichen und politischen Krise – gebildete Große Koalition aus vier Parteien konnte die links- und rechtsfeindlichen Bestrebungen und die linksradikalen Unruhen, den rheinischen Separatismus (vgl. 3. 11. 1923, Anm. 4) und den Hitlerputsch (vgl. 9. 10. 1923 an Romain Rolland, Anm. 23) nicht verhindern. Gestützt auf ein Ermächtigungsgesetz für die Reichsregierung zur Überwindung der Krise (13. Oktober 1923) konnte Stresemann die ins Maßlose gestiegene Inflation (Anfang November 1923 stand der US-Dollar bei 4,2 Billionen Mark) stoppen und die Währung durch Einführung der Renten-Mark (1 Billion Mark = 1 Renten-Mark) stabilisieren. Seine Regierung wurde aber dennoch am 23. November gestürzt. Die Arbeitslosigkeit war in diesem Jahr von 735 000 (Januar) auf 2 500 000 (Dezember) gestiegen. Die Parteienvielfalt schien sich für viele Bürger nicht bewährt zu haben.
5] *meine Ausgabe Masereels*: Vgl. [11. 10. 1922], Anm. 4. – SZ vergißt *103*
auch hier zu erwähnen, daß er dabei nur Mitverfasser ist.
6] *diesen wunderbaren Menschen*: Frans Masereel; vgl. 29. 3. 1920, Anm. 1.
7] *das neue Buch über Oscar Wilde von Frank Harris*: Frank (eigtl. James Thomas) Harris (1856–1931), ›Oscar Wilde. Eine Lebensbeichte‹, Deutsche Übertragung [aus dem Englischen] von Toni Noah. Mit einem Schlußkapitel von [George] Bernard Shaw und drei Abbildungen, Berlin: S. Fischer 1923.
8] *Hans Carossa »Eine Kindheit«*: Hans Carossa (1878–1956), ›Eine Kindheit‹, Leipzig: Insel-Verlag 1922.
9] *Mein Hölderlin[-]Kleist-Nietzsche Buch*: SZ, ›Der Kampf mit dem Dämon. Hölderlin, Kleist, Nietzsche‹; vgl. 7. 4. 1923, Anm. 1.

10] *Credo quia absurdum*: Ich glaube, weil es widersinnig ist. Das Wort ist abgeleitet aus einem Satz aus ›De carne Christi‹ (Über das Fleisch Christi, 5) des römischen Kirchenlehrers Quintus Septimus Florens Tertullianus (um 160–220): »Und gestorben ist Gottes Sohn; es ist ganz glaubwürdig, weil es widersinnig ist ...«
11] *Ihr Buch*: Otto Heuschele, ›Briefe aus Einsamkeiten. Drei Kreise‹, Berlin: Axel Juncker 1924.
12] *der deutschen Verwirrung*: Vgl. oben, Anm. 4.

103 *An Felix Langer* 20. 12. 1923
ms. Br., 1 S. – HHI Düsseldorf

1] *Felix Langer*: (1889–1979), österreichischer Schriftsteller und Theaterkorrespondent in Berlin.
2] *Ihr Buch*: Felix Langer, ›Der Obrist. Ein Wallensteindrama in drei Akten‹, Weimar: Erich Lichtenstein (1923).
3] *vor einer größeren Reise*: SZ fuhr erst am 25. Januar 1924 nach Paris und kam am 6. Februar 1924 zurück nach Salzburg.
104 4] *historisch nach vorwärts zu rücken*: Es ist nicht deutlich, was SZ hiermit meint.
5] *wie bei Schiller*: Friedrich Schiller, ›Wallenstein‹ (1800).
6] *Inferiorität*: Untergeordnete Stellung.

104 *An Franz Karl Ginzkey* [Anfang Januar 1924]
e. Briefkarte, 2 S. – WStLB – Briefkopf: Signatur SZ – VIII. Kochgasse 8.

1] *VIII. Kochgasse 8. wie langeschon nicht mehr*: SZ hatte seine erste eigene Wohnung am 1. Februar 1907 bezogen und im April 1919 aufgegeben, als er mit Friderike das Haus in Salzburg bezog.
2] *Deine guten [...] Worte*: Nicht erhalten.
3] *über mein Buch*: SZ, ›Die gesammelten Gedichte‹; vgl. 6. 9. 1921, Anm. 14.
4] *in Dezennien*: SZ und Ginzkey kannten sich seit 1904.
105 5] *Heinz Amelung*: (1880–1940); seit 1923 verantwortlicher Herausgeber der Gartenlaube.
6] *Scherl-Gartenlaube*: Das Illustrierte Familienblatt Die Gartenlaube war 1853 von Ernst Keil in Leipzig gegründet worden; 1884 war sie von Alfred Kröner in Stuttgart, 1903 von August Scherl in Berlin erworben worden. (Dabei blieb der ursprüngliche Verlagsname als Ernst Keils Nachf., Berlin, erhalten.) 1918 wurde die Zeitschrift mit Die weite

Welt und Vom Fels zum Meer unter ihrem alten Titel zusammengefaßt.

An Heinrich Meyer-Benfey 10. 1. 1924 *105*
ms. Br., 3 S. mit e. Korr. – Privat – D: Claude Flor, ›Stefan Zweig und Meyer-Benfey. Bisher unveröffentlichte Briefe. Ein Psychogramm und die Erzählung ‹Der Kampf um den Südpol›‹, Hamburg: Deutscher Literatur-Verlag Otto Melchert 1986 (= DLV-Taschenbuch Nr. 223), S. 26–28.

1] *Ihren guten Brief*: Nicht erhalten.
2] *in Wien*: Seines Vaters wegen (vgl. 9. 10. 1923 an Romain Rolland, Anm. 1) und wegen des Todes seiner Schwiegermutter Theresia Burger (vgl. [27. 1. 1920] an Friderike Maria v. Winternitz, Anm. 7), die Ende Dezember 1923 gestorben war.
3] *der platonischen Urbilder*: Die Platonischen »Ideen« sind die Urbilder des Seienden.
4] *Tryptichon [!]*: SZ, ›Der Kampf mit dem Dämon. Hölderlin, Kleist, Nietzsche‹; vgl. 7. 4. 1923, Anm. 1.
5] *Ihr Buch*: Heinrich Meyer-Benfey, ›Kleists Leben und Werke. Dem deutschen Volke dargestellt‹, Göttingen: O. Hapke 1911.
6] *Byzantinismus*: Kriecherei, Schmeichelei. *106*
7] *Beethoven*: »[Ludwig van] Beethoven [1770–1827] habe ich in Teplitz kennengelernt. Sein Talent hat mich in Erstaunen versetzt; allein er ist leider eine ganz ungebändigte Persönlichkeit, die zwar gar nicht unrecht hat, wenn sie die Welt detestabel findet, aber sie freilich dadurch weder für sich noch für andere genießbarer macht.« (Goethe an Karl Friedrich Zelter, 2. 9. 1812)
8] *Schubert*: Franz Schubert (1797–1828) hatte Goethe im Juni 1825 die ihm gewidmete Komposition seiner Lieder ›An Schwager Kronos‹, ›An Mignon‹, ›Ganymed‹ mit einem Begleitbrief geschickt – Goethe hat die Sendung nicht beantwortet.
9] *Hölderlin*: »Gestern ist auch [Friedrich] Hölderlin [vgl. (11. 10. 1922), Anm. 17] bei mir gewesen, er sieht etwas gedrückt und kränklich aus, aber er ist wirklich liebenswürdig und mit Bescheidenheit, ja Ängstlichkeit offen. [...] Ich habe ihm besonders geraten, kleine Gedichte zu machen und sich zu jedem einen menschlich interessanten Gegenstand zu wählen.« (Goethe an Friedrich Schiller, 23. 8. 1797)
10] *Kleist*: »Mir erregte dieser Dichter [Heinrich von Kleist, vgl. 7. 4. 1923, Anm. 4], bei dem reinsten Vorsatz einer aufrichtigen Teilnahme, immer Schauder und Abscheu, wie ein von der Natur schön intentio-

nierter Körper, der von einer unheilbaren Krankheit ergriffen wäre.« (Goethe, Schriften zur Literatur. Tiecks Dramatische Blätter)
11] *Tagore*: Rabindranath Tagore; vgl. 22. 4. 1921, Anm. 11, und 27. 4. 1921, Anm. 13.
12] *in Ihrem Brief*: Nicht erhalten.

107 An Otto Heuschele 12. 1. 1924
ms. Br. mit e. Korr. und e. Nachschrift, 4 S. – DLA Marbach / N. – D: SZ, ›Briefe an Freunde‹, hrsg. v. Richard Friedenthal (Frankfurt a. M.:) S. Fischer 1978, S. 146–149.

1] *Ihres guten Briefes*: Nicht erhalten.
2] *Ihrer schönen Sendung*: Vermutlich die Satzvorlage zu Otto Heuscheles Buch ›Briefe aus Einsamkeiten‹; vgl. 28. 11. 1923, Anm. 10.
3] *nach Wien fahren*: Vgl. 10. 1. 1924, Anm. 2.
4] *»Briefe aus Einsamkeiten«*: Vgl. oben, Anm. 2.
5] *Berichte und Gesichte*: Der erste Brief der drei Kreise des Buches trägt die Überschrift ›Gestalten und Schicksale‹.
6] *meines noch unveröffentlichten Buches*: SZ, ›Der Kampf mit dem Dämon. Hölderlin, Kleist, Nietzsche‹; vgl. 7. 4. 1923, Anm. 1.
7] *jenes »Dämonischen Zeitalters [. . .]«*: Der fünfte Brief des zweiten Kreises des Buches trägt die Überschrift ›Dämonische Zeit. (Am 28. 2. 1922).‹
8] *mit André Chénier beginne und von Keats und Puschkin bis hinüber zu Leopardi*: Vgl. hierzu SZ, ›Der Kampf mit dem Dämon. Hölderlin, Kleist, Nietzsche‹, GWE 1981, S. 29–30. – André Chénier (1762–1794); John Keats (1795–1821); Alexander Sergejewitsch Puschkin (1799–1837); Giacomo Leopardi (1798–1837).
108 9] *Hölderlin*: Friedrich Hölderlin; vgl. [11. 10. 1922], Anm. 17.
10] *Kleist*: Heinrich von Kleist; vgl. 7. 4. 1923, Anm. 4.
11] *Ihr Festschriftbuch*: Otto Heuschele, ›Fest und Festkunst‹, Heilbronn: W. Seifert [1924].
12] *Festspiele Reinhar[d]ts*: Vgl. [22. 8. 1920], Anm. 8.
13] *jetzt wieder in Wien beim Rosé-Quartett*: Arnold Josef Rosé (1863–1946), Konzertmeister des Hof- und Staatsopernorchesters, hatte 1882 das Rosé-Quartett gegründet. Es hatte am 8. Januar 1924 ein Konzert gegeben; Einzelheiten des Programms wurden nicht ermittelt.
14] *Sof[f]itten*: Kurzform für Soffittenlampen, von denen angestrahlt, Schauspieler – vom Zuschauer aus gesehen – hinter ihnen agieren.
15] *meine neuen Gedichte*: SZ, ›Die gesammelten Gedichte‹; vgl. 6. 9. 1921, Anm. 14.

16] *nach Paris fahre*: Vgl. 20. 12. 1923, Anm. 3.
17] *ein Blatt von Masereel*: Vgl. SZs Brief an Otto Heuschele vom 28. 11. 1923.
18] *das »Tryptichon [!] der Heiligen Drei Könige« von Timmermann [!]*: Felix Timmermans (1886–1947), ›Das Triptychon von den Heiligen Drei Königen‹, übersetzt von Anton Kippenberg. Mit Titelzeichnung, drei Zeichnungen, drei Initialen und Vignetten vom Verfasser, Leipzig: Insel-Verlag 1923 (250 numerierte Ex. auf Insel-Bütten). Vorzugsausgabe des 1923 erschienenen Bandes 362 der Insel-Bücherei (mit 10 Illustrationen von Felix Timmermans).
19] *Pallieter*: Felix Timmermans, ›Pallieter‹, übersetzt von Anna Vale- *109*
ton-Hoos, Leipzig: Insel-Verlag 1921.
20] *Hans Carossa*: Vgl. 28. 11. 1923, Anm. 8.
21] *Wilhelm Schmidtbonn*: (1876–1952), deutscher Dramatiker, Erzähler, Lyriker.
22] *Hauptmann*: Gerhart Hauptmann; vgl. 28. 12. 1921, Anm. 3.
23] *Hofmannsthal*: Hugo von Hofmannsthal; vgl. [22. 8. 1920], Anm. 8.
24] *die Widmung Ihres Buches*: Die gedruckte Widmung »Stefan Zweig / dem Dichter und brüderlichen Freunde / gewidmet«. Außerdem ist die Einleitung als Brief Heuscheles an SZ formuliert.
25] *in Frankfurt und Baden-Baden zu Vorträgen*: Die Vortragsreise wurde auf das nächste Jahr verschoben.
26] *in Hölderlins Land*: Diesen Wunsch hatte SZ Heuschele gegenüber schon in seinem Brief vom 2. 6. 1923 geäußert.
27] *in Ihrem Buche*: Vgl. 28. 11. 1923, Anm. 10.
28] *Walt Whitman*: Vgl. [Anfang Mai 1920], Anm. 4.
29] *Nietzsche*: Friedrich Nietzsche; vgl. [11. 10. 1922], Anm. 21.

An Friderike Maria Zweig [26. 1. 1924] *110*
e. Br., 2 S. – SUC Fredonia, NY – D: SZ-Friderike Zweig, ›Briefwechsel 1912–1942‹, Bern: Alfred Scherz Verlag [1951], S. 176–177 (Ohne Datum; gekürzt); SZ, ›Briefe an Freunde‹, hrsg. v. Richard Friedenthal, (Frankfurt a. M.:) S. Fischer 1978, S. 145–146 (Datiert: »vermutlich Januar 1924«; gekürzt); Friderike Zweig-SZ, ›Unrast der Liebe. Ihr Leben und ihre Zeit im Spiegel ihres Briefwechsels‹, (Bern und München:) Scherz (1981), S. 140–141, und (Frankfurt a. M.:) Fischer Taschenbuch Verlag 1984 (= Fischer Taschenbuch 5366), S. 123 (Datiert: »[Paris, Jan. 1924]«; gekürzt).

1] *[Paris]*: Vgl. 20. 12. 1923, Anm. 3.
2] *[Hôtel Beaujolais]*: Dieses Hotel war in einem Trakt des Palais Royal

eingerichtet worden; SZ wohnte dort bei seinen Aufenthalten in Paris seit August 1912 und hatte immer ein Zimmer mit Blick auf den herrlichen Garten.

3] *Bazal[gette]*: Leon Bazalgette; vgl. [Anfang Mai 1920], Anm. 4.

4] *Kra*: Der Verleger und Autographenhändler Simon Kra.

5] *Ligistinnen*: Anhängerinnen der International Women's League for Peace and Freedom (vgl. 22. 4. 1921, Anm. 22).

6] *Ma[g]deleine Marx*: (geb. Legendre, 1889–1973; in erster Ehe verheiratet mit Henry Marx, in zweiter Ehe mit Maurice Paz), französische militante Kommunistin und Sozialistin, Schriftstellerin, arbeitete im Comité der Zeitschrift Clarté mit. – SZ und Friderike hatten 1920 den Roman ›Femme‹ (Avantpropos de Henri Barbusse. Paris: E. Flammarion 1919) der französischen Schriftstellerin u. d. T. ›Weib‹ (Basel – Leipzig: Rhein-Verlag) ins Deutsche übertragen.

7] *Billiet*: Die Galerie Joseph Billiet.

8] *Masereel*: Frans Masereel; vgl. 29. 3. 1920, Anm. 1.

9] *seine letzten Portraits*: Masereel porträtierte Jean Picart le Doux, Jules Supervielle, Léon Bazalgette und Henri Victor Gabriel Le Fauconnier. »Über einen Zeitraum von zwei Jahren zieht sich die Entstehung dieser Bildnisse hin. [...] Aber Masereel ist nicht nach Paris gegangen, um sich dem geruhsamen Metier eines Porträtisten hinzugeben. [...] Besessen, das Dasein in seinen Gründen allseitig zu durchdringen, hält es ihn wenig im Atelier, das er auf der Höhe des Montmartre bezogen hat.« (Gerhard Pommeranz-Liedtke, ›Der Maler Frans Masereel‹ in: ›Frans Masereel‹. Mit Beiträgen von Stefan Zweig, Pierre Vorms, Gerhard Pommeranz-Liedtke und einer Bibliographie von Hanns-Conon von der Gabelentz, Dresden: VEB Verlag der Kunst 1959, S. 164–165.)

10] *Reproductionen*: Nicht ermittelt.

11] *von M. portraitieren*: Das Portrait war, wie SZ Friderike am 30. 1. 1924 im Brief berichtete, »in kühnster Weise unmodern, ohne Farbexperimente, ganz klar und offen, dabei wie alle seine Portraits genial in der Ähnlichkeit«. Masereel selbst beschrieb es SZ in einem Brief vom 8. 4. 1924: »Ich habe die Augen ein bißchen, ein ganz wenig vergrößert, weil ich trotz Deiner Einwände beobachtet habe, daß Deine Augen etwas Asiatisches oder Indisches haben.« Nach diesem Gemälde schuf Masereel auch den Portrait-Holzschnitt für den zweiten Band der russischen Gesamtausgabe 1927. Beide Originale sind heute verschollen.

12] *diese gigantische Arbeit*: SZ meint diese intensive schöpferische Phase Masereels als Maler und Aquarellist.

13] *Scheyer*: Moritz (gen. Monju) Scheyer (1886–1949), österreichischer Journalist.

14] *Zifferer*: Paul Zifferer; vgl. [18. 7. 1922], Anm. 7. Feuilletonredakteur der Neuen Freien Presse in Wien; wurde nach dem Ersten Weltkrieg als Presseattaché mit dem Titel eines Hofrats an die Gesandtschaft in Paris berufen.
15] *Fauconnier*: Henri Victor Gabriel Le Fauconnier; vgl. 17. 6. 1922, Anm. 18.
16] *die Hofrätin*: Berta Zuckerkandl; vgl. 2. 11. 1920, Anm. 21.
17] *Unruh*: Fritz von Unruh (1885–1970), deutscher Dramatiker und Erzähler.
18] *ich soll gemalt werden*: Einzelheiten nicht ermittelt.
19] *Charavay*: Noël Charavay, Pariser Autographenhandlung.
20] *Victor*: Victor Fleischer; vgl. [27. 1. 1920] an Victor Fleischer, Anm. 1.
21] *in St. Cloud bei Kra*: Vgl. oben, Anm. 4.
22] *Mad. Verhaeren*: Marthe Verhaeren, geb. Massin (1860–1931); die Bildhauerin und Malerin war die Witwe Emile Verhaerens (vgl. 29. 3. 1920, Anm. 16).
23] *Martinet*: Marcel Martinet (1887–1944), französischer Dichter. Er litt an Diabetes.
24] *flâner dans les rues, bouquiner*: In den Straßen herumschlendern, schmökern.
25] *meine ganze Jugend*: SZ ist seit seiner Jugend – zum erstenmal im *111*
August 1902 – immer wieder nach Paris gefahren.

An Erich Ebermayer 28. 2. 1924 *111*
e. Br., 1 S. – DLA Marbach/N. – Briefkopf: Signet SZ – Kapuzinerberg 5 / Salzburg

1] *Erich Ebermayer*: (1900–1970), Jurist, bis 1935 Rechtsanwalt, Dramaturg und Schauspielregisseur in Berlin; Dramatiker und Erzähler.
2] *Ihre guten Worte*: »Er [Ebermayer] hat in einem Leipziger Blatt (ich weiß nicht in welchem über meine ›Gesammelten Gedichte‹ geschrieben und ich möchte ihm mit einer Zeile danken. Ihnen wird es ja leichter sein die Adresse aufzufinden oder den Brief an die betreffende Zeitung zur Weitergabe zu übermitteln.« (SZ an den Insel-Verlag, Leipzig, 28. 2. 1924)
3] *meine Gedichte*: SZ, ›Die gesammelten Gedichte‹, vgl. 6. 9. 1921, Anm. 14.

111 *An Erhard Buschbeck* [vor 10. März 1924]
e. Br., 1 S. – ÖNB Wien – Briefkopf: Signet SZ – Kapuzinerberg 5 / Salzburg

1] *Erhard Buschbeck*: (1889–1960), österreichischer Erzähler und Kritiker; wurde 1918 Dramaturg am Wiener Burgtheater und blieb es bis zu seinem Tod.
2] *meinen »Verwandelten Komödianten«*: SZ, ›Der verwandelte Komödiant‹; vgl. [Mitte Oktober 1922], Anm. 6.
3] *Schönbrunner Schloßtheater*: Vom 29. Juli bis zum 22. Oktober 1924 gab das Wiener Burgtheater Vorstellungen im Schönbrunner Schloßtheater. SZ konnte sich für diesen Spielplan mit seinen Vorschlägen aber nicht durchsetzen. 1925 wurden bei den nur in den Sommermonaten abgehaltenen Aufführungen lediglich Opern gespielt.
4] *Hofman[n]sthals »Tor und Tod«*: Hugo von Hofmannsthals frühes Drama war erstmals 1894 unter seinem Pseudonym Loris (Wien) in ›Moderner Musen-Almanach auf das Jahr 1894‹, hrsg. von Otto Julius Bierbaum, München: Dr. E. Albert & Co., Zweiter Jahrgang [1894], S. 489–527, veröffentlicht worden.
112 5] *seines 50 Geburtstags*: Hugo von Hofmannsthal (vgl. [22. 8. 1920], Anm. 8) war am 1. Februar 1924 fünfzig Jahre alt geworden.
6] *Schnitzlers Paracelsus*: Arthur Schnitzler (vgl. 31. 12. 1921 an Raoul Auernheimer, Anm. 8), ›Paracelsus. Versspiel in einem Akt‹, erstmals veröffentlicht in Cosmopolis, Jg. 12, H. 25, Wien 1898, S. 25–43.
7] *Max Mells Barbier von Berriac*: Max Mell (1882–1971), ›Der Barbier von Berriac‹, erstmals veröffentlicht in Österreichische Rundschau, Bd. 27, Wien 1911, S. 452–462.
8] *Herterich*: Franz Herterich (1877–1966), Schauspieler, Regisseur. 1923–1930 Direktor des Wiener Burgtheaters.

112 *An Romain Rolland* [31. 3. 1924]
e. Br., 4 S. (Von fremder Hand datiert) – BN Paris – D in deutscher Übersetzung: Romain Rolland-SZ, ›Briefwechsel 1910–1940. Zweiter Band 1924–1940‹, Aus dem Französischen von Eva und Gerhard Schewe (Briefe Rollands) und Christel Gersch (Briefe Zweigs), Berlin: Rütten & Loening 1987, S. 22–24.

Übersetzung
Mein teurer Freund, entschuldigen Sie, wenn ich Ihnen mit Bleistift schreibe. Seit fast einer Woche bin ich grippekrank. Jetzt scheint alles

überstanden und ich kann das Bett verlassen. Man verdankt solchen Unterbrechungen des tagtäglichen (allzu alltäglichen) Lebens unerwartete Lektüren, Träume und Erholung. Krankheit und Reise sind zwei Kräfte, die uns eine energische Unterbrechung der Gleichförmigkeit verschaffen. Ich habe mich mit den neuen Theorien über die Nicht-Existenz einer Gegenwart beschäftigt, über die All-Relativität der Welt – im Grunde sind das alles für mich illustre Spiele mit Worten und Gedanken, unnütz und schön wie Spiele mit Versen und die gesamte Poesie. Mir fehlt (um ein Wort Goethes heranzuziehen, der von sich auch sagte, daß er sie nicht habe) die »metaphysische Neugier«, ich habe kein Verlangen, den Schleier der Maya auch nur um einen halben Zentimeter mehr zu lüften – alles oder nichts. Und man kann alles spüren und doch nichts »wissen«. Meine intellektuelle Neugierde ist dergestalt, alles zu verstehen, was ich sehe, und nicht, sehen zu wollen, was ich nicht mehr verstehen kann. So war dies also ein seltener Ausflug in den philosophischen Garten! Ich ziehe die Geschichte vor. Ich las eine schöne Biographie von Byron, eine von Shelley, und bin in diese ganze Epoche tief eingetaucht. Wie ich den jungen Keats liebe!: welche Blume der Dichtung, aufgegangen aus einer niederen Familie eines Londoner Cabman! Welche Würze und Wohlklang der Sprache!

Ich las diese alten Dinge auch, um die gegenwärtige Epoche zu vergessen. Sie verstehen vielleicht nicht, warum wir so sehr unter den Geschicken Deutschlands leiden. Aber diese Dummheiten, die Festnahme eines so pastoralen und sanften Pazifisten wie Quidde in einer Republik, deren Oberhaupt ein Sozialist ist, und der lautstarke Triumph eines Ludendorff, das ist für uns unduldbar. Als ich in Paris war und die Freunde Kollekten für die Hungernden in Deutschland veranstalten sah (ausgehungert durch Stinnes, der keinen roten Heller gegeben hat), hatte ich oft Lust, ihnen zu sagen: täuscht Euch nicht! Und laßt Euch nicht täuschen. Deutschland ist mehr denn je ein Kriegshort, und vielleicht wird die einzig gute Europapolitik eine grausame sein, eine Kommission, die Deutschland aller Möglichkeiten zur Bewaffnung beraubt, die es vor seiner eigenen politischen Beschränktheit schützt. Denn sie würden morgen marschieren (wenn Ludendorff zum Marsch blasen würde, und er wird noch bei seinem Ehrgeiz einen Krieg benötigen), und sie werden marschieren wie die Kinder zu Zeiten der Kreuzzüge, mit kleinen Holzschwertern. Sie haben die bejubelt, die das Land zerstören wollten, und es gibt keine zehn Männer mehr, die den Mut (oder die Geduld, denn man muß jeden Tag eine neue Dummheit bekämpfen) besitzen, sich dem zu widersetzen. Alle republikanischen oder demokratischen Angestellten werden entlassen, die Justiz verurteilt (siehe Zeigner und Hitler) nur nach reaktionären Maßstäben, es ist nur noch eine Frage der Zeit, wann sie sich des demokratischen Jochs entledigen, das zu leicht für ihre Schultern scheint. Man erzählt, daß die russischen Bäuerinnen, wenn sie einen Mann haben, der sie nicht schlägt und der von Zeit zu Zeit nicht betrunken ist, verzweifelt sind: die Deutschen wollen nicht frei sein. »Ruere in servitium«, ich weiß nicht, ob es Tacitus oder Cäsar war, der es als erster sagte! Und es ist erstaunlich, wie wenig sich die Völker ändern, trotz des Hin- und Herfließens des Bluts. Es ist der große Fehler der Amerikaner, zu glauben, »das deutsche Volk« wolle sich selbst regieren: es verlangt nur danach, zu gehorchen. Weil sie nicht mehr ihren Wilhelm hatten, haben sie aus Stinnes ein Symbol gemacht, dem Mann, der sie arm gemacht hat. Und in diesem kontinuierlichen Nonsens herrscht eine Fatalität, die Deutschland immer in einen Konflikt treiben wird, der es zerstört (es erneuert sich mit seiner Lebhaftigkeit immer wieder). Aber mit seinem Mangel an Vernunft, mit der Politik aus Phantasmen und Träumen, ist es von neuem die größte Gefahr für den Frieden: es wird die Fensterscheiben Europas einschlagen, nicht aus Boshaftigkeit, aber in politischer Schlafwandlerei.

Verstehen Sie, wie wir, die dieselbe Sprache sprechen und die schöne, klare, die unerschütterliche Vernunft lieben, wie wir leiden müssen, wenn wir sehen, daß man die anderen nicht mehr versteht, daß man uns nicht mehr versteht. Es war während des Krieges leichter, seine Botschaft zum Durchbruch gelangen zu lassen; in dieser Zeit war die Wahrheit verboten, die Lüge das offizielle Brot, das »Kriegsbrot«, das das Volk verschlang und gleichzeitig erbrach. Heute ist die Wahrheit erlaubt, aber das Volk, die Intellektuellen wollen sie nicht mehr hören. Eine ganze Nation verbohrt sich in der Lüge. Nie war die Luft so schwer. Sie sehen auch, daß alle Intellektuellen sich zurückziehen: einzig Fritz von Unruh, angetrieben von seiner titanischen Eitelkeit, stellt sich den Wahlen.

Ein Wort noch. Können Sie sich der Frau Rie-Andro entsinnen, die Ihre »Musiker« übersetzt hatte? Sie hat mir einen Brief über »l'Eté« geschrieben, der mir gezeigt hat, wie sehr dieses Buch in die Seele einer Frau eindringen kann. Ich habe wenige französische Zeitungen und Zeitschriften gelesen – herrscht noch Stille oder kümmert man sich langsam um Sie?

Ihr getreuer

Stefan Zweig

Meine Empfehlungen an Frl. Rolland

1] *die «metaphysische Neugier»*: Es ist nicht deutlich, worauf SZ sich hier beruft. Goethe schreibt in ›Maximen und Reflexionen‹ (Nr. 1225): »Aus dem Größten wie aus dem Kleinsten – nur durch künstlichste Mittel dem Menschen zu vergegenwärtigen – geht die Metaphysik der Erscheinungen hervor; in der Mitte liegt das Besondere, unsern Sinnen Angemessene, worauf ich angewiesen bin, deshalb aber die Begabten von Herzen segne, die jene Regionen zu mir heranbringen.«

2] *du voile de la Maya / den Schleier der Maya*: In der indischen Philosophie bezeichnet die Maya die unerklärliche kosmische Illusion, die dem in Nichtwissen Befangenen die Erkenntnis seiner Identität mit dem Allwesen verhüllt. Arthur Schopenhauer (1788–1860) verwendet das Wort in diesem Sinn.

3] *une belle biografie [!] de Byron, une de Shelley / eine schöne Biographie von Byron, eine von Shelley*: Vermutlich Harold George Nicolson, ›Byron, the last Journey, April 1823 – April 1824‹, London: Constable & Co. / Boston: Houghton, Mifflin Co. 1924, und André Maurois, ›Ariel ou la vie de Shelley‹, Paris: B. Grasset 1923.

4] *Keats*: John Keats; vgl. 12. 1. 1924, Anm. 8.

5] *Cabman*: Droschkenkutscher.

6] *Quidde*: Ludwig Quidde (1858–1941), Historiker und Pazifist, Prä- 113
sident der deutschen Friedensgesellschaft, war am 16. März 1924 unter der Anschuldigung des Landesverrats in München verhaftet worden: er hatte Material über die heimliche Aufrüstung der Reichswehr veröffentlicht. Quidde erhielt 1927 den Friedensnobelpreis.

7] *le chef est un socialiste / deren Oberhaupt ein Sozialist ist*: Reichspräsident Friedrich Ebert; vgl. 16. 11. 1923, Anm. 10.

8] *Ludendorf[f]*: Erich Ludendorff; vgl. 22. 4. 1921, Anm. 7, und 9. 10. 1923 an Romain Rolland, Anm. 24.

9] *affamés par Stinnes / ausgehungert durch Stinnes*: Hugo Stinnes; vgl. 3. 5. 1921, Anm. 22.

10] *comme les enfants aux temps des croisades / wie die Kinder zu Zeiten der Kreuzzüge*: Im vierten der von der katholischen Kirche geförderten Kreuzzüge zur Eroberung des Heiligen Landes, 1202 bis 1204, war der Kriegseifer derart groß, daß er am Niederrhein und in Frankreich sogar Kinder ergriff und ins Verderben führte.

11] *Zeigner*: »Vom Landgericht Leipzig wird der ehemalige sächsische Ministerpräsident Erich Zeigner [1886–1949] (SPD) wegen Vernichtung sämtlicher Akten und Amtsbestechlichkeit zu drei Jahren Gefängnis verurteilt.« (›Chronik 1924.‹ Von Hanna Vollmer, Gütersloh: Bertelsmann Lexikon Verlag 1988 [= Chronik des 20. Jahrhunderts. Tag für Tag in Wort und Bild. Hrsg. von Bodo Harenberg], S. 44.)

12] *Hitler*: Adolf Hitler (vgl. 9. 10. 1923 an Romain Rolland, Anm. 24) wurde zusammen mit Ernst Pökner, Hermann Kriebel und Friedrich Weber am 1. April 1924 im Hochverratsprozeß vor dem Volksgerichtshof I wegen des Hitlerputsches im November 1923 zu je 5 Jahren Festungshaft und 200 Goldmark Geldstrafe verurteilt. Das Urteil löste heftige Proteste aus, nicht zuletzt weil der mitangeklagte Erich Ludendorff wegen seiner Verdienste als Feldherr im Ersten Weltkrieg freigesprochen wurde.

13] *«Ruere in servitium»*: »Sie stürzen sich in die Knechtschaft.« (Publius Cornelius Tacitus [um 55 – um 120], Annales I, 7.)

14] *César / Cäsar*: Gaius Julius Caesar (100–44 v. Chr.).

15] *Guilleame [= Guillaume] / Wilhelm*: Kaiser Wilhelm II.; vgl. 6. 9. 1920, Anm. 8.

16] *Stinnes*: Hugo Stinnes; vgl. 3. 5. 1921, Anm. 22, und oben, Anm. 9.

114 17] *Fritz von Unruh*: Vgl. 26. 1. 1924, Anm. 17. – Einzelheiten zu Unruhs Stellung zur Wahl wurden nicht ermittelt.

18] *Madame Rie-Andro*: Therese Rie (Psd. L. Andro, 1879–1934), österreichische Dramatikerin, Erzählerin; Übersetzerin.

19] *vos «musiciens» / Ihre »Musiker«*: Romain Rolland, ›Musikalische Reise ins Land der Vergangenheit‹; vgl. 4. 9. 1921, Anm. 15.

20] *l'Eté*: Romain Rolland, ›L'âme enchantée‹ (vgl. 4. 9. 1921, Anm. 19), 2. ›L'été‹, 1924.

21] *Mlle Rolland*: Madeleine Rolland.

115 *An Ernst Lissauer* [21. 4. 1924]
e. »Postkarte« – WStLB

1] *Ernst Lissauer*: Vgl. [Mitte Oktober 1922], Anm. 7.

2] *Rudolfiner- / Gasse zwanzig*: Lissauers Wohnung.

115 *An Georg Minde-Pouet* 6. 6. 1924
ms. Br. mit e. Korr., 2 S. – DLA Marbach/N.

1] *Georg Minde-Pouet*: (1871–1950), Germanist und Bibliothekar; Mitarbeiter an der fünfbändigen durchgesehenen und erläuterten Gesamtausgabe der Werke von Heinrich von Kleist, die Erich Schmidt 1904/05 »im Verein mit Georg Minde-Pouet und Reinhold Steig herausgegeben« hat; 1917–1923 Direktor der Deutschen Bücherei in Leipzig.

2] *Cornelius Meyer* (?–1924), Handelsgerichtsrat in Berlin; Privatsammler.

3] *Frankfurt an d. Oder*: Die Geburtsstadt Heinrich von Kleists (vgl. 7. 4. 1923, Anm. 4).
4] *Berlin*: Heinrich von Kleist hatte zuletzt, nach 1810, in Berlin gelebt.
5] *Sonett an die Königin Luise*: Heinrich von Kleist, ›An die Königin Luise von Preußen‹. Nach dem Tode seiner Gönnerin, der Königin Luise von Preußen (geb. Prinzessin von Mecklenburg-Strelitz, 1776–1810, seit 1793 Gattin Friedrich Wilhelms III., war Kleist in finanzielle Schwierigkeiten geraten. Das Gedicht ›An die Königin Luise von Preußen‹ entstand nach ihrem Tod am 19. Juli 1810. SZ hatte das Original im Dezember 1909 erworben.
6] *(Taus. Inselausgabe)*: Heinrich von Kleist, ›Sämtliche Werke und Briefe‹. In sechs Bänden. Herausgegeben, eingeleitet und Anmerkungen von Wilhelm Herzog. Band 5: ›Gedichte und Essays. Briefe; Erster Teil‹, Leipzig: Insel-Verlag 1910. Mit 3 Faksimiles.
7] *Gedicht an den König von Preußen*: Heinrich von Kleist, ›An den König von Preußen [Friedrich Wilhelm III., 1770–1840]. Zur Feier seines Einzugs in Berlin‹.
8] *Germania an ihre Kinder [. . .] / Kriegslied der Deutschen / An Kaiser Franz I.*: Diese Gedichte Heinrich von Kleists besaß SZ bereits während des Ersten Weltkriegs.
9] *Sämtl. Sammlung Meyer-Cohn*: SZ hatte diese Autographen aus der Sammlung des Berliner Bankiers Alexander Meyer-Cohn erworben.
10] *An Kaiser Franz I.*: Heinrich von Kleist, ›An Franz den Ersten, Kaiser von Österreich. Dresden, den 1. März 1809.‹ Franz II. (1768–1835), seit 1792 Deutscher Kaiser – er legte 1806 unter dem Druck Napoleons die deutsche Kaiserkrone nieder –, war seit 1804 als Franz I. auch Kaiser von Österreich.
11] *Variante zum »Zerbrochenen Krug«*: Heinrich von Kleist, ›Der zer- *116*
brochene Krug. Ein Lustspiel‹ (1811)
12] *»Hier in der Mitte [. . .]«*: Die Stelle findet sich im Siebenten Auftritt von Kleists ›Der zerbrochene Krug‹.
13] *Fouqué »An Heinrich von Kleist«*: Friedrich de la Motte Fouqué (1777–1843), ›Abschied von Heinrich von Kleist am 27. Oct. 1811‹ (F. de la Motte Fouqué, ›Gedichte. 2. Bd. Gedichte aus dem Mannes-Alter‹, Stuttgart/Tübingen: Cotta 1817, S. 220.)
14] *für Ihr Jahrbuch*: Das ›Jahrbuch der Kleist-Gesellschaft‹, hrsg. von Georg Minde-Pouet und Julius Petersen, erschien seit 1921/1922 in der Weidmannschen Buchhandlung in Berlin in der Reihe Schriften der Kleist-Gesellschaft. – Das Gedicht von Friedrich de la Motte Fouqué wurde im Jahrbuch nicht abgedruckt.
15] *Nahreiseverkehr*: Vgl. 17. 4. 1923, Anm. 4

16] *Sammlung aller Autografenkataloge von 1834 bis heute*: SZs ›Verzeichnis meiner Kataloge von Autografenversteigerungen nach Jahren geordnet‹ und ›Verzeichnis meiner Lagerkataloge von Autografen nach Firmen geordnet‹ befinden sich heute im Deutschen Literaturarchiv in Marbach/N.
17] *Verlag Schneider [. . .] ein Exemplar der Ausgabe zu erhalten*: SZ hatte dem Verlag Franz Schneider in Berlin (gegründet 1913) seinen Essay ›Heinrich von Kleist‹ aus ›Der Kampf mit dem Dämon. Hölderlin, Kleist, Nietzsche‹ (vgl. 7. 4. 1923, Anm. 1) als Einleitung für eine geplante Kleist-Ausgabe zugesagt – diese kam aber nicht zustande.

116 *An Victor Fleischer* 10. 6. 1924
ms. Br., 2 S. – DLA Marbach/N.

1] *Jacob Wolf[f] & Co*: Nachdem ihn die Bad Reichenhaller Bank »hinausgeschmissen« hatte (vgl. SZs. Brief an Victor Fleischer vom 3. 11. 1923), hatte SZ sich ein Konto bei dem Bankhaus Jacob Wolff & Co. [in?] eingerichtet.
117 2] *Mark 72.-*: Es handelte sich um 72 Rentenmark; die Rentenmark war am 13. Oktober 1923 zur Stabilisierung der deutschen Währung eingeführt worden, wobei 1 Rentenmark 1 Billion Papiermark entsprach. Der US-Dollar hatte einen Wert von 4,2 Billionen Papiermark, so daß diese 72 Mark etwa 17 US-Dollar entsprachen.
3] *Frava Aktien*: Aktien der Frankfurter Verlags-Anstalt, die von Victor Fleischer geleitet wurde (vgl. [27. 1. 1920] an Victor Fleischer, Anm. 1).
4] *Du hast keine Wiener Absichten und ich keine Frankfurter*: Fleischer plante nicht, in absehbarer Zeit nach Wien zu kommen, und SZ plante im Augenblick keine Reise nach Frankfurt am Main.
5] *Rolland nach Innsbruck*: Romain Rolland war am 7. Mai 1924 nach Wien gefahren, wo er bis zum 17. Mai blieb und dann nach Prag weiterfuhr. Die Rückreise plante er für den 1. Juni, »und zwar über Linz und Innsbruck, wobei ich mich freuen würde, wenn Sie von Salzburg bis Innsbruck mein Reisegefährte wären«, wie er SZ am 24. 5. 1924 schrieb. Am 2. Juni vormittags kam Rolland zusammen mit seiner Schwester Madeleine in Salzburg an – »wir können also mit Ihnen zu Mittag essen« –, am Nachmittag fuhren sie gemeinsam mit SZ in sechseinhalbstündiger Fahrt nach Innsbruck.
6] *dort drüben*: In Deutschland.
7] *Wien [. . .] ersparen zu können*: SZs Eltern (vgl. [27. 1. 1920] an Friderike Maria v. Winternitz, Anm. 3), die SZ in regelmäßigen Abständen in Wien besuchte, waren zur Kur gefahren.

8] *Schloßparktheater in Steglitz*: Einzelheiten wurden nicht ermittelt.
9] *Böhmen*: Vgl. 29. 6. 1922 an Victor Fleischer, Anm. 12.

An David Josef Bach [Ende Juni 1924] *118*
e. Br., 1 S. – Privat – Briefkopf: Signet SZ – Kapuzinerberg 5 / Salzburg

1] *David Josef Bach*: (1874–1947), Journalist, Musikkritiker. Redakteur der Wiener Arbeiter-Zeitung; im Ersten Weltkrieg Leiter der Österreichischen Propagandastelle in Zürich.
2] *Buschbeck*: Erhard Buschbeck; vgl. [vor 10. März 1924], Anm. 1.
3] *Ernst Fischers »Schwert des Attila«*: Ernst Fischer (1899–1972), ›Das Schwert des Attila‹. Das 1924 geschriebene Drama erschien nicht als Buch.
4] *Burgtheater [...] Musik- und Theaterwoche*: Einzelheiten des Programms wurden nicht ermittelt.
5] *Ihnen als Parteigenossen*: Bach war wie Ernst Fischer zu dieser Zeit Mitglied der Sozialistischen Partei Österreichs.
6] *Graz*: Ernst Fischer, in Komotau in Böhmen geboren, lebte seit seiner Gymnasialzeit in Graz.
7] *bei den Atonalen*: Vom 5. bis zum 8. August 1924 veranstaltete die 1922 in Salzburg gegründete, heute in London ansässige Internationale Gesellschaft für neue Musik ihr 2. Kammermusikfest, bei dem insgesamt 27 Kompositionen gespielt wurden, u. a. die Uraufführung von Ernst Křeneks Viertem Streichquartett, op. 24, interpretiert vom Zürcher Tonhallestreichquartett. Zum Abschluß des Festes wurde am 10. August ein Sonderkonzert mit moderner französischer Musik, veranstaltet von der Association française d'expansion et d'échanges artistiques, gegeben. Die Veranstaltungen wurden lt. Bericht der Salzburger Volkszeitung »überaus freundlich aufgenommen«.
8] *Ihrer verehrten Frau*: Gisela Bach, geb. Cohn (1865–1953).

An Romain Rolland [10. 7. 1924] *118*
e. Br., 4 S. – BN Paris – D in deutscher Übersetzung: Romain Rolland-SZ, ›Briefwechsel 1910–1940. Zweiter Band 1924–1940‹, Aus dem Französischen von Eva und Gerhard Schewe (Briefe Rollands) und Christel Gersch (Briefe Zweigs), Berlin: Rütten & Loening 1987, S. 37–39.

Übersetzung
Mein teurer Freund, gerade war ich innerlich dazu bereit, Ihnen zu schreiben, als Ihr guter Brief ankam. Was Sie von Ferrière sagen, hat

mich tief bewegt: denn ich fühle mich schuldig. Bei der Nachricht seines Todes hatte ich vor, ihm eine Studie in einer unserer Zeitungen zu widmen: aber ich war gerade dabei, die zweite Hälfte meines Buches zu beenden und fünf Tage später fand ich keinen Schwung mehr. Im ersten Moment hätte ich gut schreiben können und vielleicht wieder in einigen Wochen oder Monaten. Aber wenn der günstige Moment vorbei ist schreibe ich nur mittelmäßig. Alles, was ich nicht in einem Moment echter Leidenschaft produziere, gelingt nicht: ich wage zu behaupten, daß ich gezwungen bin, aufrichtig zu sein. Wenn ich mich zwinge, geht mir die Kraft verloren.

Haben Sie von dieser neuen Stiftung »Les Entretiens à Pontigny« gehört? Ich habe vom österreichischen Komitee (Fürst Rohan!) eine Einladung erhalten, Bahr und Heinrich Mann vom Pariser Komitee (André Gide). Der Name reicht aus, um die Angelegenheit in meinen Augen verdächtig und wenig anziehend erscheinen zu lassen: ich gedenke nicht hinzufahren. Mit Bedauern habe ich aber gesehen, wie sehr viele Leute wie Heinrich Mann (der dieser Tage zusammen mit Schnitzler hier war) von André G. eingenommen sind, oder eher: wie sie sich einfangen lassen. Und dann, wie snobistisch, diese Idee der »Unterredungen« in dem alten Kloster, über die Künste (erster Teil), über die europäischen Fragen (dritter Teil)! Mir erscheint das alles so gekünstelt: niemals würde ein Mensch, dessen Herzblut an diesen Problemen hängt, sich für einen freien Austausch freier Geister eine so künstliche Form ausdenken.

Es bereitet mir die größte Freude, durch Sie vom großen Erfolg Istratis zu erfahren. Es ist mir gelungen, Rütten & Loening dafür zu erobern, die Herren »cunctatori«: endlich haben sie auch den perfekten Übersetzer gefunden, der Verleger selbst wird sich darum kümmern, es zu übersetzen. Und Desprès teilt mir den großen Erfolg der »Lettres de Saint-Prix« mit. Sie sind es also, und immer wieder Sie, die den großen Erfolg Rieders herbeigeführt haben.

Ich bin ein wenig enttäuscht – ich spreche mit äußerster Offenheit zu Ihnen – vom Buch meines lieben Bazalgette »Thoreau«. Ich mag Bazal[gette] leidenschaftlich, ich liebe auch seine klare, schöne Prosa, aber diesmal bemerke ich darin eine Anstrengung, den Menschen zu beleben, und die schafft zu viel Bewegung, sie verwirrt. Ich ziehe seinen Whitman vor. Es gibt in Frankreich niemanden, dem ich es so sehr wünschen würde, Meisterwerke zu schaffen, wie ihm.

Und jetzt die große Freude: Sie haben das Drama fertiggestellt und – ich wage es nicht zu glauben – zwei andere. Kann ich mir erlauben, Ihnen einen Vorschlag zu unterbreiten: übertragen Sie diesmal Rieger die Übersetzungsrechte. Er wird es hundertmal besser machen als alle anderen, er hat Beziehungen, und wird sie augenblicklich bei uns spielen lassen, und wenn es ihm einen materiellen Erfolg beschert, dann wird es, wie ich glaube, bei ihm besser angelegt sein, als bei Herzog, der die Übersetzungen von den anderen anfertigen ließ und nur die Einnahmen für sich behielt. Er könnte die Übersetzungen des Manuskripts übernehmen, so daß man die erste Aufführung in Wien oder in Berlin geben könnte: ich bin so froh, einen Freund zu kennen, der des Vertrauens würdig ist. Sie sind so selten!

Durch das Schreiben des »Lebensspiegels« sind Sie meinem brennendsten Wunsch nachgekommen. Sie wissen, wie sehr ich darauf beharre, daß jeder wahre Mensch ein Bekenntnis seines Glaubens, seines Lebens ablegt: ich bin sogar sehr stolz, durch Freuds Tochter zu erfahren, daß mein Drängen (per Brief erneuert) während unseres letzten Besuchs bei ihm zu einem unerwarteten Erfolg geführt hat. Er hat schon große Teile seiner Selbstanalyse schriftlich niedergelegt (ich teile Ihnen das im Vertrauen mit), und ich hoffe, er wird damit fortfahren. Wir brauchen Zeugnisse wahrer Menschen, die zur höchsten Form, zur letzten Stufe des Muts gegenüber der Wahrheit fähig sind, um den Menschen zu erkennen. Selbst da, wo er zur Lüge gezwungen ist, deckt er eine Wahrheit auf und zeigt uns die höchste Sprosse, bis zu welcher die Ehrlichkeit gegenüber der eigenen Person sich erheben kann. Die letzten Sprossen der Wahrheit sind – früher hätte man gesagt: bei Gott – unerreichbar: man kann sie nur erahnen. Aber auf dieser Höhe angekommen, ahnt man besser als im Dunkel: und die Lüge ist auf diesen letzten Stufen nur ein leicht zu durchdringender Schatten. Und Ihr Gedanke, dieses Buch zur posthumen Veröffentlichung zu schreiben, ist der einzig richtige: man ist freier im Denken, wenn man sich an anonyme Wesen richtet, an die Geschichte selbst. Sie haben mich mit diesen Neuigkeiten sehr glücklich gemacht, nur: ruhen Sie sich nach der Arbeit ein wenig aus!

Ich werde mich auch ein bißchen ausruhen, aber indem ich reise. Ich möchte einen meiner teuersten Freunde besuchen, der sich wegen einer Lungenerkrankung im Engadin aufhalten muß. Ich werde nur zwei oder drei Tage dort bleiben, um dann über die Berge oder die italienischen Seen heimzukehren. Ich wäre auch gekommen, um Sie zu sehen, aber ich weiß, daß Sie im Sommer von Besuchern drangsaliert werden. Im November oder Dezember werde ich Sie alleine vorfinden, und ich freue mich schon im voraus auf unsere Diskussionen. Unter dem Strich werde ich mich zehn Tage erholen, indem ich umherreise: dann kehre ich zu meinem Hölderlin (der fast fertiggestellt ist) und zu meinem Nietzsche zurück. Das einmal abgeschlossen, und nach einer oder zwei kleinen Erzählungen werde ich den großen Roman beginnen, der seit Jahren in meinem Kopf herumspukt. Ich träume davon, mich im Winter für zwei Monate irgendwohin zurückzuziehen, um ihn in Angriff zu nehmen, weit weg von der Literatur und den Menschen. Aber wer kann schon vorplanen?

Geben Sie Upton Sinclair folgende Auskunft: es gibt kein wirklich populäres Theater, aber überall populäre Vereinigungen, die in den großen Theatern Stücke ihrer Wahl aufführen lassen. Wenn er mir das Stück anvertrauen will, dann werde ich es übernehmen, ihm sofort eine Bühne zu finden. Wenn ihm noch Verleger und Übersetzer fehlen, werde ich die besten für ihn ausfindig machen. Ich setze großes Vertrauen in seine dramatische Kraft. Er kann mir auf englisch schreiben, er soll auch das Stück schicken und mir schreiben, ob ich in seinem Namen darüber verfügen kann, dann werde ich alles für ihn arrangieren.

Sie werden vielleicht ein paar Zeilen von mir, mit einer Schweizer Briefmarke versehen, erhalten. Aber ich werde mich in der entgegengesetzten Ecke der Schweiz aufhalten, mit Mont Blanc und Jungfrau zwischen uns. Vor dem ersten August werde ich wieder in Wien sein.
Ihr getreuer

Stefan Zweig

1] *votre bonne lettre / Ihr guter Brief*: Rolland hatte SZ zuletzt am 8.7.1924 geschrieben.

2] *Ferrière*: Fréderic-Auguste Ferrière (1848–1924) war seit 1884 Mitglied des Internationalen Roten Kreuzes in Genf gewesen, seit 1914 Directeur des Services civil et sanitaire der Agence internationale des prisonniers de guerre. Rolland und Ferrière waren eng befreundet gewesen: »Wie Sie sich denken können, hat mir der Tod von Dr. Ferrière großen Schmerz bereitet – ich sage es ganz ehrlich: den größten, seit meine Mutter gestorben ist. Ich glaube, ich habe nie so recht ausgesprochen, welche Zuneigung ich für ihn empfand: er war mir so nahe, als gehörte er zu meiner Familie.« (Romain Rolland-SZ, ›Briefwechsel 1910–1940. Zweiter Band 1924–1940‹, a.a.O., S. 34.)

3] *la seconde partie de mon livre / die zweite Hälfte meines Buches*: SZ, ›Der Kampf mit dem Dämon. Hölderlin, Kleist, Nietzsche‹; vgl. 7.4.1923, Anm. 1.

119 4] *«Les Entretiens à Pontigny»*: Der französische Philosoph Paul Desjardins (1859–1940) hatte 1892 im Streben nach antimaterialistischer Erneuerung des geistigen Lebens die Union pour l'action morale (seit 1906 Union pour la Vérité) gegründet. Seit 1910 versammelte er alljährlich Schriftsteller, Philosophen und Künstler vieler Länder zu den Gesprächen von Pontigny, in einer ehemaligen Zisterzienserabtei, die ihm gehörte. Rolland urteilte in seinem Antwortbrief an SZ (12. 7. 1924) scharf über Desjardins, nannte ihn einen »ultrakriegerischen Friedensheuchler, dessen ›Freie Gespräche für die Wahrheit‹ in hohem Maß dazu beigetragen haben, das Bewußtsein der Wahrheit und alle ideologischen Begriffe wie Recht, Freiheit usw. zu verfälschen, die in den Fabriken des mobilisierten Denkens zu Maschinen für die Erzeugung von Stickgas geworden sind. [...] Aber ganz ohne Zweifel finden sich auch Naive von großer Aufrichtigkeit darunter, denen es leider an Autorität fehlt.« (Romain Rolland-SZ, ›Briefwechsel 1910–1940. Zweiter Band 1924–1940‹, a.a.O., S. 40.)

5] *du comité Autrichien / vom österreichischen Komitee*: Vom österreichischen Kulturbund.

6] *Prince Rohan / Fürst Rohan*: Karl Anton Prinz Rohan (1898–1975) setzte sich für die deutsch-französische Verständigung ein. Gründete 1922 den österreichischen Kulturbund, 1924 in Paris die Fédération des Unions Intellectuelles (den Internationalen Verband für kulturelle Zusammenarbeit), gab von 1925 bis 1936 die Europäische Revue heraus; lebte in Salzburg.

7] *Bahr*: Hermann Bahr; vgl. Neujahr 1921, Anm. 1.

8] *Heinrich Mann*: (1871–1950).

9] *du comité de Paris / vom Pariser Komitee*: Vermutlich vom Comité Français de Coopération Européenne, Paris.

10] *André Gide*: (1869–1951). Hatte nach mehreren Amerikareisen, auf denen er die ausbeuterischen Methoden französischer Kolonialherrschaft kennengelernt hatte, mit dem Kommunismus sympathisiert; er distanzierte sich aber später, 1935, nach einer Reise in die Sowjetunion, von dieser politischen Haltung.

11] *Schnitzler*: Arthur Schnitzler (vgl. 31. 12. 1921 an Raoul Auernheimer, Anm. 8) war am 26. Juni 1924 zu seiner von ihm getrennt lebenden Frau Olga, geb. Gussmann (1882–1970) und ihrer gemeinsamen Tochter Lili (1909–1928) nach Baden-Baden gefahren, von dort am 3. Juli über München nach Salzburg, wo er mit SZ und Friderike Zweig sowie mit Heinrich Mann (vgl. oben, Anm. 8) und seiner Frau Maria, geb. Kanová (1886–1946), zusammengetroffen war.

12] *sont épris de [!] André G. / von André G. eingenommen sind*: Heinrich Mann wußte zu dieser Zeit offensichtlich noch nichts von Gides prokommunistischer Haltung, die er nicht teilte.

13] *d'Istrati / Istratis*: Panaït Istrati (1884–1935), rumänischer Romancier, der in französischer Sprache schrieb. Nach zwanzigjährigen Irrfahrten durch Vorderasien, Nordafrika und Südeuropa schrieb er seine erste Erzählung – Rolland hatte ihn 1922 nach einem Selbstmordversuch in Nizza zur dichterischen Aufarbeitung seiner Erinnerungen aufgefordert; Istrati war der uneheliche Sohn eines griechischen Kaufmanns und Schmugglers und einer verarmten rumänischen Bäuerin.

14] *Rütten & Loening, les monsieurs [= messieurs] les «cunctatori» / Rütten & Loening [. . .] die Herren »cunctatori«*: Der Inhaber der Literarischen Anstalt Rütten & Loening in Frankfurt am Main, Wilhelm Ernst Oswalt, und sein Geschäftsführer, Adolf Neumann (vgl. 31. 12. 1921 an Erwin Guido Kolbenheyer, Anm. 5) wurden von SZ immer wieder als »Zauderer« bezeichnet.

15] *le traducteur parfait / den perfekten Übersetzer*: Das erste Buch von Panaït Istrati, das der Verlag Rütten & Loening in deutscher Übersetzung herausbrachte, war 1926 ›Kyra Kyralina. Aus den Geschichten des Adrian Zograffi‹, übersetzt von O. R. Sylvester [i. e. Erna und Otto Grautoff], mit einem Vorwort von Romain Rolland.

16] *l'editeur lui-même / der Verleger selbst*: Wilhelm Ernst Oswalt übersetzte das Buch von Istrati doch nicht selbst.

17] *Desprès*: Fernand Desprès; vgl. 4. 9. 1921, Anm. 2.

18] *«Lettres de Saint-Prix»*: Jean de Saint-Príx (1896–1919), ›Lettres 1917–1919‹, Préface de Romain Rolland, Paris: Editions F. Rieder et Cie 1924.

19] *Rieder*: Editions F. Rieder, Paris.

20] *Bazalgette «Thoreau»*: Leon Bazalgette (vgl. [Anfang Mai 1920], Anm. 4), ›Henry Thoreau, sauvage‹, Paris: Editions F. Rieder et Cie 1924 (= Prosateurs français contemporaines). – Der amerikanische Schriftsteller Henry David Thoreau (1817–1862) strebte eine ökonomisch unabhängige, von bürgerlicher Besitzkultur freie, dem der Natur innewohnenden »höheren Gesetz« gewidmete Existenz an. Er gewann durch seine hauptsächlich posthum veröffentlichten Werke weltweiten Ruhm und beeinflußte sowohl Tolstoi als auch Gandhi mit seinem Denken. Stilistisch ist er Ralph Waldo Emerson, Herman Melville und Walt Whitman zuzuordnen.

21] *son Whitman / seinen Whitman*: Vgl. [Anfang Mai 1920], Anm. 4.

22] *vous avez fini le drame / Sie haben das Drama fertiggestellt*: Romain Rolland, ›Le Jeu de l'Amour et de la Mort‹, Paris: Albin Michel 1925.

23] *deux autres / zwei andere*: Darauf antwortete Rolland am 14. 8. 1924: »Sie haben einem meiner vorherigen Briefe entnommen, ich hätte noch zwei andere Dramen geschrieben. Ich habe sie aber nicht neu geschrieben, nur umgeschrieben: ›Jeanne de Piennes‹ und ›Le Siège de Mantou‹.« (Romain Rolland-SZ, ›Briefwechsel 1910–1940. Zweiter Band 1924–1940‹, a.a.O., S. 42.) Einzelheiten wurden nicht ermittelt.

24] *Rieger*: Erwin Rieger (vgl. 14. 1. 1920, Anm. 6) übersetzte Romain Rollands Drama 1925 u. d. T. ›Ein Spiel von Tod und Liebe‹ (Erlenbach-Zürich und Leipzig: Rotapfel Verlag 1925).

25] *Herzog*: Wilhelm Herzog (1884–1960) hatte 1914 Rollands Revolutionsdrama ›Die Wölfe‹ (München: Georg Müller) und 1924 ›Der 14. Juli‹ (München: Georg Müller) übersetzt. Auf die Übersetzung seiner Beethoven-Biographie (1905) hatte Herzog eine Option genommen und sie 1918 gegen Gebühr an Lisbeth Langnese-Hug abgetreten – herauf bezieht sich SZ vermutlich.
26] *la première représentation à Vienne ou à Berlin / die erste Aufführung in* 120
Wien oder in Berlin: Rollands Drama wurde in der Übersetzung von Erwin Rieger (vgl. oben, Anm. 24) am 18.Februar 1925 in der Regie von Otto Werther am Deutschen Schauspielhaus in Hamburg uraufgeführt.
27] *En écrivant le «Miroir de Vie» / Durch das Schreiben des »Lebensspiegels«*: Rolland hatte diesen Begriff in seinem Brief an SZ vom 8. 7. 1924 – »(provisorisch)« – für ›Le voyage intérieur‹ (Paris: Albin Michel 1942) gebraucht: »Meine eigentliche Arbeit ist diese ›Vie intérieure‹ [!], an der ich jeden Morgen, noch im Bett, ein paar Seiten schreibe. Alles andere ist Spielerei. Aber sie braucht Zeit. Es sind keine Memoiren, es ist ein Testament geistigen Lebens; und je tiefer ich darin eindringe, desto mehr werde ich mir seiner Ausmaße bewußt. Gelobt sei das Schicksal: indem es mich in Frankreich unpopulär machte, gab es mir die Möglichkeit, in der Zurückgezogenheit zu leben und jene Jahre der Reife der inneren Meditation zu widmen.« (Romain Rolland-SZ, ›Briefwechsel 1910–1940. Zweiter Band 1924–1940‹, a.a.O., S. 42.)
28] *une communion [!] de sa foi, de sa vie / ein Bekenntnis seines Glaubens, seines Lebens*: Diesem Gedanken hat SZ mit dem Band ›Drei Dichter ihres Lebens. Casanova, Stendhal, Tolstoi‹ (Leipzig: Insel-Verlag 1928) selbst Gestalt gegeben.
29] *par la fille de Freud / durch Freuds Tochter*: Sigmund Freuds (vgl. 3. 11. 1920, Anm. 1) jüngste Tochter Anna Freud (1895–1982) hatte ihre psychoanalytische Ausbildung in Wien erhalten, wo sie Direktorin des Psychoanalytischen Instituts wurde.
30] *(renouvellé[e]s [!] par lettre) / per Brief erneuert*: Der Briefwechsel SZs mit Anna Freud wird in der Jewish National and University Library in Jerusalem aufbewahrt; er ist allerdings bis zum Jahr 2016 gesperrt.
31] *de sa [!] analyse intérieure / seiner Selbstanalyse*: Sigmund Freud gab seiner Selbstanalyse nicht selbst den Titel ›Selbstdarstellung‹, sondern er wurde vom Titel eines Sammelwerkes abgeleitet, das der Verlag Felix Meiner in Leipzig in einer von Louis Ruyter Radcliffe Grote herausgegebenen achtbändigen Edition ›Die Medizin der Gegenwart in Selbstdarstellungen‹ (1923–1925) angeregt hatte. Freuds Abhandlung wurde in den vierten Band der Reihe aufgenommen, der den inzwi-

schen veränderten Serientitel ›Die Wissenschaft der Gegenwart in Selbstdarstellungen‹ erhielt und 1925 erschien. Außer Sigmund Freud waren an diesem Band der Hygieniker Adolf Gottstein (Berlin), der Kinderarzt Otto Heubner (Dresden), der Physiologe Johannes v. Kries (Freiburg i. Br.), der Mediziner Hans Much (Hamburg) und der Internist Norbert Ortner (Wien) beteiligt.

32] *votre idée décrire [!] ce livre pour la publication après la mort / Ihr Gedanke, dieses Buch zur posthumen Veröffentlichung zu schreiben*: Rolland veröffentlichte seine insgesamt drei autobiographischen Bücher alle zu Lebzeiten. Zu ›Le voyage intérieur‹ vgl. oben, Anm. 27.

33] *Je veux rendre visite à un des [!] mes plus chers amis [...] à l'[= en] Engadin / Ich möchte einen meiner teuersten Freunde besuchen [...] im Engadin*: Welcher Freund gemeint ist, konnte nicht ermittelt werden. Zudem kam die Reise nicht zustande; statt dessen fuhr SZ am 16. Juli 1924 über Zürich nach Boulogne-sur-mer, wo er sich mit Frans Masereel traf. Am 27. Juli unternahm er von dort einen Ausflug zu den Kathedralen von Reims und Amiens. Am 29. Juli reiste er über Basel, Zürich, Feldkirch nach Salzburg zurück, wo er am 30. Juli abends oder am 31. Juli eintraf.

34] *en Novembre ou Dézembre [!] je vous trouverai seul / Im November oder Dezember werde ich Sie alleine vorfinden*: Wann genau SZ und Friderike Zweig zu Rolland nach Vielleneuve gefahren sind, ließ sich nicht ermitteln. Der entsprechende Ankündigungsbrief ist nicht erhalten. Sie fuhren weiter nach Paris, wo sie am 28. November SZs 43. Geburtstag mit den Freunden René Arcos, Frans Masereel und Erwin Rieger feierten. Spätestens am 10. Dezember waren sie zurück in Salzburg.

35] *puis je retourne à mon Hölderlin [...] et mon Nietzsche / dann kehre ich zu meinem Hölderlin [...] und zu meinem Nietzsche zurück*: Zur Fortsetzung der Arbeit an den beiden Essays über Hölderlin und Nietzsche für den Band ›Der Kampf mit dem Dämon‹ vgl. Knut Becks Nachbemerkung zu der Ausgabe im Fischer Taschenbuch Verlag, Frankfurt am Main 1998, S. 327–348 (= Fischer Taschenbuch 12186).

121 36] *après un ou deux petits contes / nach einer oder zwei kleinen Erzählungen*: Es wurde nicht ermittelt, welche Erzählungen SZ zu dieser Zeit plante.

37] *le grand roman / den großen Roman*: Vgl. [11. 10. 1922], Anm. 3.

38] *Je rêve de me retirer quelque part en hiver pour deux mois / Ich träume davon, mich im Winter für zwei Monate irgendwohin zurückzuziehen*: Dies verwirklichte sich nicht.

39] *Upton Sinclair*: (1878–1968), amerikanischer Schriftsteller.

40] *la pièce / das Stück*: Vermutlich Upton Sinclair, ›Singing Jailbirds‹ – ein 1924 entstandenes Drama in vier Aufzügen, das erst 1927 von

Hermynia Zur Mühlen u. d. T. ›Singende Galgenvögel‹ aus dem amerikanischen Manuskript übersetzt wurde; die Lieder wurden von Wieland Herzfelde nachgedichtet (Berlin: Malik-Verlag). Sinclair hatte Rolland im Sommer 1924 um Nennung deutscher oder österreichischer Theater gebeten, die »kühn genug wären, ein Stück von ihm zu bringen – eine bissige Gesellschaftssatire«. Rolland hatte die Frage an SZ weitergegeben.
41] *et je lui arrangerai tout / dann werde ich alles für ihn arrangieren*: Ob Sinclair auf SZs Angebot eingegangen ist, wurde nicht ermittelt.
42] *avec [un] timbre Suisse / mit einer Schweizer Briefmarke versehen*: SZs geplante Reise in die Schweiz kam nicht zustande (vgl. oben, Anm. 33).

An Romain Rolland 5. 8. 1924 *121*
e. Br., 2 S. – BN Paris – Briefkopf: Signet SZ – Kapuzinerberg 5 / Salzburg – D in deutscher Übersetzung: Romain Rolland-SZ, ›Briefwechsel 1910–1940. Zweiter Band 1924–1940‹, Aus dem Französischen von Eva und Gerhard Schewe (Briefe Rollands) und Christel Gersch (Briefe Zweigs), Berlin: Rütten & Loening 1987, S. 40–42.

Übersetzung
Mein teurer Freund, ich bin von einem allzu kurzen Aufenthalt am Meer zurück (wo Masereel mich besucht hat: er hat eben den ersten Band von Jean-Christophe fertiggestellt). Ich habe dort viel gelesen, vor allem Marcel Proust, der mich wegen des Feinsinnigkeit seiner wirklich modernen Psychologie sehr interessiert (es gibt da eine spontane Anwendung der Theorien Einsteins), nur scheint mir leider das mondäne Milieu einer solchen Intensität wenig würdig. Im Grunde sind all diese Gestalten wenig interessant, weil ihr wahres Menschenleben so sehr durch die Nichtigkeiten der »gehobenen Gesellschaft« dominiert wird. Ich glaube nicht, daß mit Marcel Proust ein wirklicher Schöpfer untergegangen ist, eher ein sehr feinfühliger und raffinierter Psychologe. Ich kann ihn mir sehr gut vorstellen, ohne ihn gekannt zu haben.

Heute beginnt hier die neue Saison der Atonalen. Meine Begierde, sie zu hören, hält sich sehr in Grenzen: ich verspreche mir davon im Vergleich zu letztem Jahr keine Überraschungen. Heute sprach ich mit dem Regisseur aus Dresden, der Intermezzo von Richard Strauss inszenieren soll. Ich bog mich vor Lachen, als ich die Geschichten hörte, die er von Frau Strauss erzählte, diese dumme Person scheint diesen großen Künstler wirklich zu beherrschen und zu ruinieren.

Ein großer Verlust für mein Leben: Ferruc[c]io Busoni ist kürzlich gestorben. Er war nicht nur als Pianist bewundernswert, sondern auch großartig als Mensch: großzügig, gütig, ein wahrer Schüler Liszts, der das große und schöne Leben eines loyalen und leidenschaftlichen Künstlers lebte. Ich habe unvergeßliche Stunden mit ihm verbracht: in seiner Gegenwart spürte man »una grandezza«, eine breite und menschliche Auffassung der Kunst und des Lebens. Nie sah ich ein so schönes Beispiel eines Meisters der Kunst. Und dann: er verachtete Geld und Ruhm. In den letzten Jahren schlug er alle Angebote aus, vor einem Publikum zu spielen (die ihm Millionen eingebracht hätten), weil er des »Metiers« überdrüssig war und weil er die große Schöpfung anstrebte. Sein Hauptwerk, ein »Faust« (aber ganz anders als die »Margarete« von Gounod) muß wohl abgeschlossen sein, zumindest hoffe ich es. Er hatte alles für ihn geopfert, und soviel man mir sagte, ist er völlig verarmt gestorben. In dieser Art von Heldentum, alles der Kunst zu opfern, stand er in unserer abgeklärten Welt fast alleine da. Ich habe ihn reichlich bewundert, ich schätze seine Musik wegen der Grazie, die sie entfaltet, sehr, und dann auch seine Theorie, seine neue Ästhetik der Musik (die Sie zweifellos kennen). Noch eine Fackel, die meine Jugend erhellte und die jetzt erlischt. Man muß sich nunmehr das Licht selbst erschaffen.

Ich werde Ihnen dieser Tage die Anthologie Française von Duhamel schicken, die vor kurzem (endlich!) in der Bibliotheca Mundi erschienen ist. Dies ist ein Zeichen, daß man in Deutschland damit beginnt, Frieden zu schließen: leider erwarten wir alle, daß sie in London eine große Dummheit begehen. Man weiß noch nicht, welche: aber man hätte es nicht mit der traditionellen deutschen Politik zu tun, wenn sie nicht den günstigen Zeitpunkt dazu nutzen würden, sich den Weg zu versperren.

Welche Erinnerungen in diesen Tagen! Zehn Jahre Krieg und Unordnung! Aber seien wir froh, daß wir sie bezwungen haben (mit dem Verlust vieler Illusionen) – auf daß wenigstens das nächste Jahrzehnt der Welt mehr Segen bringe! Ich hoffe, daß Sie bei guter Gesundheit sind, und versichere Sie meiner Treue! Ihr
Stefan Zweig

P. S. Ich fuhr nicht über Paris und bin nur 12 Stunden in Zürich geblieben. Insgesamt war ich 14 Tage abwesend. Die Arbeit ruft!

1] *d'un trop court séjour au bord de la mer (ou Masereel me rendait visite / von einem allzu kurzen Aufenthalt am Meer zurück (wo Masereel mich besucht hat*: Vgl. [10. 7. 1924], Anm. 33.
2] *il vient de finir le premier volume du Jean-Christophe / er hat eben den er-*

sten Band von Jean-Christophe fertiggestellt: Frans Masereel (vgl. 29. 3. 1920, Anm. 1) hatte im Sommer 1924 mit der Holzschnittillustrierung von Rollands ›Jean-Christophe‹ begonnen. Der erste Band der fünfbändigen Ausgabe wurde am 15. April 1925 bei R. Coulouma in Argenteuil auf Velinpapier der Papierfabrik von Marais in einer Auflage von 1500 Exemplaren gedruckt. Die weiteren Bände wurden am 20. Oktober 1925, am 26. Mai 1926, am 22. April 1927 und am 22. Oktober 1927 in gleicher Auflage und auf gleichem Papier gedruckt.

3] *Marcel Proust*: Von Marcel Prousts (1871–1922) Roman ›A la recherche du temps perdu‹ (Paris: Editions de la Nouvelle revue française 1919–1927) waren bis 1924 die ersten zehn Bücher (5 Bände) von insgesamt dreizehn Büchern (7 Bände) erschienen.

4] *une application spontané[e] des théories de [!] Einstein / eine spontane Anwendung der Theorien Einsteins*: SZ setzt hier Albert Einsteins (1879–1955) 1916 entwickelte allgemeine Relativitätstheorie zur Beschreibung der Phänomene in bewegten Bezugssystemen mit Prousts Poesie der Erinnerung in Bezug: dieses »gründet in der strukturellen Besonderheit der allmählichen Annäherung eines Ich, das (oft bereits als ein sich erinnerndes) erinnert wird, an das Ich, das sich erinnert und über das erinnerte Ich reflektiert« (Erich Köhler, in: Gero von Wilpert u. a. [Hrsg.], ›Lexikon der Weltliteratur. Band II. Hauptwerke der Weltliteratur in Charakteristiken und Kurzinterpretationen‹, Stuttgart: Alfred Kröner Verlag 1968, S. 73).

5] *la nouvelle saison des atonalistes / die neue Saison der Atonalen*: Vgl. [Ende Juni 1924], Anm. 7.

6] *le [= au] régisseur [= metteur-en-scène] de Dresden, qui doit faire la mise-* 122
en-scène du [!] Intermezzo de Richard Strauss / mit dem Regisseur aus Dresden, der Intermezzo von Richard Strauss inszenieren soll: Die neue Oper von Richard Strauss ›Intermezzo‹ wurde in Salzburg nicht aufgeführt. Der dafür vorgesehene Regisseur wurde nicht ermittelt.

7] *Madame Strauss*: Pauline Strauss, geb. de Ahna (1862–1950).

8] *Ferruc[c]io Busoni*: Vgl. [25. 11. 1921], Anm. 11. SZ hatte dem Pianisten Busoni 1911 in den Blättern des Deutschen Theaters, Berlin (1. Jg., H. 6, 27. 10. 1911) einen Aufsatz gewidmet.

9] *Liszt*: Franz von Liszt; vgl. [25. 11. 1921], Anm. 12.

10] *un «Faust» / ein »Faust«*: Ferruccio Busoni, ›Doktor Faust‹, Oper in drei Bildern (samt drei Zwischenspielen [fünf Bildern], nach eigenem Textbuch, wurde posthum am 21. Mai 1925 in Dresden uraufgeführt.

11] *la «Margarethe» de Gounod / die »Margarete« von Gounod*: Charles François Gounod (1818–1893), ›Margarete‹, Oper in fünf Akten (acht Bildern), nach einem Textbuch von Jules Barbier und Michel Carré, war am 19. März 1859 in Paris uraufgeführt worden.

12] *il est mort tout à fait pauvre / ist er völlig verarmt gestorben*: Busoni war 1920 nach Berlin zurückgekehrt, wo er von 1894 bis zum Ausbruch des Ersten Weltkriegs gelehrt hatte, und leitete bis zu seinem Tod als Kompositionslehrer eine sehr begehrte Meisterklasse an der Akademie der Künste.
13] *sa théorie, sa nouvelle esthétique de la musique / seine Theorie, seine neue Ästhetik der Musik*: Ferruccio Busoni hat zwei theoretische Bücher geschrieben: ›Entwurf einer neuen Ästhetik der Musik‹, Leipzig: Insel-Verlag 1916 (= Insel-Bücherei. Bd. 202), und ›Von der Einheit der Musik, von Dritteltönen und junger Klassizität, von Bühnen und Bauten und anschließenden Bezirken. Verstreute Aufzeichnungen‹, mit einem Verzeichnis seiner Werke und vier Handzeichnungen [auf zwei Tafeln], Berlin: Max Hesse [1923] (= Max Hesses Handbücher. Bd. 76).
14] *la [!] Anthologie Française de Duhamel*: Vgl. 9. 4. 1923, Anm. 16.
15] *une grande bêtise qu'ils feront à Londres / in London eine große Dummheit begehen*: Vom 16. Juli bis zum 16. August 1924 fand die Londoner Reparationskonferenz der Alliierten des Ersten Weltkriegs und der Deutschen statt, wobei sie sich auf eine Neuregelung der Zahlungen aufgrund des sog. Dawesplans (Auslandsanleihen) einigten. Unter dem US-Finanzpolitiker Charles Gates Dawes (1865–1951) hatte seit Januar ein internationales Sachverständigenkomitee beraten und u. a. auch die Rückgabe der beschlagnahmten Bergwerke empfohlen.
16] *Dix ans de guerre et de désordre! / Zehn Jahre Krieg und Unordnung!*: Vor zehn Jahren, am 28. Juli 1914, hatte Österreich-Ungarn den Krieg an Serbien erklärt, am 1. August 1914 Deutschland den Krieg an Rußland.
123 17] *Je ne passais pas par Paris / Ich fuhr nicht über Paris*: Vgl. [10. 7. 1924], Anm. 33.

123 *An Erhard Buschbeck* 25. 9. 1924
ms. Br., 1 S. – ÖNB Wien – Briefkopf: Signet SZ – Kapuzinerberg 5 / Salzburg

1] *schon am 30. zurück*: Weswegen SZ nur wenige Tage in Wien bleiben konnte, wohin er vor allem seiner Eltern wegen gefahren ist (vgl. 9. 10. 1923 an Romain Rolland, Anm. 1), wurde nicht ermittelt.
2] *»Das Schwert des Atilla [!]«*: Ernst Fischer, ›Das Schwert des Attila‹ (vgl. [Ende Juni 1924], Anm. 3) wurde am 30. September 1924 im Rahmen des Musik- und Theaterfestes im Wiener Burgtheater uraufgeführt.
3] *IX. Garnisongasse 10*: Hier wohnten SZs Eltern seit 1919.

4] *Rieger [...] seiner Übersetzung des Rolland Stückes*: Vgl. [10. 7. 1924], Anm. 24.
5] *Direktor Herterich*: Franz Herterich; vgl. [vor 10. März 1924], Anm. 8.
6] *die europäische Uraufführung*: Vgl. [10. 7. 1924], Anm. 26.
7] *Hermann Bahr*: Vgl. Neujahr 1921, Anm. 1.
8] *ein sechsstündiger Marsch*: Hermann Bahr lebte seit Anfang Mai 1922 in München (vgl. [Mitte Oktober 1922], Anm. 10); SZ hatte vermutlich mit ihm telefoniert.

An Raoul Auernheimer [Oktober 1924] *124*
e. Briefkarte, 2 S. – WStLB – Briefkopf: Signet SZ – VIII. Kochgasse 8. (Durchgestrichen) – D: ›The Correspondence of Stefan Zweig with Raoul Auernheimer edited with an introduction and notes by Donald G. Daviau and Jorun B. Johns and with Richard Beer-Hofmann edited with commentary and notes by Jeffrey B. Berlin‹, Columbia, South Carolina: Camden House (1983), S. 90.

1] *Volkstheaterpreis*: Am 24. Oktober 1924 erhielt Raoul Auernheimer für seine Komödie ›Casanova in Wien‹ (Drei Akte in Versen. München: Drei Masken-Verlag 1924), die er Arthur Schnitzler gewidmet hat, den Preis des Deutschen Volkstheaters in Wien.
2] *Casanova*: SZ bezieht sich auf den Titel von Auernheimers Komödie ›Casanova in Wien‹.
3] *mein Essaybuch bald fertig zu haben*: Erst im Februar 1925 schrieb SZ die Vorrede zu seinem Band ›Der Kampf mit dem Dämon. Hölderlin, Kleist, Nietzsche‹ (vgl. 7. 4. 1923, Anm. 1); das fertige Buch erhielt er am 11. April 1925 vom Insel-Verlag.
4] *Dezember bei Rolland in der Schweiz, dann in Paris*: Vgl. [10. 7. 1924], Anm. 34.
5] *nach Brüssel [...] als ersten »feindlichen Ausländer« zu einem Vortrag geladen*: Die Einladung sah einen Vortrag für Dezember vor: »es ist ungewiß, ob er sie annahm« (Donald A. Prater, ›Stefan Zweig. Das Leben eines Ungeduldigen‹, a.a.O., S. 218.)
6] *Und Wien?*: Diese rhetorische Frage bezieht sich offensichtlich darauf, daß er weder aus Wien noch aus Berlin zu dieser Zeit eine Einladung zu einem Vortrag erhalten hat.
7] *wieder eine eigene Arbeit beginnen*: Vgl. SZs Brief an Romain Rolland vom [10. 7. 1924] und [11. 10. 1922], Anm. 3.
8] *mit einem hellen Lustspiel wachzudichten*: Auernheimer schrieb kein weiteres Lustspiel.

9] *Ihrer Frau*: Irene Beate Auernheimer; vgl. 31. 12. 1921 an Raoul Auernheimer, Anm. 11.

124 *An Otto Heuschele* 27. 10. 1924
ms. Br., 2 S., und ms. Anlage mit e. Korr., 3 S. – DLA Marbach/N. – D ohne Anlage: SZ, ›Briefe an Freunde‹, hrsg. v. Richard Friedenthal (Frankfurt a. M.:) S. Fischer 1978, S. 149–150. – D der Anlage u. d. T. ›Nachwort‹: Otto Heuschele, ›Briefe aus Einsamkeiten. Drei Kreise‹, Berlin: Axel Juncker 1924, S. 124–126.

1] *Axel Juncker*: Im Axel Juncker Verlag in Berlin wurde die Ausgabe von Heuscheles Buch ›Briefe aus Einsamkeiten. Drei Kreise‹ vorbereitet (vgl. 28. 11. 1923, Anm. 10), für das SZ das im Anschluß an diesen Brief wiedergegebene ›Nachwort‹ geschrieben hat. U. d. T. ›Die Kunst des Briefes‹ wurde es 1963 in den Blättern der Stefan Zweig Gesellschaft, Wien (Nr. 15, Januar 1963) nachgedruckt.
2] *mein neues »Drei Meister« Buch*: SZ, ›Der Kampf mit dem Dämon. Hölderlin, Kleist, Nietzsche‹; vgl. 7. 4. 1923, Anm. 1, und [Oktober 1924], Anm. 3.
3] *Ende November zu Rolland und nach Paris*: Vgl. [10. 7. 1924], Anm. 34.
4] *»Kleist« [...], »Hölderlin« [...], »Nietzsche«*: Vgl. [10. 7. 1924], Anm. 35.
125 5] *Vortrag in Baden-Baden[,] Freiburg und Wiesbaden*: SZ begann seine Vortragsreise am 18. Februar 1925 in Freiburg i.Br., wo er über Romain Rolland sprach, vom 23. bis zum 25. Februar war er in Frankfurt a. M., am 27. Februar las er in einer Buchhandlung in Baden-Baden, am 28. im Kurhaussaal in Wiesbaden, am 1. und 2. März war er in Stuttgart, am 3. März besuchte er Marbach/N., am 5. März las er in Nürnberg, am 6. März in Augsburg und am 9. März fuhr er nach Salzburg zurück.
6] *das fertige Buch*: Das erste Exemplar seines Buches ›Der Kampf mit dem Dämon‹ erhielt SZ erst am 11. April 1925.
7] *ins Haus bringen*: SZ besuchte Heuschele in Waiblingen vermutlich nicht.
126 8] *Goethehaus [...] Nietzsche*: SZ reflektiert hier seine Besuche in Weimar; bezüglich Goethe vgl. [26. 2. 1923], Anm. 2; das Nietzsche-Archiv in Weimar hatte SZ zu diesem Zeitpunkt allerdings noch nicht besucht; das holte er am 10. Juni 1925 nach.

e. Br., 4 S. – BN Paris – D in deutscher Übersetzung: Romain Rolland-SZ, ›Briefwechsel 1910–1940. Zweiter Band 1924–1940‹, Aus dem Französischen von Eva und Gerhard Schewe (Briefe Rollands) und Christel Gersch (Briefe Zweigs), Berlin: Rütten & Loening 1987, S. 57–59.

Übersetzung

Teurer Freund, endlich finde ich den geeigneten Moment, um Ihnen zu schreiben: ich kam ein wenig ermüdet von Paris zurück. Zu viele Menschen, eine lärmende Stadt, die nur aus Autos besteht. Ich bin wohl schon ein wenig ländlich geworden: die große Stadt macht mich wirr und konfus.

Allem voraus eine gute Neuigkeit: ich lese in den Zeitungen, daß Reinhardt dieses Jahr in Wien noch »Ein Spiel von Tod und Liebe« aufführt. Ich werde ganz sicherlich nach Wien kommen, um Sie über die theatralische Wirkung und die Inszenierung zu unterrichten.

In Paris fand ich Martinet seelisch sehr aufgeräumt vor: leider führt er ein künstliches Leben, und sogar seine Familie scheint wenig Hoffnung zu haben. Wenn er sich nur aufraffen könnte, um zu arbeiten: aber die Kraft scheint ihm zu fehlen. Er ist bewundernswert in seinem Mut, ich mag ihn gerne.

Masereel war durch den Druck des Jean-Christophe sehr eingespannt: bis zur Druckerei muß man jedesmal eine kleine Reise unternehmen. Aber seine »Stadt« geht sehr schnell voran, das wird sein Meisterwerk werden. Ich habe einen sehr schönen Artikel von Van der [!] Velde über ihn in Kurt Wolffs Almanach gelesen: er müßte auch in Französisch erscheinen. Aber weiß Gott – die Freunde von »l'Europe« sind ein bißchen langsam und immer mit ihren Kleinkriegen beschäftigt. Sie hätten alle ein wenig mehr Weite, Temperament, Glut nötig: es ist tragisch, daß der aktive Geist gerade bei dem Kränksten von allen, bei Martinet, zu finden ist.

Ich habe zwei fabelhafte Nachmittage bei Suarès verbracht und war froh, ihn ohne jede Bitterkeit vorzufinden, voller Mut und voller Geist. Er ist gar nicht gealtert, im Gegenteil, ich finde ihn weniger künstlich, weniger Literat als ehedem. Welche moralische Einsamkeit um ihn herum!

Wundervoller Nachmittag auch bei Duhamel. Er ist geradeheraus und sehr klar. Sein Ruhm hat ihm eine moralische Verantwortung gegeben, oder vielmehr erhöht er diese noch. Ich habe versucht, ihn dazu zu bewegen, etwas für Jouve zu unternehmen, daß man endlich seine Gedichte in einem Buch zusammenfassen kann: die Luxusausgaben, die er herstellt, bleiben ganz und gar unbekannt, und ich leide mit ihm, wenn ich sehe, wie dieser vorzügliche Freund und pathetische Dichter ganz vergessen wird, während eine lärmende Generation alle Zeitschriften füllt. Ich weiß nicht, ob ich nicht einseitig bin: aber ich kann Jouve seine gute, ehrliche und mutige Freundschaft während des Kriegs nicht vergessen: ich finde, daß der Autor dieser Gedichte und des »Hotel Dieu« seinen Platz verdient hätte (wenn er sich auch durch persönliche Probleme selbst isoliert hätte). Jedesmal wenn ich ihn sehe, spüre ich wieder die Schweizer Zeiten von ganzem Herzen in mir wach werden, und unabhängig von allen anderen bestehe ich darauf, meine ganze frühere Zuneigung für ihn zu bewahren. Wir waren auch mit der wunderbaren Andrée Jouve und mit dem guten Bazal[gette] zusammen.

Mit Roninger [!] bin ich in Briefkontakt geblieben: ich habe ihm auch Duhamels Bücher bei Rascher empfohlen, die dort völlig in Vergessenheit geraten. Ich habe Vertrauen zu ihm, weil er Initiative zeigt und überhaupt nicht verbohrt ist, er nimmt Ratschläge an und scheint ohne jede persönliche Eitelkeit zu sein. Im Grunde glaube ich nur an Menschen, die genug Überzeugung besitzen, um auch anonym für eine Sache einzutreten, die sie lieben.

Heimgekehrt fand ich mein Zimmer voller Bücher vor. Deutschland, kaum daß es wieder zu Atem gekommen ist, speit Tausende von Bänden aus. Welche Kraft, nicht nur im Schaffen, sondern auch im Konsum. Sobald man die Grenze überschreitet, sieht man im Zug niemanden mehr ohne Buch.

Ich hoffe, daß der Insel-Verlag Ihnen das Exemplar von Bach übersandt hat, das ich Ihnen zugedacht hatte: Die Vorstellung ist mir teuer, daß Sie abends an Ihrem Klavier sitzen, die Melodien Bachs aus seiner eigenen Schrift erschließend.

Wir denken so oft an die schönen Tage in Villeneuve: durch den Kontrast zur großen »Tentakelstadt« waren wir dafür um so empfindsamer. Nie hatte ich wie dieses Mal gespürt, wie dieses ganze Leben im Luxus, mit Theater, Sport, Vergnügungen nichts mehr mit meinem eigentlichen Leben zu tun hat: ich fühle mich von dort so weit entfernt wie von einem anderen Jahrhundert. Ich möchte nie wieder in eine große Stadt zurückkehren, um dort zu leben: man wird geizig mit seiner Zeit, und als ich, heimgekehrt, einen langen Nachtspaziergang machte, weder Wagen noch lebende Gestalt treffend, habe ich gespürt, welche Konzentration die Isolierung verschafft.

Ich beende nun mein Buch. Es wird im März fertig sein, und ich bin schon ungeduldig, es in Ihren Händen zu wissen. Arbeiten Sie nicht zu viel, und ermüden Sie sich nicht: ich hoffe auch, daß der Winter Ihnen diesmal so gnädig gestimmt ist wie uns und es Ihnen ermöglicht, lange Spaziergänge entlang des Meeres zu unternehmen.

Sobald ich ein sicheres Datum von der Aufführung Ihres Stücks erfahre, werde ich Sie sofort benachrichtigen. Nehmen Sie, mein teurer, mein guter Freund, noch einmal meinen Dank entgegen für die schönen Stunden in Ihrer Gegenwart, und rufen Sie uns bei Ihrem Herrn Vater und Fräulein Rolland ins Gedächtnis.

Ihr getreuer

Stefan Zweig

Ernst Toller ist einen Tag vor meiner Ankunft in Salzburg vorbeigekommen. Ich habe es sehr bereut, ihn verpaßt zu haben.

1] *je suis revenu de Paris / ich kam [...] von Paris zurück*: Vgl. [10. 7. 1924], Anm. 34.
2] *que Reinhardt montera cette année encore à Vienne «Le jeu de l'amour et de la mort» / daß Reinhardt dieses Jahr in Wien noch »Ein Spiel von Tod und Liebe« aufführt*: Die Inszenierung im Theater in der Josefstadt war am 14. Dezember 1924 angekündigt worden – sie wurde jedoch nicht ausgeführt.
3] *Martinet*: Marcel Martinet (vgl. [26. 1. 1924], Anm. 23) »stellte seine Dichtung in den Dienst seiner politischen Leidenschaft, der revolutionären Idee und der Verdammung des Krieges«. (Gero von Wilpert u. a. [Hrsg.], ›Lexikon der Weltliteratur. Band I. Biographisch-bibliographisches Handwörterbuch nach Autoren und anonymen Werken‹, Stuttgart: Alfred Kröner Verlag [3]1988, S. 987.)
4] *Masereel [...] par l'impression du Jean-Christophe / Masereel war durch den Druck des Jean-Christophe*: Vgl. 5. 8. 1924, Anm. 2.
5] *à l'imprimerie / zur Druckerei*: Die Druckerei von R. Coulouma befand sich in Argenteuil am Nordrand von Paris.
6] *sa «Ville» / seine »Stadt«*: Frans Masereel, ›La Ville‹, [100 Holzschnitte], Paris: Editions Albert Moncaré 1925. Nr. 1–50 auf Kaiserl. Japan mit einem Abzug der ganzen Reihe auf China. Signiert. Nr. 51–250 auf handgeschöpftem Bütten. Signiert. Die deutsche Ausgabe erschien gleichzeitig u. d. T. ›Die Stadt‹ bei Kurt Wolff in München.
7] *un très beau [!] article de Van der [!] Velde sur lui / einen sehr schönen Artikel von Van der [!] Velde über ihn*: Henry van de Velde (1863–1957), ›Frans Masereel‹, in ›1925. Ein Almanach für Kunst und Dichtung aus dem Kurt Wolff Verlag‹ [München: Kurt Wolff Verlag 1924], S. 110–120. »Der Artikel wurde zuerst 1920 in ›Genius‹ [Leipzig: Kurt Wolff Verlag 1919–1921] veröffentlicht.«

8] *les amis de «l'Europe» / die Freunde von »l'Europe«*: Vgl. 4.9. 1921, Anm. 10. – Van de Veldes Aufsatz erschien dort nicht.

9] *Martinet*: Marcel Martinet; vgl. oben, Anm. 3.

10] *Suarès*: André Suarès; vgl. Neujahr 1921, Anm. 3.

11] *Duhamel*: Georges Duhamel; vgl. 9. 4. 1923, Anm. 16.

12] *Jouve*: Pierre-Jean Jouve; vgl. 14. 1. 1920, Anm. 7.

13] *réunir ses poésies dans un livre / seine Gedichte in einem Buch zusammenfassen*: Pierre-Jean Jouve hatte zwischen 1915 und 1922 fünf Gedichtbände veröffentlicht. 1928 erschien ein weiterer: ›Noces‹ (Paris: Au sans pareil), 1929 ebenfalls: ›Le paradis perdu‹ (Paris: B. Grasset [= Les cahiers vert. 4ième série. 3]).

129 14] *«Hotel Dieu»*: Pierre-Jean Jouve, ›Hotel-Dieu‹, récits de l'hôpital en 1915, illustrés de 25 bois gravés de Frans Masereel, Genève: Edité par les auteurs 1918. [302 Exemplare.]

15] *lépoque [!] de la Suisse / die Schweizer Zeiten*: SZ, der noch während des Ersten Weltkriegs im November 1917, vom Militärdienst beurlaubt, in die Schweiz gehen konnte, wo er bis Ende März 1919 blieb, hatte dort mit Pierre-Jean Jouve »brüderliche Freundschaft« geschlossen, wie er mit der Widmung seiner Erzählung ›Der Zwang‹ bekundete – vgl. 14. 1. 1920, Anm. 20.

16] *Andrée Jouve*: Andrée Jouve Challaye, die Frau von Pierre-Jean Jouve. »Ich mag sie beide sehr: wie einsam sie in ihren Ideen sind. Ich fühle mich ihnen mehr verbunden als diesen Internationalisten hier [...].« (Romain Rolland-SZ, ›Briefwechsel 1910–1940. Erster Band 1910–1923‹, a.a.O., S. 276 – Zürich, 16. 12. 1917.)

17] *Bazal[gette]*: Léon Bazalgette; vgl. [Anfang Mai 1920], Anm. 4.

18] *Roninger [!]*: Emil Roniger (1883–1958) hatte 1919 den Rotapfel-Verlag in Erlenbach/Zürich gegründet.

19] *le[s] livres de Duhamel chez Rascher / Duhamels Bücher bei Rascher*: Welche Bücher Duhamels (vgl. 9. 4. 1923, Anm. 16) in deutscher Übersetzung SZ hier meint, wurde nicht ermittelt. Duhamel war bereits seit 1922 Autor des Rotapfel-Verlags in Erlenbach; im Max Rascher Verlag in Zürich waren seine Bücher nicht erschienen.

20] *l'exemplaire de Bach / das Exemplar von Bach*: Johann Sebastian Bach (1685–1750), ›Missa. (Hohe Messe in h-Moll.)‹ Zweifarbiger Faksimiledruck. Leipzig: Insel-Verlag 1924. (55 numerierte Ex. Leder mit Goldschnitt und Halbpergament mit Goldschnitt. 198 [ungezählte] Seiten.)

21] *Nous pensons si souvent aux bonnes journées de Villeneuve / Wir denken so oft an die schönen Tage in Villeneuve*: Vgl. [10. 7. 1924], Anm. 34.

22] *de la grande ville «tentaculaire» / zur großen »Tentakelstadt«*: Diese Bezeichnung von Paris ist eine Anspielung auf einen Gedichtband von

Emile Verhaeren (vgl. 29. 3. 1920, Anm. 16): ›Les villes tentaculaires. Poèmes‹, couvertures et ornamentation de T[héo] van Rysselberghe, Bruxelles: Edmond Deman 1895.

23] *Je finis maintenant mon livre / Ich beende nun mein Buch*: Vgl.[Oktober 1924], Anm. 3. *130*

24] *au bord de la mer / entlang des Meeres*: SZ meint entlang des Sees; Villeneuve liegt am Lac Leman, am Genfer See.

25] *un[e] date sûre sur la représentation de votre pièce / ein sicheres Datum von der Aufführung Ihres Stücks*: Vgl. [10. 7. 1924], Anm. 26.

26] *chez [= à] Monsieur votre père et Mademoiselle Rolland / bei Ihrem Herrn Vater und Fräulein Rolland*: Rolland lebte mit seinem Vater Emile (1836–1931) und seiner Schwester Madeleine zusammen.

27] *Ernst Toller*: (1893–1939), deutscher expressionistischer Dramatiker, Lyriker und Erzähler.

An Romain Rolland [26. 1. 1925] *130*

e. Br., 4 S. – BN Paris – Briefkopf: Signet SZ – Kapuzinerberg 5 / Salzburg – D in deutscher Übersetzung: Romain Rolland-SZ, ›Briefwechsel 1910–1940. Zweiter Band 1924–1940‹, Aus dem Französischen von Eva und Gerhard Schewe (Briefe Rollands) und Christel Gersch (Briefe Zweigs), Berlin: Rütten & Loening 1987, S. 68–70.

Übersetzung

Mein teurer Freund, zu allererst: wir feiern Ihren Geburtstag mit Ihnen wie einen wahren Festtag. Er ist in den Kalendern unserer Herzen das große rote Zeichen! Auf daß dieses Jahr Ihnen Glück und gute Arbeit bringe: was die anderen sich wünschen, Glück, ist schon in der Arbeit inbegriffen! Verbringen Sie diesen Tag fröhlich – alle unsere Gedanken sind heute in der Villa Olga und leisten Ihnen treue Gesellschaft.

Das »Spiel von Tod und Liebe« wird in Hamburg am 12. oder 14. Februar uraufgeführt. Ich werde Ihnen Zeitungen schicken: einen Freund aus Hamburg werde ich bitten, mir seinen persönlichen Eindruck zu vermitteln.

Ich habe auch nach Leipzig um präzise Auskünfte geschrieben, welche Werke von Händel zu den Festspielen aufgeführt werden. Ich würde mich freuen, Sie zu begleiten: von Leipzig aus werde ich vielleicht für einige Tage ans Meer fahren. Ich habe ziemliche Lust zu reisen; Ende Februar werde ich einige Lesungen in deutschen Städten geben – aber ich habe alle abgesagt außer denen, wo es etwas zu sehen gibt, deshalb gehe ich nur nach Augsburg, Nürnberg, Freiburg und vielleicht Würzburg. Mein Buch ist recht dick, 300 engbeschriebene Seiten, und ich habe ziemlich viel zu tun mit den Probeabzügen: aber ich glaube, daß es den anderen durch eine gewisse Intensität des Psychologischen überlegen ist. Ich muß mich mit Gewalt zusammenreißen, um nicht auf der Stelle mit dem nächsten Band zu beginnen, aber diese Art von Arbeit hat den Nachteil, daß sie mich mit meinen Büchern und Studien zu Hause festhält. Ich schreibe lieber über Dinge des Lebens, vielleicht endlich den großen Roman, der es mir erlaubt, mich nach Belieben fortzubewegen. Für nächstes Jahr nehme ich mir vor, nach Palästina zu fahren, um selbst die Möglichkeiten eines Staates zu beurteilen, jedenfalls will ich ein wenig aus Europa fort, sei es nach Amerika oder Afrika: ich habe sogar Vortragsangebote in Amerika und Angebote von Verlegern; ob ich ein kleines Reisebuch für sie schreiben möchte: die Kosten zählen also nicht. Fraglich ist nur, ob der Gesundheitszustand meiner Eltern und die Lebensumstände es zulassen werden: es bedarf einer gewissen Brutalität, um sich zu freizumachen, und Gott weiß, davon habe ich nicht gerade viel.

Was Sie mir über Martinet sagen, bekümmert mich sehr. Als ich ihn sah, war er moralisch lebendiger als alle anderen: er hält sich durch den Geist aufrecht, durch seinen herrlichen Mut, mehr als über seinen Körper. Und wenn man bedenkt, daß so manche Grobiane und Schwachköpfe nicht wissen, wohin mit ihrer Kraft und Gesundheit!

Ich werde versuchen, Ihnen den Julius Cäsar von Brandes zu beschaffen. Er stützt sich sicherlich auf Ferrero, aber Brandes besitzt die Gabe, gut auszuwählen (auch in seinem Voltaire). Dieser große Greis verfügt über ein selten feines Taktgefühl: er langweilt nie mit den Details und wählt nur die ergreifendsten aus. Sein Portrait des Cicero im Cäsar ist unvergeßlich – da ist er der erste Literat, stark gegen den Schwachen, feige gegen die Starken, elegant und geschmeidig, im Grunde ängstlich, Mut markierend, wenn er die anderen schon verloren sieht (Catilina, Cäsar). Er hätte 1914 eine gute Figur abgegeben. Aus Portraits dieses Genres ragt das von Brandes heraus: er kennt die Menschen nicht nur durch die Geschichte wie die Historiker. Um die Menschen aus der Vergangenheit gut zu beschreiben, muß man die Lebenden gekannt haben – das ist es, weshalb ich immer glaube, daß Ihr Theater der Revolution jetzt lebendigere, nuanciertere Gestalten haben wird, weil Sie sie nicht nach Büchern formen, sondern nach dem Leben. Die »Wölfe« zogen ihr Leben aus der Dreyfus-Affäre, und der Anfang des »Spiels von Tod und Liebe« hätte nie diese bewundernswerte Mischung aus moralischer Verzweiflung und Lebenslust, wenn wir nicht mit eigenen Augen die Geschichte unserer Epoche mitangesehen hätten. Ein Historiker genügt nie, man braucht einen Psychologen, der auch die Gegenwart gekannt hat. Da haben wir die große Fähigkeit von Brandes: er vergleicht mit dem Leben, und das macht seine Geschichte so lebendig.

Ein anderes sehr schönes Buch ist das eines meiner Freunde, Emil Lucka, »Urgut der Menschheit«, eine Geschichte der Entwicklung des Denkens, aber nicht als ein Triumph betrachtet, sondern als eine Zerstörung der mystischen Vision der Vorfahren, der großen Einheit des Glaubens und der Vernunft. Er sieht die Notwendigkeit, daß wir uns nur noch nach Gewißheiten richten und daß wir auch zur Vision zurückkehren, zur Schaffung einer neuen Art, die Welt zu betrachten. Meiner Meinung nach ist es eines der wichtigsten Bücher der letzten Jahre, sehr lehrreich und bewundernswert in seiner Klarheit. Ich werde ihm sagen, es Ihnen zu schicken.

Und nun: noch einmal all unsere Wünsche. Unsere Gedanken umkreisen Sie heute unsichtbar: dulden Sie ihre liebende und freundschaftliche Teilnahme an Ihrem intensiven und arbeitsamen Leben.

Ihr getreuer

Stefan Zweig

Lieber Monsieur Rolland,
erlauben Sie mir, auch meinerseits meine ehrlichen Glückwünsche zu Ihrem Geburtstag an Sie zu richten, der uns eines der schönsten Feste ist.

Ihre sehr dankbare

Friderique Zw.

1] *le jour de votre naissance [= votre anniversaire] / Ihren Geburtstag*: Rolland wurde am 29. Januar 1925 59 Jahre alt.

2] *Villa Olga*: Vgl. 2. 11. 1920, Anm. 18.

3] *Le «Jeu de l'amour et de la mort» / Das »Spiel von Tod und Liebe«*: Vgl. [10. 7. 1924], Anm. 26.

4] *Je vous enverrai des journeaux [!] / Ich werde Ihnen Zeitungen schicken*: SZ schickte Rolland am 25. 2. 1925 die Besprechung von Otto Reiner in der Frankfurter Zeitung vom 25. 2. 1925, ›»Ein Spiel von Tod und Liebe.« Uraufführung des Dramas von Romain Rolland am Deutschen Schauspielhaus in Hamburg.‹ Aufgenommen in: Romain Rolland-SZ, ›Briefwechsel 1910–1940. Zweiter Band. 1923–1940‹, a.a.O., S. 75–77.

5] *un ami à Hambourg / einen Freund aus Hamburg*: Vermutlich Ami Kaemmerer; vgl. [20. 11. 1921], Anm. 8.

6] *quel[le]s œuvres de Händel on donnera pour les fêtes / welche Werke von Händel zu den Festspielen aufgeführt werden*: SZ hatte Rolland am 3. 1.

1925 geschrieben, daß im Juni in Leipzig Händel-Festspiele stattfinden würden und nach seinem Interesse daran gefragt. Nun hatte Rolland ihn um das Programm gebeten, weil er gerne hinfahren wollte.

131 7] *de Leipzic [!] j'irai peut-être [...] au bord de la mer / von Leipzig aus werde ich vielleicht [...] ans Meer fahren*: Diesen Plan realisierte SZ nicht.

8] *quelques lectures / einige Lesungen*: Vgl. 27. 10. 1924, Anm. 5.

9] *Augsburg [...] et peut-être Würzburg / Augsburg [...] und vielleicht Würzburg*: Auf dieser Reise fuhr SZ zwar nach Augsburg (vgl. 27. 10. 1924, Anm. 5), aber nicht nach Würzburg.

10] *Mon livre est assez gros, 300 pages serré[e]s / Mein Buch ist recht dick, 300 engbeschriebene Seiten*: Die Erstausgabe von SZs ›Der Kampf mit dem Dämon. Hölderlin, Kleist, Nietzsche‹ (vgl. 7. 4. 1923, Anm. 1) hat 324 Seiten.

11] *peut-être le grand roman enfin / vielleicht endlich den großen Roman*: Vgl. [11. 10. 1922], Anm. 3.

12] *d'aller en Palestine / nach Palästina zu fahren*: Dieser Gedanke wird SZ gekommen sein, als man ihn einlud, zur Feier der Gründung der Hebräischen Universität in Jerusalem am 16. Februar 1925 eine Begrüßungsrede zu halten, die er, ohne zu diesem Anlaß nach Palästina zu reisen, auch geschrieben hat. (Vgl. Randy Klawiter, ›Stefan Zweig. An International Bibliography‹, Riverside [California]: Ariadne Press 1991, H. 286.) Nach Palästina ist SZ auch später nicht gefahren.

13] *pour voir moi-même les possibilités d'état / um selbst die Möglichkeiten eines Staates zu beurteilen*: SZ stand einer jüdischen Staatsgründung in Palästina eigentlich skeptisch, ja ablehnend gegenüber. Vgl. dazu etwa seinen Brief an Martin Buber vom 25. 5. 1917 (SZ, ›Briefe 1914–1919‹, a.a.O., S. 142–144).

14] *des offres de conférences en Amérique / Vortragsangebote in Amerika*: Es wurde nicht ermittelt, worauf SZ sich hier bezieht.

15] *leur écrire un petit livre de voyage / ein kleines Reisebuch für sie schreiben*: Dieses Angebot wurde nicht ermittelt.

16] *l'état de santé de mes parents / der Gesundheitszustand meiner Eltern*: Vgl. Neujahr 1921, Anm. 2, und 23. 5. 1921, Anm. 1.

17] *Martinet*: Marcel Martinet (vgl. [26. 1. 1924], Anm. 23) wurde im Krankenhaus mit Insulin behandelt. Rolland war skeptisch: »Nach ziemlich kurzer Zeit verliert das Medikament seine Wirkung und schädigt den Organismus.« (Romain Rolland-SZ, ›Briefwechsel 1910–1940. Zweiter Band 1924–1940‹, a.a.O., S. 66.)

18] *le Julius Cäsar de Brandes / den Julius Cäsar von Brandes*: Georg Brandes (vgl. 13. 9. 1920, Anm. 6), ›Cajus Julius Caesar‹, übersetzt von E[rwin] Magnus, Berlin: Erich Reiss 1925 (2 Bde.).

19] *Ferrero*: Guglielmo Ferrero (1871–1942), ›Julius Cäsar‹. Unter

Mitwirkung seines Sohnes Leo Ferrero. Aus dem Italienischen von A[malie] Falke-Lilienstein. Wien, Berlin: P. Franke 1925.
20] *aussi dans son Voltaire / auch in seinem Voltaire*: Georg Brandes, ›Voltaire‹, übersetzt von E. Stein und E. R. Eckert, Berlin: Erich Reiss 1921 (2 Bde.).
21] *Cicero*: Marcus Tullius Cicero (106–63 v. Chr.), der begabteste römische Redner seiner Zeit.
22] *Catilina*: Lucius Sergius Catilina (um 109–62 v. Chr.), römischer Patrizier.
23] *en 1914*: Bei Ausbruch des Ersten Weltkriegs.
24] *votre théâtre de la Révolution / Ihr Theater der Revolution*: SZ spielt auf 132
den Sammeltitel von Rollands unvollendet gebliebenem Dramenzyklus ›Théâtre de la Révolution‹ mit ›Les loups‹ (Die Wölfe), ›Danton‹ und ›Le quatorze juillet‹ (Der 14. Juli) aus den Jahren 1898 bis 1902 an.
25] *Le[s] «Loups» avaient leur vie de l'affaire Dreyfus / Die »Wölfe« zogen ihr Leben aus der Dreyfus-Affäre*: Der französische Artillerieoffizier jüdischen Glaubens Alfred Dreyfus (1859–1935), war 1894 wegen angeblichen Verrats militärischer Geheimnisse zu lebenslänglicher Deportation nach Cayenne verurteilt worden. Er wurde 1899 begnadigt, 1906 freigesprochen und rehabilitiert. »In den ›Wölfen‹ [1898] hat Rolland die Dreyfus-Affäre meisterhaft transponiert, in der jedem die Frage auferlegt war, was ihm wichtiger sei, die Gerechtigkeit oder die nationale Sache. Dreyfus der Jude ist in der Revolutionstragödie Aristokrat, Mitglied einer beargwöhnten, gehaßten sozialen Schicht. [...] der Abend der Aufführung des Stückes im Théâtre de l'Œuvre am 18. Mai [1898] wurde unaufhaltsam eine politische Demonstration.« (SZ, ›Romain Rolland‹, GWE 1987, S. 135–136.)
26] *le commencement de «Jeu de l'amour et de la mort» / der Anfang des »Spiels von Tod und Liebe«*: »In einem einzigen Akt, rasch ansteigend, in fortwährender Erregung drängen sich Schicksale zusammen, in denen der wissende Blick Historisches mit frei Erfundenem als sinnvoll vermengt erkennt. [...] Aber wahrhafter als alle Wahrheit darin ist die unmittelbare seelische Stimmung, das Grauen der geistigen, moralischen Menschen vor dem Blut, das ihre eigenen Ideen gefordert haben [...]. Hier ist alles auf engste, dichteste Formeln gebracht, ein weit vorbereitetes, scheinbar verwirrtes Geschehnis in den ununterbrochenen Ablauf einer heroischen Stunde gedrängt [...].« (SZ, ›Romain Rolland‹, GWE 1987, S. 343–344.)
27] *Emil Lucka, «Urgut der Menschheit»*: Stuttgart: Deutsche Verlags-Anstalt 1924. – Emil Lucka (1877–1941); der österreichische Schriftsteller war seit 1908 mit SZ befreundet; sie führten bis 1935 eine ausführliche Korrespondenz.

133 *An Victor Fleischer* [2.2.1925]
e. Br., 3 S. – DLA Marbach/N.

1] *nach Deiner Abreise*: Fleischer lebte seit Herbst 1920 in Frankfurt am Main (vgl. [27.1.1920] an Victor Fleischer, Anm. 1); er hatte SZ in Salzburg besucht.
2] *Scene mit den Kindern*: Friderike Zweigs Töchter aus ihrer ersten Ehe, Alix Elisabeth (Lix) und Susanne Benedictine (Suse) v. Winternitz (vgl. 14.1.1920, Anm. 21) wohnten mit ihnen auf dem Kapuzinerberg. SZs »Einstellung zu Suse und Alix war eine sonderbare Mischung aus Zuneigung, Ungeduld und stiefväterlicher Bevormundung. Er war der Ansicht, daß man Kinder sehen, nicht hören sollte. Den Wunsch aber, auf ihre Ausbildung und ihre privaten Interessen Einfluß zu nehmen, konnte er nie ganz aufgeben. Ihre Interessen kamen ihm kindisch vor und bezeugten nicht den regen Geist, den er für wesentlich hielt. Die Mädchen waren robust und lebhaft, ihr Charakter war von dem seinen vollkommen verschieden. Doch im allgemeinen kamen sie gut mit ihm aus und betrachteten ihn mit amüsierter Toleranz, als lebte er in einer anderen Welt. Friderike war klug genug zu erkennen, wie wichtig es war, diese Welten getrennt zu halten und die Weichen für die Zukunft der Mädchen selbst zu stellen. Oft gelang es ihr, allein mit den Kindern in die Ferien zu fahren.« (Donald A. Prater, ›Stefan Zweig. Das Leben eines Ungeduldigen‹, a.a.O., S. 218–219.)
3] *ihr Vater*: Felix v. Winternitz.
4] *Böhm in Amerika*: ›Ein Böhm in Amerika‹, Posse mit Gesang, Musik von M. v. Weinzierl, wurde am Salzburger Stadttheater gespielt.
5] *Mir*: Im Original zweimal unterstrichen.
6] *ihre Mutter nicht wagt*: Vgl. oben, Anm. 2.
7] *Fritzi*: Friderike Maria Zweig.
134 8] *von meinem Bruder*: Alfred Zweig; vgl. 29.6.1922 an Victor Fleischer, Anm. 18.
9] *Deine liebe Frau*: Leontine Sagan; vgl. [27.1.1920] an Victor Fleischer, Anm. 22.

134 *An Felix Salten* 8.2.1925
e. Br., 3 S. – SUC Fredonia, NY – Briefkopf: Signet SZ – Kapuzinerberg 5 / Salzburg

1] *Felix Salten*: (eigtl. Siegmund Salzmann, 1869–1945), österreichischer Schriftsteller.

2] *mein [...] Aufsatz*: SZ, ›Die Monotonisierung der Welt‹, Neue Freie Presse, 31. 1. 1925, S. 1–6.
3] *zu einer Discussion angeregt*: Felix Salten, ›Monotonisierung der Welt?‹, Neue Freie Presse, Wien, 8. 2. 1925, S. 1–3.
4] *in der Schule Verhaerens*: Emile Verhaeren (vgl. 29. 3. 1920, Anm. 16) hatte als Lyriker die Kraft der Maschinen als elementares Zeichen seiner Zeit gerühmt.
5] *Ludwig XIV*: Roi Soleil (Sonnenkönig) genannt, geboren 1638, regierte von 1643 bis 1715. *135*
6] *Hyppolyte [!] Taine [...] in seiner Geschichte der Revolution*: Der französische Historiker Hippolyte Taine (1828–1893) arbeitete bis zu seinem Tode an seinem Hauptwerk ›Les Origines de la France Contemporaine‹ (6 vol., Paris: Hachette 1876–1894), ohne es allerdings abschließen zu können. Eine deutsche Übersetzung von Leopold Katscher (3 Bde. mit 6 Abt.) war in den Jahren 1877–1894 bei Abel in Leipzig erschienen. SZ hatte seine Dissertation ›Die Philosophie des Hippolyte Taine‹ am 7. April 1904 an der Universität Wien eingereicht.
7] *Nietzsche [...] anläßlich einer Arbeit*: Friedrich Nietzsche (vgl. [11. 10. 1922], Anm. 21) galt einer der drei Aufsätze in SZs ›Der Kampf mit dem Dämon. Hölderlin, Kleist, Neitzsche‹ (vgl. 7. 4. 1923, Anm. 1).
8] *Spengler*: Oswald Spengler; vgl. 14. 1. 1920, Anm. 24.
9] *nur im Fluge in Wien*: SZ fuhr regelmäßig seiner Eltern wegen für wenige Tage nach Wien (vgl. 29. 5. 1921, Anm. 6, und 9. 10. 1923 an Romain Rolland, Anm. 1). *136*
10] *Ihr letztes Buch*: Felix Salten, ›Neue Menschen auf alter Erde. Eine Palästinafahrt‹, Wien: Paul Zsolnay 1925. Dieses Buch wird SZ nicht zuletzt wegen seines eigenen Planes einer Palästinareise (vgl. [26. 1. 1925], Anm. 12) interessiert haben.

An Sigmund Freud 15. 4. 1925 *136*
e. Br., 2 S. – DLC Washington, DC – Briefkopf: Signet SZ – Kapuzinerberg 5 / Salzburg – D: SZ, ›Briefwechsel mit Hermann Bahr, Sigmund Freud, Rainer Maria Rilke und Arthur Schnitzler‹, hrsg. v. Jeffrey B. Berlin, Hans-Ulrich Lindken u. Donald A. Prater (Frankfurt a. M.:) S. Fischer Verlag (1987), S. 173.

1] *mein Buch*: SZ, ›Der Kampf mit dem Dämon. Hölderlin, Kleist, Nietzsche‹; vgl. 7. 4. 1923, Anm. 1.
2] *Ihre Worte bedeuten mir viel*: Freud hatte SZ am 14. 4. 1925 geschrieben: »Reichen Dank für das schöne Buch! [...] Ich muß es Ihnen einmal sagen, daß Sie mit der Sprache etwas ausrichten können, was Ih-

nen meines Wissens kein anderer nachmacht.« (Vgl. SZ, ›Briefwechsel mit Hermann Bahr, Sigmund Freud, Rainer Maria Rilke und Arthur Schnitzler‹, a.a.O., S. 172.)

3] *Ihren Namen über das Buch setzte*: Die gedruckte Widmung lautete: »Professor Dr. Siegmund [!] Freud / dem eindringenden Geiste, dem anregenden Gestalter / diesen Dreiklang bildnerischen Bemühens.« Auf SZs entsprechende, nicht erhaltene Anfrage, dieses Buch Freud widmen zu dürfen, hatte dieser ihm am 5. 11. 1924 geantwortet: »Cela va sans dire! [Es versteht sich von selbst!] Wenn es Ihnen irgendwie ein Bedürfnis ist, meinen Namen mit Ihrem neuen Werk in Verbindung zu bringen und wenn Sie nicht besorgen, diesem Ihren Kind eine unvorteilhafte Patenschaft fürs Leben mitzugeben, – mir kann es recht sein. Ich werde Ihre Widmung nur als Ehre empfinden und die Arbeit mit demselben Interesse, wahrscheinlich auch mit demselben Genuß lesen wie ihr [!] vorletztes Werk [›Amok. Novellen einer Leidenschaft‹].« SZ fügte dem Freud übersandten Exemplar handschriftlich hinzu: »Getreuest Stefan Zweig, Ostern 1925.«

137 4] *Ihr verehrtes Fräulein Tochter*: Anna Freud; vgl. [10. 7. 1924], Anm. 29.

137 *An Romain Rolland* 4. 5. 1925

e. Br. mit e. Nachschrift, 4 S. – BN Paris – D in deutscher Übersetzung: Romain Rolland-SZ, ›Briefwechsel 1910–1940. Zweiter Band 1924–1940‹, Aus dem Französischen von Eva und Gerhard Schewe (Briefe Rollands) und Christel Gersch (Briefe Zweigs), Berlin: Rütten & Loening 1987, S. 101–103.

Übersetzung

Teurer Freund, ich antworte Ihnen unverzüglich. Ich garantiere Ihnen, daß Sie Ihre Ruhe haben werden: ich schreibe nach Leipzig, daß man die Aufführung des »Spiels von der Liebe« vertagt, und im Hotel werden Sie genauso abgeschirmt werden wie in Wien. Und die Vorstellungen werden herrlich sein. Ich habe schon geschrieben, daß man uns eine eigene Loge reserviert: Sie werden also außer denen, die Sie sehen möchten, niemandem begegnen.

Ich wollte Ihnen noch vorschlagen, mit Ihnen am 10. morgens Leipzig zu verlassen und zusammen über die Kölner Strecke nach Weimar zu fahren, um uns gemeinsam das Goethe-Haus anzusehen. Ich bin sicher, daß es einen großen Eindruck auf Sie machen wird (jetzt noch mehr als früher: man versteht ihn immer besser).

Und nun zu meinem Buch, das sich darüber freut, Sie zum Leser zu haben. Ich glaube nicht, daß der Typus dieses vom Dämon Besessenen in Deutschland häufiger vorkommt. Nur hatten die französischen Besessenen eine Zuflucht in der katholischen Kirche (die Heiligen, die allesamt Besessene waren, Pascal und Verlaine). Einzig Rimbaud sperrte sich gegen das Kreuz und zog es vor, sich zerstören zu lassen. Als große Charaktere des XIX. Jahrhunderts sehe ich Dostojewski, Strindberg, Van Gogh und vor allem Edgar Allen Poe und (die schönste Gestalt) William Blake, den großen Halluzinierten. In den entfernten Epochen alle Mystiker, deren tragisches Geschick man nicht ahnt, Michelangelo, die Vorshakespearianer, vielleicht Villon (dessen Leben zu unbekannt ist). Sehr interessant wäre die Aufstellung derer, die den Dämon gebändigt haben, z. B. Gottfried Keller, dessen Frohsinn den tiefsten Seelenkrisen entspringt, und Conrad Ferdinand Meyer, der seine Jugend und sein Alter in einer Anstalt verbrachte: der mittlere Teil mit seiner durchscheinenden Klarheit ist der Triumph seines Lebens.

Was Sie mir über die Wahrhaftigkeit Nietzsches sagen, ist genau eines der Probleme, die mich umtreiben. Der nächste Band wird ausschließlich den Gestalten gewidmet sein, die ihr Leben mit kritischem Selbststudium verbracht haben, Stendhal, Jean-Jacques [Rousseau], Tolstoi – die drei, welche uns drei Autobiographien hinterlassen haben, die ich auf Wahrheitstreue und Lüge hin untersuchen will. Er wird sehr interessant werden, dieser Versuch, aufzuzeigen, bis zu welchem Punkt der Mensch sich selbst gegenüber ehrlich sein kann. Ein anderer Band – wann werde ich endlich diese schweren Bürden abladen? – wird den klaren und architektonischen Geistern gewidmet: Spinoza, Schiller und vielleicht Voltaire. Ein anderer unter den großen Visionären des Universums, Platon, Dante, Goethe, Shakespeare. Ich habe eine ganze Welt zu konstruieren; wird mein armes Leben für diese immense Aufgabe ausreichen? Ich habe Geduld und – noch! – Inbrunst! Wenn man die Vierzig überschritten hat, muß man sich auf Werke großen Ausmaßes konzentrieren. Aber ich träume auch von einem Roman! Und die Leute rauben so viel von unserer Zeit, so viel von unserer Kraft!

Das »Geheimnis des Gürtels« ist ein Ausdruck für das »Geheimnis der Sexualität«, welches man in Prozessen und Polemiken anzusprechen meidet – sogar in den Biographien. Aber ich konnte bei Kleist nicht umhin: ich hoffe, es mit Respekt getan zu haben.

Im Nietzsche wurden die letzten vier Seiten für Sie und in Ihrem Sinne geschrieben: den freien, wahren und unabhängigen Menschen zu feiern, als höchste Form der Menschheit. All meine Bemühungen sind eine versteckte Polemik gegen den (immer arroganter werdenden) Versuch, Nietzsche für Deutschland einzufordern, für den Krieg, für die »gute deutsche Sache« – er, der der erste Europäer war, unser Vorfahr, ein Mensch, ultrafrei von Geld, Patriotismus, von alten Glaubenssätzen, der »Prinz Vogelfrei«, der großartige »Heimatlose«. Die Alldeutschen und selbst seine gute Schwester werden schockiert sein. Übrigens scheint das Buch einzuschlagen. Ohne daß ein Wort erschienen wäre, hat der Verleger schon 5000 Exemplare verkauft, und aus Briefen ersehe ich, daß es die Intellektuellen und Dichter sehr beschäftigt.

Teurer Freund, haben Sie Vertrauen, daß ich Sie gut beschützen werde. Die Pilgerfahrt zu Händel und auch zu Goethe (wenn Sie einwilligen) wird Ihnen, dessen bin ich mir sicher, neuen Auftrieb geben. Man muß in dieser Welt der Kleingeisterei und Rachsucht nur das Große im Auge behalten: und Sie, der ständig zu verstehen sucht, Sie sollten das Nachkriegs-Deutschland mit all seinen Fehlern und seiner großen Lebenskraft sehen.

Ich wünsche Ihnen viel Erfolg bei Ihrer Kur. Ich hoffe aus ganzem Herzen, Sie bald wiederzusehen. Ihr getreuer

St. Z.

Ich habe Ihren schönen Essay über Spitteler gelesen. Ich bewundere ihn sehr, aber ich erhebe zwei Einwände dagegen, ihn so hoch zu stellen. Der erste ist, daß jedes wahre Genie sich eine neue Form für seine neue Vision schafft: und Spitteler blieb in altbackenen Formen eingesperrt, und in den Allegorien einer anderen Welt. Und dann: er besaß nicht genügend Güte. Er liebte nicht, weder die Welt, noch die Menschen, noch (wie Hölderlin) die Götter. Und das verleiht seinem Werk eine Art Intellektualität, eine Un-Sinnlichkeit. Und jedes ewige Werk muß von diesen beiden menschlichen Quellen genährt sein, vom heißen Blut und vom klaren Geist. Er hatte nur den Geist, die intellektuelle Vision: er liebte nicht genug!

Sehr wichtige Bücher zu lesen: die posthumen Dokumente über Dostojewski; das Tagebuch seiner Frau und die Autobiographie seiner Frau. Ich habe es »Europe« mitgeteilt, damit sie es für Frankreich kaufen. Aber sie sind so langsam! In Deutschland werden 10 Bände erscheinen: ich habe die ersten zwei gelesen. Welch ein Leben!!! Es war der beste und der schlechteste Mensch, der jemals existierte!

1] *Je vous garantis que vous aurez votre repos / Ich garantiere Ihnen, daß Sie Ihre Ruhe haben werden*: Rolland hatte SZ am 20. 4. 1924 zugesagt, zu den Händel-Festspielen zusammen mit seiner Schwester Madeleine nach Leipzig zu kommen. Am 28.4. hatte SZ Rolland geschrieben, daß man dort am 5. Juni sein ›Spiel von Tod und Liebe‹ aufführen würde, worauf Rolland umgehend ärgerlich geantwortet hatte, er wolle dort »von der Welt der Presse und des Theaters verschont bleiben«.

2] *qu'on ajourne la représentation du «Jeu de l'Amour» / daß man die Aufführung des »Spiels von der Liebe« vertagt*: Die Aufführung war für den 5. Juni 1925 im Schauspielhaus in Leipzig vorgesehen. Weitere Einzelheiten wurden nicht ermittelt.
3] *à l'Hôtel / im Hotel*: Rolland hatte SZ am 20. 4. 1925 geschrieben: »Was die Unterbringung angeht, so glauben wir, meine Schwester und ich, daß wir in einem Hotel ungebundener wären als bei Privatleuten; man fühlt sich weniger gehemmt, wenn man dies oder jenes haben möchte.« (Romain Rolland-SZ, ›Briefwechsel 1910–1940. Zweiter Band 1923–1940‹, a.a.O., S. 96.)
4] *comme à Vienne / wie in Wien*: Etwa am 10. Mai 1924 war Rolland zusammen mit seiner Schwester Madeleine nach Wien gekommen, um an den Jubiläumsfeierlichkeiten für Richard Strauss teilzunehmen, der am 11. Juni 1924 sechzig Jahre alt wurde. SZ hatte ihnen zusammen mit Erwin Rieger alles für einen angenehmen Aufenthalt in Wien vorbereitet. Am 17. Mai waren sie weiter nach Prag gefahren, am 2. Juni über Salzburg, wo sie sich mit SZ und Friderike Zweig zum Mittagessen getroffen hatten, nach Villeneuve zurückgekehrt.
5] *les représentations / die Vorstellungen*: Während der Händel-Festspiele, zu denen SZ am 5. Juni nach Leipzig fuhr; Rolland traf dort am 6. Juni ein. Sie erlebten gemeinsam die Aufführung einer Bach-Motette in der Thomaskirche und des Oratoriums ›Belsazar‹ von Georg Friedrich Händel (1685–1759).
6] *d'aller ensemble à Weimar / zusammen [...] nach Weimar zu fahren*: SZ und Rolland blieben nur einen Tag in Weimar, absolvierten aber das vorgesehene Programm. Rolland und seine Schwester Madeleine fuhren von dort zu den Rhein-Festspielen nach Köln weiter.
7] *à mon livre / zu meinem Buch*: SZ, ›Der Kampf mit dem Dämon. Hölderlin, Kleist, Nietzsche‹; vgl. 7. 4. 1923, Anm. 1.
8] *de vous avoir comme lecteur / Sie zum Leser zu haben*: Rolland hatte SZ am 20. 4. 1925 geschrieben: »Ich habe Ihr Buch; ich lese es langsam, ich liebe es. Es geht über eine Literaturkritik hinaus, auch wenn sie aus der Feder eines Dichters stammt.« (Romain Rolland-SZ, ›Briefwechsel 1910–1940. Zweiter Band 1923–1940, a.a.O., S. 95.)
9] *le type de ce possédé par le démon / der Typus dieses vom Dämon Besessenen*: Rolland hatte am 1. 5. 1925 in einem Brief wohl rhetorisch danach gefragt, ob dieser Typ in Deutschland häufiger sei.
10] *Pascal*: Blaise Pascal (1623–1662), französischer Philosoph, dessen klare geistige Kraft ihn zusammen mit seiner glutvollen religiösen Leidenschaft zu einer einmaligen Gestalt in der französischen Geistes- und Glaubensgeschichte machte.
11] *Verlaine*: Paul Verlaine (vgl. 3. 1. 1920, Anm. 3); in seinen Gedich-

ten wechselt die Ausdruckskraft von heidnischer Sinnenfreude zu ekstatischer Frömmigkeit, bis zu seelischer Zerknirschung. Rolland hatte in seinem Brief vom 1. 5. 1925, auf den SZ hier reagiert, gefragt: »Und in Frankreich? Gibt es da ›Besessene‹? Rimbaud (?) Van Gogh und andere Maler? Verlaine kann ich unmöglich zu ihnen rechnen.«

12] *Rimbaud*: Arthur Rimbaud (1854–1891) lehnte sich in seiner Lyrik schon früh gegen die Fesseln der Moral und der Religion auf und suchte seine poetischen Visionen durch Rauschmittel zu verfeinern.

13] *Comme grands types du XIX[è]me / Als große Charaktere des XIX. Jahrhunderts*: Rolland hatte in diesem Zusammenhang gefragt: »Wen könnten wir in Europa im 19. Jahrhundert zu den ›Besessenen‹ zählen? Strindberg, Dostojewksi –«

14] *Dostojewski*: Fjodor Michailowitsch Dostojewski; vgl. 29. 8. 1923, Anm. 10; religiöse Fragen, die Gleichsetzung von Atheismus und Sozialismus sowie die moralische Krise des 19. Jahrhunderts bestimmen sein Romanwerk.

15] *Strindberg*: August Strindberg (1849–1912), schwedischer Dichter; läuterte sich nach einer Geisteskrankheit (Verfolgungswahn) zu einem okkulten Christentum.

16] *Van Gogh*: Vincent van Gogh (1853–1890), holländischer Maler; auch seine schwere, immer wieder ausbrechende Nervenkrankheit ließ ihn ununterbrochen sein Werk fortsetzen.

17] *Allen Edgar Poë [!]*: Edgar Allen Poe (1809–1849), amerikanischer Dichter; schildert in seinen Erzählungen unheimliche, bizarre und phantastische Begebenheiten.

18] *William Blake*: (1757–1827), englischer Dichter, Kupferstecher und Maler; zeichnete ein mystisches Weltbild, dessen Symbole er aus der Bibel und ihren jüdischen Kommentaren übernahm.

19] *Michelange [!] / Michelangelo*: Buonarroti (1475–1564), italienischer Maler und Bildhauer von tiefinnerlicher Religiosität.

20] *les Praesheacspeariens [!] / die Vorshakespearianer*: Zu ihnen gehören vor allem John Lilly (1554?–1606), Thomas Kyd (1558–1594), Christopher Marlowe (1564–1593) und Ben Jonson (1573?–1637).

21] *Villon*: François Villon (eigtl. François de Montcorbier oder des Loges, 1431? – nach 1463), der bedeutendste spätmittelalterliche französische Dichter, lebte als Gauner und Vagant.

22] *Gottfried Keller*: (1819–1890), der bedeutendste Schweizer Erzähler des bürgerlichen Realismus schuf ein Werk mit tragischen, tragikomischen und heiter fabulierenden Zügen. Er weist seine Leser auf ihr soziales Verantwortungsbewußtsein hin.

23] *Conrad Ferdinand Meyer*: (1825–1898), kunstvoll stilisierender Schweizer Erzähler mit hohem sittlichen Anspruch; wurde 1892/93

geisteskrank und verbrachte den Rest seines Lebens in der Nervenheilanstalt Königsfelden.
24] *Ce que vous me ditez [= dites] sur la sincérité de Nietzsche / Was Sie* 138
mir über die Wahrhaftigkeit Nietzsches sagen: Rolland hatte SZ in seinem Brief vom 1. 5. 1925 gefragt: »Jene unerbittliche Wahrhaftigkeit eines Nietzsche – hat er sie jemals gegen sich selbst angewandt, so wie Jean-Jacques?«
25] *Le prochain volume / Der nächste Band*: SZ, ›Drei Dichter ihres Lebens. Casanova, Stendhal, Tolstoi‹; vgl. [10. 7. 1924], Anm. 28.
26] *Stendhal*: (eigtl. Marie-Henri Beyle, 1783–1842); seine Autobiographie, ›Vie de Henri Brulard‹ (veröff. von Casimir Stryienski), ist posthum 1890 bei G. Charpentier in Paris erschienen.
27] *Jean-Ja[c]ques [Rousseau]*: (1712–1778); seine Autobiographie. ›Les Confessions‹, 1765–1770.
28] *Tolstoi*: Lew Nikolajewitsch Graf Tolstoi (vgl. 29. 8. 1923, Anm. 6); seine Autobiographie: ›Detstvo‹, 1852; ›Otročestvo‹, 1854; ›Junost'‹, 1857 – deutsch: ›Aus meinem Leben‹, Übersetzt aus dem Russischen von Hermann Roskoschny, Leipzig: Reissner 1890.
29] *Un autre volume / Ein anderer Band*: Dieses Buch hat SZ nicht geschrieben.
30] *Spinoza*: Baruch Spinoza; vgl. 9. 2. 1920, Anm. 18.
31] *Schiller*: Friedrich Schiller; vgl. 9. 2. 1920, Anm. 40.
32] *Voltaire*: (eigtl. François-Marie Arouet, 1694–1778).
33] *Platon*: (427–347 v. Chr.)
34] *Dante*: Dante Alighieri (eigtl. Alaghieri, 1265–1321); vgl. auch 9. 2. 1920, Anm. 14.
35] *Goethe*: Johann Wolfgang von Goethe; vgl. [27. 1. 1920] an Victor Fleischer, Anm. 11.
36] *Shacespeare [!]*: Willliam Shakespeare (1564–1616).
37] *d'un roman / von einem Roman*: Vgl. [11. 10. 1922], Anm. 3.
38] *«Geheimnis des Gürtels»*: SZ, ›Der Kampf mit dem Dämon. Hölderlin, Kleist, Nietzsche‹ (vgl. 7. 4. 1923, Anm. 1), S. 169 (›Heinrich von Kleist‹, Kap. ›Pathologie des Gefühls‹).
39] *Dans le Nietzsche les derniers [!] quatre pages / Im Nietzsche wurden die letzten vier Seiten*: Das letzte Kapitel in ›Friedrich Nietzsche‹ von SZs Essayband ›Der Kampf mit dem Dämon‹ ist ›Der Erzieher zur Freiheit‹ überschrieben und trägt als Motto das Wort: »Größe heißt: Richtung geben« – offensichtlich eine Hommage an Rolland.
40] *«Prinz Vogelfrei»*: Anspielung SZs auf Friedrich Nietzsche, ›Die fröhliche Wissenschaft (»la gaya scienza«)‹, neue Ausgabe mit einem Anhange Lieder des Prinzen Vogelfrei, Leipzig: E. W. Fritzsch 1887.
41] *Les Pangermanistes / Die Alldeutschen*: Vgl. 22. 4. 1921, Anm. 4.

42] *sa bonne sœur / seine gute Schwester*: Elisabeth Foerster-Nietzsche; vgl. 9. 4. 1923, Anm. 22.

43] *vendu déjà 5000 exemplaires / schon 5000 Exemplare verkauft*: Die Erstauflage von SZs ›Der Kampf mit dem Dämon‹ (vgl. 7. 4. 1923, Anm. 1) betrug 10 000 Exemplare; im Dezember 1925 wurde als zweite Auflage das 11. bis. 22. Tausend ausgeliefert.

44] *que je vous garderai bien / daß ich Sie gut beschützen werde*: Vgl. oben, Anm. 1.

45] *Le pélerinage à [!] Händel et aussi chez Goethe / Die Pilgerfahrt zu Händel und auch zu Goethe*: Vgl. oben, Anm. 5 und 6.

139 46] *de votre cure / bei Ihrer Kur*: Rolland hielt sich im Mai 1925 zu einer zehntägigen Kur in Valmont auf.

47] *votre beau [!] essay [!] sur Spitteler / Ihren schönen Essay über Spitteler*: Rollands Essay über den Schweizer Erzähler und Essayisten Carl Spitteler (1845–1924) – ›Souvenirs et entretiens de Carl Spitteler‹ – war in Europe, No 29, 15. Mai 1925, p. 61–76, erschienen.

48] *Hölderlin*: Friedrich Hölderlin; vgl. [11. 10. 1922], Anm. 21.

49] *le[s] documents posthumes sur Dostojewski / die posthumen Dokumente über Dostojewski*: Anna Grigorévna Dostojevskaja, ›Tagebuch. Die Krise Dostojewskis‹, hrsg. von Kurt Kersten, Berlin: E. Laub 1925. SZ meint aber vermutlich ›Das Tagebuch der Gattin Dostojewskis (Anna Grigorewna Dostojewski [!]‹, hrsg. von René Fülöp-Miller und Friedrich Eckstein, mit 20 Bildbeigaben. (Aus dem russischen Manuskript übersetzt von Vera Mitrofanoff-Demeliè. Einzig autorisierte Ausgabe.) München: R. Piper & Co. 1925; Anna Grigorévna Dostojewskaja, ›Die Lebenserinnerungen der Gattin Dostojewskis‹. (Aus dem russischen Manuskript übersetzt von Dmitri Umanskij. Einzige autorisierte Ausgabe.) Hrsg. von René Fülöp-Miller und Friedrich Eckstein, München: R. Piper & Co. 1925.

50] *«Europe»*: Vgl. 4. 9. 1921, Anm. 10.

51] *En Allemagne paraîtront 10 volumes / In Deutschland werden* 10 *Bände erscheinen*: Die Herausgeber von Dokumenten zu Dostojewskis Leben und Werk, René Fülöp-Miller und Friedrich Eckstein, legten nur noch zwei Bände vor: ›Der unbekannte Dostojewski‹ (München: R. Piper & Co. 1926) und ›Raskolnikoffs Tagebuch. Mit unbekannten Entwürfen, Fragmenten und Briefen zu ›Raskolnikoff‹ und ›Idiot‹ (München: R. Piper 1928 [recte 1927]).

An Franz Zinkernagel 8. 5. 1925 *139*
e. Br., 2 S. – ÖBU Basel

1] *Franz Zinkernagel*: (1878–1935), Baseler Hochschullehrer, gab seit 1914 ›Sämtliche Werke und Briefe‹ von Friedrich Hölderlin in einer kritisch-historischen Ausgabe in fünf Bänden im Insel-Verlag in Leipzig heraus; der letzte Band erschien 1926.
2] *die 8 Seiten*: Vermutlich handelt es sich um ein Kapitel aus Friedrich Hölderlins (vgl. [11. 10. 1922], Anm. 17) Roman ›Hyperion oder der Eremit in Griechenland‹.
3] *Luxuseinfuhr*: In der am 10. November 1918 proklamierten Repu- *140*
blik Deutschösterreich war eine Luxussteuer eingeführt worden.
4] *den zweiten Teil der »Stimme des Volkes«*: SZ meint vermutlich die zweite Fassung von Hölderlins Gedicht ›Stimme des Volks‹.
5] *den »Winter« [. . .] seinerzeit im Inselalmanach*: In der Zeit der Umnachtung, 1806–1843, schrieb Hölderlin sechs Fassungen des Gedichtes ›Der Winter‹. SZ besaß die Originalhandschrift der vermutlich vierten Fassung: »Wenn ungesehn und nun vorüber sind die Bilder . . .« Unter der Überschrift ›Der Winter. Ein Gedicht Hölderlins aus der Umnachtung‹ wurde es im ›Insel-Almanach 1911‹, Leipzig [Insel-Verlag 1910], S. 157, veröffentlicht. In einer Fußnote wird dort angegeben: »Dies bisher noch nicht gedruckte Gedicht unterzeichnete Hölderlin: ›Mit Untertänigkeit Siardanelli [!]‹ und datierte es ›24. April 1049‹; von fremder Hand wurde hinzugefügt: ›d. 4ten November 1842‹.«
6] *Die Kürze, Lebenslauf[,] Einst und Jetzt*: Die Reihenfolge der drei Gedichte Hölderlins ist ›Ehemals und Jetzt‹, ›Lebenslauf‹ und ›Die Kürze‹.
7] *einen unveröffentlichten Gedichtentwurf*: Einzelheiten wurden nicht ermittelt.
8] *Der Schiller Brief an Hölderlin*: SZs Hinweis auf den Abdruck in der Neuen Freien Presse in Wien trifft nicht zu.
9] *mein Autografenkatalogmaterial*: Vgl. 6. 6. 1924, Anm. 16.
10] *»Der Kampf mit dem Dämon«*: Vgl. 7. 4. 1923, Anm. 1.
11] *Dr Viëtor*: Dr. Karl Viëtor (1892–1951), deutscher Literaturhistoriker.
12] *die Baseler Bibliothek*: Öffentliche Bibliothek der Universität Basel, an der Zinkernagel lehrte.

141 *An Friderike Maria Zweig* [10. 6. 1925]
e. »Postkarte« – SUC Fredonia, NY – D: SZ-Friderike Zweig, ›Briefwechsel 1912–1942‹, Bern: Alfred Scherz Verlag [1951], S. 186–187; SZ, ›Briefe an Freunde‹, hrsg. v. Richard Friedenthal, (Frankfurt a. M.:) S. Fischer 1978, S. 158; Friderike Zweig-SZ, ›Unrast der Liebe. Ihr Leben und ihre Zeit im Spiegel ihres Briefwechsels‹, (Bern und München:) Scherz (1981), S. 148, und (Frankfurt a. M.:) Fischer Taschenbuch Verlag 1984 (= Fischer Taschenbuch 5366), S. 129–130.

1] *mit Weimar und Rolland*: Vgl. 4. 5. 1925, Anm. 6.
2] *im Nietzsche Archiv*: Vgl. 9. 4. 1923, Anm. 22.
3] *Die uralte Fo[e]rster Nietzsche*: Vgl. 9. 4. 1923, Anm. 22.
4] *25 000 Jungmannschaften*: Die Politisierung der Jugend durch Parteiorganisationen nahm in dieser Zeit vor allem im rechtsgerichteten Lager zu. Worauf SZ sich hier bezieht, wurde nicht ermittelt. Vermutlich handelt es sich um eine Tagung des Allgemeinen Deutschen Burschenschaftsbundes, der jede Gemeinschaft mit dem »pazifistischen und international eingestellten Reichsbanner« ablehnte. Die genannte Teilnehmerzahl scheint jedoch übertrieben.
5] *R[eichen]b[erg]*: Vgl. 29. 6. 1922 an Victor Fleischer, Anm. 18.

141 *An Leonhard Adelt* [nach 17. Juli 1925]
e. Br., 2 S. – ÖNB Wien

1] *Richard*: Richard Adelt; vgl. [Mitte Oktober 1922], Anm. 18.
2] *Liliens Tod*: SZs langjähriger Freund, der Graphiker, Illustrator, Maler und Fotograf Ephraim Mose Lilien, geb. 1874, war am 17. Juli 1925 in Badenweiler gestorben.
3] *den Krieg im Leibe*: Lilien war erst im Oktober 1916 zum Militär eingezogen worden; im September 1917 war er zum Kriegspresseamt kommandiert und sofort in den Nahen Osten geschickt worden.
142 4] *hinüber nach München*: Adelt lebte zu dieser Zeit dort mit seiner Familie. Einzelheiten von SZs Besuch bei ihnen im August 1925 wurden nicht ermittelt.
5] *Deine Auto-Pläne*: SZ hat nie ein Auto besessen.
6] *auf 14 Tage loszuziehen*: Da die Salzburger Festspiele in diesem Jahr am 13. August begannen, fuhr SZ bereits am 9. August nach Zell am See, wo er allerdings nur bis zum 18. August blieb.
7] *drei Novellen geschrieben*: Es sind vermutlich SZs Novellen ›Vierundzwanzig Stunden aus dem Leben einer Frau‹ und ›Untergang eines Herzens‹ sowie eine, die »danebengieng«, ›Widerstand der Wirklich-

keit‹, die er abbrach, dann aber etwa 1933 wieder aufnahm. Vgl. hierzu SZ, ›Brennendes Geheimnis. Erzählungen‹, GWE 1987, S. 221–271, sowie die Nachbemerkung des Herausgebers, S. 372.

8] *eine bessere dritte*: Die Titelnovelle seines dritten Erzählbandes ›Verwirrung der Gefühle. Drei Novellen‹, Leipzig: Insel-Verlag 1927 (= Die Kette. Ein Novellenkreis. Dritter Ring).

9] *wieder ein Baumeister-Band*: Mit dem Erscheinen des Bandes ›Der Kampf mit dem Dämon. Hölderlin, Kleist, Nietzsche‹ (vgl. 7. 4. 1923, Anm. 1) wurde auch SZs vorausgegangenem Band dieser Folge von biographischen Essays im Nachdruck, vom 16. bis 20. Tausend an, der Kollektivtitel ›Die Baumeister der Welt. Versuch einer Typologie des Geistes‹ gegeben. Zu dem hier erwähnten dritten Band (›Drei Dichter ihres Lebens‹) vgl. [10. 7. 1924], Anm. 28.

10] *von der Aufführung der »Dohle«*: Adelt hatte 1920 eine Komödie ›Die Dohle‹ geschrieben, die offensichtlich weder in Buchform noch auf dem Theater erschien.

11] *Frau Sagan*: Leontine Sagan, die Frau von Victor Fleischer; vgl. [27. 1. 1920] an Victor Fleischer, Anm. 22.

12] *sehr*: Im Original zweimal unterstrichen.

13] *zu Euch zu kommen*: Vgl. oben, Anm. 4.

14] *die Deinen*: Adelts Frau Malli und der gemeinsame Sohn Richard; vgl. [Mitte Oktober 1922], Anm. 17 und 18.

15] *Beim Schmidtbonn-Buch*: ›Chor um Schmidtbonn. Zu Wilhelm Schmidtbonns 50. Geburtstage, 6. Februar 1926‹, Stuttgart-Bonn-Leipzig: Deutsche Verlags-Anstalt, S. 9–10 [= SZs Beitrag ohne Überschrift]. – Mit Wilhelm Schmidtbonn (eigtl. Wilhelm Schmidt, 1876–1952) war SZ seit 1911 befreundet; ihre Korrespondenz hielt bis 1932 an.

16] *Von meinem »Dämon«*: Vgl. 7. 4. 1923, Anm. 1, und 4. 5. 1925, *143*
Anm. 43.

17] *Lissauer*: Die Rezension, die Ernst Lissauer (vgl. [Mitte Oktober 1922], Anm. 7) an die Münchener Neuesten Nachrichten gegeben haben soll, ist dort nicht erschienen; sie hat sich auch anderswo nicht nachweisen lassen.

18] *Deine »Dohle«*: Vgl. oben, Anm. 10.

143 *An Frans Masereel* [20. 7. 1925]
e. Br., 2 S. – DLA Marbach/N. – D in deutscher Übersetzung: SZ, ›Briefe an Freunde‹, hrsg. v. Richard Friedenthal (Frankfurt a. M.:) S. Fischer 1978, S. 152–154 (»undatiert, vermutlich 1925«).

Übersetzung
Mein lieber Frans, ich danke Dir für Deinen guten Brief – ich hatte große Lust, Dir zu schreiben. Aber leider Gottes, die Korrespondenz nimmt in dramatischem Ausmaß zu, und andererseits nimmt die Freude daran ab. Ich bin die Literatur oft ein wenig leid: noch ein Buch und noch eines und noch eines, und das Leben vergeht, die Jugend schwindet dahin und man wird noch Bücher machen und noch welche! Wenn man einmal gezeigt hat, daß man gute Bücher machen kann, dann fehlt diese schöne Beunruhigung und es wird zum Beruf. Mein Alter, es ist fast 25 Jahre her, ein Viertel Jahrhundert, seit ich meine ersten Verse veröffentlichte – im Grunde meines Wesens hätte ich gute Lust, die Literatur seinzulassen und zu reisen. Aber die Anerkennung, die »Pflicht« wird zur Kette, einer Goldkette, wenn Du so willst – eine Freude für die anderen, aber ich (Du kennst mich), der ich nicht für 10 Heller Stolz oder Ehrgeiz habe, ich hänge meinem früheren, anonymen, abenteuerlichen, sorglosen Wanderleben nach. Von allen Autoren, die ich kenne, bin ich vielleicht derjenige, der den sogenannten Erfolg am meisten haßt: ich glaube, daß der Erfolg das Leben und den Charakter verdirbt, und das wahre Leben ist das, welches anonym bleibt. Ich hätte gute Lust, einen anderen Namen für mein Privatleben anzunehmen und einen Neubeginn zu starten.

Du bist einer der wenigen, die mich verstehen werden, die anderen sagen mir, daß ich Erfolg habe, und beneiden mich darum, ohne zu wissen, wie sehr mich jede Form von Gesellschaftsleben anwidert. Mein Alter, was meinst Du, wenn wir zu zweit, wie zwei junge Bengel, für 4 oder 6 Wochen zusammen nach Spanien reisen würden? Du brauchst es nur zu sagen, dann würde ich im Frühjahr kommen.

Ich bin gespannt, Deine Meinung über das »Liber amicorum« zu hören. Es wird sehr schön werden, dieses Buch, und ich bin stolz, diese Idee gehabt zu haben, die unseren Freund ehren wird (dessen Freundschaft eine Seltenheit ist, an der ich aus ganzer Seele hänge).

Von verschiedensten Aufgaben überhäuft, habe ich vergessen, die »Ville« zu subskribieren. Wenn noch ein Exemplar davon verfügbar ist, sage dem Verleger, mir die einfache Ausgabe mit der Rechnung zu schicken. Ich werde sie unverzüglich begleichen.

Ich arbeite an einem neuen Erzählband. Und ich bereite mich darauf vor, danach eine neue (und ziemlich schlechte) englische Komödie aus der Zeit Shakespeares, eine Komödie, eine Farce zu schreiben, die das Geld verspottet, die, die es haben, und die, die es verachten. Wenn das gelingt, wäre es sehr vergnüglich – jedenfalls belustigt es mich selbst, während ich es vorbereite. Sie enthält nicht ein Wort der Liebe, alles dreht sich um das Gold!

Schon gespannt auf Band II von Jean-Christophe. Und auf den Uylenspiegel. Ich werde mich in drei Wochen nach Italien zurückziehen, um mit der Komödie anzufangen. Aber vielleicht komme ich dieses Jahr noch nach Paris.

Dein alter

Stefan

Beste Empfehlungen an Deine Frau!

1] *ta bonne lettre / Deinen guten Brief*: Einzelheiten nicht ermittelt.
2] *mes premiers vers / meine ersten Verse*: SZs erster Gedichtband, ›Silberne Saiten‹, erschien 1901 bei Schuster & Loeffler in Berlin und Leipzig.
3] *un autre nom pour ma vie privé[e] / einen anderen Namen für mein Privatleben*: Für seine Veröffentlichungen hatte SZ nur als Schüler, als es ihm untersagt war, unter seinem eigenen Namen zu veröffentlichen, Pseudonyme gewählt. Vgl. hierzu SZ, ›Briefe 1897–1914‹, a.a.O., S. 21 (SZs Brief an Karl Emil Franzos vom 3. 7. 1900 und S. 316 f., Anmerkung).
4] *[tous] les deux [...] en Espagne / wir zu zweit [...] nach Spanien*: *144*
Diese Reise kam nicht zustande.
5] *«Liber amicorum»*: ›Liber amicorum Romain Rolland. (Romain Rolland sexagenario ex innumerabilibus amicis paucissimi grates agunt. Hunc librum curaverunt edendum Maksim Gorkij, Georges Duhamel, Stefan Zweig.) Erlenbach-Zürich: Rotapfel-Verlag 1926. Masereel schuf für diesen Band drei Portraits von Rolland. Er erschien zu Rollands sechzigstem Geburtstag am 29. Januar 1926.
6] *«Ville»*: Frans Masereel, ›La Ville‹; vgl. 16. 12. 1924, Anm. 6.
7] *un nouveau volume de contes / einem neuen Erzählband*: Vgl. [nach 17. Juli 1925], Anm. 8.
8] *une comédie, une farce, qui raille l'argent / eine Komödie, eine Farce [...], die das Geld verspottet*: SZ, ›Volpone. Eine lieblose Komödie in drei Akten von Ben Jonson [1573?–1637]‹, frei bearbeitet von Stefan Zweig, Potsdam: Gustav Kiepenheuer 1926. – Der Grund für SZs Formulierung »frei bearbeitet« ist die Tatsache, daß er seine Nachdichtung nicht nach dem Original – Ben Jonson, ›Volpone, or the Fox‹ (1605) – vorgenommen hat, sondern nach der französischen Inhaltsangabe, die

Jean-Adrien-Antoine-Jules Jusserand (1855–1932) in seiner ›Histoire littéraire du peuple anglais‹ (1. ›Des origines à la Renaissance‹, 2. ›De la Renaissance à la Guerre civile‹, Paris: Firmin Didot & Cie 1894–1904) davon gegeben hat.
9] *le Jean-C[h]ristophe volume II / auf Band II von Jean-Christophe*: Vgl. 5. 8. 1924, Anm. 2.
10] *le Uylenspiegel / auf den Uylenspiegel*: Charles de Coster, ›Die Geschichte von Ulenspiegel und Lamme Goedzak und ihren heldenmäßigen, fröhlichen und glorreichen Abenteuern im Lande Flandern und anderwärts‹, Deutsch von Karl Wolfskehl, München: Kurt Wolff 1926 (2 Bde). Für diese Ausgabe schuf Masereel 150 Holzschnitte, davon 50 ganzseitige, sowie 17 Initialen.
11] *retirer en [= dans] trois semaine[s] en Italie / in drei Wochen nach Italien zurückziehen*: SZ fuhr statt dessen nach Zell am See; vgl. [nach 17. Juli 1925], Anm. 6.
12] *à ta femme / an Deine Frau*: Pauline Masereel; vgl. 29. 3. 1920, Anm. 18.

144 *An Friderike Maria Zweig* [12. 8. 1925]
e. Br., 2 S. – SUC Fredonia, NY – Briefkopf: Hotelabbildung mit e. Bezeichnung von SZs Zimmer im obersten Stockwerk – Grand Hotel Am See / Haus ersten Ranges / Zell a/See / Lift – Zimmer mit [von SZ durchgestrichen und e. überschrieben: »ohne«] Bad – [von SZ e. ergänzt: »und ohne«] Fließendes Wasser – American Bar / Besitzer: Carl Palmer. / Zell a/See, am … 192 … – D: SZ-Friderike Zweig, ›Briefwechsel 1912–1942‹, Bern: Alfred Scherz Verlag 1951, S. 189–190 (Irrtümlich datiert »3. August 1925«; gekürzt); SZ, ›Briefe an Freunde‹, hrsg. v. Richard Friedenthal (Frankfurt a. M.:) S. Fischer 1978, S. 160–161 (Irrtümlich datiert »3. August 1925«; gekürzt); SZ-Friderike Zweig, ›Unrast der Liebe. Ihr Leben und ihre Zeit im Spiegel ihres Briefwechsels‹, (Bern und München:) Scherz (1981), S. 150–151, und (Frankfurt a. M.:) Fischer Taschenbuch Verlag 1984 (= Fischer Taschenbuch 5366), S. 132 (Irrtümlich datiert »3. August 1925«; gekürzt).

1] *Zell am See*: Vgl. [nach 17. Juli 1925], Anm. 6.
2] *für Brief*: Nicht erhalten.
3] *Piefkes*: In Österreich abwertend für Norddeutscher; sonst Angeber.
145 4] *Die Novelle, die ich grundiere*: Vermutlich ›Verwirrung der Gefühle‹; vgl. [nach 17. Juli 1925], Anm. 8.

5] *Leonhardt [!]*: Leonhard Adelt (vgl. [Mitte Oktober 1922], Anm. 1) wurde wie SZ 1881 (am 17. 6.) geboren.
6] *Die Vortragsreise*: »Er zögerte nicht, eine weitere Vortragsreise durch Deutschland zu Beginn des Jahres 1926 anzutreten. Am 29. Januar nämlich war Rollands sechzigster Geburtstag und damit wieder einmal Gelegenheit, für den Bruder und Europäer Zeugnis abzulegen. [...] Der Deutschland-Tournee ging ein Besuch in Zürich voraus, wo er an einem Rolland-Abend als Festredner auftrat. Er fuhr weiter nach Frankfurt und Wiesbaden, [...] nach Lübeck [...], Hamburg und schließlich nach Berlin, wo er nicht weniger als neun Vorträge hielt, darunter [am 29. Januar] einen im Meistersaal über Rolland.« (Donald A. Prater, ›Stefan Zweig. Das Leben eines Ungeduldigen‹, a.a.O., S. 227.)
7] *Lucka*: Emil Lucka; vgl. [26. 1. 1925], Anm. 27.
8] *beiliegende[n] Brief*: Nicht erhalten.
9] *W. H. I. Maas [!]*: Wilhelm Heinz Joachim Maaß (1901–1972), deutscher Schriftsteller. – Im Original zweimal unterstrichen.

An Lajos Baron Hatvany [vor 13. 8. 1925] *146*
e. Br., 2 S. – Magyar Tubományos Akademia Könyvtár, Budapest

1] *Lajos Baron Hatvany*: Vgl. 3. 5. 1921, Anm. 9.
2] *Ihr Brief*: Nicht erhalten.
3] *in Zell*: Vgl. [vor 17. Juli 1925], Anm. 6.
4] *jenes Interview*: Nicht ermittelt.
5] *wir hätten in Ungarn [...] kein Centrum für den europ. Gedanken*: SZ und seine französischen, belgischen und deutschen Freunde (Romain Rolland, René Arcos, Jean-Pierre Jouve, Frans Masereel, Fritz von Unruh, Hermann Hesse, Wilhelm Tiedemann u. a.) »stritten« als Europäer »mit Wort und Taten dafür, die Grenzen zwischen den [während des Ersten Weltkriegs und in den ersten Jahren danach] so lange verfeindeten Nachbarn zu überwinden« (Frank-Rutger Hausmann, ›Leipziger Vermittlungen. Claudine Delphis über den Romanisten Wilhelm Friedmann‹, in: Frankfurter Allgemeine Zeitung, 24. 8. 1999, S. 42). Unter ihnen war kein Ungar.
6] *Bücher [...] wie das Ihre*: Lajos Hatvany, ›Das verwundete Land‹; vgl. 3. 5. 1921, Anm. 10.
7] *das Jascis*: Oskar Jászi, ›Magyariens Schuld, Ungarns Sühne. Revolution und Gegenrevolution in Ungarn‹. (Übersetzt von Andreas Gas.) Mit einem Geleitwort von Eduard Bernstein, Berlin: Verlag für Kulturpolitik 1923.

8] *wegen Südtirol oder Slowakei*: Im Friedensvertrag von St.-Germain (10. September 1919) war Südtirol von Österreich abgetrennt und Italien zugesprochen worden. Die Slowakei war im Vertrag von Trianon (4. Juni 1920) von Ungarn völkerrechtlich abgetrennt worden.
9] *die Vereinigten Staaten*: Die politische Vereinigung der Staaten Europas.
10] *wir Österreicher hundert Jahre die Czechen bedrückt*: Das Königreich Böhmen (Čechy) war mit Ferdinand I. (1526–1564) an das Haus Habsburg gegangen. In der ersten Hälfte des 19. Jahrhunderts setzte von Prag ausgehend eine nationaltschechische Bewegung ein, die zunächst auf Autonomie innerhalb der Donaumonarchie hinarbeitete, schließlich aber die Loslösung und Bildung eines eigenen Staates anstrebte. Am 28. Oktober 1918 wurde dann in Prag die tschechische Unabhängigkeit ausgerufen.
11] *die Ungarn*: Das 1804 neu geschaffene Kaisertum Österreich umfaßte als Königreich auch Ungarn.
12] *die Serben*: Bosnien, Herzogowina und Sandschak Novi Pazar, die bis dahin zum Königreich Serbien gehört hatten, waren 1878 von Österreich okkupiert worden. 1918, als das Königreich der Serben, Kroaten und Slowenen entstand, fielen diese Gebiete wieder an die Nation zurück.
13] *bei Ihrem Buche*: Vgl. oben, Anm. 6.
14] *Ungarn [. . .] das größte Unrecht*: Im Friedensvertrag von Trianon zwischen den Alliierten und Ungarn wurde die Abtretung der Slowakei und Karpato-Rußlands an die Tschechoslowakei, Siebenbürgens und des östlichen Banats an Rumänien, des westlichen Banats, der Batschka und Kroatiens an Serbien sowie des Burgenlandes an Österreich – also insgesamt 68 % seines Staatsgebietes – bestimmt.
15] *die Türkei hat mehr gelitten*: Nach dem Frieden von Sèvres, den sie allerdings nicht ratifizierte, verlor die Türkei, die am 1. November 1914 an der Seite der Mittelmächte in den Ersten Weltkrieg eingetreten war, die Inseln des Ägäischen Meeres, Armenien, Syrien, Mesopotamien, Palästina und Arabien.
147 16] *Pangermanen*: Vgl. 22. 4. 1921, Anm. 4.
17] *Königsspielereien*: Nach dem Thronverzicht von König Karl IV. (1887–1922) – als Kaiser von Österreich Karl I. – am 11. November 1918 war fünf Tage später die Republik ausgerufen worden. Für kurze Zeit, vom 22. März bis zum 31. Juli 1919, wurde Ungarn von einem Rätesystem unter Béla Kun regiert. Am 1. März 1920 wurde der Oberbefehlshaber der ungarischen Truppen Admiral Nikolaus Horthy von Nagybánya (1868–1957) zum Reichsverweser gewählt: er proklamierte am 23. März 1920 Ungarn als Monarchie mit vakantem Thron. Dar-

aufhin versuchte König Karl I. zweimal vergeblich, im April und im Oktober 1921, von der Schweiz aus nach Ungarn zurückzukehren.

An Werner Reinhart 2. 9. 1925 *147*
e. Briefkarte, 2 S. – Archiv des Musikkollegiums, StB Winterthur – Briefkopf: Signet SZ – VIII. Kochgasse 8. (Durchgestrichen)

1] *Werner Reinhart*: (1884–1951), Schweizer Kaufmann, Kunstsammler und Mäzen.
2] *eine kleine Pantomime*: SZ, ›Marsyas und Apoll‹; aufgenommen in SZ, ›Ben Jonson's »Volpone« und andere Nachdichtungen und Übertragungen für das Theater‹, GWE 1987, S. 253–259.
3] *Strawinsky*: Igor Fjodorowitsch Strawinsky (1882–1971).
4] *Honegger*: Arthur Honegger (1892–1955).
5] *Ihren Herrn Brüdern*: Georg Reinhart (1877–1955), Hans Reinhart *148*
(1880–1963) und Oskar Reinhart (1885–1965).

An Erich Ebermayer 23. 9. 1925 *148*
ms. Br., 1 S. – DLA Marbach/N. – Briefkopf: Signet SZ – Kapuzinerberg 5 / Salzburg

1] *Ihren lieben Brief und Ihre freundliche Sendung*: Nicht ermittelt.
2] *»Verwirrung der Gefühle«*: Vgl. [nach 17. Juli 1925], Anm. 8.
3] *die andern Novellen*: Vgl. [nach 17. Juli 1925], Anm. 7.
4] *das Manuskript vorlegen*: SZ beendete die Niederschrift seiner Novelle ›Verwirrung der Gefühle‹ am 18. Oktober 1925.
5] *Ihres lieben Besuches*: Ebermayer hatte SZ Mitte September 1925 in Salzburg besucht.
6] *Ihnen in Leipzig zu begegnen*: Ebermayer lebte zu dieser Zeit als Jurist in Leipzig, wohin SZ gelegentlich zum Besuch des Insel-Verlags fuhr.
7] *Ihr Roman*: Erich Ebermayer, ›Sieg des Lebens‹, Roman, Berlin: F. M. Spaeth Verlag (1925).

An Friderike Maria Zweig [4. 11. 1925] *149*
e. Br., 3 S. – SUC Fredonia, NY – Briefkopf: R. C.No 26396 Marseille / Hôtel Beauvau / 4, rue Beauvau, rue Cannebière et Quai des Belges/ (Vue splendide sur le vieux port) / Marseille / Chauffage central / Nombreuses salles de bains / Téléphone 8–49 à tous les étages /

Eau courante chaud & froide / dans toutes les chambres – D: SZ-Friderike Zweig, ›Briefwechsel 1912–1942‹, Bern: Alfred Scherz Verlag [1951], S. 190–191 (Gekürzt); SZ, ›Briefe an Freunde‹, hrsg. v. Richard Friedenthal, (Frankfurt a. M.:) S. Fischer 1978, S. 165 (Gekürzt); Friderike Zweig-SZ, ›Unrast der Liebe. Ihr Leben und ihre Zeit im Spiegel ihres Briefwechsels‹, (Bern und München:) Scherz (1981), S. 152 (Gekürzt), und (Frankfurt a. M.:) Fischer Taschenbuch Verlag 1984 (= Fischer Taschenbuch 5366), S. 152 (Gekürzt).

1] *Marseille*: SZ war am 30. Oktober 1925 über Basel nach Marseille gefahren; von dort reiste er am 12. November nach Dijon und am 14. November nach Villeneuve, um Romain Rolland zu besuchen, und kehrte am 21. November nach Salzburg zurück.
2] *Telegramm*: Nicht erhalten.
3] *Couchette*: Schlafwagen.
4] *Bourg*: Bourg-en-Bresse, ostfranzösische Stadt, nordöstlich von Lyon.
5] *die Hyèrischen Inseln*: Der französischen Stadt Hyères, nahe der Mittelmeerküste, östlich von Toulon, vorgelagerte Inselgruppe.
6] *das Alsterbassin und mein Hamburger Zimmer*: SZ war erstmals im November 1912 nach Hamburg gefahren (vgl. 6. 9. 1921, Anm. 17). Friderike Maria v. Winternitz, die von ihrem Mann Felix getrennt in Wien lebte und die SZ kurz zuvor im Juli 1912 kennengelernt hatte, war am 5. November nach Berlin und von dort ebenfalls nach Hamburg gereist, wo sie im Grand Hotel Vier Jahreszeiten Am Alster Bassin wohnte. (SZs Hotel wurde nicht ermittelt.) Von dort war sie weiter nach Lübeck gefahren, wohin SZ ihr gefolgt war.
7] *brume*: La brume (frz.), dichter Nebel.
8] *meines Balearentraums*: SZ hatte, seit er 1905 in Sevilla gewesen war, den Wunsch, auch die Balearen zu besuchen.
9] *Rusi*: Vermutlich Zusammenziehung der Namen Rolf (der Schäferhund der Familie hieß so) und Susi, wie Friderike Zweigs jüngste Tochter Susanne Benedictine gerufen wurde (vgl. 14. 1. 1920, Anm. 21).

An Frans Masereel 10.1.[= 11. 1925] *150*
e. Br., 2 S. – DLA Marbach/N. – Briefkopf: Les Grands Hôtels Français/ Téleph. Colbert Urbain & Intern. 1–26, 9–59, 63–10/ [Hotel-Signet]/ Restauraunt-Brasserie/ de/ Bristol-Univers/ 2–23, rue Cannebière/ Marseille [Anschrift durchgestrichen]/ Mêmes maisons à Marseille:/ Hôtel de Noailles/ Hôtel Bristol/ au Touquet Paris-Plage (P.-D.-C.):/ Hôtel de l'Hermitage/ Hôtel Atlantic/ R. C. Marseille No 49 060/ Marseille, le ... 192 ...

Übersetzung
Mein Alter, ich verlasse Marseille übermorgen, den 12. November, und werde am 12. November abends in Dijon sein, um (lache nicht, mein Alter) der Gastronomiemesse beizuwohnen. Ich will also am 13. November in Dijon bleiben und am 14. nach Villeneuve weiterreisen.

Frans – Dijon ist drei Stunden von Paris entfernt! Komm doch mit oder ohne Deine Frau am 13. November für einen Tag, Du erinnerst Dich doch, wie lustig es in Boulogne war. Und in Dijon werden wir uns einen ganzen Tag lang vollstopfen und herumalbern. Mein Alter, wir werden solide – man braucht auch traute Momente voller Freundschaft und Müßiggang. Wäre das nicht ein vorzüglicher Treffpunkt?

Wenn Du willst, wenn Du kannst, schicke mir eine Depesche bis zum 11. November abends, um wieviel Uhr ich Dich am 13. in Dijon am Zug abholen kann. Und ich werde auf alle Fälle an der Hauptpost in Dijon fragen, ob es postlagernd Nachricht von Dir gibt. Ich kann auch am 14. November hierbleiben, wenn Du kommst.

Ich habe Dir nicht einmal ein Wort über Dein bewundernswertes Buch geschrieben. Entschuldige das bitte – ich wollte es öffentlich machen. Es hat all meine Erwartungen übertroffen.

Ich umarme Dich!
Beste Wünsche an Deine Frau!

Stefan

Hôtel Beauvau
Marseille (bis zum 11. Januar [!] abends)

1] *Dijon [...] à la Foire Gastronomique / Dijon [...] der Gastronomiemesse*: Über die »wie ich's übersetzen möchte: ›Kirchweih des guten Essens‹« in der burgundischen Stadt Dijon hat SZ für das Berliner Tageblatt, 24. 11. 1925, berichtet.
2] *Viens [...] pour une journée / Komm [...] für einen Tag*: Masereel kam dieser Einladung vermutlich nicht nach.
3] *ta femme / Deine Frau*: Pauline Masereel; vgl. 29. 3. 1920, Anm. 18.

4] *à Boulogne / in Boulogne*: Zusammenhang nicht ermittelt.
5] *sur ton admirable livre / über Dein bewundernswertes Buch*: SZ hat über Frans Masereels ›La Ville‹ (vgl. 16. 12. 1924, Anm. 6) nicht gesondert geschrieben.

150 *An Leonhard Adelt* [Ende November 1925]
e. Br., 3 S. – ÖNB Wien

1] *vielen Dank*: Vermutlich für Glückwünsche zu SZs 44. Geburtstag am 28. November 1925.
2] *jenes Volpone-Stück*: Vgl. [20. Juli 1925], Anm. 8.
151 3] *Felix Bloch*: Felix Bloch Erben, Berliner Theaterverlag.
4] *Fal[c]kenberg*: Otto Falckenberg (1873–1947), Regisseur; 1916–1944 Direktor der Münchener Kammerspiele.
5] *mit dem B[erliner] T[ageblatt]*: Adelt war von 1914 bis 1919 als Redakteur und Kriegsberichterstatter, seitdem als freier Journalist für das Berliner Tageblatt tätig.
6] *Congreve The Way of the World*: William Congreve (1669–1729), ›The Way of the World‹ (Komödie, 1700).
7] *Wycherley The Country Wife*: William Wycherley (1640–1716), ›The Country Wife‹ (Komödie, 1675).
8] *Farquhar The Beaux' Stratagem*: George Farquhar (1677–1707), ›The Beaux' Stratagem‹ (Komödie, 1707).
9] *The recruiting Officer*: George Farquhar, ›The Recruiting Officer‹ (Komödie, 1706).
10] *falls Du etwas unternimmst*: Adelt hat keinen dieser Vorschläge aufgegriffen.

151 *An Erhard Buschbeck* 13. 12. 1925
e. Br., 2 S. – ÖNB Wien – Briefkopf: Signet SZ – Kapuzinerberg 5 / Salzburg

1] *Ihre Zeilen*: Nicht erhalten.
152 2] *Felix Bloch*: Vgl. [Ende November 1925], Anm. 3.
3] *das Stück*: SZ, ›Volpone‹; vgl. [20. Juli 1925], Anm. 8.
4] *Director Herterich*: Franz Herterich; vgl. [vor 10. März 1924], Anm. 8.
5] *Akademietheater*: Kammerspiele des Burgtheaters in Wien.
6] *vom Burgtheater*: Die Uraufführung von SZs ›Volpone‹ fand am 6. November 1926 im Burgtheater in Wien statt.

7] *Pallenberg*: Max Pallenberg (1877–1934), Schauspieler; seit 1904 Charakterkomiker in Wien, München und Berlin.
8] *vom 24–29 in Wien*: Nicht zuletzt, um seine Eltern zu besuchen (vgl. 9. 10. 1923, Anm. 1).
9] *eine mit Gold gefüllte Kasse auf die Bühne zu stellen*: Vgl. SZs Brief an Frans Masereel vom [20. Juli 1925].

An Eberhard Buschbeck 12. 1. 1926 *153*
e. Briefkarte, 2 S. – ÖNB Wien – Briefkopf: Signet SZ – VIII. Kochgasse 8. (Durchgestrichen)

1] *am 21 oder 22. nach Zürich*: SZ fuhr am 23. Januar 1926 nach Zürich, um aus Anlaß des sechzigsten Geburtstags von Romain Rolland über ihn zu sprechen. Am 24. Januar blieb er noch in Zürich, am 25. war er in Frankfurt am Main, am 26. in Wiesbaden, am 27. in Bonn, am 29. in Berlin, am 30. in Hamburg, am 1. Februar in Lübeck, vom 2. bis zum 5. Februar noch einmal in Berlin, am 6. und 7. in Leipzig und am 8. zurück in Salzburg.
2] *Felix Bloch*: Der Theaterverlag Felix Bloch Erben in Berlin, der SZs Interessen wahrnahm.
3] *das Wiener Nein oder Ja*: Die Entscheidung für die Uraufführung von ›Volpone‹ fiel auf das Burgtheater in Wien; vgl. 13. 12. 1925, Anm. 6.
4] *Volpone*: Vgl. [20. 7. 1925], Anm. 8.
5] *Director Herterich*: Franz Herterich; vgl. [vor 10. März 1924], Anm. 8.

An Emil Bernhard Cohn 27. 2. 1926 *153*
ms. Br., 2 S. – Privat – Briefkopf: Signet SZ – Kapuzinerberg 5 / Salzburg

1] *Emil Bernhard Cohn*: (Psd. Emil Bernhard, 1881–1948), deutscher Rabbiner und Schriftsteller.
2] *»Legenden«*: Emil Bernhard, ›Legenden‹, München: Georg Müller 1925.
3] *»Die Empörung des Baumes«*: Der Band enthält insgesamt sieben Legenden, von denen SZ vier erwähnt.
4] *Aufführung Ihres Stückes*: Emil Bernhard Cohn, ›Das reißende Lamm‹, Drama in fünf Akten, Berlin: Volksbühnen-Verlags- und Vertriebs-G. m. b. H. 1926. Die Aufführung wurde nicht ermittelt.

5] *Reinhardt*: Max Reinhardt (vgl. 14. 1. 1920, Anm. 10) inszenierte Cohns Drama ›Das reißende Lamm‹ nicht.

154 6] *Legendenbücher Bubers*: Martin Buber (vgl. 22. 7. 1920, Anm. 5), ›Die Geschichten des Rabbi Nachman‹ (Frankfurt am Main: Literarische Anstalt Rütten & Loening 1906) und ›Die Legende des Baalschem‹ (ebenda 1908).

7] *Ich plane selbst ein größeres Legendenbuch*: Eine Sammelausgabe mit SZs ›Legenden‹ erschien unter diesem Titel erst posthum – Stockholm: Bermann-Fischer Verlag 1945.

8] *aus der biblischen Welt eines [!] einfügen zu können*: Im März 1927 veröffentlichte SZ seine Legende ›Rahel rechtet mit Gott‹ erstmals in der Neuen Rundschau, Berlin (Jg. 38, H. 3, S. 260–273).

9] *»Die Augen des ewigen Bruders«*: Vgl. 6. 9. 1921, Anm. 11 u. 12.

10] *eine Legende, die zwischen Heidentum und Christentum spielt*: Diese Legende veröffentlichte SZ erstmals u. d. T. ›Kleine Legende von den gleich-ungleichen Schwestern‹ am 17. 4. 1927 in der Neuen Freien Presse, Wien (S. 37–43). Später wurde sie mit der Überschrift ›Die gleich-ungleichen Schwestern‹ in dem Band SZ, ›Kaleidoskop‹, Wien-Leipzig-Zürich 1936 (= Gesammelte Erzählungen, Bd. 2) nachgedruckt.

11] *im Stile des Dekameron*: Giovanni Boccaccio (1313–1375), ›Il decamerone‹.

12] *Anatol[e] France*: (eigtl. Jacques-François-Anatole Thibault, 1844–1924) – ein Autor mit psychologischem Einfühlungsvermögen.

13] *»Geschichte der dritten Taube«*: SZ hatte ›Die Legende der dritten Taube‹ erstmals im Dezember 1916 in Der Bildermann. Steinzeichnungen fürs deutsche Volk, hrsg. v. Paul Cassirer, Berlin (Jg. 1, H. 17, einseitige Beilage mit einer Illustration von August Gaul) veröffentlicht.

14] *Ihres Buches öffentlich zu gedenken*: SZ besprach Cohns ›Legenden‹ nicht.

e. Br., 2 S. mit Trauerrand – BN Paris – D in deutscher Übersetzung: Romain Rolland-SZ, ›Briefwechsel 1910–1940. Zweiter Band 1924–1940‹, Aus dem Französischen von Eva und Gerhard Schewe (Briefe Rollands) und Christel Gersch (Briefe Zweigs), Berlin: Rütten & Loening 1987, S. 161–162.

Übersetzung
Mein teurer Freund, ich kehre aus Wien zurück – was wir seit langem befürchtet haben, ist eingetreten, wir mußten meinem Vater die Augen schließen, gestorben in seinem 81. Lebensjahr, des Lebens müde und ohne jegliche Krankheit, außer der Erschöpfung des Alters. Der Ihre ist noch kräftig, wacker und munter: ich habe an ihn gedacht und wünsche ihm, daß seine Gesundheit, seine Kraft noch lange anhalten mögen, denn er liebt das Leben und hängt an ihm. Mein Vater wollte seit zwei Jahren nichts mehr davon wissen, deshalb war der Tod sein Freund.

Ich habe Ihren guten Brief vorgefunden. Ich verstehe Sie vollkommen. Nur vergessen Sie, daß die Situation Frankreichs außergewöhnlich ist: die Geschichte Deutschlands, Preussens, das ist nationale Geschichte – die Geschichte der Französischen Revolution ist wie die Roms ein Gut aller Völker, ein europäisches Geschehen, samt Napoleon und zuletzt mit dem großen Krieg. Alles, was also an den großen Linien teilhat, wie Danton, Robespierre, Mirabeau, ist Allgemeingut wie die Gestalten Cäsars, Hannibals und Neros. Darum hatte Danton überall Erfolg: der »Triumph der Vernunft« weniger, weil das historische Detail darin dem großen Publikum abgeht. Sie behalten niemals die Ereignisse in Erinnerung, nur die großen Männer. Und Robespierre fasziniert noch als Vorgänger Napoleons. Lassen Sie nicht von ihm ab, er ist von der Art Helden, die ganz französisch sind: der Intellektuelle, der inbrünstige Moralist, der Mystiker der Vernunft. Er ist für Ihren »Danton« notwendig als Pendant: dies sind die beiden Karyatiden, die das ganze Bauwerk trugen. Nach ihrem Tode brach es ein und mußte von Napoleon wieder neu errichtet werden. Haben Sie nur keine Angst davor, nicht verstanden zu werden: die großen Gestalten spiegeln immer die Phantasie aller Völker wider. Und machen Sie weiter! Machen Sie weiter! Jedes geschaffene Stück verdoppelt sich im Wert durch ein neues, das ihm durch seinen Widerschein mehr Glanz verleiht.

Ich selbst bin in einer schlechten Phase. Viermal wurde ich in meiner Arbeit unterbrochen – ich wollte meinen Erzählband fertigstellen. Jetzt bin ich es leid. Ich erwarte meine Mutter hier für 8–10 Tage, dann will ich irgendwohin flüchten, ich weiß noch nicht, wohin. Ich bin ein guter Arbeiter – nur, wenn ich einmal aus mir selbst herausgerissen werde, finde ich nur sehr schwer zu meiner Aufgabe zurück.

Was Rieger angeht, weiß ich, daß er mit großer Gewissenhaftigkeit arbeitet und daran Gefallen hat. Ich kenne die Übersetzung von »Aërt« noch nicht, aber selbst wenn sich einige Fehler eingeschlichen haben sollten, erscheint mir das verzeihlich, denn »Aërt« mußte in einigen Tagen, ohne aufzusehen, übersetzt werden – das Theater wartete auf das Manuskript, um es an Ihrem Geburtstag zu spielen; sie übten sogar schon den ersten Akt, während er den dritten übersetzte. Jedenfalls könnte er in den Fahnen leicht die Details korrigieren – von all Ihren Übersetzern ziehe ich ihn bei weitem vor.

Also nur diese schnellen Zeilen und tausend Grüße an die Ihren von Ihrem getreuen

Stefan Zweig

9. März 1925

1] *fermer les yeux à mon père / meinem Vater die Augen schließen*: Moritz Zweig (vgl. [27. 1. 1920] an Friderike Maria v. Winternitz, Anm. 3) war am 2. März 1926 gestorben.

2] *Le vôtre / Der Ihre*: Romain Rollands Vater Emile; vgl. 16. 12. 1924, Anm. 26.

155 3] *votre bonne lettre / Ihren guten Brief*: SZ hatte Rolland am 28. 2. 1926 geschrieben: »Man darf beim Theater der Revolution nicht allzusehr auf die Bildung des Publikums bauen: es gibt bei uns sehr wenige Leute [...], die wissen, wer die Girondisten waren [...]. Man muß, wie Schiller es wunderbar machte, die historische Situation wie Schülern in der Schule erklären: ich glaube, es ist unser Fehler, das Wissen sogar des ›guten‹ Publikums überzubewerten.« Daraufhin hatte Rolland ihm am 6. 3. 1926 geantwortet, für ihn sei Schiller gerade das Beispiel dafür, »wie man es nicht machen darf. [...] Kein historisches Drama Schillers kann sich auf einer französischen Bühne behaupten. [...] Wenn ich, außerhalb Frankreichs, ›die Girondisten‹ nicht erkläre, wird man sie nicht verstehen, sagen Sie. Wenn ich sie in Frankreich erkläre, gähnt man oder lacht mich aus.« (Romain Rolland-SZ, ›Briefwechsel 1910–1940. Zweiter Band 1924–1940‹, a.a.O., S. 157 u. 159–160.)

4] *Napoléon*: Napoleon Bonaparte (1769–1821), 1804–1815 als Napoleon I. Kaiser der Franzosen.

5] *Danton*: Georges Jacques Danton (1759–1794); durch seine hinreißende Beredsamkeit einer der Führer der Französischen Revolution.

6] *Robespierre*: Maximilien de Robespierre (1758–1794); nahm nach der Verdrängung Dantons aus dem Wohlfahrtsausschuß im Juli 1793 in Frankreich eine diktatorische Stellung ein; setzte die Hinrichtung König Ludwigs XVI. und den Sturz der Girondisten durch.
7] *Mirabeau*: Honoré Gabriel Riquet, Comte de Mirabeau (1749–1791), ein gefürchteter Kritiker des Ancien régime, beherrschte von Anfang an die nach dem Sturz Ludwigs XVI. gebildete Nationalversammlung durch seine große Rednergabe; er arbeitete auf die Schaffung einer konstitutionellen Monarchie nach englischem Vorbild hin.
8] *de César / Cäsars*: Vgl. [31. 3. 1924], Anm. 14.
9] *Hannibal*: (247/46 – um 183 v. Chr.), karthagischer Feldherr.
10] *Néron / Neros*: Nero Claudius Cäsar Augustus Germanicus (37–68), von 54–68 römischer Kaiser.
11] *Danton*: Romain Rollands »Revolutionsdrama« ›Danton‹; vgl. 14. 1. 1920, Anm. 11. »In ›Danton‹ ist ein entscheidender Augenblick der Revolution gezeigt, die Wasserscheide des Aufstieges und des Niederganges, die Peripetie.« (SZ, ›Romain Rolland‹, GWE 1987, S. 129.)
12] *le «triomphe de la Raison» / der »Triumph der Vernunft«*: Romain Rolland, ›Le Triomphe de la Raison‹, Drame en trois actes (Paris: Revue de l'art dramatique 1897) »ist nur ein Ausschnitt aus dem gewaltigen Fresko«. (SZ, ›Romain Rolland‹, GWE 1987, S. 132.)
13] *mon volume des [!] contes / meinen Erzählband*: SZ, ›Verwirrung der Gefühle‹; vgl. [nach 17. Juli 1925], Anm. 8.
14] *ma mère / meine Mutter*: Ida Zweig; vgl. [27. 1. 1920] an Friderike Maria v. Winternitz, Anm. 3.
15] *puis je veux fuir quelque part / dann will ich irgendwohin flüchten*: Ende März 1926 reisten SZ und Friderike Zweig nach Südfrankreich – vermutlich nach Marseille, Cannes, Menton, Carcassonne, Aigues-Mortes, Sète, Montpellier, Narbonne, Toulouse, Poitiers – und über Paris am 15. April 1926 nach Salzburg zurück.
16] *Rieger*: Erwin Rieger; vgl. 14. 1. 1920, Anm. 6.
17] *«Aërt»*: Romain Rolland, ›Aërt‹, Trois actes, Paris: Revue de l'art dramatique 1898. »›Aërt‹ ist die Tragödie der Besiegten, der starke leidenschaftliche Aufruf zum Erwachen.« (SZ, ›Romain Rolland‹, GWE 1987, S. 110.) – Die deutsche Übersetzung von Erwin Rieger erschien nicht wie geplant im Rotapfel-Verlag in Erlenbach bei Zürich, weil der Verleger Emil Roniger (vgl. 16. 12. 1924, Anm. 18) mit ihr nicht einverstanden war.
18] *le théâtre attendait le manuscrit / das Theater wartete auf das Manuskript*: Welches deutschsprachige Theater Rollands ›Aërt‹ zuerst gespielt hat, wurde nicht ermittelt. *156*

156 *An Victor Fleischer* [25. 3. 1926]
e. Br., 2 S. – DLA Marbach/N.

1] *Dein Brief*: Nicht erhalten.
2] *was Fontane eine »Nervenpleite« nennt*: Die Quelle wurde nicht ermittelt.
3] *mit Fritzi nach Südfrankreich*: Vgl. 9. 3. 1926, Anm. 15. SZ fuhr allein, vermutlich bereits am Tag dieses Briefes, nach Paris voraus.
4] *einem Todesfall*: Vgl. 9. 3. 1926, Anm. 1.
5] *Deine Sorgen*: Nicht ermittelt.
6] *Deiner Frau [...] ihrer Mutter*: Leontine Sagan; vgl. [27. 1. 1920], Anm. 22. Ihre Mutter und weitere Einzelheiten wurden nicht ermittelt.
7] *mit unserer Mutter*: Ida Zweig; vgl. [27. 1. 1920] an Friderike Maria v. Winternitz, Anm. 3.
8] *mein Bruder*: Alfred Zweig; vgl. 29. 6. 1922 an Victor Fleischer, Anm. 18.
157 9] *wo keine Enkel sind*: Weder SZ noch Alfred Zweig noch Victor Fleischer hatten Kinder.
10] *Deine Mutter*: Nicht ermittelt.
11] *Deine geschäftliche Leistung*: Vgl. [27. 1. 1920] an Victor Fleischer, Anm. 1.
12] *diese Krise*: »Der Buchhandel wird sich in der Geschichte dieser Zeit das Jahr 1926 besonders merken müssen. Es zeigt einen Höhepunkt der Wirtschaftskrise und eine unheimliche Stille auf dem Büchermarkt. Es liegt nahe, die Wirtschaftskrise dafür verantwortlich zu machen. Aus manchen Symptomen darf aber der Schluß gezogen werden, daß das Übel tiefer sitzt. [...] Unser Büchermarkt ist geschwächt, weil das gleichmäßige Interesse einer breiten Käuferschicht zur Zeit aussetzt, der Bücherkauf vollzieht sich in zeitweiligen Explosionen.« (S. Fischer, ›Bemerkungen zur Bücherkrise‹ [1926], in: ›In memoriam S. Fischer 24. Dezember 1859–1959‹, Privatdruck 1959, S. 31–33.)
13] *Kipp[enbergs]*: Anton Kippenberg; vgl. 9. 2. 1920, Anm. 1.
14] *Goethe Liebhabereien*: Anton Kippenberg war zu seiner Zeit einer der größten Goethe-Sammler, dessen erstaunliche Sammlung fast überall bekannt war. Bereits 1913 war im Insel-Verlag in Leipzig der ›Katalog der Sammlung Kippenberg. Goethe – Faust – Weimar‹, zusammengestellt unter Mitwirkung von Fritz Adolf Hünich, erschienen, dessen zweite, erweiterte Ausgabe in drei Bänden 1928 vorgelegt wurde.
15] *wahrscheinlich nach Belgien*: Einzelheiten wurden nicht ermittelt.
158 16] *Dalmatien*: Das an der jugoslawischen Adriaküste gelegene Dalmatien, das zu Österreich-Ungarn gehört hatte, war am Ende des Er-

sten Weltkriegs vom Königreich der Serben, Kroaten und Slowenen (dem späteren Jugoslawien) annektiert worden.
17] *Kasten*: österr., Schrank.

An Richard Specht 1. 5. 1926 *158*
e. Br., 4 S. – Privat

1] *Dein Buch über Werfel*: Richard Specht, ›Franz Werfel. Versuch einer Zeitspiegelung‹, Wien: Paul Zsolnay 1926.
2] *Hofman[n]sthal [...] »Christinas [!] Heimreise« und des »Welttheaters«*: Hugo von Hofmannsthal, ›Cristinas Heimreise‹, Komödie, Berlin: S. Fischer 1910. – ›Das Salzburger große Welttheater‹, Leipzig: Insel-Verlag 1922.
3] *Werfel der Autor einer Reinhardtaufführung*: Max Reinhardt (vgl. 14. 1. 1920, Anm. 10) hatte Franz Werfels (vgl. 3. 1. 1920, Anm. 6) »dramatische Historie in drei Phasen und dreizehn Bildern« ›Juarez und Maximilian‹ im Wiener Theater in der Josefstadt inszeniert (Erstaufführung: 26. Mai 1925). Die Uraufführung hatte am 20. April 1925 im Magdeburger Stadttheater stattgefunden.
4] *»Thor und Tod«*: Hugo von Hofmannsthal, ›Der Thor und der Tod‹, Berlin SW: Schuster & Loeffler 1900.
5] *Bücher, wie die Deinen*: Richard Specht hatte bereits mehrere thematische Analysen zur Musik und biographisch-analytische Bücher über Schriftsteller verfaßt.
6] *Mahler*: Gustav Mahler (1860–1911). – Richard Specht, ›Gustav Mahler‹, Berlin: Schuster & Loeffler 1913. *159*
7] *Strauss*: Richard Strauss; vgl. 29. 5. 1921, Anm. 3. – Richard Specht, ›Richard Strauss und sein Werk‹, 2 Bde., Wien: E. P. Tal 1921.
8] *Schnitzler*: Arthur Schnitzler; vgl. 31. 12. 1921 an Raoul Auernheimer, Anm. 8. – Richard Specht, ›Arthur Schnitzler. Der Dichter und sein Werk. Eine Studie‹, Berlin: S. Fischer 1922.
9] *Beer-Hofmann*: Richard Beer-Hofmann (1866–1945).
10] *Das profanum vulgus*: Horaz (Horatius Flaccus Quintus, 65 v. Chr. – 8 n. Chr.) schreibt in seinen ›Oden‹ (3,1,1): »Odi profanum vulgus et arceo.« (Ich hasse und meide das gemeine Volk.) SZ meint hier den gewöhnlichen Leser. *160*
11] *Divagationen*: frz. divagation, Abschweifung.
12] *Kraus*: Karl Kraus (1874–1936).
13] *ich weiß in Wien nichts mehr anzufangen*: Bereits 1909 fühlte sich SZ in Wien »nicht recht zuhause« (SZ, ›Briefe 1897–1914‹, a.a.O., S. 188 – an Ellen Key, 4. 5. 1909).

14] *Felix Braun*: Vgl. 14. 1. 1920, Anm. 21.
15] *Erwin Rieger*: Vgl. 14. 1. 1920, Anm. 6.
16] *Lucka*: Emil Lucka; vgl. [26. 1. 1925], Anm. 27.
161 17] *am ersten Tag zehntausend Exemplare verkauft*: Auch hierzu hatte SZ ein ambivalentes Verhältnis. So hatte er am 12. 8. 1925 an seine Frau Friderike geschrieben: »Ich erwarte mir nichts mehr – denn ob ich 10 000 oder 150 000 Exemplare verkaufe, ist doch einerlei.« Vgl. S. 145.
18] *besonders in Rußland*: Die ersten Übersetzungen von Novellen SZs ins Russische durch D. M. Gorfinkel und durch I. B. Mandelshtam waren 1923 und 1924 im Verlag Atenej in Leningrad erschienen. »Wirklich populär allerdings wurde Stefan Zweig in Sowjetrußland, als seine Werke vom Verlag Wremja in Leningrad herausgegeben wurden. [...] 1925 bringt der Verlag Wremja eine neue Novellensammlung von Stefan Zweig heraus, im selben Jahr eine Neuauflage des Buches ›Amok‹, das 1923 als Erstauflage im Verlag Atenej erschienen war.« (K. M. Asadowski, ›Die Briefe Stefan Zweigs an den Verlag Wremja‹, in: Neue Deutsche Literatur, Berlin, 26. Jg., Nr. 12, Dezember 1978, S. 121.) Jedes neue ins Russische übersetzte Buch SZs brachte Erfolg bei den Lesern, und er selbst signalisierte zu dieser Zeit sein Interesse an der Verbreitung seiner Bücher in Rußland.
19] *Toller*: Ernst Toller (1893–1939).
20] *bei den Festspielen*: Die Salzburger Festspiele fanden seit 1920 alljährlich im Juli und August statt.
21] *Deiner lieben Frau*: Vera Specht, geb. Schapira (1891–1930); Pianistin.
22] *Werfel [...] gesprochen*: Möglicherweise hatten sich SZ und Franz Werfel (vgl. 3. 1. 1920, Anm. 6) zuletzt im Januar 1920 getroffen, als SZ zu seiner Eheschließung in Wien war (vgl. 14. 1. 1920, Anm. 21).

161 *An Victor Fleischer* [28. 7. 1926]
e. Br., 2 S. – DLA Marbach/N. – Datierung von fremder Hand

1] *Riviera [...] Ansichtskartenschönheit*: In der Novelle ›Vierundzwanzig Stunden aus dem Leben einer Frau‹ schreibt SZ: »Sie kennen ja die Rivieralandschaft. Sie wirkt immer schön, aber doch flach wie eine Ansichtskarte hält sie ihre immer satten Farben dem Auge gemächlich hin, eine schlafende, träge Schönheit, die sich gleichmütig von jedem Blicke betasten läßt, orientalisch fast in ihrer ewig üppigen Bereitschaft.« (›Phantastische Nacht‹, GWE 1982, S. 122.)
2] *Das Buch*: SZ, ›Verwirrung der Gefühle‹; vgl. [nach 17. Juli 1925], Anm. 8.

3] *Marseille [...] Cannes [...] Menton*: Vgl. 9. 3. 1926, Anm. 15. 162
4] *Ehrenstein*: Albert Ehrenstein; vgl. 29. 6. 1922 an Victor Fleischer, Anm. 24.
5] *Am 4. August will ich abreisen*: Die Salzburger Festspiele fanden vom 7. bis zum 29. August 1926 statt.
6] *Mein Reiseziel war Dänemark*: Schon im Februar 1906 hatte er erwogen, nach Skandinavien zu reisen (vgl. SZ, ›Briefe 1897–1914‹, a.a.O., S. 116), doch er hat diesen Gedanken nie realisiert.
7] *So weiß ich heute noch nicht wohin*: SZ fuhr schließlich in die Schweiz – spätestens am 10. August war er in Zermatt, dort blieb er bis zum 20., am 21. fuhr er nach Villeneuve, am 23. machte er halt in Gunten am Thuner See und war bald darauf wieder in Salzburg zurück.
8] *semper novarum rerum cupidus*: »Semper cupidi novarum rerum« (Stets neuerungssüchtig) – so bezeichnete Gaius Julius Caesar (vgl. [31. 3. 1924], Anm. 14) in ›De bello gallico‹ (I, 18, 3) die Gallier.
9] *die Verleger die Einschränkung der Production*: Vgl. [25. 3. 1926], Anm. 12.
10] *Viertels Rede*: Die Rede des österreichischen Schriftstellers und Regisseurs Berthold Viertel (1885–1953) wurde nicht ermittelt.

An Sigmund Freud 8. 9. 1926 163
e. Br., 2 S. – DLC, Washington – Signet SZ – Kapuzinerberg 5 / Salzburg – D: ›Jahrbuch der Psychoanalyse‹, Bd. 8, Bern, Stuttgart, Wien: Hans Huber 1975, S. 72–73 (Ohne Briefschluß); SZ, ›Briefwechsel mit Hermann Bahr, Sigmund Freud, Rainer Maria Rilke und Arthur Schnitzler‹, hrsg. v. Jeffrey B. Berlin, Hans-Ulrich Lindken u. Donald A. Prater (Frankfurt a. M.:) S. Fischer Verlag (1987), S. 180–181.

1] *die Worte nur, die Sie mir sagten*: Sigmund Freud hatte SZ am 4. 9. 1926 geschrieben.
2] *in ein Werk*: SZ, ›Verwirrung der Gefühle‹; vgl. [nach 17. Juli 1925], Anm. 8.
3] *Proust*: Marcel Proust; vgl. 5. 8. 1924, Anm. 3.
4] *Lawrence*: David Herbert Lawrence; vgl. 17. 6. 1922, Anm. 16.
5] *Joyce*: James Joyce (1882–1941).
6] *einigen Deutschen*: Zum Beispiel Arthur Schnitzler (vgl. 31. 12. 1921 an Raoul Auernheimer, Anm. 8), Hugo von Hofmannsthal (vgl. [22. 8. 1920], Anm. 8), Thomas Mann (vgl. 17. 11. 1920, Anm. 6), Robert Musil (1880–1942), Hermann Broch (1886–1951).
7] *Psychologie [...] üben, an mir selbst*: SZ schrieb seine »Erinnerungen eines Europäers« u. d. T. ›Die Welt von Gestern‹. Sie erschienen posthum 1942 im Bermann-Fischer Verlag in Stockholm.

8] *Tolstoi*: Lew Nikolajewitsch Graf Tolstoi; vgl. 29. 8. 1923, Anm. 6. – SZ beschäftigte sich zu dieser Zeit intensiv mit ihm, weil er seinen dritten Band der ›Baumeister der Welt‹, ›Drei Dichter ihres Lebens. Casanova, Stendhal, Tolstoi‹, vorbereitete (vgl. [10. 7. 1924], Anm. 28).
9] *Hans Jäger*: Hans Henrik Jaeger (1854–1910), norwegischer Schriftsteller. Sein Roman ›Fra Kristiania-Bohèmen‹ war 1880 im Egst Forlag in Kristiania (Oslo) erschienen, die deutsche Ausgabe 1902 u. d. T. ›Christiania-Bohême [!]‹ im Wiener Verlag in Wien; sein Roman ›Syk Kjaerlihet‹ 1893 als Privatdruck, die deutsche Ausgabe 1920 in der Übersetzung von Niels Hoyer u. d. T. ›Kranke Liebe‹ in 3 Bänden bei Gustav Kiepenheuer in Potsdam.
10] *Buch von Frank Harris*: Frank Harris (vgl. 28. 11. 1923, Anm. 7), ›My life and loves‹ erschien 1922–1927 in 3 Bänden als Privatdruck in Paris, die deutsche Ausgabe in der Übersetzung von Antonina Vallentin als durchgesehene [= gekürzte] Ausgabe 1926 mit dem ersten Band u. d. T. ›Mein Leben. Selbstbiographie‹ und 1930 mit dem zweiten Band u. d. T. ›Jahre der Reife‹ im S. Fischer Verlag in Berlin.

164 *An Raoul Auernheimer* [16. 9. 1926]
e. Ansichtskarte (Salzburg) – WStLB – D: ›The Correspondence of Stefan Zweig with Raoul Auernheimer edited with an introduction and notes by Donald G. Daviau and Jorun B. Johns and with Richard Beer-Hofmann edited with commentary and notes by Jeffrey B. Berlin‹, Columbia, South Carolina: Camden House (1983), S. 94.

1] *Volp[one]*: SZ, ›Volpone‹; vgl. [20. Juli 1925], Anm. 8.
2] *Ben Jonson*: Vgl. [20. Juli 1925], Anm. 8.
3] *das Burgtheater*: Das Wiener Burgtheater bereitete die Uraufführung von SZs ›Volpone‹ für den 6. November 1926 vor.
4] *Reclam [. . .] Dr Sander*: SZ hatte Ende August 1926 Dr. Ernst Sander (1898–1976) – der Schriftsteller war von 1924 bis 1929 Lektor im Verlag Philipp Reclam jun. in Leipzig – Raoul Auernheimers neuen Roman, ›Die linke und die rechte Hand‹, empfohlen, der gleichzeitig im Berliner Tageblatt (15.7. bis 11. 9. 1926) und in der Neuen Freien Presse in Wien (13.7. bis 3. 10. 1926 in 72 Fortsetzungen) vorabgedruckt wurde. Der Roman erschien jedoch nicht dort, sondern 1927 bei S. Fischer in Berlin.
5] *Dr Sander schrieb mir*: Der Brief ist nicht erhalten.
6] *Engelhorn*: Der 1860 von Christoph Engelhorn in Stuttgart gegründete Verlag hatte 1884 die Reihe Engelhorns Allgemeine Roman-

bibliothek begonnen, in der (auch nach dem Verkauf des Verlags) bis 1931 alle vierzehn Tage ein neuer Band mit Unterhaltungsliteratur erschien.
7] *Jacob Schaffner*: (1875–1974), Schweizer Erzähler und Romancier. Seine Bücher erschienen nicht bei Engelhorn in Stuttgart.
8] *Frank Thiess*: (1890–1977), deutscher Erzähler und Romancier. Sein Novellenband ›Narren‹ erschien 1926 als Bd. 1000 in Engelhorns Roman-Bibliothek im Verlag Dr. F. X. Weizinger & Co in Stuttgart und Berlin.
9] *jetzt vollkommen erneut*: Bezieht sich auf den Verkauf des Engelhorn-Verlags an Dr. Weizinger & Co. und die veränderte Gestaltung der Buchserie.

An Franz Werfel 16. 9. 1926 *164*
e. Br., 2 S. – Privat – Briefkopf: Signet SZ – Kapuzinerberg 5 / Salzburg – D: ›Der unveröffentlichte Briefwechsel zwischen Franz Werfel und Stefan Zweig‹, mitgeteilt und kommentiert von Jeffrey B. Berlin und Hans-Ulrich Lindken, in: Modern Austrian Literature. Journal of the International Arthur Schnitzler Research Association (Riverside), Vol. 24, No. 2, 1991 (= Special Franz Werfel Issue), pp. 101–102.

1] *Franz Werfel*: Vgl. 3. 1. 1920, Anm. 6.
2] *als der Ihre kam*: Werfel hatte SZ am 14. 9. 1926 geschrieben, er habe die Lektüre seines Novellenbandes ›Verwirrung der Gefühle‹ (vgl. [nach 17. Juli 1925], Anm. 8) »eben in tiefer Nacht sehr erschüttert beendet«.
3] *Ihr »Paulus«*: Franz Werfel, ›Paulus unter den Juden‹, Dramatische Legende in sechs Bildern, Berlin, Wien, Leipzig: Paul Zsolnay 1926.
4] *Trifolium*: (Dreiblatt), Kleeblatt. *165*
5] *der drei großen Lehrer und Beschwörer*: Die Rabbunim Zaddok, Huna und Meïr, Mitglieder des Synhedrions, des Ältestenrates in Jerusalem, zu dessen Aufgabe die allgemeine und religiöse Gerichtsbarkeit gehörte; zu ihm kommt noch der Rabbi Beschwörer. Seine Aufgabe war es, Menschen und Tiere durch unverständliche Laute oder fremdartige Worte zu besprechen, auch durch Namen, die geisterbannende Macht besitzen sollten.
6] *das franziscanische*: Aus dem Franziskanerorden gingen besonders Philosophen und Theologen hervor; eine wichtige Aufgabe hat er aber auch in der äußeren Mission.
7] *Johannes mit dem Lamme*: In der Kunst wird Johannes der Täufer zumeist mit einem Lamm dargestellt; das geht auf das Johannesevan-

gelium (1,29 bzw. 36) zurück: »Des andern Tages sieht Johannes Jesum zu ihm kommen und spricht: Siehe, das ist Gottes Lamm, welches der Welt Sünde trägt!« – »Und als er sah Jesum wandeln, sprach er: Siehe, das ist Gottes Lamm!«

166 *An Felix Langer* 28. 9. 1926
ms. Br., 2 S. – HHI Düsseldorf – Briefkopf: Signet SZ – Kapuzinerberg 5 / Salzburg

1] *jener Kritik*: Nicht ermittelt.
2] *Dostojewski*: Fjodor Michailowitsch Dostojewski; vgl. 29. 8. 1923, Anm. 10.
3] *Balzac*: Honoré de Balzac; vgl. 17. 6. 1922, Anm. 20.
4] *Ihr Buch*: Felix Langer, ›Erotische Passion‹, Roman. Berlin (1926). Zürich: Deutsch-Schweizerische Verlangsanstalt (Eigenbrödler Verlag).
167 5] *»Der Zauberberg«*: Thomas Mann (vgl. 17. 11. 1920, Anm. 6), ›Der Zauberberg‹, Roman, 2 Bde., Berlin: S. Fischer 1924.
6] *Goethe*: Johann Wolfgang von Goethe; vgl. [27. 1. 1920] an Victor Fleischer, Anm. 11.
7] *Jean Paul*: (eigtl. Jean Paul Friedrich Richter, 1763–1825).
8] *Balzac*: Honoré de Balzac; vgl. oben, Anm. 3.
9] *Stevenson*: Robert Louis Stevenson (1850–1894), schottischer Schriftsteller.
10] *Josef [!] Conrad*: Joseph Conrad (eigtl. Teodor Józef Konrad Korzeniowski, 1857–1924), polnischer Schriftsteller, der alle seine Werke in englischer Sprache schrieb.
11] *in der Presse oder an anderer Stelle*: SZ hat öffentlich vermutlich keine Stellungnahme zu Felix Langers Roman (vgl. oben, Anm. 4) abgegeben.
12] *einer einzigen Stadt*: Bezieht sich vermutlich auf die Stadt, in der die oben erwähnte Kritik zu Langers Roman in einer Zeitung erschienen ist.

167 *An Samuel Fischer* 25. 10. 1926
e. Br. (mit e. Nachschr. v. Friderike Maria Zweig), 2 S. – IUL, Bloomington, IN – Briefkopf: Signet SZ – Kapuzinerberg 5 / Salzburg – D: Samuel Fischer/Hedwig Fischer, ›Briefwechsel mit Autoren‹, hrsg. v. Dierk Rodewald und Corinna Fiedler, mit einer Einführung von Bernhard Zeller, (Frankfurt a. M.:) S. Fischer Verlag (1989), S. 795.

1] *der Jahrestag Ihrer Verlagsgründung*: Am 1. September 1886 war die Gründung des S. Fischer Verlags in Berlin im Börsenblatt für den deutschen Buchhandel in Leipzig in Form einer Anzeige mitgeteilt worden.
2] *dem Signum des Verlags*: »Mitte der neunziger Jahre [des vorigen Jahrhunderts] tauchte erstmals das Signet des Verlages auf, der Fischer mit dem Netz, gezeichnet von dem damals in München lebenden Maler Otto Eckmann (1865–1920). Eckmann entwarf mehrere Fassungen des Signets für Antiqua und Fraktur, mit positiver Zeichnung oder als Negativ.« (›S. Fischer Verlag. Von der Gründung bis zur Rückkehr aus dem Exil.‹ Eine Ausstellung des Deutschen Literaturarchivs im Schiller-Nationalmuseum Marbach am Neckar (1985) [= Marbacher Katalog 40. Herausgegeben von Bernhard Zeller], S. 79.)

An Romain Rolland 25. 10. 1926 *168*
e. Br., 2 S. – BN Paris – Briefkopf: Signet SZ – Kapuzinerberg 5 / Salzburg – D in deutscher Übersetzung: Romain Rolland-SZ, ›Briefwechsel 1910–1940. Zweiter Band 1924–1940‹, Aus dem Französischen von Eva und Gerhard Schewe (Briefe Rollands) und Christel Gersch (Briefe Zweigs), Berlin: Rütten & Loening 1987, S. 186–187.

Übersetzung
Mein teurer Freund, ich habe seit langem das Bedürfnis, Ihnen zu schreiben. Aber, leider Gottes, nimmt die Weihnachtslawine schon im Oktober ihren Anlauf; Bücher, Briefe, und in ein paar Tagen werde ich nach Wien gehen, um mir zwei Proben des Volpone im Burgtheater anzusehen (ich bin bei der Aufführung nicht zugegen). Ich bekam Besuch von Baudouin und war aufs neue von seiner tiefen Bescheidenheit, seinem großen Können gerührt. Noch ein Fall, in dem unsere Freunde von Europe wenig Treue und Urteilsvermögen unter Beweis gestellt haben, denn als Dichter und Essayist scheint mir Baudouin den meisten ihres Kreises überlegen. Ich befürchte nur, daß die Beschäftigung mit Psychoanalytischem auf die Dauer so gefährlich ist, wie der Umgang mit Röntgenstrahlen: wenn man tief in den Wahn der Menschen eindringt, so kann man nicht immer heil in sein Selbst zurückkehren. Es ist kein Zufall, daß so viele Psychoanalytiker im Wahnsinn oder im Selbstmord enden: ich habe dies B. offen mitgeteilt, denn er erscheint mir überanstrengt und müde.

In Wien gab es den großen Paneuropa-Kongreß des (vortrefflichen und sehr sympathischen) Grafen Coudenhove. Natürlich hat dieser Kongreß Prinz Rohan angestachelt, und vierzehn Tage später veranstaltete er eine intellektuelle Woche, präsidiert von Hofmannsthal (Kriegsfanfare im Jahre 1916) und unterstützt von Paul Valéry (der seine vornehme Stille während 15 Jahren mit einer nunmehr wundersamen Aktivität einlöst). Und hier der Kongreß der Liga für Menschenrechte mit Aulard usw. usw.... Ich finde das alles ein wenig lächerlich, wir sprachen in Villeneuve darüber. Ich habe lediglich eingewilligt, dem Komitee einer französisch-deutschen Zeitschrift beizutreten, die in Vorbereitung ist, weil das zumindest eine Realität darstellt. Aber diese Konferenzen ekeln mich zutiefst und ihr moralisches Resultat ist gleich Null.

Ich muß Ihnen ein Verbrechen gestehen, das Sie mir verzeihen werden. Ich habe mehrere Briefe verschiedener Komitees an Sie unterschlagen, die Sie nach Deutschland kommen lassen wollen, um zum 100. [!] Geburtstag Beethovens eine Rede zu halten. Und tausend Zeitungen werden Sie für diesen Tag um einige Worte bitten. Ich rate Ihnen, einige vorzubereiten und sie 100mal abtippen zu lassen. Und Sie sind gerettet.

An Büchern habe ich wenig Interessantes gelesen. Zum eigenen Vergnügen lese ich nur Jack London und Joseph Conrad. Es gibt Zeiten, wo ich die Psychologie leid bin, wo ich nur danach verlange, wie ein Kind zu lesen: Märchen, Handlung, wundersame Abenteuer, und wo eine Seite von Proust, sogar von Dostojewski mich nervt. Man betreibt zu viel Psychologie, man macht sie zu gut. Und ich schaffe sie lieber selbst, indem ich lebendiges Leben lese, die Biographie. Man preist mir hier sehr die Biographie »Musician and Murderer« eines Amerikaners an, der die Geschichte eines Musikers der Renaissance nachzeichnet, welcher gleichzeitig ein berüchtigter Mörder war. Leider habe ich seinen Namen vergessen, aber Sie vergessen nichts, das weiß ich wohl.

Aber ein Buch wird von mir, von uns allen, dringlich erwartet, Ihr Roman. Welche Genugtuung für Sie, diese enorme Aufgabe noch zu beenden, den zweiten Jean-Christophe! Ich bin recht gespannt, das gebe ich zu. Aber vielleicht drucken die Pressen schon! Mein Buch ist schon jenseits des 20tausendsten Exemplars angelangt, und wir werden an Weihnachten mehr als 30 haben. Aber ich träume von weiteren, die zu erschaffen sind, und vom Reisen. Man muß reisen, solange die Knochen noch gut mitmachen – ich habe mit Bedauern vom erneuten Schwächeanfall Tagores in Wien erfahren. Es geht ihm schon besser. Aber welch ein Wahnsinn, Europa von Neapel bis Stockholm, von Paris bis Bukarest zu durchqueren, und vor Snobs in einer unverständlichen Sprache von seinen heiligsten Dingen zu sprechen. Das ist eine ansteckende Krankheit, diese neue Manie, ganz Europa in geistiger

Mission zu durchkreuzen – Thomas Mann, Paul Valéry machen den Filmstars Konkurrenz. Und das Publikum sieht sie sich überall mit dieser gleichen dummen und untreuen Neugierde an: das stand doch wirklich besser Wilhelm II. zu Gesichte, sich in aller Herren Länder herumzutreiben (weil man in Berlin froh war, wenn er nicht da war) als den Schöpfernaturen, den Dichtern! Die Besseres zu tun hätten – Werke!

Genug geschwatzt! Ich habe oft Lust, Ihnen die Hand zu drücken. Seien Sie froh, daß die Flugzeuge noch nicht gut genug funktionieren, ansonsten wären Sie nicht sicher vor dem Besuch Ihres getreuen

St. Z.

Meine Empfehlungen an Frl. Madeleine, meine Hochachtung Ihrem Herrn Vater.

1] *de vous écrire / Ihnen zu schreiben*: SZ hatte Rolland zuletzt am 26. 9. 1926 geschrieben.
2] *l'avalanche de Noël / die Weihnachtslawine*: Die Verlage verschickten bereits im Oktober ihre Produktion, um rechtzeitig zum Weihnachtsgeschäft mit Äußerungen berühmter Schriftstellerkollegen für die Bücher ihres Hauses werben zu können.
3] *Volpone au Burgtheater / Volpone im Burgtheater*: Vgl. [16. 9. 1926] an Raoul Auernheimer, Anm. 3.
4] *Baudouin*: Louis-Charles Baudouin (1893–1963), Schweizer Schriftsteller und Übersetzer; Gründer der pazifistischen Zeitschrift Le Carmel (Genève).
5] *nos amis d'Europe / unsere Freunde von Europe*: Vgl. 4. 9. 1921, Anm. 10.
6] *l'occupation psychoanalytique [!] / die Beschäftigung mit Psychoanalytischem*: Der Zusammenhang wurde nicht ermittelt.
7] *A Vienne il y avait le grand congrès Paneuropéen / In Wien gab es den* 169
großen Paneuropa-Kongreß: Vom 17. bis zum 21. Oktober 1926 fand in Wien die 3. Generalversammlung des Internationalen Verbandes für kulturelle Zusammenarbeit statt.
8] *Coudenhove*: Richard Nikolaus Graf Coudenhove-Kalergi (1894–1972), Begründer der paneuropäischen Bewegung.
9] *Rohan*: Prinz Karl Anton Rohan; vgl. [10. 7. 1924], Anm. 6.
10] *une semaine intellectuelle / eine intellektuelle Woche*: »Ab 1924 fanden, jeweils in einer anderen europäischen Stadt, jährlich Kongresse der von Prinz Rohan ins Leben gerufenen Bewegung statt. In der Zeit vom

18.–20. Oktober 1926 tagte in Wien unter dem Vorsitz Hofmannsthals und des Grafen Mensdorff-Pouilly die dritte Generalversammlung. Hofmannsthal hielt am 18. Oktober in der Akademie der Wissenschaften die Eröffnungsrede in französischer Sprache und am Vormittag des 20. Oktober die Schlußrede. Das Generalthema der Wiener Tagung lautete ›Die Rolle des Geistesmenschen im Aufbau Europas‹.« (Helga Fußgänger, in: Hugo von Hofmannsthal/Josef Redlich, ›Briefwechsel‹, Frankfurt a. M.: S. Fischer 1971, S. 222.)
11] *(fanfare de guerre en 1916)* / (Kriegsfanfare im Jahre 1916): Hugo von Hofmannsthal (vgl. [22. 8. 1920], Anm. 8) hatte vor allem 1915 mehrere Aufsätze zum Zeitgeschehen veröffentlicht und Vorträge gehalten, u. a. ›Wir Österreicher und Deutschland‹, ›Die Taten und der Ruhm‹, ›Krieg und Kultur‹, ›Geist der Karpathen‹, ›Unsere Militärverwaltung in Polen‹. Über ›Die Idee Europa‹ hatte er 1917 erstmals gesprochen.
12] *Paul Valéry*: (1871–1945), französischer Schriftsteller. »Während des Kongresses nahm [der Philosoph und Unterstaatssekretär Dr. Balbino] Giuliano an einzelnen Kommissionssitzungen teil und trat am 20. Oktober zusammen mit Paul Valéry und Theodor Litt als Partner in einer öffentlichen Diskussion auf.« (Helga Fußgänger, in: Hugo von Hofmannsthal/Josef Redlich, ›Briefwechsel‹, a.a.O., S. 222.) Valéry, der von 1897 bis 1900 Beamter im französischen Kriegsministerium war, hatte sich bislang zu den politischen Ereignissen in Europa nicht öffentlich geäußert.
13] *la ligue de droits des hommes [= des Droits de l'Homme] / der Liga für Menschenrechte*: Am 27. September 1926 hatte in Salzburg der Kongreß der Union der Völkerbundligen begonnen, nicht der der 1898 in Paris anläßlich der Dreyfus-Affäre gegründeten Gesellschaft zum Kampf für die freiheitlichen Rechte des Menschen gegen staatliche Gewalt.
14] *Aulard*: Alphonse Aulard (1849–1928), französischer Historiker.
15] *à Villeneuve / in Villeneuve*: SZ hatte Rolland zuletzt am 18. August 1926 besucht, als er vor den Salzburger Festspielen in die Schweiz »geflohen« war; vgl. [28. 7. 1926], Anm. 7.
16] *d'entrer dans un comité d'une revue Franco-Allemande / dem Komitee einer französisch-deutschen Zeitschrift beizutreten*: Einzelheiten nicht ermittelt.
17] *au 100ème anniversaire [!] de Beethoven / zum 100. Geburtstag [!] Beethovens*: Anläßlich des 100. Todestages von Ludwig van Beethoven (geboren am 17. 12. 1770 in Bonn) am 26. März 1927 fanden in Deutschland und Österreich mehrere »Festveranstaltungen« statt. An den deutschen Gedenkfeiern nahm Rolland nicht teil, aber er beteiligte sich am Programm der Wiener Beethoven-Feier vom 26. bis 31. März 1927.

18] *Jack London*: (eigtl. John Griffith, 1876–1916), amerikanischer Schriftsteller.

19] *Joseph Conrad*: Vgl. 28. 9. 1926, Anm. 10.

20] *Proust*: Marcel Proust; vgl. 5. 8. 1924, Anm. 3.

21] *Dostojewski*: Fjodor Michailowitsch Dostojewski; vgl. 29. 8. 1923, Anm. 10.

22] *«Musician and Murderer»*: Cecil Gray [1895–1951] and Philip Heseltine [1894–1930], ›Carlo Gesualdo, Prince of Venosa, Musician and Murderer‹, with 34 musical exemples in the text and 8 full-page plates, London: K. Paul, Trench, Trubner & Co, Ltd. 1926.

23] *votre roman / Ihr Roman*: Rolland schloß den dritten und vierten *170*
Band seines Romanzyklus ›L'âme enchantée‹ (vgl. 4. 9. 1921, Anm. 19, und 9. 10. 1923 an Romain Rolland, Anm. 25) – ›Mère et fils‹ – gerade ab; er erschien in Frankreich noch im selben Jahr, die deutsche Übersetzung von Paul Amann ebenfalls: Romain Rolland, ›Verzauberte Seele‹, 3 Bde., Stuttgart: J. Engelhorns Nachf. 1927 (1. ›Annette und Sylvia‹, 2. ›Sommer‹, 3. ›Mutter und Sohn‹).

24] *le second Jean-C[h]ristophe / den zweiten Jean-Christophe*: Romain Rolland hatte seinen ersten Romanzyklus ›Jean-Christophe‹ (vgl. 6. 9. 1920, Anm. 18) in den Jahren 1904 bis 1912 geschrieben.

25] *Mon livre / Mein Buch*: SZ, ›Verwirrung der Gefühle‹ (vgl. [nach 17. Juli 1925], Anm. 8); 1927, in einer Erstauflage von 20 000 Exemplaren erschienen, wurde das Buch im selben Jahr noch zweimal mit 10 000 und einmal mit 20 000 Exemplaren nachgedruckt; 1928 brachte der Verlag das 60.–75. Tsd., 1929 das 76.–85. Tsd. und 1931 das 86.–90. Tsd. heraus.

26] *de Tagore à Vienne / Tagores in Wien*: Rabindranâth Thakûr (Tagore; vgl. 22. 4. 1921, Anm. 11) war am 17. Oktober 1926 aus Prag nach Wien gekommen; er war erkältet und konnte den geplanten Vortrag nicht halten.

27] *Thomas Mann*: Vgl. 17. 11. 1920, Anm. 6. Thomas Mann unternahm 1926 mehrere Reisen mit öffentlichen Auftritten, u. a. nach Paris, nach Lübeck und Hamburg und mehrmals nach Berlin.

28] *Paul Valéry*: Vgl. oben, Anm. 12.

29] *Guilliaume [!] II / Wilhelm II.*: Vgl. 6. 9. 1920, Anm. 8.

30] *que les aéroplanes / daß die Flugzeuge*: Der Flugplatz Salzburg-Maxglan, der am 22. August 1926 offiziell eröffnet worden war, bot zunächst Flüge zwischen Salzburg und München sowie Bad Reichenhall an.

31] *Mlle Madeleine [. . .] M^{r} votre père / Frl. Madeleine [. . .] Ihrem Herrn Vater*: Rollands Schwester Madeleine und beider Vater Emile Rolland; vgl. 16. 12. 1924, Anm. 26.

170 *An Siegmund Warburg* 25. 10. 1926
ms. Br., 2 S. mit ms. u. e. Nachschr. – LBI New York – Briefkopf: Signet SZ – Kapuzinerberg 5 / Salzburg

1] *Ihren Brief*: Nicht erhalten.
171 2] *Paneuropa*: Vgl. 25. 10. 1926 an Romain Rolland, Anm. 7.
3] *Kulturbund*: Vgl. [10. 7. 1924], Anm. 6, und 25. 10. 1926 an Romain Rolland, Anm. 10.
4] *Penclub*: SZ war kein Mitglied des Internationalen PEN-Clubs; vgl. 4. 9. 1921, Anm. 9.
5] *»Internationalismus oder Kosmopolitismus?«*: Die Literarische Welt, Berlin, 2. Jg., Nr. 27, 2. 7. 1926, S. 1–2.
6] *Coudenhove*: Richard Nikolaus Graf Coudenhove-Kalergi; vgl. 25. 10. 1926 an Romain Rolland, Anm. 8.
7] *Zu einer Reise nach England*: SZ war zwanzig Jahre zuvor, von Ende April bis Mitte August 1906, erstmals in England gewesen; er fuhr erst wieder im Oktober 1933 zu einem längeren Aufenthalt dorthin.
8] *im Frühjahr [...] nach Schweden*: Dieser Plan wurde nicht verwirklicht; vgl. auch [28. 7. 1926], Anm. 6.
9] *»Verwirrung der Gefühle«*: Vgl. [nach 17. Juli 1925], Anm. 8.

172 *An den Verlag Wremja, Leningrad* 8. 11. 1926
ms. Br., 2 S. – Puschkinhaus, Moskau – Briefkopf: Signet SZ – Kapuzinerberg 5 / Salzburg – D: ›Unbekannte Briefe von Stefan Zweig an den Verlag Wremja, Leningrad‹, in: Neue Deutsche Literatur, Berlin, 26. Jg., Nr. 12, Dezember 1978, S. 101–104.

1] *Verlag Wremja, Leningrad*: »Dieser Verlag [Die Zeit], der als Genossenschaft eingetragen war, begann seine offizielle Tätigkeit am 1. März 1923. Seine Begründer waren Ilja Wladimirowitsch Wolfsohn und G. P. Block, früher Mitarbeiter des Verlages von S. I. Grshebin. Als Leiter fungierte lange Zeit Wolfsohn. Der Verlag bestand bis zum Sommer 1934 und publizierte neben populärwissenschaftlichen Werken vor allem schöngeistige Literatur.« (K. M. Asadowski, ›Die Briefe Stefan Zweigs an den Verlag Wremja‹, Neue Deutsche Literatur, Berlin, 26. Jg., Nr. 12, Dezember 1978, S. 121.)
2] *die Premiere des »Volpone«*: Vgl. [16. 9. 1926] an Raoul Auernheimer, Anm. 3.
3] *Der Theaterverlag*: Felix Bloch Erben in Berlin.
4] *die schönen Exemplare von »Verwirrung der Gefühle«*: Stefana Tsveiga, ›Smiatenie chuvstvu‹, [›Verwirrung der Gefühle‹, ›Vierundzwanzig

Stunden aus dem Leben einer Frau‹, übers. von P. S. Bernstein und S. Krasilschikov], Leningrad: »Wremja« 1927. Diese Übersetzungen wurden auch zusammen mit ›Untergang eines Herzens‹ für den dritten Band der russischen Gesamtausgabe genutzt.

5] *der mir [. . .] angebotenen Gesamtausgabe*: Diese Ausgabe erschien in den Jahren 1927 bis 1932 u. d. T. ›Sobranie sochinenii Stefana Tsveiga‹, mit einem Vorwort von Maxim Gorki und einem kritisch-biographischen Essay von Richard Specht, in insgesamt 12 Bänden.

6] *»Erstes Erlebnis«, »Amok« und »Verwirrung der Gefühle«*: Diesem Vorschlag SZs entsprach der Verlag Wremja in allen Einzelheiten; die drei Bände erschienen 1927: der erste Band (›Erstes Erlebnis. Vier Geschichten aus Kinderland‹, vgl. 6. 9. 1921, Anm. 13), herausgegeben von G. P. Fedotov, ›Zhguchaia taina. Pervye perezhivaniia‹, in der Übersetzung von P. S. Bernstein und A. J. Kartuzhanska, war bereits 1925 auch als Einzelband in diesem Verlag herausgekommen; der zweite Band (›Amok. Novellen einer Leidenschaft‹, vgl. 6. 9. 1921, Anm. 13), ›Amok. Novelly‹, in der Übersetzung von P. S. Bernstein, D. M. Gorfinkel und I. B. Mandelstam, wurde mit einem Portraitholzschnitt SZs von Frans Masereel (vgl. [26. 1. 1924], Anm. 11) versehen; der dritte Band (›Verwirrung der Gefühle. Drei Novellen‹, vgl. [nach 17. Juli 1925], Anm. 8), ›Smiatenie chuvstvu‹, kam in der Übersetzung von P. S. Bernstein und S. M. Krasilschikov heraus (vgl. oben, Anm. 4).

7] *»Legenden«*: Dieser Vorschlag SZs wurde so vom Verlag Wremja nicht übernommen.

8] *Die »Augen des ewigen Bruders«*: Diese Legende (vgl. 6. 9. 1921, Anm. 11 u. 12) wurde 1928 zusammen mit sechs anderen Texten SZs in den fünften Band der Gesamtausgabe aufgenommen, ›Rokovye mgnoveniia‹.

9] *zwei andere Legenden*: SZs ›Die Legende der dritten Taube‹, die er im Sommer 1916 geschrieben hatte – sie war erstmals in Der Bildersturm erschienen (vgl. 27. 2. 1926, Anm. 13) – und die offensichtlich gerade abgeschlossene Legende ›Rahel rechtet mit Gott‹, die er erst im März 1927 in ›Die neue Rundschau‹, Berlin, 38. Jg., veröffentlichte.

10] *Ein fünfter Band kleinerer Novellen*: Dieses wurde, weil sein Vorschlag eines eigenen Legendenbandes (vgl. oben, Anm. 7) nicht angenommen wurde, der vierte Band der Gesamtausgabe, ›Nezrimaia kollektsiia‹, übersetzt von P. S. Bernstein und J. E. Kharodchinska. Er erschien 1928 und enthielt: ›Angst‹, ›Episode vom Genfer See‹, ›Leporella‹, ›Die unsichtbare Sammlung‹, ›Der Zwang‹ und ›Das Geheimnis Byrons‹.

11] *»Jeremias«*: Vgl. 22. 7. 1920, Anm. 13. Dieser Vorschlag SZs wurde vom Verlag Wremja nicht aufgegriffen.

12] *Frau Woytinsky*: Emma Woytinsky; Einzelheiten wurden nicht ermittelt.
13] *»Drei Meister«*: Vgl. 3. 1. 1920, Anm. 16. Die russische Übersetzung von P. S. Bernstein, V. A. Zorgenfrei und G. A. Zukkan, ›Tri Mastera: Balzak – Dikkens – Dostoevkii‹, erschien 1929 als siebenter Band der Gesamtausgabe im Verlag Wremja in Leningrad, herausgegeben von P. S. Bernstein und mit einem Vorwort von V. A. Desnitskii.
14] *»Der Kampf mit dem Dämon«*: Vgl. 7. 4. 1923, Anm. 1. Die russische Übersetzung von P. S. Bernstein und S. J. Bernstein, ›Bor'ba s bezumiem: Gel'derlin – Kleist – Nitsche‹, erschien 1932 als zehnter Band der Gesamtausgabe im Verlag Wremja, mit einem Nachwort von V. P. Lunacharskii.
15] *einzelne Essays [. . .] über Masereel, die Desbordes-Valmore, Walther Rathenau, Freud [. . .] »Gegenwärtige Gestalten[«]*: Dieser Vorschlag SZs wurde so nicht übernommen. Nur der Essay über Marceline Desbordes-Valmore (Leipzig: Insel-Verlag 1920) wurde in der Übersetzung von M. Lozinskii, ›Marselina Debord-Val'mor. Sud'ba poetessy‹, 1930 als achter Band der Gesamtausgabe im Verlag Wremja in Leningrad veröffentlicht.
16] *die große Biografie Romain Rollands*: SZ, ›Romain Rolland. Der Mann und das Werk‹ (vgl. 14. 1. 1920, Anm. 3) erschien in der Übersetzung von P. S. Bernstein, ›Romen Rollan. Zhizu' i tvorchestvo‹, mit einem Vorwort von V. A. Desnitskii 1930 als zwölfter Band der Gesamtausgabe im Verlag Wremja in Leningrad.
17] *in England, ja sogar in Japan erschienen*: SZ, ›Romain Rolland. The Man and his Work‹, tr. by Eden & Cedar Paul, London: Allen & Unwin/ New York: Seltzer 1921. – SZ, ›Roman Roran‹, tr. by Ryutaro Hattori, Tokio: Arusu (ARS, Inc.), 8. Februar 1925.
173 18] *Frans Masereel [. . .] Holzschnitt-Porträt*: Vgl. oben, Anm. 6.
19] *Einleitung [. . .] Richard Specht*: Vgl. oben, Anm. 5.
20] *Biografien über Schnitzler, Werfel, Richard Strauss*: Richard Specht, ›Arthur Schnitzler. Der Dichter und sein Werk‹, vgl. 1. 5. 1926, Anm. 8; ›Franz Werfel. Versuch einer Zeitspiegelung‹, vgl. 1. 5. 1926, Anm. 1; ›Richard Strauss und sein Werk‹, vgl. 1. 5. 1926, Anm. 7.
21] *»Der Zwang«*: Vgl. 14. 1. 1920, Anm. 20.
22] *eine hübsche Separatausgabe in Rußland*: Diese Ausgabe kam nicht zustande.

An Friderike Maria Zweig [10. 12. 1926] *173*
e. Br., 4 S. – SUC Fredonia, NY (Daniel Reed Library, SZ Collection) – D: SZ-Friderike Zweig, ›Briefwechsel 1912–1942‹, Bern: Alfred Scherz Verlag 1951, S. 206–207 (Gekürzt); SZ, ›Briefe an Freunde‹, hrsg. v. Richard Friedenthal (Frankfurt a. M.:) S. Fischer 1978, S. 173–174 (Gekürzt); SZ-Friderike Zweig, ›Unrast der Liebe. Ihr Leben und ihre Zeit im Spiegel ihres Briefwechsels‹, (Bern und München:) Scherz (1981), S. 164–165 (Gekürzt), und (Frankfurt a. M.:) Fischer Taschenbuch Verlag 1984 (= Fischer Taschenbuch 5366), S. 143–144 (Gekürzt).

1] *Premiere*: SZs ›Volpone‹ (vgl. [20. Juli 1925], Anm. 8) wurde am 18. Dezember 1926 an der Volksbühne in Berlin zum ersten Mal in Deutschland gespielt.
2] *18ten*: Im Original zweimal unterstrichen.
3] *Dienstag abends*: Am 14. Dezember 1926.
4] *Fest bei Donath*: SZs Jugendfreund, der Schriftsteller und Kritiker Adolph Donath (1876–1931) hatte am 9. Dezember 1926 seinen fünfzigsten Geburtstag gefeiert.
5] *Victor*: Victor Fleischer; vgl. [27. 1. 1920] an Victor Fleischer, Anm. 1. Einzelheiten für seine Verstimmung nicht ermittelt.
6] *Camill*: Camill Hoffmann; vgl. [20. 11. 1921], Anm. 10. *174*
7] *Lernet*: Alexander Lernet-Holenia (1897–1977), österreichischer Lyriker, Erzähler und Dramatiker.
8] *Polgar*: Alfred Polgar (1873–1955), Wiener Theaterkritiker, Essayist und Dramatiker.
9] *Bruno Frank*: (1887–1945), deutscher Schriftsteller.
10] *Die Sonntagsvorlesung*: Einzelheiten wurden nicht ermittelt.
11] *Volpone einige Annahmen*: SZs ›Volpone‹ (vgl. [20. Juli 1925], Anm. 8) wurde von fast sämtlichen größeren deutschen Bühnen nachgespielt.
12] *Felix Bloch*: Der Theaterverlag Felix Bloch Erben in Berlin.
13] *in Duisburg*: SZ hatte seine Lesereise durch Deutschland am 24. und 25. November 1926 in Dresden begonnen; er traf sich am 26. November in Leipzig mit Anton Kippenberg; vom 27. November bis zum 1. Dezember war er in Mainz, am 2. und 3. Dezember in Köln, am 4. Dezember las er in Aachen, am 5. und 6. Dezember in Düsseldorf, am 7. Dezember in Duisburg, vom 8. bis zum 14. Dezember blieb er in Berlin und war am 15. Dezember zurück in Salzburg.
14] *Samstag*: 11. Dezember 1926.
15] *bei Fischers*: Bei dem Verlegerehepaar Samuel und Hedwig Fischer (vgl. 17. 11. 1920, Anm. 1, und [25. 11. 1921], Anm. 3).

16] *abzupaschen*: Davonlaufen, sich zurückziehen.
17] *im Bristol*: Vornehmes Berliner Hotel.
18] *Oh la gloire, qu'elle [!] saleté! Quelle ordure!*: Oh der Ruhm, welcher Schmutz! Welcher Dreck!
19] *wenn Dir das Herz auch bricht*: Anspielung auf eine Zeile aus Heinrich Heines Gedicht ›Lyrisches Intermezzo‹: »Ich grolle nicht, und wenn das Herz auch bricht,/ Ewig verlornes Lieb! ich grolle nicht.«
20] *Suse*: Susanne Benedictine v. Winternitz; vgl. 14. 1. 1920, Anm. 21.

174 *An Richard Specht* 19.12.[1926]
ms. Br. mit e. Korr. und e. Nachschr., 2 S. – Privat – Briefkopf: Signet SZ – Kapuzinerberg 5 / Salzburg

1] *Deinen lieben Brief*: Nicht erhalten.
2] *»Die Augen des ewigen Bruders«*: Vgl. 6. 9. 1921, Anm. 11 u. 12.
3] *für jenen Essay*: Vgl. 8. 11. 1926, Anm. 5.
4] *»Jeremias«*: Vgl. 22. 7. 1920, Anm. 13.
175 5] *mein gemeinsamer Vortrag mit dem Franzosen Jouve*: SZ hatte am 12. Dezember 1917 gemeinsam mit Jean-Pierre Jouve (vgl. 14. 1. 1920, Anm. 7) in Zürich auf Einladung des Lesezirkels Hottingen einen Vortragsabend abgehalten. SZ las dabei aus seinem ›Jeremias‹, Jouve aus seinem Romain Rolland gewidmeten Gedichtband. Der Schweizer Literaturkritiker Eduard Korrodi hatte darüber in der Neuen Zürcher Zeitung geschrieben: »Und wäre der Abend nur ein Gleichnis der dichterischen Verständigung gewesen, so war er doch edel und gut, als wenn zwei Jünger zu dem Geiste ihres Meisters Romain Rolland sich brennend bekennten.« Vgl. SZ, ›Briefe 1914–1919‹, a.a.O., S. 179/462 u. 466.
6] *1917*: Im Original dreimal unterstrichen.
7] *mein Buch über Verhaeren [...] gleichzeitig französisch und englisch*: SZs 1910 im Insel-Verlag in Leipzig erschienene Biographie ›Emile Verhaeren‹ war gleichzeitig mit der deutschen Ausgabe in französischer Übersetzung von Paul Morisse und Henri Chevret in der Société du Mercure de France in Paris herausgekommen. Die englische Ausgabe war erst im Dezember 1914 in der Übersetzung von Jethro Bithell in Gemeinschaftsproduktion bei Houghton Mifflin in Boston/New York und Constable in London erschienen.
8] *mein Rolland-Buch*: SZ, ›Romain Rolland. Der Mann und das Werk‹; vgl. 14. 1. 1920, Anm. 3.
9] *Übertragungen ins Englische, Japanische*: Vgl. 8. 11. 1926, Anm. 17.
10] *mein Aufsatz über Dostojewski*: SZs ›Dostojewski‹ war in dem Band SZ, ›Drei Meister. Balzac–Dickens–Dostojewski‹ (vgl. 3. 1. 1920,

Anm. 16) enthalten; er war vermutlich bereits 1920 ins Russische übersetzt worden (vgl. 19. 6. 1920, Anm. 9).
11] *mein Aufsatz über Ottokar Březina*: SZ, ›Ottokar Březina‹, Österreichische Rundschau, Wien, 19. Jg., H. 6, 11. 6. 1909, S. 444–450.
12] *diesen slavischen Dichter*: Ottokar Březina (eigtl. Václav Ignác Jebávy, 1868–1929), tschechischer Dichter.
13] *mit der Ausgabe ziemlich eilig*: Die russische Gesamtausgabe der Werke von SZ erschien im Verlag Wremja in Leningrad; vgl. 8. 11. 1926, Anm. 5.
14] *das Rolland-Buch*: Vgl. oben, Anm. 8.
15] *einzelne Abschnitte in deutscher Sprache*: Die deutsche Ausgabe von Richard Spechts Essay für die russische Gesamtausgabe erschien 1927 bei Spamer in Leipzig u. d. T. ›Stefan Zweig. Versuch eines Bildnisses‹.
16] *die Presse [. . .] das Inselschiff*: Abdrucke von Auszügen aus Richard Spechts Essay in Zeitungen wurden nicht ermittelt.

An Victor Fleischer [23. 12. 1926] *176*
e. Br., 2 S. – DLA, Marbach/N. – Datierung von fremder Hand

1] *die Gattin*: Friderike Maria Zweig.
2] *in jener Sache*: Während SZ auf seiner Lesereise durch Deutschland war (vgl. [10. 12. 1926], Anm. 13), hatte Friderike Maria Zweig zunächst ihm selbst den Vorschlag einer Monographie über ihn gemacht; Erwin Rieger schien ihr der richtige Verfasser, Victor Fleischer der richtige Verleger dafür zu sein.
3] *Rieger*: Erwin Rieger (vgl. 14. 1. 1920, Anm. 6) schrieb dann auch ›Stefan Zweig. Der Mann und das Werk‹; das Buch erschien 1928 bei Spaeth in Berlin.
4] *Specht über Werfel*: Richard Specht, ›Franz Werfel. Versuch einer Zeitspiegelung‹; vgl. 1. 5. 1926, Anm. 2.
5] *Elsters über Molo*: Hanns Martin Elster (1888–1983), ›Walter von Molo [1880–1958] und sein Schaffen‹, München: Albert Langen 1920. (279 Seiten.)
6] *Rußland [. . .] Gesammtausgabe*: Vgl. 8. 11. 1926, Anm. 5.
7] *jene Monografie meiner Handschrift*: SZ, ›Der Brief einer Unbekannten‹, mit einer autobiographischen Skizze (›Eine Autobiographie‹), Dresden: Lehmann 1922 [= Deutsche Dichterhandschriften. Bd. 13].
8] *Lissauer*: Ernst Lissauer; vgl. [Mitte Oktober 1922], Anm. 7.
9] *Bonsels*: Waldemar Bonsels (1880–1952), deutscher Schriftsteller.
10] *Ginzkey*: Franz Karl Ginzkey; vgl. 13. 3. 1922, Anm. 1.
11] *Buber*: Martin Buber; vgl. 22. 7. 1920, Anm. 5.

12] *Thomas Mann*: Vgl. 17. 11. 1920, Anm. 6.

177 13] *bei meiner Berliner Premiere*: SZ war lediglich bei den Proben der Inszenierung seines ›Volpone‹ an der Berliner Volksbühne anwesend; bei der Premiere am 18. Dezember 1926 war er bereits wieder abgereist.

14] *meine Frau [...] sich darüber ausspräche*: Vgl. oben, Anm. 2.

15] *die 40 000*: SZ bezieht sich auf den Verkaufserfolg seines Novellenbandes ›Verwirrung der Gefühle‹; vgl. 25. 10. 1926 an Romain Rolland, Anm. 25.

16] *sehr*: Im Original zweimal unterstrichen.

17] *von dem Prosperieren des Verlags*: Die wirtschaftlich positive Entwicklung der von Victor Fleischer geleiteten Frankfurter Verlags-Anstalt; vgl. [27. 1. 1920] an Victor Fleischer, Anm. 1.

18] *Volpone Karten*: Für die Berliner Premiere von SZs ›Volpone‹; vgl. oben, Anm. 13.

177 *An Oskar Maurus Fontana* [nach 25. Dezember 1926]
e. Briefkarte, 2 S. – WStLB – Briefkopf: Signet SZ – Salzburg / Kapuzinerberg 5

1] *Oskar Maurus Fontana*: (1889–1969), deutscher Schriftsteller und Kritiker.

2] *Ihre guten Worte im »Tag«*: Oskar Maurus Fontana, ›Ben Jonson: Volpone. Uraufführung im Burgtheater‹, Der Tag, Berlin, 7. 11. 1926.

178 3] *die Grundlage des Volpone*: Vgl. [20. Juli 1925], Anm. 8.

4] *die Worte im »Tagebuch«*: Oskar Maurus Fontana, ›Stefan Zweig: Erinnerungen an Emil[e] Verhaeren‹, Das Tage-Buch, Berlin, Bd. 7, H. 52, 25. 12. 1926, S. 2013–2014.

178 *An Anton Kippenberg* [29. 12. 1926]
e. Briefkarte, 2 S. – DLA, Marbach/N. – Briefkopf: Signet SZ – Salzburg / Kapuzinerberg 5

1] *eine Zeitung*: Nicht ermittelt.

2] *Rilke*: Rainer Maria Rilke (vgl. 3. 1. 1920, Anm. 5) war am 29. Dezember 1926 in Val-Mont (Montreux) gestorben.

3] *mit Ihrer Frau*: Katharina Kippenberg, geb. von Dühring; vgl. 6. 9. 1921, Anm. 1.

4] *seine Frau*: Die Bildhauerin Clara Westhoff (1878–1954) war seit dem 28. April 1901 mit Rilke verheiratet.

5] *seine Tochter*: Ruth Rilke (1901–1972).
6] *deren Wohnung*: Rainer Maria Rilke lebte schon bald nach der Geburt der Tochter nicht mehr mit seiner Frau in Westerwede bei Bremen zusammen.

An Detmar Heinrich Sarnetzki 4. 1. 1927 *179*
ms. Br. mit e. Korr. und e. Nachschr., 3 S. – HHI Düsseldorf – Briefkopf: Signet SZ – Salzburg / Kapuzinerberg 5

1] *Detmar Heinrich Sarnetzki*: (1878–1961), Schriftsteller, Kunstschriftleiter, Literaturkritiker, von 1903 bis 1943 Redakteur der Kölnischen Zeitung.
2] *Ihr Brief*: Nicht erhalten.
3] *Ihr Aufsatz über Rilke*: Detmar Heinrich Sarnetzki, ›Rainer Maria Rilke‹, Kölnische Zeitung, Nr. 967, 29. 12. 1926.
4] *Rilke*: Rainer Maria Rilke; vgl. 3. 1. 1920, Anm. 5, und [29. 12. 1926], Anm. 2.
5] *»Semiramis«*: Detmar Heinrich Sarnetzki, ›Semiramis‹, Drama in fünf Akten, Köln: Fritz Klopp Verlag 1923 [= Saaleck-Bücher. Reihe der Dramen (Bd. 2)].
6] *Frau R o l a n d*: Ida Roland (eigtl. Klausner, 1881–1951), die österreichische Schauspielerin hatte Engagements in Düsseldorf, Berlin, München und Wien; von 1934 bis 1937 wurde sie der Star des Burgtheaters in Wien. 1915 hatte sie Richard Nikolaus Graf Coudenhove-Kalergi (vgl. 25. 10. 1926 an Romain Rolland, Anm. 8) geheiratet.
7] *einer anderen Schauspielerin*: Nicht ermittelt. *180*
8] *Ihr Novellenband*: Detmar Heinrich Sarnetzki, ›Wanderer und Gefällte und andere Novellen‹, Leipzig: Quelle und Meyer 1921. – Diese fünf Novellen spielen in Deutschland, im Rheinland; in zwei von ihnen sind Geschichten aus dem Alten Ägypten bzw. aus China eingearbeitet.
9] *Storm'schen Novelle*: Theodor Storm (1817–1888).
10] *Ihres historischen Roman-Zeitbildes*: Einzelheiten nicht ermittelt; vermutlich führte Sarnetzki den Plan nicht aus.
11] *die Neuberin*: Friederike Caroline Neuber, geb. Weißenborn, gen. »die Neuberin« (1697–1760), Schauspielerin und Theaterleiterin, zog in den Jahren 1727 bis 1750 mit einer eigenen Truppe durch Deutschland.
12] *Ginzkey*: Franz Karl Ginzkey; vgl. 13. 3. 1922, Anm. 1. – Zusammenhang nicht ermittelt.

13] *Ihre verehrte Frau Gemahlin*: Marie Ginzkey, geb. Meyer..

181 14] *Stargardt*: Das Antiquariat J. A. Stargardt in Berlin (heute in Marburg; gegründet 1830).

15] *Geibels*: Emanuel Geibel (1815–1884). Sein Gedicht auf Ludwig Uhlands (1787–1862) Tod hat die Überschrift ›Ludwig Uhland‹.

181 *An Ernst Sander* 30. 3. 1927

ms. Br., 2 S. mit e. Korr. – StA Braunschweig – Briefkopf: Signet SZ – Salzburg / Kapuzinerberg 5 – D: Hans-Albrecht Koch (Hrsg.), ›Sprachkunst und Übersetzung. Gedenkschrift Ernst Sander‹, Bern, Frankfurt am Main, New York: Peter Lang (1983), S. 124–125.

1] *Ernst Sander*: Vgl. [16. 9. 1926] an Raoul Auernheimer, Anm. 4.

2] *Ihren Wunsch*: Sander hatte SZ um eine Einführung in die Ausgabe eines Werkes von Gustave Flaubert (1821–1880) im Reclam-Verlag gebeten. Sander hatte bereits mehrere Werke von Flaubert übersetzt.

3] *tief in einer Arbeit*: SZ schrieb zu dieser Zeit an seinem Tolstoi-Essay für den Band ›Drei Dichter ihres Lebens‹ (vgl. 8. 9. 1926, Anm. 8).

4] *gegen Flaubert*: SZ hatte sich schon in jungen Jahren, 1904–1906 und 1911, mit Gustave Flauberts Werk auseinandergesetzt; zuletzt 1922 in einer Rezension über Kasimir Edschmids Rede über Flaubert.

5] *André Suarès*: Vgl. Neujahr 1921, Anm. 3. – Zusammenhang nicht ermittelt.

6] *Balzac*: Honoré de Balzac; vgl. 17. 6. 1922, Anm. 20.

7] *»Éducation sentimentale«*: Gustave Flaubert, ›L'Education sentimentale. Histoire d'un jeune homme‹, Paris: Michel Lévy 1870. Das hier von SZ erwähnte Jugendwerk gleichen Titels hatte Flaubert wegen stilistischer Mängel nie veröffentlicht; es erschien erst posthum 1910, innerhalb der von L. Biernawski herausgegebenen ›Œuvres complètes‹ als Bd. 13 in der Edition L. Conard in Paris.

8] *»November [!]«*: Gustave Flauberts Erzählung ›Novembre‹ entstand in drei Etappen mit längeren Unterbrechungen in den Jahren 1840 bis 1842. Sie wurde erst posthum 1910 innerhalb der ›Œuvres de jeunesse inédites‹ als Bd. 15 in der Edition L. Conard in Paris veröffentlicht.

9] *»Salam[m]bô«*: Gustave Flauberts Roman ›Salammbô‹ erschien 1863 bei Michel Lévy in Paris.

10] *Shakespeare-Übertragungen*: William Shakespeare (1564–1616); der Zusammenhang wurde nicht ermittelt.

11] *die anderen um Shakespeare*: SZ hat Shakespeares zeitgenössische Kollegen auch einmal als »les Praesheacspeariens [!]« (vgl. 4. 5. 1925, Anm. 20), als Vorshakespearianer bezeichnet.

12] *Seltsames und Unbekanntes*: SZ hat z. B. Ben Jonson's ›Volpone, or the Fox‹ von 1605 für die Bühne frei bearbeitet; vgl. [20. 7. 1925], Anm. 8.

13] *Delauné [!]*: Thomas Deloney (1543?–1600), englischer Balladen- 182
dichter und Romancier.

14] *Übertragung bei der Nouvelle Revue Française*: Thomas Deloney, ›Le Noble Métier‹, traduction de l'anglais par Abel Chevalley, Paris: Gallimard, Editions de la Nouvelle Revue Française 1927. Vermutlich hatte André Suarès (vgl. Neujahr 1921, Anm. 3) Deloney wiederentdeckt.

15] *nach Leipzig [. . .] Buchausstellung*: Einzelheiten nicht ermittelt.

16] *in die neue Serie [. . .] Otto Flake einzubeziehen*: 1927 begründete der Verlag Ph. Reclam jun. in Leipzig zu seinen zahlreichen Buchreihen eine weitere unter der Bezeichnung ›Junge Deutsche‹, die unter dem Zeichen eines springenden Fohlens steht. Von Otto Flake (1880–1963) wurde zwar nichts in diese Reihe aufgenommen, aber 1929 erschien von ihm die Erzählung ›Die Scheidung‹, mit einem Nachwort von Emil Belzner als Band 6891 in Reclams Universal-Bibliothek.

17] *Beethoven-Feier in Wien*: Vgl. 25. 10. 1926 an Romain Rolland, Anm. 17.

An Victor Fleischer [Anfang April 1927] 182
e. Br., 2 S. – DLA Marbach/N.

1] *Deinen Brief*: Nicht erhalten.

2] *als Director einer Verlags A. G.*: Fleischer, bis 1926 Direktor der Frankfurter Verlags-Anstalt (vgl. [27. 1. 1920] an Victor Fleischer, Anm. 1), war danach Geschäftsführer des Verlags für Literatur und Kunst in Berlin geworden; gleichzeitig wurde er Mitinhaber des 1727 in Frankfurt am Main gegründeten, später nach Berlin übersiedelten Heinrich Keller Verlags, 1927 dessen persönlich haftender Gesellschafter; in diesem Jahr verband der Verlag sich mit dem Kunstverlag Anton Schroll in Wien zu einer Interessengemeinschaft – bei Anton Schroll war Fleischer 1918 angestellt gewesen – und vereinigte sich schließlich mit ihm. 1933 enteigneten die Nationalsozialisten die Besitzer und schlossen den Verlag.

3] *Deine Wohnung*: SZ hatte Fleischer vor allzu aufwendigem Lebensstil und einer für ihn und seine Frau Leontine Sagan (vgl. [27. 1. 1920] an Victor Fleischer, Anm. 22) viel zu großen Wohnung gewarnt.

4] *Poeschel*: Carl Ernst Poeschel (1874–1944) hatte als Leiter der 183

Druckerei Poeschel & Trepte in Leipzig eine neue Buchkultur begründet.
5] *Frava*: Frankfurter Verlags-Anstalt; vgl. [27. 1. 1920], Anm. 1.

184 *An Claire Goll* 6. 4. 1927
ms. Br., 1 S. – Privat – Briefkopf: Signet SZ – Salzburg / Kapuzinerberg 5 – D: SZ, ›Briefe an Freunde‹, hrsg. v. Richard Friedenthal (Frankfurt a. M.:) S. Fischer 1978, S. 181–182.

1] *Claire Goll*: (1881–1977), Lyrikerin, Erzählerin, Übersetzerin. Seit 1921 verheiratet mit Yvan Goll.
2] *die kleinen Novellen*: Nicht ermittelt.
3] *Inselbücherei*: 1912 gegründete Buchserie des Insel-Verlags in Leipzig; vgl. SZ, ›Briefe 1914–1919‹, a.a.O., S. 364 f.
4] *die Gedichte*: Claire Goll hatte in den Jahren 1925 und 1927 zusammen mit Yvan Goll (eigtl. Isaac Lang, 1891–1950) zwei französischsprachige Gedichtbände herausgebracht: ›Poèmes d'amour‹, Paris: J. Budry & Cie 1925; ›Poème de la vie et de la mort‹, Paris: J. Budry & Cie 1927; 1926 hatte Claire Goll allein im Verlag J. Budry & Cie den Band ›Poèmes de jalousie‹ veröffentlicht.
5] *Iwan*: Yvan Goll; vgl. oben, Anm. 4.
6] *einer deutsch-französischen Monatsschrift*: Einzelheiten nicht ermittelt; vgl. Brief an Romain Rolland vom 25. 10. 1926.
7] *in Paris*: SZ fuhr in diesem Jahr nicht nach Paris.

184 *An Otto Heuschele* 16. 4. 1927
ms. Br. mit e. Korr., 2 S. – DLA Marbach/N. – Briefkopf: Signet SZ – Salzburg / Kapuzinerberg 5

1] *Vorwort zur jüngsten Lyrik*: SZ, ›Einleitung‹, in: ›Anthologie jüngster Lyrik‹, hrsg. v. Willi R. Fehse und Klaus Mann, Hamburg: Enoch Verlag 1927, S. 1–7.
185 2] *Dr. Emil [!] Sander*: Dr. Ernst Sander; vgl. [16. 9. 1926] an Raoul Auernheimer, Anm. 4.
3] *Serien der Jungen*: Vgl. 30. 3. 1927, Anm. 16.
4] *Sie [...] etwas Novellistisches*: Otto Heuscheles »Roman einer Heimkehr« ›Der Weg wider den Tod‹ erschien erst 1929 in Reclams Buchserie ›Junge Deutsche‹.
5] *diese Bibliothek*: Reclams Universal-Bibliothek wurde im November 1867 gegründet, als die deutsche Bundesversammlung beschlossen

hatte, die Schutzfrist für die Veröffentlichung der Werke deutscher Autoren auf 30 Jahre nach ihrem Tod festzulegen.
6] *Beethovenfest*: Vgl. 25. 10. 1926 an Romain Rolland, Anm. 17. SZ war vom 27. bis 28. März 1926 in Wien dabei.
7] *Romain Rolland*: Rolland und seine Schwester Madeleine waren am 24. März nach Wien gekommen; am 28. hatte er seine »kleine Rede« gehalten; am 3. April waren sie beide für einen Tag in Salzburg gewesen.
8] *der Tolstoi*: SZs Tolstoi-Essay für den Band ›Drei Dichter ihres Lebens‹; vgl. 8. 9. 1926, Anm. 8.
9] *Auswahl kleiner historischer Aufsätze*: SZ, ›Sternstunden der Menschheit. Fünf historische Miniaturen‹, Leipzig: Insel-Verlag 1927 [= Insel-Bücherei Bd. 165]. Der Band enthielt ›Vorwort‹ [von SZ], ›Die Weltminute von Waterloo‹, ›Die Marienbader Elegie‹, ›Die Entdeckung Eldorados‹, ›Heroischer Augenblick‹ und ›Der Kampf um den Südpol‹.
10] *Die Desbordes-Valmore*: Die Erstausgabe von SZs ›Marceline Desbordes-Valmore. Das Lebensbild einer Dichterin‹ war 1920 im Insel-Verlag in Leipzig erschienen (zur Vorgeschichte vgl. ›Briefe 1914–1919‹, a.a.O., S. 562); 1927 wurde der Band »Um mehrere Beiträge erweitert. Mit Übersetzungen von Gisela Etzel-Kühn und Friderike Maria Zweig« im Insel-Verlag neu herausgegeben.
11] *»Volpone« wandert in andere Länder*: SZs freie Bearbeitung von Ben Jonsons Theaterstück wurde in mehreren europäischen Ländern gespielt. Die ersten Buchausgaben mit Übersetzungen erschienen 1929 in Frankreich und Jugoslawien, 1930 in Norwegen und Spanien.
12] *sogar über das große Meer*: ›Volpone‹ wurde bereits 1928 in den USA von Ruth Langner für das Rialto Service Bureau in New York übersetzt und als Bühnenexemplar vervielfältigt. Im selben Jahr erschienen eine englische Ausgabe bei Allen & Unwin in London und eine amerikanische bei Viking Press in New York.
13] *durch Ihr letztes Buch*: Otto Heuschele, ›Im Wandel der Landschaft. Aufzeichnungen‹. Mit [eingedruckter] Federzeichnung von Martha Welsch. Tübingen: A. Fischer 1927.

An Erich Ebermayer 9. 5. 1927 *186*
ms. Br., 1 S. mit e. Korr. – DLA, Marbach/N. – Briefkopf: Signet SZ – Salzburg / Kapuzinerberg 5

1] *Ihr gutes Telegramm*: Nicht erhalten.
2] *Volpone*: SZs ›Volpone‹ (vgl. [20. Juli 1925], Anm. 8) wurde in der Spielzeit 1926/27 von fast allen größeren deutschen Bühnen gespielt; wann das Münchener Schauspielhaus das Stück in sein Programm aufgenommen hat, wurde nicht ermittelt.

3] *die Zeitungen gegen den Direktor*: Einzelheiten wurden nicht ermittelt.
4] *die eigene Arbeit*: Vgl. 30. 3. 1927, Anm. 3.
5] *Ihre Novelle*: Vermutlich Erich Ebermayer, ›Das Tier‹, Novelle, Berlin, Leipzig: R. Arnst Verlag 1928.
6] *wir [. . .] alle*: Vermutlich meint SZ seine Berliner Freunde.
7] *Skandinavien oder gar Finnland*: Genausowenig wie SZ seine Reisepläne nach Dänemark (vgl. [28. 7. 1926], Anm. 6) und überhaupt nach Skandinavien realisiert hat, ist er je nach Finnland gefahren.
8] *»bald fehlt uns der Wein*: Deutsches Sprichwort.

186 *An Arthur Schnitzler* 18. 5. 1927
e. Br., 2 S. – ALU Freiburg – Briefkopf: Signet SZ – Salzburg / Kapuzinerberg – D: SZ, ›Briefwechsel mit Hermann Bahr, Sigmund Freud, Rainer Maria Rilke und Arthur Schnitzler‹, hrsg. v. Jeffrey B. Berlin, Hans-Ulrich Lindken u. Donald A. Prater (Frankfurt a. M.:) S. Fischer Verlag (1987), S. 427–429.

1] *Arthur Schnitzler*: Vgl. 31. 12. 1921 an Raoul Auernheimer, Anm. 8.
2] *Ihren fünfundsechzigsten Geburtstag*: Am 15. Mai 1927.
3] *Ihre außerordentliche Novelle*: Arthur Schnitzler, ›Spiel im Morgengrauen‹, Novelle, Berlin: S. Fischer 1927.
4] *Fortsetzungen in der B[erliner] I[llustrirten] Z[eitung]*: Schnitzlers Novelle war in der Zeit vom 5. 12. 1926 bis zum 9. 1. 1927 dort vorabgedruckt worden.
187 5] *im Buche gleich dort weiterlas*: Die dritte Folge des Vorabdrucks von Schnitzlers Novelle erschien am 19. 12. 1926; sie endet mit dem Satz: »Es gab gewiß auf der ganzen Welt nicht so viele Kartenspiele, als vor ihm in dieser Stunde vorüberrasten.« (IX. Kapitel.)
6] *vier Menschen [. . .], fünf eigentlich*: Leutnant Wilhelm Kasda, sein ehemaliger, in Unehren aus dem Militärdienst geschiedener Kamerad Bogner, Kasdas vermutlich reicher Onkel, dessen ehemalige Frau Leopoldine Lebus und – hier zuletzt genannt – der Consul, der Mitspieler Kasdas.
7] *mesquine [. . .] Art*: Niederträchtige Art.
8] *Ihrem letzten Stück*: Arthur Schnitzler, ›Der Gang zum Weiher. Dramatische Dichtung in fünf Aufzügen‹, Berlin: S. Fischer 1926.
9] *Fräulein Else*: Arthur Schnitzler, ›Fräulein Else‹, in: Neue Rundschau, Berlin, 35. Jg., H. 10, Oktober 1924, S. 993–1051. Erste Buchausgabe: Berlin, Wien, Leipzig: Paul Zsolnay 1924.

10] *Tausendguldenschein*: Die Novelle spielt vor 1892, als die österreichische Währung von Gulden auf Kronen umgestellt wurde.
11] *Leopoldine*: Vgl.oben, Anm. 6.
12] *Hietzing*: XIII. Wiener Gemeindebezirk, vornehmes Villenviertel beim Schloß Schönbrunn.

An Romain Rolland 20. 5. 1927 *188*
e. Br., 2 S. – BN Paris – Briefkopf: Signet SZ – Salzburg / Kapuzinerberg 5 – D in deutscher Übersetzung: Romain Rolland-SZ, ›Briefwechsel 1910–1940. Zweiter Band 1924–1940‹, Aus dem Französischen von Eva und Gerhard Schewe (Briefe Rollands) und Christel Gersch (Briefe Zweigs), Berlin: Rutten & Loening 1987, S. 231–232.

Übersetzung
Mein teurer Freund, gerade im Moment erhalte ich einen Brief von Herrn Simon Kra, in dem er mich darum bittet, einzugreifen, um einen Prozeß verhindern zu helfen. Meiner Ansicht nach sind Sie moralisch im Recht, aber ich fürchte, juristisch werden Sie den Kürzeren ziehen: leider Gottes haben wir kein Privatleben mehr. Jedermann kann unsere Briefe benutzen, sie Freunden vorlesen, verkaufen, und ich glaube sogar, daß Händler ihren Inhalt ankündigen dürfen (nicht den vollständigen Text). Ich mache es nicht Herrn Kra zum Vorwurf (es ist sein Beruf), sondern jenen, welche die Briefe verkaufen, die man ihnen anvertraut hat. Übrigens kann Herr Kra entgegenhalten, daß viele Briefe schon durch die Kataloge Charavays und vieler anderer Händler (ich treffe oft welche) gewandert sind, ohne daß Sie sich dagegen gewehrt hätten. Wenn ich Ihnen schreibe, so nicht wegen Kra, sondern weil ich befürchte, daß die Entscheidung gegen Sie ausfallen wird (es gibt in der letzten Zeit zu viele Präzedenzfälle, seit die Sammler sich verhundertfacht haben). Denn Sie haben den Empfänger nicht angewiesen, die persönlichen Briefe vertraulich zu behandeln, sie aufzubewahren oder zurückzusenden – also war der Adressat absoluter Besitzer, und er hat sein Recht in Anspruch genommen, als er sie verschacherte.

Ich gelange immer mehr zu der Überzeugung, daß alles im Leben bezahlt werden muß. Man bezahlt den sogenannten Ruhm mit dem Ende des Privatlebens: unsere Zeit, unser Gesicht, unsere Briefe, unsere Unterhaltungen, nichts gehört uns mehr. Man ist Beute der anderen und muß sich darein ergeben. Übrigens finde ich diese Briefe wundervoll: sie gereichen Ihnen zur größten Ehre. Ich rate Ihnen also – nicht als Freund des alten Kra, sondern als der Ihre, nicht weiter darauf zu bestehen: ich verbiete mir immer, auf das Gesetz zurückzugreifen, weil ich das Zivilrecht selbst verachte. Aber ich getraue mich nicht, Ihnen meine Handlungsweise aufzuzwingen.

Sprechen wir von schöneren Dingen – Ihr Essay über Goethe und Beethoven ist großartig, ganz und gar großartig, ein Meisterwerk. Sie brauchen kein Wort daran zu ändern: vielleicht werden Freunde Ihnen noch Einzelheiten aufzeigen. Ich werde versuchen, Ihnen den Text dieses (gefälschten) Sonetts Beethovens an Bettina zu beschaffen, das in einer kleinen Zeitschrift erschienen ist (sie hat nicht gewagt, es in ihren Briefwechsel aufzunehmen): aber Sie haben seine bewundernswürdige Person dargelegt. Welch schöner Essay! Ich bin wirklich davon angetan. Und das ganze Buch über B. wird zu einem Denkmal werden! Ich kann Ihnen meine ganze Freude nicht mitteilen! Und wie Ihr Leben immer in Serpentinen zum Anfang zurückkehrt – das »Spiel von der Liebe« im Théâtre de la Révolution, »Mutter und Sohn«, die heldenhafte Atmosphäre des Jean-Christophe, Beethoven auf Anhieb – wirklich, mein teurer Freund, Sie sind in einem glücklichen Moment von Kraft und Verjüngung! Danke im Namen der Tausenden von Unbekannten.

Ihr inniger und getreuer

St. Z.

1] *Mr Simon Kra*: Pariser Verleger und Autographenhändler.
2] *à faire éviter un procès / einen Prozeß verhindern*: Simon Kra hatte in seinen Autographenkatalog sowohl einige Briefe von Romain Rolland an einen dort nicht genannten Adressaten aus den Jahren 1910–1911 sowie eine vollständige spätere Fassung eines Teilstücks seines Romans ›Jean-Christophe‹ – ›Antoinette‹ (2. Kapitel des zweiten Bandes, ›Jean-Christophe à Paris‹) – zum Kauf angeboten. Rolland hatte SZ gegenüber am 11. 5. 1927 empört auf dessen Hinweis reagiert: »Ich finde die Machenschaften von Kra unwürdig. Wenn ich juristisch die Möglichkeit hätte, mich dem Verkauf dieser Briefe zu widersetzen, würde ich es tun. Geht aus dem Katalog hervor, an wen sie adressiert sind? Und wovon die Rede darin ist? [...] Das Manuskript von ›Antoinette‹ habe ich lange gesucht. Wie nur hat man es mir stehlen können? Jedenfalls ist es nicht das erste Manuskript. Das habe ich.« Bereits am 13.5. hatte SZ ihm geantwortet: »Es gibt keinen Schutz gegen den Verkauf von Briefen [...].«
3] *le droit d'annoncer leur contenu / ihren Inhalt ankündigen dürfen*: Es kommt nicht selten vor, daß in Autographenkatalogen Briefinhalte vollständig wiedergegeben werden, obwohl dies nicht statthaft ist; Zitate aber sind erlaubt.

4] *Charavay*: Noël Charavay, Pariser Antiquar.
5] *votre essay [!] sur Goethe et Beethoven / Ihr Essay über Goethe und Beethoven*: Romain Rolland, ›Goethe et Beethoven‹, in: Europe, Paris, vol. XIV, Avril–Juin 1927, p. 5–32 et 184–212. 189
6] *ce sonnet (falsifié) de Beethoven à Bettina / dieses (gefälschten) Sonetts Beethovens an Bettina*: Bettina (eigtl. Elisabeth) Brentano (1785–1859; seit 1811 Ehefrau von Achim von Arnim) hatte Beethoven 1810 in Wien kennengelernt; sie hatte Goethe begeistert davon erzählt, so daß dieser sich zu einem Treffen mit ihm vorbereitete. Einzelheiten über ein gefälschtes Sonett Beethovens an Bettina Brentano wurden nicht ermittelt.
7] *paru dans une petite revue / in einer kleinen Zeitschrift erschienen*: Nicht ermittelt.
8] *dans sa correspondance / in ihren Briefwechsel*: Bettina von Arnim, ›Goethes Briefwechsel mit einem Kinde. Seinem Denkmal‹, Th. 1–3, Berlin: Dümmler 1835.
9] *le livre entier sur B. / das ganze Buch über B.*: Romain Rolland, ›Beethoven. Les grandes époques créatrices‹, Edition originale, 7 vols, Paris: Editions du Sablier 1928–1950.
10] *le «Jeu de l'amour» au théâtre [de la] Révol[ution] / das »Spiel von der Liebe« im Théâre de la Révolution*: 1925 waren im Rotapfel-Verlag in Erlenbach-Zürich und Leipzig in deutscher Übersetzung zwei Dramen Rollands unter dem Kollektivtitel ›Theater der Revolution‹ erschienen: ›Ein Spiel von Tod und Liebe‹ (vgl. [10. 7. 1924], Anm. 24 und 26) und ›Der Triumpf [!] der Vernunft. Drama in drei Akten‹, übersetzt von S. D. Steinberg und Erwin Rieger (vgl. auch 9. 3. 1926, Anm. 12). Unter dem Sammeltitel ›Théâtre de la Révolution‹ hatte Rolland 1898–1902 drei andere Revolutionsstücke zusammengfaßt.
11] *«Mère au [= et] fils» / »Mutter und Sohn«*: Vgl. 25. 10. 1926 an Romain Rolland, Anm. 23.
12] *Jean-Ch.*: Romain Rolland, ›Jean-Christophe‹; vgl. 6. 9. 1920, Anm. 18.
13] *Beethoven*: Rollands erstes Buch über ›Beethoven‹ war 1903 in Paris in der Ed. Fischbacher erschienen.

189 *An Ernst Sander* 25. 5. 1927
ms. Br., 3 S. mit e. Korr. – StA Braunschweig – Briefkopf: Signet SZ – Salzburg / Kapuzinerberg 5 – D: Hans-Albrecht Koch (Hrsg.), ›Sprachkunst und Übersetzung. Gedenkschrift Ernst Sander‹, Bern, Frankfurt am Main, New York: Peter Lang (1983), S. 128–129.

1] *Dr. Reclam*: Dr. Ernst Reclam (1876–1953) leitete seit dem Tod seines Vaters Hans Heinrich Reclam 1920 den Ph. Reclam jun. Verlag in Leipzig.
2] *Edmond Jaloux*: (1878–1949), französischer Kritiker und Erzähler. SZ hatte ihn Ernst Sander in einem Brief vom 16. 4. 1927 als einen Autor empfohlen, der sich mit »der Reinheit der Auffassung den aktuellen und gegenwärtigsten Problemen zuwendet«. – Der Ph. Reclam jun. Verlag brachte 1928 Jaloux' Roman ›Dich hätte ich geliebt‹ in der Übersetzung von Friderike Maria Zweig innerhalb der Reihe ›Moderne Romane‹ heraus.
3] *den Rilke so sehr liebte*: Rainer Maria Rilke (vgl. 3. 1. 1920, Anm. 5) hatte Jaloux erstmals im September 1924 in Lausanne getroffen, nachdem dieser eine große Rezension der französischen Ausgabe der ›Aufzeichnungen des Malte Laurids Brigge‹ veröffentlicht hatte, und »ausgezeichnete Stunden« mit ihm verbracht.
4] *Ihr Brief*: Nicht erhalten.
5] *Grützner*: Eduard (seit 1916 von) Grützner (1846–1925), Genremaler; sein häufigstes Motiv sind historisch kostümierte Zecher und Mönche.
190 6] *Keller*: Gottfried Keller; vgl. 4. 5. 1925, Anm. 22.
7] *Wilhelm Raabe*: (1831–1910), bedeutender deutscher Erzähler des poetischen Realismus.
8] *Hölderlin*: Friedrich Hölderlin; vgl. [11. 10. 1922], Anm. 17.
9] *Novalis*: Vgl. 9. 5. 1922, Anm. 10.
10] *des Verlages Fischer*: Der S. Fischer Verlag (vgl. 17. 11. 1920, Anm. 1) brachte in den Jahren 1914 bis 1920 Werke einiger expressionistischer Autoren heraus, u. a. von Georg Kaiser, Otto Flake, Robert Musil, Albert Ehrenstein und die von Alfred Wolfenstein herausgegebenen zwei Bände des »Jahrbuchs für neue Dichtung und Wertung« ›Die Erhebung‹. In Franz Pfemferts Zeitschrift Die Aktion hatte S. Fischer 1914 auf die Frage, wie er es mit den Expressionisten halte, geantwortet: »Ich habe an keinem Punkt der Entwicklung Halt gemacht, warum sollte ich der jüngsten Generation gegenüber die Entwicklung für abgeschlossen halten?«
191 11] *den Posten des deutschen Lektors*: Dazu kam es nicht.

12] *den Verlag verlassen*: Sander blieb bis 1929 Lektor im Ph. Reclam jun. Verlag in Leipzig.

An Max Christian Wegner 27. 7. 1927 *191*

ms. Br. mit e. Korr., 1 S. – StWK Weimar – Briefkopf: Signet SZ – Salzburg / Kapuzinerberg 5 – D: SZ, ›Briefe an Freunde‹, hrsg. v. Richard Friedenthal (Frankfurt a. M.:) S. Fischer 1978, S. 183.

1] *Max Christian Wegner*: (1893–1965), Neffe Anton Kippenbergs; 1913 bis 1929 im Insel-Verlag in Leipzig tätig. Später Gründer eines eigenen Verlags.
2] *Friedenthals Novellen*: Richard Friedenthal (1896–1979), ›Marie Rebscheider. Vier Novellen‹, Leipzig: Insel-Verlag 1927. – 1924 hatte Richard Friedenthal SZ seinen ersten Gedichtband, ›Demeter‹ (Berlin: Axel Juncker Verlag), zugeschickt. Aus ihrer Korrespondenz entwickelte sich eine Freundschaft, die bis zu SZs Freitod 1942 Bestand hatte. Friedenthal wurde der erste Herausgeber von SZs Werken.
3] *Thomas Manns*: Vgl. 17. 11. 1920, Anm. 6.
4] *über das Buch Friedenthals [. . .] schreiben*: SZ hat es vermutlich nicht getan.
5] *1 Beilage*: Nicht erhalten.

An Emil Schwarzkopf (?) 13. 8. 1927 *192*

e. Br., 4 S. – Privat – Briefkopf: Hotelsignet – Kurhaus Castell / Zuoz, Ober-Engadin

1] *Emil Schwarzkopf*: (?), praktischer Arzt.
2] *Zuoz, Ober-Engadin*: SZ war am 3. August über Buchs nach Zuoz gefahren; er kehrte am 21. August nach Salzburg zurück.
3] *Ihren freundlichen Brief*: Nicht erhalten.
4] *Hölderlin-Autografen* Vgl. den Brief vom 8. 5. 1925 an Franz Zinkernagel.
5] *Schillerarchiv*: 1903 war in Marbach a. N. das Schiller-Nationalmuseum eröffnet worden, das neben Dokumenten zu Schillers Leben und Werk auch die anderer schwäbischer Dichter und Philosophen sammelt. Das Schiller-Archiv war 1889 in Weimar gegründet worden.
6] *das Gedicht*: Das Wort »das« im Original doppelt unterstrichen.
7] *»Die Herbstfeier«*: Friedrich Hölderlin, ›Stuttgart‹.

8] *das letzte ungedruckte Gedicht*: Vermutlich Friedrich Hölderlins Gedicht ›Der Winter‹; vgl. 8. 5. 1925, Anm. 5.
9] *Hier handelt es sich*: Bezieht sich auf das Angebot Schwarzkopfs; Einzelheiten wurden nicht ermittelt.
10] *Siardanelli [!]*: Hölderlin unterschrieb seine Gedichte in der Zeit der Umnachtung häufig mit »Scardanelli«.
11] *schon zwei besitze*: Vgl. 8. 5. 1925, Anm. 5.
12] *8 Seiten Hyperion*: Vgl. 8. 5. 1925, Anm. 2.
13] *»Untreue der Weisheit«*: Hölderlins Übersetzung eines Fragments von Pindar (518/522-nach 466 v. Chr.).
14] *»Stimme des Volks«*: Vgl. 8. 5. 1925, Anm. 4.
15] *Anzahl kleinerer Gedichte*: Einzelheiten wurden nicht ermittelt.

193 *An Fritz Adolf Hünich* [15. 8. 1927]
e. »Carte postale / Postkarte / Cartolina postale« mit kl. Landschaftsbild – StWK Weimar

1] *Amok*: SZ, ›Amok. Novellen einer Leidenschaft‹; vgl. 6. 9. 1921, Anm. 13.
2] *Verwirrung*: SZ, ›Verwirrung der Gefühle. Novellen‹; vgl. [nach 17. Juli 1925], Anm. 8.
3] *dem Inselbüchel*: SZ, ›Sternstunden der Menschheit. Fünf historische Miniaturen‹; vgl. 16. 4. 1927, Anm. 9.
4] *Desbordes*: SZ, ›Marceline Desbordes-Valmore. Das Lebensbild einer Dichterin‹; vgl. 16. 4. 1927, Anm. 10.
5] *Gymnastik*: Am 9. 8. 1927 hatte SZ seiner Frau Friderike darüber geschrieben: »Die Gymnastikcur tut mir sehr wohl. Ganz weich werden die Knochen in meinem Alter nicht mehr und weder schlank noch Jüngling werde ich jemals sein, aber man tut was man kann.«

193 *An Victor Fleischer* [22. 8. 1927]
e. Br., 2 S. – DLA Marbach/N. – Briefkopf: Signet SZ – Salzburg / Kapuzinerberg 5

1] *ich bin zurück*: SZ war am Tag zuvor aus Zuoz im Ober-Engadin nach Salzburg zurückgekommen.
2] *durch die Insel*: SZ hatte den Insel-Verlag vermutlich gebeten, Fleischer einen größeren Betrag von seinem Guthaben zu überweisen.
194 3] *Adelt*: Leonhard Adelt; vgl. [Mitte Oktober 1922], Anm. 1.
4] *von Elternseite*: SZs Vater, Moritz Zweig, war 1926 gestorben; seine

Mutter, Ida Zweig, lebte noch in Wien, war aber kränklich. Friderike Zweigs Eltern lebten zu diesem Zeitpunkt beide nicht mehr.

5] *von dem Nachwuchs (meiner Frau)*: Die beiden Töchter Friderike Zweigs aus erster Ehe, Alix Elisabeth und Susanne Benedictine v. Winternitz (vgl. 14. 1. 1920, Anm. 21), lebten mit dem Ehepaar in Salzburg.

6] *mit Büchern herumwerkeln*: Fleischer war Verleger; vgl. [27. 1. 1920] an Victor Fleischer, Anm. 1.

7] *so viel einfacher [. . .] ja doch Zigeuner*: Die beiden Wörter »so« und »doch« im Original zweimal unterstrichen.

8] *Berlin W*: Vornehmer Stadtteil mit größeren Villen.

9] *Deiner Frau*: Leontine Sagan; vgl. [27. 1. 1920] an Victor Fleischer, Anm. 22. *195*

An Romain Rolland 2. 9. 1927 *195*
e. Br., 2 S. – BN Paris – Briefkopf: Signet SZ – Salzburg / Kapuzinerberg 5 – D in deutscher Übersetzung: Romain Rolland-SZ, ›Briefwechsel 1910–1940. Zweiter Band 1924–1940‹, Aus dem Französischen von Eva und Gerhard Schewe (Briefe Rollands) und Christel Gersch (Briefe Zweigs), Berlin: Rütten & Loening 1987, S. 245–247.

Übersetzung
Mein teurer Freund, seit langem bin ich Ihnen einen Brief schuldig. Ich verbrachte 16 wundervolle Tage in Zuoz, die mich wiederhergestellt haben, aber in Salzburg platzte ich noch mitten in das Festival hinein und traf Hunderte von Personen – unter anderem Henry Dana aus New York, der mir an ihn adressierte, anrührende Briefe von Vanzetti gezeigt hat, die schon Beweis genug wären für die Verworfenheit und das widerwärtige Verbrechen dieser zügellosen Stiere aus Amerika. Je mehr Personen ich sehe, die von dort kommen, desto mehr bin ich davon überzeugt, daß das Unglück (der moralische Verfall, die Vergötterung des Geldes) von diesem Volk herrührt, das nie eine Nation im Sinne intellektuellen Schaffens darstellte und das (außer Whitman) nichts zu unserem Weltbild beigetragen hat außer diesen abgehackten und schnellen Rhythmus, der die Beschaulichkeit zerstört. Fast bin dazu entschlossen, im Februar nach Rußland zu gehen: ich brauche eine Hoffnung und glaube, daß ich dort, obwohl äußerlich die Politik vorherrschend ist, eine intensivere, unverbrauchtere Menschlichkeit spüren werde.

Martinet schreibt mir gestern und unterrichtet mich über den Tod Chennevières. Ich wußte nichts davon und war schmerzlich getroffen: immer gehen die Anständigsten, die Zurückhaltendsten und schaffen

Platz für die Rohlinge. Er schreibt mir auch, daß man sich zusammentut, um seiner Witwe Beistand zu leisten, ich werde mich natürlich daran beteiligen. Ich habe ihn nur zwei- oder dreimal gesehen, und das sehr flüchtig: aber ich brachte ihm immer viel Wertschätzung und Freundschaft entgegen. Ich hoffe, daß ich die Einzelheiten in Paris erfahre, wo ich mich vermutlich im Oktober oder November aufhalten werde, um die Aufführung von »Volpone« in der Comédie der Champs Elysées zu sehen. Ich kenne die Bühnenbearbeitung von Romains noch nicht, aber sie wird sicherlich sehr kunstfertig sein. Und Gémier? Haben Sie in Frankreich nicht wie bei uns Gesetze, die einen Direktor dazu zwingen, ein vorgemerktes und angenommenes Stück aufzuführen? Ich bin gegen diesen Komödianten aufgebracht, der seinen Chapiro verdient, seinen Reklamechef.

Meine Frau wird im September nicht weit von Ihnen weg sein. Sie richtet ihr Töchterchen für einige Monate in der Schule von Gland ein: wir hoffen, daß die Kleine dort endlich ein bißchen Sprachen lernt! Vielleicht wird sie sich erlauben, sich bei Ihrer verehrten Schwester zu melden – und ich selbst hoffe ebenfalls, während dieses Winters zu kommen, um Ihnen guten Tag zu sagen. Ich habe gearbeitet, aber nicht sonderlich gut – dieser große Essay über Tolstoi verlangt so viel Verantwortung!! Es gibt nichts Schwierigeres! Aber ich mache weiter und habe alle anderen Pläne fallenlassen. Schrieb ich Ihnen schon, daß ich – auf einen Schlag in vier Tagen – einen dramatischen Epilog für »Und das Licht scheinet in der Finsternis« geschrieben habe, der dieses Fragment um die Geschichte seiner Flucht und seines Todes vervollständigt? Vielleicht gibt ihn Moissi beim Geburtstag zum besten.

Und Sie, Sie, mein teurer Freund! Ich erhielt ein Wort von Latzko, daß das schlechte Wetter Sie verjagt hat – und ich hatte in Zuoz so herrliches Wetter, daß ich Ihnen von Herzen gerne etwas davon abgegeben hätte! Und die Werke! Und die Gesundheit! Ich bin voller Ungeduld, zu hören, daß die Dramen vorwärtsgehen und auch der Beethoven. Ich hoffe, ein perfekter Herbst, der so prachtvoll die Ufer des Genfer Sees vergoldet, läßt die Früchte Ihres Gartens und Ihres Arbeitstisches reifen: wenn ich daran denke, habe ich große Lust, in den Zug zu steigen und Sie, Ihren alten Vater, Fräulein Rolland, diesen kleinen und köstlichen Kreis Menschlichkeit wiederzusehen. Ich habe hier zu viele Leute gesehen, ich habe große Lust, Freunde zu sehen! Ihr getreuer

Stefan Zweig

1] *Zuoz*: Vgl. 13. 8. 1927, Anm 2. SZ war am 21. August zurückgekehrt.

2] *au milieu du festival / mitten in das Festival hinein*: Die Salzburger Festspiele fanden im Jahr 1927 vom 30. Juli bis zum 28. August statt.
3] *Henry Dana*: Henry Wodsworth Longfellow Dana (1881–1950), Professor für vergleichende Literaturwissenschaft an der Columbia University, New York; als amerikanischer Pazifist begeisterter Anhänger Rollands.
4] *Vanzetti*: Bartolomeo Vanzetti (1888–1927) wurde zusammen mit Nicola Sacco (1891–1927) am 23. August 1927 nach einem sich seit 1921 drei Jahre hinziehenden aufsehenerregenden, von Vorurteilen gegenüber anarchistischen südeuropäischen Einwanderern in die USA belasteten Prozeß wegen Mordes in Charlestown auf dem elektrischen Stuhl hingerichtet. Erst 1977 wurden sie teilweise rehabilitiert.
5] *(sauf Whitman) / (außer Whitman)*: Walt Whitman; vgl. [Anfang Mai 1920], Anm. 4.
6] *d'aller en février en Russie / im Februar nach Rußland zu gehen*: »Das Allerwichtigste natürlich zuletzt«, schrieb SZ am 26. 9. 1927 an den Verlag Wremja in Leningrad. »Ich bin so viel wie fest entschlossen, im Februar oder März nach Rußland zu kommen, und zwar auf einen Monat und ohne jede andere Absicht, als endlich einmal das Land kennen zu lernen. [. . .] ich halte es für notwendig, daß jeder geistige Mensch, der unsere Gegenwart und Zukunft wissen will, einmal persönlich nach Rußland kommt.« Dieser Plan wurde nicht in Form einer anonymen Reise realisiert.
7] *Martinet*: Marcel Martinet; vgl. [26. 1. 1924], Anm. 23.
8] *Chennevière*: Georges Chennevière (1884–1927), französischer Schriftsteller.
9] *«Volpone» à la Comédie des Champs Elysées / »Volpone« in der Comédie der Champs Elysées*: Die französische Fassung von SZs ›Volpone. Comédie en cinq actes d'après Ben Jonson par Jules Romains et Stefan Zweig‹ wurde erstmals am 23. November 1928 von der Compagnie de l'Atelier in Paris aufgeführt – »ein triumphaler Erfolg« (SZ an R. Rolland, 5. 12. 1928).
10] *l'adapt[at]ion de Romains / die Bühnenbearbeitung von Romains*: Der französische Schriftsteller Jules Romains (eigtl. Louis Farigoule, 1885–1972), ein langjähriger Freund von SZ (ihre Bekanntschaft begann 1909), hatte SZs ›Volpone‹ ins Französische übertragen; vgl. oben, Anm. 9.
11] *Gémier*: Firmin Gémier (1869–1933), französischer Schauspieler und Regisseur; erneuerte und bereicherte die Kunst der Inszenierung aufgrund seiner theatersicheren Begabung.
12] *Chapiro*: Joseph Chapiro; vgl. 19. 6. 1920, Anm. 1. *196*
13] *Ma femme [. . .] installe sa fillette [. . .] à l'école de Gland / Meine Frau*

[...] richtet ihr Töchterchen [...] in der Schule von Gland ein: Friderike Zweig brachte ihre Tochter Susanne Benedictine v. Winternitz (vgl. 14. 1. 1920, Anm. 21) Mitte September 1927 in ein Quäker-Pensionat am Genfer See, in Gland, nahe Nyon.
14] *votre chère sœur / Ihrer verehrten Schwester*: Madeleine Rolland.
15] *j'espère également de venir pendant cet hiver / ich selbst hoffe ebenfalls, während dieses Winters zu kommen*: Dazu kam es nicht.
16] *ce grand essay [!] de Tolstoi est tellement responsable [!] / dieser große Essay über Tolstoi verlangt so viel Verantwortung*: Vgl. 8. 9. 1926, Anm. 8. Rolland, der 1911 selbst eine ›Vie de Tolstoi‹ geschrieben hatte, antwortete ihm am 12. 10. 1927: »Ich bin sehr an Ihren Arbeiten über Tolstoi interessiert (und auch ein wenig beunruhigt). Ich habe bisher vermieden, davon zu sprechen, weil ich die Urteilsfreiheit der andern tief achte, und die Ihre ganz besonders. Aber Sie sollen wissen, daß mein Urteil über Tolstoi, Ergebnis meiner jüngsten Forschungen, in eine Ihnen entgegengesetzte Richtung läuft.« (Romain Rolland-SZ, ›Briefwechsel 1910–1940. Zweiter Band 1924–1940‹, a.a.O., S. 252.)
17] *un épilogue dramatique pour «La lumière luit dans le[s] ténèbres» / einen dramatischen Epilog für »Und das Licht scheinet in der Finsternis«*: SZ, ›Die Flucht zu Gott. Ein Epilog zu Lew Tolstois unvollendetem Drama ‹Und das Licht scheinet in der Finsternis›‹. Als Bühnenmanuskript gedruckt bei Felix Bloch Erben, Berlin 1927. Posthum wurde dieser Text erstmals 1943 in die Neuausgabe der ›Sternstunden der Menschheit‹ im Bermann-Fischer Verlag in Stockholm aufgenommen.
18] *Moissi*: Alexander Moissi (1879–1935), österreichischer Schauspieler, Star des Reinhardt-Ensembles.
19] *à l'occasion de l'anniversaire / beim Geburtstag*: Tolstois 100. Geburtstags wurde am 9. September 1928 in ganz Europa gedacht; die Uraufführung von SZs ›Flucht zu Gott‹ fand – ohne Alexander Moissi – am 5. September 1928 im Stadttheater Kiel statt.
20] *Latzko*: Andreas Latzko (1876–1943), ungarisch-deutscher Erzähler, Übersetzer.
21] *à Zuoz / in Zuoz*: Vgl. 13. 8. 1927, Anm. 2.
22] *la santé / die Gesundheit*: Rolland litt zu dieser Zeit, was SZ noch nicht wissen konnte, an einer »Bronchialgrippe, die zu unangenehmen Anfällen von Atemnot führte« (Rolland an SZ, 2. 9. 1927).
23] *les drames / die Dramen*: Rolland arbeitete zu dieser Zeit an seinen Dramen ›Les Léonides‹ (Paris: Albin Michel 1928), als Epilog zum Zyklus ›Théâtre de la Révolution‹ (›Theater der Revolution‹ gedacht (vgl. 20. 5. 1927, Anm. 10), und an ›Pâques fleuries‹, Paris: Editions du Salier 1927.
24] *le Beethoven / der Beethoven*: Vgl. 20. 5. 1927, Anm. 9.

25] *votre vieux père / Ihren alten Vater*: Emile Rolland; vgl. 16. 12. 1924, Anm. 26.
26] *Mademoiselle Rolland / Fräulein Rolland*: Madeleine Rolland.

An Victor Fleischer 5. 9. 1927 *196*
ms. Br. mit e. Korr., 2 S. – DLA Marbach/N. – Briefkopf: Signet SZ – Salzburg / Kapuzinerberg 5

1] *an dem neuen Essayband*: SZ, ›Drei Dichter ihres Lebens‹; vgl. [10. 7. 1924], Anm. 28. *197*
2] *In der Sache Mildenburg*: SZ hatte Anna Bahr-Mildenburg (vgl Neujahr 1921, Anm. 9) am 23. Mai 1927 im Namen von Victor Fleischer gefragt, ob sie ihren Vortrag ›Musik und Gebärde‹ »in geschriebener Form darstellen und eventuell mit Fotographien begleiten« und dem Verlag Heinrich Keller in Berlin (vgl. [Anfang April 1927], Anm. 2) überlassen wolle. Es kam keine Buchausgabe zustande.

An Max Sidow 22. 9. 1927 *198*
ms. Br. mit e. Korr., 1 S. – DLA Marbach/N.- Briefkopf: Signet SZ – Salzburg / Kapuzinerberg 5

1] *Max Sidow*: (1897–1965) übernahm nach dem Studium der Philosophie, Kunstgeschichte und Literatur das väterliche Kaufmannsgeschäft; seit 1923 Theaterkritiker und 1946–1948 Chefdramaturg an der Jungen Bühne in Hamburg, danach freier Schriftsteller. Sidow war mit Theodor Däubler (1876–1934) befreundet.
2] *die Novelle*: Nicht ermittelt.
3] *Romeo*: William Shakespeare, ›Romeo und Julia‹ (1595?).
4] *Romeo auf dem Dorfe*: Gottfried Keller (vgl. 25. 5. 1927, Anm. 6), ›Romeo und Julia auf dem Dorfe‹ (1855).

An Ben Huebsch 29. 10. 1927 *198*
ms. Br., 2 S. – DLC Washington, DC – Briefkopf: Signet SZ – Salzburg / Kapuzinerberg 5

1] *Ben Huebsch*: Benjamin W. Huebsch (1873–1965), Gründer und Leiter des New Yorker Verlags B. W. Huebsch Inc., aus dem 1925 der große Verlag Viking Press hervorging. Er war mit SZ befreundet und brachte mehrere seiner Werke in englischer Übersetzung heraus.

199 2] *Essay über Tolstoi*: Vgl. 8. 9. 1926, Anm. 8.

3] *zum 100.* Jahrestag: Lew Nikolajewitsch Graf Tolstois Geburtstag war am 9. September, nicht August. Vgl. 2. 9. 1927, Anm. 19.

4] *jenes Balzac-Dickens-Buch*: SZ, ›Deux grands Romanciers du XIXième siècle. Balzac – Dickens‹, Tr. Alzir Hella, Olivier Bournac, Paris: Simon Kra 1927.

5] *meine Drei-Meister ins Englische*: SZ, ›Three Masters. Balzac – Dickens – Dostoeffsky‹, Tr. Eden & Cedar Paul, New York: The Viking Press 1930 [= Master Builders. 1].

6] *Tolstoi und Dostojewski auf ein Buch*: Eine Buchausgabe mit SZs Essay über Tolstoi (vgl. 8. 9. 1926, Anm. 8) und dem über Dostojewski (vgl. 3. 1. 1920, Anm. 16) ist weder in englischer noch in einer anderen Übersetzung erschienen.

7] *den Tolstoi allein*: Auch eine Einzelausgabe des Tolstoi-Essays erschien nicht.

8] *»Verwirrung der Gefühle«*: Vgl. 25. 10. 1926 an Romain Rolland, Anm. 25.

9] *ähnliche Erfahrungen drüben*: SZ, ›Conflicts: Three Tales‹, Tr. Eden & Cedar Paul, New York: The Viking Press 1927, war im selben Jahr in zweiter Auflage nachgedruckt worden.

10] *Payson & Clarke*: Einzelheiten wurden nicht ermittelt.

11] *wann »Volpone« kommen soll*: Vgl. 16. 4. 1927, Anm. 12.

200 *An Siegmund Warburg* 29. 10. 1927
ms. Br., 2 S. – LBI New York, NY – Briefkopf: Signet SZ – Salzburg / Kapuzinerberg 5

1] *Ihren [. . .] Brief*: Nicht erhalten.

2] *in Amerika zu wissen*: Warburg unternahm 1927 eine ausgedehnte Amerika-Reise.

3] *Rathenaus Beispiel*: Walther Rathenau (vgl. [20. 11. 1921], Anm. 4) hatte seine Eindrücke und Meinungen zum Zeitgeschehen sowohl in Tage- und Notizbüchern als auch in poetischen Schriften festgehalten.

4] *im März für einen Monat nach Rußland*: Vgl. 2. 9. 1927, Anm. 6.

5] *»Manhattan« von John Dos Passos*: John Roderigo Dos Passos (1896–1970), ›Manhattan Transfer. Der Roman einer Stadt‹. Mit einer Einleitung von Sinclair Lewis. Aus dem Amerikanischen übertragen von Paul Baudisch, Berlin: S. Fischer 1927.

6] *Privatdruck*: Nicht ermittelt. *201*
7] *Frau Gemahlin*: Nicht ermittelt.

An August Gamerdinger 3. 11. 1927 *201*
ms. Br. mit e. Nachschr., 3 S. – Privat – Briefkopf: Kapuzinerberg 5 / Salzburg

1] *August Gamerdinger*: (1884–?), deutscher Schriftsteller; wanderte nach Mexiko aus.
2] *Ihr Roman*: Nicht ermittelt.
3] *Dos Passos*: John Roderigo Dos Passos; vgl. 29. 10. 1927 an Siegmund Warburg, Anm. 5.
4] *equilibri[e]rt*: frz. equilibrer, im Gleichgewicht halten. *202*
5] *bei einem Verleger angefragt*: Einzelheiten nicht ermittelt. *203*

An Oscar Maurus Fontana [12. 11. 1927] *203*
e. Postkarte »Vier Jahreszeiten« / Hamburg; auf der Rückseite Abbildung des Hotels: Hotel Vier Jahreszeiten – Restaurant Haerlin / Hamburg ... / Neuer Jungfernstieg – WStLB

1] *daß ich fehle*: SZ war zu dieser Zeit auf einer Vortragsreise (vgl. Brief an Ben Huebsch vom 29. 10. 1927). Auf welche Veranstaltung in Wien er sich hier bezieht, wurde nicht ermittelt.
2] *Schnitzler*: Arthur Schnitzler; vgl. 31. 12. 1921 an Raoul Auernheimer, Anm. 8.
3] *Beer-Hofman[n]*: Richard Beer-Hofmann; vgl. 1. 5. 1926, Anm. 9.

An Romain Rolland 21. 11. 1927 *203*
e. Br., 2 S. – BN Paris – Briefkopf: Signet SZ – Salzburg / Kapuzinerberg 5 – D in deutscher Übersetzung: Romain Rolland-SZ, ›Briefwechsel 1910–1940. Zweiter Band 1924–1940‹, Aus dem Französischen von Eva und Gerhard Schewe (Briefe Rollands) und Christel Gersch (Briefe Zweigs), Berlin: Rütten & Loening 1987, S. 259–261.

Übersetzung
Mein teurer Freund, ich komme aus Deutschland zurück, wo ich eine Reihe von Vorträgen hielt. Aber es war mein »Schwanengesang«. Ich

will meine Zeit nicht mehr mit anstrengenden Reisen vergeuden, wo man Hunderte von Personen trifft, ohne mit einer einzigen wirklich reden zu können. Man muß sich konzentrieren, und ich möchte Ihrem Beispiel folgen: mich für die Arbeit zurückziehen und nur nach meinem Belieben reisen. Ich sah Sinclair Lewis, Emil Ludwig, den Grafen Kaiserlingk [!], und ich weiß nicht wen sonst. Aber ich habe von diesen ganzen Unterhaltungen sehr wenig behalten.

Erstaunlich, der Eindruck Deutschlands. Riesige Kraft, unerhörter Reichtum. Theater, Vorträge, Kinos, Tanzlokale, alles zum Platzen voll. Bücher, Bilder werden gekauft, man baut wie nie zuvor. Man glaubt sich in Amerika, goldenes Land. Also beginnt man, sich für dieses Phänomen zu interessieren, recht merkwürdig für ein besiegtes Land. Und man entdeckt zunächst, daß sie arbeiten, nicht wie Zwangsarbeiter, sondern wie Verrückte. Zehn Stunden, zwölf Stunden täglich sind noch gar nichts. Und der letzte Angestellte genauso wie der Chef. Und das zweite Phänomen, das diesen Reichtum erklärt: die erbärmliche Bezahlung der Angestellten. Es ist ganz einfach schrecklich, wie man die Tatsache ausnutzt, daß das Land an Blutandrang leidet, angefüllt mit Millionen von Menschen, die um jeden Preis arbeiten wollen. Es ist eine Art von Wahnsinn, und wir befürchten, daß dies alles große Nachteile heraufbeschwört. Nie ist ein Volk nach einer Revolution so sehr betrogen worden, die Industriellen sind heute mehr die Herren als ehedem Wilhelm II., sie haben sich mit einer unglaublichen Dummheit übertölpeln lassen und verdienen um die Hälfte weniger als unter dem Reich, während die Gewinne der reichen Schichten sich vervierfacht haben. Und bewundernswert nicht nur die Intensität, sondern auch die Intelligenz dieser Arbeit. Sie machen wirklich sogar aus Berlin eine schöne Stadt! Nie habe ich einen vergleichbaren Schwung wie in Berlin im Moment gesehen, und selbst die Amerikaner sind verdutzt. Das alles wäre bewundernswert, wenn es nicht auf Kosten derjenigen ginge, die sich durch dieses Übermaß an Arbeit Körper und Geist ruinieren. Und wenn erst einmal in einigen Jahren diese Kraft Deutschlands sichtbar sein wird!! Hoffen wir, daß die Allianz mit Frankreich wirklich stattfindet, nie hatte ich einen solchen Angstschauer beim Gedanken an einen europäischen Konflikt; wie dumm, mit Soldaten ein schmales Territorium im Rheinland zu besetzen, während der ganze Rumpf dieses Landes sich steif macht und seine Kräfte sammelt.

Wir leben in einer Zeit des Übergangs wie vielleicht keine Zeit zuvor: wirklich, wenn man das alles nicht in einem Roman schreiben kann (ich habe nicht die Kraft, solch breite Probleme zu umfassen), müßte man alles jeden Tag notieren. Zumindest muß man detaillierte Belege sammeln. Unsere Literatur ist weit davon entfernt, all diese

Phänomene festhalten zu können, obwohl das internationale Niveau im Roman nie so hoch war. Die Amerikaner mit Dos Passos, Sinclair Lewis, Dreiser geben Beispiele der Beobachtung ab, und unsere Europäer folgen wohl. Wie interessant das Leben doch ist. Ich habe Lust, zu reisen und zu arbeiten und zu lesen, um alles zu verstehen, nur bin ich seit einem Jahr ein wenig müde: das Gehirn funktioniert nicht immer in der Geschwindigkeit, die ich ihm abverlange. Aber dennoch hoffe ich, im März nach Russland zu reisen und auch nach Tiflis, wo ich eingeladen bin. Und Sie, teurer Freund, ich hoffe, daß es Ihnen gut geht und daß die Dramen fertig sind! Ich werde Ihnen bald einen weiteren Brief schreiben! Ihr getreuer

Stefan Zweig

Duhamel ist in Leipzig, um Lesungen zu halten. Er reist zu schnell, um gut beobachten zu können. Die Franzosen wissen nichts darüber, was sich jetzt in Deutschland abspielt.

1] *une série des [!] conférences / eine Reihe von Vorträgen*: Vgl. Brief an Ben Huebsch vom 29. 10. 1927.
2] *«Schwanengesang»*: Dies sprichwörtlich gewordene Zitat geht auf Aischylos' (525–456 v. Chr.) ›Agamemnon‹ zurück, wo er Klytämnestra von Kassandra sagen läßt: »Jene, die nach Art des Schwans / Zu singen anhub letzten Todesklaggesang.« Marcus Tullius Cicero (106–43 v. Chr.) wendet diesen Vergleich auf den Redner Lucius Licinius Crassus (140–91 v. Chr.) an: »Das war gleichsam die Schwanenstimme des göttlichen Menschen.«
3] *Sinclair Lewis*: (1885–1951), amerikanischer Erzähler.
4] *Emil Ludwig*: (urspr. Ludwig Cohn, 1881–1948), deutscher Schriftsteller; lebte seit 1907 im Tessin.
5] *le Comte Kaiserlingk [!] / den Grafen Kaiserlingk [!]*: Hermann Graf Keyserling; vgl. [11. 10. 1922], Anm. 9.
6] *Guillaume II / Wilhelm II.*: Vgl. 6. 9. 1920, Anm. 8. *204*
7] *d'occuper [...] un mince territoire en Rhénanie / ein schmales Territorium im Rheinland zu besetzen*: Französische Truppen hatten 1920 die linksrheinischen deutschen Gebiete besetzt und rechtsrheinisch Brükkenköpfe errichtet (Köln, Kehl, Koblenz, Mainz) und im Januar 1921 einige Städte im Rheinland besetzt (vgl. 22. 4. 1921, Anm. 6). Am 1. Februar (statt wie geplant schon am 10. Januar 1926) hatten sie den Kölner Brückenkopf, die sog. erste Zone, geräumt. Die beiden übrigen Zonen räumten sie am 30. Juni 1930 vorzeitig, denn die endgültige Räumung hatte eigentlich erst am 10. Januar 1935 erfolgen sollen.
8] *tout cela dans un roman / das alles [...] in einem Roman*: SZ plante

den Roman »Rausch der Verwandlung« – im ersten Versuch noch »Postfräuleingeschichte« genannt –, hatte ihn aber abgebrochen und erst im Juli 1940 zusammen mit Berthold Viertel für ein Drehbuch wieder aufgenommen (der Film wurde 1950 u. d. T. ›Das gestohlene Jahr‹ gedreht). Den zweiten Versuch, im Sommer 1931 begonnen, brach SZ ebenfalls ab, nahm aber auch ihn wieder auf, brachte ihn zu einem Ende, gab ihn jedoch nicht zur Veröffentlichung frei. Das Manuskript trägt keinen Titel; 1982 gab Knut Beck den Roman als ›Rausch der Verwandlung‹ innerhalb der Gesammelten Werke in Einzelbänden im S. Fischer Verlag in Frankfurt a. M. heraus.

205 9] *Dos Passos*: John Roderigo Dos Passos; vgl. 29. 10. 1927 an Siegmund Warburg, Anm. 5.

10] *Sinclair Lewis*: Vgl. oben, Anm. 3.

11] *Dreiser*: Theodore Dreiser (1871–1945), amerikanischer Romanschriftsteller.

12] *en Russie en Mars / im März nach Rußland*: Vgl. 2. 9. 1927, Anm. 6.

13] *à Tiflis où je suis invité / nach Tiflis, wo ich eingeladen bin*: Einzelheiten wurden nicht ermittelt.

14] *les drames / die Dramen*: Vgl. 2. 9. 1927, Anm. 23.

15] *bientôt une autre lettre / bald einen weiteren Brief*: SZ schrieb Rolland erst wieder am 27. 12. 1927.

16] *Duhamel*: Georges Duhamel; vgl. 9. 4. 1923, Anm. 16.

205 *An Martin Buber* [5. 1. 1928]
e. Ansichtskarte (Salzburg, Partie vom Kapuzinerberg) – JNUL Jerusalem

1] *Martin Buber*: Vgl. 22. 7. 1920, Anm. 5. Der Philosoph wirkte seit 1898 in der zionistischen Bewegung; leitete ab 1919 zusammen mit Franz Rosenzweig (1886–1929) das Freie Jüdische Lehrhaus in Frankfurt am Main und war 1924–1933 Honorarprofessor für jüdische Religionswissenschaft an der Universität Frankfurt am Main, seit 1938 Professor für Sozialphilosophie in Jerusalem.

2] *Ihre Bibelübertragung*: ›Die Schrift. Zu verdeutschen unternommen von Martin Buber gemeinsam mit Franz Rosenzweig.‹ Berlin [: Schocken Verlag] 1926 ff. Bis 1927 waren erschienen: 1. ›Das Buch Im Anfang‹, 1926; 2. ›Das Buch Namen‹, 1926; 3. ›Das Buch Er rief‹, 1926; 4. ›Das Buch In der Wüste‹, 1927; 5. ›Die fünf Bücher der Weisung. Das Buch Reden‹, 1927; (6.) ›Das Buch Jehoschua‹, 1927; (7.) ›Das Buch Richter‹, 1927. Es folgten ›Das Buch Schmuel‹, 1928; ›Künder. Bücher der Geschichte: Das Buch Könige‹, 1929; ›Künder. Bücher der Kün-

dung. Das Buch Jeschajahu‹, 1930; ›Bücher der Kündung. Das Buch Jirmejahu‹, 1931: ›[Bücher der Kündung.] Das Buch Jecheskel‹, 1932; ›Das Buch der Zwölf‹, 1934.
3] *viele Jahre nicht gesehn*: SZ hatte seit 1903 mit Martin Buber korrespondiert und ihn auch bald schon persönlich kennengelernt.
4] *in Heppenheim*: Buber lebte von 1916 bis 1933 in Heppenheim an der Bergstraße. Zu Pfingsten 1919 hatte Buber dort eine Tagung in kleinerem Kreis einberufen, um ein Gesamtprogramm für ein autonomes Bildungswesen zu erarbeiten. Es war sein Plan, in Heppenheim ein Zentrum für die Erneuerung der Erziehung zu schaffen.

An Eugen Relgis 24. 3. 1928 *206*
ms. Br., 3 S. – JNUL Jerusalem – Briefkopf: Signet SZ – Salzburg / Kapuzinerberg 5

1] *Eugen Relgis*: (1895–1987), rumänischer Schriftsteller und Übersetzer deutscher Literatur; engagierter Friedensförderer. Seine Hauptarbeit unter Beteiligung von 160 Schriftstellern ›Wege zum Frieden‹ (1930), mit einem Vorwort von Romain Rolland, wurde in Deutschland konfisziert.
2] *nach Frankreich*: SZ blieb bis zum 7. April 1928 in Paris, fuhr dann über Montreux, Villeneuve und Zürich nach Salzburg zurück, wo er am 11. oder 12. April eintraf.
3] *von Ihrem Buche*: Nicht ermittelt; vermutlich handelt es sich um die deutsche Übersetzung eines rumänischen Romans im Manuskript.
4] *die Meistersinger zu rezitieren*: Richard Wagner (1813–1883), ›Die Meistersinger von Nürnberg‹ (1868), 3. Aufzug, 1. Szene.
5] *an einer Stelle angefragt*: Nicht ermittelt. *207*
6] *meine Frau*: Friderike Maria Zweig; vgl. 14. 1. 1920, Anm. 21.

An Rudolf G. Binding 13. 4. 1928 *207*
e. Br., 4 S. – Privat – Briefkopf: Signet SZ – Salzburg / Kapuzinerberg 5 – D: SZ, ›Briefe an Freunde‹, hrsg. v. Richard Friedenthal (Frankfurt a. M.:) S. Fischer 1978, S. 190–191.

1] *Rudolf G[eorg] Binding*: (1867–1938), Lyriker und Erzähler.
2] *die Klinge zu kreuzen*: SZ bezieht sich offensichtlich auf eine nicht ermittelte Äußerung Bindings.
3] *»Drei Dichter ihres Lebens«*: Vgl. 8. 9. 1926, Anm. 8.
4] *das Bibelwort der sättigenden Brote*: Im Neuen Testament werden *208*

zwei getrennte Wunderhandlungen Jesu berichtet. Die erste findet sich bei allen vier Evangelisten, die zweite nur bei Matthäus und Markus, wonach durch Jesus eine große Volksmenge, 5000 bzw. 4000 Menschen, mit nur fünf bzw. sieben Broten und zwei Fischen an einem einsamen Ort am Ostufer des Sees Genezareth gesättigt wurden.

5] *Diese Stelle im Casanova*: Giacomo Girolamo Casanova, Chevalier des Seingalt (1725–1798), ist der erste der Essays des Bandes ›Drei Dichter ihres Lebens‹ gewidmet. – Binding hatte vermutlich den Vorabdruck des ersten Kapitels mit der Überschrift ›Casanova‹ in Das Inselschiff, 9. Jg., H. 2, S. 120–124, Leipzig [: Frühjahr 1928], gelesen.

6] *die gezückten Klingen [. . .] nach griechischer Heldenart austauschen*: Die Quelle dieses Vergleichs wurde nicht ermittelt.

7] *Hans Jäger*: Hans Henrik Jaeger (vgl. 8. 9. 1926, Anm. 9), ›Bekjendelser‹ (Privatdruck, Concarneau, Loriant 1902) war 1920 u. d. T. ›Bekenntnisse‹ als Bd. 2 der ›Werke‹ in der einzig berechtigten Übertragung aus dem Privatdruck von Niels Hoyer bei Gustav Kiepenheuer in Potsdam erschienen.

8] *Gundolf*: Friedrich Gundolf (eigtl. Gundelfinger, 1880–1931), Schriftsteller und Literaturhistoriker; gehörte zum Kreis um Stefan George.

209 9] *»Die Stufen der Selbstdarstellung«*: Diesen Untertitel hat SZ letztendlich nicht benutzt.

10] *Carossas*: Hans Carossa (1878–1956), Lyriker und Erzähler.

11] *von Paris zurück*: Vgl. 24. 3. 1928, Anm. 2.

209 *An Siegfried Guggenheim* 21. 4. 1928

ms. Br., 1 S. – LBI New York – Briefkopf: Signet SZ – Salzburg / Kapuzinerberg 5 – D: Modern Austrian Literature. Journal of the International Arthur Schnitzler Research Association (Riverside), Vol. 14, Nos 3/4, 1981 (= Special Stefan Zweig Issue), p. 136 (Faksimile).

1] *Siegfried Guggenheim*: (1873–1961), Rechtsanwalt in Offenbach.

2] *mehrere Wochen abwesend*: Vgl. 24. 3. 1928, Anm. 2.

3] *Der Stammbaum*: Zusammen mit dem Rabbiner Max Dienemann (1875–1939), der von 1920 bis 1938 in Offenbach wirkte, hatte Guggenheim 1926 als Privatdruck »im Verlag des Herausgebers« den ›Stammbaum der Familie Guggenheim aus Worms‹ herausgegeben.

4] *in der unseren [. . .] ähnliche Vorarbeiten*: 1895 hatte Egon Michael Zweig erstmals eine ›Geschichte der Familie Zweig‹ niedergeschrieben, die er 1915 in einer zweiten Fassung erweiterte. 1932 hat Felix Zweig den Olmützer Archivar Julius Röder gebeten, ihn bei der Aufstellung eines Stammbaums der Familie zu unterstützen. ›Die Nachkommen von Moses (Josef) Zweig ∞ J. Elka (Kati) Chaja Sarah Spitzer. Eine Nachfahrenliste‹, bearbeitet von Julius Röder, Archivar, erschien 1932 in Olmütz als Privatdruck.

5] *Offenbacher Haggadah*: Hrsg.: [Siegfried] Guggenheim. (Mit handausgemalten Bildern von Fritz Kredel.) Offenbach a. M.: Verlag des Herausgebers 1927.

6] *meiner großelterlichen Familie mütterlicherseits*: Einzelheiten wurden nicht ermittelt. *210*

An Emil Ludwig 2. 5. 1928 *210*

ms. Br. mit e. Korr., 3 S. – DLA Marbach/N. – Briefkopf: Signet SZ – Salzburg / Kapuzinerberg 5 – D: Wolfgang Frühwald und Peter Vajda (†), ›Stefan Zweig: Vier Briefe an Emil Ludwig‹, in: Österreich in Geschichte und Literatur, Graz, 14. Jg., H. 2, 1970, S. 90–91; SZ, ›Briefe an Freunde‹, hrsg. v. Richard Friedenthal (Frankfurt a. M.:) S. Fischer 1978, S. 192–194.

1] *Emil Ludwig*: Vgl. 21. 11. 1927, Anm. 4.

2] *mein Buch*: SZ, ›Drei Dichter ihres Lebens‹; vgl. 8. 9. 1926, Anm. 8.

3] *ein zweites*: SZ, ›Sternstunden der Menschheit‹; vgl. 16. 4. 1927, Anm. 9.

4] *in Berlin damals*: SZ war etwa am 12. November 1927 in Berlin gewesen (vgl. Brief an Ben Huebsch vom 29. 10. 1927), wo er vermutlich auch Emil Ludwig getroffen hatte.

5] *Erfolgen in Amerika*: Ludwig reiste mehrmals in die USA.

6] *in einem Interview*: Nicht ermittelt.

7] *Biografien dieser Art*: Emil Ludwig hatte durch die neue Art der sog. Biographies romancées, der narrativen Lebensbeschreibungen, große Publikumserfolge. *211*

8] *ein Buch über Napoleon*: Emil Ludwig, ›Napoleon‹, Berlin: Rowohlt Verlag 1925.

9] *über Goethe*: Emil Ludwig, ›Goethe. Geschichte eines Menschen‹, 3 Bde., Stuttgart und Berlin: J. G. Cotta'sche Buchhandlung Nachfolger 1920.

10] *meine Reihe*: Mit der Folge ›Baumeister der Welt‹ – ›Drei Meister‹, ›Der Kampf mit dem Dämon‹ und ›Drei Dichter ihres Lebens‹ – hatte SZ seine eigene Form der psychologischen Lebensdarstellungen gefunden.

11] *ein kleines Lebensbild von Fouché*: SZ, ›Joseph Fouché. Bildnis eines politischen Menschen‹, Leipzig: Insel Verlag 1929. – Joseph Fouché,

Herzog von Otranto (1759–1820), ein französischer Staatsmann, der sich chamäleonartig immer den politischen Gegebenheit anzupassen verstand und seine Macht durch ein feingeknüpftes Spitzelsystem zu erhalten wußte. Er wurde nacheinander Republikaner, Bonapartist und Royalist.

12] *Ihr neues Buch*: Emil Ludwig, ›Der Menschensohn. Geschichte eines Propheten‹, Berlin-Wien: Paul Zsolnay 1928.

13] *in der »Neuen Rundschau«*: Der Vorabdruck in der Hauszeitschrift des S. Fischer Verlags, Berlin, 39. Jg. 1928, hatte vier Folgen.

14] *das Religiöse*: Emil Ludwig war 1902 vom Judentum zum Katholizismus konvertiert, aber 1922 nach dem Mord an Walther Rathenau wieder zum Judentum zurückgekehrt.

15] *im Napoleon*: Vgl. oben, Anm. 8.

16] *Papini*: Giovanni Papini (1881–1956), italienischer Schriftsteller; hatte 1919 eine ›Storia di Cristo‹ geschrieben.

17] *Rembrandt*: Rembrandt Harmensz van Rijn (1606–1669).

18] *Dürer*: Albrecht Dürer (1471–1528).

212 19] *gegen Tolstoi gerecht zu sein*: Vgl. 8. 9. 1926, Anm. 8.

20] *eine Geschichte der sozialen Revolutionäre*: Ludwig nahm diesen Vorschlag nicht auf.

21] *Jean-Jacques Rousseau*: Vgl. 4. 5. 1925, Anm. 27.

22] *Marx*: Karl Marx (1818–1883).

23] *Thomas Mün[t]zer*: (1486 oder 1488/90?–1525), Theologe und Revolutionär.

24] *Marat*: Jean Paul Marat (1744–1793), Sprachlehrer, Publizist, Arzt; in der Französischen Revolution einer der radikalsten Volksführer.

25] *Ihr »Tom und Sylvester«*: Emil Ludwig, ›Tom und Sylvester. Ein Quartett‹, Berlin-Wien: Paul Zsolnay 1928.

26] *möchte ich es gerne nachholen*: SZ hat es vermutlich nicht getan.

212 *An Romain Rolland* 9.4.[= 5.]1928

e. Br., 2 S. – BN Paris – Briefkopf: Signet SZ – Salzburg / Kapuzinerberg 5 – D in deutscher Übersetzung: Romain Rolland-SZ, ›Briefwechsel 1910–1940. Zweiter Band 1924–1940‹, Aus dem Französischen von Eva und Gerhard Schewe (Briefe Rollands) und Christel Gersch (Briefe Zweigs), Berlin: Rütten & Loening 1987, S. 284–286.

Übersetzung

Mein teurer Freund, ich danke Ihnen aus ganzem Herzen für Ihren schönen Brief. Es hat mich gerührt, zu sehen, daß Sie sich sofort die Zeit genommen haben, für mich diesen großen Brocken Tolstoi zu lesen. Ich kann einen gewissen Unterschied in unseren globalen Sichtweisen gut begreifen, aber ich hoffe, Sie haben gesehen, daß es mir nicht an Achtung mangelt. Und wahrhaftig zu sein (nach seiner jeweils eigenen Auffassung von Wahrheit) ist die ungetrübteste Ehrerbietung an die Großen. Es stimmt, ich bin härter gegen die Großen als gegen die Kleinen und die Lebendigen, weil nur die Größe nicht unter Kritik leidet. Vor zehn Jahren wäre ich vielleicht begeisterter für den Menschen Tolstoi gewesen, ich hätte ihn auf den Rang eines Heiligen emporgehoben. Aber heute entdecke ich, daß gerade diejenigen, die die Welt verändern möchten, mit ihrer eigenen Persönlichkeit nicht zufrieden sind, und die Unzufriedenheit mit sich selbst auf die ganze Welt übertragen. Ich habe gerade eine ausgezeichnete und unparteiische Marx-Biographie von Otto Rühle gelesen (Sozialist) – welch schrecklicher, haßerfüllter, autokratischer Mensch, dieses humanitäre Genie! Aber das beweist nichts gegen sein Werk, im Gegenteil erklärt es dieses.

Was Sie über Gorki sagen, das habe ich immer gespürt. Tolstoi hatte ein wenig Angst vor Gorki, er fühlte sich durch diesen Heiden beschämt, der freiheraus lachte, als Tolstoi mit dem Evangelium anfing. Er spürte die Feindseligkeit dieses großen Realisten gegen die Unbestimmtheit seiner Gedanken: es ist sehr schwierig, Gorki zu täuschen, weil sein Auge grausam vor Scharfsinn ist (auch er kennt nicht Traum und Ideal, er lebt auf der Erde und von der Erde).

Ich weiß nicht, ob Sie mein Interview mit Lefèvre gelesen haben. Ich muß ihm Gerechtigkeit widerfahren lassen, daß er nichts von dem getilgt hat, was ich über Sie und Suarès gesagt habe. Suarès schrieb mir diesbezüglich einen seiner berühmt berüchtigten Briefe, voller Dankbarkeit, daß ich mit Bewunderung über ihn gesprochen habe, aber mit einem wahnsinnigen Haß auf Valéry, Gide, auf den »Hund von Lefèvre«, und am Ende wundert er sich, daß ich ihn hochmütig finde. Ich mag ihn sehr mit all seinen Fehlern, aber wie sehr schadet er sich mit seinen Gebärden (nicht mit seinen Worten und Werken)!

Ich glaube, daß der Beethoven für die »Insel« ein Gelingen darstellt. Ich würde mich sehr darüber freuen, denn sie wird ihn wunderbar verlegen. Es ist nun davon die Rede, die Herausgabe der Conversationshefte wieder aufzunehmen, und man wird auch an Sie herantreten, denn es soll ein Komitee gegründet werden, um zu einer Subskription aufzufordern (vom ersten Band hat man, glaube ich, 150 Exemplare verkauft, was sich empfindlich gegen den großen Lärm des Festivals abzeichnet). Ich werde ihnen noch schreiben.

Morgen erwarte ich Jean-Richard Bloch, er hat es mir versprochen. Er hat viel gesehen und hatte viel Erfolg.

Ich schreibe heute an Martinet, und darum beeifere ich mich, diesen unausgegorenen Brief zu beenden, der Ihnen nur danken wollte. Ihr getreuer

Stefan Zweig

1] *Tolstoï*: SZs Tolstoi-Essay für den Band ›Drei Dichter ihres Lebens‹; vgl. 8. 9. 1926, Anm. 8.

213 2] *pour l'homme Tolstoï / für den Menschen Tolstoi*: Lew Nikolajewitsch Graf Tolstoi; vgl. 29. 8. 1923, Anm. 6.

3] *biografie [!] de Marx par Otto Rühle / Marx-Biographie von Otto Rühle*: Otto Rühle, ›Karl Marx. Leben und Werk‹, Hellerau b. Dresden: Avalun-Verlag (1928).

4] *(socialiste) / (Sozialist)*: (Karl Heinrich) Otto Rühle (1874–1943), Mitglied des Deutschen Reichstags für die SPD, Kriegsgegner, beteiligte sich an der Gründung des Spartakus-Bundes, 1918 Sprecher der ›Internationalen Kommunisten Deutschlands‹, 1920 Mitbegründer der Kommunistischen Arbeiter-Partei Deutschlands, 1922 Parteiausschluß, 1923 Wiedereintritt in die SPD, 1933 Emigration nach Prag, ging 1936 als Erziehungsberater der mexikanischen sozialistischen Regierung nach Mexiko City; enge Beziehungen zu Trotzki (Deckname für Lew Davidowitsch Bronstein, 1879–1940).

5] *quel homme affreux / welch schrecklicher [. . .] Mensch*: Karl Marx; vgl. 2. 5. 1928, Anm. 22.

6] *Ce que vous ditez [= dites] de Gorki / Was Sie über Gorki sagen*: Rolland hatte SZ am 3. 5. 1928 geschrieben: »Ich empfinde für Gorki [vgl. 29. 8. 1923, Anm. 1] warme Zuneigung und bin voller Bewunderung für seinen visuellen Genius. Aber ich kann ihm keinerlei Durchdringung der Seelen zuerkennen, über eine gewisse geistige Linie hinaus; einige wesentliche Provinzen der Intelligenz und der Intuition fehlen ihm gänzlich. Er hat in magischer Weise das Äußere von Tolstoi erfaßt, nichts hingegen vom Inneren. Und Tolstoi hat auch nichts getan, um ihm den Zugang zu erleichtern. [. . .] sie waren feindselig auf der einen wie auf der anderen Seite. Und auf den ersten Blick.« (Romain Rolland-SZ, ›Briefwechsel 1910–1940. Zweiter Band 1924–1940‹, a.a.O., S. 284.)

7] *mon interview avec Lefèvre / mein Interview mit Lefèvre*: Vermutlich handelt es sich um ein Interview mit Frédéric Lefèvre für die Zeitschrift Les nouvelles littéraires, artistiques et scientifiques in Paris, dessen Einzelheiten nicht ermittelt wurden.

8] *Suarès*: André Suarès; vgl. Neujahr 1921, Anm. 3.

9] *une de ces fameuses lettres / einen seiner berühmt berüchtigten Briefe*: Suarès' Brief wurde nicht ermittelt.

10] *Valéry*: Paul Valéry; vgl. 25. 10. 1926 an Romain Rolland, Anm. 12.
11] *Gide*: André Gide; vgl. [10. 7. 1924], Anm. 10.
12] *Beethoven*: Der erste Band von Romain Rollands ›Beethoven‹ (vgl. 20. 5. 1927, Anm. 9) wurde 1930 vom Insel-Verlag in Leipzig in deutscher Übersetzung herausgebracht: Romain Rolland, ›Beethovens Meisterjahre. Von der Eroica bis zur Appassionata‹, übersetzt von Therese Mutzenbecher, mit zahlreichen Notenbeispielen.
13] *Conversationshefte*: Die Edition von Ludwig von Beethovens ›Konversationsheften‹ hatte Walter Nohl 1923–1924 in der Allgemeinen Verlagsanstalt München begonnen; es waren aber nur 3 Lieferungen erschienen. Erst 1941 begann Georg Schünemann im Auftrag der Preußischen Staatsbibliothek eine neue Edition, die im Verlag M. Hesse in Berlin herauskam.
14] *du premier volume / vom ersten Band*: Vgl. oben, Anm. 13.
15] *du festival / des Festivals*: Vgl. 25. 10. 1926 an Romain Rolland, Anm. 16. 214
16] *Jean-Richard Bloch*: Vgl. 6. 9. 1920, Anm. 1.
17] *Martinet*: Marcel Martinet; vgl. [26. 1. 1924], Anm. 23.

An Arthur Schnitzler 15. 5. 1928 214
ms. Br., 3 S. – CUL Cambridge – Briefkopf: Signet SZ – Salzburg / Kapuzinerberg 5 – D: SZ, ›Briefwechsel mit Hermann Bahr, Sigmund Freud, Rainer Maria Rilke und Arthur Schnitzler‹, hrsg. v. Jeffrey B. Berlin, Hans-Ulrich Lindken u. Donald A. Prater (Frankfurt a. M.:) S. Fischer Verlag (1987), S. 438–441.

1] *15. Mai 1928*: An diesem Tag wurde Schnitzler 66 Jahre alt.
2] *Ihren lieben Brief*: Vom 10. 5. 1928.
3] *Ihr Buch*: Arthur Schnitzler, ›Therese. Chronik eines Frauenlebens‹, Berlin: S. Fischer 1928.
4] *eine größere Arbeit*: Vermutlich SZs Novelle ›Widerstand der Wirklichkeit‹, die er wahrscheinlich während der Arbeit am Hölderlin-Essay (vgl. ›Der Kampf mit dem Dämon‹, 7. 4. 1923, Anm. 1) 1924 begonnen, danach unterbrochen, wieder aufgenommen und noch einmal unterbrochen hatte. 1929 veröffentlichte er den Anfang u. d. T. ›Fragment einer Novelle‹ in ›Das Buch des Gesamtverbandes Schaffender Künstler Österreichs‹, Wien 1929; kurz danach griff er den Text wieder auf und schloß ihn ab; er wurde vollständig aber erst posthum in den Band ›Brennendes Geheimnis‹, GWE 1987, aufgenommen.
5] *Rembrandt [. . .] wie er die [. . .] Bäume allein in die ungeheure [. . .] Ebene stellte*: Rembrandt Harmensz van Rijns (vgl. 2. 5. 1928, Anm. 17)

Radierung ›Die Landschaft mit den drei Bäumen‹, abgebildet als Nr. 75 in SZs Übertragung von Emile Verhaerens ›Rembrandt‹, Leipzig: Insel-Verlag 1912.

215 6] *sie kommen erst langsam an sie heran*: Die Erstauflage von Schnitzlers ›Therese‹ betrug 1928 20 000 Exemplare; im selben Jahr wurden 10 000 weitere und für die Ausgabe der ›Gesammelten Schriften [in Einzelausgaben]‹ noch einmal 5000 Exemplare nachgedruckt; 1930 ereichte das Buch das 30. Tausend.

7] *für uns Österreicher [. . .] dokumentarischen Wert*: Schnitzlers ›Therese‹ »bietet [. . .] einen Querschnitt durch das alte habsburgische Österreich, und zwar keinen schmeichelhaften. [. . .] Das Vorkriegsösterreich wird hier zu einer Heimat, die eine Vergangenheit hat, aber keine Zukunft.« (Ruth Klüger in ihrem Nachwort zu Arthur Schnitzler, ›Therese. Chronik eines Frauenlebens‹, Frankfurt am Main: S. Fischer (2000) (= Ausgewählte Werke in acht Bänden. Hrsg. von Heinz Ludwig Arnold), S. 305 u. 322.

216 8] *seit den Knabenjahren rein bewahrte Verehrung*: SZ hatte bereits in einem Brief an Schnitzler vom 15. 1. 1908 beteuert, daß seine Generation »in der Bewunderung Ihres Werkes gewissermaßen aufgewachsen« sei.

9] *nach Wien komme*: Eine Begegnung SZs mit Schnitzler läßt sich für dieses Jahr 1928 nicht nachweisen.

216 *An Romain Rolland* 24. 7. 1928
e. Br., 2 S. mit e. Nachschrift am linken und am oberen Rand der ersten Seite – BN Paris – Briefkopf: Signet SZ – Salzburg / Kapuzinerberg 5 – D in deutscher Übersetzung: Romain Rolland-SZ, ›Briefwechsel 1910–1940. Zweiter Band 1924–1940‹, Aus dem Französischen von Eva und Gerhard Schewe (Briefe Rollands) und Christel Gersch (Briefe Zweigs), Berlin: Rütten & Loening 1987, S. 290–292.

Übersetzung
Mein teurer Freund, ich werde morgen für drei Wochen fortfahren: die Festspiele beginnen, also gilt es zu flüchten. Ich empfinde einen Ekel vor all diesen Zusammenkünften theatralischer und literarischer Komödianten. Ich werde zur Küste fahren, um zu leben und zu arbeiten, was für uns ein und dasselbe ist.

Nach fünf Jahren habe ich die Tragödie von Adam Lux wieder hervorgeholt. Sie reifte in mir heran seit der Russischen Revolution. Es ist eher eine dramatische Biographie als ein Drama – keine Frauen, kein einziges Wort der Liebe, nur die Enttäuschung des Enthusiasten vor der

Realität und der Kontrast zwischen idealem Revolutionär und Realismus. Die Ereignisse in Russland – Trotzki, der Tod Joffes – haben mir den Mut gegeben, diese Arbeit wiederaufzunehmen. Er ist wahrlich weit von Ihrem Lux entfernt, er ist jünger (28 Jahre jünger als in Wirklichkeit) und im Unterschied zu Forster um 20 Jahre älter. Und eine Sache nimmt einen großen Stellenwert ein, der in Ihre Konzeption nicht hineinkam: er fühlt sich als Initiator der Revolte verantwortlich für Mainz, und der Untergang der Stadt trägt viel mehr zu seiner Entscheidung bei als das Zusammentreffen mit Charlotte [Corday]. Als Erfindung habe ich eine (durchaus mögliche) Begegnung mit André Chénier hinzugefügt, der ihm seine Ode auf Ch[arlotte] C[orday] vorliest. Ich erhoffe mir nichts von der Bühne und sehr wenig von den Schriftstellern. Es ist eine Arbeit für mich selbst – ich muß meine Gedanken über die Revolution ausdrücken, genauso wie in Jeremias die über den Krieg.

Der Wunsch nach einer großen Reise verfolgt mich. Ich möchte ferne Länder sehen, zwei Monate lang leben, ohne einen Brief, eine Zeitschrift, eine Zeitung zu sehen. Oft spüre ich meine seelischen Kräfte vor dieser Menge an Anforderungen schwinden. Man fühlt sich ohnmächtig vor diesem Ansturm von Büchern, Briefen, und ich merke, wie ich anfange, nachlässig zu lesen, mich vage, ohne die notwendige Genauigkeit und Ehrlichkeit, zu bedanken – ein wenig nach der Manier Victor Hugos, der einen netten Satz hinwarf, statt eines ehrlichen Worts. Man muß seine Gefahren kennen und beobachten. Es ist das Gleiche für uns alle. Ich habe den guten, alten Bahr getroffen: auch er sagt mir, daß er nicht mehr kann, denn Sie ahnen nicht, welche neue Flut das Radio, die Vorträge, diese schrecklichen Organisationen in Deutschland ausmachen. Das ist nun das erste Mal seit Monaten, daß ich Bücher lesen kann: ich habe Platon und andere ernsthafte Werke in meinen Koffer gepackt. Glücklich die, welche ein gleichgültiges Gemüt und diese Selbstsucht beim Erschaffen haben, die sie davor schützt, mit den anderen zu denken.

Schlechte Nachrichten von La[t]zko. Er ist immer noch in Ungarn im Sanatorium. Ich kenne nun seine Krankheit (die er selbst nicht kennt oder die nicht zu erahnen er vorgibt). Es ist sehr schlimm. Er wird nicht mehr lange leben, und man weiß nicht, ob man es ihm wünschen soll. Der Ärmste: wie hat er sich seelisch, neurasthenisch mit irrealen Gefahren und Sorgen gequält. Und nun ist die Realität da und seine Kräfte sind erschöpft.

Ich warte ungeduldig auf den Beethoven. Hier gab man dieser Tage die berühmte Messe von Benevoli (das erste Mal seit 300 Jahren). Ich finde, daß man die alte Musik zu sehr vernachlässigt: was es noch alles zu entdecken gibt! Was für einen Roman könnte man über diese Generation vergessener Meister, diese Vorboten schreiben, allesamt im Ruhm Mozarts und Händels versunken! Zumindest haben Sie mit ihrer Geschichte begonnen! Ich hoffe, daß es in Villeneuve nicht so heiß ist und Sie nicht zuviel Besuch bekommen. Schon an das Lügen gewöhnt, sage ich jedem, daß Sie den Sommer in den Bergen verbringen!

Ihr getreuer

Stefan Zweig

Eine widerwärtige Affäre! Man schreibt mir von mehreren Seiten für eine Protestaktion. Rußland bereitet die Herausgabe von Tolstois »Tagebuch« vor, das er ausdrücklich dem Volk, also allen, zugedacht hat. Die Familie Tolstoi hat heimlich Kopien mitgenommen, die sie nun vor der großen offiziellen Herausgabe den Verlegern verkauft, somit also erneut den testamentarischen Willen des Alten verletzt! Und der Sohn spielt die Rolle seines Vaters in Hollywood im Film. Welch schauerliche Komödie! Aber ich habe nicht protestiert – man müßte ihre materielle Situation kennen und auch ihre Argumente.

1] *je partirai demain / ich werde morgen [...] fortfahren*: SZ und Friderike Maria Zweig fuhren etwa am 25. Juli 1928 nach Ostende ins Grand Hôtel Miramar, wo sie vermutlich bis Ende August blieben.
2] *le festival commence / die Festspiele beginnen*: Die Salzburger Festsiele dauerten 1928 vom 26. Juli bis zum 30. August.
3] *la tragédie de [!] Adam Lux / die Tragödie von Adam Lux*: SZ, ›Adam Lux. Zehn Bilder aus dem Leben eines deutschen Revolutionärs‹, in: ›Das Lamm des Armen‹, GWE 1984, S. 337–406. SZ hatte, wie aus seinen Briefen an Rolland und aus der Datierung des Manuskripts (28. Juli bis 19. August) hervorgeht, 1926 mit dem ersten Entwurf begonnen – nicht, wie er sich zu erinnern meint, schon 1923. – Adam Lux (1765–1793) war am 25. März 1793 zusammen mit Johann Georg Adam Forster und André Patocki von der Rheinischen Republik Mainz nach Paris entsandt worden (vgl. [27. 1. 1920], Anm. 15).
4] *depuis la révolution Russe / seit der Russischen Revolution*: Dies ist offensichtlich ein Irrtum SZs; vgl. oben, Anm. 3.
5] *Trotski*: Lew Dawidowitsch Bronstein (Deckname Trotzki; vgl. 9.4.[= 5.]1928, Anm. 4) war 1928 nach Kassachstan verbannt worden und wurde 1929 aus der Sowjetunion ausgewiesen.
6] *la mort de Joffe / der Tod Joffes*: Adolf Abramowitsch Joffe (1883–1927, Selbstmord) sowjetischer Diplomat; hatte Trotzki 1908 bei der Gründung der Zeitung Prawda unterstützt.

7] *de votre Lux / von Ihrem Lux*: Rolland hatte die Gestalt des Adam 217
Lux nicht in den Mittelpunkt seines 1899 entstandenen Dramas ›Le Triomphe de la Raison‹ (›Der Triumph der Vernunft‹, vgl. 9. 3. 1926, Anm. 12) gestellt. SZ schrieb in seiner Rolland-Biographie (vgl. 14. 1. 1920, Anm. 3) dazu: »Und Adam Lux [...], dieser erste Blutzeuge seines Idealismus, ist der erste Bote aus Johann Christofs Land. Der Kampf des freien Menschen um sein ewiges Vaterland jenseits des heimischen hat begonnen, jener Kampf, in dem der Besiegte immer der Sieger und der Einsame der Stärkste ist.« (SZ, ›Romain Rolland‹, GWE 1987, S. 133.)
8] *il est plus jeune (28 ans [...]) / er ist jünger (28 Jahre [...])*: Adam Lux war im Jahre 1793, als er nach Paris geschickt wurde (vgl. oben, Anm. 3) tatsächlich 28 Jahre alt.
9] *en contraste avec Forster / im Unterschied zu Forster*: Johann Georg Adam Forster (vgl. [27. 1. 1920], Anm. 15) war in Wirklichkeit nur 11 Jahre älter als Adam Lux.
10] *la chute de la ville / der Untergang der Stadt*: Vgl. [27. 1. 1920], Anm. 15.
11] *la rencontre avec Charlotte [Corday] / das Zusammentreffen mit Charlotte [Corday]*: Charlotte de Corday d'Armont (1768–1793), Urenkelin Pierre Corneilles, erstach Jean Paul Marat (vgl. 2. 5. 1928, Anm. 24) im Bade, um in ihm den blutgierigen Verfolger der Girondisten zu treffen und in der Hoffnung, dem Terror damit ein Ende zu bereiten. Adam Lux war ihr »geheimnisvoller Liebhaber« (R. Rolland in einem Brief an SZ vom 26. 12. 1912; vgl. Romain Rolland-SZ, ›Briefwechsel 1910–1940. Erster Band 1910–1923‹, a.a.O., S. 51).
12] *un[e] rencontre [...] avec André Chénier / eine [...] Begegnung mit André Chénier*: André Chénier; vgl. 12. 1. 1924, Anm. 8.
13] *son ode à Ch[arlotte] C[orday] / seine Ode auf Ch[arlotte] C[orday]*: André Chénier, ›Odes XI. A Charlotte Corday, executée le 18 juillet 1793‹.
14] *Je n'espère rien sur la scène / Ich erhoffe mir nichts von der Bühne*: SZs ›Adam Lux‹ blieb Fragment; das Stück wurde erst posthum nach einer Bearbeitung am 21. Januar 1989 am Theater der Landeshauptstadt Mainz uraufgeführt.
15] *Jérémie / Jeremias*: SZ, ›Jeremias‹; vgl. 22. 7. 1920, Anm. 13.
16] *du désir d'un grand voyage / Der Wunsch nach einer großen Reise*: Dem liegt vermutlich der Gedanke einer anonymen Reise nach Rußland zugrunde; vgl. 2. 9. 1927, Anm. 6.
17] *Je voudrais voir des pays très lointains / Ich möchte ferne Länder sehen*: Diese Sehnsucht erfüllte SZ von früh an. »Mir ist, ich könnte nicht sterben, ehe ich nicht die ganze Erde kenne«, hatte er z. B. am

4. 3. 1909 an Ellen Key geschrieben. (Vgl. SZ, ›Briefe 1897–1914‹, a.a.O., S. 188.)

18] *de [!] vivre deux mois sans voir une lettre, une revue, un journal / zwei Monate lang leben, ohne einen Brief, eine Zeitschrift, eine Zeitung zu sehen*: Dieses Ideal beschrieb SZ in den letzten Wochen seines Lebens in dem Fragment gebliebenen Roman ›Clarissa‹ (GWE 1990).

19] *Victor Hugo*: (1802–1885), französischer Dichter der Romantik.

20] *Bahr*: Hermann Bahr; vgl. Neujahr 1921, Anm. 1.

21] *Platon*: Vgl. 4. 5. 1925, Anm. 33.

22] *La[t]zko*: Andreas Latzko; vgl. 2. 9. 1927, Anm. 20.

23] *le Beethoven / den Beethoven*: Romain Rolland, ›Beethoven. Les grandes époques créatrices‹; vgl. 20. 5. 1927, Anm. 9.

24] *Ici on donnait [. . .] la fameuse messe de Benevoli / Hier gab man [. . .] die berühmte Messe von Benevoli*: Orazio Benevoli (1605–1672) galt bis 1975 als Autor der berühmten 53stimmigen ›Missa Salisburgensis‹ samt Hymnus ›Plaudite tympana‹. »Inzwischen konnte durch quellenkritische und analytische Untersuchungen hinlänglich nachgewiesen werden, daß Benevoli keinesfalls als Komponist und auch nicht als Schreiber einer Partitur in Erwägung zu ziehen ist, sondern daß Messe und Hymnus 1682 für die 1100-Jahr-Feier der Gründung des Erzstiftes Salzburg durch den hl. Rupert von H[einich] I[ganz] F[ranz von] Biber [1644–1704] komponiert wurden.« (›Salzburger Kulturlexikon‹, hrsg. v. Adolf Haslinger und Peter Mittermayer, [Salzburg:] Residenz Verlag [1987], S. 67.)

218 25] *Quel roman / Was für einen Roman*: SZ hat diese Thematik selbst nicht aufgegriffen.

26] *Mozart*: Wolfgang Amadeus Mozart (1756–1791).

27] *Händel*: Georg Friedrich Händel (1685–1759).

28] *Vous avez au moins commencé leur histoire / Zumindest haben Sie mit ihrer Geschichte begonnen*: Rolland hatte 1921 seine ›Voyage musical au pays du passé‹ (›Musikalische Reise ins Land der Vergangenheit‹) geschrieben (vgl. 4. 9. 1921, Anm. 15).

29] *La Russie prépare l'édition du «Journal» de Tolstoï / Rußland bereitet die Herausgabe von Tolstois »Tagebuch« vor*: Es handelt sich wohl nicht, wie SZ vermutet, um Lew Nikolajewitsch Graf Tolstois allgemeines Tagebuch, das zu dieser Zeit bereits publiziert war, sondern um sein geheimes Tagebuch, das er am 29. Juli 1910, also kurz vor seinem Tod begonnen hatte. Einzelheiten wurden nicht ermittelt.

30] *Et le fils joue le rôle de son père au cinéma à Hollywood / Und der Sohn spielt die Rolle seines Vaters in Hollywood im Film*: Vermutlich Tolstois Sohn Ilja Lwowitsch (1866–1933), der in die USA emigrierte und in der Filmbranche tätig war.

e. Br., 2 S. – BN Paris – Briefkopf: Signet SZ – Salzburg / Kapuzinerberg 5 – D in deutscher Übersetzung: Romain Rolland-SZ, ›Briefwechsel 1910–1940. Zweiter Band 1924–1940‹, Aus dem Französischen von Eva und Gerhard Schewe (Briefe Rollands) und Christel Gersch (Briefe Zweigs), Berlin: Rütten & Loening 1987, S. 293–294.

Übersetzung
Mein teurer Freund, im Moment erhalte ich die Einladung der Sowjets, Österreich zur Hundertjahrfeier Tolstois zu repräsentieren, und meine Entscheidung war schnell getroffen: ich nehme an. Ich werde am 7. September nach Moskau reisen. Man muß sehen, man muß kennenlernen, solange die Knochen und das Hirn noch halten. Ich täusche mich nicht darüber, daß ich nicht alles sehen werde: aber ich werde vieles sehen und will gerne meinen Mund schließen und meine Augen öffnen.

Und Sie, mein Freund? Erlaubt Ihnen Ihre Gesundheit diese Reise? Vielleicht würde die Tatsache, daß wir zusammen reisen könnten, Sie ermutigen. Wir könnten gemeinsam von Wien losfahren, und ich würde Sie verteidigen wie ein Löwe.

Ich lasse meine Arbeit liegen. Rußland zu sehen, das ist wichtig. Man muß kennenlernen, um beurteilen zu können.

Kennen Sie übrigens den von den Sowjets herausgegebenen »Führer durch Sowjetrußland« von Baedeker? Ein sehr lehrreiches Buch. Seit ich es las, bin ich voll der Neugierde.

Nachdem ich aus Holland heimkehrte, bekam ich dieser Tage zwei Besuche: James Joyce und G. A. Borgese. Joyce ist ergreifend: er leidet furchtbar an seinen Augen und arbeitet dennoch unaufhörlich. Und Borgese, mein alter Freund, hat mir sein Herz weit geöffnet. Er war extra gekommen, um mit einem Freund zu sprechen. Und zu sprechen, das ist für sie ein so neuartiges und fesselndes Glück wie für unsereinen – ich weiß nicht, was. Wir haben nichts, was uns eine solche Überschwenglichkeit, eine solch trunkene und gefährliche Freude verleihen könnte, wie diesen armen Gefangenen des Wortes die Ehrlichkeit. Natürlich kann ich Ihnen nichts darüber schreiben, was er mir freundschaftlich anvertraut hat: seine Lage ist so schwierig, daß ich vor niemandem außer Ihnen erwähne, daß er mich besucht hat. Er hatte Tränen in den Augen, während er sprach, und ich auch: es ist schlimmer, tausendmal schlimmer als unser Los während des Krieges. Und wir helfen ihnen am besten – – durch Schweigen. Jeder Aufruf zu ihren Gunsten ist gefährlich. Aber der Wahnsinn kann nicht andauern.

Mein Freund, welche Freude, wenn Ihnen Ihre Gesundheit erlauben würde, nach Moskau zu reisen! Das wäre ein Fest für Rußland, eine glorreiche Danksagung für den unsterblichen Brief Tolstois an Sie. Ich werde besser über Sie wachen, als Sie selbst.

Treulich, Ihr

Stefan Zweig

1] *l'invitation de Sowjets [!] / die Einladung der Sowjets*: Vermutlich aufgrund seines Briefes vom 26. 9. 1927 an den Verlag Wremja in Leningrad (vgl. 2. 9. 1927, Anm. 6) wurde SZ von der sowjetischen Regierung offiziell eingeladen.

2] *Et vous, mon ami? / Und Sie, mein Freund?*: Rolland nahm seinerseits die Einladung nicht an: »Ich erkenne keiner Regierung das Recht zu, den Mann für sich in Anspruch zu nehmen, der am entschiedensten alle Regierungen mißbilligt und verworfen hat. Es scheint mir ebenso frevelhaft, Tolstoi vom Bolschewismus feiern zu lassen wie Franz von Assisi vom Faschismus.« (R. Rolland an SZ, 2. 9. 1928; vgl. Romain Rolland-SZ, ›Briefwechsel 1910–1940. Zweiter Band 1924–1940‹, a.a.O., S. 294.)

219 3] *«Führer durch Sowjetrußland» de Baedeker*: ›Führer durch die Sowjetunion. (Die fünf größten Städte der Sowjetunion: Moskau, Leningrad, Charkow, Kijew, Odessa.) Red. v. A. Radó. Hrsg. von der Gesellschaft für Kulturverbindung der Sowjetunion mit dem Auslande unter Leitung von O. D. Kamenewa. Moskau: Staatsverlag der RS. FSR [Berlin: Kniga] 1925. – Der Karl Baedeker Verlag in Leipzig, der für seine Reiseführer bekannt ist, hatte nichts damit zu tun.

4] *retournant [= revenant] de Hollande / Nachdem ich aus Holland heimkehrte*: SZ und Friderike Maria Zweig waren in Belgien gewesen; vgl. 24. 7. 1928, Anm. 1.

5] *James Joyce*: Vgl. 8. 9. 1926, Anm. 5.

6] *G. A. Borgese*: Giuseppe Antonio Borgese (1882–1952), der italienische Hochschullehrer und Schriftsteller, und SZ kannten sich seit 1913. Borgese war ein entschiedener Gegner des Faschismus und in Italien entsprechenden Repressionen ausgesetzt.

7] *pour la lettre éternelle de Tolstoï [adressée] à vous / für den unsterblichen Brief Tolstois an Sie*: Lew Nikolajewitsch Graf Tolstoi hatte Rolland am 14. 10. 1887, als Antwort auf dessen Reaktion auf seinen Aufsatz ›Was sollen wir tun?‹, einen 38 Seiten langen Brief geschrieben. Darin versuchte er ihm klarzumachen, »daß nur jene [Kunst] Wert habe, die Menschen verbinde, und daß nur jener Künstler zähle, der seiner Überzeugung ein Opfer bringt«. Vgl. SZ, ›Romain Rolland‹, GWE 1987, S. 57.

An Friderike Maria Zweig [11.9.1928] 219
e. Br., 2 S. – SUC Fredonia, NY – Briefkopf: P.C.Ф. C.P. / „ГРАНД-ОТЕЛЬ“ / ЦЕНТР / МОСКВА, пл. Революции, д № 1/2. / „GRAND-HÔTEL“ / MOSKAU, Platz der Revolution, 1/2. „GRAND-HÔTEL“ / MOSCOU, place du Revolution [!], № 1/2. / Телеф.: – Teleph.: Коммутат-Central-Centrale 4-57-80. / Дирекция-Direktion-Direction 3-51-68. / Ресторан-Restorang[!]-Restaurant 3-36-99. / Портbe – Portie – Portier 4-51-93. / [Am Rand: Адрес для телеграмм: Москва, Гранд-отель. Adresse pour les telegrammes: Moscou, Grand-hôtel. / Adresse für telegramm: Moskau, Grand-hôtel] / Москва. / Moscou l-e .... 192 ..... г. – D: SZ-Friderike Zweig, ›Briefwechsel 1912–1942‹, Bern: Alfred Scherz Verlag 1951, S. 222–223 (Gekürzt); SZ, ›Briefe an Freunde‹, hrsg. v. Richard Friedenthal (Frankfurt a. M.:) S. Fischer 1978, S. 197–198 (Gekürzt); SZ-Friderike Zweig, ›Unrast der Liebe. Ihr Leben und ihre Zeit im Spiegel ihres Briefwechsels‹, (Bern und München:) Scherz (1981), S. 177–178 (Gekürzt), und (Frankfurt a. M.:) Fischer Taschenbuch Verlag 1984 (= Fischer Taschenbuch 5366), S. 155 (Gekürzt).

1] *Angekommen Montag*: SZ war am Sonntag, den 8. September 1928, von Salzburg aus nach Moskau aufgebrochen; in Warschau mußte er übernachten, so daß er erst am Dienstag nachmittag in Moskau eintraf.
2] *cinematografiert*: Vermutlich für die Wochenschau gefilmt.
3] *mein Tolstoibuch*: Vermutlich meint SZ den Auszug aus der russi- 220
schen Übersetzung seines Buches ›Drei Dichter ihres Lebens. Casanova – Stendhal – Tolstoi‹ (›Pevets svozi zhizni Lev Tolstoi‹, Ed. B. M. Eiklenbaum. Fr. P. S. Bernsthein. Leningrad: »Wremja« 1928): ›»Den' iz zhizni L'va Tolstogo«‹ (Tr. St. Vetkin), in: Krasnaia Gazeta, Leningrad, 24./26. 4. 1928 (Abendausgabe).
4] *die »Stunde«*: Die Wiener Boulevardzeitung Die Stunde (gegründet am 2. 3. 1923) erschien im Gegensatz zur Neuen Freien Presse, die eine Morgen- und eine Abendausgabe hatte, täglich mittags; dabei blieb es auch, als sie ab 6. 11. 1928 in Abendzeitung Der Tag und ab 23. 7. 1930 Abendzeitung Der Wiener Tag umbenannt wurde. Am 13. 3. 1938 erschien diese Zeitung zum letzten Mal: Sie wurde verboten.
5] *Boris Pilniak*: Boris Andrejewitsch Pilnjak (eigtl. B. A. Wogau, 1894–1938?), russischer Schriftsteller.
6] *Eugen Onegin*: Pjotr Iljitsch Tschaikowski (1840–1893), ›Eugen Onegin‹, Lyrische Szenen in 3 Akten (7 Bildern), (1879).
7] *Tula*: Russische Gebietshauptstadt, 180 km südlich von Moskau.
8] *Jasnaja Poljana*: Dorf südwestlich von Tula; dort hatte Tolstoi seit 1847, nach der Beendigung seines Universitätsstudiums, ein Landhaus

besessen, das nach seinem Tod (1910) zum Museum ausgebaut worden war.
9] *Gorki*: Maxim Gorki; vgl. 29. 8. 1923, Anm. 1.
10] *von meinem Verleger*: Ilja Wladimirowitsch Wolfsohn; vgl. 8. 11. 1926, Anm. 1.
11] *Rembrandts*: Das berühmteste der 50 Leningrader Museen ist die Eremitage, die zahlreiche Gemälde Rembrandts (vgl. 2. 5. 1928, Anm. 17) besitzt.
12] *für Herrn Reclam Vorreden schreiben*: Ernst Reclam (vgl. 25. 5. 1927, Anm. 1) hatte SZ vermutlich in diesem Herbst um mehrere Vor- bzw. Nachworte für Bücher aus Reclams Universal-Bibliothek gebeten. 1929 erschienen jedenfalls von Oskar Baum ›Nacht ist umher. Erzählung‹. Mit einem Nachwort von SZ (RUB 7005), und von Richard Specht ›Florestan Kestners Erfolg. Eine Erzählung aus den Wiener Märztagen‹. Mit einem Nachwort von SZ (RUB 7038/7039).
13] *Mama*: Ida Zweig; vgl. [27. 1. 1920] an Friderike Maria v. Winternitz, Anm. 3.
14] *Alfred*: Alfred Zweig; vgl. 29. 6. 1922 an Victor Fleischer, Anm. 18.

221 *An Romain Rolland* 21. 9. 1928
ms. Br., 7 S. mit e. Korr. und e. Nachschrift (Französisch) – BN Paris – Briefkopf: Signet SZ – Salzburg / Kapuzinerberg 5 – D: Romain Rolland-SZ, ›Briefwechsel 1910–1940. Zweiter Band 1924–1940‹, Aus dem Französischen von Eva und Gerhard Schewe (Briefe Rollands) und Christel Gersch (Briefe Zweigs), Berlin: Rütten & Loening 1987, S. 296–301.

1] *aus Moskau und Leningrad*: SZ war am Montag, den 17. September 1928, über Warschau und Wien nach Salzburg zurückgefahren, wo er am Donnerstag, den 20. September, ankam.
2] *Daß Sie [. . .] nicht kamen*: Vgl. 31. 8. 1928, Anm. 2.
3] *darüber zu schreiben*: SZ schrieb für die Neue Freie Presse in Wien einen Bericht, ›Reise nach Rußland‹, der verteilt auf den 21., den 23., den 26., den 28. Oktober und den 6. November abgedruckt wurde.
222 4] *die Tolstois*: Die Familie Lew Nikolajewitsch Graf Tolstois, vor allem seine Enkelin Sofja (Sascha) Tolstaja-Jessenina (1900–1957), aber auch seine jüngste Tochter Alexandra Tolstaja (1884–1979), die Direktorin des Tolstoi-Museums in Jasnaja Poljana.
5] *Lunatscharski*: Anatoli Wassiljewitsch Lunatscharski (1875–1933), Kunstkritiker und marxistischer Revolutionär, 1917–1929 als Volkskommissar für das Bildungswesen für die Kulturpolitik der Sowjetunion verantwortlich.

6] *Wilhelm II.*: Vgl. 6. 9. 1920, Anm. 8.
7] *Poincaré*: Raymond Poincaré; vgl. 4. 8. 1922, Anm. 21.
8] *der 2. oder 3. Thermidor*: Der Thermidor ist der elfte Monat des französischen Revolutionskalenders; der 2. oder 3. Thermidor entspricht dem 20. bzw. 21. Juli. Vermutlich spielt SZ auf den Sturz Maximilien de Robespierres (vgl. 9. 3. 1926, Anm. 6) am 9. Thermidor des Jahres II (27. 7. 1794) an.
9] *eine verschleierte Form der wirtschaftlichen Kapitulation*: Stalin (eigtl. Jossif Wissarionowitsch Dschugaschwili, 1879–1953) hatte nach Lenins (eigtl. Wladimir Iljitsch Uljanow, 1870–1924) Tod die Macht des Generalsekretärs der KPdSU, der er seit 1922 war, ausgebaut. 1927 hatte er Lenins Konzept einer Neuen ökonomischen Politik, die für eine Übergangszeit noch einmal die privatwirtschaftlichen Initiativen för
derte, zugunsten der staatlich kontrollierten Fünfjahrespläne aufgelöst und die Industrialisierung der Sowjetunion verstärkt. Der erste Plan trat am 1. Oktober 1928 in Kraft.
10] *den Krieg gegen England*: England, das die Sowjetunion 1924 aner- *223*
kannt hatte, hatte 1927 die diplomatischen Beziehungen zu ihr abgebrochen.
11] *in das chinesische Abenteuer und in die auswärtige Agitation*: Im Sinne ihrer weltrevolutionären Ziele förderte die Sowjetunion nationale Unabhängigkeitsbewegungen, vor allem in China die Kuomintang (Nationalpartei), die bis 1926 ganz China eroberte. Tschiang Kai-Schek (1887–1975) hatte mit russischer Hilfe eine Armee der Kuomintang aufgebaut, 1927 mit den sowjetischen Beratern aber gebrochen, den linken Parteiflügel ausgeschaltet und bekämpfte nun die Kommunistische Partei Chinas.
12] *das Landwirtschaftsproblem*: Stalin hatte 1927/28 eine Zwangskollektivierung der gesamten Landwirtschaft durchgeführt.
13] *das Rheinland*: Vgl. 2. 11. 1920, Anm. 16. 1925 hatte die Räumung der besetzten Gebiete begonnen, die aber erst 1930 abgeschlossen wurde.
14] *daß Deutschland Rußland fallen lasse*: Im Vertrag von Rapallo vom 16. April 1922 verzichteten das Deutsche Reich und die Russische Sozialistische Föderative Sowjetrepublik auf alle finanziellen Forderungen, vereinbarten sofortige diplomatische und konsularische Beziehungen und beschlossen wirtschaftliche Annäherung nach dem Meistbegünstigungsrecht. Dieser Vertrag wurde durch den sog. Berliner Vertrag von 1926 noch verstärkt und bekräftigte die guten Beziehungen zwischen Deutschland und der Sowjetunion. Der Vertrag wurde erst durch Adolf Hitlers Politik 1934 hinfällig.
15] *Briands*: Aristide Briand (1862–1932), französischer Staatsmann,

leitete nach 1926 die Außenpolitik. – Die erwähnte Rede hielt Briand vermutlich bei der XI. Völkerbundversammlung in Genf, die vom 3. bis zum 26. September 1929 tagte.

16] *Nationalitätenfrage*: 1920/21 wurde das Problem durch wirtschaftsräumliche Gliederung in 21 ökonomische Rayons der Sowjetunion gelöst.

224 17] *Kontinentalsperre*: SZ wendet diesen Begriff der Maßnahmen Napoleons I. 1806 zur wirtschaftlichen Abschließung des europäischen Festlandes gegen Großbritannien hier auf die Wirkung des sowjetischen Zieles einer Weltrevolution an, die entsprechend außen- und wirtschaftspolitische Zurückhaltung der übrigen Staaten, mit Ausnahme des Deutschen Reichs (vgl. oben, Anm. 14) zur Folge hatte.

18] *die Absicht jener Intellektuellen*: Vgl. in SZs Bericht ›Reise nach Rußland‹ (vgl. oben, Anm. 3) den Abschnitt ›Heroismus der Intellektuellen‹.

19] *1793*: Robespierre wurde 1794 gestürzt; vgl. oben, Anm. 8.

20] *das Grab Tolstois*: Vgl. in SZs Bericht ›Reise nach Rußland‹ (vgl. oben, Anm. 3) den Abschnitt ›Das schönste Grab der Welt‹.

21] *Gorki*: Vgl. in SZs Bericht ›Reise nach Rußland‹ (vgl. oben, Anm. 3) den Abschnitt ›Besuch bei Gorki‹. – Zu Maxim Gorki vgl. 29. 8. 1923, Anm. 1.

22] *Henri Barbusse*: Vgl. 3. 5. 1921, Anm. 5. Seit 1923 war Barbusse entschiedener kommunistischer Propagandist.

23] *G. P. U.*: Abkürzung der russischen Bezeichnung Gosudarstvennoje političeskoje upravlenje (Staatliche politische Verwaltung), die politische Polizei der Sowjetunion.

225 24] *Dutschenski*: Vermutlich Mitrofan Semjonowitsch Dudtschenko (1867–1946), ein Anhänger Tolstois

25] *in dieser Sache unrichtig informiert*: Zusammenhang nicht ermittelt.

26] *Professor Ude*: Johannes Ude (1874–1965), Soziologe.

27] *Präsidentin der Frauenliga*: Jane Addams; vgl. 22. 4. 1921, Anm. 22.

28] *Ihre Schwester*: Madeleine Rolland.

29] *nach Rußland zurückzukehren*: SZ ist nicht noch einmal nach Rußland gefahren.

30] *supramussolinische Diktatur*: Benito Mussolini (1883–1945), italienischer Politiker, hatte 1925 nach einer schweren innenpolitischen Krise diktatorische Vollmachten errungen.

226 31] *Potem'kinsche Dörfer*: Blendwerk, leerer Schein. Der Ausdruck geht auf die 1787 von Fürst Grigorij Alexandrowitsch Potemkin (1739–1791) anläßlich der großen Reise der Zarin Katharina II. in die Krim rasch aufgebauten und zum Schein bevölkerten Dörfer zurück, die einen blühenden Zustand des Landes vorspiegeln sollten.

32] *Lunatscharski*: Anatoli Wassiljewitsch Lunatscharski; vgl. oben, Anm. 5.
33] *appretierten*: Ausgerichtet, zugerichtet.

Übersetzung
Ich habe eine wichtige Sache vergessen. Das Wiener Burgtheater hat die Leoniden angenommen und bittet Sie, ihnen das Recht zur Welturaufführung zu geben. Schreiben Sie ihnen eine Nachricht. Sie werden es unverzüglich aufführen.

In Rußland habe ich Exemplare meiner Biographie über Sie gefunden, 1923 in Russland erschienen. Man hatte mich nie darüber in Kenntnis gesetzt.

34] *les Léonides / die Leoniden*: Vgl. 2. 9. 1927, Anm. 23.
35] *de ma biografie [!] sur vous / meiner Biographie über Sie*: SZ, ›Romen Rollan. Ego zhizu'i tvorchestvo‹, Tr. G. Genkel, Moskva/Petrograd: Gos. Izd-vo 1923. Vgl. auch 8. 11. 1926, Anm. 17.

An Heinrich Eduard Jacob [Ende September 1928] *226*
e. Br., 2 S. – Privat

1] *Heinrich Eduard Jacob*: (1889–1967), deutscher Schriftsteller.
2] *unserer alten Freundschaft die Tür [. . .] geknallt*: SZ und Jacob kannten sich seit 1918. Jacob war im Oktober 1927 zum Chefkorrespondenten und Leiter des Mitteleuropäischen Büros des Berliner Tageblatts berufen worden; er blieb es bis 1933. – Was zu einer offensichtlich vorübergehenden Verstimmung der beiden geführt hat, wurde nicht ermittelt.
3] *Ihr Buch*: Heinrich Eduard Jacob, ›Jacqueline und die Japaner. Ein kleiner Roman‹, Berlin: Ernst Rowohlt 1928. SZ besprach das Buch in einer Sammelrezension zusammen mit Hans Carossa, ›Verwandlung einer Jugend‹ (Leipzig: Insel-Verlag 1929), und Emil Belzner, ›Iwan der Pelzhändler oder Die Melancholie der Liebe‹ (Frankfurt a. M.: Rütten & Loening 1929) u. d. T. ›Drei schmale Bücher‹, in: ›Literarischer Almanach auf das Jahr 1929‹, Wien: Bukum (1928), Teil 1, S. XXVIII–XXIX.
4] *Ihren letzten Novellen*: Heinrich Eduard Jacob, ›Dämonen und Narren. Drei Novellen‹, Berlin: Ernst Rowohlt 1927. *227*
5] *Untergang der dreizehn Musiklehrer*: Heinrich Eduard Jacob, ›Untergang von dreizehn Musiklehrern. Eine Erzählung‹, Stuttgart: Deutsche Verlags-Anstalt 1924.

228 *An Romain Rolland* 3. 10. 1928
ms. Br., 6 S. mit e. Korr. und e. Nachschrift am oberen Rand der letzten Seite – BN Paris – Briefkopf: Signet SZ – Salzburg / Kapuzinerberg 5 – D: Romain Rolland-SZ, ›Briefwechsel 1910–1940. Zweiter Band 1924–1940‹, Aus dem Französischen von Eva und Gerhard Schewe (Briefe Rollands) und Christel Gersch (Briefe Zweigs), Berlin: Rütten & Loening 1987, S. 303–307.

1] *meine Reise nach Rußland*: Vgl. 31. 8. 1928, Anm. 1.

2] *Ihren lieben Brief*: Rolland hatte SZ umgehend, am 24. 9. 1928, auf seinen langen Brief vom 21. 9. 1928 mit dem Bericht von der Rußlandreise geantwortet.

3] *Trotzki*: Vgl. 9.4.[= 5.]1928, Anm. 4, und 24. 7. 1928, Anm. 5.

4] *Weltrevolution*: Vgl. 21. 9. 1928, Anm. 17.

229 5] *Jasnaja Poljana*: Vgl. [11. 9. 1928], Anm. 8.

6] *Lunatscharski*: Anatoli Wassiljewitsch Lunatscharski; vgl. 21. 9. 1928, Anm. 5.

7] *Kamenewa*: Olga Dawidowna Kamenewa, geb. Bronstein (1881?–1936), Schwester von Lew Dawidowitsch Trotzki, Frau des sowjetischen Politikers Lew Borissowitsch Kamenew (1883–1936), der Stalin im Kampf gegen Trotzki unterstützt hatte.

8] *Merischowski [!]*: Dimitri Sergejewitsch Mereschkowskij (vgl. 13. 9. 1920, Anm. 7) war als entschiedener Gegner der Bolschewisten 1919 nach Paris gegangen.

9] *Schaljapin*: Fjodor Iwanowitsch Schaljapin (1873–1938), russischer Sänger, 1899–1918 Mitglied der Oper in Moskau.

10] *Pawlowna [!]*: Anna Pawlowa (1882–1931), russische Tänzerin.

11] *Karsawina*: Tamara Platonowna Karsawina (1885–1978), russische Tänzerin.

230 12] *Gorki*: Maxim Gorki (vgl. 29. 8. 1923, Anm. 1) hatte von 1921 bis 1928 in Westeuropa, vor allem in Sorrent gelebt, war am 20. Mai 1928 für einige Zeit nach Rußland zurückgekehrt, wo SZ ihn anläßlich der Hundertjahrfeier von Tolstois Geburtstag persönlich kennengelernt hatte.

13] *Das chinesische Experiment*: Vgl. 21. 9. 1928, Anm. 11.

14] *das berühmte Maximum*: Im September 1793 hatte der französische Nationalkonvent das Maximum für Preise und Löhne beschlossen.

231 15] *für den Intellektuellen*: Vgl. 21. 9. 1928, Anm. 18.

16] *Barbusse*: Henri Barbusse; vgl. 3. 5. 1921, Anm. 5, und 21. 9. 1928, Anm. 22.

17] *Wenn ich darüber schreibe*: Vgl. 21. 9. 1928, Anm. 3.

18] *schon einiges unternommen*: Einzelheiten wurden nicht ermittelt.

19] *ein zweitesmal [. . .] nach Rußland*: Vgl. 21. 9. 1928, Anm. 29.
20] *Jener erste Brief Dutschenkos [!]*: Dudtschenko (vgl. 21. 9. 1928, Anm. 24), den Rolland in seinem Brief vom 24. 9. 1928 einen »edlen Charakter« nennt – »er war ein Freund [Wladimir] Korolenkos«. »Aber er tat unrecht daran, mir einen ersten Brief zu schicken, der sich eindeutig für die sowjetischen Regierenden aussprach, die er denen Österreichs entgegensetzte – und Ihnen nun einen zweiten zu übergeben, der sich ebenso heftig gegen sie richtet. Er bat mich, den ersten in ›Europe‹ [vgl. 4. 9. 1921, Anm. 10] zu veröffentlichen! Und wunderte sich dann, daß ich es getan!« (Romain Rolland-SZ, ›Briefwechsel 1910–1940. Zweiter Band 1924–1940‹, a.a.O., S. 302.) *232*
21] *Dem Burgtheater [. . .] Ihren Bescheid weitergegeben*: In einem nur im Auszug bekannten Brief vermutlich vom Herbst 1928 hatte Rolland SZ auf den entsprechenden Passus seines Briefes vom 21. 9. 1928 geschrieben: »Ich erfahre mit Freude, daß die ›Léonides‹ [vgl. 2. 9. 1927, Anm. 23; die deutsche Übersetzung von Erwin Rieger erschien 1929 u. d. T. ›Die Leoniden‹ bei Rütten & Loening in Frankfurt a. M.] vom Burgtheater angenommen wurden. Aber ich bedaure unendlich, daß das Burgtheater ›Pâques fleuries‹ [vgl. 2. 9. 1927, Anm. 23; die deutsche Übersetzung von Erwin Rieger erschien 1929 u. d. T. ›Palmsonntag‹ bei Rütten & Loening in Frankfurt a. M.] nicht mit hineinnimmt. Beide Stücke tragen sich gegenseitig; die Wirkung des zweiten wird durch die des ersten noch verstärkt.« (Romain Rolland-SZ, ›Briefwechsel 1910–1940. Zweiter Band 1924–1940‹, a.a.O., S. 303.)
22] *Rieger*: Erwin Rieger; vgl. 14. 1. 1920, Anm. 6.
23] *zur Premiere nach Wien zu kommen*: Rollands Drama ›Die Leoniden‹ wurde am 29. Mai 1929 erstmals am Burgtheater in Wien gespielt; Rolland kam nicht zur Premiere.
24] *die Rede Briands*: Aristide Briand; vgl. 21. 9. 1928, Anm. 15.
25] *Rußland wird heute nur durch Deutschland gehalten*: Vgl. 21. 9. 1928, Anm. 14.
26] *England und Frankreich fordern von Deutschland als Preis*: Am 1. Oktober 1928 war der erste sowjetische Fünfjahresplan in Kraft getreten (vgl. 21. 9. 1928, Anm. 9). Der deutsch-sowjetische Handelsvertrag von 1925 wurde ungeachtet alliierter Kritik am 21. Dezember 1928 in einem Wirtschaftsprotokoll bestätigt.
27] *Polen*: In Polen hatte Marschall Józef Pilsudski (vgl. 22. 7. 1920, Anm. 14) im Mai 1926 einen Staatsstreich verübt und herrschte seitdem als Kriegsminister und zeitweilig als Ministerpräsident diktatorisch.
28] *Hinc illae lacrimae!*: Daher jene Tränen! Publius Terentius Afer (195?–159 v. Chr.), ›Andria‹, 1,1,99.

232 *An Adolf Brand* 19. 10. 1928
ms. Br., 1 S. – Privat – Briefkopf: Signet SZ – Salzburg / Kapuzinerberg 5

1] *Adolf Brand*: (1874–1945), Publizist und Kritiker, Verlagsbuchhändler; Herausgeber der Zeitschrift Der Eigene. Ein Blatt für männliche Kultur. Brand hatte im Oktober 1929 mehrere deutsche Intellektuelle und Schriftsteller um eine Stellungnahme gegen die geplante Beibehaltung des § 175 gebeten, u. a. Thomas Mann, der sie abgab, und SZ.
2] *Ihren Aufruf*: Vgl. oben, Anm. 1.
233 3] *dieser Paragraph*: Der § 175 RStGB lautet: »Die widernatürliche Unzucht, welche zwischen Personen männlichen Geschlechts oder von Menschen mit Tieren begangen wird, ist mit Gefängnis zu bestrafen; auch kann auf Verlust der bürgerlichen Ehrenrechte erkannt werden.«

233 *An Alfredo Cahn* 22. 10. 1928
ms. Br., 2 S. – SUC Fredonia, NY (Nachlaß Friderike Maria Zweig – Kopie) – Briefkopf: Signet SZ – Salzburg / Kapuzinerberg 5

1] *Alfredo Cahn*: (1902–?), SZs spanischer Übersetzer und literarischer Agent in Argentinien. Cahn, 1924 mit seiner spanischen Frau ausgewandert, war Mitbegründer der Pestalozzischule in Buenos Aires und Mitarbeiter des Argentinischen Tageblatts.
2] *Ihren [. . .] Brief*: Nicht erhalten.
3] *»Nation [!]«*: Vermutlich meint SZ die argentinische Zeitung Le Nación. Einzelheiten nicht ermittelt.
4] *übersetzen, was Ihnen lieb ist*: Cahn hatte bisher noch nichts von SZ ins Spanische übersetzt.
5] *»Volpone« noch nicht im Spanischen*: SZs ›Volpone‹ wurde 1930 aus der französischen, zusammen mit Jules Romains bearbeiteten Fassung von Artemio Precioso und Rafael Sánchez Guerra ins Spanische übersetzt: ›Volpone. Comedia en cinco actos de Ben Jonson‹, Madrid: Colón 1930.
6] *in Deutschland und allen europäischen Ländern*: Vgl. 16. 4. 1927, Anm. 11.
7] *in Paris in einer Übertragung von Jules Romains*: Vgl. 2. 9. 1927, Anm. 9 und 10.
8] *in New York im Theatre Guild*: Vgl. 16. 4. 1927, Anm. 12.
234 9] *»Jeremias«*: SZs ›Jeremias‹ (vgl. 22. 7. 1920, Anm. 13) erschien erst 1943, von Alfredo Cahn ins Spanische übersetzt und mit einem Nach-

wort versehen sowie mit Illustrationen von David Durant, bei Anaconda in Buenos Aires.

10] *nach Jahren eines gewissen Stillstandes*: Bisher waren erst zwei Bücher SZs ins Spanische übersetzt worden: ›Veinticuatro horas de la vida de una mujer‹, Tr. Hernan del Solar, Santiago de Chile: Universo 1927, und ›Tres maestros: Balzac – Dickens – Dostoiewski‹, Tr. Wenceslao Roces Suárez, Madrid: Cenit 1929.

11] *von Argentinien ein neuer Impuls*: Cahn übersetzte in den folgenden Jahren zahlreiche Werke von SZ.

12] *wieder einmal nach Südamerika*: SZ war von Ende Februar bis etwa Mitte April 1911 nach Nord- und Mittelamerika gefahren (vgl. ›Briefe 1897–1914‹, Frankfurt a. M.: S. Fischer 1995, S. 473), nicht aber nach Südamerika; dorthin kam er erst 1936.

13] *Ihre Anthologie deutsch schreibender Dichter*: Nicht ermittelt.

An Erich Ebermayer 10. 12. 1928 *234*

ms. Br., 1 S. – DLA Marbach/N. – Briefkopf: Signet SZ – Salzburg / Kapuzinerberg 5

1] *Rütten & Loening*: Bei der Literarischen Anstalt Rütten & Loening in Frankfurt am Main erschienen keine Bücher von Ebermayer; er arbeitete bis 1935 hauptberuflich als Rechtsanwalt, nebenberuflich als Dramaturg.

2] *Lektorberuf [...] ehrenamtlich*: SZ beriet den Insel-Verlag in Leipzig und gelegentlich auch den Reclam-Verlag, ebenfalls in Leipzig.

3] *an den Genfersee*: Das genaue Abreisedatum wurde nicht ermittelt; SZ blieb bis zum 3. Januar 1929 in Montreux, wo er im Grandhotel wohnte; er besuchte auf dieser Reise Romain Rolland mehrmals in Villeneuve.

An Karl Geigy-Hagenbach [26. 12. 1928] *235*

e. Ansichtskarte (Carte postale / Cartolina postale – Bad Ragaz / Das Dorfbad) – DLA Marbach/N.

1] *Karl Geigy-Hagenbach*: (1866–1949), Basler Großindustrieller, berühmter Autographensammler. SZ korrespondierte mit Geigy-Hagenbach in den Jahren 1923 bis 1940.

2] *[Montreux]*: Vgl. 10. 12. 1928, Anm. 3.

3] *Maggs*: Maggs Bros., alteingesessene Londoner Antiquariats- und Autographenhandlung.

4] *eine Blake Zeichnung*: Eine Zeichnung des englischen Dichters, Malers und Kupferstechers William Blake (1757–1827), den SZ von früh auf bewundert hatte, hatte er bereits bei seinem ersten Aufenthalt in London 1906 erworben: ›King John‹, seiner »Meinung nach die schönste Bleistiftzeichnung des Meisters« (›Die Welt von Gestern‹, GWE 1981, S. 188). – Welche Zeichnung von Blake SZ 1928 erworben hat, wurde nicht ermittelt.
5] *den Strawinsky*: Welches Autograph von Igor Strawinsky (vgl. 2. 9. 1925, Anm. 3) SZ erworben hat, wurde nicht ermittelt.
6] *Dickens*: Um welches Autograph von Charles Dickens (1812–1870) es sich handelt, wurde nicht ermittelt.

235 *An Manfred Sturmann* 17. 1. 1929
ms. Br., 2 S. – JNUL Jerusalem

1] *Manfred Sturmann*: (1903–1989), Novellist und Lyriker; wirkte 1922–1938 als Kritiker in München; wanderte 1938 nach Palästina aus.
2] *Ihr Buch*: Manfred Sturmann, ›Der Gaukler und das Liebespaar‹, [Zwei Novellen], Berlin: Horen-Verlag 1929.
3] *Von den beiden Novellen [. . .] die zweite*: Manfred Sturmann, ›Selbstmord in Dur‹.
4] *die erste*: Manfred Sturmann, ›Der Gaukler und das Liebespaar‹.
5] *mich selbst verwandte Themen [. . .] beschäftigen*: SZ arbeitete an seiner Novelle ›Leporella‹ (vgl. ›Der Amokläufer‹, GEW 1984, S. 156–186).
236 6] *das Umfassendere*: Sturmann hat – was SZ vermutlich meint – keinen Roman geschrieben.
7] *eine Anzeige zu vermitteln*: SZ hat keine Besprechung von Sturmanns Novellenband veröffentlicht; statt dessen rezensierte er seinen Gedichtband ›Erben‹ (Berlin/Leipzig: Horen-Verlag 1929) am 29. 6. 1929 in der Neuen Freien Presse in Wien.
8] *besonderen Zuspruch*: Sturmann hatte in der Jüdischen Rundschau (München, 33:97) vom 7. 12. 1928 eine ›Studie über Stefan Zweig‹ veröffentlicht.
9] *am Geburtstage meines [...] Freundes Carossa*: Hans Carossa (vgl. 13. 4. 1928, Anm. 10) hatte am 15. Dezember 1928 seinen 50. Geburtstag gefeiert.

An Victor Fleischer [14. 2. 1929] 236
e. Postkarte (gedr. Absender: Stefan Zweig / Salzburg, Kapuzinerberg 5) – DLA Marbach/N.

1] *Pietro Aretino*: (1492–1556), italienischer Dichter.
2] *Raggionamenti [!]*: Pietro Aretino, ›Ragionamenti o nelquale M. Pietro Aretino figura quattro suoi amici che fauellano de le corti del mondo, e di quella del cielo‹, [Venice?: F. Marcolini?] 1539.
3] *»Italiänischer Hurenspiegel«*: U. d. T. Pietro Aretino, ›Italiänischer Hurenspiegel‹ / Ferrante Pallavicino, ›Der geplünderte Postreuter‹ hatte der Verlag Die Schmiede in Berlin bereits 1926 eine Ausgabe nach der Übersetzung von ca. 1655 mit einem Vorwort von Walther Petry als Band 3 seiner Reihe ›Klassiker der erotischen Literatur‹ herausgebracht.
4] *Die neue deutsche Übersetzung*: ›Die Gespräche des göttlichen Pietro Aretino.‹ In zwei Bänden. Aus dem Italienischen übersetzt und mit Vorwort von Heinrich Conrad, Leipzig: Insel-Verlag 1903 (850 numerierte, nur für Subskribenten bestimmte Exemplare, Leder mit Goldschnitt).
5] *(Manul)*: Ein nach Max Ullmann (1865–1941) benanntes Verfahren einer direkten photographischen Übertragung eines Druckes auf eine Druckplatte im Reflexverfahren.
6] *sofort*: Im Original doppelt unterstrichen. 237
7] *Kgl. Bibliothek*: SZ meint die Preußische Staatsbibliothek in Berlin, die auf Befehl des Großen Kurfürsten 1661 als Churfürstliche Bibliothek zu Cölln an der Spree eröffnet worden war; sie trug von 1701 bis 1918 den Namen Königliche Bibliothek, wurde dann bis 1945 als Preußische Staatsbibliothek bezeichnet und heißt heute Staatsbibliothek der Stiftung Preußischer Kulturbesitz.
8] *Totus tuus*. Ganz Dein.

An Otto Heuschele 22. 2. 1929 237
ms. Br., 3 S. mit e. Korr. – DLA Marbach/N. – Briefkopf: Signet SZ – Salzburg / Kapuzinerberg 5

1] *Ihre Gabe des Humboldt*: Wilhelm (Freiherr) von Humboldt (1767–1835), ›Kleine Schriften‹. Auswahl aus den geistesgeschichtlichen Aufsätzen. Ausgewählt und mit einem Nachwort versehen von Otto Heuschele, Leipzig: Ph. Reclam jun. [1928] (= Reclams Universal-Bibliothek. Nr. 6922/24).

2] *die Brautbriefe*: ›Die Brautbriefe Wilhelms und Karolinens von Humboldt‹, herausgegeben, mit Einleitung und Anmerkungen von Albert Leitzmann, Leipzig: Insel-Verlag 1920 (= Memoiren und Chroniken).
3] *in Ihrem […] Aufsatz*: Vgl. oben, Anm. 1.
4] *Remarque »Nichts Neues im Westen« [!]*: Erich Maria Remarque (1898–1970), ›Im Westen nichts Neues‹, Berlin: Propyläen-Verlag 1929.
5] *Robert Neumann »Sintflut«*: Roman. Stuttgart: J. Engelhorns Nachf. [1929].
6] *während ich am Fouché arbeitete*: SZ, ›Joseph Fouché‹; vgl. 2. 5. 1928, Anm. 11.
7] *auf einen ausgezeichneten Stoff für ein Drama*: SZ, ›Das Lamm des Armen‹. Tragikomödie in drei Akten (neun Bildern), Leipzig: Insel-Verlag 1929. – SZ hatte die Geschichte von Leutnant François Fourès und seiner Frau Pauline, gen. Bellilote, in ›Mémoires de Madame la Duchesse d'Abrantès ou souvenirs historiques sur Napoléon, la Révolution, le Directoire, le Consulat, l'Empire et la Restauration‹, Tome Quatrième, à Paris chez Ladvocat, Librairie de S. A. R. Le Duc d'Orleans, Quai Voltaire MDCCCXXXI, Chapitre IV, ps 57–76, gefunden. Außer Napoleon tritt auch Joseph Fouché in der erinnerten Geschichte wie in SZs Tragikomödie auf.
8] *Volpone*: SZ, ›Volpone‹; vgl. [20. 7. 1925], Anm. 8.
238 9] *die Anthologie*: ›Die Ausfahrt. Ein Buch neuer deutscher Dichtung‹, hrsg. v. Otto Heuschele. Reihe 1, Stuttgart [ohne Verlagsangabe] 1927.
10] *Walt Whitmans*: Vgl. [Anfang Mai 1920], Anm. 4.
11] *Hölderlins*: Friedrich Hölderlin; vgl. [11. 10. 1922], Anm. 17.
12] *Rilke*: Rainer Maria Rilke; vgl. 3. 1. 1920, Anm. 5.
13] *Werfel*: Franz Werfel; vgl. 3. 1. 1920, Anm. 6.
14] *Erika Mitterers*: Erika Mitterer (1906–?), österreichische Erzählerin und Lyrikerin.
15] *Manfred Sturmann*: Vgl. 17. 1. 1929, Anm. 1
16] *eine nächste »Ausfahrt«*: Heuscheles Anthologie ›Die Ausfahrt‹ (vgl. oben, Anm. 9) wurde nicht fortgesetzt.
17] *Felix Braun*: (1885–1973), Schriftsteller; langjähriger Freund SZs.
18] *die Zustände bei der Insel*: SZ spielt hier nicht zuletzt auf den konservativen Führungsstil des Insel-Verlags in Leipzig an, der sich in einer Zeit wirtschaftlicher Krisen, gerade auch im Buchhandel, in jeder Hinsicht negativ auswirkte. »Als E[mil] R[udolf] Weiß ihn [Anton Kippenberg] eines Tages darauf hinweist, daß im Schaufenster werbewirksam gestaltete Umschläge den Verkauf fördern, entgegnet er kühl, Bücher des Insel-Verlags fielen eben dadurch auf, daß sie anders gestaltet seien …« ([Heinz Sarkowski], ›Der Insel-Verlag 1899–1999. Die

Geschichte des Verlags 1899–1964. Von Heinz Sarkowski. Chronik 1965–1999. Von Wolfgang Jeske. Eingeleitet von Siegfried Unseld‹, [Frankfurt am Main und Leipzig:] Insel [1999], S. 279.)
19] *ein Hölderlin-Gedicht*: Friedrich Hölderlin, ›Lied der Freundschaft‹, Zweite Fassung. Auf dem Deckblatt seiner Sammlung hat SZ handschriftlich vermerkt: »erworben durch V. A. Heck, Wien direkt 1. Februar 1929«. 1936 hat Martin Bodmer (Cologny) das Blatt gekauft.
20] *Zinkennagel [!]*: Franz Zinkernagel; vgl. 8. 5. 1925, Anm. 1.

An Romain Rolland 7. 3. 1929 *239*
e. Br. 3 S. und 1 Blatt mit e. Nachschrift – BN Paris – D in deutscher Übersetzung: Romain Rolland-SZ, ›Briefwechsel 1910–1940. Zweiter Band 1924–1940‹, Aus dem Französischen von Eva und Gerhard Schewe (Briefe Rollands) und Christel Gersch (Briefe Zweigs), Berlin: Rütten & Loening 1987, S. 317–319.

Übersetzung
Teurer Freund, ich schulde Ihnen einen langen Brief. Aber plötzlich hatte mich ein Stück gepackt, das mich eifersüchtig in Anspruch nimmt. Ich habe es als Komödie begonnen und unter meinen Händen verwandelt es sich in Tragikomödie. Ich bin sehr vom Thema und den Personen gefesselt. Es stecken darin Horizonte und eine sehr intensive Bewegung. Endlich ein Stück, das mich reizt – der arme Lux bleibt noch immer links liegen; nachdem er fast bis zum First emporgezogen ist, fehlt mir der Mut für das Dach. Sie kennen zweifellos diese traurigen (sehr notwendigen) Erfahrungen. Eines Tages wird Phönix mit neuem Elan aus der Asche steigen.

Ich bekam Besuch aus Rußland. Die ökonomische Situation macht eine der schlimmsten Krisen durch (kein Kaffee mehr, keine Schokolade usw. . . .), aber die große Konsolidierung bereitet sich vor. Das Zentrum der Schlacht ist Baku, und die Russen bieten ihre gesamten organisatorischen Kräfte zur Steigerung des Exports und zur Produktion von Erdöl auf: die Engländer bekommen Angst (Deter[d]ing und sein Trust), die Amerikaner fangen an, sich anzubiedern. Die materielle Unterstützung (bevorstehend) durch Amerika wäre für Stalin, was für Mussolini die Versöhnung mit dem Papst wäre: die Erhöhung des Ansehens. Hinter den Kulissen sind also gewaltige Ereignisse für die Zukunft im Entstehen begriffen – wenn Rußland diese Krise übersteht (und das wollen wir hoffen), wird der englische Konservativismus tödlich getroffen. Sie werden den politischen Haß der Russen auf die Engländer nur verstehen, wenn Sie gut die Geschichte der Kämpfe in

Arkhangelsk, in Baku, in Turkestan kennen, wo die Engländer das revolutionäre Rußland an allen sensiblen Punkten attackiert haben (ohne einen Tommy zu riskieren). Und Afghanistan gestern und heute – wer weiß? Welche Größe liegt in diesen Perspektiven, und wenn sich eines Tages China, Indien einmischen, wird unser »großer« Krieg wie ein kleines Geplänkel erscheinen.

Ich reise am 16. nach Brüssel, um einen Vortrag über »die europäische Idee« zu halten. Ich hatte wenig Lust dazu, aber man hat mich gezwungen, weil Belgien ein heißes Terrain und bisher unerreichbar für die deutsche Literatur ist. Also hat man mich auserkoren, weil immerhin bekannt ist, was ich für Verhaeren getan habe: außerdem bin ich Österreicher. Ich konnte nicht ablehnen, aber ich gehe ohne Begeisterung hin: meine Glut bleibt hier bei dem unterbrochenen Stück (welches Das Lamm des Armen heißen wird, die unendliche Geschichte, daß der reiche Mann dem Armen sein einziges Hab und Gut abnimmt. Es ist die Geschichte dieses Leutnants Fourès in Ägypten, dem Bonaparte während seines Aufenthalts dort seine Frau wegnahm, indem er den unbequemen Ehemann verbannte. Bei mir wird Fourès zum Helden, ein ehrlicher Mann, der es ablehnt, zu feilschen, sich mit Beförderungen oder Geld abspeisen zu lassen, der unbequem bleibt, und am Ende natürlich von der Machtmaschinerie zermalmt wird. Ich nenne es Tragikomödie, weil dieser Kampf eines kleinen Leutnants gegen den mächtigsten Mann sehr schmerzhaft für ihn ist, aber ein wenig lächerlich aus der Sicht der anderen: alle sind moralisch für ihn, und alle handeln gegen ihn. Ich glaube, das Stück wird mir recht gut gelingen, und meine Untersuchungen über Fouché (der am Ende die Aufgabe hat, die Affäre zu unterdrücken, die für den Konsul unangenehm geworden war) haben mir dabei gut geholfen. Kaum im Begriff fortzufahren, bin ich schon ungeduldig heimzukehren.

Und Sie, mein teurer Freund? Immer am Arbeiten! Ich zweifle nicht daran. Der Winter hat mich mit seiner Länge ganz melancholisch gemacht, und dann ein Verlust nach dem anderen. Bazalgette, und einen Monat später mein Freund Paul Zifferer (Sie haben ihn gekannt), danach Arthur Schurig, der Biograph Mozarts, der oft bei uns war. Ich bin ungeduldig, die Sonne zu sehen, und vor allem das Licht in den Finsternissen der Arbeit. Ihnen, teurer Freund, aus ganzem Herzen, Ihr getreuer

Stefan Zweig

Ich glaube, daß das Burgtheater sich endlich rührt!
Haben Sie bemerkt, daß mein »Volpone« nach seiner hundertsten Aufführung ein Stück Jules Romains' geworden ist und unter seinen

»Theaterwerken« aufgelistet ist? Ich bin zu einem kleinen und fast unkenntlichen »in Zusammenarbeit mit« reduziert. Das ist, als zählte ich »Die Zeit wird kommen« zu meinen »Theaterwerken«! Zum Glück belustigt mich das, ein anderer hätte über alle Dächer geschrien, daß der »Volpone« von Romains nur eine einfache Übersetzung ist, ohne eine hinzugefügte Szene, Person oder Wort; nur ein wenig gekürzt (Regisseurwerk).

1] *j'étais pris soudainement par une pièce / plötzlich hatte mich ein Stück gepackt*: SZ, ›Das Lamm des Armen‹; vgl. 22. 2. 1929, Anm. 7.
2] *le pauvre Lux / der arme Lux*: SZ, ›Adam Lux‹; vgl. 24. 7. 1928, Anm. 3.
3] *J'ai eu des visites de Russie / Ich bekam Besuch aus Rußland*: Einzelheiten wurden nicht ermittelt.
4] *Bak[o]u*: Seit 1920 war Baku die Hauptstadt der Aserbaidschanischen Sozialisten Sowjet-Republik, ein Mittelpunkt der Erdölgewinnung und eine der größten Industriestädte der Sowjetunion. Seit 1994 ist Aserbaidschan eine selbständige Bundesrepublik.
5] *Deter[d]ing*: Sir Henri Deterding (1866–1939), seit 1902 Generaldirektor der Royal Dutch Petroleum Company, die er 1907 mit der Shell-Company zum Royal-Dutch-Shell-Konzern, einem führenden Erdölkonzern, zusammengeschlossen hatte.
6] *Le renfort matériel par l'Amérique / Die materielle Unterstützung [...] durch Amerika*: Einzelheiten wurden nicht ermittelt.
7] *Stalin[e]*: Vgl. 21. 9. 1928, Anm. 9.
8] *la paix avec le pape pour Mussolini / für Mussolini die Versöhnung mit dem Papst*: Mit der Begründung des Einparteienstaats 1928 und damit der faschistischen Diktatur hatte Benito Mussolini (vgl. 21. 9. 1928, Anm. 30) die beschworene Verfassung des Königreichs Italien gebrochen. In ihrer alten Verfassung gab es seit 1871 ein sog. Garantiegesetz, das nach dem Ende des Kirchenstaates dem Papst souveräne Ehrenrechte und freie Ausübung seines geistlichen Amtes und des Gesandtschaftsrechtes sicherte; Papst Pius IX. (Graf Giovanni Maria Mastai Ferretti, 1792–1878; 1846 inthronisiert) hatte es jedoch abgelehnt; seitdem waren die kirchenpolitischen Verhältnisse Italiens, die sog. Römische Frage, ungelöst; Mussolini regelte sie durch die am 11. Februar 1929 mit Papst Pius XI. (Achille Ratti, 1857–1939; 1922 inthronisiert) geschlossenen Lateranverträge, nach denen die Vatikanstadt errichtet wurde, das weltliche Hoheitsgebiet des Heiligen Stuhls mit staatsrechtlicher Souveränität.
9] *Archangels [= Arkhangelsk]*: Gebietshauptstadt im Nordosten der UdSSR. Engländer hatten 1553 unter Kapitän Richard Chancellor auf

der Suche nach der nordöstlichen Durchfahrt durch das Weiße Meer den Hafen Cholmogory entdeckt, wo sie eine Handelsniederlassung errichteten und erstmals Beziehungen zu Moskau aufnahmen.

10] *Bak[o]u*: Vgl. oben, Anm. 4.

11] *Turkestan*: Historisch-geographischer Name für die von Turkvölkern bewohnten Landschaften Mittelasiens. In Westturkestan waren seit 1500 sog. Chanate entstanden. 1853–1859 hatte Rußland weite Teile Turkestans unterworfen, die Chanate blieben aber unter russischer Oberhoheit selbständig. Nach der russischen Revolution 1917 schaltete die bolschewistische Regierung mit Hilfe der Roten Armee die Völker und Staaten Turkestans mit dem bolschewistischen Rußland gleich.

12] *les Anglais ont attaqué [. . .] à tous les points sensibles / die Engländer [. . .] an allen sensiblen Punkten attackiert haben*: England nutzte vermutlich seine politischen und wirtschaftlichen Verbindungen, um seine Vormachtstellung in den genannten Gebieten zu festigen.

13] *[l']Afg[h]anisthan [!]*: Das Königreich Afghanistan im Nordosten des Iranischen Hochlandes hatte im 19. Jahrhundert im Spannungsfeld England-Rußland gelegen. 1907 hatten beide Länder gemeinsam die Unabhängigkeit Afghanistans garantiert. Nach Feindseligkeiten gegen England kam es 1921 zum Friedensschluß: Großbritannien gestand Afghanistan das Recht auf eigene Außenpolitik zu, stellte aber die Zahlung von Jahrgeldern ein, die es seit 1893 für eine gewisse britische Vorherrschaft über das Land als Vorfeld Britisch-Indiens geleistet hatte. Der von Großbritannien anerkannte König Aman Ullah suchte das Land der westlichen Zivilisation zu erschließen. Seine überstürzten Reformen führten zum Widerstand der islamischen Geistlichkeit, so daß er im Januar 1929 abdanken und außer Landes gehen mußte.

14] *la Chine / China*: Vgl. 21. 9. 1928, Anm. 11.

15] *les Indes / Indien*: Indien, das seit 1857 (bis 1950) als Kolonie direkt der Britischen Krone unterstellt war, hatte eine relativ schmale Grenze zu Rußland.

16] *à Bruxelles tenir une conférence sur «L'idée européenne» / nach Brüssel, um einen Vortrag über »die europäische Idee« zu halten*: SZ sprach in Brüssel im Palais des Arts über ›Die europäische Idee in der Literatur‹ und wiederholte den Vortrag in Den Haag. »Gern tat ich es nicht, aber es spielen da politische Hintergründe und Gesinnungsabsichten mit. Es war nämlich bisher nicht möglich gewesen infolge der journalistischen Stimmung, einen Deutschen in diesem internationalen repräsentativen Zyklus zu Worte kommen zu lassen und da wollte man von allen oberen Stellen gerade mich, weil ich durch Verhaeren legitimiert und als Österreicher der rechte Eisbrecher bin, so hielt ich es für meine Pflicht.« (An Anton Kippenberg, 8. 3. 1929, DLA Marbach/N.)

17] *Verhaeren*: Emile Verhaeren; vgl. 29. 3. 1920, Anm. 16. 240
18] *l'agneau du pauvre / Das Lamm des Armen*: Vgl. 22. 2. 1929, Anm. 7.
19] *ce lieutenant Fourès en Egypte / dieses Leutnants Fourès in Ägypten*: Vgl. 22. 2. 1929, Anm. 7.
20] *Fouché*: Joseph Fouché; vgl. 2. 5. 1928, Anm. 11.
21] *Bazalgette*: Léon Bazalgette (vgl. [Anfang Mai 1920], Anm. 4) war im Januar 1929 gestorben.
22] *Paul Zifferer*: Vgl. [18. 7. 1922], Anm. 7. Zifferer war am 14. Februar 1929 gestorben.
23] *Arthur Schurig*: 1870 in Dresden geboren, war am 16. Februar 1929 dort gestorben. – Schurigs ›Wolfgang Amadeus Mozart. Sein Leben und sein Werk‹, bearbeitet nach den biographischen Quellen Nikolaus von Nissens (2 Bde.), war 1913 im Insel-Verlag in Leipzig erschienen.
24] *la lumière dans les ténèbres du travail / das Licht in den Finsternissen der Arbeit*: Anspielung SZs auf den Titel von Lew Tolstois unvollendetem Drama ›Und das Licht scheinet in der Finsternis‹, zu dem er einen Epilog geschrieben hatte; vgl. 2. 9. 1927, Anm. 17.
25] *[que] le Burgtheater se met enfin en route / daß das Burgtheater sich endlich rührt*: Die Premiere von Rollands ›Die Leoniden‹ (vgl. 3. 10. 1928, Anm. 23) verzögerte sich offensichtlich.
26] *«Volpone» est devenu une pièce de Jules Romains / »Volpone« [. . .] ein Stück Jules Romains geworden ist*: Die französische Bühnenbearbeitung von SZs ›Volpone‹ (vgl. 2. 9. 1927, Anm. 9 und 10) wirkte durch die Ankündigung »d'après Ben Jonson par Jules Romains et Stefan Zweig« in der französischen Öffentlichkeit tatsächlich eher als ein Werk Romains, an dem SZ mitgearbeitet hatte.
27] *«Le temps viendra» / »Die Zeit wird kommen«*: SZ hatte Rollands Drama 1919 übertragen; vgl. 14. 1. 1920, Anm. 5.

An Romain Rolland 26. 6. 1929 241
e. Br., 2 S. – BN Paris – Briefkopf: Signet SZ – Salzburg / Kapuzinerberg 5 – D in deutscher Übersetzung: Romain Rolland-SZ, ›Briefwechsel 1910–1940. Zweiter Band 1924–1940‹, Aus dem Französischen von Eva und Gerhard Schewe (Briefe Rollands) und Christel Gersch (Briefe Zweigs), Berlin: Rütten & Loening 1987, S. 329–330.

Übersetzung
Mein teurer Freund, ich komme aus Wien, wo ich einen Tag lang dem internationalen Treffen des PEN-Club beiwohnte – aus Höflichkeit,

ich wollte nicht fehlen, da er in Österreich tagte. Aber es ist eine wirklich traurige Angelegenheit, ganz sinnentlehrt, und der gute Crémieux will eine internationale Akademie daraus machen. Man vergeudet seine Zeit, wenn man daran teilnimmt. Ich ließ die Russen einladen – sie konnten nicht kommen: keine Pässe! Ich ließ Borgese und Enrico Rocca einladen: sie sind gekommen, mußten sich aber still halten. Also völlige Analogie. Ich habe viel von dort zu hören bekommen: die Ärmsten! Mussolini betreibt nicht nur eine reaktionäre und ahistorische Politik (die Zeit der Eroberungen und Kolonien ist vorbei), aber er will auch der Moral, dem Denken eine rückwärtsgerichtete Richtung vorgeben. Es scheint, daß man dort erstickt.

In Deutschland sind die Nationalisten in schierer Verzweiflung. Das Buch von Remarque »Im Westen nichts Neues« – Auflage von 600 000 in 12 Wochen, und es wird bis zu einer Million gehen – hat sie erschüttert. Das einfache und wahrheitsgetreue Buch hat mehr bewirkt als die 10jährige pazifistische Propaganda – nur durch seine (ich würde fast wagen zu sagen) Arglosigkeit, mit welcher er das Leben eines jungen Mannes in den Schützengräben beschreibt. Es ist ein Ereignis, daß ein Mensch, von dem man nicht weiß, ob er Dichter ist, eine ganze Nation aufrütteln konnte. Übrigens: sehr rührendes Detail: ich erhielt kürzlich das 600tausendste Exemplar mit einem Brief Remarques: er sagt mir, daß er sich nicht getraute, mir das Buch bei seinem Erscheinen zu schicken, weil er es nicht für gut genug befand, aber daß er nun seine Pflicht erfüllen will, denn vor acht Jahren, in einem Moment seelischer Verzweiflung, hatte er sich an mich gewandt und hat mir Gedichte geschickt. Ich hätte ihm sein Seelenleben gerettet, indem ich ihm einen Brief schrieb und ihm half. Und ich hatte doch völlig vergessen, daß dieser junge Unbekannte der gleiche war, der heute so berühmt ist. Ich erzähle Ihnen dies, weil ich weiß, wieviel Zeit Sie (und ich, Ihr ergebener Schüler) mit Briefen verlieren, und daß es für uns eine Belohnung ist, zu wissen, daß das »Samenkorn nicht immer stirbt«.

Ich habe Ihnen vom »Jugendtagebuch« Beethovens geschrieben, das ich in London gekauft habe. Ich triumphierte, weil ich glaubte, daß dies eine durch nichts auszugleichende Anschaffung sei, und meine außerordentlichste Anschaffung. Nun ja, die Realität übertrifft oft unsere Wünsche. Hören Sie also, lieber Beethovenianer, und beneiden Sie nicht einen alten Freund: ich habe gestern in Wien dem Doktor Stefan Breuning den großen Sekretär Beethovens abgekauft, der im Schwarzspanierhaus stand und der den Brief an die unsterbliche Geliebte nebst seines Vermögens (in Aktien) enthielt. Wenn Sie wieder zum Kapuzinerberg kommen, werden Sie diese heilige Reliquie sehen,* die vom Tage des Verkaufs 1827 bis heute nur im Besitz der Familie Breuning war. Und vielleicht bekomme ich auch das Portrait B.s, das an Breunings abgetreten wurde. Ich bin ein wenig verwirrt, daß man zu einem wirklich unbedeutenden Betrag solche Schätze kaufen kann, und ich wage fast nicht zu sagen, daß ich sie besitze. Ich fühle mich nur als frommer Hüter, und meine Ehrfurcht (die nicht schwinden wird) entschuldigt den sogenannten Besitz.

Tausend Freundschaftsgrüße von Ihrem getreuen

Stefan Zweig

* deren Photographie Sie bei Becker [!] und überall finden,

1] *un jour au meeting international du Pen-Club / einen Tag lang dem internationalen Treffen des PEN-Club*: Der 7. Kongreß des Internationalen PEN-Clubs fand vom 24. bis zum 26. Juni 1929 in Wien statt. SZ war kein Mitglied des PEN-Clubs.
2] *Crémieux*: Benjamin Crémieux (1888–1944), französischer Schriftsteller.
3] *Borgese*: Giuseppe Antonio Borgese; vgl. 31. 8. 1928, Anm. 6.
4] *Enrico Rocca*: (1895–1945), italienischer Journalist; Freund von SZ.
5] *Mussolini*: Benito Mussolini; vgl. 21. 9. 1928, Anm. 30.
6] *Remarque «Rien de nouveau à l'Ouest» / Remarque »Im Westen nichts Neues«*: Vgl. 22. 2. 1929, Anm. 4. Die Auflage erreichte 1929 900 000 Exemplare.
7] *avec une lettre de Remarque [. . .] des poèmes / mit einem Brief Remarques [. . .] Gedichte*: Zwei Briefe Erich Maria Remarques an SZ und ein Gedicht befinden sich in der Stefan Zweig Collection der Daniel Reed Library (State University Fredonia, NY).
8] *en lui écrivant une lettre / indem ich ihm einen Brief schrieb*: Nicht erhalten.
9] *que «le grain ne meurt pas toujours» / daß »das Samenkorn nicht immer* 242
stirbt«: Im Neuen Testament (Joh 12,24) heißt es: »Wahrlich, wahrlich, ich sage euch, wenn das Weizenkorn nicht in die Erde fällt und erstirbt, so bleibt es allein; wenn es aber erstirbt, so trägt es viel Frucht.« – 1924 hatte André Gide seine Autobiographie u. d. T. ›Si le grain ne meurt‹ (Paris: Editions de la Nouvelle Revue Française) veröffentlicht – SZ spielt hier vermutlich darauf an.
10] *Jugendtagebuch de Beethoven*: Das Notizbuch Beethovens von Ende 1792 bis Anfang 1794 – das er mit 25 Jahren, »während der Reise von Bonn nach Wien und in Wien führte« (SZ an Rolland, 28. 5. 1929, in: Romain Rolland-SZ, ›Briefwechsel 1910–1940. Zweiter Band

1924–1940‹, a.a.O., S. 327) – ist abgedruckt bei Dagmar von Busch-Weise (Hrsg.), ›Beethovens Jugendtagebuch‹ in Studien zur Musikwissenschaft 25, Graz 1962, S. 68–88. Das Original befindet sich heute in der Collection Stefan Zweig in der British Library, London.

11] *Stefan Breuning*: Stephan von Breuning (1774–1827), ein Jugendfreund Beethovens, erwarb dessen persönlichen Nachlaß von dessen Neffen Karl van Beethoven (1806–1858); sein Sohn Gerhard (1813–1892) wurde Arzt – von ihm stammt das Buch ›Aus dem Schwarzspanierhause. Erinnerungen an L. van Beethoven aus meiner Jugendzeit. Mit einem bisher unveröffentlichten Portrait-Medaillon Beethoven's nach [Christian] Hornemann vom Jahre 1802 und einer Ansicht des Schwarzspanierhauses‹, Wien 1874; vermutlich dessen Sohn (Stefan?) verkaufte 1929 große Teile der Beethoveniana-Sammlung seiner Familie: vieles davon an den Schweizer Sammler Hans Conrad Bodmer (Zürich) – dessen Sammlung, die er 1936 um Beethovens Schreibtisch aus SZs Besitz erweitern konnte, ging 1956 als Geschenk komplett an das Beethoven-Haus in Bonn.

12] *Schwarzspanierhaus*: Beethoven hatte zuletzt in Wien im IX. Gemeindebezirk in der Schwarzspanierstraße 200 gewohnt; das Gebäude wurde 1904 abgerissen.

13] *la lettre à l'immortelle aimée / den Brief an die unsterbliche Geliebte*: Das Original dieses Briefes vom 6. und 7. Juli 1812 – nach Maynard Solomon, ›Beethoven. Biographie‹ (Aus dem Amerikanischen übersetzt von Ulrike von Puttkamer, München: C. Bertelsmann 1979, S. 186–218), an Antonie Brentano (1780–1869) – befindet sich heute in der Musikabteilung der Staatsbibliothek der Stiftung Preußischer Kulturbesitz in Berlin.

14] *(en actions) / (in Aktien)*: »Beethoven hatte 1819 acht Bankaktien von der k. k. Österreichischen Nationalbank gekauft. Bei seinem Lebensende (1827) waren davon noch sieben übrig, die sein Neffe Karl van Beethoven erbte. Eine Aktie soll noch heute im Archiv der Nationalbank aufbewahrt werden.« (S. Brandenburg, Beethoven-Archiv, Bonn.)

15] *la photographie chez Becker [!] / deren Photographie Sie bei Becker [!]*: Paul Bekker, ›Beethoven‹, Berlin und Leipzig 1911, Abbildungsteil S. 148. Spätere Auflagen haben keinen Abbildungsteil mehr.

16] *du jour de la vente 1827 / vom Tage des Verkaufs 1827*: Vgl. oben, Anm. 11.

17] *le portrait de B. donné aux Breunings / das Portrait B.s, das an Breunings abgetreten wurde*: Es handelt sich »mit großer Wahrscheinlichkeit um das Beethoven-Portrait von Christian Hornemann (1802), eine Miniatur auf Elfenbein. Dieses oft reproduzierte Stück [vgl. oben,

Anm. 11] hat Zweig nicht erwerben können. Es ist an H. C. Bodmer gegangen und befindet sich mit dessen Sammlung im Beethoven-Haus [in Bonn].« (S. Brandenburg, Beethoven-Archiv, Bonn.)

An Anton Kippenberg [18. 7. 1929] *242*
e. Ansichtskarte – (Österreichs Beethovenfeier; Rückseite: mehrteilige Abbildung, im Mittelpunkt Porträt Beethovens, unten mit halbrunder Beschriftung: Ludwig van Beethoven – über und unter dem Porträt: »Noch steht manch altes Haus: verehrt als seines Wirkens Stätte / Kein neues war erbaut: das nicht sein Lied durchklungen hätte.« – Links, oben, unten und rechts vom Porträt kleinere Bildmotive; von links oben: Leier, von Kränzen umgeben; 1. Haus in Heiligenstadt; Haus in Nußdorf; 1. Haus in Baden; »1827«, von Kränzen umgeben; 1. Haus in Mödling; 2. Haus in Mödling; 2. Haus in Heiligenstadt; Schmetterling, von Kränzen umgeben; 3. Haus in Heiligenstadt) – DLA Marbach/N.

1] *Zwei Tage war ich fort*: SZ hatte sich zum Arbeiten vermutlich nach Ferleiten im Fuscher Tal, einem Seitental der Salzach, zurückgezogen.
2] *Hofman[n]sthal*: Hugo von Hofmannsthal (vgl. [22. 8. 1920], Anm. 8) war am 15. Juli 1929 gestorben.
3] *Rilke*: Rainer Maria Rilke (vgl. 3. 1. 1920, Anm. 5) war am 29. Dezember 1926 gestorben.

An Romain Rolland [20. 7. 1929] *243*
e. Ansichtskarte (Salzburg / Kapuzinerberg 5. / Verlag Kunsthandlung M. Mora, Salzburg) – BN Paris – D in deutscher Übersetzung: Romain Rolland-SZ, ›Briefwechsel 1910–1940. Zweiter Band 1924–1940‹, Aus dem Französischen von Eva und Gerhard Schewe (Briefe Rollands) und Christel Gersch (Briefe Zweigs), Berlin: Rütten & Loening 1987, S. 331.

Übersetzung
Teurer Freund, ich weiß nicht, ob Sie es gelesen haben: Hofmannsthal ist gestorben – mit ihm und Rilke ist das alte Österreich zu Ende. Sein Leben war eine lange Tragödie – Vollendung mit 20, und dann haben ihm die Götter ihre Stimme entzogen. Ich mochte ihn persönlich wenig, aber ich war sein Schüler, und sein Tod hat mich sehr bewegt. Ihr getreuer

St Z

1] *Hofman[n]sthal [...] perfection à 20 ans / Hofmannsthal [...] Vollendung mit 20*: SZ schrieb später in seinen Erinnerungen über seinen frühen Eindruck: »[...] vor allem aber war es eine Gestalt, die uns faszinierte, verführte, berauschte und begeisterte, das wunderbare und einmalige Phänomen Hugo von Hofmannsthals [vgl. (22. 8. 1920), Anm. 8].« (SZ, ›Die Welt von Gestern‹, GWE 1981, S. 63.)
2] *avec lui et Rilke la vieille Autriche a finie [!] / mit ihm und Rilke ist das alte Österreich zu Ende*: »Und dieses fast gleichzeitige, sternhafte Entschwinden traf uns wie eine Mahnung, als wolle tatsächlich der Gedanke an das Übergeordnet-Gesetzmäßige in der Kunst unsere Zeit jetzt verlassen, als sei es für immer zu Ende mit der Suprematie der reinen, zeitentwandten Dichtung im deutschen Schrifttum.« (SZ, ›Hugo von Hofmannsthal. Gedächtnisrede zur Trauerfeier im Wiener Burgtheater‹, in: SZ, ›Das Geheimnis des künstlerischen Schaffens‹, GWE 1984, S. 280.) – In seinem Erinnerungsbuch nannte SZ Rainer Maria Rilke (vgl. 3. 1. 1920, Anm. 5) »der von mir so Vergötterte« (SZ, ›Die Welt von Gestern‹, GWE 1981, S. 121).

243 *An Ben Huebsch* 16. 8. 1929
ms. Br., 3 S. mit e. Korr. und e. Nachschr. – DLC Washington – Briefkopf: Signet SZ – Salzburg / Kapuzinerberg 5

1] *In great hurry!*: In großer Eile!
2] *Ihren freundlichen Brief*: Nicht erhalten.
3] *»Fouché«*: SZ, ›Joseph Fouché‹; vgl. 2. 5. 1928, Anm. 11.
4] *als jene ersten Fahnen*: SZ hatte Huebsch offenbar die ersten Fahnenabzüge von seinem ›Joseph Fouché‹ schicken lassen, dann aber noch vieles an dieser Biographie geändert.
5] *Wegen eines Kontraktes*: Die englische Ausgabe erschien 1930 u. d. T. ›Joseph Fouché. The Portrait of a Politician‹ in der Übersetzung von Eden & Cedar Paul gleichzeitig in London bei Cassell und in New York in der Viking Press, dem Verlag, der 1925 aus B. W. Huebsch, Inc., hervorgegangen war.
6] *»Balzac, Dickens, Dostojewski«*: SZ, ›Three Masters. Balzac – Dickens – Dostoeffsky‹; vgl. 29. 10. 1927 an Ben Huebsch, Anm. 5.
7] *mein Stück [...] zur Reproduktion*: SZ, ›Das Lamm des Armen‹; vgl. 22. 2. 1929, Anm. 7. SZ hatte das Typoskript zur Vervielfältigung als Bühnenexemplar an den Bühnenverlag Felix Bloch Erben in Berlin gegeben, der seine Aufführungsrechte wahrnahm.
8] *in Amerika einen guten Erfolg*: U. d. T. ›The one ewe Lamb. A tragic comedy in three acts and nine scenes‹ in der Übersetzung von Ruth

Langner wurde der Text, vermutlich 1930, für das Rialto Service Bureau in New York als Bühnenexemplar vervielfältigt.
9] *für den Film eignen*: SZs ›Das Lamm des Armen‹ wurde erst 1977 für das zweite Deutsche Fernsehen in Mainz in der Regie von Oswald Döpke verfilmt. Erster Sendetermin war der 27. 2. 1978.
10] *ebenso wie für den »Fouché«*: SZs ›Joseph Fouché‹ (vgl. 2. 5. 1928, Anm. 11) wurde bisher nicht verfilmt.
11] *Ihre Pläne für Europa*: Huebsch reiste regelmäßig nach Europa, um mit Verlagen über neue Projekte zu verhandeln.
12] *im September [. . .] auf ein paar Tage nach Berlin*: Ob SZ im September 1929 tatsächlich nach Berlin gefahren ist, wurde nicht ermittelt; es ist aber eher unwahrscheinlich
13] *Ihre liebe Frau*: Afhild Huebsch, geb. Lamm. 244
14] *Ihren Kindern*: Erik und Ian Huebsch.
15] *die Insel*: Der Insel-Verlag in Leipzig.
16] *einen Cortez Roman von Richard Friedenthal*: Richard Friedenthal (vgl. 27. 7. 1927, Anm. 2), ›Der Eroberer. Ein Cortes [!]-Roman‹, Leipzig: Insel-Verlag 1929. – Die englische Übersetzung von Charles Hope Lamley erschien 1931 u. d. T. ›The white gods‹ bei Harper & Brothers in New York und London.
17] *eine Monografie über Hill*: Heinrich Schwarz, ›David Octavius Hill. Der Meister der Photographie‹, Leipzig: Insel-Verlag 1931. (Der schottische Maler David Octavius Hill [1802–1870] war ein Pionier der Photographie, mit der er künstlerisch bedeutende Porträts schuf.) Die englische Ausgabe erschien 1931: Heinrich Schwarz, ›David Octavius Hill, master of photography‹, with 80 reproductions made from Original photographs and printed in Germany, translated from the German by Helen E. Fraenkel, New York: The Viking Press 1931.
18] *richtigen Instinct mit »Nichts Neues im Westen [!]«*: SZ hatte Ben Huebsch offensichtlich Erich Maria Remarques Roman ›Im Westen nichts Neues‹ (vgl. 22. 2. 1929, Anm. 4) für eine Übersetzung bei Viking Press, New York, empfohlen, aber die englische Übersetzung von A. W. Wheen erschien 1929 bei Little, Brown and Company in Boston.
19] *bei Zsolnay ein sehr bedeutender Roman von Werfel*: Franz Werfel (vgl. 3. 1. 1920, Anm. 6), ›Barbara oder Die Frömmigkeit‹, Berlin – Wien – Leipzig: Paul Zsolnay Verlag 1929 (= Gesammelte Werke). Eine englische Übersetzung wurde nicht ermittelt.
20] *den Pauls*: Eden & Cedar Paul; vgl. 22. 4. 1921, Anm. 16.

244 *An Ferenc Herczeg* [nach 18. August 1929]
e. Br., 2 S. – Országos Szechényi Könyvtar, Budapest – Briefkopf: Signet SZ – Salzburg / Kapuzinerberg 5
Die Einzelheiten zu den Anmerkungen und zur Datierung dieses Briefes verdanken wir Herrn Dr. Paul Schweitzer, Budapest.

1] *Ferenc Herczeg*: (1863–1954), ungarischer Romancier, Bühnenautor deutscher Herkunft; bedeutender Vertreter der konservativen ungarischen Literatur der ersten Hälfte des 20. Jahrhunderts.
2] *Hofrat Julian Weiss*: (1858–1944?), ungarischer Journalist, 1918 zum ungarisch-königlichen Hofrat ernannt; trat 1919 als Feuilletonchef in den Pester Lloyd ein, schrieb dort wichtige Essays über deutsche Literatur; entlarvte die Literaten der Blut-und-Boden-Ideologie als die Schuldigen an der Vorbereitung des Nationalsozialismus; wurde 1937 gezwungen, zurückzutreten. Weiss wurde vermutlich während der Judenverfolgungen ermordet.
3] *eines ungarischen Journalisten*: Béla Székely (sprich: Seekej; 1891–1955).
4] *Herr S. hat seinen Aufsatz betitelt*: Béla Székely hatte unter der Überschrift ›Stefan Zweig über die Aufgabe des Schriftstellers, Endre Ady, den Verrat der ungarischen Schriftsteller und über seine russische Reise‹ in ungarischer Sprache in der Zeitschrift A Toll. A magyar haladó értelmiségiek kritikai hetilapja (Die Feder. Kritische Wochenschrift der fortschrittlichen ungarischen Intellektuellen), Jg. 1, Nr. 18, 18. August 1929, S. 29–33, ein Interview mit SZ wiedergegeben. Er schrieb darin u. a.: »Ein Schriftsteller darf nicht schweigen. Ein Schriftsteller, der schweigt, dem die großen Fragen der Menschheit, die quälenden Probleme im eigenen Land gleichgültig sind, begeht einen Verrat. Besonders gilt das für die Schriftsteller in solchen Ländern, wo Reaktion auf den Seelen lastet, wo den Bürgern durch das heutige Aufflammen der Reaktion – das letzte Mal, wollen wir hoffen – die elementarsten Freiheitsrechte genommen werden, wo Wille, Sehnsucht, jedwede Äußerung des geistigen Lebens durch Polizeimentalität mit Füßen getreten werden. Dort, dort darf nicht geschwiegen werden. [...] Warum schweigen die ungarischen Schriftsteller? Diejenigen zu Hause und diejenigen im Ausland? Meines Erachtens ist das die größte Sünde, die die Vertreter der ungarischen Literatur dem urwüchsigen ungarischen Volk antun können. Dabei würde ein einziger wahrer Schriftsteller genügen, der seine Stimme mutig und kämpferisch erhebt, um die Aufmerksamkeit der Welt zu wecken und auch den Weg der ungarischen Reaktion in der Weltöffentlichkeit zu versperren. [...] Auch Ungarn hatte solch einen Schriftsteller, der das Gewissen des ungarischen Volkes lebhaft vertrat und mit Fanfaren ver-

kündete: Endre Ady. Mit inniger Liebe bewahre ich einen Brief von Endre Ady auf, den er an mich gerichtet hat.« Der letzte und weitaus umfangreichste Teil dieses Interviews berichtet über SZs sehr positive Eindrücke, die er während seiner Reise in die Sowjetunion (vgl. SZs Brief an Romain Rolland vom 3. 10. 1928) gewonnen haben soll. Er hatte u. a. angeblich gesagt: »Mit tiefster Erschütterung bin ich aus Rußland heimgekehrt. Was mich dort bis tief in mein Herz bewegte und überraschte, war der Heroismus der russischen intellektuellen Schichten. [...] Das Proletariat und die 150 Millionen Seelen zählende, gefesselte Bauernschaft haben die Macht an sich gerissen, sich befreit und erhoben.« (Aus dem Ungarischen übersetzt von Paul Schweitzer.) Solche Äußerungen wurden in Ungarn nicht gern gelesen: die Erinnerung an die Räterepublik unter dem kommunistischen Führer Béla Kun war, so kurz sie auch gedauert hatte, noch in lebhafter Erinnerung (vgl. 25. 6. 1922, Anm. 17). Hofrat Julian Weiss (vgl. oben, Anm. 2) wird SZ nach der Lektüre vermutlich umgehend um ein Dementi gebeten haben. Die Zeitschrift A Toll brachte aber lediglich eine Notiz darüber, daß das Interview in Ungarn großes Aufsehen erregt hat.

5] *nie gebraucht*: Im Original zweimal unterstrichen.

6] *Sacco & Vanzetti*: Nicola Sacco und Bartoloméo Vanzetti; vgl. 2. 9. 1927, Anm. 4. 245

7] *Herr S.*: Vgl. oben, Anm. 3.

8] *nach B.*: Nach Budapest. – Die Stadt war erst 1873 aus den drei bis dahin selbständigen Städten Pest, Buda (Ofen) und Obuda (Alt-Ofen) gebildet worden.

9] *Ich danke Ihnen noch ausführlich*: Einzelheiten wurden nicht ermittelt.

An Joseph Roth 5.9.[1929] 245

e. Br., 4 S. – Dokumentationsstelle für neuere österreichische Literatur, Wien: Fotokopie – D: Matjaž Birk, ›»Vielleicht führen wir zwei verschiedene Sprachen ...« Zum Briefwechsel zwischen Joseph Roth und Stefan Zweig. Mit 21 bisher unveröffentlichten Briefen‹, Münster: LIT Verlag (1997), S. 147–148 (= Literatur im Kontext. Quellen und Studien zur deutschsprachigen Literatur der Moderne, hrsg. von Thomas Eicher und Jost Schneider. Bd. 3). (Reprint einer Abschrift) – Briefkopf: »Der Kaiserhof« / Badgastein

1] *Joseph Roth*: (1894–1939), österreichischer Erzähler des psychologischen Realismus, hatte nach seinem Studium der Philosophie und der deutschen Literatur seit 1918 als Journalist in Wien und ab 1921 in Berlin gearbeitet und war von 1923 bis 1932 Korrespondent der Frankfurter Zeitung; er war ständig auf Reisen in allen Großstädten Europas. 1933 emigrierte Roth zunächst nach Wien und Salzburg, 1934 nach Frankreich. Aus Verzweiflung wurde er zum Trinker und starb in einem Armenhospital in Paris.

2] *Badgastein*: SZ hatte sich in der ersten Septemberwoche nach Badgastein zurückgezogen.

3] *Ihr Brief*: Am 2.9. 1929 hatte Roth an SZ geschrieben: »Es ist inzwischen mir sehr viel Übles zugestoßen, seitdem wir uns das letzte Mal gesehen haben. Meine Frau [Friederike Reichler-Roth, 1900–1940] ist schwer krank in die Nervenheilanstalt Westend überführt worden, und ich lebe seit Wochen ohne Möglichkeit, eine Zeile zu schreiben und ringe mir das zum Leben notwendige Zeilenschreiben ab. Ich erspare Ihnen eine nähere Schilderung unseres Zustandes. Das Wort Qual hat plötzlich einen grauenhaften Inhalt bekommen, und das Gefühl, von Unglück umgeben zu sein, wie von schwarzen Mauern, verläßt mich nicht für einen Augenblick.« (Joseph Roth, ›Briefe 1911–1939‹, hrsg. und eingeleitet von Hermann Kesten, Köln-Berlin: Kiepenheuer & Witsch [1970], S. 254.)

4] *Höllriegl*: Arnold Höllriegl, Pseudonym für Richard Arnold Bermann (1883–1939), war Journalist in Berlin und lebte seit 1914 wieder in seiner Geburtsstadt Wien. – Es wurde nicht ermittelt, wo SZ Höllriegl getroffen hat.

5] *Karl Otten*: (1889–1963), deutscher Erzähler, Lyriker, Kulturhistoriker.

6] *als ich Sie in Salzburg sah*: Roth hatte SZ Ende April 1929 in Salzburg besucht. »Ich habe, seitdem ich bei Ihnen gewesen bin, ein gehöriges Maß Überlegenheit, das ich Ihnen danke. Es war sehr gut, Sie zu sehen und ich hoffe: auch von Ihnen gesehen zu werden. Sie waren anders als in meiner Vorstellung vorher, Sie hatten etwas von Weisheit, die ich früher nicht gespürt hatte, etwas auch von Schönheit und Natur.« (Joseph Roth an SZ, 24.5. 1929; ›Briefe 1911–1939‹, a.a.O., S. 152.)

246 7] *bald nach Berlin*: Vgl. 16.8. 1929, Anm. 12.

8] *der Fouché*: SZ, ›Joseph Fouché‹; vgl. 2.5. 1928, Anm. 11.

9] *ein immerhin wichtiges Theaterstück*: SZ, ›Das Lamm des Armen‹; vgl. 22.2. 1929, Anm. 7.

10] *schweren und verschatteten Jahren*: Schon bald nach der Heirat im März 1922 war Roths Frau Friederike Reichler-Roth (vgl. oben, Anm. 3) an Schizophrenie erkrankt.

11] *Verlangen nach tragischen Erschütterungen*: Bereits Jahre zuvor hat SZ einmal in einem Brief bekannt: »Ich habe mir nie ein stillzufriede-

nes Leben gewünscht: danken wir Gott, wenn es uns von Zeit zu Zeit um und um schüttelt.« (An Franz Karl Ginzkey vom [26. 2. 1923], vgl. S. 85.)
12] *bald von der Nähe*: Roth kam im April 1930 wieder nach Salzburg und traf sich mit SZ.
13] *Ihrer Frau*: Friederike Reichler-Roth; vgl. oben, Anm. 3.
14] *Ihre Gabe*: Vermutlich das Manuskript zu Joseph Roths Roman ›Hiob‹, der 1930 im Verlag Gustav Kiepenheuer in Berlin erschien.

An Max Brod 18. 9. 1929 *247*
ms. Br., 4 S. mit e. Korr. – Privat – Briefkopf: Signet SZ – Kapuzinerberg 5 / Salzburg

1] *Max Brod*: (1884–1968), Prager Schriftsteller, Theater- und Musikkritiker; bis 1939 langjähriger Redakteur des Prager Tagblatt. Vermittler zwischen deutscher und tschechischer Literatur. Seit 1902 mit Franz Kafka (1883–1924) befreundet, dessen Nachlaßverwalter, Herausgeber und Biograph er wurde. Vor dem Einmarsch der deutschen Truppen in die Tschechoslowakei (1939) wanderte Brod nach Palästina aus, wo er als Dramaturg des hebräischen Habimah-Theaters eine neue Tätigkeit fand.
2] *besonders auf dieses Stück*: Max Brod, ›Lord Byron kommt aus der Mode. Schauspiel in drei Akten‹, Wien: Paul Zsolnay Verlag 1929.
3] *Kitschroman Edschmids*: Kasimir Edschmid (urspr. Eduard Schmid, 1890–1966), ›Lord Byron. Roman einer Leidenschaft‹, Wien: Paul Zsolnay Verlag 1929.
4] *die Figur*: Der schottische Dichter George Noël Gordon Lord Byron; vgl. 9. 2. 1920, Anm. 21), der mit einem leicht verkrüppelten Fuß geboren wurde, wuchs zu einem unbeherrschten Jüngling heran. »Er war eine seltsame Mischung von männlicher Kraft und weiblicher Eitelkeit, hingebender Liebe und ausschweifender Sinnlichkeit, weltschmerzlicher Pose und echtem Leid, demokratischer Gesinnung und aristokratischem Dünkel.« (›Brockhaus Enzyklopädie in zwanzig Bänden‹, 17. völlig neu bearb. Aufl. des Großen Brockhaus, Dritter Band Blit-Choc, Wiesbaden: F. A. Brockhaus 1967, S. 541.) Seine 1815 geschlossene Ehe mit Anne Isabella Milbanke zerbrach schon kurz nach der Geburt eines Kindes an der unerlaubten Beziehung zu seiner Stiefschwester Augusta. 1816 verließ Byron aufgrund mehrerer Skandalgeschichten England für immer. Er reiste in die Schweiz an den Genfer See, dann nach Venedig, wo er zahlreiche Liebschaften hatte, begeisterte sich 1824 für die griechischen Freiheitskämpfe, wollte praktisch

eingreifen, starb aber schon bald nach einer Überfahrt in offenem Boot.

5] *Augusta*: Stiefschwester Lord Byrons, vgl. oben, Anm. 4.

248 6] *Fuoruscito*: ital.; Heimatvertriebener.

7] *gewollt*: Im Original zweimal unterstrichen.

8] *Napoleon*: Napoleon Bonaparte; vgl. 9. 3. 1926, Anm. 4.

9] *Drama John Fords*: John Ford (1586–1640?), ›'Tis pitty shees a whore‹ (Schade, daß sie eine Hure ist); in dieser 1633 uraufgeführten Tragödie, die T. S. Eliot als »rein sexuelle Verstrickung« interpretierte, stellt Ford die Liebe der Geschwister Giovanni und Annabella zueinander als schicksalhafte Fügung dar.

10] *Lady Byron*: Vgl. oben, Anm. 4.

11] *als ich Byron seit Jahrzehnten kenne*: SZ veröffentlichte seinen ersten Essay über Byron, ›Das Geheimnis Byrons‹ am 21. 8. 1918 in der Neuen Freien Presse in Wien; am 19. 4. 1924 folgte in derselben Zeitung ›Das Schauspiel eines großen Lebens‹ und am 27. 10. 1929 – also kurz nach diesem Brief – eine Kritik der ›Byroniana‹, in der er sowohl Brods Schauspiel als auch Edschmids Roman (vgl. oben, Anm. 3) erwähnt.

12] *»manfredischer«*: Anspielung auf George Noël Gordon Lord Byrons dramatisches Gedicht ›Manfred‹ (1817); dem Titelhelden wird nicht seine Hybris, das Streben nach absolutem Wissen, sondern seine innere Zerrissenheit zum Verhängnis.

249 13] *Burgtheater*: Brods Schauspiel ›Lord Byron kommt nicht aus der Mode‹ (vgl. oben, Anm. 2) wurde vom Burgtheater in Wien nicht zur Aufführung angenommen.

14] *Aslan*: Raoul Aslan (1886–1958), Schauspieler und Regisseur.

15] *im Nachwort zu dem kleinen Buch von Oskar Baum*: Oskar Baum (1883–1941), ›Nacht ist umher‹; vgl. [11. 9. 1928], Anm. 12. In diesem Nachwort hatte SZ Brod »dieser hilfreichste und hingebungsvollste Freund aller Freunde« genannt.

16] *In der Presse [. . .] über die ganzen Byron-Bücher*: Vgl. oben, Anm. 12.

249 *An Fritz Adolf Hünich* 18. 9. 1929
ms. Br., 1 S. – StWK Weimar – Briefkopf: Signet SZ – Kapuzinerberg 5 / Salzburg

1] *ich beantworte Ihnen alles*: Zusammenhang nicht ermittelt.

2] *zwei Novellen fast fertig*: SZ arbeitete gleichzeitig an der Erzählung ›Buchmendel‹ und vermutlich an ›Die gleich-ungleichen Schwestern‹.

3] *in die Chronik*: SZ, ›Kleine Chronik. Vier Erzählungen‹, Leipzig: In-

sel-Verlag 1929 [= Insel-Bücherei Bd. 408]. Der Band enthält: ›Die unsichtbare Sammlung‹ (entst. 1925), ›Episode vom Genfer See‹ (entst. 1910), ›Leporella‹ (entst. 1928) und ›Buchmendel‹.
4] *Prof. Kippenberg*: Anton Kippenberg; vgl. 9. 2. 1920, Anm. 1. 250
5] *die theatralischen Verhandlungen*: Wegen der Uraufführung von SZs Tragikomödie ›Das Lamm des Armen‹; vgl. 22. 2. 1929, Anm. 7.
6] *die Uraufführung*: SZs ›Das Lamm des Armen‹ wurde am 15. März 1930 gleichzeitig am Lobe-Theater in Breslau, an den Schauspielhäusern Hannover und Lübeck und am Deutschen Theater in Prag uraufgeführt.
7] *Moissi*: Alexander Moissi; vgl. 2. 9. 1927, Anm. 18.
8] *das Burgtheater [. . .] Werner Kraus[s]*: Das Burgtheater in Wien nahm SZs Tragikomödie ›Das Lamm des Armen‹ erst im April 1930 in seinen Spielplan auf. Die Verpflichtung von Werner Krauss (1884–1959) kam nicht zustande; statt seiner spielte Ewald Balser (1898–1978) den Leutnant Fourès.
9] *wegen Berlin*: Die Verhandlungen für eine Uraufführung blieben ohne Erfolg.
10] *in Amerika*: Vgl. 16. 8. 1929, Anm. 8.
11] *Aufsatz über Rollands Beethoven*: Über Romain Rollands ›Beethoven. Les grandes époques créatrices‹ (vgl. 20. 5. 1927, Anm. 9) erschien kein Aufsatz im ›Insel-Almanach auf das Jahr 1930‹ (Leipzig: Insel-Verlag 1929); statt dessen wurde dort ein Auszug aus der deutschen Übersetzung von Therese Mutzenbecher (vgl. 9. 4.[=5.] 1928, Anm. 12) abgedruckt.
12] *Richard Specht*: Vgl. 1. 5. 1926, Anm. 1.
13] *für die neue Arbeit*: SZ arbeitete an dem Band ›Die Heilung durch den Geist. Mesmer – Mary Baker-Eddy – Freud‹, Leipzig: Insel-Verlag 1931.
14] *den Briefen Rilkes*: Rainer Maria Rilke (vgl. 3. 1. 1920, Anm. 5), ›Briefe aus den Jahren 1902 bis 1906‹, Auswahl und Vorwort von Ruth Sieber-Rilke und Carl Sieber, Leipzig: Insel-Verlag 1929.
15] *dem Rolland*: Romain Rolland, ›Beethovens Meisterjahre. Von der Eroica bis zur Appassionata‹; vgl. 9.4.[=5.] 1928, Anm. 12.
16] *dem Stendhal, Leuwen*: Stendhal (vgl. 7. 4. 1923, Anm. 8), ›Lucien Leuwen‹, Übersetzt, Nachwort und Anmerkungen von Otto Freiherrn von Taube, Leipzig: Insel-Verlag 1929.
17] *dem Johann Seb. Bach*: Charles Sanford Terry, ›Johann Sebastian Bach. Eine Biographie‹. Aus dem Englischen übersetzt von Alice Klengel, eingeleitet von Karl Straube und mit einem Vorwort des Autors; mit zahlreichen Notenbeispielen, Leipzig: Insel-Verlag [1929].
18] *Goethes Gesprächen*: ›Goethes Gespräche ohne die Gespräche mit

Eckermann‹, Ausgewählt, eingeleitet und herausgegeben von Flodoard Freiherr von Biedermann, Leipzig: Insel-Verlag [1929].
19] *der Kunst Japans*: Tsuneyoshi Tsudzumi, ›Die Kunst Japans‹, hrsg. v. Japan-Institut in Berlin, mit 127 Abbildungen, 8 farbigen Tafeln und einem Anhang mit Notenbeispielen, Leipzig: Insel-Verlag 1929.

250 *An Otto Heuschele* 24. 9. 1929
ms. Br., 2 S. mit e. Korr. – DLA Marbach/N. – Briefkopf: Signet SZ – Kapuzinerberg 5 / Salzburg

1] *Korrekturen*: SZ hatte am 11. 9. 1929 den Insel-Verlag nachträglich um Fahnenabzüge von seiner Tragikomödie ›Das Lamm des Armen‹ (vgl. 22. 2. 1929, Anm. 7) gebeten.
2] *Manipulationen mit dem Stück*: Vgl. SZs Brief an Fritz Adolf Hünich vom 18. 9. 1929.
3] *Rede über Hoffmannsthal [!]*: Hugo von Hofmannsthal (vgl. [22. 8. 1920], Anm. 9) war am 15. Juli 1929 gestorben; SZ war vom Direktor des Wiener Burgtheaters Franz Herterich (vgl. [vor 10. März 1924], Anm. 8) gebeten worden, bei der Trauerfeier am 13. Oktober 1929 die Gedächtnisrede zu halten.
4] *für mein neues Stück [. . .] Werner Kraus[s]*: Vgl. 18. 9. 1929 an Fritz Adolf Hünich, Anm. 8.
251 5] *Ihren Roman*: Otto Heuschele, ›Der Weg wider den Tod‹; vgl. 16. 4. 1927, Anm. 4.
6] *Stifter*: Adalbert Stifter; vgl. 6. 9. 1921, Anm. 9.
7] *Mörike*: Eduard Mörike (1804–1875).
8] *Vorworten [. . .] in jenem anderen Buch*: ›Seelenhaftes Leben. Ein Buch deutscher Weihezeit‹, hrsg. von Otto Heuschele, Tübingen: R. Wunderlich [1929]. Der Band enthält Briefe von Goethe, Schiller, Humboldt und Hölderlin.
9] *das Schicksal Hoffmannsthals [!] und das unseres Freundes Felix Braun*: Sowenig sich das Werk Hugo von Hofmannsthals (vgl. [22. 8. 1920], Anm. 9) mit dem Felix Brauns (vgl. 14. 1. 1920, Anm. 21) auch nur annähernd vergleichen läßt, sosehr stimmt für beide, was SZ in seiner Gedächtnisrede für Hofmannsthal (vgl. oben, Anm. 3) gesagt hat: »Denn ein sonderbarer Geist oder Ungeist waltet jetzt in der Zeit, daß sie von der Kunst immer nur das Zeitliche will, immer nur das fließende Bildnis ihrer eigenen Unrast und Bewegtheit. Gleichgültig und feindlich geht sie vorüber an den großen symbolischen Formen, die das Dauernde ausdeuten wollen und das Obere der

Welt.« (SZ, ›Das Geheimnis des künstlerischen Schaffens‹, GWE 1984, S. 279).

10] *Hugenotten in Frankreich*: Den Hugenotten – seit etwa 1560 allgemein die Bezeichnung der französischen Protestanten – waren nach mehreren Kriegen im Edikt von Nantes 1598 durch Heinrich IV., der 1593 aus politischen Gründen selbst zum Katholizismus übergetreten war, Gewissens- und Religionsfreiheit und einige feste Sicherheitsplätze (›Staat im Staate‹) gewährt worden. Nach Heinrich IV. Tod (1610) setzte seine Frau, Maria von Medici, die Verfolgung der Hugenotten fort. Das Edikt von Nantes wurde 1685 durch das Edikt von Fontainebleau für die religiöse Einheit Frankreichs aufgehoben – den Hugenotten wurden ihre letzten Rechte genommen. Trotz starker Bedrohung (Gütereinzug) wanderten über 200 000 Hugenotten aus; für ihre Gastländer gewannen sie bald große Bedeutung.

11] *Ihre Worte über Fouché*: Heuscheles Ausführungen zu SZs ›Joseph Fouché‹ (vgl. 2. 5. 1928, Anm. 11) wurden nicht ermittelt.

12] *Messmer [!]*: Über den Theologen und Mediziner, den Begründer der Lehre vom animalischen Magnetismus Franz Anton Mesmer (1734–1815) schrieb SZ einen biographischen Essay als Teil seines Bandes ›Die Heilung durch den Geist‹ (vgl. 18. 9. 1929 an Fritz Adolf Hünich, Anm. 13).

13] *Justinus Kerner*: (1786–1862), Arzt, nebenberuflich Schriftsteller; Mitglied des schwäbischen Romantikerkreises; an parapsychologischen Phänomenen interessert, verfaßte er auch okkultistische Schriften.

14] *Paracelsus*: Vgl. 3. 10. 1921, Anm. 6. *252*

15] *wegen Ihrer Schwester*: Nicht ermittelt.

16] *Freundschaftlichen Grußes*: Das maschinenschriftliche »Freundlichen Grußes« änderte SZ handschriftlich.

An Hermann Bahr 30. 9. 1929 *252*

ms. Br., 2 S. mit e. Korr. – OTM Wien – Briefkopf: Signet SZ – Kapuzinerberg 5 / Salzburg – D: SZ, ›Briefwechsel mit Hermann Bahr, Sigmund Freud, Rainer Maria Rilke und Arthur Schnitzler‹, hrsg. v. Jeffrey B. Berlin, Hans-Ulrich Lindken u. Donald A. Prater (Frankfurt a. M.:) S. Fischer Verlag (1987), S. 105–107.

1] *die eindringlichen Worte*: Ein entsprechender Brief ist nicht erhalten; eine Rezension Bahrs von SZs ›Joseph Fouché‹ (vgl. 2. 5. 1928, Anm. 11) wurde nicht ermittelt.

2] *im Auslande schon sehr bemerkt*: SZs ›Joseph Fouché‹ wurde 1929 ins Serbokroatische, 1930 ins Englische, Holländische, Italienische, Spanische, Schwedische und Tschechische, 1931 ins Französische und Ungarische übersetzt.

3] *ein ernstes Stück*: SZ, ›Das Lamm des Armen‹; vgl. 22.2. 1929, Anm. 7.

4] *mit Werner Krauss im Burgtheater*: Vgl. 18.9. 1929 an Fritz Adolf Hünich, Anm. 8.

5] *auch in Berlin*: Vgl. 18.9. 1929 an Fritz Adolf Hünich, Anm. 9.

6] *in Berlin oder Paris*: SZ fuhr jetzt weder in die eine noch in die andere Stadt.

7] *daß Sie nicht durch Salzburg kamen*: Bahr war 1922 von Salzburg nach München übersiedelt; von dort war er nach Badgastein zu einer Regenerationskur gefahren.

8] *in Gastein*: Vgl. 5.9.[1929], Anm. 2.

253 9] *die Virginia*: SZs Lieblingszigarre.

10] *nach München*: Vgl. oben, Anm. 7.

11] *Anwesenheit Ihrer Frau Gemahlin*: Hermann Bahrs Frau Anna Bahr-Mildenburg (vgl. Neujahr 1921, Anm. 9) hatte ihren Vortrag über ›Musik und Gebärde‹ in Salzburg gehalten (vgl. auch 5.9.1927, Anm. 2).

12] *3 Wochen Festspiele über in Salzburg*: Die Salzburger Festspiele hatten im Jahr 1929 vom 4. bis zum 30. August stattgefunden.

13] *Kahane's*: Arthur Kahane (1872–1932), deutscher Schriftsteller, Journalist und Dramaturg des Deutschen Theaters in Berlin.

14] *Roman vollendet*: Hermann Bahr, ›Österreich in Ewigkeit‹, Roman, Hildesheim: Borgmeyer 1929. Das Buch gehört zu einem von Bahr geplanten Zyklus von zwölf Romanen, die sich mit dem politischen, sozialen, künstlerischen und religiösen Panorama Wiens befassen sollten; es sind zwischen 1912 und 1929 jedoch nur sieben Romane erschienen.

15] *Ihre Lebenserinnerungen wieder aufgenommen*: Dies ist ein Irrtum. Bahr hatte den ersten Band seiner Erinnerungen 1923 u. d. T. ›Selbstbildnis‹ veröffentlicht (vgl. Neujahr 1921, Anm. 5); später hatte er 1925/26 und 1929 lediglich Tagebuch geführt.

16] *Selbstbildnis*: Vgl. oben, Anm. 15.

17] *Gedächtnisrede für Hoffmann[sthal!]*: Vgl. 24.9. 1929, Anm. 3.

254 *An Herbert Günther* 2.10. 1929
ms. Br., 1 S. – Privat – Briefkopf: Signet SZ – Kapuzinerberg 5 / Salzburg

1] *Herbert Günther*: (1906–1978), deutscher Schriftsteller; kurze Zeit Schauspieler in Leipzig, Verlagslektor in Berlin; Theater- und Kunstkritiker.

2] *Ihres Buches über Berlin*: Herbert Günther (Hrsg.), ›Hier schreibt Berlin. Eine Anthologie von heute‹, Berlin: Internationale Bibliothek [1929].
3] *»Kubinke«*: Georg Hermann (eigtl. Georg Hermann Borchardt, 1871–1943), ›Kubinke‹, Roman, Berlin: Egon Fleischel & Co. 1910. – 1929 war im Ullstein-Verlag in Berlin eine neubearbeitete Ausgabe des Romans erschienen.

An Romain Rolland 18. 10. 1929 *254*
e. Br., 2 S. – BN Paris – Briefkopf: Signet SZ – Salzburg / Kapuzinerberg 5 – D in deutscher Übersetzung: Romain Rolland-SZ, ›Briefwechsel 1910–1940. Zweiter Band 1924–1940‹, Aus dem Französischen von Eva und Gerhard Schewe (Briefe Rollands) und Christel Gersch (Briefe Zweigs), Berlin: Rütten & Loening 1987, S. 337–338.

Übersetzung
Mein teurer Freund, endlich kann ich Ihnen schreiben! Ich hatte viel zu tun: ein kleiner Erzählband, die Fahnen des Stücks (das erst im Frühjahr aufgeführt wird), eine Rede im Burgtheater über Hofmannsthal und tausend andere Dinge. Ich bin jetzt recht müde und schicke mich an, morgen für eine Woche nach Paris zu fahren (ohne andere Menschen zu sehen als Masereel und Jean-Richard Bloch). Ich will mich unbedingt eine Woche lang selbst daran hindern, ein Buch zu lesen und Briefe zu schreiben: das wird meine Kur sein!

Wir hatten in Österreich ziemlich bewegte Tage. Man sollte es nicht meinen, aber ein Volk erträgt die Freiheit nicht. Es wird sie leid, vor allem die jungen Menschen. Und die materielle und finanzielle Unzufriedenheit wird ganz sicher vom Geld und von der Presse der deutschen Großindustrie, vom italienischen und ungarischen Faschismus, gegen die Sozialisten gelenkt. Man hat an Hunderttausende umsonst Uniformen (und Waffen) vergeben, und sie wollen sie nun ausführen. Und die Sozialisten haben nichts mehr zu versprechen – sie haben alles bekommen, was sie wollten. Also – da es auf der Welt keine Dankbarkeit gibt – wenden sie sich den anderen zu. Die Reaktion in Europa verstärkt sich. In Frankreich tötet der neuaufkommende Reichtum den Sozialismus, in Italien die brutale Gewalt – Deutschland steht noch unter dem Stachel des Hasses: ich kann den schönen Sätzen nicht Beifall spenden, die sich großzügig im Völkerbund entfalten. Ich sehe, wie dasselbe Phänomen sich wiederholt wie 1914: zu dieser Zeit verstand das Volk mangels Vorstellungskraft nicht, was Krieg heißt, und jetzt verstehen sie nicht, was Reaktion bedeutet. Es gibt sehr wenige Menschen, die zur Freiheit geboren sind – das ist meine unerschütterliche Überzeugung. Und selbst diese müssen lernen, sie zu verteidigen.

Ich habe breite Pläne. Ich will einen kleinen Roman schreiben, einige Charakterstudien, die in einem Buch zusammengetragen werden und die die Kraft des Geistes über den Körper zeigen sollen (Mesmer, Baker-Eddy, Freud), ein sehr ausgefallenes Buch, das »Die Heilung durch den Geist« zum Titel haben wird. Kein Mystizismus, kein Hang zur Scharlatanerie – aber eine psychologische Bemühung, die Kraft der Suggestion aufzuzeigen, die Überlegenheit des Gehirns über den Leib. Ich erkläre mich schlecht, aber Sie werden sehen: ich werde zwei Jahre darauf verwenden. Jedenfalls werden Sie merken, daß ich es in meinen Studien leid bin, mich durch den engen Rahmen der Literatur einzwängen zu lassen: mich reizt der Mensch in all seinen Daseinsformen.

Ich habe schöne Dinge gelesen: den neuen Roman von Werfel, »Barbara«, »The fountain of loneliness«, die Biographie Friedrichs II. von Kantorowicz (eine wunderbare Sicht auf Italien vor der Renaissance), viel Geschichte. Und ich lebe immer abgeschiedener: für den Winter will ich an die portugiesische Küste oder nach Sorrent flüchten, ich brauche Zurückgezogenheit, bevor im Frühjahr die theatralischen Ablenkungen beginnen.

Ich habe schlechte Nachrichten von Guilbeaux. Die »Humanité« hat ihn hinausgeworfen, seine materielle Lage ist schlecht: wir wollen einige Mittel für ihn zusammenkratzen. Er hat endlich das große Buch über seine Jahre in der Schweiz und in Rußland geschrieben. Sobald ich zurück bin, werde ich mich darum kümmern.

Die Neuigkeit, daß Sie Ihren Roman beenden, hat mich sehr erfreut! Endlich wird dieses Werk Sie nicht mehr belasten, endlich werde ich es als Einheit betrachten können. Und das große Werk über Indien auch fertig – welch ein Triumph des Schweigens!! Nun noch den Beethoven und den Robespierre und Ihre großen Zyklen werden fertig sein! Sie können nicht ahnen, mit welcher Freude ich von weitem die innere Logik beobachte, die Ihr Werk beherrscht und einigt. Ihr getreuer

Stefan Zweig

In Berlin habe ich die unsterbliche Arie von Mozarts Cherubino aus Figaro gekauft!

1] *un petit receuil [= recueil] de contes / ein kleiner Erzählband*: SZ, ›Kleine Chronik‹; vgl. 18. 9. 1929 an Fritz Adolf Hünich, Anm. 3.

2] *les épreuves de la pièce / die Fahnen des Stücks*: SZ, ›Das Lamm des Armen‹; vgl. 24. 9. 1929, Anm. 1.
3] *ne sera monté[e] qu'en [= au] printemps / erst im Frühjahr aufgeführt wird*: Zur Uraufführung von SZs ›Das Lamm des Armen‹ vgl. 18. 9. 1929 an Fritz Adolf Hünich, Anm. 6.
4] *un discours [. . .] sur Hofman[n]sthal / eine Rede [. . .] über Hofmannsthal*: Vgl. 24. 9. 1929, Anm. 3.
5] *je me propose d'aller demain à Paris pour une semaine / schicke mich an, morgen für eine Woche nach Paris zu fahren*: Friderike Zweig fuhr, vermutlich am 19. Oktober, für zwei Wochen nach Paris; SZ hat wohl überlegt, ob er sie begleiten sollte.
6] *Masereel*: Frans Masereel; vgl. 29. 3. 1920, Anm. 1.
7] *Jean-Richard Bloch*: Vgl. 6. 9. 1920, Anm. 1.
8] *en Autriche des jours assez mouvementés / in Österreich ziemlich bewegte Tage*: Am 10. Oktober 1929 konnte die Allgemeine Österreichische Bodencreditanstalt nur durch eine Notfusion mit der österreichischen Creditanstalt für Handel und Gewerbe vor dem Bankrott gerettet werden. Anders hätte die Gefahr einer Verschärfung der innenpolitischen Situation bestanden – verursacht durch staatsfeindliche Propaganda der Heimwehr, einer 1919 gegründeten paramilitärischen Organisation, die seit 1920 kontinuierlich zum Kampfverband der bürgerlichen Parteien gegen die Sozialdemokratie ausgebaut worden und im Sommer 1929 immer stärker unter faschistischen Einfluß geraten war.
9] *à la Société des Nations / im Völkerbund*: Die zur Sicherung des Welt- *255*
friedens auf Anregung des amerikanischen Präsidenten Woodrow Wilson 1920 gegründete Staatenvereinigung mit Sitz in Genf; sie bestand bis 1946. Österreich war 1920, Deutschland 1926 mit zwei Dritteln Mehrheit der Mitgliederstimmen aufgenommen worden.
10] *un petit roman / einen kleinen Roman*: SZ, ›Rausch der Verwandlung‹; vgl. 21. 11. 1927, Anm. 8.
11] *quelques portraits qui seront réunis en livre / einige Charakterstudien, die in einem Buch zusammengetragen werden*: SZ, ›Die Heilung durch den Geist‹; vgl. 18. 9. 1929 an Fritz Adolf Hünich, Anm. 13.
12] *Mesmer*: Franz Anton Mesmer; vgl. 24. 9. 1929, Anm. 12.
13] *Baker-Eddy*: Mary Baker-Eddy (1821–1910); die amerikanische Gründerin der Christian Science war durch Heilung von ihrem nervös bedingten Leiden angeregt worden, eine eigene Methode der geistigen Heilung zu entwickeln.
14] *Freud*: Sigmund Freud; vgl. 3. 11. 1920, Anm. 1.
15] *Werfel «Barbara»*: Franz Werfel, ›Barbara oder Die Frömmigkeit‹; vgl. 16. 8. 1929, Anm. 19.

16] *«The fountain of loneliness»*: Radclyffe Hall (1886–1943), ›The Well of Loneliness‹, With a commentary by Havelock Ellis, Garden City, N. Y.: Blue Ribbon Books 1928. 1. Sexual perversion. Die deutsche Ausgabe erschien 1929 in der Übersetzung von Eva Schumann u. d. T. ›Quell der Einsamkeit‹ bei Paul List in Leipzig.
17] *la biografie [!] de Frédéric II par Kantorowicz / die Biographie Friedrichs II. von Kantorowicz*: Ernst Kantorowicz (1895–1963), ›Kaiser Friedrich der Zweite‹, Berlin: Georg Bondi [1927].
18] *à [= sur] la côte Portugaise ou à Sorrento [= Sorrente] / an die portugiesische Küste oder nach Sorrent*: Friderike und SZ entschieden sich schließlich für Sorrent.
19] *les distractions théâtrales / die theatralischen Ablenkungen*: Vgl. 18. 9. 1929 an Fritz Adolf Hünich, Anm. 6.
256 20] *Guilbeaux*: Henri Guilbeaux (1884–1939), französischer Germanist und Übersetzer, Gründer und Herausgeber der pazifistischen Zeitschrift Demain (1916 bis Oktober 1918). Nach dem Ersten Weltkrieg war er Mitarbeiter der in Paris erscheinenden Zeitung L'Humanité, dem Zentralorgan der Kommunistischen Partei Frankreichs, geworden.
21] *le grand livre sur ses années en Suisse et en Russie / das große Buch über seine Jahre in der Schweiz und in Rußland*: Über seine Jahre in der Schweiz schrieb Henri Guilbeaux kein Buch, wohl aber über seine Rußland-Erfahrungen: Henri Guilbeaux, ›De Kremlin au Cherche-Midi‹, Paris: Gallimard 1933; ›Perspectives. Faits, documents, commentaires de notre temps. No 2 Le Sovietisme et le Plan quinquennal. No 3 Le Soviets et le Monde‹, Paris: Miguelot et E. Storz, éditeurs 1934.
22] *votre roman / Ihren Roman*: Rolland setzte die Arbeit an seinem Romanzyklus ›L'âme enchantée‹ (vgl. 25. 10. 1926 an Romain Rolland, Anm. 23) mit dem fünften und sechsten Band ›L'Annonciatrice‹ (Paris: Ollendorff 1933–1934) fort.
23] *le grand [!] œuvre sur l'Inde / das große Werk über Indien*: Romain Rolland, ›Essai sur la mystique et l'action de l'Inde vivante‹, 1. ›La vie de Renankrisha‹, Paris: Stock 1929; 2. ›La vie de Vinekammanda et l'évangile universel‹, Paris: Stock 1930.
24] *le Beethoven / den Beethoven*: Romain Rolland, ›Beethoven. Les grandes époques créatrices‹; vgl. 20. 5. 1927, Anm. 9.
25] *le Robespierre / den Robespierre*: Romain Rolland, ›Robespierre. Drame en trois actes et vingtquatre tableaux‹, Paris: Albin Michel 1939. (Die deutsche Übersetzung von Eva Schumann erschien erst 1950 bei Henschel und Sohn in Berlin.)
26] *l'immortelle aria de Mozart de Cherubino / die unsterbliche Arie von Mozarts Cherubino*: SZ hatte Wolfgang Amadeus Mozarts Entwurf der Arie des Cherubino aus seiner Komischen Oper ›Le Nozze die Figaro‹

(1786) erworben: »Non sò più cosa son, cosa faccio« – »Neue Freuden, neue Schmerzen« (1. Akt, Nr. 6).

An Eugen Relgis 8. 11. 1929 *256*
ms. Br. mit e. Korr., 3 S. – JNUL Jerusalem – Briefkopf: Signet SZ – Salzburg / Kapuzinerberg 5

1] *Ihre Schriften*: Vermutlich handelt es sich u. a. um Eugen Relgis Aufsatz ›Der Humanitarismus und die ‹Allgemeine Nährpflicht›‹ in Form des Manuskripts. Dies ist der einzige Text von Relgis, der nachweislich als Einzelpublikation ins Deutsche übertragen wurde; er wurde »nach dem rumänischen Manuskript übertragen von Norbert Falta« und erschien 1931 als Veröffentlichung des Wiener Vereins ›Allgemeine Nährpflicht‹ (Wien 3, Marxgasse 2).

An Sigmund Freud 6. 12. 1929 *258*
ms. Br., 3 S. mit e. Korr. – CUL Cambridge – Briefkopf: Signet SZ – Salzburg / Kapuzinerberg 5 – D: SZ, ›Briefwechsel mit Hermann Bahr, Sigmund Freud, Rainer Maria Rilke und Arthur Schnitzler‹, hrsg. v. Jeffrey B. Berlin, Hans-Ulrich Lindken u. Donald A. Prater (Frankfurt a. M.:) S. Fischer Verlag (1987), S. 183–186.

1] *Ihr gütiger Brief*: Freud hatte SZ am 4. 12. 1929 geschrieben und freundlich, aber bestimmt gefragt, wie er dazu käme, eine Empfehlung für ein von einem als »abnorm und unbrauchbar« anzusehenden Psychologen geschriebenes Buch über ihn zu geben.
2] *Herrn Maylan*: Charles Emil Maylan (1886–?), amerikanischer Psychologe.
3] *sein Buch*: Charles Emil Maylan, ›Freuds Tragischer Komplex. Eine Analyse der Psychoanalyse‹, München: Ernst Reinhardt Verlag 1929.
4] *mit einem Briefe*: Die Korrespondenz zwischen Charles Emil Maylan und SZ ist nicht erhalten.
5] *Mesmer*: Franz Anton Mesmer; vgl. 24. 9. 1929, Anm. 12. *259*
6] *Parallelen finden zu Ihrem eigenen Schicksal*: Freud wandte sich gegen seine Gleichsetzung mit Mesmer durch SZ. Am 7. 12. 1929 reagierte er darauf in einem Brief: »Nur ein Fürwort möchte ich zu Gunsten der Wiener offiz. Kreise vorbringen, das der Analogie mit Mesmer entgegen steht. Man hat sich einfach nicht um mich gekümmert und das war gut.« (SZ, ›Briefwechsel mit Hermann Bahr, Sigmund Freud, Rainer Maria Rilke und Arthur Schnitzler‹, a.a.O., S. 187.)

260 7] *des Buches*: SZ, ›Die Heilung durch den Geist‹; vgl. 18. 9. 1929 an Fritz Adolf Hünich, Anm. 13.
8] *Columbus*: Cristofero Colombo (1447–1506), genuesischer Seefahrer, landete auf einer »Indienreise« 1492 auf San Salvador.
9] *Mistress Eddy*: Mary Baker-Eddy; vgl. 18. 10. 1929, Anm. 13.
10] *Ihr verehrtes Frl. Tochter*: Anna Freud (1895–1982), Kinderpsychoanalytikerin.
11] *im psychoanalytischen Archiv arbeiten*: Freud bestätigte SZ in seinem Antwortbrief vom 7. 12. 1929, daß ihm die »im ›Archiv‹« gesammelten »›Schätze‹ von zeitgenössischen Äußerungen« zur Verfügung stehen würden.
12] *manches private Material*: Dazu äußerte sich Freud nicht.
13] *Analogie mit Mesmer*: Vgl. oben, Anm. 6.
261 14] *im März [. . .] ist Mesmer und die gute Mrs Eddy fertig*: Es wurde Juli 1929, bis diese beiden Aufsätze fertig waren und SZ mit dem über Freud beginnen konnte.

261 *An Maxim Gorki* 16. 12. 1929
ms. Br., 2 S. – A.M Gor'kowo, Moskwa – Briefkopf: Signet SZ – Salzburg / Kapuzinerberg 5 – D: Maxim Gorki-SZ, ›Briefwechsel‹, hrsg. v. Kurt Böttcher, Aus dem Russischen Übersetzung von Irmgard Neugebauer, Aus dem Französischen Übersetzung von Helga Hasselbach, Leipzig: Verlag Philipp Reclam jun. 1971, S. 68–69.

1] *im Januar [. . .] auf zwei Wochen nach Sorrent*: SZ und Friderike Zweig fuhren etwa am 10. Januar 1930 nach Neapel und von dort am 26. Januar nach Rom, wo sie bis zum 7. Februar blieben. – Der Bade- und Kurort Sorrent, wo Gorki seit 1925 lebte, liegt im südlichen Teil des Golfs von Neapel.
2] *Amalfi*: Bade- und Kurort südlich von Neapel im Golf von Salerno.
3] *Sie wiederzusehen*: SZ hatte Gorki, mit dem er seit 1923 in Korrespondenz stand, auf seiner Rußlandreise im September 1928 in Moskau persönlich kennengelernt (vgl. 3. 10. 1928, Anm. 12).
4] *die Bücher von Istrati*: Panaït Istrati (vgl. [10. 7. 1924], Anm. 13) war zunächst ein begeisterter Anhänger der bolschewistischen Revolution, wurde aber nach ausgedehnten Reisen in die Sowjetunion zu ihrem entschiedenen Gegner. Ein Buch über seine Erfahrungen und Beobachtungen in Rußland erschien 1929 u. d. T. ›Vers l'autre flamme. Après seize mois en U. R. S. S.‹ bei Editions Rieder in Paris. (Die deutsche Ausgabe brachte der Verlag R. Piper & Co. in München 1930 in der

Übersetzung von Karl Stransky u. d. T. ›Drei Bücher über Sowjet-Rußland. 1. Auf falscher Bahn‹ heraus; weitere Bände erschienen nicht.)
5] *die Art und Weise, mit der er Ihre Stellung mißversteht*: An Romain Rolland, der Istrati einmal den »rumänischen Gorki« genannt hatte, hatte SZ darüber bereits am 26. 11. 1929 geschrieben: »Das Buch von Istrati hat mich angewidert. Es ist nicht erlaubt, nach drei Monaten Aufenthalt die Welt mit lärmender und übertriebener Begeisterung für Rußland zu erfüllen und ein Jahr später dieselben Leute als den letzten Abhub der Welt zu verklagen. Und die niederträchtigen Angriffe auf Gorki, der die Idee zu schonen bemüht sei und ihr nicht schaden wolle, indem er die Männer bekämpft, die (unglücklicherweise) die Zügel in der Hand halten, weil die ganze Maschine darunter leiden könnte. Welch unsympathischer Akzent von Marktschreierei, welche Überdosis ohne alle Vertiefung.« (Romain Rolland-SZ, ›Briefwechsel 1910–1940. Zweiter Band 1924–1940‹, a.a.O., S. 342–343.)
6] *Ich kenne Istrati ein wenig*: SZ hatte Panaït Istrati vermutlich im Februar 1924 kurz kennengelernt. *262*

An Hermann Bahr 21. 12. 1929 *263*
ms. Br., 2 S. mit e. Korr. – OTM Wien – Briefkopf: Signet SZ – Salzburg / Kapuzinerberg 5 – D: SZ, ›Briefwechsel mit Hermann Bahr, Sigmund Freud, Rainer Maria Rilke und Arthur Schnitzler‹, hrsg. v. Jeffrey B. Berlin, Hans-Ulrich Lindken u. Donald A. Prater (Frankfurt a. M.:) S. Fischer Verlag (1987), S. 107–109.

1] *Ein Roman von Ihnen*: Hermann Bahr, ›Österreich in Ewigkeit‹; vgl. 30. 9. 1929, Anm. 14.
2] *von der Bühne zu hören*: Bahr hat seinen Roman ›Österreich in Ewigkeit‹ nicht dramatisiert.
3] *Uldus*: Die Fürstin Uldus ist eine Gestalt, die bereits in Bahrs Roman ›Die Rahl‹ (1908) erscheint, der ebenfalls zum Zyklus gehört.
4] *Auguste Wilbrandt-Baudius*: (1844–1937), deutsche Schauspielerin, die SZ sehr schätzte.
5] *mein schlichtes Wörtlein zu Ihrem Werk*: SZ hat keine Rezension des Romans geschrieben. *264*

264 *An Fritz Adolf Hünich* 23. 12. 1929
ms. Br., 1 S. – StWK Weimar – Briefkopf: Signet SZ – Salzburg / Kapuzinerberg 5

1] *das Buch von Friedenthal*: Richard Friedenthal, ›Der Eroberer. Ein Cortes-Roman‹; vgl. 16. 8. 1929, Anm. 16.
2] *Benjamin H u e b s c h*: Vgl. 29. 10. 1927 an Ben Huebsch, Anm. 1.

265 *An Maxim Gorki* [11. oder 12. 1. 1930]
e. Briefkarte – A. M. Gor'kowa, Moskwa – Briefkopf: Parker's Hotel. / 135, Corso Vittorio Emanuele / Naples, 81. / J. J. Loeliger – D in deutscher Übersetzung: Maxim Gorki – SZ, ›Briefwechsel‹, hrsg. v. Kurt Böttcher, Aus dem Russischen Übersetzung von Irmgard Neugebauer, Aus dem Französischen Übersetzung von Helga Hasselbach, Leipzig: Verlag Philipp Reclam jun. 1971, S. 29–30; SZ, ›Briefe an Freunde‹, hrsg. v. Richard Friedenthal (Frankfurt a. M.:) S. Fischer 1978, S. 71.

Übersetzung
Teurer und großer Maxim Gorki, ich bin für zehn Tage oder zwei Wochen in Neapel im Parker Hotel, und ich werde mit Freude an dem Tag kommen, den Sie mir angeben, ohne Ihnen mehr als eine Stunde Ihrer kostbaren Zeit zu stehlen. Aber erlauben Sie, daß meine Frau mich begleitet, die Sie brennend gerne treffen möchte. Wählen Sie ganz nach Ihrem Belieben die Stunde und den Tag, die Ihnen zusagen, und opfern Sie nicht Ihrer Freundlichkeit das Recht, das Ihre Arbeit fordert.
Ihr treu ergebener Stefan Zweig

1] *à Naples / in Neapel*: Vgl. 16. 12. 1929, Anm. 1.
2] *le jour / an dem Tag*: Gorki und seine Lebensgefährtin Maria Ignatiewna Sarewakaja Baronin Budberg kamen am 19. Januar nach Neapel in Parker's Hotel; SZ und Friderike Maria Zweig besuchten das Paar am 25. Januar in Sorrent.

An Joseph Gregor [24. 1. 1930] 265
e. Br., 4 S. – OTM Wien – Briefkopf: (Discobolus) / Parker's Hotel / Naples – D: SZ-Joseph Gregor, ›Correspondence 1921–1938‹, Edited by Kenneth Birkin, Dunedin: Departement of German, University of Otago 1991, S. 86–88.

1] *Joseph Gregor*: Vgl. 16. 3. 1922, Anm. 5.
2] *Rom*: Vgl. 16. 12. 1929, Anm. 1. – Das Wort »Rom« ist im Original zweimal unterstrichen.
3] *wenn Sie tatsächlich candidieren*: Nach dem Rücktritt von Franz Herterich (vgl. [vor 10. März 1924], Anm. 8) als Direktor des Burgtheaters bewarb sich auch Gregor um diese Position. Statt seiner wurde es für die Jahre 1930/31 Anton Wildgans (1881–1932).
4] *niemanden*: Im Original zweimal unterstrichen.
5] *Buschbeck*: Erhard Buschbeck; vgl. [vor 10. März 1924], Anm. 1.
6] *unhaltbar*: Im Original zweimal unterstrichen.
7] *energisch*: Im Original zweimal unterstrichen.
8] *wie*: Im Original zweimal unterstrichen.
9] *Schanze*: Früher im militärischen Sprachgebrauch ein als Verteidigungsanlage aufgeworfener Erdwall für einen Stützpunkt.
10] *was Sie mir sagen*: Gregor hatte SZ am 22. 1. 1930 von seiner Bewerbung um die Direktion des Burgtheaters informiert und ihm geschrieben: »Wenn Sie, verehrter Freund, den Wunsch und eine Möglichkeit haben die Sache zu fördern, so stelle ich es Ihnen anheim und wollte Sie wie jedesmal von der Sachlage verständigen. [...] Um etwas Bestimmtes Sie darin zu bitten, fehlt mir der Anhaltspunkt. Gewiß wäre es mir angenehm, wenn die Neue Freie Presse mich gut behandeln würde.« (SZ-Joseph Gregor, ›Correspondence 1921–1938‹ a.a.O., S. 84–85.)
11] *Bei der N[euen] F[reien] P[resse] ist mein Einfluß dahin*: Was zu SZs verschlechtertem Verhältnis zur Neuen Freien Presse in Wien geführt hat, wurde nicht ermittelt.
12] *[»]Fouché«*: SZ, ›Joseph Fouché‹; vgl. 2. 5. 1928, Anm. 11. 266
13] *in den Literaturteil*: Richard Spechts Besprechung ›Bildnis eines Politikers. Stefan Zweig: ‹Joseph Fouché›‹ erschien in der Neuen Freien Presse in Wien am 20. 10. 1929 auf den Seiten 30–31.
14] *Ihre Candidatur*: Vgl. oben, Anm. 1.
15] *Berlin*: Vermutlich meint SZ damit Max Reinhardt; vgl. 14. 1. 1920, Anm. 10.
16] *E. H. [!] Jacob*: Heinrich Eduard Jacob; vgl. [Ende September 1928], Anm. 1.
17] *Fontana*: Oskar Maurus Fontana; vgl. [nach 25. Dezember 1926], Anm. 1.

18] *Schreyvogel*: Friedrich Schreyvogel (1899–1976), lehrte nach dem Studium der Staatswissenschaften in Wien als Professor an der Akademie der Musik und darstellenden Kunst.
19] *Seipel*: Ignaz Seipel (1876–1932), katholischer Priester, seit 1921 Prälat; österreichischer Politiker, 1922–1924 und 1926–1929 Bundeskanzler, gehörte dem Kabinett Karl Vaugoin (1873–1949) 1930 als Außenminister an.
20] *Mell*: Max Mell (1882–1971), österreichischer Lyriker und Dramatiker.
21] *Wildgans*: Anton Wildgans; vgl. oben, Anm. 3.
22] *Lothar*: Ernst Lothar (urspr. Ernst Lothar Müller, 1890–1974) wurde 1935 Direktor des Theaters in der Josefstadt.
23] *Kindermann*: Heinz Kindermann (1894–1985), Theater- und Literaturwissenschaftler.
24] *Schneiderhan*: Franz Schneiderhan (1863–1938), 1926–1933 Generaldirektor der österreichischen Bundestheater.
25] *Entscheidung bis Ende Februar, Anfang März*: Die Entscheidung zugunsten von Anton Wildgans (vgl. oben, Anm. 3) fiel offensichtlich am 18. Februar 1930.
26] *zu Gorki nach Sorrent*: Vgl. [11. oder 12. 1. 1930], Anm. 2.
27] *nicht*: Im Original zweimal unterstrichen.
28] *alles*: Im Original zweimal unterstrichen.

267 *An Lavinia Mazzucchetti* 26. 1. 1930
e. Br., 2 S. – JNUL Jerusalem – Briefkopf: Hotelsignet (Discobolus) / Parker's Hotel / Naples (Durchgestrichen)

Übersetzung
Sehr verehrtes Fräulein Professor, nur ein rasches Wort! Ihr Brief mit dem Vorschlag zu Fouché hat mich in Rom erreicht – aber erst zu spät! Ich hoffe trotzdem, die Freude zu haben, Sie als Übersetzerin zu bekommen, da ich weiß, daß Sie für den Verlag Mondadori schon andere Bücher übersetzt haben, aber inzwischen habe ich für den Fouché schon einen Vorschlag dieses Hauses angenommen. Sehr willkommen waren mir Ihre Hinweise und Ratschläge, ich denke, daß sie mir noch für die Novellenbände oder für etwas anderes hilfreich sein werden, aber vielleicht wäre das Haus Mondadori doch für die Gattung des Fouché passend gewesen. Es tut mir sehr leid, daß Ihr Brief zu spät eingetroffen ist, aber vielleicht werde ich ein andermal Gelegenheit haben, mit dem so geschätzten Haus von Treves in Beziehung zu treten, und bitte Sie, der Direktion zu sagen, daß ich sehr

froh sein werde, ihr ein andermal eines meiner Bücher anbieten zu können.
Diese Worte in Eile: aber ich hoffe, nach Mailand zu kommen, bevor ich Ihre wunderschöne Heimat verlasse.
Mit vielen Grüßen Ihr ergebenster   Stefan Zweig

1] *Lavinia Mazzucchetti*: (1889–1965), italienische Essayistin, Kritikerin; Übersetzerin besonders der Werke von Thomas Mann und SZ. – Lavinia Mazzucchetti hatte sich SZ Ende Oktober 1929 in einem Brief als Übersetzerin angeboten; er dankte ihr, weil sie ihm damit Gelegenheit gab, eine mißliche Angelegenheit bzgl. der italienischen Ausgaben seiner Bücher zu bereinigen: SZ hatte dem Verlag Optima »vor Jahren« die »Autorisation für meine Arbeiten gegeben, ohne einen Termin zu stipulieren«; bisher war dort kein Buch von ihm erschienen, obwohl zwei Bücher bereits übersetzt waren. »So glaube ich wirklich, ziemlich frei zu sein, und ich würde Ihnen mit Vergnügen einen der Bände überlassen und ich bin sicher, daß wir zu einer leichten Einigung kommen«, antwortete SZ am 2. 12. 1929 Lavinia Mazzucchetti. Daraufhin wandte sie sich mit einem entsprechenden Vorschlag an den Verlag Arnoldo Mondadori in Mailand, für den sie bereits mehrere Bücher übersetzt hatte; dort stimmte man zu; sie informierte SZ und bat ihn um einen – diesen – entsprechenden Brief in italienischer Sprache, den sie bei Mondadori vorlegen konnte. (SZ korrespondierte mit seinen italienischen Freunden zumeist auf deutsch, denn: »ich achte Ihre Sprache zu sehr, um sie durch grammatikalische Schnitzer zu verunstalten« [An Lavinia Mazzucchetti, 2. 12. 1929].)
2] *La Sua lettera / Ihr Brief*: Nicht erhalten.
3] *con la proposta per Fouché / mit dem Vorschlag zu Fouché*: SZ, ›Fouché‹, Tr. Lavinia Mazzucchetti, Milano/Verona: Arnoldo Mondadori Editore 1930.
4] *una proposta di questa casa / einen Vorschlag dieses Hauses*: SZ meint einen Vorschlag der Casa Optima (vgl. oben, Anm. 1), die ihm Prof. Orestano (Rom) als Übersetzer seines ›Joseph Fouché‹ empfohlen hatte; SZ hatte sich inzwischen vertraglich mit ihm geeinigt. Am 15. 7. 1930 konnte er Lavinia Mazzucchetti aber mitteilen, daß er sich von Prof. Orestano »freigekauft« habe.
5] *la casa [. . .] di Treves / dem [. . .] Haus von Treves*: In dem angesehenen Mailänder Verlag von Guido Treves (1882–1932) erschien u. a. die ›Enciclopedia Italiana‹. Der Zusammenhang wurde nicht ermittelt.
6] *venire a Milano / nach Mailand zu kommen*: SZ und Friderike Zweig fuhren am 7. Februar 1930 über Mailand nach Salzburg zurück.

267 *An Unbekannt* 18. 2. 1930
ms. Br., 2 S. mit e. Korr. – DLA Marbach/N. – Briefkopf: Signet SZ – Salzburg / Kapuzinerberg 5

1] *der Tonfilm*: Die Erfindung des Tonfilms 1927 hatte einen tiefen Einschnitt nicht nur in das Filmschaffen bewirkt; man meinte, damit Dramen, Opern und Operetten, also das Theater kopieren zu können. Die freie Entwicklung des Tonfilms wurde in Deutschland wie in Italien und Spanien durch die Diktaturen behindert, seine Technik zu nationalsozialistischer bzw. faschistischer Propaganda und zu Tendenzfilmen genutzt.

269 *An Unbekannt* [18. 4.] 1930
e. Briefkarte, 2 S. – Privat – Briefkopf: Signet SZ – Salzburg / Kapuzinerberg 5

1] *die alte Unrast nach Reisen*: Schon im November 1904 hatte SZ sich in einem Brief an Hermann Hesse dazu bekannt: »Und das Reisen? Haben Sie es verlernt? Ich nicht, wahrhaftig nicht, ich habe so eine Unrast überallhin zu fahren, alles zu sehen und zu genießen, habe Angst vor dem Alter, daß ich dies – meinen liebsten Besitz – einmal verlieren könnte in Mattigkeit und Taubheit.« (Vgl. Donald Prater, ›Stefan Zweig and Hermann Hesse‹, in: Modern Austrian Literature. Journal of the International Arthur Schnitzler Research Association (Riverside), vol. 14, nos. 3/4, 1981 (= Special Stefan Zweig Issue), p. 34.)

270 *An Otto Heuschele* 7. 5. 1930
ms. Br., 4 S. – DLA Marbach/N. – Briefkopf: Signet SZ – Salzburg / Kapuzinerberg 5 – D: SZ, ›Briefe an Freunde‹, hrsg. v. Richard Friedenthal (Frankfurt a. M.:) S. Fischer 1978, S. 204–206.

1] *Ihr guter Brief*: Nicht erhalten.
2] *Wildgans*: Anton Wildgans; vgl. [24. 1. 1930], Anm. 3.
3] *Felix Braun*: Vgl. 14. 1. 1920, Anm. 21. – Braun wirkte von 1928 bis 1937 an der Universität Palermo.
4] *ein Buch [. . .] der Erika Mitterer*: (Vgl. 22. 2. 1929, Anm. 14), ›Dank des Lebens. Gedichte‹, Frankfurt a. M.: Rütten & Loening 1930.
271 5] *Walter Bauer*: (1904–1976); 1929–1939 Lehrer in Halle/Saale; 1952 ausgewandert nach Kanada; Lektor an der Universität Toronto.

6] *»Kameraden, Euch rufe ich!«*: Walter Bauer, ›Kameraden, zu euch spreche ich. [Dichtungen]‹, Dresden: Kaden & Comp. (1929).
7] *»Das Leuner-Werk« [!]*: Walter Bauer, ›Stimmen aus dem Leunawerk. Gedichte und Prosa‹, Berlin: Malik-Verlag 1930.
8] *mein Stück*: SZ, ›Das Lamm des Armen‹; vgl. 22. 2. 1929, Anm. 7.
9] *Mesmer*: Franz Anton Mesmer; vgl. 24. 9. 1929, Anm. 12.
10] *Eddy*: Mary Baker-Eddy; vgl. 18. 10. 1929, Anm. 13.
11] *Freud*: Sigmund Freud; vgl. 3. 11. 1920, Anm. 1.
12] *gemeinsam ein neues Buch*: SZ, ›Die Heilung durch den Geist‹; vgl. 18. 9. 1929 an Fritz Adolf Hünich, Anm. 13.
13] *einen kleinen Roman*: SZ, ›Rausch der Verwandlung‹; vgl. 21. 11. 1927, Anm. 8.
14] *Ihre Arbeit über die Günderode*: Otto Heuschele, ›Karoline von 272
Günderode [1780–1806]‹, (Halle, Burg Giebichenstein:) Werkstätten der Stadt Halle 1932.
15] *Rahel*: Rahel Varnhagen von Ense, geb. Levin (1771–1833).
16] *Bettina*: Bettina (eigtl. Elisabeth) von Arnim, geb. Brentano (1785–1859).
17] *Droste*: Annette von Droste-Hülshoff (1797–1848).
18] *bis zu den Festspielen*: Die Salzburger Festspiele fanden im Jahr 1930 vom 1. bis zum 31. August statt.
19] *der Weg von der Schweiz*: Heuschele plante offensichtlich eine Reise dorthin.
20] *Wengen*: Im Berner Oberland.
21] *Faesi*: Robert Faesi (1883–1972), Schweizer Literaturhistoriker, seit 1911 Privatdozent; Erzähler, Essayist; Leiter des Lesezirkels Hottingen. SZ hatte ihn 1917 durch eine Einladung zu einem Vortrag kennengelernt.

An Erhard Buschbeck 14. 6. 1930 273
ms. Br., 1 S. mit e. Korr. – ÖNB Wien – Briefkopf: Signet SZ – Salzburg / Kapuzinerberg 5

1] *mit Ausschaltung des Lämmerfleisches*: Anspielung auf SZs Tragikomödie ›Das Lamm des Armen‹ (vgl. 22. 2. 1929, Anm. 7), die vom Wiener Burgtheater nach der Uraufführung in Breslau (vgl. 18. 9. 1929 an Fritz Adolf Hünich, Anm. 6) am 12. April 1930 in seinen Spielplan aufgenommen worden war. Bis zum 2. Juni 1930 war es dort in insgesamt 17 Aufführungen gegeben worden.
2] *Balser*: Ewald Balser; vgl. 18. 9. 1929 an Fritz Adolf Hünich, Anm. 8.

273 *An Hermann Struck* 18. 6. 1930
ms. Br., 2 S. – Privat – Briefkopf: Signet SZ – Salzburg / Kapuzinerberg 5 – D: SZ, ›Briefe an Freunde‹, hrsg. v. Richard Friedenthal (Frankfurt a. M.:) S. Fischer 1978, S. 207–208.

1] *Hermann Struck*: (1876–1944), Maler, Graphiker, Kunstschriftsteller; war in den zwanziger Jahren als Zionist nach Palästina ausgewandert.
2] *seit Anfang der zionistischen Bewegung eines gewissen Mißtrauens mich nicht erwehren*: Vgl. 22. 7. 1920, Anm. 5.
274 3] *Ihr Hinweis*: Struck war bei der Lektüre von SZs Legende ›Rahel rechtet mit Gott‹ (vgl. 27. 2. 1926, Anm. 8) – vermutlich im ›Insel-Almanach auf das Jahr 1929‹, Leipzig: Insel-Verlag 1928, S. 112–131 – auf einen »Fehler« gestoßen: Laban habe Jakob Rahel erst nach sieben Jahren (statt nach sieben Tagen) zur Frau gegeben! SZ ließ sich irritieren und änderte den Text für spätere Ausgaben entsprechend; erst 1990 wurde die Korrektur bei der Edition der Legenden innerhalb der Gesammelten Werke in Einzelbänden der Bibel entsprechend rückgängig gemacht. (Vgl. SZ, ›Rahel rechtet mit Gott‹, GWE 1990, S. 69 u. 205–206.)
4] *nach Palästina*: SZ kam zu keinem Zeitpunkt nach Palästina.

274 *An Victor Fleischer* 7. 7. 1930
ms. Br., 3 S. mit e. Korr. – DLA Marbach/N. – Briefkopf: Signet SZ – Salzburg / Kapuzinerberg 5

1] *Dein Brief*: Nicht erhalten.
2] *Berlin*: SZ war zu Verhandlungen über eine Aufführung seiner Tragikomödie ›Das Lamm des Armen‹ (vgl. 22. 2. 1929, Anm. 7) vom 10. bis zum 12. März 1930 in Berlin gewesen und von dort zu den Aufführungen nach Hannover und Leipzig weitergefahren.
3] *Camill*: Vgl. [20. 11. 1921], Anm. 10.
275 4] *familiäre Schwerfälligkeit*: Vgl. SZs Brief an Victor Fleischer vom [2. 2. 1925].
5] *nie*: Im Original zweimal unterstrichen.
6] *Bagno*: Früher in Italien und Frankreich Straflager.
276 7] *des Buches von Gundolf*: Friedrich Gundolf (vgl. [11. 10. 1922], Anm. 23), ›Romantiker. Fünf Aufsätze‹, Berlin: H. Keller 1930.
8] *Adler*: Von dem Juristen, Schriftsteller und Übersetzer Paul Adler (1878–1946), vermutlich einem gemeinsamen Bekannten von SZ und Fleischer, hatte die Frankfurter Verlags-Anstalt 1925 lediglich das ›Sachwörterbuch zur japanischen Literatur‹ herausgebracht. Was SZ mit seiner Bemerkung meint, konnte nicht ermittelt werden.

9] *Fritzi in der Schweiz mit ihrer Tochter*: Friderike Maria Zweig machte im Juli 1930 mit ihrer Tochter Suse v. Winternitz (vgl. 14. 1. 1920, Anm. 21) zunächst Urlaub in Zermatt und anschließend im Waldhaus Flims in Graubünden.
10] *im August fort muß*: SZ blieb während der Festspiele nicht in Salzburg (vgl. 7. 5. 1930, Anm. 18).
11] *das große Essaybuch*: SZ, ›Die Heilung durch den Geist‹; vgl. 18. 9. 1929 an Fritz Adolf Hünich, Anm. 13.
12] *in welche Windrichtung mich der August wirft*: SZ mietete sich für diesen Monat eine Wohnung in Hamburg, Alsterglacis 10, parterre, bei Jaffé.
13] *Deine Frau*: Leontine Sagan; vgl. [27. 1. 1920] an Victor Fleischer, Anm. 22.
14] *in Wien noch gesehen*: SZ war am 12. April 1930 zur Premiere seiner Tragikomödie ›Das Lamm des Armen‹ in Wien gewesen. Leontine Sagans Gastspiel in Wien wurde nicht ermittelt.

An Romain Rolland 9. 7. 1930 *277*
e. Briefkarte, 2 S. – BN Paris – Briefkopf: Signet SZ – Salzburg / Kapuzinerberg 5 – D in deutscher Übersetzung: Romain Rolland-SZ, ›Briefwechsel 1910–1940. Zweiter Band 1924–1940‹, Aus dem Französischen von Eva und Gerhard Schewe (Briefe Rollands) und Christel Gersch (Briefe Zweigs), Berlin: Rütten & Loening 1987, S. 384–385.

Übersetzung
Mein teurer Freund, ich antworte Ihnen unverzüglich. Glauben Sie nicht, daß mich die Bedürfnisse eines Menschen und Kameraden wie Guilbeaux ungerührt lassen. Ich schickte ihm vor einigen Monaten 400 Mark, ich habe ihm für Ihre Manuskripte 300 Mark verschafft, um sie vor einem öffentlichen Verkauf zu bewahren, ich habe ihm vor acht Tagen 200 Mark gesendet. Aber natürlich kann ich sein Leben nicht alleine retten. Ich habe ein reines Gewissen: letztes Jahr habe ich 10 000 Mark für bedürftige Freunde gegeben, dieses Jahr sind es im Juli schon über 6000. Das Elend ist riesig, vor allem in meiner Generation und bei denen, die auf die Sechzig zugehen. Keiner kauft mehr ihre Bücher, sie haben Frau (im allgemeinen zwei) und Kinder. Natürlich verringert sich der Anteil jedes einzelnen im Verhältnis ihrer Anzahl. Ich schreibe das nur Ihnen, um Ihnen zu zeigen, daß ich für meine Person schon um die 1000 Schweizer Franken für Guilbeaux gegeben habe. Das jüdische Gesetz fordert 10 % des Einkommens für die Armen – ich kann von mir sagen, daß ich den im Alten Testament abverlangten Prozentsatz wohl überschreite, denn ich gebe mehr als 10 %. Sie vergessen alle, daß man

nur geben kann, weil man selbst das Leben eines kleinen Angestellten lebt: ich bin, glaube ich, der letzte Schriftsteller Deutschlands, der noch nicht sein eigenes Auto besitzt, und der nicht in diese Luxuskästen reist. Und wenn Sie einen Lebenswandel wie die meisten unter ihnen hätten, dann bliebe für die Notleidenden nichts mehr übrig.

Guilbeaux' Fall ist außerordentlich schwierig, weil seine Schaffenskraft anscheinend nachläßt. Er war nie sehr stark als Schriftsteller und erzählt normalerweise kleine Anekdoten, anstatt breite Ausblicke zu vermitteln. Ein Mann, der die Jahre unter Lenin in Russland gelebt hat, müßte große Dinge zu sagen haben. Ich werde mein möglichstes versuchen, um seine Autobiographie unterzubringen, denn eine Anstellung – Deutschland hat zweieinhalb Millionen Arbeitslose, Österreich 200 000!! Jeden Tag wird ein anderer alter Freund vor die Tür gesetzt. Aber ich kümmere mich selbstverständlich um ihn – nur sind die einigen tausend Mark, die er zu benötigen scheint, unmöglich aufzutreiben. Ihr getreuer

Stefan Zweig

1] *je vous réponds immédiatement / ich antworte Ihnen unverzüglich*: Rolland hatte SZ am 8. 7. 1930 geschrieben.
2] *Guilbeaux*: Henri Guilbeaux (vgl. 18. 10. 1929, Anm. 20) hatte sich an Rolland gewandt und ihn gebeten, sich für ihn bei SZ wegen einer finanziellen Unterstützung einzusetzen.
3] *qui ne possède pas encore son auto / der noch nicht sein eigenes Auto besitzt*: SZ hat nie ein Auto besessen, und er wollte es auch nicht.
4] *Lenin[e]*: Vgl. 21. 9. 1928, Anm. 9.
5] *pour placer sa [!] autobiografie [!] / um seine Autobiographie unterzubringen*: Henri Guilbeaux, ›De Kremlin au Cherche-Midi‹; vgl. 18. 10. 1929, Anm. 21. – Cherche-Midi war das Pariser Militärgefängnis, benannt nach der Straße, in der es lag.

278 *An Maxim Gorki* 12. 8. 1930
ms. Br., 2 S. – A. M. Gor'kowo, Moskwa – D: Maxim Gorki – SZ, ›Briefwechsel‹, hrsg. v. Kurt Böttcher, Aus dem Russischen Übersetzung von Irmgard Neugebauer, Aus dem Französischen Übersetzung von Helga Hasselbach, Leipzig: Verlag Philipp Reclam jun. 1971, S. 29–30; SZ, ›Briefe an Freunde‹, hrsg. v. Richard Friedenthal (Frankfurt a. M.:) S. Fischer 1978, S. 208–210.

1] *Hamburg*: Vgl. 7. 7. 1930, Anm. 12.
2] *durch ein Erdbeben*: Am 22. Juli 1930 hatte ein Erdbeben in der Um-

gebung von Neapel 3000 Tote und 6000 Verletzte gefordert. Das Epizentrum hatte bei Monte Vulture gelegen.
3] *auf Urlaub*: Vgl. 7. 7. 1930, Anm. 12.
4] *einen Großteil meiner Arbeit*: SZ schrieb zu dieser Zeit an seinem Freud-Essay für den Band ›Die Heilung durch den Geist‹; vgl. 18. 9. 1929 an Fritz Adolf Hünich, Anm. 13.
5] *Wladimir Lidin*: (1894–1979), russischer Schriftsteller.
6] *ein Wirtschaftsplan*: Vgl. 21. 9. 1928, Anm. 9.
7] *wieder einmal nach Rußland zu reisen*: Vgl. 3. 10. 1928, Anm. 12. *279*
8] *Ihres großen Epos*: Maxim Gorki, ›Das Leben des Klim Samgin. Roman‹, (Aus dem russischen Manuskript von Rudolf Selke), Berlin: Sieben Stäbe-Verlag(s- u. Druckgesellschaft [1929]) = Bücher der Epoche. Sonderband. Diese Ausgabe umfaßte die Bücher 1–3, das Buch 4 erschien in der Übersetzung von Hans Ruoff erst 1957 im Aufbau-Verlag in Berlin.
9] *wieder nach Neapel oder Sorrent*: SZ, der Gorki im Januar 1930 dort besucht hatte, fuhr in diesem Winter nicht wieder nach Italien.
10] *auf die Balearen*: Am 13. Januar 1931 fuhren SZ und Friderike Maria Zweig über Paris und Barcelona nach Palma de Mallorca, reisten aber nach kurzem Aufenthalt von dort nach Cap Antibes in Südfrankreich, um ihren Urlaub dort zu verbringen.
11] *ein größeres psychologisches Buch*: SZ, ›Die Heilung durch den Geist‹, vgl. 18. 9. 1929 an Fritz Adolf Hünich, Anm. 13.
12] *einen kleinen Roman*: SZ, ›Rausch der Verwandlung‹; vgl. 21. 11. 1927, Anm. 8.
13] *Rolland*: Romain Rolland hatte Gorki bereits 1920 als einen seiner wichtigsten Briefpartner bezeichnet.

An Ben Huebsch 22. 9. 1930 *280*
ms. Br., 2 S. – DLC Washington, DC – Briefkopf: Signet SZ – Salzburg / Kapuzinerberg 5

1] *über das Meer entschwommen*: Huebsch kam jedes Jahr nach Europa, um mit Verlagen über Lizenzen zu verhandeln.
2] *Bermanns »Mahdi«*: Richard Arnold Bermann (vgl. 5.9.[1929], Anm. 4) veröffentlichte 1931 unter dem Pseudonym Arnold Höllriegel sein Buch ›Die Derwischtrommel. Das Leben des erwarteten Mahdi‹ beim Volksverband der Bücherfreunde in Berlin in der Allgemeinen Jahresreihe für die Mitglieder des Verbandes als Bd. 12.4.
3] *Andreas Thom »Vorlenz und Brigitte«*: Andreas Thom (eigtl. Rudolf Csmarich, 1884–1943), ›Vorlenz, der Urlauber auf Lebenszeit und Bri-

gitte, die Frau mit dem schweren Herzen. Roman‹, Wien: Paul Zsolnay 1930.
4] *Finks »Mich hungert«*: Georg Fink (eigtl. Kurt Münzer, 1879–1944), ›Mich hungert. Roman‹, Berlin: Bruno Cassirer 1930.
5] *Feuchtwangers Roman*: Lion Feuchtwanger (1884–1958), ›Erfolg. Geschichte einer Provinz. Roman‹, 2 Bde., Berlin: Gustav Kiepenheuer 1930.
6] *an meinem Buche*: SZ, ›Die Heilung durch den Geist‹; vgl. 18.9. 1929 an Fritz Adolf Hünich, Anm. 13.
7] *des Mesmer*: Vgl. 24.9. 1929, Anm. 12.
8] *der Freud*: Vgl. 6. 12. 1929, Anm. 14.
9] *in einer Zeitschrift drüben*: SZ, ›Sigmund Freud‹, [Tr. Willhard R. Trask], This Quarter, Paris, vol. 3, no. 3 (Januar/März 1931), S. 416–423. – SZ, ›The Hypnotic Mesmer‹, The Reader's Digest, Pleasantville (New York), vol. 21, no. 125 (September 1932), S. 36–39. – SZ, ›Mesmerism Minus Mesmer‹, Hygeia, Chicago, vol. 10, no. 2 (Februar 1932), S. 130–134.
10] *Leipzig und Oslo [. . .] »Das Lamm des Armen«*: Einzelheiten über Aufführungen der Tragikomödie in diesen Städten wurden nicht ermittelt.
11] *jenen kleinen Roman*: SZ, ›Rausch der Verwandlung‹; vgl. 21. 11. 1927, Anm. 8.
12] *Ihre Frau*: Afhild Huebsch, geb. Lamm.

291 *An Romain Rolland* 1. 10. 1930
e. Br., 2 S. – BN Paris – Briefkopf: Signet SZ – VIII. Kochgasse / Wien, (Durchgestrichen) – D in deutscher Übersetzung: Romain Rolland-SZ, ›Briefwechsel 1910–1940. Zweiter Band 1924–1940‹, Aus dem Französischen von Eva und Gerhard Schewe (Briefe Rollands) und Christel Gersch (Briefe Zweigs), Berlin: Rütten & Loening 1987, S. 393–394.

Übersetzung
Mein teurer Freund, seit langem ist mir daran gelegen, Ihnen zu schreiben, aber die Zeiten sind so aufregend. Ich beobachte mit stetig wachsender Angst das schreckliche Anschwellen der Kriegsleidenschaft, die Europa überschwemmt. Finnland, Polen, Ungarn, Spanien, Italien, Jugoslawien, die Hälfte hat die Diktatur bereits akzeptiert, der Rest wird folgen, morgen Deutschland, übermorgen Österreich: wir stehen schon vor dem Feind. Und charakteristischer ist noch: wo sind die Ex-

nationalisten von 1914 und die Vorsänger der pazifistischen Vereinigung zwischen Frankreich und Deutschland von 1920, wo sind sie? Ich höre nichts mehr von ihren Banketten und ihren Reden! Spürnasen im Wind, sie beginnen, sich die Köpfe zu bedecken, um sich nicht zu erkälten. Man macht keine Geschäfte mehr mit dem Pazifismus – machen wir also den anderen Laden wieder auf, den von 1914! Wir werden bald wieder unter uns sein, teurer Freund, man wird uns bald Platz machen.

Ich will nicht nach Gründen für diese Veränderung suchen. Sicherlich trägt Frankreich einen großen Schuldanteil, weil es die notwendige Revision verweigert. Und wirklich kann ein Land mit 3 Millionen Arbeitslosen nicht solche Summen zahlen. Aber die Welle hat tiefere Schichten im Unbewußten. Europa ist es, das sich umbringen will: es hat es 1914 nicht ganz fertiggebracht. Jetzt erneuert es die schöne Bemühung. Sie haben das als erster gespürt, sie haben bemerkt, daß die Sonne zur gleichen Zeit, da sie bei uns untergeht, in der anderen Erdhälfte aufgeht. Aber ach, ich glaube nicht mehr an die Vernunft, oder vielmehr an ihre direkte und plötzliche Auswirkung. Und ich finde, daß der gute Freud weiser war, als man annahm.

Übrigens arbeite ich auf diesem Gebiet. Die beiden anderen Essays sind fertig, ich bereite das dritte vor. Dann will ich einen kleinen Roman schreiben. Genug Essays und Psychologie. Erfinden, schaffen, »schaffen solange es Tag ist« wie der gute Goethe sagte.

Ich begrüßte und bedaure gleichzeitig, daß Sie nicht diese Musikgeschichte in Porträts schreiben. Sie hätte Tausende oder gar Millionen für die Liebe zu dieser Kunst gewonnen, die uns hinwegtröstet über all die täglichen Dummheiten unserer lieben Brüder in menschlicher Hülle, und so wenig Brüder im Geiste! Aber ich weiß Sie bei guter Arbeit.

Ich habe großes Verlangen, Sie wiederzusehen. Ich glaube, ich werde eigens im Winter in die Schweiz kommen, um Sie zu treffen. Ich kündige mich vorher an. Und im Januar, Februar, März werde ich mich vielleicht bis zu den Balearen verpflanzen, um mich endlich von Europa abzusondern und mein Buch zu schreiben.

Ihr getreuer

Stefan Zweig

1] *Finlande / Finnland*: In Finnland, das seit 1155 durch die Jahrhunderte von Schweden geprägt war (bis 1862 war Schwedisch die offizielle Amtssprache in Finnland), entwickelte sich in den zwanziger Jahren ein starker finnischer Nationalismus, der den schwedischen immer mehr zurückdrängte.

2] *Pologne / Polen*: Wirtschaftliche Schwierigkeiten und Koalitionskrisen hatten die polnische Regierung 1925/26 so geschwächt, daß Marschall Józef Pilsudski (vgl. 22. 7. 1920, Anm. 14, und 3. 10. 1928, Anm. 27) als Generalinspekteur den Staatsstreich wagen konnte, ohne das Parlament oder die Verfassung aufzulösen. Er verzichtete zwar auf das Amt des Staatspräsidenten, wurde aber dennoch zur politisch entscheidenden Autorität. Als sich 1929 im Parlament, dem Sejm, die Linke zu einem Block zusammenschloß, veranlaßte Pilsudski als Ministerpräsident Gewaltmaßnahmen gegen ihre führenden Politiker, die im Herbst 1930 in Brest-Litowsk inhaftiert wurden.

3] *Hongrie / Ungarn*: Vgl. 25. 6. 1922, Anm. 17.

4] *Espagne / Spanien*: Am 13. September 1923 hatte Miguel Primo de Rivera y Orbaneja (1870–1930) mit Billigung von König Alfons XIII. (1886–1941) eine Militärdiktatur errichtet, mit der er Verwaltung und Wirtschaft zum Vorteil des Landes reorganisierte; auf Druck der öffentlichen Meinung hatte der König ihn aber am 28. Januar 1930 entlassen; den Sturz der Monarchie (1931) konnte dies aber nur kurze Zeit aufhalten.

5] *Italie / Italien*: Vgl. 21. 9. 1928, Anm. 30.

6] *Yougoslavie / Jugoslawien*: In den zwanziger Jahren hatten häufige Regierungswechsel und drei Neuwahlen, die zur vorübergehenden Aussöhnung zwischen dem kroatischen Bauernführer Stjepan Radić (1871–1929) und dem Serbenführer Nikola Pašic (1846–1926) geführt hatten, die Instabilität des seit 1918 bestehenden Königreiches der Serben, Kroaten und Slowenen verdeutlicht. Nachdem am 20. Juni 1928 Stjepan Radić und sein Neffe Pavle Radić (geb. 1880) ermordet worden waren, hatte König Alexander I. (1888–1934) am 6. Januar 1929 die Königsdiktatur begründet.

7] *les exnationalistes de 1914 / die Exnationalisten von 1914*: Während des Ersten Weltkriegs hatte SZ sich offiziell nicht gegen die Nationalisten gestellt, sondern sich nur den »Freunden im Fremdland« gegenüber in Briefen zum Pazifismus und zur geistigen Einheit Europas bekannt. Vgl. SZ, ›Briefe 1914–1919‹, a.a.O., Nachbemerkung der Herausgeber, S. 311–329.

8] *les chantres de la réunion pacifique entre la France et l'Allemagne de 1920 / die Vorsänger der pazifistischen Vereinigung zwischen Frankreich und Deutschland von 1920*: SZ meint Richard Nikolaus Graf Coudenhove-Kalergi und Prinz Karl Anton Rohan; vgl. 25. 10. 1926 an Romain Rolland, Anm. 8 u. 9.

9] *qui se refuse à la révision nécessaire / weil es die notwendige Revision verweigert*: Die Reparationspolitik der Alliierten des Ersten Weltkriegs hatte maßgeblich zur deutschen Inflation 1922/23 und 1929 zur Weltwirtschaftskrise geführt. Jetzt mußte die Reichsregierung einen Überbrückungskredit beschließen, da die Steuereinnahmen 1930 um 500 Millionen Reichsmark zurückgingen, die Arbeitslosenquote bei 40% lag und Reparationszahlungen und Rückzahlungen ausländischer Kredite fällig wurden.

10] *Freud*: Sigmund Freud (vgl. 3. 11. 1920, Anm. 1) hatte im Frühjahr 1930 seinen großen Essay ›Das Unbehagen in der Kultur‹ (Wien: Psychoanalytischer Verlag) veröffentlicht. SZ hatte ihn am 31. 3. 1930 im Berliner Tageblatt besprochen (vgl. SZ, ›Begegnungen mit Büchern. Aufsätze und Einleitungen aus den Jahren 1902–1939‹, Frankfurt a. M.: S. Fischer 1983, S. 115–119).

11] *je travail dans cette matière / arbeite ich auf diesem Gebiet*: SZ bereitete für den Band ›Die Heilung durch den Geist‹ (vgl. 18. 9. 1929 an Fritz Adolf Hünich, Anm. 13) den Freud-Essay vor (vgl. 6. 12. 1929, Anm. 14).

12] *Les deux autres essays [!] / Die beiden anderen Essays*: SZ, ›Mesmer‹ (vgl. 24. 9. 1929, Anm. 12) und ›Mary Baker-Eddy‹ (vgl. 18. 10. 1929, Anm. 13).

13] *un petit roman / einen kleinen Roman*: SZ, ›Rausch der Verwandlung‹; vgl. 21. 11. 1927, Anm. 8.

14] *«schaffen solange es Tag ist»*: »Ach ja, solange es Tag ist, werden wir schon den Kopf oben behalten; es ist nicht möglich, zu weichen, solange man schafft, aber die Nacht, die große Nacht wird kommen, wo alle Arbeit aufhören muß«, sagte Johann Wolfgang von Goethe am 14. 2. 1830 zu Frédéric Jean Soret (1795–1865), der zu seinem engsten Kreis gehörte. Soret hat den Ausspruch in seinen Tagebüchern festgehalten.

15] *cette histoire de la musique en portraits / diese Musikgeschichte in Porträts*: Am 27. 8. 1930 hatte SZ Rolland das Angebot eines in seinem Brief nicht genannten deutschen Verlags angekündigt, ihn eine »Geschichte der Musik« schreiben zu lassen. Rolland hatte es aber bereits am 9. 9. 1930 abgelehnt.

16] *je viendrai exprès en Suisse [. . .] pendant l'hiver / eigens im Winter in* *282*
die Schweiz kommen: SZ fuhr in diesem Winter nicht zu Rolland nach Villeneuve.

17] *jusqu'aux Baléares / bis zu den Balearen*: Vgl. 12. 8. 1930, Anm. 9.

18] *pour écrire mon livre / und mein Buch zu schreiben*: Vgl. oben, Anm. 13.

282 *An Eugen Relgis* 17. 10. 1930
ms. Br., 4 S. – JNUL Jerusalem – Briefkopf: Signet SZ – Salzburg / Kapuzinerberg 5

1] *Ich fahre gerade weg*: SZ fuhr an diesem Tag nach Wien, um seinen Freud-Essay, der kurz zuvor »in der zweiten Form« fertig geworden war, »von den Fachleuten der Psychoanalyse durchsehen zu lassen und möglichst mit Freud selbst noch einmal zu sprechen, ehe ich die endgültige Fassung und Formung vornehme« (An Ben Huebsch, 15. 10. 1930; unveröffentlicht).

2] *die gewünschte Antwort*: Relgis hatte offenbar eine Rundfrage gestartet, die SZ im fogenden beantwortete.

284 3] *Freud [. . .] »Wir mögen so oft betonen*: Wo SZ diesen Satz bei Freud gefunden hat, wurde nicht ermittelt. In einem späteren, »Wien, im September 1932« datierten offenen Brief an Albert Einstein, ›Warum Krieg?‹, schrieb Freud: »Der ideale Zustand wäre natürlich eine Gemeinschaft von Menschen, die ihr Triebleben der Diktatur der Vernunft unterworfen haben.« (Sigmund Freud, ›Gesammelte Werke. Chronologisch geordnet. Siebzehnter Band. Werke aus den Jahren 1932–1939‹, Frankfurt a. M.: S. Fischer [5]1978, S. 24.)

4] *drei große Gestalten von Psychologen*: SZ, ›Die Heilung durch den Geist‹; vgl. 18. 9. 1929 an Fritz Adolf Hünich, Anm. 13.

5] *gewissermaßen moralische Standbilder*: Bereits 1909 hatte SZ den Gedanken, besondere Charaktere und hervorragende Persönlichkeiten unter solcher Bezeichnung zusammenzustellen, als er unter der Überschrift ›Die Herren des Lebens‹ Gedichte entsprechend zu einem »Zyklus lyrischer Statuen« vereinigte. Vgl. SZ, ›Silberne Saiten‹, GWE 1982, S. 182–223.

285 6] *nach Wien*: Vgl. oben, Anm. 1.

285 *An Romain Rolland* 25. 10. 1930
e. Br., 2 S. – BN Paris – Briefkopf: Signet SZ – Salzburg / Kapuzinerberg 5 – D in deutscher Übersetzung: Romain Rolland-SZ, ›Briefwechsel 1910–1940. Zweiter Band 1924–1940‹, Aus dem Französischen von Eva und Gerhard Schewe (Briefe Rollands) und Christel Gersch (Briefe Zweigs), Berlin: Rütten & Loening 1987, S. 396–397.

Übersetzung
Mein teurer Freund, ich war in Wien und in München. Nun hat mich die Arbeit wieder. Ich hoffe, mein Buch im November zu beenden. Dann die Fahnen und danach – auf die Balearen, um einen kleinen Ro-

man zu schreiben. Europa ist ekelerregend: Haß, Politik, Dummheit. Aber dennoch sehe ich im Kampfesgeist der deutschen und gesamteuropäischen Jugend etwas Gesundes: ihr Haß gegen die Unentschlossenheit, wie sie in den Palästen von Genf betrieben wird, gegen diese scheußliche Methode der künstlichen Verzögerung aller anstehenden Fragen. Sie wollen endlich Entscheidungen sehen. Sie sind diese langweiligen Verhandlungen leid, die die öffentliche Meinung narkotisieren wollen und die Tatsache vertuschen, daß sie in Genf nichts tun, außer Papierkram zu produzieren. Diese Methode ständiger Verschleppung steht in natürlichem Gegensatz zum Geiste der Jugend – und Gott sei Dank fühle ich mich in diesem Sinne auch jung. Ich hasse und verdamme diese Schauspieler (schlechte Schauspieler) einer europäischen Entente (Briand e tutti quanti) mehr als die Aktivisten, sogar mehr als die offenen Nationalisten. Zwölf Jahre seit dem sogenannten Frieden – fünfzig, hundertfünfzig »Sitzungen«, um zu übertünchen, daß man nichts tut, weil man nichts tun will. Und Europa, das ungeduldig wird, eine Jugend, die den verschwommenen und gestelzten Reden nicht mehr glaubt, die die Ohren nach den (zumindest deutlichen) Worten der Mussolinis und Stalins spitzt. Wenn Sie es für richtig halten, so würde ich gerne eine Anklageschrift gegen die Faulheit des »Völkerbundes« schreiben, der unsere europäische Bewegung unmöglich macht, indem er sagt, daß er sie vorbereitet (und sie in Wirklichkeit vernichtet). Sie sehen also, daß ich nicht derselben Meinung bin wie andere, die in der Radikalisierung der Jugend ein Unglück sehen. Es ist eine sehr richtige Reaktion und unbewußt einem sehr richtigen Gefühl entsprungen (leider in einer falschen Richtung). Man müßte ihnen zuvorkommen und selbst den Völkerbund seiner Feigheit, seiner Faulheit, seines sterilen Bürokratismus wegen angreifen. Ich glaube, man täte ein gutes Werk, wenn man sich zusammenschlösse, um ihm einen Peitschenhieb zu verpassen, der ihn aufwecken würde.

Lieber Freund, ich sehe, daß ich in Ihnen einen gefährlichen Schüler herangezogen habe. Ich hatte natürlich die Entwürfe zur »Neunten« bei Heck bestellt (einzigartiger Schatz, dessen Wert der gute Ignorant nicht erkannte) und habe gehört, daß mein Schüler in autographibus schön gelernt hat, daß man kostbare Dinge per Telegramm bestellen muß, um den anderen zuvorzukommen! Hervorragend gehandelt, mein teurer und guter Schüler! Sie haben Ihren Meister und Ahn weit übertroffen! Oh, ich werde mich ab jetzt vor Ihnen in Acht nehmen!

Wenig Wichtiges in puncto Literatur! In Deutschland nun nach der Serie A (Krieg) die Serie B (Revolution und Nachkriegszeit). Glaeser, Renn, Feuchtwanger haben gleichzeitig das gleiche Buch geschrieben. Sehr schöner Roman von Josef [!] Roth »Hiob« (ich werde ihm sagen, es Ihnen zu schicken) und – köstlich – ein chinesischer Roman des XVII. Jahrhunderts: Kin Ping Meh. Der Insel-Verlag schickt es Ihnen sicherlich, wenn Sie es wünschen.

In Wien sah ich Katayama. Er wird beim guten Rieger logieren, und ich sehe bereits, daß sie gute Freunde werden.

Ich erwarte Ihren Goethe und Beethoven! Arbeiten Sie gut – das ist die beste Erfindung des lieben Gottes für die armen Menschen! Ihr getreuer

Stefan Zweig

Meine Empfehlungen an Ihren Herrn Vater und Ihr Fräulein Schwester!

1] *j'étais à Vienne / ich war in Wien*: Vgl. 17. 10. 1930, Anm. 1.
2] *à Munic[h] / in München*: Einzelheiten wurden nicht ermittelt.
3] *de [!] finir mon livre en Novembre / mein Buch im November zu beenden*: SZ konnte das letzte Drittel seines Freud-Aufsatzes für den Band ›Die Heilung durch den Geist‹ (vgl. 18. 9. 1929 an Fritz Adolf Hünich, Anm. 13) am 4. Dezember 1930 an den Insel-Verlag in Leipzig absenden.
4] *aus [= aux] Baléares / auf die Balearen*: Vgl. 12. 8. 1930, Anm. 9.
5] *pour écrire un petit roman / um einen kleinen Roman zu schreiben*: SZ, ›Rausch der Verwandlung‹; vgl. 21. 11. 1927, Anm. 8.
6] *dans les palais de Genève / in den Palästen von Genf*: SZ meint den in Genf tagenden Völkerbund; vgl. 18. 10. 1929, Anm. 9.
7] *Briand*: Aristide Briand; vgl. 21. 9. 1928, Anm. 15.
8] *des Mussolinis / der Mussolinis*: Benito Mussolini; vgl. 21. 9. 1928, Anm. 30.
9] *et Stalin[es] / und Stalins*: Stalin; vgl. 21. 9. 1928, Anm. 9.
286 10] *un essay [!] d'accusation contre le [!] fainéantise de la «Société des Nations» / eine Anklageschrift gegen die Faulheit des »Völkerbundes«*: SZ, ›Revolte gegen die Langsamkeit. Epilogue aux élections allemandes‹, in: Die Zeitlupe, Berlin 1931. Vgl. SZ, ›Die schlaflose Welt. Aufsätze und Vorträge aus den Jahren 1909–1941‹, GWE 1983, S. 174–180.
11] *les esquisse[s] de la «Neuvième» / die Entwürfe zur »Neunten«*: SZ besaß »eine Reihe wichtiger Lebensreliquien« (SZ, ›Meine Autographensammlung‹, in: Philobiblon, Wien, III. Jg., H. 3, S. 291) Beethovens (vgl. 26. 6. 1929, Anm. 10, 11 u. 13), so daß ihn diese Entwürfe zur Vervollständigung seiner Autographensammlung (Beethovens Lied »Ich war bei Chloen ganz allein« und Teile aus ›Die Ruinen von Athen‹) gereizt haben. Gustav Nottebohm schreibt in ›Über die Bedeutung der Skizzen Beethovens‹: »Ohne das Geheimnis des Genius zu verraten,

geben die Skizzen Beethovens eine Vorstellung von seinem Produzieren. Sie veranschaulichen das bruchstückhafte Entstehen und langsame Heranwachsen einer Komposition. Für uns hat diese Art des Schaffens etwas Rätselhaftes. Das Rätselhafte liegt in erster und letzter Instanz in dem Kampf Beethovens mit seinem Dämon, in dem Ringen mit seinem Genius. In diesem Skizzenbuch hat der Dämon gehaust. Der Dämon aber ist entwichen. Der Geist, der ein Werk diktierte, erscheint nicht in den Skizzen.« (Zit. nach Paul Nettl, ›Beethoven und seine Zeit‹, Frankfurt a. M.: Fischer Bücherei 1958, S. 173 (= Fischer Bücherei Bd. 248.)

12] *chez Heck / bei Heck*: Das Antiquariat V. A. Heck in Wien.

13] *Glaeser*: Ernst Glaeser (1902–1963), ›Frieden. Roman‹, Berlin: Gustav Kiepenheuer 1930.

14] *Renn*: Ludwig Renn (eigtl. Arnold Friedrich Vieth von Golßenau, 1889–1979), ›Nachkrieg‹, Berlin: Agis-Verlag 1930.

15] *Feuchtwanger*: Lion Feuchtwanger, ›Erfolg‹; vgl. 22. 9. 1930, Anm. 5.

16] *Josef [!] Roth: «Hiob»*: Joseph Roth (vgl. 5.9.[1929], Anm. 1), ›Hiob. Roman eines einfachen Mannes‹, Berlin: Gustav Kiepenheuer 1930.

17] *Kin Ping Meh*: ›Kin Ping Meh oder Die abenteuerliche Geschichte von Hsi Men und seinen sechs Frauen‹, Aus dem Chinesischen übersetzt und mit einem Nachwort von Franz Kuhn, Leipzig: Insel-Verlag [1930].

18] *Katayama*: Toshihiko Katayama. Einzelheiten wurden nicht ermittelt.

19] *Rieger*: Erwin Rieger; vgl. 14. 1. 1920, Anm. 6.

20] *votre Goethe et Beethoven / Ihr Goethe und Beethoven*: Vgl. 20. 5. 1927, Anm. 5.

21] *M^r votre père / Ihren Herrn Vater*: Emile Rolland; vgl. 16. 12. 1924, Anm. 26.

22] *mademoiselle [!] votre sœur / Ihr Fräulein Schwester*: Madeleine Rolland.

An Ben Huebsch [31. 10. 1930] *287*

e. Postkarte (Vorderseite: ornamentale Umrahmung; linke obere Hälfte: Abbildung »Lofer – Salzburg«; darunter gedruckt »Absender: Stefan Zweig / Salzburg, Kapuzinerberg 5«; rechte obere Hälfte mit Briefmarken überklebt) – DLC Washington, DC

1] *Ed. Heinr. [!] Jacob »Die Magd von Aachen«*: Heinrich Eduard Jacob (vgl. [Ende September 1928], Anm. 1), ›Die Magd von Aachen. Eine von 7000. Roman‹, Berlin: Ernst Rowohlt 1931.

2] *im Berl. Tageblatt*: Heinrich Eduard Jacobs Roman wurde in der Zeit vom 11.1. bis zum 24.2. 1931 im Berliner Tageblatt vorabgedruckt.
3] *außerordentlich*: Im Original zweimal unterstrichen.
4] *Helene Eliat [»]Saba besucht Salomon[«]*: Helene Eliat, ›Saba besucht Salomo. Roman‹, Berlin: Ullstein Verlag (1930).
5] *Erskine [...»]Das Privatleben der Helena[«]*: John Erskine (1879–1951), ›Das Privatleben der schönen Helena‹, Übertragen von Helene Meyer-Franck, [Berlin:] Transmare-Verlag (1927) [= Amerika-Bücher].

287 *An Otto Heuschele* 10. 12. 1930
ms. Br., 2 S. – DLA Marbach/N. – Briefkopf: Signet SZ – Salzburg / Kapuzinerberg 5 – D: SZ, ›Briefe an Freunde‹, hrsg. v. Richard Friedenthal (Frankfurt a. M.:) S. Fischer 1978, S. 210–211.

1] *Ihren Glückwunsch*: Nicht erhalten.
2] *Geburtstag*: SZ war am 28. November 1930 49 Jahre alt geworden.
3] *dieses große Essaybuch endlich beendet*: SZ, ›Die Heilung durch den Geist‹; vgl. 18. 9. 1929 an Fritz Adolf Hünich, Anm. 13, u. 25. 10. 1930, Anm. 3.
4] *Ihren Hoffmannsthal [!]*: Otto Heuschele, ›Hugo von Hofmannsthal. Dank und Gedächtnis‹, Tübingen: Rainer Wunderlich 1930.
288 5] *Hofmannsthal*: Hugo von Hofmannsthal; vgl. [22. 8. 1920], Anm. 8.
6] *Der »Tod des Tizian«*: Hugo von Hofmannsthal, ›Der Tod des Tizian. Ein dramatisches Fragment‹, Geschrieben 1892. Aufgeführt als Totenfeier für Arnold Böcklin im Künstlerhause zu München den 14. Februar 1901, Berlin SW: Verlag der Insel bei Schuster & Loeffler [1901].
7] *Der letzte Roman [...] in der »Corona«*: Hugo von Hofmannsthal, ›Andreas oder Die Vereinigten. Fragment eines Romans‹, in: Corona, Zweimonatsschrift, hrsg. v. Martin Bodmer und Herbert Steiner, München–Zürich: Verlag der Bremer Presse, Erstes Jahr, Erstes Heft, Juli 1930, S. 7–50.
8] *»Dichtung und Leben«*: Otto Heuschele, ›Dichtung und Leben. Aufsätze und Reden‹, Heidelberg: H. Meister 1930.
9] *»Kin ping Meh«*: Vgl. 25. 10. 1930, Anm. 17.
10] *Joseph Roths »Hiob«*: Vgl. 25. 10. 1930, Anm. 16.
11] *Walter Bauer »Stimmen aus [dem] Leuna-Werk«*: Vgl. 7. 5. 1930, Anm. 5 u. 7.

An Ernst Lissauer 10. 12. 1930 289
ms. Br., 1 S. – WStLB – Briefkopf: Signet SZ – Salzburg / Kapuzinerberg 5

1] *einen privaten Brief von Dr. Felsenthal*: Herbert Felsenthal (1902–1945), Rechtsanwalt in Düsseldorf, wo er sich dem Jüdischen Jugendverein widmete; dort und in München hatte er als Spielleiter mit den Mitgliedern des Vereins SZs ›Jeremias‹ (vgl. 22. 7. 1920, Anm. 13) aufgeführt. SZ war in München anwesend und dankte der Gruppe am 14. 6. 1930 von Salzburg aus in einem Brief für ihre Leistung. – Der private Brief von Dr. Felsenthal an SZ ist nicht erhalten.
2] *Dein »Weib des Jephta«*: Ernst Lissauer, ›Das Weib des Jephta. Drama in drei Akten‹, Berlin: Oesterheld & Co. 1928.
3] *Dein neues Stück*: Ernst Lissauer, ›Der Weg des Gewaltigen. Drama in zwei Teilen, Vor- und Nachspiel (14 Bilder) mit einem Prolog‹, Chemnitz: Gesellschaft für Bücherfreunde 1931 (= Jahresgabe der Gesellschaft für Bücherfreunde zu Chemnitz 1931).
4] *Deines [. . .] Moses*: Vgl. oben, Anm. 3.
5] *In der Sache Specht*: Vermutlich ist Richard Specht (vgl. [16. 10. 1922], Anm. 1) gemeint; der Zusammenhang wurde nicht ermittelt.
6] *an den Bürgermeister*: Karl Seitz (1869–1950) war von 1923 bis zu seiner Absetzung 1934 Bürgermeister von Wien. In seiner Ära hatte »das Rote Wien als kommunalpolitisches Experimentierfeld Weltgeltung« (Isabella Ackerl/Friedrich Weissensteiner, ›Österreichisches Personenlexikon‹, Wien: Überreuter 1992, S. 447).

An Franz Servaes 11. 12. 1930 289
ms. Br., 1 S. – WStLB – Briefkopf: Signet SZ – Salzburg / Kapuzinerberg 5

1] *nach solanger Zeit*: SZ hatte Servaes vermutlich zuletzt am 28. 9. 1929 geschrieben.
2] *»Der [!] Heilung durch den Geist«*: Vgl. 18. 9. 1929 an Fritz Adolf Hünich, Anm. 13.
3] *von Ihnen wieder etwas größeres*: Servaes' nächstes Buch erschien erst 290
1935, ›Jahr der Wandlung. Goethes Schicksalswende 1775. Nacherlebt von Franz Servaes‹, bei Vieweg in Braunschweig.
4] *Arbeit in der Zeitung*: Servaes arbeitete seit 1919 beim Berliner Lokal-Anzeiger.
5] *Ihr Rembrandt*: Franz Servaes, ›Rembrandt im Rahmen seiner Zeit‹, Wien 1926. [Berlin: P. Franke] (= Menschen, Völker, Zeiten. Bd. 12).

6] *Nach der schweren Arbeit*: Vgl. oben, Anm. 2.
7] *im Januar nach dem Süden*: Vgl. 12. 8. 1930, Anm. 9.
8] *etwas Dichterisches*: SZ, ›Rausch der Verwandlung‹; vgl. 21. 11. 1927, Anm. 8.

290 *An Rudolf G. Binding* 5. 1. 1931
ms. Br., 2 S. – Privat – Briefkopf: Signet SZ – Salzburg / Kapuzinerberg 5

1] *Ihren [. . .] Aufsatz*: Nicht ermittelt.
2] *»Körpersinn«*: Das Zitat konnte nicht ermittelt werden.
3] *mein neues Buch*: SZ, ›Die Heilung durch den Geist‹; vgl. 18. 9. 1929 an Fritz Adolf Hünich, Anm. 13.
4] *Nietzsche [. . .] »große Systeme*: SZ zitiert Friedrich Nietzsche (vgl. [11. 10. 1922], Anm. 21) offensichtlich aus einer vagen Erinnerung. Bei Nietzsche heißt es: »Ich mißtraue allen Systematikern und gehe ihnen aus dem Weg. Der Wille zum System ist ein Mangel an Rechtschaffenheit.« (›Götzen-Dämmerung oder Wie man mit dem Hammer philosophiert. Sprüche und Pfeile, 26‹.)
5] *Ihr Wort [. . .] »das Offene*: Das Zitat wurde nicht ermittelt.
291 6] *nach Spanien [. . .] auf die Balearen*: Vgl. 12. 8. 1930, Anm. 9.
7] *einem epischen Werke*: SZ, ›Rausch der Verwandlung‹; vgl. 21. 11. 1927, Anm. 8.
8] *mein Buch*: Vgl. oben, Anm. 3.
9] *Gastein*: Badgastein ist ein berühmter österreichischer Kurort in den Hohen Tauern bei Salzburg.

291 *An Ben Huebsch* 27.2.[1931]
ms. Br., 2 S. mit e. Nachschrift – DLC Washington, DC

1] *Cap Antibes*: Vgl. 12. 8. 1930, Anm. 9.
2] *vor einigen Tagen schrieb ich Ihnen*: Am 17. 2. 1931 hatte SZ zuletzt an Huebsch geschrieben.
3] *Ihren lieben Brief*: Nicht erhalten.
4] *Pauls*: Eden & Cedar Paul; vgl. 22. 4. 1921, Anm. 16.
5] *die »Heilung«*: SZ, ›Die Heilung durch den Geist‹ (vgl. 18. 9. 1929 an Fritz Adolf Hünich, Anm. 13) erschien erst 1932 in englischer Übersetzung von Eden & Cedar Paul u. d. T. ›Mental Healers. Franz Anton Mesmer – Mary Baker-Eddy – Sigmund Freud‹ bei Viking Press in New York.

6] *die Bücher*: SZ, ›Three Masters. Balzac – Dickens – Dostoeffsky‹ (vgl. 29. 10. 1927 an Ben Huebsch, Anm. 5), und SZ, ›Joseph Fouché. The Portrait of a Politician‹ (vgl. 16. 8. 1929, Anm. 5).
7] *mit Joseph Roth vereint*: Am 17. 2. 1931 hatte SZ Huebsch dazu geschrieben: »[...] von der Riviera aus gedenken wir Ihrer sehr herzlich, umso mehr als wir seit den letzten Tagen auch hier mit einem Autor von Ihnen beisammen sind, mit Joseph Roth. Wir arbeiten Schulter an Schulter (wie man bei uns zu Kriegszeiten sagte) jeder an einem Roman und erzählen uns jeden Abend wie schwer das Schreiben ist. Es geht langsam vorwärts, aber immerhin es geht vorwärts, aber da ich ja eben erst ein Buch vom Stapel gelassen habe, kann ich mir etwas Zeit vergönnen.« (Unveröff., DLC Washington, DC)
8] *Den Freud Aufsatz*: Vgl. 6. 12. 1929, Anm. 14, u. 22. 9. 1930, Anm. 9. 292
9] *einer Agentur*: Nicht ermittelt.
10] *das ganze Buch*: SZ, ›Die Heilung durch den Geist‹; vgl. 18. 9. 1929 an Fritz Adolf Hünich, Anm. 13.
11] *jenem Roman*: SZ, ›Rausch der Verwandlung‹; vgl. 21. 11. 1927, Anm. 8.

An Jean-Richard Bloch [30. 3. 1931] 292
e. Ansichtskarte (Salzburg, Kapuzinerberg 5 / Verlag Kunsthandlung M. Mora, Salzburg) – BN Paris

Übersetzung
Mein lieber Jean-Richard,
von einer langen Reise heimgekehrt, finde ich Dein Buch vor, und unnötig, Dir zu sagen, daß es mir eine persönliche Freude ist, es zu lesen. Ich nehme nun einen kleinen, sehr ernsthaften und sehr beschaulichen Roman in Angriff. Das ist nicht einfach, noch nicht einmal für einen alten Arbeiter wie Deinen treuen

Stefan Zweig

1] *retournant [= de retour] / heimgekehrt*: SZ und Friderike Maria Zweig waren am 22. März 1931 aus Cap Antibes nach Salzburg zurückgekommen.
2] *ton livre / Dein Buch*: Jean-Richard Bloch, ›Destin du théâtre‹, Paris: Gallimard, Editions de la Nouvelle Revue Française 1930.
3] *un petit roman / einen kleinen [...] Roman*: SZ, ›Rausch der Verwandlung‹; vgl. 21. 11. 1927, Anm. 8.

292 *An Sigmund Freud* 16. 6. 1931
e. Briefkarte, 2 S. – Privat – Briefkopf: Signet SZ – Kapuzinerberg 5 / Salzburg, am ... – D: Jahrbuch der Psychoanalyse, 8/1975, S. 77 (Gekürzt); SZ, ›Briefwechsel mit Hermann Bahr, Sigmund Freud, Rainer Maria Rilke und Arthur Schnitzler‹, hrsg. v. Jeffrey B. Berlin, Hans-Ulrich Lindken u. Donald A. Prater (Frankfurt a. M.:) S. Fischer Verlag (1987), S. 196.

1] *Privatdruck*: SZ hatte im Frühjahr 1931 in Wien vier der berüchtigten Briefe Wolfgang Amadeus Mozarts an seine Augsburger Cousine Maria Anna Thekla Mozart, das »Bäsle«, gekauft und denjenigen vom 5. November 1777 u. d. T. ›Ein Brief von Wolfgang Amadeus Mozart [1756–1791] an sein Augsburger Bäsle (Zum erstenmal ungekürzt veröffentlicht und wiedergegeben für Stefan Zweig in Salzburg, 1931)‹ mit einem eigenen Vorwort als Privatdruck in einer Auflage von 50 numerierten Exemplaren bei Jaffé & Waldheim-Eberle in Wien herstellen lassen.
2] *jene neun Briefe*: SZ hatte lediglich vier Briefe kaufen können. Einen, den vermutlich letzten Brief – datiert »Vienne ce 21 d'octobre 1781« – besaß Richard Strauss (vgl. 29. 5. 1921, Anm. 3) in seinem Wiener Haus, Jacquingasse 10; dort ist er aber im Verlauf der Ereignisse 1945 verlorengegangen.
293 3] *Koprolalie*: Krankhafte Neigung zum Aussprechen obszöner Wörter.

293 *An Frans Masereel* 18. 6. 1931
ms. Br., 1 S. mit e. Korr. – DLA Marbach/N. – Briefkopf: Signet SZ – Salzburg / Kapuzinerberg 5

1] *Winterthur*: Masereel hatte 1929 13 »Mosaike als Schmuck für das Sonnenbad von Georg Reinhart in Winterthur« entworfen; die Kartons wurden in einer »Größe von je 1,50 x 2,56 m in den Jahren 1929–1931 von C. Wasen und Söhne ausgeführt« (›Frans Masereel. Mit Beiträgen von Stefan Zweig, Pierre Vorms, Gerhard Pommeranz-Liedtke und einer Bibliographie von Hanns-Connon von der Gabelentz‹, [Dresden:] Verlag der Kunst [1959], S. 314).
2] *wirds nichts*: Noch am 13. 6. 1931 hatte SZ Masereel geschrieben: »Es ist gar nicht ausgeschlossen, daß ich komme, entscheidend für mich wäre nur, ob ich bei diesem Anlaß Rolland sehen kann oder nicht, der jetzt noch in Zürich ist, aber sehr müde und bedrückt wegen der Ge-

sundheit seines Vaters und seiner Schwester.« (Unveröff.; DLA Marbach/N.)
3] *welches traurige Ereignis*: Rollands Vater Emile (vgl. 16. 12. 1924, Anm. 26) war am 16. Juni 1931 im Alter von 95 Jahren gestorben.
4] *die russische Sache*: Am 13. 6. 1931 hatte SZ Masereel geschrieben: »Was ich am liebsten täte, wäre, daß wir in diesem Herbst zusammen auf zwei Monate nach Rußland fahren und dorten zusammen ein Buch machen, Darstellung und Zeichnung. Ich garantiere Dir, daß das Buch über die Welt ginge.« (Unveröff.; DLA Marbach/N.) Weder die Reise noch das Buch kamen zustande.
5] *mein amerikanischer Verleger*: Benjamin W. Huebsch; vgl. 29. 10. 1927, Anm. 1.
6] *ein herrliches Buch*: Vgl. oben, Anm. 4.

An Anton Kippenberg [7. 7. 1931] *294*
e. Br., 2 S. – DLA Marbach/N.

1] *[Thumersbach]*: SZ hatte sich in Thumersbach bei Zell am See für den Sommer ein Häuschen gemietet, um in Ruhe arbeiten zu können.
2] *die Gorki-Einleitung*: SZ hatte für die Ausgabe von Maxim Gorkis ›Erzählungen‹ in der Übersetzung von Arthur Luther im Insel-Verlag in Leipzig 1931 eine Einführung geschrieben.
3] *im Almanach oder Inselschiff*: SZs Einführung in Maxim Gorkis Erzählungen wurde weder im ›Insel-Almanach auf das Jahr 1932‹ noch in der vierteljährlich erscheinenden Hauszeitschrift des Verlags, Das Inselschiff, nachgedruckt.
4] *des Romans*: SZ, ›Rausch der Verwandlung‹; vgl. 21. 11. 1927, Anm. 8.
5] *ein schönes großes Stück erworben*: SZ hatte vier Briefe Mozarts an seine Cousine Maria Anna Thekla Mozart gekauft; vgl. 16. 6. 1931, Anm. 1.
6] *Thumersbach*: Vgl. oben, Anm. 1.
7] *Ihre [...] Gabe*: Vermutlich ›Goethe und seine Welt. Sammlung Kippenberg. Ausstellung in der Preußischen Akademie der Künste‹, Berlin 1932.
8] *Hirzel*: Salomon Hirzel (1804–1877), Buchhändler in Leipzig, besaß eine reiche Goethe-Sammlung.
9] *welches Stück*: Vgl. oben, Anm. 5.
10] *Reliquium ähnlich den andern großen*: Vgl. 26. 6. 1929, Anm. 10, 11 u. 13.
11] *Hoover-Action*: Der amerikanische Präsident Herbert Clark Hoover (1874–1964) hatte während seiner Amtszeit (1929–1933) am 20.

März 1931 das sog. Hoover-Moratorium vorgeschlagen, wonach für ein Jahr alle zwischenstaatlichen Schuldenzahlungen zur Entschärfung der internationalen Finanz- und Wirtschaftskrise ausgesetzt werden sollten.

295 12] *Völkerbund*: Vgl. 18. 10. 1929, Anm. 9.

13] *Friedenspakt*: Der nach dem amerikanischen Politiker Frank Billings Kellogg (1856–1937) benannte Pakt von 1928 schloß den Krieg als Mittel der Durchsetzung nationaler Ziele aus, behielt jedoch den Staaten das Recht zum Verteidigungskrieg vor; was als Angriff oder als Verteidigung zu gelten habe, konnte weder damals noch später vertraglich festgelegt werden. Kellogg erhielt für seinen Friedenspakt 1929 den Friedensnobelpreis.

295 *An Fritz Adolf Hünich* 22. 8. 1931

ms. Br., 1 S. mit e. Korr. – StWK Weimar – Briefkopf: Signet SZ – Salzburg / Kapuzinerberg 5

1] *folgende Notiz*: Sie wurde vom Insel-Verlag in Leipzig nicht an die Zeitungen geschickt.

2] *»Die Heilung durch den Geist [«]*: Vgl. 18. 9. 1929 an Fritz Adolf Hünich, Anm. 13.

3] *Mary Baker-Eddy*: Vgl. 18. 10. 1929, Anm. 13.

4] *Ernst Toller und Hermann Kesten*: Ernst Toller (1893–1939) und Hermann Kesten (1900–1996), ›Wunder in Amerika. Mary Baker Eddy‹ wurde 1931 offenbar nur als unverkäufliches Bühnenexemplar vom Verlag Gustav Kiepenheuer in Berlin vervielfältigt.

5] *Ruth [!] Langner [...] »Die Heilige aus Amerika«*: Ilse Langner (eigtl. Ilse Sibert, 1899–1987), ›Die Heilige aus USA. Ein Drama‹, 1931 als unverkäufliches Bühnenexemplar des S. Fischer Verlags in Berlin vervielfältigt. – SZ verwechselt hier die Autorin Ilse Langner mit der amerikanischen Theateragentin Ruth Langner, die seine Interessen in den USA vertrat.

6] *Cäsar von Arx [...] eine Tragödie*: Cäsar von Arx (1895–1949); die Tragödie wurde nicht ermittelt.

296 *An Wieland Herzfelde* 12. 9. 1931

»Copie« für Maxim Gorki, ms. Br., 1 S. mit e. Korr. und e. Nachschrift an Maxim Gorki (Französisch) – A. M. Gor'kowo, Moskwa – Briefkopf: Signet SZ – Salzburg / Kapuzinerberg 5 – D: Maxim Gorki – SZ,

›Briefwechsel‹, hrsg. v. Kurt Böttcher, Aus dem Russischen Übersetzung von Irmgard Neugebauer, Aus dem Französischen Übersetzung von Helga Hasselbach, Leipzig: Verlag Philipp Reclam jun. 1971, S. 29–30; SZ, ›Briefe an Freunde‹, hrsg. v. Richard Friedenthal (Frankfurt a. M.:) S. Fischer 1978, S. 79 (Nachschrift in deutscher Übersetzung).

1] *Wieland Herzfelde*: (1896–1988), deutscher Schriftsteller; 1917 Mitbegründer des Malik-Verlags in Berlin.
2] *Sinclair*: Upton Sinclair (1878–1968), amerikanischer Schriftsteller.
3] *nicht unterschreibe*: Herzfelde hatte einen Vorschlag an das Komitee in Stockholm für die Verleihung des Literatur-Nobelpreises 1931 vorbereitet und verschiedenen internationalen Kollegen zur Unterschrift vorgelegt.
4] *primo et unico loco*: Auf den ersten und einzigen Fall.
5] *Nobelpreis*: Den Literatur-Nobelpreis des Jahres 1931 erhielt posthum der schwedische Lyriker Erik Axel Karlfeldt (1864–1931).
6] *Maxim Gorki*: Vgl. 29. 8. 1923, Anm. 1.
7] *Tolstoi*: Lew Nikolajewitsch Graf Tolstoi; vgl. 29. 8. 1923, Anm. 6.
8] *Sigmund Freud*: Vgl. 3. 11. 1920, Anm. 1.

Übersetzung
Mein lieber und großer Maxim Gorki, hier meine Antwort auf eine Eingabe, die den Nobelpreis für Upton Sinclair fordert. Ich werde nicht aufhören, ihn für Sie zu fordern! Ich werde im Frühjahr nach Rußland kommen, einer großen Reise und eines Buches wegen. Ihr getreuer

Stefan

9] *au printemps en Russie / im Frühjahr nach Rußland*: Vgl. 18. 6. 1931, Anm. 4.

An Max Brod 15. 10. 1931 *296*
ms. Br., 3 S. mit e. Korr. und e. Nachschrift – Privat – Briefkopf: Signet SZ – Salzburg / Kapuzinerberg 5

1] *Ihr Roman*: Max Brod, ›Stefan Rott oder das Jahr der Entscheidung. Roman‹, Wien: Paul Zsolnay 1931.
2] *Zsolnay*: Der Paul Zsolnay Verlag in Wien.
3] *Anton*: Anton Liesegang, der »genial zynische Schulkollege« (Max Brod) des Titelhelden Stefan Rott. *297*

4] *Ihrem letzten [...] Buch*: Max Brod, ›Zauberreich der Liebe. Roman‹, Berlin: Paul Zsolnay 1928.

298 5] *um einen zweiten Roman*: Brod schrieb keine Fortsetzung zu seinem Roman ›Stefan Rott oder Das Jahr der Entscheidung‹, der mit den ersten Wochen des Ersten Weltkriegs endet.

6] *Hazek [!]*: Jaroslav Hasek (1883–1923), tschechischer Schriftsteller, der vor allem durch seinen in alle europäischen Sprachen übersetzten Roman ›Die Abenteuer des braven Soldaten Schwejk während des Weltkrieges‹ (1920–1923, in deutscher Übersetzung von Grete Reiner 1926) berühmt geworden ist.

7] *selbst einen Roman*: SZ, ›Rausch der Verwandlung‹; vgl. 21. 11. 1927, Anm. 8.

8] *bei Rolland*: SZ hatte Romain Rolland Anfang Oktober 1931 in Villeneuve für einen Tag besucht; er hatte von vornherein eine kurze Visite geplant, die er aber aufgrund einer fiebrigen Erkältung Rollands auf wenige Stunden beschränkte.

299 *An Lavinia Mazzucchetti* 17. 10. 1931
ms. Br., 2 S. mit e. Korr. – JNUL Jerusalem – Briefkopf: Signet SZ – Salzburg / Kapuzinerberg 5

1] *»Heilung durch den Geist«*: Die italienische Ausgabe erschien in der Übersetzung von Lavinia Mazzucchetti u. d. T. ›L'anima che guarisce. Mesmer – Mary Baker-Eddy – Sigmund Freud‹ 1931 bei Sperling & Kupfer in Milano, innerhalb der Folge ›I costruttori del mondo, 4‹. In der italienischen Ausgabe wurde das Triptychon ›Baumeister der Welt‹ im Gegensatz zum deutschen Original hiermit fortgesetzt.

2] *die französische Ausgabe*: In Frankreich kamen 1932 in der Übersetzung von Alzir Hella und Juliette Pary unter dem Sammeltitel ›La guérison par l'esprit‹ zunächst ›La fantastique existence de Mary Baker-Eddy‹ und ›Sigmund Freud‹ in der Ed. Stock in Paris als Einzelbände heraus; 1934 folgte dann dort der Band mit allen drei zusammengehörenden Essays u. d. T. ›La guérison par l'esprit. Mesmer – Mary Baker-Eddy – Sigmund Freud‹.

3] *Vom Roman*: SZ, ›Rausch der Verwandlung‹; vgl. 21. 11. 1927, Anm. 8.

4] *eine große [...] Biografie*: SZ, ›Marie Antoinette. Bildnis eines mittleren Charakters‹, Leipzig: Insel-Verlag 1932.

5] *Mondadori*: Ed. Arnoldo Mondadori in Mailand; vgl. 26. 1. 1930, Anm. 1.

6] *mein Italienisch*: Vgl. SZs Brief vom 26. 1. 1930 an Lavinia Mazzucchetti. *300*

An Benno Geiger 20. 10. 1931 *300*
e. Br., 2 S. – Privat – Briefkopf: Signet SZ – Salzburg / Kapuzinerberg 5

1] *Benno Geiger*: (1882–1965), Lyriker, Übersetzer, Kunstschriftsteller; seit 1907 mit SZ befreundet; lebte zunächst als Kunsthistoriker in Rodaun, dann längere Zeit in Venedig.
2] *dichterische Beichte*: Vermutlich Benno Geiger, ›Die drei Furien. Gedichte‹. Bibliographisch konnte der Band, eventuell ein Privatdruck, nicht ermittelt werden.
3] *Zimperlichkeit war, Du weißt es*: Bereits im Mai 1912 hatte Geiger mit einem Streitgedicht ›An des Dichters Freunde‹ SZ provoziert, ohne daß dieser es ihm nachgetragen hat; vgl. SZ, ›Briefe 1897–1914‹, a.a.O., S. 257–258 (SZs Brief von vermutlich Ende Mai 1912 an Benno Geiger) und S. 509 (Gedichtzitat).
4] *mit fünfzig*: SZ wurde erst fünf Wochen später, am 28. November 1931, fünfzig Jahre alt.
5] *spontanen Freundschaftswahl*: Vgl. oben, Anm. 1. *301*
6] *Enrico Rocca*: Vgl. 26. 6. 1929, Anm. 4.
7] *Borgese*: Giuseppe Antonio Borgese; vgl. 31. 8. 1928, Anm. 6.
8] *seitdem sich wesentlich verändert hat*: Die Anspielung kann nicht nachvollzogen werden.

An Clara Katharina Pollaczek 28. 10. 1931 *301*
e. Briefkarte, 2 S. – WStLB – Briefkopf: Signet SZ – Kapuzinerberg 5 / Salzburg, am ...

1] *Clara Katharina Pollaczek*: geb. Löb (1875–1951), österreichische Erzählerin, Lyrikerin, Übersetzerin.
2] *Art[h]ur Schnitzler*: Schnitzler (vgl. 31. 12. 1921 an Raoul Auernheimer, Anm. 8) war am 21. Oktober 1931 in Wien in ihren Armen gestorben; er hatte Clara Katharina Pollaczek seit 1905 gekannt.

302 *An Felix Salten* 2. 11. 1931
e. Br., 4 S. – SUC Fredonia, NY – Briefkopf: Signet SZ – Salzburg / Kapuzinerberg 5

1] *Ihren guten Brief*: Nicht erhalten.
2] *eine Feier*: Salten hatte als Präsident des österreichischen PEN-Clubs, der er von 1925 bis 1934 war, SZ anläßlich seines 50. Geburtstags am 28. November 1931 eine offzielle Feier angeboten.
3] *von den Festspielen*: Während der Salzburger Festspiele verließ SZ regelmäßig die Stadt.
4] *Grasset*: Bernard Grasset (1881–1955) hatte vermutlich in Paris ebenfalls eine Feier zu SZs Geburtstag geplant.
5] *Ihr Buch*: Felix Salten, ›Freunde aus aller Welt. Roman eines Zoologischen Gartens‹, Wien: Paul Zsolnay 1931.
6] *»Zuchthaus für Tiere«*: SZ hat diesen Aufsatz nicht geschrieben.
303 7] *Ernst Benedikt*: (1882–1973), Journalist, Schriftsteller; leitete seit 1918 praktisch für seinen Vater Moriz Benedikt (1849–1920) die von diesem herausgegebene Neue Freie Presse in Wien, seit 1920 als Chefredakteur. Schulfreund SZs. – SZs Brief an Benedikt ist nicht erhalten.
8] *Werfel*: SZs Brief an Franz Werfel (3. 1. 1920, Anm. 6) ist nicht erhalten.
9] *Demonstrationen des Ungeists in Österreich*: Im Tagebuch vom 2. 11. 1931 hielt SZ dazu fest: »Abends beim Spazierengehen peinlichster Eindruck von den vielen Heimwehrpatrouillen, die mit Fahrrädern und Automobilen hin und her sausen; für mich ist es keine Frage, daß ein neuer Putsch versucht wird und ich glaube, er wird gelingen. [. . .] Bewegung in Deutschland, die Menschen wittern Morgenwind und hängen die Mäntel heraus. Ob dahinter wirklich weittragende politische Ideen stehen, läßt sich kaum übersehen; wahrscheinlich sind nur die ersten Etappen durchdacht und der Rest dem Zufall überlassen. Innerlich bewegt mich das Alles nicht [. . .].« (SZ, ›Tagebücher‹, GWE 1984, S. 346–347.) – Die Heimwehr war ein freiwilliger österreichischer Selbstschutzverband, der sich nach dem Ersten Weltkrieg aus dem Grenzkampf in Kärnten 1919 und dem Kampf gegen die kommunistischen Umsturzversuche gebildet hatte. Er war nach dem Vorbild des Faschismus ausgerichtet und am 18. Mai 1930 in seinem Programm von Korneuburg für eine autoritäre Führung und eine ständische Gliederung des Staates eingetreten. Im Mai 1932, als Engelbert Dollfuß (1892–1934) österreichischer Bundeskanzler wurde, gewann er politischen Einfluß.
10] *Brüskierung Freuds durch die Universität*: Anläßlich von Sigmund Freuds 75. Geburtstag am 6. Mai 1931 gab es keine offizielle akademi-

sche Feier in Wien. Offensichtlich hatte er auch nicht damit gerechnet, denn bereits am 7. 12. 1929 hatte er SZ seine Einstellung dazu geäußert: »Man hat sich einfach nicht um mich gekümmert und das war gut so. Was hätte ich mit einer Professur für Psychiatrie oder selbst für ΨA angefangen? Sie wäre nur störend und unbrauchbar gewesen.« (SZ, ›Briefwechsel mit Hermann Bahr, Sigmund Freud, Rainer Maria Rilke und Arthur Schnitzler‹, a.a.O., S. 187.)

11] *Fortbleiben des Rectors und Ministers bei Einsteins Vortrag*: Am 14. Oktober 1931 hatte Albert Einstein (vgl. 5. 8. 1924, Anm. 4) im Großen Hörsaal des I. und II. Physikalischen Instituts der Universität Wien einen Vortrag über den gegenwärtigen Stand der Relativitätstheorie gehalten. Weder der Rektor der Universität, der Pathologische Anatom Prof. Dr. Rudolf Maresch (1868–1936), noch der österreichische Kultusminister, Dr. Emmerich Czermak (1885–1965), waren dazu erschienen.

12] *»Vergessen« einer Condolenz von seiten des Bundespräsidenten*: Der österreichische Bundespräsident Wilhelm Miklas (1872–1956), der dieses Amt von 1928 bis 1938 innehatte, hatte Schnitzlers Familie bei dessen Tod offiziell nicht kondoliert.

13] *Schnitzler und Freud*: Arthur Schnitzler; vgl. oben, Anm. 12. – Sigmund Freud; vgl. oben, Anm. 10.

14] *für repräsentative Zwecke vor Ausländern*: Zu SZs Haltung in dieser grundsätzlichen Frage vgl. seinen Brief an Raoul Auernheimer vom 31. 12. 1921.

15] *Herr Bürgerschullehrer Czermak*: Der österreichische Kultusminister Emmerich Czermak (vgl. oben, Anm. 11), Mitglied der Christlichsozialen Partei Österreichs und der deutschnationalen Geheimgesellschaft Deutsche Gemeinschaft, war vor Beginn seiner politischen Laufbahn zunächst Gymnasiallehrer, später Schuldirektor gewesen.

16] *der Gymnasialprofessor Miklas*: Wilhelm Miklas (vgl. oben, Anm. 12) war vor seiner politischen Laufbahn Gymnasialdirektor gewesen.

17] *»Straßburger Stiftung«*: Nicht ermittelt.

18] *Dr. Rudolf Kayser*: (1889–1964), deutscher Schriftsteller, von 1922 bis 1931 Redakteur der Zeitschrift Die Neue Rundschau, die im S. Fischer Verlag in Berlin erschien.

19] *ein wissenschaftliches Buch*: Nicht ermittelt.

20] *auf das Ihre*: Vgl. oben, Anm. 5. *304*

304 *An Richard Strauss* 3. 11. 1931
e. Br., 4 S. – Richard-Strauss-Archiv, Garmisch – Briefkopf: Signet SZ – Salzburg / Kapuzinerberg 5 – D: Richard Strauss-SZ, ›Briefwechsel‹, hrsg. v. Willi Schuh, (Frankfurt a. M.:) S. Fischer Verlag 1957, S. 8–12.

1] *Richard Strauss*: Vgl. 29. 5. 1921, Anm. 3.
2] *Ihren bedeutsamen Brief*: Strauss hatte SZ am 31. 10. 1931 auf dessen Brief vom 29. 10. 1931, in dem er ihn gebeten hatte, ihm gelegentlich eines Besuches »einen musikalischen Plan vorzutragen«, geantwortet, was er von ihm »gerne hätte«: einen Typus der »Frau als Hochstaplerin oder die Grande dame als Spion«.
3] *in der zweiten Hälfte November*: Strauss und SZ trafen sich am 20. November nicht in Garmisch, wo Strauss lebte, sondern in München im Hotel Vier Jahreszeiten.
4] *eine Tanzpantomime*: SZ, ›Marsyas und Apoll‹; vgl. 2. 9. 1925, Anm. 2.
5] *niemandem gezeigt und eigentlich nur an Sie gedacht*: Vgl. SZs Brief vom 2. 9. 1925 an Werner Reinhart.
6] *Hofmannsthal*: Hugo von Hofmannsthal; vgl. [22. 8. 1920], Anm. 8.
305 7] *Zeitlich [. . .] an einen Raum wie für die Elektra*: Strauss' »Tragödie in einem Akt« ›Elektra‹ nach dem Textbuch von Hugo von Hofmannsthal (Uraufführung 25. 1. 1909 in Dresden) hat eine Spieldauer von 1 Stunde 50 Minuten.
8] *einen Spannraum [. . .] wie keine Oper*: Nach dem Treffen mit Strauss in München (vgl. oben, Anm. 3) notierte SZ sich: »Wir sprechen von dem Thema, er findet die Pantomime eine zu hohe Anforderung, brauchte 8 Stunden Raum dafür; da, wie er freiwillig sagt[,] die reine classische Melodie weder ihm noch irgend einem andern einfällt.« (SZ, ›Tagebücher‹, GWE 1984, S. 353.)
9] *Spieloper*: SZ war vermutlich im Zusammenhang mit seiner freien Bearbeitung des ›Volpone‹ nach Ben Jonson (vgl. [20. 7. 1925], Anm. 8) auf dessen ›Epicoene, or the Silent Woman‹ (1609) gestoßen. Dem Libretto, das er dann für Strauss schrieb, ›Die schweigsame Frau‹, legte SZ aber nicht das Original, sondern die deutsche Übersetzung von Ludwig Tieck (1773–1853), die sich im 2. Stück des 1800 erschienenen ›Poetischen Journals‹ findet, zugrunde: ›Epicoene, oder Das stumme Mädchen‹. Richard Friedenthal hatte ihn darauf aufmerksam gemacht. Vgl. hierzu die Anmerkung in Richard Strauss-SZ, ›Briefwechsel‹, a.a.O., S. 161–162.
306 10] *die letzten Hofman[n]sthaltexte*: Hugo von Hofmannsthal, der Strauss 1900 als erstes ebenfalls ein Ballett (›Der Triumph der Zeit‹) zur Komposition vorgeschlagen hatte, war seit der ›Elektra‹ (vgl. oben, Anm. 7; an dem Libretto hatte Hofmannsthal seit 1906 gearbeitet) bis

zu seinem Tod 1929 Strauss' Textbuchautor gewesen. Die letzten gemeinsamen Opernwerke waren ›Ariadne auf Naxos‹ (1916) und ›Die Frau ohne Schatten‹ (1919) gewesen. SZ bezieht sich vermutlich aber vor allem auf Hofmannsthals Trauerspiel ›Der Turm‹ von 1925.
11] *Josefslegende*: Richard Strauss, ›Josephslegende‹, Handlung von Harry Graf Kessler [1868–1937] und Hugo von Hofmannsthal, Musik von Richard Strauss, [Textbuch], Berlin: A. Fürstner [1924].
12] *in eine Arbeit festgekeilt*: SZ war mit der Vorarbeit zu seiner ›Marie Antoinette‹ (vgl. 17. 10. 1931, Anm. 4) beschäftigt; vor seiner Abreise nach München am 17. November wollte er die Skizzierung des ersten Kapitels abschließen.

An Victor Fleischer [11. 11. 1931] *307*
e. Postkarte (Vorderseite: ornamentale Umrahmung; linke obere Hälfte: Abbildung »Wien – Schönbrunn«; darunter gedruckt: »Absender: / Stefan Zweig / Salzburg, Kapuzinerberg 5«; rechte obere Hälfte: Ornament »Postkarte« und gedruckte Briefmarke »10 Groschen Österreich« – Datierung von fremder Hand) – DLA Marbach/N.

1] *die Parte*: Todesanzeige.
2] *Albertos*: SZs Freund, der italienische Maler Alberto Stringa (geb. 1880/1881?) war am 7. November 1931 gestorben.
3] *Felix*: Felix Braun; vgl. 14. 1. 1920, Anm. 21.
4] *Benno*: Benno Geiger; vgl. 20. 10. 1931, Anm. 1.
5] *Stringas Vater*: Nicht ermittelt.

An Victor Fleischer [14. 11. 1931] *307*
e. Br., 1 S. – DLA Marbach/N.

1] *Partezettel*: Vgl. SZs Postkarte vom [11. 11. 1931] an Victor Fleischer.
2] *Albertos*: Alberto Stringa; vgl. [11. 11. 1931], Anm. 2.
3] *Deine liebe Frau*: Leontine Sagan; vgl. [27. 1. 1920] an Victor Fleischer, Anm. 22. *308*

An Victor Fleischer [21. 11. 1931] *308*
e. Br., 5 S. – DLA Marbach/N.

1] *[München]*: Am 17. November 1931 war SZ nach München gefahren, um allen Eventualitäten wegen seines 50. Geburtstags am 28.

November zu entgehen; am Tag darauf kehrte er nach Salzburg zurück.
2] *Alberto*: Alberto Stringa; vgl. [11. 11. 1931], Anm. 2.
3] *vor sich selber zu bestehen*: Stringa war als Maler Autodidakt.
4] *Leonhart [!]*: Leonhard Adelt; vgl. [Mitte Oktober 1922], Anm. 1.
5] *Jeremias*: SZ, ›Jeremias‹; vgl. 22. 7. 1920, Anm. 13.
309 6] *Arbeit eines [. . .] Verlagslectors*: Vgl. SZs Brief an Erich Ebermayer vom 10. 12. 1928.
7] *Rolland*: Romain Rolland; vgl. 14. 1. 1920, Anm. 1.
8] *hier in München*: Vgl. oben, Anm. 1.
9] *ins Weiße Rössel*: Die Operette ›Im weißen Rössl‹ von Ralph Benatzky (1887–1957) war am 17. November 1931 im Deutschen Theater in München gespielt worden.
10] *zu Bruno Walter*: Der Dirigent der Leipziger Gewandhauskonzerte (1929–1933) Bruno Walter (1876–1962) hatte am 19. November 1931 in München ein Konzert mit Werken von Georg Friedrich Händel und Joseph Haydn gegeben.
11] *zur Elektra*: Richard Strauss' Tragödie ›Elektra‹ (vgl. 3. 11. 1931, Anm. 7) war am 20. November 1931 – dirigiert von Hugo Röhr – in der Münchner Staatsoper gespielt worden.
12] *Bindung an die Familie in Wien*: Nach dem Tod seines Vaters Moritz Zweig (vgl. [27. 1. 1920] an Friderike Maria von Winternitz, Anm. 3) am 2. März 1926 lebte SZs Mutter, Ida Zweig (1854–1938) allein in Wien. Er teilte sich die Sorge um sie mit seinem Bruder Alfred (vgl. 29. 6. 1922, Anm. 18).
13] *die Schwierigkeiten im Haus*: Vgl. SZs Brief an Victor Fleischer vom [2. 2. 1925].
14] *die Sorgen von Dutzenden auf mich genommen*: Vgl. dazu SZs Brief an Romain Rolland vom 9. 7. 1930.
15] *seit Jahren äußerlich ausweiche*: Vgl. dazu SZs Brief an Felix Salten vom 2. 11. 1931.
310 16] *einen Roman*: SZ, ›Rausch der Verwandlung‹; vgl. 21. 11. 1927, Anm. 8.
17] *Dein Verlag*: Der Heinrich Keller Verlag in Berlin; vgl. [Anfang April 1927], Anm. 2.
18] *die Inflationsvergiftung*: Seit Juni 1931 war das internationale Vertrauen in die Leistungsfähigkeit der deutschen Wirtschaft immer mehr geschwunden. Am 13. Juli war die Darmstädter und Nationalbank (Danatbank) zusammengebrochen und hatte ihre Zahlungen einstellen müssen; am 19. August wurde ein Stillhalteabkommen gegen den kurzfristigen Abzug ausländischer Kredite getroffen; am 21. August wurde Deutschland durch das sog. Hoover-Moratorium (benannt nach dem

amerikanischen Präsidenten Herbert Clark Hoover [1874–1964]) für ein Jahr von den Reparationszahlungen befreit; am 19. September erließ Reichspräsident Paul von Hindenburg eine Verordnung über das Aktienrecht und die Bankenaufsicht sowie eine Steueramnestie; damit wurden Konsequenzen aus der Bankenkrise zur Verhinderung einer Inflation gezogen.
19] *Mary*: Nicht ermittelt.
20] *z. Zt. München*: Vgl. oben, Anm. 1.

An Erich Ebermayer [28. 11. 1931] *310*
e. Br., 1 S. – DLA Marbach/N. – Briefkopf: Wappen Münchner Kindl neben Hotel-Abbildung; Telegramm Adr.: / Leinfelder München / Telephon 90401; Hotel Leinfelder / München / Bes. Hans Schwarz / Vornehmes, / behagliches Familienhaus / am Lenbachplatz. / Alle neuzeitlichen Einrichtungen.

1] *dem Geburtstage entfliehend*: SZ wurde an dem Tag, an dem er diesen Brief schrieb, 50 Jahre alt.
2] *Ihre Worte*: Nicht ermittelt.
3] *vom ersten Tage an*: Vgl. SZs Brief vom 28. 2. 1924 an Erich Ebermayer.
4] *bis zu Ihrem fünfzigsten*: Erst am 14. September 1950 wurde Ebermayer 50 Jahre alt.

An Alfred Zweig [28. 11. 1931] *310*
e. Br., 2 S. – Privat – Irrtümliche Datierung von fremder Hand: »29. Nov. 1931«

1] *Alfred Zweig*: Vgl. 29. 6. 1922 an Victor Fleischer, Anm. 18.
2] *für Deinen Brief*: Nicht erhalten.
3] *meines Geburtstags*: SZ wurde an dem Tag, an dem er diesen Brief *311*
schrieb, 50 Jahre alt.
4] *dürfte [. . .] bestehen*: Im Original ist etwa eine Zeile Text unlesbar gemacht worden.
5] *unseres Vaters*: Moritz Zweig; vgl. [27. 1. 1920] an Friderike Maria von Winternitz, Anm. 3.
6] *Mama*: Ida Zweig; vgl. [27. 1. 1920] an Friderike Maria von Winternitz, Anm. 3, und [21. 11. 1931], Anm. 11.
7] *Fritzis Kindern*: Friderike Maria Zweigs Töchter aus erster Ehe,

Alix Elisabeth (Lix) und Susanne Benedictine (Suse); vgl. 14. 1. 1920, Anm. 21, und SZs Brief vom [2. 2. 1925] an Victor Fleischer.
8] *bisher glücklich entkommen*: Vgl. [21. 11. 1931], Anm. 1.
9] *Stefanie*: Stefanie Zweig; vgl. 29. 6. 1922 an Victor Fleischer, Anm. 19.

312 *An Franz Servaes* 30. 11. 1931
ms. Br., 1 S. mit e. Korr. – WStLB – Briefkopf: Signet SZ – Salzburg / Kapuzinerberg 5

1] *dreißig Jahre bald her*: Servaes, 1900–1919 Feuilletonredakteur der Neuen Freien Presse in Wien, hatte SZ im Juli 1904 erstmals zu sich in die Redaktion eingeladen, um mit ihm dessen Novelle ›Die Liebe der Erika Ewald‹ durchzusprechen (vgl. SZ, ›Briefe 1897–1914‹, a.a.O., S. 79).
2] *Ihrem Roman*: Franz Servaes, ›Jahr der Wandlung. Goethes Schicksalswende 1775‹; vgl. 11. 12. 1930, Anm. 3.
3] *1933 [...] ein Anti-Goethejahr*: Das Jahr 1932 wurde anläßlich des Gedenkens von Goethes 100. Todestag (am 22. März) inoffiziell zum Goethe-Jahr erklärt.
4] *mit der Insel*: Mit dem Insel-Verlag in Leipzig.
5] *in punkto Goethe ist Kippenberg*: Anton Kippenberg (vgl. 9. 2. 1920, Anm. 1), der Leiter des Insel-Verlags, war einer der bedeutendsten Goethe-Sammler und -Kenner.
6] *Knaur*: Der Th. Knaur Verlag war 1901 in München gegründet worden; seit 1946 heißt der Verlag Droemersche Verlagsanstalt Th. Knaur Nachf.
7] *Richard Friedenthal*: Vgl. 27. 7. 1929, Anm. 2.
8] *Ihrer lieben Frau*: Serveas hatte 1924 in zweiter Ehe Tilly Stiefel geheiratet.
9] *Dagny*: Dagny Servaes (1894–1961), Schauspielerin.

312 *An Felix Salten* 20. 12. 1932 [=1931]
ms. Br., 1 S. mit e. Korr. – Privat – Briefkopf: Signet SZ – Salzburg / Kapuzinerberg 5

1] *Ihres Buches*: Felix Salten, ›Freunde aus aller Welt. Roman eines Zoologischen Gartens‹; vgl. 2. 11. 1931, Anm. 5.
2] *»Bambi«*: Felix Salten, ›Bambi. Eine Lebensgeschichte aus dem Walde‹, Berlin: Ullstein-Verlag 1923.

3] *vor einer kleinen Reise*: Am 20. Dezember 1931 fuhr SZ zu Recherchen für seine Biographie ›Marie Antoinette‹ (vgl. 17. 10. 1931, Anm. 4) in der Bibliothèque Nationale nach Paris; er blieb dort bis zum 28. Januar 1932. *313*

Briefempfänger und Briefdaten

Stefan Zweig (28. 11. 1881 Wien – 23. 2. 1942 Petropolis bei Rio de Janeiro)

Adelt, Leonhard (17. 6. 1881 Boitzenburg – 21. 2. 1945 Dippoldiswalde bei Dresden)
undat.; vermutl. Mitte Oktober 1922 ÖNB Wien Autogr. 544/6–25
undat.; nach 17. Juli 1925 ÖNB Wien Autogr. 544/6–22
undat.; vermutl. Ende November 1925 ÖNB Wien Autogr. 544/6–17

Auernheimer, Raoul (15. 4. 1876 Wien – 7. 1. 1948 Oakland/USA)
31. Dezember 1921 WStLB I. N. 153. 874
12. Februar 1922 WStLB I. N. 153. 849
undat.; Poststempel: 18. 7. 1922 WStLB I. N. 153.829
undat.; vermutl. Oktober 1924 WStLB I. N. 153.841
undat.; Poststempel: 16. 9. 1926 WStLB I. N. 153.820

Bab, Julius (11. 12. 1880 Berlin – 12. 2. 1955 Roslyn Heights/USA)
3. Januar 1920 HUH Cambridge, MA Sign. b. MS Ger 123

Bach, David Josef (13. 8. 1874 Lemberg/Galizien – 31. 1. 1947 London)
undat.; vermutl. Ende Juni 1924 Privatbesitz

Bahr, Hermann (19. 7. 1863 Linz – 15. 1. 1934 München)
Neujahr 1921 OTM Wien A 25 672 Ba M
23. Mai 1921 OTM Wien A 25 674 Ba M
30. September 1929 OTM Wien A 25 688 Ba M
21. Dezember 1929 OTM Wien A 25 689 Ba M

Binding, Rudolf G[eorg] (13. 8. 1867 Basel – 4. 8. 1938 München)
Alle Briefe aus Privatbesitz
13. April 1928
5. Januar 1931

Bloch, Jean-Richard (25. 5. 1884 Paris – 15. 3. 1947 Paris)
Alle Briefe aus BN Paris
6. September 1920
undat.; Poststempel: 30. 3. 1931

Brand, Adolf (14. 11. 1874 Berlin – 26. 2. 1945 Wilhelmshagen)
19. Oktober 1928 Privatbesitz

Brod, Max (27. 5. 1884 Prag – 20. 12. 1968 Tel Aviv)
Alle Briefe aus Privatbesitz
18. September 1929
15. Oktober 1931

Buber, Martin (8. 2. 1878 Wien – 13. 6. 1965 Jerusalem)
undat.; Poststempel: 5. 1. 1928 JNUL Jerusalem, M. Buber Archive 933–29

Buschbeck, Erhard (6. 1. 1889 Salzburg – 10. 11. 1960 Wien)
undat.; vermutl. vor 10. März 1924 ÖNB Wien Autogr. 1003/17–7
25. September 1924 ÖNB Wien Autogr. 1003/14–8
13. Dezember 1925 ÖNB Wien Autogr. 1003/14–12
12. Januar 1926 ÖNB Wien Autogr. 1003/15–1
14. Juni 1930 ÖNB Wien Autogr. 1003/16–9

Cahn, Alfredo (1902–1975)
22. Oktober 1928 SUC Fredonia (Nachlaß Friderike Maria Zweig – Kopie)

Chapiro, Joseph (19. 11. 1893 Kiew/Ukraine – Januar 1962 New York)
19. Juni 1920 DLA Marbach/N. 70 381

Cohn, Emil (Psd. Emil Bernhard, 18. 2. 1881 Berlin-Steglitz – 28. 2. 1948 Los Angeles)
27. Februar 1926 Privatbesitz

Dehmel, Ida (geb. Coblenz, 14. 1. 1870 Bingen am Rhein – 29. 9. 1942 Hamburg-Blankenese)
[21. Februar 1922] SUB Hamburg, Dehmel-Archiv DA: Br.: Z 128

Ebermayer, Erich (14. 9. 1900 Bamberg – 22. 9. 1970 Terracina/ Latina, Italien)
28. Februar 1924 DLA Marbach/N. 74.315/1
23. September 1925 DLA Marbach/N. 74.315/8
9. Mai 1927 DLA Marbach/N. 74.316/10
10. Dezember 1928 DLA Marbach/N. 74.316/48
undat.; vermutl. 28. November 1931 DLA Marbach/N. 74.318/10

Fischer, Samuel (24. 12. 1859 Liptó Szent Miklós, Ungarn – 15. 10. 1934 Berlin)
17. November 1920 DLA Marbach/N. 71.77
25. Oktober 1926 IUL Bloomington, IN

Fleischer, Victor (12. 9. 1882 Komotau/Böhmen – 1951 London)
undat.; vermutl. 27. Januar 1920 DLA Marbach/N. 62.324/18
undat.; Poststempel: 22. 8. 1920 DLA Marbach/N. 62.324
29. Juni 1922 DLA Marbach/N. 62.324
3. November 1923 DLA Marbach/N. 62.324
10. Juni 1924 DLA Marbach/N. 62.324
undat.; vermutl. 2. Februar 1925 DLA Marbach/N. 62.324/143
undat.; vermutl. 25. März 1926 DLA Marbach/N. 62.324/178
undat.; vermutl. 28. Juli 1926 DLA Marbach/N. 62.324
undat.; vermutl. 23. Dezember 1926 DLA Marbach/N. 62.324/197
undat.; vermutl. Anfang April 1927 DLA Marbach/N. 62.324/201
undat.; vermutl. 22. August 1927 DLA Marbach/N. 62.324/202
5. September 1927 DLA Marbach/N. 62.324/212
undat.; Poststempel: 14. 2. 1929 DLA Marbach/N. 62.324/223
7. Juli 1930 DLA Marbach/N. 62.324
undat.; Poststempel: 11. 11. 1931 DLA Marbach/N. 62.324
undat.; vermutl. 14. November 1931 DLA Marbach/N. 62.324
undat.; vermutl. 21. November 1931 DLA/Marbach/N. 62.324

Fontana, Oscar Maurus (13. 4. 1889 Wien – 4. 5. 1969 Wien)
undat.; nach 25. Dezember 1926 WStLB I. N. 185.751
undat.; Poststempel: 12. 11. 1927 WStLB I. N. 185.749

Freud, Sigmund (6. 5. 1856 Freiburg, Mähren – 23. 9. 1939 London)
3. November 1920 DLC Washington, DC
15. April 1925 DLC Washington, DC
8. September 1926 DLC Washington, DC
6. Dezember 1929 CUL Cambridge
16. Juni 1931 Privatbesitz

Gamerdinger, August (17. 1. 1884 Triberg/Schwarzwald – ? Mexiko)
3. November 1927 Privatbesitz

Geiger, Benno (21. 2. 1882 Rodaun/Wien – 27. 7. 1965 Terraglio/Venedig)
20. Oktober 1931 Privatbesitz

Geigy-Hagenbach, Karl (23. 5. 1866–1949)
undat.; Poststempel: 26. 12. 1928 DLA Marbach/N. 68 345/7

Ginzkey, Franz Karl (8. 9. 1871 Pola, Österreich – 11. 4. 1963 Wien)
13. März 1922 WStLB I. N. 157 752
[26. Februar 1923] WStLB 157 762
undat.; vermutl. Anfang Januar 1924 WStLB I. N. 157 422

Goll, Claire (eigtl. Clarisse Liliane, geb. Aischmann, 29. 10. 1881 Nürnberg – 30. 5. 1977 Paris)
6. April 1927 Privatbesitz

Gorki, Maxim (28. 3. 1868 Nischni Nowgorod – 18. 6. 1936 Moskau)
Alle Briefe aus dem Institut mirowoj literatury im A. M. Gor'kowo, Moskwa
29. August 1923
16. Dezember 1929
undat.; vermutl. 11. oder 12. Januar 1930
12. August 1930

Gregor, Joseph (26. 10. 1888 Czernowitz/Bukowina – 12. 10. 1960 Wien)
undat., vermutl. 24. Januar 1930 OTM Wien

Günther, Herbert (26. 3. 1906 Berlin – 19. 3. 1978 München)
2. Oktober 1929 Privatbesitz

Guggenheim, Siegfried (12. 10. 1879 Worms – 30. 1. 1961 New York)
21. April 1928 LBI New York, Siegfried Guggenheim Collection AR 180/181 C VII

Hatvany, Lajos Baron (28. 10. 1880 Budapest – 12. 1. 1961 Budapest)
undat.; vermutl. vor 13. August 1925 Magyar Tubományos Akademia Könyvtár, Budapest

Heimann, Moritz (19. 7. 1868 Werder, Kreis Niederbarnim, Mark Brandenburg – 22. 9. 1925 Berlin)
29. Juni 1922 DLA Marbach/N. 68 251

Herczeg, Ferenc (eigtl. Franz Herzog, 22. 9. 1863 Werschetz – 24. 2. 1954 Budapest)
undat.; vermutl. nach 18. August 1929 Országos Szechényi Könyvtár, Budapest

Herzfelde, Wieland (11. 4. 1896 Weggis/Kanton Luzern – 23. 11. 1988 Berlin)
12. September 1931 A. M. Gor'kowo, Moskwa

Heuschele, Otto (8. 5. 1900 Schramberg – 16. 9. 1996 Waiblingen)
Alle Briefe aus DLA Marbach/N.
2. Juni 1923
28. November 1923
12. Januar 1924
27. Oktober 1924
16. April 1927
22. Februar 1929
24. September 1929
7. Mai 1930
10. Dezember 1930

Huebsch, Ben (21. 3. 1876 New York – 8. 8. 1964 London)
Alle Briefe aus DLC Washington, DC
29. Oktober 1927
16. August 1929
22. September 1930
undat.; Poststempel: 31. 10. 1930
27. Februar [1931]

Hünich, Fritz Adolf (25. 4. 1885 Zwickau – 15. 5. 1964 Leipzig)
Alle Briefe aus StWK Weimar
9. Mai 1922
9. April 1923
undat.; Poststempel: 15. 8. 1927
18. September 1929
23. Dezember 1929
22. August 1931

Insel-Verlag, Leipzig (Gegründet 1899 in Leipzig)
Alle Briefe aus StWK Weimar
16. März 1922
4. Dezember 1922

Jacob, Heinrich Eduard (7. 10. 1889 Berlin – 25. 10. 1967 Salzburg)
undat.; vermutl. Ende September 1928 Privatbesitz

Keyserling, Hermann Graf (20. 7. 1880 Könno/Livland – 26. 4. 1946 Innsbruck)
7. März 1923 Privatbesitz

Kippenberg, Anton (22. 5. 1874 Bremen – 21. 9. 1950 Luzern)
9. Februar 1920 StWK Weimar
25. Februar 1920 StWK Weimar
undat.; vermutl. 29. Dezember 1926 DLA Marbach/N. 64.1623/22
undat.; Poststempel: 18. 7. 1929 DLA Marbach/N. 64.1623/24
[7. Juli 1931] DLA Marbach/N. 64.1623/25

Kippenberg, Katharina (geb. von Düring, 1. 6. 1876 Hamburg – 7. 6. 1947 Frankfurt a. M.)
6. September 1921 DLA Marbach/N. 64 1624/6

Kolbenheyer, Erwin Guido (30. 12. 1878 Budapest – 12. 4. 1962 München-Solln)
Alle Briefe aus Kolbenheyer-Archiv, Geretsried
3. Oktober 1921
31. Dezember 1921
5. März 1923

Kutscher, Artur (17. 7. 1878 Hannover – 29. 8. 1960 München)
17. April 1923 DLA Marbach/N.

Langer, Felix (18. 6. 1889 Brünn – 4. 6. 1979 London)
Alle Briefe aus HHI Düsseldorf
20. Dezember 1923
28. September 1926

Lissauer, Ernst (10. 12. 1882 Berlin – 10. 12. 1937 Wien)
undat.; Poststempel: 21. 4. 1924 WStLB I. N. 127.290
10. Dezember 1930 WStLB

Ludwig, Emil (urspr. Ludwig Cohn, 25. 1. 1881 Breslau – 17. 4. 1948 Moscia bei Ascona/Tessin)
2. Mai 1928 DLA Marbach/N. 60.741/3

Marcuse, Ludwig (8. 2. 1894 Berlin – 2. 8. 1971 München)
Alle Briefe aus Privatbesitz
28. Dezember 1921
1. März 1922

Masereel, Frans (30. 6. 1889 Blankenberghe – 3. 1. 1972 Avignon)
29. März 1920 DLA Marbach/N. 85.155
undat.; vermutl. Anfang Mai 1920 DLA Marbach/N. 85.155/1
undat.; vermutl. 20. Juli 1925 DLA Marbach/N. 85.155/6
10. Januar 192. [= November 1925] DLA Marbach/N. 85.155/5
18. Juni 1931 DLA Marbach/N. 85.155/7

Mazzucchetti, Lavinia (6. 7. 1889 Mailand – 28. 6. 1965 Mailand)
Alle Briefe aus JNUL Jerusalem
26. Januar 1930
17. Oktober 1931

Meyer-Benfey, Heinrich (14. 3. 1869 Liebenberg, Kr. Goslar – 29. 12. 1945 Hamburg)
Alle Briefe aus Privatbesitz
27. April 1921
23. November 1923
10. Januar 1924

Minde-Pouet, Georg (5. 6. 1871 Berlin – 20. 1. 1950 Berlin)
6. Juni 1924 DLA Marbach/N. 71.1398

Pannwitz, Rudolf (27. 5. 1881 Crossen/Oder – 23. 3. 1969 Astano bei Lugano)
13. September 1920 DLA Marbach/N. 60.28
25. Januar 1921 DLA Marbach/N. 60.28
undat.; vermutl. 15. Mai 1922 DLA Marbach/N. 58.2207

Pollaczek, Clara Katharina (15. 1. 1875 Wien – 22. 7. 1951 Wien)
28. Oktober 1931 WStLB I. N. 104.807

Reinhart, Werner (19. 3. 1884 Winterthur – 29. 8. 1951 Winterthur)
2. September 1925 StB Winterthur

Relgis, Eugen (2. 3. 1895 Jassy – 1987 Montevideo)
Alle Briefe aus JNUL Jerusalem
24. März 1928
8. November 1929
17. Oktober 1930

Rolland, Romain (29. 1. 1866 Clamecy/Département Nièvre – 30. 12. 1944 Vézelay)
Alle Briefe aus BN Paris
14. Januar 1920
2. November 1920
22. April 1921
3. Mai 1921
29. Mai 1921
4. September 1921
17. Juni 1922
25. Juni 1922
4. August 1922
[11. Oktober 1922]
7. April 1923
13. Juli 1923
9. Oktober 1923
16. November 1923
undat.; Poststempel: 31. 3. 1924
undat.; Poststempel: 10. 7. 1924
5. August 1924
16. Dezember 1924
undat.; Poststempel: 26. 1. 1925
4. Mai 1925
9. März 1926
25. Oktober 1926
20. Mai 1927
2. September 1927
21. November 1927
9. April [= Mai] 1928
24. Juli 1928
31. August 1928
21. September 1928
3. Oktober 1928
7. März 1929
26. Juni 1929
undat.; Poststempel: 20. 7. 1929

18. Oktober 1929
9. Juli 1930
1. Oktober 1930
25. Oktober 1930

Roth, Joseph (2. 9. 1894 Schwabendorf bei Brody/Ostgalizien – 27. 5. 1939 Paris)
5. September [1929] Dokumentationsstelle für neuere österreichische Literatur, Wien (Fotokopie)

Salten, Felix (6. 9. 1869 Budapest – 8. 10. 1947 Zürich)
8. Februar 1925 SUC Fredonia
2. November 1931 SUC Fredonia
20. Dezember 1932 [= 1931] Privatbesitz

Sander, Ernst (16. 6. 1898 Braunschweig – 1. 7. 1976 Freiburg/Br.)
30. März 1927 StA Braunschweig G IX 27:210
25. Mai 1927 StA Braunschweig G IX 27:210

Sarnetzki, Detmar Heinrich (26. 11. 1878 Bremen – 24. 8. 1961 Köln)
4. Januar 1927 HHI Düsseldorf

Scherlag, Marek (3. 7. 1878 Chorostow/Galizien – 10. 12. 1962 Haifa, Israel)
22. Juli 1920 JNUL Jerusalem Hs. Var. 438/82

Schnitzler, Arthur (15. 5. 1862 Wien – 21. 10. 1931 Wien)
18. Mai 1927 ALU Freiburg/Br.
15. Mai 1928 CUL Cambridge

Schwarzkopf, Emil (?)
13. August 1927 Privatbesitz

Servaes, Franz (17. 6. 1862 Köln – 14. 7. 1947 Wien)
22. Januar 1923 WStLB I. N. 137.461
11. Dezember 1930 WStLB I. N. 137.505
30. November 1931 WStLB I. N. 137.492

Sidow, Max (21. 3. 1897 Calbe/Saale – 10. 12. 1965 Hamburg)
22. September 1927 DLA Marbach/N. (Nachlaß Max Sidow)

Specht, Richard (7. 12. 1870 Wien – 19. 3. 1932 Wien)
Alle Briefe aus Privatbesitz
undat.; Poststempel: 16. 10. 1922
1. Mai 1926
19. Dezember [1926]

Strauss, Richard (11. 6. 1864 München – 8. 9. 1949 Garmisch)
3. November 1931 Richard-Strauss-Archiv, Garmisch

Struck, Hermann (6. 3. 1876 Berlin – 11. 1. 1944 Haifa)
18. Juni 1930 Privatbesitz

Sturmann, Manfred (6. 4. 1903 Königsberg – 9. 1. 1989 Jerusalem)
17. Januar 1929 JNUL Jerusalem

Unbekannt
18. Februar 1930 DLA Marbach/N. 60.319
[18. April] 1930 Privatbesitz

Warburg, Siegmund (30. 9. 1902 Urach bei Hamburg – 18. 10. 1982 London)
Alle Briefe aus LBI New York
[9. Oktober 1923]
25. Oktober 1926
29. Oktober 1927

Wegner, Max Christian (9. 9. 1893 Hamburg – 14. 1. 1965 Hamburg)
27. Juli 1927 StWK Weimar

Werfel, Franz (10. 9. 1890 Prag – 26. 8. 1945 Beverly Hills, Kalifornien)
16. September 1926 Privatbesitz

Winternitz, Friderike Maria von *siehe* Zweig, Friderike Maria

Verlag Wremja, Leningrad (Gegründet 1923 in Leningrad; bestand bis 1934)
8. November 1926 Puschkinhaus, Moskau

Zinkernagel, Franz (10. 3. 1878 Hanau – 3. 11. 1935 Basel-Riehen)
8. Mai 1925 ÖBU Basel

Zweig, Alfred (13. 10. 1879 Wien – 1977 New York)
undat.; vermutl. 28. November 1931 Privatbesitz

Zweig, Friderike Maria (4. 12. 1882 Wien – 18. 1. 1971 Stanford/Connecticut)
Alle Briefe aus SUC Fredonia (Daniel Reed Library, SZ Collection)
undat.; vermutl. 27. Januar 1920
undat.; Poststempel: 25. 10. 1920
[20. November 1921]
undat.; vermutl. 25. November 1921
undat.; Poststempel: 26. 1. 1924
undat.; Poststempel: 10. 6. 1925
[12. August 1925]
undat.; Poststempel: 4. 11. 1925
undat.; Poststempel: 10. 12. 1926
undat.; Poststempel: 11. 9. 1928

Chronologisches Verzeichnis der Briefe

3. Januar 1920	An Julius Bab
14. Januar 1920	An Romain Rolland
undat.; vermutl. 27. Januar 1920	An Victor Fleischer
undat.: vermutl. 27. Januar 1920	An Friderike Maria v. Winternitz
9. Februar 1920	An Anton Kippenberg
25. Februar 1920	An Anton Kippenberg
29. März 1920	An Frans Masereel
undat.; vermutl. Anfang Mai 1920	An Frans Masereel
19. Juni 1920	An Joseph Chapiro
22. Juli 1920	An Marek Scherlag
undat.; Poststempel: 22. 8. 1920	An Victor Fleischer
6. September 1920	An Jean-Richard Bloch
13. September 1920	An Rudolf Pannwitz
undat.; Poststempel: 25. 10. 1920	An Friderike Maria Zweig
2. November 1920	An Romain Rolland
3. November 1920	An Sigmund Freud
17. November 1920	An Samuel Fischer
Neujahr 1921	An Hermann Bahr
25. Januar 1921	An Rudolf Pannwitz
22. April 1921	An Romain Rolland
27. April 1921	An Heinrich Meyer-Benfey
3. Mai 1921	An Romain Rolland
23. Mai 1921	An Hermann Bahr
29. Mai 1921	An Romain Rolland
4. September 1921	An Romain Rolland
6. September 1921	An Katharina Kippenberg
3. Oktober 1921	An Erwin Guido Kolbenheyer
[20. November 1921]	An Friderike Maria Zweig
undat.; vermutl. 25. November 1921	An Friderike Maria Zweig
28. Dezember 1921	An Ludwig Marcuse
31. Dezember 1921	An Raoul Auernheimer
31. Dezember 1921	An Erwin Guido Kolbenheyer

12. Februar 1922	An Raoul Auernheimer
[21. Februar 1922]	An Ida Dehmel
1. März 1922	An Ludwig Marcuse
13. März 1922	An Franz Karl Ginzkey
16. März 1922	An den Insel-Verlag, Leipzig
9. Mai 1922	An Fritz Adolf Hünich
undat.; vermutl. 15. Mai 1922	An Rudolf Pannwitz
17. Juni 1922	An Romain Rolland
25. Juni 1922	An Romain Rolland
29. Juni 1922	An Victor Fleischer
29. Juni 1922	An Moritz Heimann
undat.; Poststempel: 18. 7. 1922	An Raoul Auernheimer
4. August 1922	An Romain Rolland
[11. Oktober 1922]	An Romain Rolland
undat.; vermutl. Mitte Oktober 1922	An Leonhard Adelt
undat.; Poststempel: 16. 10. 1922	An Richard Specht
4. Dezember 1922	An den Insel-Verlag, Leipzig
22. Januar 1923	An Franz Servaes
[26. Februar 1923]	An Franz Karl Ginzkey
5. März 1923	An Erwin Guido Kolbenheyer
7. März 1923	An Hermann Graf Keyserling
7. April 1923	An Romain Rolland
9. April 1923	An Fritz Adolf Hünich
17. April 1923	An Artur Kutscher
2. Juni 1923	An Otto Heuschele
13. Juli 1923	An Romain Rolland
29. August 1923	An Maxim Gorki
9. Oktober 1923	An Romain Rolland
[9. Oktober 1923]	An Siegmund Warburg
3. November 1923	An Victor Fleischer
16. November 1923	An Romain Rolland
23. November 1923	An Heinrich Meyer-Benfey
28. November 1923	An Otto Heuschele
20. Dezember 1923	An Felix Langer
undat.; vermutl. Anfang Januar 1924	An Franz Karl Ginzkey
10. Januar 1924	An Heinrich Meyer-Benfey
12. Januar 1924	An Otto Heuschele
undat.; Poststempel: 26. 1. 1924	An Friderike Maria Zweig
28. Februar 1924	An Erich Ebermayer
undat.; vermutl. vor 10. März 1924	An Erhard Buschbeck

undat.; Poststempel: 31. 3. 1924	An Romain Rolland
undat.; Poststempel: 21. 4. 1924	An Ernst Lissauer
6. Juni 1924	An Georg Minde-Pouet
10. Juni 1924	An Victor Fleischer
undat.; vermutl. Ende Juni 1924	An David Josef Bach
undat.; Poststempel: 10. 7. 1924	An Romain Rolland
5. August 1924	An Romain Rolland
25. September 1924	An Erhard Buschbeck
undat.; vermutl. Oktober 1924	An Raoul Auernheimer
27. Oktober 1924	An Otto Heuschele
16. Dezember 1924	An Romain Rolland
undat.; Poststempel: 26. 1. 1925	An Romain Rolland
undat.; vermutl. 2. Februar 1925	An Victor Fleischer
8. Februar 1925	An Felix Salten
15. April 1925	An Sigmund Freud
4. Mai 1925	An Romain Rolland
8. Mai 1925	An Franz Zinkernagel
undat.; Poststempel: 10. 6. 1925	An Friderike Maria Zweig
undat.; vermutl. nach 17. Juli 1925	An Leonhard Adelt
undat.; vermutl. 20. Juli 1925	An Frans Masereel
[12. August 1925]	An Friderike Maria Zweig
undat.; vermutl. vor 13. August 1925	An Lajos Baron Hatvany
2. September 1925	An Werner Reinhart
23. September 1925	An Erich Ebermayer
undat.; Poststempel: 4. 11. 1925	An Friderike Maria Zweig
10. Januar 192. [= November 1925]	An Frans Masereel
undat.; vermutl. Ende November 1925	An Leonhard Adelt
13. Dezember 1925	An Erhard Buschbeck
12. Januar 1926	An Erhard Buschbeck
27. Februar 1926	An Emil Bernhard Cohn
undat.; Poststempel: 9. 3. 1926	An Romain Rolland
undat.; vermutl. 25. März 1926	An Victor Fleischer
1. Mai 1926	An Richard Specht
undat.; vermutl. 28. Juli 1926	An Victor Fleischer
8. September 1926	An Sigmund Freud
undat.; Poststempel: 16. 9. 1926	An Raoul Auernheimer
16. September 1926	An Franz Werfel
28. September 1926	An Felix Langer
25. Oktober 1926	An Samuel Fischer

25. Oktober 1926	An Romain Rolland
25. Oktober 1926	An Siegmund Warburg
8. November 1926	An den Verlag Wremja, Leningrad
undat.; Poststempel: 10. 12. 1926	An Friderike Maria Zweig
19. Dezember [1926]	An Richard Specht
undat.; vermutl. 23. Dezember 1926	An Victor Fleischer
undat.; nach 25. Dezember 1926	An Oscar Maurus Fontana
undat.; vermutl. 29. Dezember 1926	An Anton Kippenberg
4. Januar 1927	An Detmar Heinrich Sarnetzki
30. März 1927	An Ernst Sander
undat.; vermutl. Anfang April 1927	An Victor Fleischer
6. April 1927	An Claire Goll
16. April 1927	An Otto Heuschele
9. Mai 1927	An Erich Ebermayer
18. Mai 1927	An Arthur Schnitzler
20. Mai 1927	An Romain Rolland
25. Mai 1927	An Ernst Sander
27. Juli 1927	An Max Christian Wegner
13. August 1927	An Emil Schwarzkopf (?)
undat.; Poststempel: 15. 8. 1927	An Fritz Adolf Hünich
undat.; vermutl. 22. August 1927	An Victor Fleischer
2. September 1927	An Romain Rolland
5. September 1927	An Victor Fleischer
22. September 1927	An Max Sidow
29. Oktober 1927	An Ben Huebsch
29. Oktober 1927	An Siegmund Warburg
3. November 1927	An August Gamerdinger
undat.; Poststempel: 12. 11. 1927	An Oscar Maurus Fontana
21. November 1927	An Romain Rolland
undat.; Poststempel: 5. 1. 1928	An Martin Buber
24. März 1928	An Eugen Relgis
13. April 1928	An Rudolf G. Binding
21. April 1928	An Siegfried Guggenheim
2. Mai 1928	An Emil Ludwig
9. April [= Mai] 1928	An Romain Rolland
15. Mai 1928	An Arthur Schnitzler
24. Juli 1928	An Romain Rolland
31. August 1928	An Romain Rolland

undat.; Poststempel: 11. 9. 1928	An Friderike Maria Zweig
21. September 1928	An Romain Rolland
undat.; vermutl. Ende September 1928	An Heinrich Eduard Jacob
3. Oktober 1928	An Romain Rolland
19. Oktober 1928	An Adolf Brand
22. Oktober 1928	An Alfredo Cahn
10. Dezember 1928	An Erich Ebermayer
undat.; Poststempel: 26. 12. 1928	An Karl Geigy-Hagenbach
17. Januar 1929	An Manfred Sturmann
undat.; Poststempel: 14. 2. 1929	An Victor Fleischer
22. Februar 1929	An Otto Heuschele
7. März 1929	An Romain Rolland
26. Juni 1929	An Romain Rolland
undat.; Poststempel: 18. 7. 1929	An Anton Kippenberg
undat.; Poststempel: 20. 7. 1929	An Romain Rolland
16. August 1929	An Ben Huebsch
undat.; vermutl. nach 18. August 1929	An Ferenc Herczeg
5. September [1929]	An Joseph Roth
18. September 1929	An Max Brod
18. September 1929	An Fritz Adolf Hünich
24. September 1929	An Otto Heuschele
30. September 1929	An Hermann Bahr
2. Oktober 1929	An Herbert Günther
18. Oktober 1929	An Romain Rolland
8. November 1929	An Eugen Relgis
6. Dezember 1929	An Sigmund Freud
16. Dezember 1929	An Maxim Gorki
21. Dezember 1929	An Hermann Bahr
23. Dezember 1929	An Fritz Adolf Hünich
undat.; vermutl. 11. oder 12. Januar 1930	An Maxim Gorki
undat.; vermutl. 24. Januar 1930	An Joseph Gregor
26. Januar 1930	An Lavinia Mazzucchetti
18. Februar 1930	An Unbekannt
[18. April] 1930	An Unbekannt
7. Mai 1930	An Otto Heuschele
14. Juni 1930	An Erhard Buschbeck
18. Juni 1930	An Hermann Struck
7. Juli 1930	An Victor Fleischer
9. Juli 1930	An Romain Rolland

12. August 1930	An Maxim Gorki
22. September 1930	An Ben Huebsch
1. Oktober 1930	An Romain Rolland
17. Oktober 1930	An Eugen Relgis
25. Oktober 1930	An Romain Rolland
undat.; Poststempel: 31. 10. 1930	An Ben Huebsch
10. Dezember 1930	An Otto Heuschele
10. Dezember 1930	An Ernst Lissauer
11. Dezember 1930	An Franz Servaes
5. Januar 1931	An Rudolf G. Binding
27. Februar [1931]	An Ben Huebsch
undat.; Poststempel: 30. 3. 1931	An Jean-Richard Bloch
16. Juni 1931	An Sigmund Freud
18. Juni 1931	An Frans Masereel
[7. Juli 1931]	An Anton Kippenberg
22. August 1931	An Fritz Adolf Hünich
12. September 1931	An Wieland Herzfelde
15. Oktober 1931	An Max Brod
17. Oktober 1931	An Lavinia Mazzucchetti
20. Oktober 1931	An Benno Geiger
28. Oktober 1931	An Clara Katharina Pollaczek
2. November 1931	An Felix Salten
3. November 1931	An Richard Strauss
undat.; Poststempel: 11. 11. 1931	An Victor Fleischer
undat.; vermutl. 14. November 1931	An Victor Fleischer
undat.; vermutl. 21. November 1931	An Victor Fleischer
undat.; vermutl. 28. November 1931	An Erich Ebermayer
undat.; vermut. 28. November 1931	An Alfred Zweig
30. November 1931	An Franz Servaes
20. Dezember 1932 [= 1931]	An Felix Salten

Werkregister

Kursiv gesetzte Ziffern verweisen auf den Anhang

Erwähnte Personen und fremde Werke

Stefan Zweig

Briefe 1897–1914

Herausgegeben von Knut Beck,
Jeffrey B. Berlin und Natascha Weschenbach-Feggeler

589 Seiten. Leinen

Stefan Zweig gehört neben Thomas Mann zu den kontinuierlichsten Briefeschreibern der deutschsprachigen Literatur der Moderne. Um seine »Kunst des Briefes« zu zeigen, hat sein Freund und Nachlaßverwalter Richard Friedenthal 1978 eine Anthologie der Briefe an Freunde herausgegeben. Stefan Zweig empfand es als ein Glück, einem Freund »von engeren Dingen, vom Persönlichen, von dem was uns bewegt und innerlich beschäftigt«, zu berichten. Vor allem Briefe ohne Verpflichtung zu schreiben, gab ihm das Bewußtsein, als Individuum sich einzubringen in eine Gemeinschaft, im Vertrauen geborgen zu sein, sich unverstellt geben zu können, seine Eigenheit offenlegen zu dürfen. Deshalb übermitteln sie, an einen Partner gerichtet, in manchem detaillierter als ein Tagebucheintrag Wesentliches von seinem durchaus nicht immer konstanten Denken und Handeln. Diese auf vier Bände geplante Editon einer breiteren Auswahl aus seinen Briefen will die Entwicklung seiner Individualität und seines künstlerischen Schaffens vom frühesten erhaltenen Schreiben an dokumentieren.

S. Fischer

fi 1503 / 6

Stefan Zweig

Briefe 1914 – 1919

Herausgegeben von Knut Beck
Jeffrey B. Berlin und Natascha Weschenbach-Feggeler

665 Seiten. Leinen

Der zweite Band dieser Auswahlausgabe von Briefen Stefan Zweigs setzt mit August 1914, dem Ausbruch des Ersten Weltkriegs, ein und endet im Dezember 1919. Der Schwerpunkt des zweiten Bandes liegt, dem Zeitraum entsprechend, auf seiner politischen Einstellung und Haltung. Stefan Zweig läßt sich – trotz gelegentlicher kritischer, skeptischer Äußerungen in Briefen an Freunde – vom Rausch des Patriotismus hinreißen, bis Ende 1915 »jeder das Endlose dieses Krieges« und dessen »Sinnlosigkeit« spürt. Danach setzt er sich, stärker als noch bisher, in Briefen an Romain Rolland für eine europäische Verständigung nach dem Ende des Krieges ein. Dessen ungeachtet nimmt er zur gleichen Zeit seinen Auftrag als Freiwilliger im k. u. k. Kriegsarchiv in Wien äußerst ernst – Zweig war bei allen Musterungen immer wieder als kriegsuntauglich eingestuft worden–, wohl nicht zuletzt aus Sorge, dennoch an die Front abkommandiert zu werden. Seine wichtigsten Werke, die in diesen Jahren entstehen, sind das gegen den Krieg gerichtete Drama *Jeremias* und der *Dostojewski*-Essay.